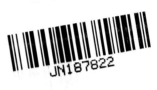

IMF 8条国移行

貿易・為替自由化の政治経済史

浅井良夫

日本経済評論社

Japan and the IMF, 1949–1964 : Political Economy of the Liberalization of Foreign Trade and Foreign Exchange Transactions

ASAI Yoshio

Nihon Keizai Hyoronsha Ltd., 2015
ISBN 978-4-8188-2389-1

目　次

略語一覧

AA	automatic approval	自動承認制
ADB	Asian Development Bank	アジア開発銀行
AFA	automatic foreign exchange allocation	自動外貨資金割当制
APU	Asian Payments Union	アジア決済同盟
BIS	Bank for International Settlements	国際決済銀行
ECA	Economic Cooperation Administration	経済協力局
ECAFE	Economic Commission for Asia and the Far East	国連アジア極東経済委員会
EEC	European Economic Community	欧州経済共同体
EPU	European Payments Union	欧州決済同盟
ESS	Economic Scientific Section, GHQ/SCAP	GHQ/SCAP 経済科学局
EXIM	Export-Import Bank of Washington	ワシントン輸出入銀行
FA	foreign exchange allocation	外貨資金割当制
FEC	Far Eastern Commission	極東委員会
FECB	Foreign Exchange Control Board	外国為替管理委員会
FOA	Foreign Operations Administration	対外活動庁
FRB	Board of Governors of the Federal Reserve System	連邦準備制度理事会
GATT	General Agreement on Tariffs and Trade	関税及び貿易に関する一般協定
G 5	Group of Five	先進5ヵ国蔵相・中央銀行総裁会議
G 10	Group of Ten	先進10ヵ国蔵相・中央銀行総裁会議
ICA	International Cooperation Administration	国際協力局
IMF	International Monetary Fund	国際通貨基金
MSA	Mutual Security Agency	相互安全保障庁
NAC	National Advisory Council on International Monetary and Financial Problems	国際通貨金融問題に関する国家諮問委員会
NSC	National Security Council	国家安全保障会議
OECD	Organization for Economic Cooperation and Development	経済協力開発機構
OEEC	Organization for European Economic Cooperation	欧州経済協力機構
SCAP	General Headquarters, Supreme Commander for the Allied Powers	連合国最高司令官総司令部
UNCTAD	United Nations Conference on Trade and Development	国連貿易開発会議
WP 3	OECD Economic Policy Committee Working Party 3	OECD経済政策委員会第3作業部会

凡　例

1．引用文について：　引用文は原則として原文通りとしたが、句読点は適宜補った。また、漢字は旧漢字の場合には新漢字に改めた。〔　〕は引用者が補った文言。

2．注について：　一次史料の作成者名、作成年月日は〔　　〕により補足した（例：〔日本銀行〕外国局、〔昭和 38 年〕6 月 2 日）。一次史料の作成年月日に年月日の文字が入っていない場合は補った（例：昭和 34.5.1　⇒　昭和 34 年 5 月 1 日）。

3．年号の表記について：　本文中では原則として西暦を用いたが、引用文および史料タイトルについては、原文どおりにした。

4．年と年度の区別について：　年は暦年、年度は会計年度（4 月～翌年 3 月）を指す。ただし、米国と IMF については、年度はそれぞれの会計年度を指す。

序　章　ブレトンウッズ体制と日本

1　ブレトンウッズ体制の歴史的特質

1964年はエポック・メーキングな年である。この年の4月に日本はIMF(International Monetary Fund, 国際通貨基金) 8条国に移行するとともに、「先進国クラブ」と呼ばれるOECD（経済協力開発機構）に加盟した。日本がIMFと世界銀行（International Bank for Reconstruction and Development, 国際復興開発銀行）に加盟したのは52年8月であるが、49年4月に1ドル360円の固定為替レートが実施された時から、すでに実質的にブレトンウッズ体制に加わっていた。本書は、360円レート設定から8条国移行までの15年間の日本の対外経済関係を、IMFと日本との関係を中心に検討する。

ブレトンウッズ体制と「埋め込まれた自由主義」　ブレトンウッズ体制(1944年7月のブレトンウッズ会議によって創出された国際通貨システム）は20世紀の歴史的な産物である。国際収支の均衡は古くから存在する問題であるが、20世紀の経済・社会の変化は、国際収支の均衡に新たな課題を付け加えた。それは、一般に国内均衡と対外均衡の調整と言われる問題である。

20世紀の大衆社会の形成により、国家と経済とのかかわり方は大きく変貌した。国民に対して雇用の確保や生活水準の向上を保障することは、普通選挙制に正当性の根拠を置く政府の当然の責務とみなされるようになった。大恐慌を契機にケインズ的なマクロ経済政策が採用されたことは、一時的な不況対策にとどまらない、歴史的変化の反映であった。第二次大戦後、各国政府や国際機関は完全雇用を取り組むべき優先的な課題とし、各国はマクロ経済政策を整備していくことになる。

国際通貨協力機関として誕生したIMFには、こうしたマクロ経済政策の登場を背景に、国内均衡（完全雇用・経済成長）と対外均衡（国際収支の均衡）との調整の役割が期待された。IMF 協定の第 1 条は、「通貨に関する国際協力」、「為替の安定」、「多角的支払制度の樹立」と並んで、「国際貿易の拡大及び均衡のとれた増大を助長し、もって経済政策の第一義的目標たる全加盟国の高水準の雇用及び実質所得の促進及び維持並びに生産資源の開発に寄与すること」をIMF の目的として謳った[1)]。

ブレトンウッズ体制の画期性は、国際通貨協力のための常設機関が設けられた点にある。国際金融協力は古典的金本位制時代から広く行われていたが、それは基本的には、国際流動性の供給、金融不安への対処を目的とした中央銀行間協力であった[2)]。それに対して、IMF の場合には、国民経済に対して直接責任を負う立場にある各国政府を中心に組織が編成された。

国際政治学者のラギー（John Gerard Ruggie）は、第二次大戦後の自由主義を19 世紀のレッセフェール的自由主義と区別して、「埋め込まれた自由主義」と名付けた。「埋め込まれた自由主義」は、社会的諸関係から分離した 19 世紀の自己調整的な経済秩序（＝市場）を社会に埋め戻すというポラニー（Karl Polanyi）の思想からヒントを得た概念である。ラギーによれば、自律的経済政策と国際的な開放性との両立を図る GATT（関税及び貿易に関する一般協定）とブレトンウッズ機関（IMF・世銀）は、市場と社会との「妥協」にもとづく戦後国際経済秩序を体現した存在である[3)]。アンドリューズ（David M. Andrews）は、こうした理念に立脚する国際経済秩序を、固定相場制を指すブレトンウッズ体制（Bretton Woods system）と区別して、ブレトンウッズ秩序（Bretton Woods order）と呼んだ。アンドリューズによれば、ブレトンウッズ体制が変動相場制への移行により終焉した後も、ブレトンウッズ秩序は現在に至るまで持続している[4)]。

IMF は、加盟国の自律的な経済政策運営と自由貿易・多角的決済との両立が図られるように設計された。多角的決済制度と自由貿易の維持のために、各国通貨の交換性、固定レートの維持が加盟国に義務付けられた。一方、加盟国の自律的な経済政策運営を保障するために、短期的な国際収支の不均衡に対してはIMF が融資を行うこと、基礎的な不均衡に対処するために平価の変更を容認すること（「調整可能な固定相場制」）、加盟国に資本規制を行う自由を与えることが定められた。

しかし、この2つの目的は相矛盾する側面を持ち、ブレトンウッズ体制はその誕生から崩壊まで、両者の対立と調整の歴史であったと言ってよい。よく知られているように、ブレトンウッズ協定の制定過程では、イギリスが経済政策の自律性を、アメリカが為替安定を主張して激しく対立した[5)]。妥協の結果生まれたブレトンウッズ協定には、多くの曖昧な部分が残された。曖昧な部分は、1947年3月のIMF開業以降、理事会や事務局で検討され、制度が整備されていった。しかし、そうした制度化もまた新たな妥協の産物であった[6)]。

固定相場制時代のIMFのルール　つぎに、固定相場制時代のIMFのルールをトレースしておきたい。

IMFのルールは、以下の5点に要約される。

① 加盟国は平価を設定し、為替相場を平価の上下1%以内に維持する義務を負う。
② 加盟国は経常取引にかかわる為替制限、差別的通貨措置を撤廃し、多角的決済を遂行する義務を負う。
③ 加盟国は短期的な経常収支の赤字を、IMFの短期資金を用いてカバーすることができる。
④ 加盟国の経常収支に基礎的不均衡が生じた場合には、加盟国はIMFの承認を得て平価を変更できる。ただし、平価の10%以内の変更はIMFの事前承認を必要としない。
⑤ 加盟国は任意に資本規制を実施できる。

①②が為替安定（=対外均衡）のためのルールである。為替制限の撤廃を定めたIMF協定の第8条は、加盟国に対して、経常的支払に対する制限の撤廃（第2項)、差別的通貨措置の撤廃（第3項)、外国保有の自国通貨残高の交換性の保障（第4項）の3つの義務を課している。ただし、IMF設立当初の世界的なドル不足を考慮して、「戦後の過渡期」に限り、8条の義務の履行を猶予する例外規定が設けられた（第14条)。第8条の義務を受諾した国を8条国、猶予を受けている国を14条国と呼ぶ。

③④⑤によって、加盟国の経済政策の自律性は確保される。IMF資金は、

加盟国の国際収支が悪化した際に、急激な引締めを免れるための時間的猶予を与えることによって、加盟国の経済政策の自律性を支える。ただし、一般にIMFは引締め政策の実施を融資の条件として課すので、加盟国の経済政策は掣肘を受けることになる。また、経常収支が基礎的不均衡に陥った場合には、加盟国には平価の変更を行って、均衡を回復する道が用意されている（「調整可能な固定相場制」）。基礎的不均衡は明確に定義されなかったが、固定相場制である以上は、それほど頻繁な平価変更は想定されていなかったと考えられる。平価変更は加盟国の側からのみ提起でき、実際には平価変更は加盟国のIMFに対する一方的通告に近かったので、平価変更の主導権は加盟国の側にあった。しかし、平価切下げは政府の経済政策の失敗とみなされるという理由から、実際にはあまり行われなかった。資本移動に関してはブレトンウッズ体制は規制的であった。ケインズは、第二次大戦後の世界では、資本移動は厳しく規制されるべきだと考えており、ホワイト（Harry Dexter White）も同様の見解を持っていた。しかし、アメリカの金融界が資本規制に消極的であったために、IMF協定では資本規制は各国の自由に委ねられることになった。IMF協定において資本規制が各国の権利として認められた点は重要である[7)]。資本規制が維持された結果、国内金融市場と国際市場とは隔離され、国内経済政策の自律性が確保された。したがって、③は加盟国の経済政策の自律性を保障すると同時に制約する側面を持ち、④は実際に発動されることは少なかったので、国内政策の自律性確保のためには⑤がもっとも大きな意味を持ったと言える[8)]。

ブレトンウッズ体制の過渡的性格　現在から顧みれば、ブレトンウッズ体制の過渡的性格は明瞭である。

第1に、ドルはこの時期にはまだ「金の足枷」から完全に自由になっていなかった。IMF協定は、金1オンス35ドルを前提に、各国が金または米ドルで表示された固定レートを採用することを義務付けていた。再建金本位制と比べれば、ブレトンウッズ体制においてはドルが中心となり、金為替本位制の側面は後退した。しかし、金とドルとの交換を保証している点において、ブレトンウッズ体制は金為替本位制の性格をとどめている。

第2に、国際金融において英ポンドが有力な地位を占め続けていた。1950

年において、世界各国の外貨準備中でポンドはドルを凌駕しており、50年代末にもポンドはIMF加盟国の外貨準備（金を除く）の約40%を占めていた[9)]。貿易決済の面でも、50年代に世界の貿易契約の約3分の1はポンドで行われていた[10)]。しかし、英連邦各国の経済的自立が高まるにつれてスターリング圏の実態は希薄になり、67年のポンド危機によって英ポンドは基軸通貨の地位を最終的に失った。

第3に、1950年代には発展途上国と先進国とは、まだ明確に分化していなかった。40年代後半には西欧諸国も非西欧諸国も同様に「ドル不足」に悩まされていた。しかし、50年代末までに、西欧諸国および日本が経済復興を達成したのに対し、発展途上国では一次産品の価格下落や経済開発政策の失敗により、国際収支危機が頻発するようになり、両者の差が明瞭になった。利害を異にする先進国と発展途上国（当時は低開発国と呼んだ）とは、60年代に入ると、それぞれ独自のグループを形成するようになる。OECDの第3作業部会（WP3）、G10（10ヵ国蔵相会議）、BIS（国際決済銀行）等は先進国のインナー・サークルであり、途上国は64年に成立したUNCTAD（国連貿易開発会議）を足場に、みずからの利害を主張した。

第4に、国際金融・資本市場は1950～60年代には、まだ復活途上にあった。大恐慌期以降の世界経済の混乱により、第二次大戦直後には世界の約40%（GDPベース）の国々がデフォルト（債務不履行）ないしリスケジューリング（債務返済繰延べ）の状態にあった[11)]。50年代においてはアメリカ等の金融機関や投資家は、外国への投融資には消極的であった。60年代に各国の国内規制からは自由な市場であるユーロカレンシー市場が登場し、国際金融・資本市場の復活が進むことになる。

第4に、社会主義圏はブレトンウッズ体制の枠外にあった。IMFは、国連の外郭機関として発足したが、ソ連はブレトンウッズ協定には加わらず、ポーランドは1950年、チェコスロヴァキアは54年にIMFから脱退した[12)]。冷戦が始まると、アメリカは他の主要資本主義国とともに、社会主義圏に対する禁輸措置を実施し（1950年ココム〈COCOM, Coordinating Committee for Export Controls to Commumist Area〉の設立）、対社会主義圏貿易を極度に制限し、資本主義圏と社会主義圏とは経済的に分断された。49年に社会主義国間の国際機関コメコン（COMECON, Communist Economic Conference）が設立されたが、社会主義国間の貿易は二国間の双務貿易が基本であり、それは64年にコメコンに多角的決済システムが導入された後も変わらなかった。資本主義圏と社会主義圏との分断状態に変化が生じるのは70年代である。キッシンジャー（Henry Alfred Kissinger）のデタント政策で禁輸政策が大幅に緩和され、東西貿易に最恵国原理が適用されるようになった[13)]。

本書の狙いと研究史　本書においては、IMFの国内均衡と対外均衡との調整機関としての役割に着目して、IMF 14条コンサルテーションとIMF借入交渉を中心に、日本とIMFとの関係を分析し、14条国時代を貿易と為替の両面から包括的に論述する。

対日14条コンサルテーションに関する研究は皆無に近く、日本については伊藤正直の先駆的な研究が存在するのみである（伊藤正直［2009］）。日本以外の国については、研究は乏しく、イギリスに関する西川輝［2014］の研究、伊藤正直・浅井良夫編［2014］に収められたフランス（矢後和彦）、ドイツ（石坂綾子）、イタリア（伊藤カンナ）、カナダ（菅原歩）の論文が初めての本格的研究と言える。

日本のIMF借入については、筆者もかつて検討を試みたことがあるが、全面的な検討は行っていない（大蔵省財政史室編［1992］［1999 a］）。ブレトンウッズ体制期に行われた諸外国のIMF借入については、いくつかの研究があり、また筆者が把握していない研究も存在すると思われる。ここではIMFの貸出政策を包括的・歴史的に解明した優れた研究であるGould［2007］を挙げるにとどめたい。

貿易・為替自由化は戦後日本経済の重要なトピックであり、これに言及した文献は、通史的な記述や、当時の論説も含めれば、枚挙にいとまがない。しかし、実証的な研究はまだ少ないのが現状である。ここでは論点を明確にするために、若干の見解をとりあげておきたい。

日本が、「国際収支の天井」の制約の下で高度成長政策を進めたことは周知の事実であるが、日本がIMFのルールにどれだけ忠実に従っていたかについては、論者によってその解釈に幅がある。伊藤正直［2009］は、1950年代末から60年代初めの日本は、「IMFのヤコブソン路線に抵抗し、貿易・為替の自由化の推進をできる限り遅らせる、厳格な外貨・為替管理を実施し、公的外貨準備を低位において効率的な外貨運用を行う、という措置を継続し、高度成長に必要な成長通貨の供給を安定的に実施する条件の確保に努めていた」と述べる。香西泰［1989］も、「最低限の外貨準備で、余力を成長＝国内経済拡大に振り向ける政策がとられた」と同様の認識を示している。香西は、ブレトンウッズ体制の「ルールは（資本移動のない）金本位制のそれに近いものであった」ので、金融政策は外貨準備に規定され、裁量の余地は少なかったにもかかわらず、日本が「成長率を高めるために、古典的な健全さ、慎重さ、正常さを無視して」「為替規制をのこし、外貨準備を蓄積せず、目いっぱい国内経済拡大のために信用を創造した」側面に着目している。伊藤や香西が制約の中での自律的側面を強調するのに対して、石見徹［1995］は「『ゲームのルール』の遵守という点で先進諸国の中でも優等生」であったことを重視する。そこでは、安定政策により対外競争力が強まった側面が強調される。成長通貨は、アメリカの対外支払いを通じて外在的に供給され、経済政策の自律性は低かったと想定されている。

国内政策の自律性については本論で検討するが、その際につぎの2点に留意したい。第1は、アメリカの対外支出についてである。国際流動性供給にIMFが果たした役割は限定的で、アメリカの対外支出がより大きな意味を持ったことはしばしば指摘される。しかし、アメリカの対外支出の具体的な内容に立ち入った研究は少ない。本書では、1950〜60年代前半の日本に対して、アメリカが特需やEXIM借款の形態で行った流動性供給の実態を検討する。第2に、1960年代に復活した国際金融市場が、国内政策やIMFの貸出政策に与えた影響についても検討したい[14]。

貿易自由化については、つぎのような対照的な評価がある。小宮隆太郎［1988］は、貿易自由化が経済発展に有益であるという認識が日本側には乏しく、貿易自由化は先進国グループに加わるための「やむをえない代償」として受け止められたとしている。小宮によれば、政府にとって自由化は「やむをえない代償」であったがゆえに、業界の混乱を恐れて自由化にきわめて慎重になり、外圧が弱かった産業では自由化が進展しなかった。一方、仙波恒徳（通商産業省編［1991 b］）は、日本の自由化が1960年以降の数年間に急テンポで実施されたことに着目し、アメリカが国際収支維持のために強い圧力を日本に加えるなど国際的圧力が強かったため、一部の産業においては、準備が整わないままに自由化が実施された側面を強調している。貿易自由化が急激に進んだことは事実であるが、また自由化に対する抵抗が強く自由化が完全に実施されなかったことも事実であり、両方の側面があったと言える。全体的に評価するためには、岡崎哲二［2012］が指摘するように、自由化が実施された順序の検証が鍵になるだろう。本書では、こうした検討を試みたい。

以下、本書では、第1部でIMF加盟の前史として、1949年4月の1ドル360円レートの実施、戦後為替管理制度の形成およびIMF加盟交渉について述べる。ついで第2部では52年のIMF加盟以降50年代末までの時期のIMFコンサルテーションとIMF借入を検討する。最後に第3部において、60年6月に「貿易・為替自由化計画大綱」が発表されてから64年4月にIMF 8条国に移行するまでの自由化とIMF借入について明らかにする。

2　14条コンサルテーションとIMF融資

（1）14条コンサルテーション

IMFの8条国移行政策　IMFの業務開始（1947年3月）から5年間（52年3月まで）の「戦後の過渡期」が経過した後は、IMFが加盟国の間で年次協議（IMF consultation）を実施し、為替制限を継続する国際収支上の理由（BP reason）の有無について協議することを、IMF協定は定めている。

1947年のIMF開業当初、8条国はアメリカをはじめとする5ヵ国にすぎなかった。52年に14条コンサルテーションが開始された後も、50年代末までは8条国の増加ペースは緩慢であった（**表0－1**）。8条国への移行が進展したのは60年代初めである。61年2月に、西欧諸国9ヵ国が一斉に8条国に移行し、65年までに8条国は27ヵ国となった（加盟国の26.5%）。その後、IMFは8条国移行を促す熱意を失い、90年代に入るまで8条国は加盟国の過半に達しなかった。93年以降、IMFは加盟国に対する働きかけをふたたび強め、99年末

表0－1　IMF 8 条義務の受諾国（1946～65 年）

受諾年	現在数	国　名
1946	4	エルサルヴァドル　メキシコ　パナマ　アメリカ
47	5	グアテマラ
48	5	
49	5	
50	6	ホンジュラス
51	6	
52	7	カナダ
53	9	ドミニカ　ハイチ
54	10	キューバ
55	10	
56	10	
57	10	
58	10	
59	10	
60	10	
61	21	ベルギー　フランス　西ドイツ　アイルランド　イタリア　ルクセンブルク　オランダ　スウェーデン　英国　ペルー　サウジアラビア
62	22	オーストリア
63	24	ジャマイカ　クウェート
64	25	日本　ニカラグア
65	27	コスタリカ　オーストラリア

［注］1. 8 条国現在数は各暦年末現在。
2. キューバは 1964 年に IMF を脱退。
［出所］Margaret G. de Vries & J. Keith Horsefield, *The International Monetary Fund, 1945–1965, Vol.2*, IMF, 1969, p.292 より作成。

には 8 条国は加盟国の 81% に達した[15)]。このように、8 条国移行は 60 年代前半の第 1 段階、90 年代の第 2 段階を経て現在に至っており、60 年代前半の 8 条国移行は先進国を中心とするものであった。

1950 年代半ばまで IMF は、経常収支にかかわる為替制限の全面的撤廃は時期尚早であり、慎重に進めなければならないと考えていた。そこで IMF は、周辺的な問題、すなわち差別的通貨措置の撤廃、とくに複数為替レートの問題から為替自由化の取り組みを開始した[16)]。ハード・カレンシーの獲得、国内産業の保護、輸出拡大のために複数為替レートに魅力を感じる国は少なくなく、50 年代初めに、複数為替レートは中南米諸国に限らず、フランス等の先進国を含む広い地域に拡大する様相を見せていた。IMF の調査によれば、55 年末において加盟国 58 ヵ国中 36 ヵ国が複数為替レート制ないし事実上の複数レートを実施していた。日本は公式には複数為替レートは実施していなかったが、IMFは、輸出振興外貨制度や輸出入リンク制は事実上の複数為替レートに当たるとみなし、その廃止を求めた。

IMFは、ついで1950年代半ばに、双務支払協定の廃止に取り組んだ。ドルを節約できるという利点から、双務支払協定は「ドル不足」回避の便法として多用されていた。IMFは「ドル不足」の状況に配慮して、当初は双務主義に対して緩やかな姿勢をとっていたが、55年6月にIMF理事会で双務支払協定廃止の決議がなされた。地域通貨協定は微妙な問題であった。50年7月に成立したEPU（欧州決済同盟）について、当初IMFや米国財務省はアウタルキー化を促進するとして警戒的であったが、EPUに対する西欧諸国の積極的な姿勢に押される形で、EPUを多角的決済実現へのステップとして容認することになった[17]。

IMFが8条国移行を近い将来の課題とし、手続きの検討に入ったのは1954年であった。西欧諸国が歩調を合わせて8条国へ移行すること、移行に際しては非居住者を対象とする通貨の交換性回復を第1段階とし、第2段階で居住者まで拡大するという2段階アプローチをとることで、IMFにおいて合意が形成された。非居住者交換性回復が当初の予定よりも遅れて58年末にずれ込んだのは、55～56年にイギリスが国際収支危機に陥ったためである[18]。

以上のように、為替自由化は、差別的為替制度の撤廃という周辺的な部分から始まり、その後、非居住者の交換性回復、居住者も含めた交換性回復へと進んだ。このようにIMFが漸進的自由化政策をとったために、「戦後の過渡期」は事実上延長され、西欧諸国や日本には為替制限の撤廃までの長期の猶予期間が与えられることになった。

14条コンサルテーション　14条国に対する年次協議の期間は、10日から2週間程度で、前半では、国内経済動向、財政金融政策、国際収支などのマクロ経済情勢が、後半では為替制限の状況が討議される[19]。コンサルテーションの結果は、IMFスタッフ・チームによって報告書（「スタッフ・レポート及び勧告」）にまとめられ、理事会に提出され、審議・承認される[20]。

コンサルテーションの結果、もはや為替制限を行う国際収支上の理由がないと理事会が判断した場合には、IMF 理事会はその加盟国に対して残存為替制限の撤廃（=8条国への移行）を勧告する。勧告を受けた国は、8条義務を受諾する旨を通告し、IMF 理事会がそれを承認する。

コンサルテーションの第1の目的は、為替規制の現状を点検し、規制緩和を促すことにあるが、適切なマクロ経済政策が実施されているかどうかも IMF は点検する。加盟国のマクロ政策が適切でなく、その結果国際収支が不均衡に陥った場合には、加盟国は為替制限を強化し、為替自由化が後退するからである。

IMF は、経常収支不均衡の原因を赤字国の国内総支出が過大であることに求め、赤字国に対して、超過需要を緊縮的マクロ政策によって削減するよう要請した（アブソープション・アプローチ）。1950 年代後半には、IMF はアブソープション・アプローチを発展させ、国内信用の増加が経常収支の悪化を引き起こす側面に注目し、金融政策を重視するマネタリー・アプローチを採用した[21]。50 年代後半に、IMF はマネタリー・アプローチにもとづき、日本に対して、主としてアメリカをモデルにした金融政策の改善方法を種々アドバイスした。

IMF が総需要抑制を要請すれば、各国の完全雇用政策と衝突する可能性が高い。コンサルテーションは強制力を持たないとはいえ、IMF の注文は、一定の影響力があったと考えられる。その程度については、具体的事例に即して検討する必要がある。なお、IMF と加盟国とのマクロ政策に関する協議の場は、先進諸国が8条国に移行した後も残され（8条コンサルテーション）、その後 78 年には、IMF 協定の改定にともない、4条コンサルテーションに移された[22]。

対日 14 条コンサルテーションは 1953 年6月に第1回目が行われ、63 年 11 月まで東京またはワシントンで計 11 回実施された[23]。IMF のスタッフ・チーム（IMF 調査団）は、アジア局、為替制限局等のスタッフ数名で構成され、それに日本の IMF 理事がオブザーバーとして加わった。日本側は大蔵省為替局[24]が中心となり、大蔵省、経済企画庁、通産省、外務省などの関係省庁および日本銀行のスタッフにより構成された。8条国移行の交渉の際には、IMF 為替制限局長のフリードマン（Irving S. Friedman）が来日して、直接交渉に当たった。

IMF と GATT　IMF と GATT は、自由な多角的国際取引の実現を図るための両輪と称されたが、為替制限が広範に存在した1950年代においては、関税が機能する余地は小さく、GATT は目立たない存在であった。

IMF の加盟国がすべて、GATT に加盟していたわけではない。1958年現在 IMF 加盟国68ヵ国中、GATT 加盟国は36ヵ国にとどまった[25]。中南米、中近東、アジアの国々のなかに、IMF・世銀だけに参加している国が多かったのは、IMF・世銀に加盟すれば融資を受けられるメリットがあったためである。

GATT には、IMF 協定の第8条、第14条に対応する規定が存在した。「数量制限の一般的廃止」を定めた第11条と、国際収支上の理由によって過渡的に数量制限を実施することを認めた第12条である。GATT も、IMF と同様に12条国に対して、輸入制限撤廃に関する年次協議（consultation）を行った。ただし IMF コンサルテーションに対して、GATT の年次協議は副次的役割を果たすにとどまり、協議自体も IMF コンサルテーションよりも簡略化された内容であった[26]。

IMF 加盟国が8条国に移行する際には、同時に GATT 第11条の適用を受けることになる。その際に GATT は、BP リーズンの有無の判定を独自には行わず、IMF の判定が下れば、それを自動的に適用するのが慣例であった。日本の場合は、1963年2月6日に IMF から BP リーズンなしの判定を受け、7日に8条国移行勧告を受諾、20日に GATT に11条国への移行を通告した。

日本は GATT への加盟を熱心に求め、1955年に加盟を果たした。日本にとって GATT 加盟が重要であったのは、外国との正常な貿易関係を回復するための土台になるからであった。GATT 第1条は、「一般的最恵国待遇」の原則を掲げており、GATT 加盟国は最恵国待遇を受けることができる。しかし GATT 規約には、加盟国は新規加盟国と GATT 関係に入ることを拒否できるという例外規定（第35条）が存在し、日本の加盟と同時に14ヵ国が日本に第35条を援用した結果、日本の貿易関係の正常化は果たされなかった。日本の第35条の援用撤回交渉は、貿易・為替自由化と並んで、50年代末から60年代初めの主要な対外経済外交の課題になった。

（2）IMF融資とコンディショナリティ

IMFの融資制度　IMFからの借入は、加盟国が出資に相当する外貨を引出すという意味から、引出し（drawings）と通称される[27]。借入の主体は、加盟国が指定する公的機関であり、民間の為替銀行が借り入れることはできない。

IMFが創立された時には融資システムはほとんど整っていなかった。IMF協定には借入手続きに関する具体的規定は存在しなかったので、IMF設立初期には、加盟国が審査なしでIMF資金を利用できるかどうかを巡って、理事会で激しい論争が起きた（自動性論争）。理事会においては、自国通貨のドルが引き出される立場にあるアメリカと[28]、ドルを必要とする西欧諸国等との利害は真っ向から対立した。

自動性論争は、IMF専務理事ルース（Ivar Rooth）の調整によって1952年に決着し、ゴールド・トランシュを超える借入に条件が付されることになった[29]。これがIMFコンディショナリティの起源である。

借入限度はクオータの125%と定められている[30]。借入限度であるクオータの125%は5段階に区分され、借入額が増えるにつれて審査は厳格になり、借入に厳しい条件が課される。125%のうち、金出資分に相当する25%をゴールド・トランシュ、残りの100%をクレジット・トランシュと呼ぶ。ゴールド・トランシュまでの借入は無条件で認められる。クレジット・トランシュは25%ずつ第1クレジット・トランシュから第4クレジット・トランシュまでの4段階に分けられる。このシステム（tranche policy）は、1959年までに時間をかけて整備されたものである[31]。なお、1952年に、IMF資金の借入期間の限度については、3ないし5年と定められた。

1952年に、スタンドバイ融資の制度が設けられたことを契機に、IMFの融資制度の整備が進んだ。スタンドバイ融資は、あらかじめ一定の引出枠（クレジット・ライン）を設け、定められた期間内に随時引出しを認める制度である[32]。国際収支危機の際に即座に借り入れることができる点で加盟国にとって便利な制度であるが、IMFにとっては、融資を小出しに実施することで、コンディショナリティの遵守状況を監視できる利点がある[33]。スタンドバイ融資は57年以降IMF融資の一般的形態になり、スタンドバイ取決めにもとづかない融資（immediate drawing と呼ぶ）は次第に例外的になっていった[34]。

IMF の資金は十分ではなかったので、実際には加盟国は上限まで借り入れることはできなかった。IMF 引出額は 1955 年以前においては最高でも年間合計 2 億ドル程度にすぎない。ヤコブソン（Per Jacobsson）の専務理事就任以降、IMF の融資活動は活発化し、スエズ危機の 56 年と 57 年に引出額はそれぞれ約 7 億ドル、約 10 億ドルに達した。59 年の増資で IMF の資金が増大し、61 年と 65 年には引出額は 20 億ドルを超えた。しかし 47 年の開業から 65 年までの引出額は年平均約 6 億ドルにすぎず、しかもこの期間の引出額の 42% まではイギリス 1 国が引き出しており、その他の加盟国が潤沢に資金を利用できたとは言えない[35]。

IMF 資金を補足する役割を果たしたのが、1950 年代においてはアメリカ政府の機関であるワシントン輸出入銀行（EXIM）であった。60 年代に入ると、短期資金調達の手段は多様化し、米市銀をはじめとする民間金融機関からの借入、中央銀行間のスワップ網の利用も可能になった。

日本は 14 条国時代に、1953 年、57 年の 2 回、IMF からの借入を行い、62 年と 64 年の 2 回、スタンドバイ取決めを結んだ（**表 0－2**）。8 条国移行後は、今日まで IMF からの借入は行っていない。日本の借入額は、47～65 年の IMF 融資額の 2.2% を占めるに過ぎない。57 年には IMF 借入と並行して EXIM 短期借款が行われた。また、62 年には米国市中銀行から借り入れた結果、スタンドバイ借入は実行されなかった。64 年にも、スタンドバイ借入は実行されずに、ニューヨーク連銀とのスワップが用いられた。

コンディショナリティ　加盟国が借入を行う際、IMF は貸出の条件として、国際収支不均衡を是正するための経済政策目標を加盟国に課す。これを、IMF コンディショナリティ（IMF conditionality）と呼ぶ。

前述したように IMF 融資に条件を課すことが定められたのは 1952 年であったが、コンディショナリティの制度は長期間をかけて整備され、明確な形で公表されたのは 68 年であった（ガイドラインの制定）。60 年代までのコンディショナリティはマクロ経済目標に限定されており、70 年代に債務延滞状況や外貨準備水準が、80 年代には構造調整項目が加わった[36]。

表0−2　日本によるIMF資金の利用

（単位：100万ドル）

IMF資金の引出し

	取引日	引出金額	引出通貨	円貨買戻し額	使用通貨
1953年					
	1953年 9月 8日	14.0	英ポンド		
	11月13日	36.4	〃		
	12月 4日	12.0	〃		
		（小計62.4）			
	12月18日			61.6	米ドル
	12月21日	61.6	英ポンド		
	1955年12月 5日			32.4	米ドル
	12月27日			30.0	〃
		（計124.0）		（計124.0）	
1957年					
	1957年 7月 2日	75.0	米ドル		
	8月12日	50.0	〃		
	1958年 9月25日			62.5	米ドル
	11月28日			62.5	〃
		（計125.0）		（計125.0）	

IMFスタンドバイ・クレジット

	締結日	取決め額	期間	満期
1962年	1962年1月19日	305	1年間	1963年1月18日
1964年	1964年3月11日	305	1年間	1965年3月10日

［注］1. 1953年は、当初3回の引出額のうち計6,160万ドルについて、いったん米ドルによる買戻しを行った。したがって、引出額合計は1億2,400万ドルとなるが、途中、買戻しを行ったため、すべてゴールド・トランシュの範囲内の引出しで処理した。
2. 1957年は、合計1億2,500万ドルを引き出した結果、ゴールド・トランシュと第1クレジット・トランシュを使用した。
3. 1962年と、1964年においては、取決め額全額を引き出せば、第1クレジット・トランシュまで引き出すことになるが、実際には、引出しは行われなかった。

［出所］「わが国のIMF資金利用状況」［大蔵］。

1960年代までに整備された点としては、趣意書（letter of intent, LOI）の提出と、マクロ目標の数値化（performance criteria）の2点が挙げられる。趣意書は、適切な経済政策の履行を約束した文書で、IMFから融資を受けた国の財務大臣が専務理事宛に提出する。54年のペルーが最初の事例とされ、60年頃には趣意書を提出するのが通例になった[37]。趣意書は当初は借入国の決意表明にすぎなかったが、60年代初めころまでには数値目標が盛り込まれるようになった。数値目標は、通常、財政赤字とマネー・サプライのシーリングである。

日本の場合、1953年と57年の借入の際には趣意書は提出されていない。61年と64年のスタンドバイ取決めの際には趣意書は提出されたが、財政とマネー・サプライに関する数値目標は掲げられなかった。

出資金と割当額（クオータ）　IMFの融資の原資は、加盟国の出資金である。各国に対する出資金の割当額をクオータ（quota）と呼ぶ。

IMFのクオータ総額は1945年末76億ドル（うちアメリカのクオータ27億5,000万ドル）であり、59年に50%の増資が行われ、約147億ドルになった[38]。固定相場制時代には、59年（50%増資）の後、65年（25%増資）、70年（25%増資）に増資が行われている。IMF設立当初は事実上米ドルだけがハード・カレンシーであり、実際に利用可能な資金は出資金の一部にすぎなかった。

加盟国は、出資金の25%を金で、残りの75%を自国通貨で支払う。発言権（割当票数）の大きさはクオータの大きさに比例する。理事のうち5名は出資上位5ヵ国から任命された。アメリカは最大の出資国であり、46年にクオータ総額の33.5%、64年においても22.63%を占めていた。IMFの重要な決定には85%の特別多数決が適用されるので、15%以上を保持し続けることにより、アメリカは単独で拒否権を維持し続けた。

IMFは全体的な増資の際以外でも、加盟国からクオータ増額の要請があれば、他の加盟国の同意を得たうえで、随時、増額を認めていた（特別増資）。日本のクオータは、1952年の加盟時に2億5,000万ドルであったが、59年の50%増資の際に特別増資が認められ、100%増の5億ドルになった。日本は単独で任命理事を出せるだけのクオータを持っていなかったが、IMF加盟以降、連続して選出理事を出している。ブレトンウッズ体制期の理事は、1952年11月〜56年10月湯本武雄、56年11月〜60年10月渡辺武、60年11月〜66年10月鈴木源吾、66年11月〜72年10月鈴木秀雄であった。

3　日本の国際収支と為替管理

(1) 日本の国際収支

本書が対象とする時期の対外経済状況を、国際収支、外貨準備、為替レートの3点から示しておきたい。

国際収支　固定レート制時代の国際収支を概観したい[39]（表0－3)。

貿易収支は1957年まで赤字が続いた（50年を除く)。その後も64年までは貿易収支は不安定であり、黒字が定着したのは65年以降である。貿易収支の赤字を補ったのは、50年までは移転収支（米国の経済援助)、50年代には貿易外収支の政府取引（特需）であった。貿易拡大につれて海運・保険等の貿易付帯経費が増えたため、また、特需が減少したために、60年以降貿易外収支は赤字になり、赤字幅は年々拡大した。そのために、経常収支において黒字が定着するのは、貿易よりも遅れ、68年以降になった。

長期資本輸入は、政府の積極的な外資導入政策もあり、60年代初めに活発化した。しかし、アメリカのドル防衛策（利子平衡税等）により64年以降長期資本調達に困難が生じた。60年代後半に対外投資が盛んになった結果、長期資本は流出超過の傾向が続いた。

外貨準備　「国際収支の天井」を意識しながら経済運営を行っていた政府・日銀にとって、外貨準備は、国際収支の均衡を測るためのもっとも重要な指標であった。

外貨準備に関する公式の数値としては、1949年12月以来、外貨保有高が用いられていた。外貨保有高には外国為替公認銀行（為銀）の外貨保有高、政府の為銀に対する外貨預託、オープン勘定残高が含まれており、政府または中央銀行が保有する流動性のある外貨資産という外貨準備の定義から見れば、問題を含んでいた。外貨準備高の数値も52年3月以降3ヵ月ごとに発表されていた[40]。為銀外貨保有高の増大により、55年以降外貨保有高と外貨準備高との

表 0－3　国際収支

暦年	経常収支					
		貿易収支			貿易外収支	
			輸出	輸入		サービス
1946	△ 78	△ 238	65	303	△ 35	△ 35
47	46	△ 267	182	449	△ 91	△ 91
48	75	△ 284	262	547	△ 103	△ 122
49	207	△ 195	533	728	△ 112	△ 161
50	476	34	920	886	12	△ 50
51	329	△ 292	1,354	1,645	450	△ 173
52	225	△ 413	1,289	1,701	603	△ 183
53	△ 205	△ 792	1,258	2,050	566	△ 236
54	△ 51	△ 429	1,611	2,041	349	△ 254
55	227	△ 54	2,006	2,061	259	△ 252
56	△ 34	△ 131	2,482	2,613	72	△ 433
57	△ 620	△ 402	2,854	3,256	△ 188	△ 660
58	264	370	2,871	2,500	98	△ 313
59	361	361	3,408	3,047	32	△ 342
60	143	268	3,978	3,711	△ 100	△ 506
61	△ 982	△ 558	4,149	4,707	△ 383	△ 765
62	△ 49	401	4,861	4,459	△ 421	△ 787
63	△ 780	△ 166	5,391	5,557	△ 568	△ 908
64	△ 480	375	6,703	6,328	△ 784	△ 1,092
65	931	1,901	8,333	6,432	△ 884	△ 1,193
66	1,251	2,273	9,639	7,366	△ 886	△ 1,330
67	△ 190	1,160	10,231	9,071	△ 1,172	△ 1,647
68	1,048	2,529	12,751	10,222	△ 1,306	△ 1,858
69	2,119	3,699	15,679	11,980	△ 1,399	△ 2,021
70	1,970	3,963	18,969	15,006	△ 1,785	△ 2,397
71	5,797	7,787	23,566	15,779	△ 1,738	△ 2,325

［注］IMF 方式。ただし 1946-60 年は大蔵省の試算値。
［出所］総務庁統計局監修『日本長期統計総覧』3、日本統計協会、1968 年、pp.100-101。貿易外収支の内訳は、際収支統計月報』により補った。

乖離が著しくなった（**図 0－1**）。そこで、58 年 5 月から公式値は外貨準備高に切り替えられた41)。

外貨準備の推移を見ると、1958 年まではほぼ 5 億ドルから 10 億ドルの間にあり、54 年 5 月と 57 年 11 月の 2 つの谷が、外貨危機を示している。「岩戸景気」の 58 年以降、一本調子で増加して 61 年 4 月には一時 20 億ドルに達した。しかし、設備投資に伴う輸入増加で 61 年末には 15 億ドルを切る水準まで減少

(1946~71 年)

(単位：100 万ドル)

		長期資本収支	基礎収支	短期資本収支	誤差脱漏	総合収支
	移転収支					
政府取引						
−	195	22	△ 56	−	△ 3	△ 58
−	405	6	52	−	14	66
19	462	4	78	−	27	105
49	514	△ 18	190	−	△ 11	179
62	429	△ 93	384	1	49	434
623	171	22	351	10	8	370
786	34	△ 61	164	22	1	186
802	21	△ 141	△ 346	△ 33	2	△ 379
603	29	26	△ 25	14	13	2
511	22	△ 24	202	102	△ 19	285
505	25	25	△ 9	△ 2	11	1
472	△ 30	38	△ 582	77	1	△ 503
411	△ 204	96	360	△ 4	37	393
374	△ 31	△ 214	147	△ 60	57	143
406	△ 25	△ 55	88	△ 16	33	105
382	△ 42	△ 10	△ 993	21	19	△ 952
366	△ 30	172	123	108	6	236
340	△ 46	467	△ 313	107	45	△ 161
308	△ 72	107	△ 373	233	11	△ 130
309	△ 86	△ 414	517	△ 62	△ 51	404
444	△ 135	△ 809	442	△ 64	△ 44	335
475	△ 178	△ 812	△ 1,002	506	△ 75	△ 571
552	△ 175	△ 239	809	209	84	1,102
622	△ 181	△ 155	1,964	178	141	2,283
612	△ 208	△ 1,591	379	724	271	1,374
587	△ 252	△ 1,082	4,715	2,435	527	7,677

1946~60 年は日本銀行統計局『明治以降　本邦主要経済統計』1966 年、pp.310−316、61~71 年は日本銀行『国

した。これが、戦後 3 回目の外貨危機である。その後持ち直して、68 年 7 月までは 18~21 億ドルの水準で推移している。68 年 8 月以降経常収支の大幅黒字により急増、69 年末には 35 億ドル、70 年末には 44 億ドルに達した。よく指摘される高度成長期の外貨準備 20 億ドルは、正確には 63 年から 68 年までについてのみ当てはまる。

図０−１　外貨準備高・外貨保有高

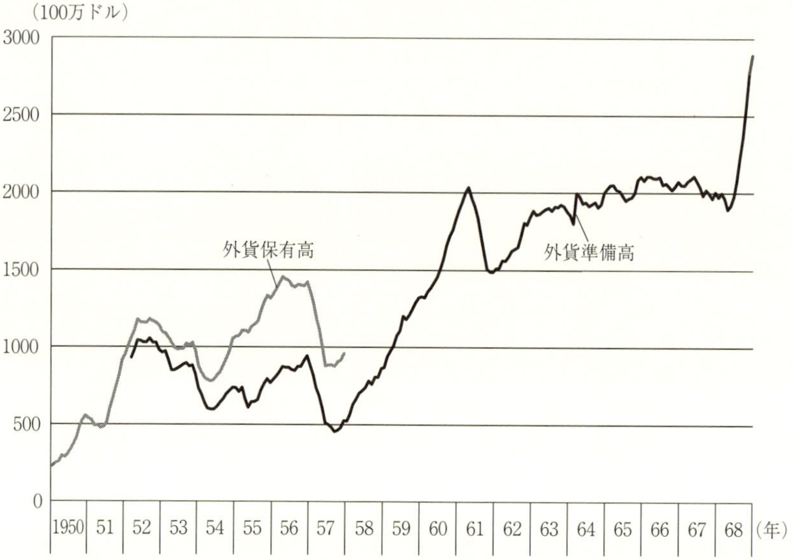

［出所］外貨準備高は、大蔵省財政史室編『昭和財政史――昭和27〜48年度』第19巻、東洋経済新報社、1999年、p.523、「外貨準備高」自昭和24至昭和38（日銀[13528]）、外貨保有高は、大蔵省財政史室編『昭和財政史――終戦から講和まで』第19巻（統計）、東洋経済新報社、1978年、p.127、経済企画庁戦後経済史編纂室編『戦後経済史（貿易・国際収支編）』大蔵省印刷局、1962年、p.476より作成。

為替レート　1949年4月にSCAPによって1ドル360円の固定相場が導入され、IMF加盟後の53年にこのレートがIMFの公式レートとして承認された。49年から71年まで、円レートは22年間余り変更されなかった。第1章で述べるように、360円レートが当初から過大評価されたレート（円高レート）であったかどうかについては議論の余地があるが、50年の朝鮮戦争勃発後の日本国内物価の上昇率がアメリカ等の諸外国と比べて大きかったため、50年代初めには明らかに過大評価されたレートになっていたと思われる（**図０−２**）[42]。その後50年代後半に、円の円安レート化の方向に進んだ。60年代の円安レート化はきわめて緩やかに見えるが、輸出物価指数に着目すれば、そのペースはこの図に示されているよりもはるかに速かった[43]。

為替の変動幅は、IMF規約では平価の上下1%以内と定められていた。日本の場合には、1949年12月から59年9月まで完全な公定レートによってドルの為替取引が行われ、為替市場はほとんど存在の余地がなかった。59年9

図 0-2　対ドル実質為替レート・実質実効為替レート

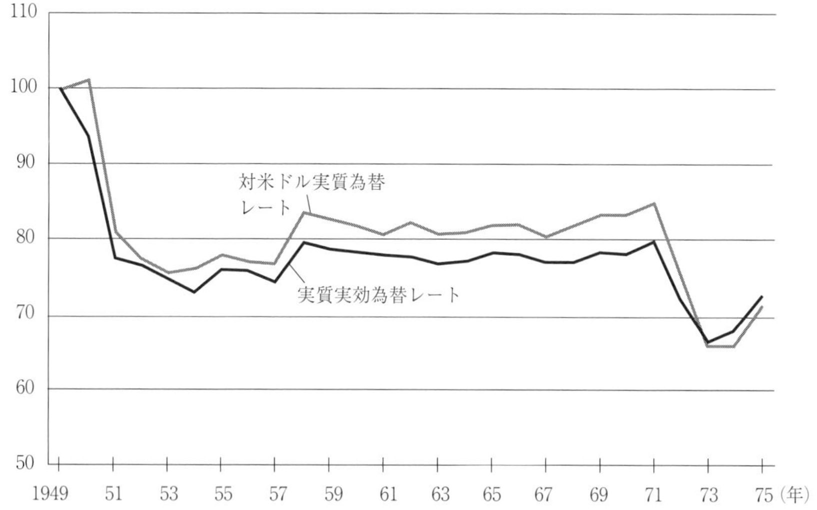

［注］1949＝100、円／外国通貨。
［出所］Barry Eichengreen, *Global Imbalance and the Lessons of Bretton Woods*, MIT Press, 2007（バリー・アイケングリーン『グローバル・インバランス』（畑瀬真理子・松林洋一訳）東洋経済新報社、2010年、p.106）。ただし、1949～75年のみを表示した。

月にドル相場が基準相場の上下 0.5% の範囲内で自由化され、63年4月に変動幅が上下 0.75% に拡大された[44]。0.75% への拡大と同時に日銀に為替平衡勘定が設けられた[45]。

（2）為替管理のシステム

高度成長期の為替管理システムの根幹をなしているのは、1949年12月に制定された「外国為替及び外国貿易管理法」（以下、外為法と略す）である。外為法は、希少な外貨の有効な利用を目的とし、外貨の政府への集中制度と、集中した外貨の配分システム（＝外貨予算）を根幹とする。

外貨集中制度　外為法は、外貨を取得した居住者[46]に対して、取得した日から10日以内に外国為替公認銀行（為銀）に売却することを義務付けている[47]。これを外国為替等集中制度（外貨集中制度）という。

民間の外貨保有を一切認めない場合を全面集中制度、一定限度で民間の外貨保有を認める場合を持高集中制度と呼ぶ。日本で実施されたのは、持高集中制度である。外為法制定直後の1950年6月に為銀のドル保有が認められ（53年3月、為銀のポンド保有も認められた）、51年末には渉外運輸・保険会社、56年には一部の商社にも外貨保有が認められた。持高集中制度とはいっても、持高[48]は制限されており、大部分の外貨は政府に集中された。10日間の集中猶予期間が1ヵ月に延長されたのは71年6月、外貨集中制度が廃止されたのは72年4月である。

居住者が為銀に売却した外貨を、為銀は政府（外国為替資金特別会計）に売却する。為銀は外貨集中の業務を政府から委任されただけでなく、輸出の認証、輸入の承認および支払の承認業務も委任されており、外国貿易において重要な役割を果たした。外国為替業務は大蔵省から認可を受けた銀行のみが営むことができ、為銀は主要銀行に限定されていた[49]。為銀を用いて為替管理を行う方式は「為銀主義」（「銀行主義」とも言う）と呼ばれ、1998年4月の「外国為替及び外国貿易法」施行まで維持された為替管理の根幹の1つであった。

1950年代、政府は為銀の育成に力を注いだ。敗戦とともに日本の銀行（本邦銀行）は対外取引を禁止され、1949年の外為法制定以前においては、SCAPから認可を受けた外国銀行（ライセンスド・バンク）が対外金融業務を行い、日本の為替取扱銀行は本来の為替業務は行わず、外国銀行の下請けに過ぎなかった。49年11月に本邦銀行11行が為銀として大蔵省の認可を受け、海外銀行とのコルレス契約の締結が許され、占領後の52年に海外支店も再開された[50]。50年代には、貿易の発展を支えるために為替銀行を育成することが課題となった。大蔵省は、為銀のコルレス決済を保証したり（LUA制度）、為銀の資金繰りを助けるために保有外貨の一部を預託したりして（外貨預託制度）、為銀の強化に努める一方で、54年には外国為替専門銀行制度を設けて、横浜正金銀行の後継である東京銀行を保護育成した[51]。ただし、大蔵省が目指していたのは貿易金融の担い手としての為銀の充実であり、国際投資銀行としての発展ではなかった。投資銀行としての発展に対しては、大蔵省は高度成長期にはブレーキをかけていた。

外貨管理が日本政府に移管される以前に、SCAP商業勘定が置かれていた米系3行[52]（ナショナル・シティ・バンク、バンク・オブ・アメリカ、チェース・ナショナル・バンク）は、占領後も日本の対外金融において重要な役割を果たした。1950～60年代には、米系3行に政府が外貨準備の一部を預金形態で置き、その見返りに本邦為銀が3行から短期信用（ユーザンス借入）を得るという関係が存在した。61年の外貨危機の際に、3行借款によって流動性を調達したのはこうした関係によるものである。

外貨予算　政府に集中された外貨は、政府の政策にもとづいて配分される。外貨の配分の方式は国によって異なるが、日本の場合は外貨予算（正式名称は外国為替予算）という方式がとられた。

外貨予算は、政府が策定する一定期間内における外貨の支出計画である。政府は外貨資金の使用可能量を見積もり、その配分を決定する。外貨予算は1950年1月から64年3月まで実施され、50年1月から52年3月までは3ヵ月毎、その後は半年毎に編成された[53]（**表0-4**）。外貨予算は、輸入貨物予算（輸入）と貿易外支払予算（運輸・保険等）から構成される。それぞれの分類項目は年次によって異同があるが、57（昭和32）年度上期を例に挙げれば、**図0-3**のような構成になっていた。

外貨予算は、内閣の閣僚審議会において決定される（外為法第3条）[54]。閣僚審議会は、外務、大蔵、農林、通産、運輸の各大臣、経済企画庁（経済審議庁）長官、諮問委員1名（日銀総裁）により構成される。大蔵省為替局が事務管理を担当し[55]、予算案は、幹事会レベルで各省間の調整が行われた。閣僚審議会は事実上、承認の場であった。外貨予算の原案は、輸入貨物予算を通産省が、貿易外支払予算を通産省と大蔵省が作成した。

貿易外支払は輸入に付随して決まる部分が大きいので、輸入貨物予算の方が貿易外支払予算よりもはるかに重要である（**図0-3**）。輸入貨物予算では、商品別に外貨が割り当てられ、輸入は割当額の範囲内で許可される[56]。

輸入貨物予算は、外貨資金割当制（FA : foreign exchange allocation, 以下、外貨割当制と略す）品目、自動承認制（AA : automatic approval）品目、通常予備費からなる。AA品目については、外貨割当の手続きが不要で、外貨予算に残額がある限り、自動的に輸入承認が得られる。FAとAAの中間形態として

表0-4　外貨予算の推移（1950年1月～64年3月）

（単位100万ドル）

	輸入貨物予算							貿易外支払予算			
	当初予算	最終予算 A	確認額 B	確認率	資金割当 FA	自動承認制 AA	確認額中のAAの比率 AA/B	当初予算	最終予算 A	確認額 B	確認率
1950（昭和25）年				%			%				%
1～3月	131(3)	123	66	53.7	66	－	－	16(1)	15	5	35.7
4～6	141(8)	173	139	80.3	139	－	－	20(1)	23	14	60.9
7～9	257(25)	527	435	82.5	371	64	14.7	30(3)	30	13	43.3
10～12	386(18)	526	437	83.1	217	220	50.3	30(3)	30	16	53.3
1951（昭和26）											
1～3	525(144)	927	859	92.7	395	463	53.9	28(1)	41	26	65.0
4～6	456(164)	466	310	66.5	149	160	51.6	41(1)	41	31	75.6
7～9	533(53)	576	414	76.0	385	29	7.0	75(18)	75	39	53.4
10～12	653(87)	661	465	75.5	359	106	22.8	63(5)	63	29	47.5
1952（昭和27）											
1～3	728(160)	751	461	71.3	328	133	28.9	90(15)	90	38	49.4
1950（昭和25）上	398(33)	700	574	82.0	510	64	－	50(4)	53	27	50.9
下	911(162)	1,453	1,296	89.2	612	683	52.7	58(4)	71	42	60.0
1951（昭和26）上	989(217)	1,042	724	71.6	534	189	26.1	116(19)	116	70	61.4
下	1,381(247)	1,412	926	73.3	687	239	25.8	153(20)	153	67	48.6
1952（昭和27）上	1,211(318)	1,242	969	87.2	644	325	33.5	136(10)	210	149	71.6
下	1,415(273)	1,501	1,254	84.6	809	445	35.5	266(20)	349	230	66.9
1953（昭和28）上	1,225(257)	1,246	1,060	91.6	771	288	27.2	330(15)	396	282	71.3
下	1,335(170)	1,546	1,446	94.9	1,189	258	17.8	324(25)	445	343	77.1
1954（昭和29）上	1,100(50)	1,100	932	87.0	828	104	11.2	320(10)	372	294	79.0
下	1,090(43)	1,090	1,040	95.6	870	170	16.4	164(10)	173	154	89.3
1955（昭和30）上	1,107(50)	1,161	1,137	97.9	950	187	16.4	210(20)	213	193	90.4
下	1,314(50)	1,455	1,416	97.4	1,186	231	16.3	274(30)	336	292	86.9
1956（昭和31）上	1,543(50)	1,766	1,687	95.6	1,336	351	20.8	344(30)	346	302	87.3
下	1,915(210)	2,483	2,374	95.6	1,861	513	20.7	426(50)	426	332	83.9
1957（昭和32）上	2,236(150)	2,236	1,730	82.9	1,282	448	25.9	408(30)	408	342	90.5
下	1,652(80)	1,652	1,308	83.2	1,023	285	21.8	357(30)	357	294	88.2
1958（昭和33）上	1,628(150)	1,628	1,244	81.4	898	346	27.8	396(30)	431	367	85.1
下	1,757(200)	1,757	1,450	88.9	983	467	32.2	457(50)	457	370	86.6
1959（昭和34）上	1,941(200)	1,941	1,653	89.5	1,059	594	35.9	458(50)	522	418	87.8
下	2,328(200)	2,328	2,158	94.6	1,458	700	32.4	535(50)	553	410	78.9
1960（昭和35）上	2,624(200)	2,624	2,150	87.5	1,308	842	39.2	644(50)	644	529	85.6
下	2,800(200)	2,800	2,490	94.7	1,370	1,120	45.0	730(50)	730	557	79.9
1961（昭和36）上	3,172(200)	3,272	3,107	95.0	1,233	1,874	60.3	819(50)	866	710	83.9
下	3,526(200)	3,526	2,647	79.6	1,060	1,587	60.0	873(50)	873	740	87.3
1962（昭和37）上	3,114(200)	3,114	2,305	79.1	813	1,492	64.7	845(50)	845	695	83.7
下	3,154(200)	3,154	2,841	90.1	585	2,255	79.4	1,248(50)	1,248	1,044	87.2
1963（昭和38）上	3,465(200)	3,465	3,246	96.3	684	2,562	78.9	1,220(50)	1,220	1,003	85.7
下	3,815(250)	3,815	3,808	99.8	633	3,175	83.4	1,300(50)	1,300	991	79.3

［注］1. 1950年1月から52年3月は3ヵ月ごとに予算が編成されているが、51年度上期から51年度下期については、便宜上、集計を行った。
2. 当初予算の（　）内は予備費。
3. 確認率は、確認額／(最終予算－予備費）で算出。表0-4には、最終予算の予備費は表示していない。
4. AAにはAFAも含む。

［出所］犬田章『わが国戦後外国為替管理政策と長期・短期資本取引規制の緩和』中央公論事業出版、2000年、p.172-173より作成。

図0-3　外貨予算の構成

- 輸入貨物予算
  - 外貨割当制品目
    - 計画品目
    - 雑輸入品目
      - 雑輸入品［Ⅰ］(特需用原材料など)
      - 雑輸入品［Ⅱ］(外貨資金特別割当制品目)
    - 「その他」品目
      - 求償取引物資
      - 加工貿易原材料物資
      - 軍納物資
      - 再輸入及び追加支払物資など
  - 自動承認制品目
  - 通常予備費
- 貿易外支払予算
  - 運輸関係
  - 保険関係
  - 海外渡航
  - 外国投資収益
  - 政府取引
  - 貿易付帯経費
  - 技術援助の対価
  - 通信関係
  - その他の役務
  - 贈与
  - 長期資本取引
  - 短期資本取引
  - 商品取引関係
  - 通常予備費

［注］時期によって多少の異同があるが、1957年度上期の外貨予算にもとづいて作成した。
［出所］東京銀行調査部『わが国外貨予算制度解説』1958年、pp.21–45より作成。

1960年から設けられたAFA（外貨自動割当制）は、形式的には外貨割当を申請しなければならないが、原則として申請通りに輸入が認められる品目である。

外貨予算の使用から、外貨の最終的支払までを外貨予算の実施という。輸入業者は、外貨予算にもとづく「輸入公表」・「輸入発表」に従い、通産大臣宛に外貨割当の申請を行う。通産省は外貨資金割当証明書を交付し、輸入業者はこれを外国為替銀行に持参して、輸入承認証（I/L, import license）の発行を申請する。輸入業者は輸入承認証にもとづいて、為銀に信用状の発行を依頼する。自動承認品目の場合は、この手続きのうち、外貨割当の申請が不要となる。外貨予算の確認は外貨資金割当証明書の交付によってなされる[57]。この確認をもって外貨予算は使用されたとみなされ、実際の支払は次期以降に持ち越されることもある。

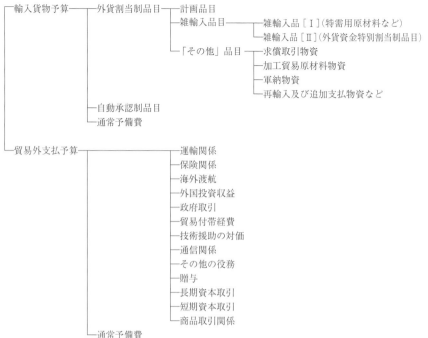

図0－4　輸入貨物予算の外貨割当制品目別（当初予算）

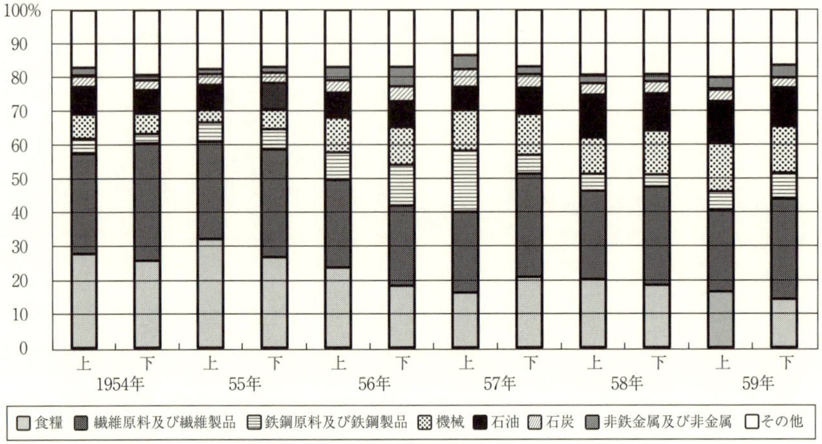

［注］輸入貨物予算のうち外貨資金割当制（FA）予算の品目別内訳。
［出所］東京銀行調査部『わが国外貨予算制度解説』1958年により作成。1958～59年は、『外国為替』第208号（1959年4月）、『金融財政事情』1959年10月5日号によって補った。

以上が外貨予算制度の概要である。外貨割当品目の金額別構成を見ると、金額的にもっとも大きかったのは食糧、繊維原料（及び繊維製品）であり、両者で4～6割を占めた（**図0－4**）。次いで多額であったのは、鉄鋼原料及び鉄鋼製品（石炭を除く）、機械、石油の3品目である。食糧の構成比は時期を下るに従って減少し、機械は逆に増大する傾向にあった。

外貨予算と貿易自由化　ある品目が外貨割当制品目（FA品目）であることは、その品目について政府が輸入数量制限を行っていることを意味する。したがって貿易自由化とは、外貨割当制品目・外貨割当予算を縮小することである。自由化の進展度は、輸入貨物予算に占めるAA品目およびAFA品目の金額の割合（本書ではAA比率と呼ぶ）によって測ることができる（**前掲、表0－4**）。また、自由化の進展を測るために、政府がOEEC（欧州経済協力機構）の指標を参考にして1960年以降作成した「貿易自由化率」という指標も存在する。「貿易自由化率」は59年を基準年次とし、同年の輸入実績を基準とした貿易自由化の比率である（**表0－5**）。59年以降の貿易の変化が反映されないため、自由化の度合を測る指標としては必ずしも適当ではないが、実際に交渉で用い

表０−５　貿易自由化率の推移

年月		自由化品目数	非自由化品目数	自由化率	AA 比率
				%	%
1956	4	−	−	22	20.8
57	4	−	−	31	25.9
58	4	−	−	33	27.8
59	4	−	−	34	35.9
60	1	−	−	37	
	4	586	−	41	39.2
	7	61	−	42	
	10	481	−	44	*45.0
61	4	660	−	62	60.3
	7	112	−	65	
	10	500	−	68	*60.0
	12	70	−	70	
62	4	8	492（466）	73	64.7
	10	230	262（232）	88	*79.4
	11	8	254（224）	88	
63	4	25	229（197）	89	78.9
	6	2	227（195）	89	
	8	35	192（155）	92	*83.4
64	1	3	189（152）	92	
	2	7	182（145）	92	
	4	8	174（136）	93	

［注］1. 非自由化品目数の（　　）は、自由化免除品目を除く実質数。

2. $$自由化率=\frac{自由化率算定時における自由化品目の基準年［1959年］の輸入額}{（基準年［1959年］の輸入総額）−（基準年［1959年］の政府購入物資輸入額）}$$

3. AA 比率は外貨予算確認額中の AA 予算（AFA を含む）の比率。

4. AA 比率のうち＊は下期、その他は上期予算。

［出所］大蔵省関税局編『税関百年史』下、日本関税協会、1972 年、p.330。
AA 比率は表 0−4 から追加。

られた数値として重要である。本書では、外貨予算の AA 比率（AFA を含む）と、貿易自由化率の双方の指標を適宜用いることにしたい。

輸入貨物予算（確認額）に占める AA 予算の比率は、1950〜51 年に 50% を超える高い水準にあった。これは、朝鮮戦争という特殊事情による一時的な現象であり、その後の貿易自由化には直接は結びつかなかった。60 年の貿易・為替自由化の本格的スタートを待って、輸入自由化は急速に進むことになる。

第1部　ブレトンウッズ体制への包摂

1949～52年

1949年4月、1ドル360円の固定為替レートが設けられた。アメリカ政府の政策にもとづき、ドッジ・ラインの一環としてSCAP（連合国最高司令官総司令部）が実施した措置であった。これにより、日本はIMF・世界銀行への加盟（1952年8月）に先立って、事実上、ブレトンウッズ体制に包摂されることになった。第1部では、360円レートの設定からIMF加盟までの時期を扱う。

第1章においては、360円レートの決定過程を考察する。1948年6月のヤング・レポートが単一為替レートの早期実施を勧告し、それがSCAPに対するアメリカ政府の指令「経済安定9原則」（49年12月）として具体化される経緯については三和良一（通商産業省編［1991 a］）によって明らかにされている。また、「9原則」の指令から360円レートの設定にいたる経緯に関しては伊藤正直（通商産業省編［1990 a］、伊藤正直［2009］）が主要な部分を解明した。しかし、最終的に360円レートが決定された経緯や、49年9月の英ポンドの大幅切下げに円が追随しなかった事情については解明すべき点が残されている。本章では、360円レート決定の政治力学を実証的に追究し、360円レート決定の通説を再検討する。

第2章では、戦後日本の為替管理の最大の特徴である貿易と為替の一体管理システムがどのようにして作られたのか、また、そうした為替管理はいかなる歴史的意味を持つのかを明らかにする。具体的には、「外国為替及び外国貿易管理法」（1949年12月公布）を中心とする戦後為替管理制度の創出過程に焦点を当てる。

第3章では、日本のIMF加盟交渉を通じて、日本がIMFにどのような立場で参加することになったのかを明らかにする。占領初期におけるIMF加盟に関する議論、1951年8月の加盟申請に至る経緯、日本のIMF加盟審査の状況を、アメリカ・イギリス等の利害や意図とかかわらせながら解明する。

第1章　360円レートの設定

1　360円レートは過大評価であったか

1ドル360円の固定為替レートは、1949年4月から71年8月まで22年間続いた。360円レート時代と、戦後日本の経済復興・高度経済成長の時期がほぼ一致することから、360円という固定為替レートが高度成長を実現した主要な要因の1つであったという見方が存在する。

360円レートが過小評価されたレート（円安レート）であったために高度成長が可能になったと、最初に主張したのは篠原三代平である。篠原は1959年11月の『エコノミスト』誌上に、「自由化と360円レート」と題する論文を発表し、円レートをめぐる論争が繰り広げられた[1)]。

篠原は、360円レートは設定当初から一貫して円安レートであったと主張し、その論拠を、戦後の交易条件が、為替相場が大幅に下落した昭和恐慌後の時期と同水準であることに求めた。すなわち、金輸出再禁止後に円が暴落して大幅な円安になった状態と対比し、交易条件が同水準の戦後の360円レートも円安レートだと推定したのである。主な論争相手であった小島清は、篠原の説を、円切上げを提唱する「無責任な放言」だと批判した[2)]。小島は、篠原が依拠する購買力平価説は学説的に意味がないと述べ、経常収支が均衡する水準こそが均衡レートであると主張した（国際収支説）。そして、戦後の経常収支が赤字基調であることを挙げて、円レートは設定以来、円高レートであり続けたと論じた。

その後1980年代末に、藤野正三郎が篠原説を批判的に検討して、360円レート円高論を展開し、それに対して篠原は反論を行った[3)]。また、この論争とは別に、石見徹は95年に発表した著作の中で、輸出物価指数、卸売物価指数、消費者物価指数のいずれを基準にとるかによって、日米間の実質為替レートは異なることを示した[4]。それによれば、輸出物価を採った場合にのみ、円の過小評価が進んだことが明瞭に観察できる。また、バリー・アイケングリーン＝畑瀬真理子の最近の研究は、実質実効レート（ドル以外の通貨も考慮したレート）を算出した点で新しい試みである。それによれば、50年半ば以降60年代末にかけて円の過小評価が進行したことは認められるが、実質実効レートでは、対ドル実質レートと比べて過小評価の程度は小さかったと述べている[5]。

1960年代末までのいずれかの時点で360円レートが円安（＝過小評価されたレート）になったことは、大部分の論者が認めている。しかし、360円レートが49年の設定時にいかなる水準であったのかは、依然として不明である。標準的な説明としては、須田美矢子の円高レート説と[6]、香西泰の円安レート説[7]がある。

須田は、ドッジ・ラインにおいて「緊縮財政とともに為替レートを過大気味にすることでインフレをまず退治する方法」がとられたために、360円レートの設定の時には意図的に円高レートが採用されたとする。

これに対して、香西は「1ドル360円レートは設定当時はやや円安に定められたのかもしれないが、ポンド切下げや朝鮮戦争時のインフレにより間もなく円高になり、高度成長期の前半までそうであったように思われる」と円安レート説を主張している。ただし、設定時から一貫して割安であったとする篠原とは異なり、香西は、当初は円安であったが、朝鮮戦争時には円高に転じたと見て、円安レート→円高レート→円安レートという経緯を辿ったと考える。

両者の指摘は概説書の叙述の一部であり、本格的な分析ではない。360円レート設定時の相対的購買力平価を求める実証的な試みを行ったのは、篠原三代平、藤野正三郎、山口健次郎、中釜由美子などである。篠原は1949年の購買力平価を277円と算定する[8]。その論拠にしているのが、34～36年のレートが20%以上の過小評価となっていた事実である。それに対し藤野は、戦前の円レートは、篠原の主張とは逆に過大評価されたレートであったと主張し、H. J. ゲイリオット（H. J. Gailliot）の49～53年428円という購買力平価を紹介している[9]。山口は、34～36年が均衡レートであったという前提にもとづき、360円レートは公定価格ベースでは約20円の円安だが、実効物価ベースでは約20円の円高であったとした[10]。中釜は、金本位制時代の16年を基準に採り、49

年の相対的購買力平価は335円、金価格基準の平価は312円と算定し、360円レートは設定時から円安レートであったと述べている[11)]。

1930年代に関する研究においては、34〜36年に為替レートが大幅に下落し、円が著しい過小評価となっていたことは通説となっている[12)]。鎮目雅人の最近の研究も、1935年の実質為替レートは13年対比でドルに対しても、ポンドに対しても約20%の円安と算定している[13)]。したがって、設定時の円レートが円安レートであったとする篠原説の根拠は依然として、崩されてはいない[14)]。

このように、1949年の相対的購買力平価については、277円（篠原）、335円（中釜）、381円（山口）、428円（藤野）というさまざまな説が存在している。過去のいつの時点における為替レートが均衡レートであったのか、その基準年の採り方によって結論が異なるわけである。

そもそも、占領期においては広範な統制価格が実施されていたので、1949年時点の物価指数が物価水準をどこまで正確に反映していたのかは疑問である。レート設定の際にも、購買力平価の試算は種々なされていた。それらの試算について当時の大蔵省は、「公定価格と自由価格のからみあった価格体系が存在しているとき、如何なる物価指数をとるにしてもいわゆる実効価格としていかなる指数を利用すべきかという問題が生じ」、そのうえ国際経済から孤立していた日本には独自の価格体系ができあがっているので、購買力平価をめぐる議論は「現実から遊離した」議論に陥る傾向があると指摘していた[15)]。

したがって、1949年の購買力平価の算定には大きな限界があり、インフレ昂進の当時の状況下での、公定レートから10〜20%程度の乖離を論じることには、あまり意味はないと考えざるを得ない。前記の香西の評価が、もっとも適切であろう。

そこで本章では、円安レート、円高レートに誘導するそれぞれの利害がどのように絡み合っていたのか、360円レート設定をめぐる政治力学を検討するという形でこの問題にアプローチをしてみたい。360円レートの設定過程に関しては、すでに伊藤正直のすぐれた研究が存在する[16)]。本章は、伊藤の研究を受け継ぎつつ、新たな史料を用いて、360円レート成立史に新たな解釈を加えようとする試みである。

2　330円レートから360円レートへ

（1）360円レート決定の経緯

ヤング・レポート（1948年6月）　1948年、アメリカ政府は対日政策の重点を改革から復興へ移行し、復興を図るために対日経済援助を検討し始めた。経済復興援助（エロア援助）供与の条件として日本に課したのが48年12月の「経済安定9原則」であり、その核心が単一固定レートの設定であった[17]。「9原則」は、現在のIMFコンディショナリティに相当する。

「9原則」決定の過程で、アメリカ政府と連合国最高司令官総司令部（SCAP）との間で深刻な対立が生じた。SCAPは、日本政府（中心は経済安定本部）とともに「中間安定論」（漸次的な経済安定化）と複数為替レート制を支持した。これに対して、アメリカ政府は「一挙安定論」（急激な経済安定化）と早期の固定為替レート導入を主張した。

この対立は、両者の立場の違いに原因があった。日本統治の責任を負うSCAPは、社会の安定を優先する立場から、ショック療法的な経済安定化には否定的であった。本来、共和党に近いダグラス・マッカーサー（Douglas MacArthur）と、SCAPのニューディーラーとの思想的な隔たりは大きかったはずであるが、占領当局者として、経済安定政策に関する両者の意見は一致した。一方で、NAC（国際通貨金融問題に関する国家諮問会議）に代表されるアメリカ政府の立場は、経済援助の効果を発揮させるには、ショック療法を採るべきだというものであった。そこで、ヤング・レポート（1948年6月）が提起した早期の単一為替レートの導入による一挙安定化が争点となった。

ヤング使節団は最初からSCAPに「一挙安定」政策への転換を迫る目的で派遣されたわけではなかったが、日本に対するコンディショナリティがNAC等の場で検討されるなかで、単一レート設定は経済安定化政策の核心に押し上げられていったのである。

発端は、1948年4月21日にマッカーサーが陸軍省に送った電信であった[18]。マッカーサーは、47年3月12日に設けられた1ドル＝50円の軍用レートが、その後の物価上昇によって著しい円高レートになっており、軍人・軍属が日本国内で生活する際に非常に不便を感じているので、軍用レートを至急変更してほしいと訴えた。軍用レートは一般の為替レートが設けられる以前に、進駐軍の軍人・軍属などがドルを円と交換する際に用いられたレートである。

アメリカ政府では、5月6日に、国務省が中心となり、財務省、陸軍省が加わってマッカーサーの要請を検討した結果、この際、軍用レートの改定にとどまらず、一般商業レートの設定を行うべきであるという結論に達した[19)]。そして、一般商業レート設定の実現可能性を探るために、調査団の日本派遣が決まった[20)]。こうして、5月22日に連邦準備制度理事会（FRB）調査統計局次長ラルフ・ヤング（Ralph A. Young）を団長とする「円外国為替政策に関する特別使節団」（ヤング使節団）が来日した[21)]。

この使節団は、6月12日に報告書を提出し、1ドル270〜330円の間で10月1日までに単一レートを設定するよう提言した。

ヤング・レポートは、円レート決定について以下のように述べている[22)]。

レートの水準は、①現在の貿易量を維持し発展させることが可能な円安のレートであること、②高コスト体質の日本の産業に合理化を迫るに十分な円高レートであること、③レート設定直後におけるインフレを見込んで若干のクッションを設けた円安レートであること、の3つの原則にもとづいて定められなければならない。①、②の条件を満たすレートとしては、現在の日本の輸出の約80%が現価格水準で輸出可能なレート（これをバルク・ライン・レートと呼んだ）が想定される。しかし、80%の基準を満たすだけでなく、予想される一時的インフレに対するクッションも見込む必要がある。このような観点から、300円レートが適切であるという結論に達した。しかし、SCAPにある程度の選択権を持たせるため、270〜330円を勧告するものである。設定後の為替レートの変更については、IMFに準拠して、10%の範囲内でSCAPに変更の権限を持たせることを提案したい。また、レート設定の時期は、できるだけ早い方がよい。8月15日以前は無理であろうが、遅くとも10月1日までに実施することを希望する。

ヤング使節団の追加報告には、レート算定の根拠が示されている[23)]。それによれば、1948年第1四半期の輸出の平均円ドル・レート（輸出商品について算定した絶対的購買力平価）は175円、80％の輸出が成り立つバルク・ライン・レートは220円であった。48年10月に設ける為替レートとしては、その後のインフレを30～40％と見込んで、300円レートが妥当だと算出した。

ヤング・レポートが示した為替レートは、日本の輸出産業に大きな打撃を与えないように配慮した「微温的な」レートであった[24)]。じつは、ヤング・レポートが為替レート設定の基準とした220円のバルク・ライン・レートは、1948年4月にマッカーサーが陸軍省に、「現実的なレート」として提案した軍用レート225円とほぼ同水準である。マッカーサー提案の225円の根拠は、36年を基準とした相対的購買力平価（消費者物価指数基準）238円であった[25)]。

現実的レートであったにもかかわらず、SCAPは強い衝撃を受けた。それは、ヤング・レポートが、貿易資金特別会計からの「隠れた補助金」こそが経済安定化を妨げる病根であることを鋭く見抜き、国内価格を国際価格に収斂させることにより、日本経済を温室から出そうという「一挙安定」路線を提起したからである[26)]。

ヤング・レポートは、実質的に複数為替レートをもとに運営されている貿易資金特別会計の赤字がインフレの主な原因の1つになっており、経済安定化のためには単一レートの設定が不可欠だと指摘した。当時の貿易は、援助物資の受入れが主で、それを補完する形で必要物資の輸入と、輸入を賄うための輸出が、政府管理のもとで行われていた。輸入物資（援助物資を含む）は、生活物資や原料の価格を抑えるため、公定価格で安価に払い下げられ、輸出物資は企業がマージンを確保できるように、高い価格で買い上げられていた。こうしたシステムが可能であったのは、貿易資金特別会計を通じて膨大な事実上の補助金が支払われていたからである。これは政府予算には計上されず、表には出なかったので、「隠れた補助金」と呼ばれた。当時は圧倒的な輸入超過であったので、本来、貿易資金特別会計は黒字になるはずであったが、「隠れた補助金」支出のために大幅な赤字に陥り、この赤字が日銀借入によりファイナンスされ、インフレを激化させる要因になっていた。

ヤング使節団が派遣される段階で、国務省・財務省が日本の為替問題について主導権を握り、その後財務省主導のNACにおいて日本の為替レートが決定されることになった。日本は米軍の占領下にあったので、陸軍省がイニシアチブを発揮する余地もあったが、陸軍省は、ドイツの先例に従って、為替レートの問題に深くかかわろうとはしなかった[27]。

「経済安定9原則」(1948年12月)　ヤング・レポート提出から「9原則」発表までの経緯は、三和良一、伊藤正直らの研究が明らかにしているので、ここでは概略を示すにとどめたい[28]。

SCAPはヤング・レポートに対して、早期の単一レート設定による一挙経済安定は、社会不安を招くと強く反発した。NACは、6月28日、ヤング・レポートを支持し、早期単一レート導入の結論を出したが、SCAPの反発を考慮して、レート設定の期日は明記しなかった。SCAPは、7月15日に「経済安定10原則」を日本政府に指示し、表面上は経済安定化に努力する姿勢を示したものの、単一レートを早期に導入する意思はなかった。SCAPは、10月には複数為替レート制(Price Ratio System, PRS)を導入し、「隠れた補助金」を温存しようとした。

こうしたなかで、10月7日には、日本の経済復興を目標とするアメリカの新たな対日基本政策(NSC 13-2)が決定され、翌年度の経済援助予算の検討も本格化した。対日経済援助予算の実質的な決定権を持つNACは、SCAPの非協力的な姿勢に業を煮やし、12月3日、経済安定政策の実施を条件として対日援助支出に同意する決定を行った。陸軍省はNACの決定を受け入れ、12月11日SCAPに対して、アメリカ大統領の「中間指令」の形で、3ヵ月以内に単一レート設定を求める「経済安定9原則」の指令を出した[29]。

こうして、1948年12月の時点で、SCAPには早期単一レート導入以外の選択肢は消え、レートの水準に問題の焦点は移った。

「9原則」から360円レート決定まで　「9原則」の中間指令から360円レート決定までのプロセスは、従来の研究ではなかなか理解しにくい。SCAPは、「9原則」実施の任務を帯びて来日したジョセフ・ドッジ(Joseph M. Dodge)と対立関係にあったにもかかわらず、何故両者は330円レートで意見が一致したのか。何故、SCAPはNACが勧告した360円よりも円高の330円レートにこだわったのか。NACは何故、アメリカ政府が派遣したドッジの決定に異を唱えたのか。従来の研究は、こうした疑問に十分に答えていない。

まず、従来の研究においてすでに明らかになっている、「9原則」の日本政府への提示から360円レート実施までの経緯を示しておきたい。

マッカーサーは、12月19日に吉田茂首相に「9原則」の実施を指示した。SCAPの経済科学局（ESS）に為替レート特別委員会が設けられ、単一レートの検討作業が始まった（12月)。この委員会は、1949年1月11日にはウィリアム・マーカット（William F. Marquat）経済科学局長宛に330円案（コーエン案）を提出し、この案をもとに、1月14日に為替レートに関する文書の草案が作成された。

SCAP内の作業と並行して、SCAPは日本政府にも検討作業を行わせた。1948年12月に総理大臣のもとに単一為替対策審議会が設置され、作業は49年2月23日まで続いた。この間、経済安定本部、大蔵省、商工省、日銀等は、それぞれ独自の為替レート案を提案した。

SCAPは、コーエン案をもとに、その後も検討作業を継続し、2月24日にドッジ（2月1日来日）に330円レート案を示した。ドッジの承認を得てSCAPが330円レート案を陸軍省に送ったのは、それから約1ヵ月後の3月23日であった[30)]。

SCAP案はNACの審議にかけられ、3月29日にNACは、SCAPに対して360円レートを強く勧告し、原案を変更するよう求めることを決定した。この勧告をSCAPは受け入れ、360円レートが決定した。実施は当初に予定した4月1日よりも遅れ、4月25日となった。

議論を先に進める前に、つぎの点を指摘しておきたい。すでに述べたように、単一レート設定以前には、輸出品には円安レート（過小評価されたレート)、輸入品には円高レート（過大評価されたレート）が適用されていた。したがって、単一為替レートを設けることになれば、輸出業者も輸入業者も、その大部分が不利益をこうむることになる。極端な円安レートを設定しない限り、打撃を受ける輸出産業が生じるし、また、かなりの円高レートを設定しない限り、輸入価格の上昇を通じた生活費の上昇、企業の原材料コストの急増を防ぐことはできない。為替レートをいかなる水準にするかは、各産業や各階層の利害と深くかかわる問題であった。

（2）SCAPの330円案とドッジ

コーエンの330円案（1949年1月11日）　SCAP/ESS（経済科学局）に為替レート特別委員会が設けられた日は詳らかではないが、1948年12月後半であったことは間違いない。

ESS内に設置された為替レート特別委員会のチーフになり、為替レート算定作業の中心的役割を担ったのは、セオドア・コーエン（Theodore Cohen）であった。コーエンは、ESS労働課長を経て、1947年以降、ESS経済顧問を務めていた。同じくESS経済顧問であったシャーウッド・ファイン（Sherwood M. Fine）と並ぶ、典型的なニューディーラーである。

コーエンは回想録のなかで、アメリカ政府がドッジ使節団を派遣する前に、ESSは機先を制して為替レート案を作成したが、マッカーサーは積極的に動こうとせずに、ドッジが来日するまでこの案を留め置いたと述べている[31)]。上記の1949年1月14日のマーカット経済科学局長名の文書は、アメリカ政府に送ることを想定して作成されたこの文書と推定される。

コーエンらSCAP担当者の基本方針は、物価体系が維持され、物価水準が変わらないように、単一為替レートを決めることであった。そのためには、単一レートを設定した際の輸出入価格の変動を吸収するために、価格調整補助金の支出が不可欠となる。輸出入補助金について、コーエンは、12月29日の周東秀雄経済安定本部総務長官との会談において、①輸出補助金は1年以内に自動的に終了させ、②食糧、肥料、国内消費用原綿の輸入に対する輸入補助金は貿易資金から支出する方針を示した。

1949年1月11日のコーエン案は、そうした考え方に立脚していた[32)]。

この案は、330円レートを4月1日（ないしその直後）に実施することを想定している。そして、輸出の83%が成り立つ為替水準である330円レートを選んだ。これはヤング・レポートが示した80%のバルク・ライン基準を踏襲したものと思われる。賃金統制が十分に機能しなかった場合の若干の賃金上昇を織り込んだ結果、330円になったと説明している。80%のバルク・ラインで決めれば、レートは300円くらいになったであろう（**表1-1**）。

コーエン案のポイントは、貿易資金をどのように配分するかにあった。そこ

表1-1　品目別為替レート（1949年1月）

品　　目	輸出計画	現行レート	構成比
	100万ドル	円	%
270円以下	185		37.0
寒天	3	150	
ヒマシ油	3	200	
綿糸	20	210	
綿織物	130	250	
毛織物	18	250	
レーヨン・スフ	9	250	
冷凍海産物	2	260	
271～300円	224		44.8
乾物	3	280	
レーヨン織物	14	300	
機械・金属	125	300	
生糸	30	300	
絹織物	27	300	
特殊綿製品	25	300	
301～330円	9		1.8
その他食料品	2	325	
セメント	4	327	
茶	3	330	
330円以下合計	418		83.6
331～370円	15		3.0
皮革	4	350	
海産物缶詰	6	350	
果物および野菜缶詰	2	350	
雑商品	3	358	
371円以上	67		13.4
紙および紙製品	4	393	
木製品・竹製品	8	462	
化学製品・染料・薬品	11	480	
ゴム製品	4	485	
光学製品	2	500	
玩具その他	15	500	
衣服	12	550	
陶磁器・ガラス	11	550	
371円以上合計	82		16.4
合計	500		100.0

［注］輸出額は1949年度輸出計画。
［出所］"Exchange Rate," William F. Marquat, Chief, ESS, January 11, 1949（日本銀行金融研究所編『日本金融史資料　昭和続編』第25巻、1996年、p.733）。

表1－2　330円レートの場合の補助金試算（コーエン案）

品　　目	輸入ドル価格 (1)	円価格 現行レート (2)	円価格 330円レート (3)	円収入増 330円レート (4)＝(3)－(2)	補助金 330円レート (5)
	100万ドル	億円	億円	億円	億円
全品目	950.0	1,378	3,135	1,757	1,238
生活費に影響を与える品目	549.8	764	1,814	1,051	1,022
食料品	340.2	555	1,123	567	538
肥料	49.4	52	163	111	111
飼料	9.4	7	31	24	24
国内消費用繊維原料	99.7	107	329	222	222
その他	51.1	42	169	126	127
工業製品価格に影響を与える品目	121.1	187	400	213	216
鉄鋼業向け	100.7	152	332	180	180
その他工業用向け	20.5	35	68	32	36
影響を与えない品目	279.1	427	921	493	

［出所］"Excahge Rate," William F. Marquat, Chief, ESS, January 11, 1949（日本銀行金融研究所編『日本金融史資料　昭和続編』第25巻、1996年、p.734）。

ではつぎの計算が行われている。貿易計画では、1949（昭和24）年度の輸出は5億ドル、輸入は9億5,000万ドル、差し引き4億5,000万ドルの輸入超過となる。この輸入超過に相当する円が、貿易資金特別会計に入ってくる。その総額は、1ドル＝330円で換算すれば1,485億円となる。そこから、輸入補助金に1,238億円（生活物資関連の輸入補助に1,022億円、鉄鋼業関連の原材料輸入に180億円など）、輸出補助金に62億円を支出する33)（表1－2）。

ドッジ使節団へのESS提案（1949年2月19日）　コーエン案に修正を加えたESS案（330円案）は、2月19日にドッジ使節団に示された34)。この案は次のように、もっぱら補助金の検討を行っている。

輸出補助金は、鉄鋼製品・機械（現行400円レート）、生糸（現行420円レート）に対してのみ給付する。鉄鋼・機械は、もっとも期待される輸出産業であるが、原料調達面などで大きな困難を抱えており、生糸は、原料である繭の公定価格が高いために国際価格を大幅に上回っているので、一時的な補助金支給が必要である。これらの輸出補助金は全部で72億円と見込まれる。

輸入補助金は、生活費に影響を与える輸入物資（食料品・肥料・国内消費用原綿・漁網用繊維・靴用のゴムと皮革）と、工業用原材料（鉄鋼業の原料・工業および輸送業向けの皮革とゴム・石綿）に給付する。前者は1,024億円、後者は211億円、合計1,235億円の輸入補助金を見込む。そのほかに、国内価格調整補助金として1,000億円計上する。

円レート設定と同時に設けられる見返資金特別会計（対日援助物資の売却収入を受け入れる特別会計）の収入は、1949年度において1,750億円と予想される。これは、米国の対日援助5億3,000万ドル（ガリオア援助4億ドル、エロア援助1億3,000万ドル）を330円レートで換算した金額である。輸入補助金1,235億円は、見返資金から支出する。輸出補助金72億円は一般会計から支出するが、見返資金が同額の公共投資を引き受けているので、実質的には見返資金から支払われることになる。

SCAP案について、オーヴィル・マクダイアミッド（Orville J. Mc Diarmid, ドッジ使節団のメンバー）は、つぎのようにコメントした[35]。鉄鋼業などについては輸出補助金により実質的な複数為替レートになっているという欠点はあるものの、輸出産業に合理化圧力をかける案となっており、おおむね評価できる。「われわれの使節団が決定すべきことは、日本の現在の全体的な消費水準を維持することを含意する、アメリカ政府宛のこの勧告を支持するかどうかだ。」

このコメントは、ドッジ使節団とSCAPとの対立点を鮮やかに示している。為替レート水準の問題は、輸入補助金支出に焦点が絞られてきたが、それは、日本に対してどの程度の消費水準を許容するかという問題であった。SCAPのプランには、輸入価格の高騰が生活を圧迫するのを防ぎ、若干の賃金の上昇は許容し、失業対策として公共事業費も維持するといった、一般国民の生活水準低下に対する配慮が窺われる。これに対してドッジは、消費の抑制は不可欠であり、また、国民には消費を切り詰める余地があると見ていた[36]。

ドッジ・ラインと見返資金　1949年2月1日に来日したドッジが精力を傾注したのは、49（昭和24）年度予算の編成作業であった。「9原則」のうち「彼〔ドッジ〕の関心はもっぱら第一項目の均衡予算にあった」と、コーエンは述べている[37]。誇張された表現ではあるが、本質を突いている。

ドッジ使節団は、SCAPの提案した為替レートを、主として財政面から検討した。課題は、財制均衡を維持しつつ、国内経済に大きな打撃は与えずに国内物価を国際物価にさや寄せする方策を見出すことであった。その焦点は、統制価格を支えている補助金、すなわち、価格調整補助金と輸出入補助金（「隠れた補助金」）をどのようにして、また、どのようなペースで廃止するかにあった。

これと密接に関連していたのが、見返資金の問題である[38]。ドッジ・ラインの柱の1つが見返資金の設置であった。見返資金の設置は、援助物資を売却した代金（見返資金）の受払のための特別会計を設け、援助供与国の承認なしにこの資金を利用できなくすることを意味する。1949年4月に日本に見返資金特別会計が設けられる以前に、ヨーロッパへのマーシャル援助においてこの方式が実施されていた。見返資金は使い方次第で、総需要拡大の手段にも、抑制の手段にもなりうる。援助供与国は、見返資金の運用を通じて、被援助国の経済政策に介入できるわけである。

2月24日に330円のSCAP案がドッジに提示されてから、ドッジがアメリカ政府に330円案を伝えるまでに1ヵ月も要したのは、日本政府の予算案が確定することが為替レート決定の前提条件だったからである[39]。財政面から輸出入補助金を検討したのは、ドッジ使節団のマクダイアミッドであった。

3月7日の「為替レートと補助金計画」と題するマクダイアミッドのメモは、2月19日のSCAP提案を詳細に検討し、対案を示したものであり、つぎのように述べている[40]。

日本国内でのインフレの継続、アメリカの物価下落傾向を勘案すれば、輸出産業にとってはより円安のレートが適切であろう。われわれがSCAP提案の330円レートに同意したのは、円安レートが賃金・物価安定計画に悪影響を与えることへの懸念からであった。現時点では輸入品のほとんどすべてが330円レートよりも円高レートで輸入されているので、このわれわれの判断に今でも変更はない。為替レート設定後に、物価上昇から賃金・物価のインフレ・スパイラルが起きないようにするためには、最低限の輸入補助金は必要である。この補助金は2年以内に廃止される必要がある。この補助金は税収で賄うべきであり、見返資金から支出することは望ましくないが、1949年度においては見

表1－3　見返資金の1949年度利用計画（マクダイアミッド案）

（単位：億円）

	ESS提案	改訂案
見返資金合計	1,744	1,650
輸入補助金	1,235	650
政府債務償還	13	300
貿易勘定運転資金	429	0
特別投資会計への融資	72	600
残額	0	100

［出所］"Exchange Rate and Subsidy Program," O.J. McDiarmid, March 7, 1949（SCAP Top Secret Records（浅井良夫編『GHQ　トップ・シークレット文書集成』第7巻、柏書房、1997年、p.134））。

表1－4　補助金計画（マクダイアミッド案）

（単位：億円）

	ESS提案	マクダイアミッド案
輸入補助金	1,235.0	650.0
食料品	637.0	290.0
肥料	113.0	80.0
飼料	24.0	0.0
国内消費用原綿	223.0	0.0
生活関連物資	127.0	50.0
鉄鋼原料	180.0	150.0
その他工業原料	31.0	20.0
非常用備蓄	0.0	60.0
輸出補助金	71.8	44.8
生糸	27.0	0.0
機械ほか	37.5	37.5
絹織物	7.3	7.3
貿易勘定運転資金	427.0	300.0
貿易勘定赤字	427.0	260.0
予備費	0.0	40.0

［出所］"Exchange Rate and Subsidy Program," O.J. McDiarmid, March 7, 1949（SCAP Top Secret Records（浅井良夫編『GHQ　トップ・シークレット文書集成』第7巻、柏書房、1997年、p.133）。

返資金からの支出もやむを得ないだろう。また、輸出補助金と貿易資金特別会計の運転資金は、一般会計から支出することを提案したい（**表1－3**）。

このメモには、SCAP提案の補助金の見積もり額は過大であるとして、大幅に削減したプランが付されている（**表1－4**）。

予算編成と補助金　日本政府は、SCAPと協議しつつ、「9原則」に沿った1949（昭和24）年度予算案を編成し、2月20日にSCAPに提出した。SCAPは2月23日に日本政府に49年度予算編成に関する2月17日付のSCAPの方針を示した。ドッジの意を体し、新たな方針を示したこのメモランダムは、一般会計・特別会計を通じての総合予算の均衡、「隠れた補助金」を含むすべての補助金の計上、税収の維持ないし拡大を指示していた。その後、SCAPは日本政府が提出した予算案をチェックし、3月22日にSCAPの予算案（ドッジ予算案）を内示した。池田勇人蔵相はドッジとの折衝を通じて、SCAP案を修正しようとしたが、ドッジは頑として受け付けなかった。

政府提出案とSCAP案とを比較したのが**表1–5**である。政府は、「2月以来内閣で検討を続けてきた予算案と似ても似つかない予算を呑まされる破目になった[41]」とされるが、「似ても似つかない」とはどういうことか。一言でいえば、「減税は一切御破算、そしてその財源は補給金と債務償還にあてる」ということである[42]。

価格調整費として、政府案の700億円と比べて大幅増の1,987億円が計上され、一般会計予算の30%近くを占めた。価格調整費が大幅に増えた理由は、輸入物資補給金（輸入補助金）833億円が加えられたためである。もともと政府案では、輸出入補助金を貿易資金から支出する予定であったが、つぎに述べるように、ドッジは貿易資金（＝見返資金）からの補助金支出を否定したので、この道は閉ざされることになった[43]。補助金削減論者であったドッジが、昭和24年度予算に約2,000億円もの補助金を計上したのは、経済安定化政策を円滑に進めるためにドッジがSCAPに対して譲歩したものと考えられる[44]。

表1－5　1949（昭和24）年度予算案

（単位：億円）

項　　目	政府案 2月20日	GHQ案 3月22日
［歳入］		
租税及印紙収入	4,122	5,146
特別会計より受入	1,194	1,348
官業収入	61	58
官有財産収入	27	46
雑収入	284	404
前年度剰余金	30	30
合計	5,720	7,034
［歳出］		
終戦処理費	1,100	1,252
賠償施設処理費	90	26
連合国財産返還費	26	17
公共事業費	750	500
失業対策費	150	0
地方配付税配付金	710	577
国債費	138	136
政府出資金	402	698
特別会計赤字繰入	37	120
公団赤字繰入	0	31
船舶運営会補助	50	62
価格調整費	700	1,987
安定帯分	700	1,004
繰越分	0	150
輸入物資補給金	0	833
職員宿舎費	0	5
解除物件処理費	0	1
その他	1,596	1,614
予備費	30	0
合計	5,781	7,030

［注］億円以下は切り捨て。
［出所］大蔵省財政史室編『昭和財政史――終戦から講和まで』第5巻、東洋経済新報社、1982年、p.400より作成。

ドッジは、3月22日付の陸軍省トレーシー・ヴォーヒーズ（Tracy S. Voorhees）宛の電信で、輸入補助金は一般会計から支出すること、見返資金は投資および政府債務償還に用いる予定であることを伝えた[45]。マクダイアミッドの原案をドッジが修正し、輸入補助金を貿易資金から支出せず、一般会計に計上したことは、緊縮政策に向けてさらに大きく舵を切ったことを意味する。

このように見返資金1,750億円の運用方針は、3月22日にドッジが予算案を内示した時に決まった。その後NACはSCAPに対し、見返資金の原則を定めるよう求めた。4月7日付のマクダイアミッドのメモには、見返資金を補助金支出に用いてはならないという方針が記されている[46]。また、4月15日のドッジ声明において、政府債務の償還と資本投資の2つの見返資金の目的が示された[47]。こうして、3月末から4月初めに、見返資金の運用方針が確定した。なお、「米国対日援助見返資金特別会計法」は、4月12日に国会に上程され、4月30日に公布された。

(3) NACによる360円レート勧告

NACの勧告　SCAPは3月22日、ドッジの同意を得て、①4月1日から330円レートを実施する、②上下10%幅でのレート変更の権限をSCAPに与える、という提案を米陸軍省に送った。330円の根拠としては、輸出の80%について採算がとれること、これより円安レートにすると現行の賃金・物価体系を損ねること、を挙げている。

この330円レート提案はコーエン案をもとに作成された2月19日のESS案を踏まえたものであった。330円レート提案はドッジの本意ではなく、ドッジがSCAPに妥協した可能性がある[48]。

SCAPからの提案を受けた米政府では、まず、SCAPの提案をどこで審議するかという点が問題となった。陸軍省は、関係省庁がペンタゴンに集まり、SCAPの提案を討議することを望んだ。これに対して、FRB、財務省、国務省は、SCAP提案について勧告する権限を持つのはNACであるから、提案はNACの場で検討されるべきだと主張した。このように、陸軍省と、国務省・財務省・FRBとの間で、いずれが主導権を取るかの争いが生じ、結局、NACの場で審議されることになった[49]。

3月25日のNACスタッフ委員会は、SCAP案について以下のコメントを行った。

SCAPは、ヤング・レポート以降のインフレの進展を十分に考慮しておらず、円を高く評価しすぎている。SCAPは、330円よりも円安レートにする場合は、輸入補助金を増額しない限り現在の物価・賃金体系を維持できず、一方、補助金を増額すれば財政均衡が図れないとしている。しかし、SCAP提案よりもさらに10%切り下げても物価にはほとんど影響を与えないと思われる。また、輸出計画を達成するためには、このレートでは、早晩、為替レート変更せざるを得なくなるだろう。NACとしては、レートを360円まで切り下げることを強く勧告したい。

このように、NACスタッフ委員会は、SCAPに対して360円レートへの変更を求めるという原案を作成し、本会議に提案することとなった。あわせて、見返資金の運営についてSCAPに対して提案を促すことにした。

NACスタッフ委員会の検討は、陸軍省からSCAPに伝えられた。29日22時（日本時間）から、SCAPと陸軍省との間で、電信会議が開かれた。この会議で、SCAPは330円レートを支持する理由を説明し、陸軍省がNAC本会議においてSCAPの立場を擁護してくれることを期待した[50]。

しかし、3月29日のNAC本会議は、スタッフ委員会の提案をほぼそのまま認めて、以下の決定を行った[51]。

①　SCAP提案の330円レートを受け入れる用意はあるが、NACとしては、360円まで切り下げることを強く勧告する。

②　設定後のレートの変更はNACの承認を得なければならない。SCAPから提案がなされた場合には、NACは速やかに検討を行う。

NACの本会議では、陸軍省のヴォーヒーズがSCAPの見解を代弁したが、国務省のウィラード・ソープ（Willard L. Thorp）が、330円レートよりも360円レートが望ましいこと、10%の範囲内での為替レート変更の権限はSCAPのみに属するわけではないこと、の2点を主張し、ウェイン・テイラー（Wayne C. Taylor, 経済協力局〈ECA〉）、ハーバート・ガストン（Herbert E. Gaston, ワシントン輸出入銀行〈EXIM〉）、ウィリアム・マーチン（William Mc C. Martin, 財務省）がこれを支持した。10%の範囲内での為替レート変更の権限をSCAPに与えるというヴォーヒーズの主張も容れられず、レートを変更する際には、NACの審議にかけることになった[52]。

SCAPの反発と受け入れ　NACの決定は、3月30日に陸軍省のヴォーヒーズからSCAPとドッジに伝えられた。

NACは360円レートを強く勧告したものの、占領当局の立場を尊重して、330円案の却下には至らなかった。また、SCAPが為替レートを選択した結果（330円か360円かの決定）も、改めてNACに諮らずに、事後報告だけで足りるとした。このように、NACはみずからの意思を貫きつつも、最終的な決定権をSCAPに残したのである。

マッカーサーは、NACの勧告を退けて、330円レートを採用する意向であった。SCAPとドッジ使節団が一致して支持した330円案にNACがクレームをつけたことに納得ができなかったのであろう。マッカーサーは、3月30日にマーカットESS局長に対して、以下の内容の回答を陸軍省に送るよう指示した[53)]。

① ESSとドッジ使節団は、NACの360円レートの提案を注意深く検討した結果、SCAPが提案した330円レートが適切であるという結論に達し、それをSCAPから公表する予定である。

② この決定は、3月29日付電信で挙げた理由にもとづく。

③ レートはSCAPの決定であり、レートおよび実施日に関するプレス・リリースは現在準備中である。

なお、この文書は、ドッジ使節団の承認が得られ次第、早急に送るように、またレートの実施は4月1日にこだわらないが、できるだけ急ぐようにと指示していた。

SCAPの決定にNACがクレームをつけ、マッカーサーがそれに反発する事態に、それまで注意深くSCAPと調整を図ってきたドッジは当惑したに違いない。しかし4月1日には、国務・陸軍両省からSCAPに、NAC決定の履行を促す電信も届き、時間的余裕は残されていなかった。

ドッジは、360円提案を詳細に検討し[54)]、マーカットと協議の上、陸軍省への回答電文案とその説明を4月2日にマッカーサーに提出した[55)]。つぎに示すように、この説明は360円案を受諾するようマッカーサーを説得する内容となっている。

① 360円への変更は、若干インフレを助長する面もないとは言えないが、物

価・賃金水準にはほとんど影響はないだろう。

② 円安レートは、輸出を促進するという望ましい効果を与え、輸出補助金の削減を容易にする。

③ NACの360円の勧告は、SCAPの基本原則を受け入れた上でのものであり、何らNACとSCAPとの対立を意味するものではない。

④ 円安レートへの変更によって生じる輸入補助金の増大は、他の補助金の削減によって対応できる。

⑤ NACの勧告を受け入れれば、アメリカ政府はこれまで以上にSCAPの施策を支持する義務を負うことになる。それは経済改革という困難な任務を遂行するSCAPにとって戦略的に重要である。

⑥ 国務、財務、商務、陸軍の各省とFRB、NACが、SCAP提案の10%の範囲内のレートで一致を見たことは、特筆すべき協調の現れである。

⑦ 国際的に物価が数カ月来下落傾向にあることは、円安レートの採用を支持するものである。

4月3日、マーカットから米陸軍省宛に、NACの360円提案を受け入れること、為替レートは、予算案の国会通過後、すみやかに公表される予定である旨の回答がなされた[56)]。

360円の為替レートは4月23日（土曜）に公表され、25日（月曜）から実施された。予算案が4月20日に国会を通過したのを待って、公表したものと思われる[57)]。なお、IMFにおいては、4月22日の理事会でアメリカ理事フランク・サザード（Frank Southard Jr.）より日本の為替レート決定が報告された[58)]。

3　ポンド切下げと円レート

（1）1949年9月のポンド切下げ

1949年9月、ポンドの約30%の大幅切下げが実施された。西欧を中心に多くの国は、即座に追随切下げに踏み切った。ところが、円は切り下げられなかった。

日本の対ポンド圏輸出の重要性を考えるならば、切下げが実施されてもよさそうである(**表1-6**)。しかし、SCAPも日本政府も切下げには否定的であった。なぜ、円は切り下げられなかったのか。この点について、これまで、ほとんど検討がなされてこなかった。以下、円切下げが行われなかった理由を探ってみたい。

ポンドの対ドル・レートが4.03ドルから2.80ドルへ、約30%切り下げられたのは、1949年9月18日(日本時間19日)であった。ポンドの切下げは予想されており、約30%という大幅な切下げ率も必ずしも想定外ではなかった。ポンドが大幅に切り下げられた理由としては、①実勢レートがすでに3.00ドルないしそれ以下まで下落していたこと、②イギリスが再度の切下げに追い込まれないためには、最初から思い切った切下げを行う必要があったこと、が指摘されている。また、イギリス政府が閣内の意見調整に手間どった結果、外貨準備が底を突くに至り、大胆な措置をとらざるをえなくなったという事情もあった[59]。

西欧諸国は、スイスを除いて、ポンド切下げに追随し、西欧以外でも、カナダ、南アフリカ、インドなどが切下げを実施した。

バリー・アイケングリーン(Barry Eichengreen)は、切下げ幅が小さかった国は、その後経済的困難に直面したと述べている。すなわち、為替切下げ幅が

表1-6 地域別輸出入額

(単位:千ドル)

貿易地域	輸出			輸入		
	1948	1949	1950	1948	1949	1950
1 貿易協定諸国	170,826	384,051	551,660	113,929	230,571	446,394
A. スターリング地域	55,931	222,500	244,081	57,991	118,680	221,996
a. 協定参加国	50,894	196,897	168,690	56,184	91,306	156,115
b. 協定非参加国	5,037	25,673	75,391	1,807	27,374	65,881
B. オープン協定地域	109,637	144,580	281,602	48,252	108,154	193,767
C. その他の貿易協定地域	5,258	16,971	25,977	7,686	3,737	30,631
2 貿易非協定地域	87,445	125,649	268,505	569,154	674,046	526,577
A. ドル地域	65,757	82,700	183,846	441,847	575,614	428,372
B. その他地域	21,688	42,949	84,659	127,307	98,432	98,205
合計	258,271	509,700	820,165	683,083	904,617	972,971

[出所] 竹前栄治・中村隆英監修『GHQ 日本占領史』第52巻(外国貿易)(西川博史・石堂哲也訳)、日本図書センター、1997年、pp.287-290より作成。

小さかったイタリア（切下げ幅8%）、ベルギー（同13%）、フランス（同22%）は1950年代に輸出が伸び悩み、フランスの反対により大幅な切下げが実施できなかった西ドイツは50年に国際収支危機に陥った[60)]。

このようにして見ると、切下げを実施しなかった日本の選択は、きわめて特異である。

（2）アメリカ政府の円切下げ検討要請

日本政府は、9月19日、関係閣僚会議において、ポンド切下げについて検討した結果、円レート維持の方針を出し、同日の記者会見で池田蔵相が「円の対米為替相場を変更することは適当でない」と述べた[61)]。この決定は日本側（大蔵省）の自主的な判断で行われたが、公表前にSCAPに通知はしていた[62)]。翌20日にSCAPは、「現在のところ対ドル・レートを変更する意思はない」と発表した[63)]。日本政府と比べ、SCAPの態度は曖昧であった。それは、SCAPとアメリカ政府との調整がついていないためであった。

9月20日、アメリカ政府はSCAPに対して、為替切下げの要否を調査するよう指示した[64)]。調査実施の指示ではあるが、円切下げを示唆する内容となっている。

この要請を受けたSCAPでは、ファインを中心に、以下のような回答を取りまとめた[65)]。

ポンド切下げにより、1950（昭和25）年度の輸出額は貿易計画が予定した金額よりも10%弱減少すると見込まれる。しかし、通貨が切り下げられた国々への輸出の半分以上を占める綿製品については、フロア・プライス[66)]の撤廃による輸出価格の約15%引下げにより対処できる。金属・機械は悪影響を受けるが、英米製品に対して競争力がないことが輸出不振の根本的な原因であるから、合理化計画で対処する必要がある。輸入面では、ポンド切下げにより、切下げ通貨地域から安価な原料が輸入できることは、食糧・原料の輸入先をドル地域からその他地域へ転換することを可能にし、日本の経済自立を容易にするだろう。49年4月に1ドル＝360円レートが採用された際には、若干の余裕を持たせるために円安レートにした。当時、SCAPは日本の輸出産業に対する合理化圧力を弱めるという理由から、このレートには反対であった。今回、円を切り下げるならば、合理化にマイナスになるだけでなく、生活費、賃金、物価を上昇させ、ようやく達成された経済安定を破壊することになる。円を切り下げれば、輸入品売却による財政収入は増えるが、輸入補助金支出も増大するので、財政面からも切下げは支持できない。現在、円レートに関するアメリカ政府の態度が決まっていないために、日本の貿易に深刻な影響が出ている。アメリカ政府は早急に態度を鮮明にすべきである。日本政府では、通産省も大蔵省も切下げは賢明でないと考えている。上記の理由から、現在の360円レートの維持が妥当であると判断する。

このファイン案をもとにSCAPの見解がまとめられ[67]、9月25日に米陸軍省に送付された。

国務省、財務省などアメリカ政府は、切下げは必要であり、可及的速やかに行われるべきという点で意見が一致した[68]。9月27日にドッジも加わって省庁間の会議が開催された結果、婉曲な表現でアメリカ政府内の支配的意見をSCAPに伝えることが決まり、10月3日に以下の内容の電文がSCAPに送られた[69]。

SCAPの見解は貿易に対する影響よりも国内への影響を重視しているが、米国の対日援助を削減するためには輸出の拡大が重要であるので、SCAPは円レートが貿易に対して与える影響をさらに調査して欲しい。

（3）360円レートの維持

SCAPの360円レート維持声明　10月10日、SCAPは長文の電文をワシントンに送り、これまでの見解に変更はない旨伝えた[70]。概略は以下の通りである。

① スターリング地域向けの輸出の制約要因になっているのは、価格ではない。スターリング地域の国々が日本からの輸入を、日本への輸出額の範囲内に制限する政策をとっているためである。したがって、ポンド切下げによって日本のスターリング地域からの輸入が増えれば、輸出の増大も期待できる。

② 対ドル・レートの切下げは、国内産業に対する合理化圧力を弱めることになる。

③ スターリング地域からの輸入額は、切下げの結果ドルベースで約15%減

少し、ドルの節約に貢献するだろう。一方で、非繊維製品の輸出価格の43%の上昇による輸出面の困難が予想されるが、フロア・プライスの撤廃によって上昇を15%に抑えることができる。合理化と輸入原材料価格の低下により、さらなる価格引下げも可能である。

④　スターリング地域からの輸入価格の低下によって、輸入先をドル地域からスターリング地域に転換できる。

⑤　輸出競争力の増大のためには技術革新が不可欠であり、円切下げによる短期的な輸出促進効果はあまり期待できない。

⑥　現行レートを設定した際に、当初案の330円が360円に変更された。この変更によって、すでに切下げは部分的に先取りされたと言える。さらに切り下げるならば、諸外国から報復措置を招く危険がある。

⑦　為替レートに関する不明確な状態は一刻も早く解消する必要がある。ただちにフロア・プライスを撤廃するとともに、円レート維持を保証しなければならない。

アメリカ政府の回答を待たずに、10月15日、マーカット経済科学局長は声明を発表し、円レートの切下げを行わないことを表明した[71]。

この間、ワシントンでは、10月14日に、マクダイアミッドが国務省、財務省、FRBの三者による会議を招集し、10月10日付のSCAPの回答を検討した[72]。17日にSCAPに対して、円切下げを求める電報を打つことにし、ドッジに対して意見を求めた[73]。この電報案は、①国務省・財務省・FRBは約15%の円切下げが必要だと考えている、②フロア・プライスの撤廃には異存はない、③対外金融・為替に関しては、米国政府内の公式の調整機関であるNACとの協議を経なければ、SCAPは公式声明を発表してはならない、という内容であった。

ところが、ワシントンでの協議中にマーカットの声明が発表されてしまった。結局、国務省・財務省は介入を控えるべきというドッジの助言もあり、この電文はSCAPには送られなかった[74]。

10月22日付陸軍省のSCAP宛電信は、日本の輸出市場が失われることの懸念がアメリカ政府内で強まり、その結果NACにおいてSCAPの決定に対する反発が起きる恐れがあったので、政府内で協議が続けられていた事情を伝えた。

そして、陸軍省がドッジの了解を得て、つぎの結論に達したことを示した[75]。

フロア・プライスの廃止、輸出産業の合理化、輸出の促進を通じて円切下げと同等の成果が得られることを期待して、為替レートの変更は行わない。また、今後為替レートが変更される際には、海外市場における日本の競争者が切下げの利益を得ていることが確認される必要がある。

このようにして、円レートを維持するというSCAPの声明は、アメリカ政府によって追認されることになった[76]。

360円レートの勧告の際と異なり、SCAPがアメリカ政府の意向に逆らい、みずからの意思を貫徹できたのはなぜだろうか。当時の貿易が協定貿易中心であり、円の切下げがただちに輸出増加に結びつかないこと、フロア・プライスの撤廃によって円切下げと同等の効果が得られることなど、SCAPの主張にはそれなりの根拠があった。しかし、より主要な理由は、3月29日のNAC決定にあると思われる。この決定では、10%の範囲内で為替レートを変更する際には、SCAPが提案し、NACがそれを審査するものと定めた。すわち、NACの側からレート変更の提案を行う事態は想定されていなかったのである。

日本側の反応　日本政府は、先に述べたように、ただちに為替レートを変更しないという蔵相声明を出し、その後も、円レートを変更しないという立場を維持した。

日本側の対応について、宮澤喜一は『東京―ワシントンの密談』のなかで、つぎのように述べている[77]。

この頃には、経済安定政策の効果が現れ始めており、日本政府は「360円でやってゆけるという漠然たる自信」を持つようになっていた。そこで、ポンドが切り下げられたその日に、池田蔵相は周東経済安定本部長官、一万田尚登日銀総裁らと協議して、360円レート維持を公表した。

その後、10月5日のSCAP経済科学局と蔵相との定例会談で、ファインが池田蔵相に対して、「磅切り下げ当時に大臣が出されたステートメントを修正するような考えを持っておられるか」と尋ねたのに対して、池田は、「左様な考えは持っていない。円切下げを主張する者は経済的敗残者達であると思う」と答えた。池田の返答についてマーカットは、「国内の合理化は大切であるが、若し輸出に不利となるような面があれば、それは考える必要がある」と述べた[78)]。この時には、SCAPとアメリカ政府とは協議中だったので、マーカットはこのように述べたのであろう。

10月8日に、吉田首相は朝飯会で、「9原則にもとづく諸施策を実施し経済安定が軌道に乗りつつあるとき、貨幣価値が変動することは好ましくない、輸出品についてはコスト切下げにつとめ輸出振興をはかるべきだ」と述べ、円レートを変更する意思のないことをあらためて明らかにした[79)]。また、円切下げを考慮せずとのマッカーサー声明が出た翌日の10月16日、吉田首相はこの声明に感謝の意を表し、「声明の趣旨は当面切下げを行わぬというのではなくて、将来も下げる考えはないとの意味に解している」と述べて、今後も円の切下げは行わないことを強調した[80)]。

それでは、日本政府はどのような理由から、切下げは適当ではないと判断したのだろうか。この点について、大蔵省調査部はつぎのように説明している[81)]。

為替レートを切り下げた国の輸出価格が大幅に低下するとは思われないし、輸入原料価格の低下は日本の商品コストに有利に作用するから、切下げ国の競争力増大をそれほど懸念する必要はない。ドル地域以外との日本の貿易は、実質的にバーター制によって行われているので、円切下げの輸出増大効果は相当に限定されている。「今後のわが国の産業構造に適合した輸出産業を、合理化し育成することがわが国再建の長期にわたる解決策というべきであり、円切下げの安易な方法によって輸出を振興するの途はとるべきではない。」また、「円の切下げが、物価、賃金、生産費の値上がりを来たすことは必至であり、これが賃上げ要求の底流を激化して政治的紛争に迄導く勢いは避け難い」ので、切下げは妥当ではない。

日銀もまた円切下げには反対であった。日銀は9月30日の政策委員会で円レートは切り下げるべきではないという結論を出した[82)]。その後、10月8日に、一万田日銀総裁はSCAP宛に意見書を送り、つぎのように述べた[83)]。

日本の合理化はようやく緒についたところであり、円切下げを行えば、企業経営は安易な方向に流れる。これまでポンドは過大評価されてきたので、切下げによって適正な水準になった。日本のポンド地域向けの最大の輸出品である綿製品は、ポンドの切下げによっても十分に競争力を保つことができる。これまでは、ポンド収支が日本側の黒字であったので、ポンド地域は日本からの輸入を控える傾向があったが、ポンド切下げによってこの傾向は変化するだろう。もし切下げが必要であるとしても、国内の合理化やポンド地域との貿易の先行きが明確でない段階で、切下げ幅を判断することはできない。

経済界は円レートの変更について、積極的な発言は行わなかった。経団連は公式の意見を表明せず、経済同友会は、「ポンド切下げに対応する貿易振興策」を発表し、レートの切下げよりも、貿易の最大の阻害要因となっているのは対外的な問題であり、これらの問題の解決の方が重要だと主張した[84)]。日本貿易会関西本部も、円ドル相場維持が望ましいとする意見を公表した[85)]。他方、関西経済同友会は、「国際価格の変動に応ずるため為替相場を再検討すること」を提案した[86)]。

当時の経済界の発言からは、円切下げの影響を測りかねていた様子が窺える。経団連の機関誌『経済連合』に掲載された座談会「磅切下げ波瀾と円価維持の当否」では、明確に円切下げを主張したのは中島覚衛（片倉工業）だけであった[87)]。

綿織物・綿糸は、輸出額の約３分の１を占める最大の輸出品であった（**表1－7**）。ポンド圏向けの輸出製品用の原綿に対しては国内向けと較べて34.5％高い払下げ価格が適用されていた。この措置は、ポンドの過大評価を是正する目的で行われていたものである。この輸入価格規制を撤廃すれば、輸出製品価格を引き下げることができ、ポンド切下げの影響を最小に食い止めることが可能だと考えられた。紡績業者は、切下げによる生計費・賃金の上昇の方が問題であり、切下げは「愚策」だと主張した。

また、積極的に円切下げを主張する声が出なかった背景には、人為的輸出価格操作（フロア・プライス制度など）の撤廃や最恵国待遇の回復などを図り、正常な貿易に戻すことが、為替レートの改定よりも優先課題であるという現実が存在した。貿易拡大の障害になっているさまざまな要因と比較して、ポンド切下げはそれほど大きな問題とは受け止められなかったのである。

表1－7　商品別輸出額

（単位：千ドル、%）

品目	1948		1949		1950	
	金額	構成比	金額	構成比	金額	構成比
食料品	11,043	4.3	21,237	4.2	54,154	6.6
海産物・肉類	5,886	2.3	9,063	1.8	30,072	3.7
茶	2,232	0.9	9,653	1.1	5,037	0.6
その他食料品	2,925	1.1	6,521	1.3	19,045	2.3
工業用原材料	56,597	21.9	100,325	19.7	216,599	26.4
生糸	21,999	8.5	17,420	3.4	39,138	4.8
石灰	11,026	4.3	9,063	1.8	4,937	0.6
金属類	11,757	4.6	66,587	13.1	156,338	19.1
肥料	2,928	1.1	39	0.0	4,110	0.5
その他原材料	8,887	3.4	7,216	1.4	12,076	1.5
繊維製品	137,310	53.2	262,596	51.5	358,444	43.7
綿織物	91,943	35.6	169,103	33.2	215,052	26.2
綿糸	6,731	2.6	16,322	3.2	16,553	2.0
人絹糸および同織物	9,947	3.9	35,600	7.0	66,619	8.1
絹織物	16,293	6.3	16,889	3.3	22,299	2.7
羊毛糸および同織物	6,447	2.5	10,534	2.1	7,700	0.9
その他繊維製品	5,949	2.3	14,148	2.8	30,221	3.7
その他製品	53,321	20.6	125,542	24.6	190,968	23.3
機械類	15,639	6.1	53,451	10.5	70,710	8.6
製材	1,127	0.4	3,600	0.7	5,191	0.6
医薬品・化学薬	7,925	3.1	4,530	0.9	11,084	1.4
陶磁器・ガラス	10,516	4.1	19,597	3.8	26,429	3.2
その他	18,114	7.0	44,364	8.7	76,834	9.4
合計	258,271	100.0	509,700	100.0	820,165	100.0

［出所］竹前栄治・中村隆英監修『GHQ　日本占領史』第52巻（外国貿易）（西川博史・石堂哲也訳）、日本図書センター、1997年、p.275より作成。

4　360円レート決定の政治力学

為替レートの決定・変更は、輸出・輸入物価、国内物価に広範な影響を及ぼし、複雑な利害対立を生じさせる。その経済的・政治的影響は、国・地域や時代によって異なり、政策選択の政治力学も異なる。本章では、1949年4月の360円レート決定と、同年9月の英ポンドの大幅切下げの際の円レート維持の選択が、どのような政治力学に支えられていたのかを見てきた。

ヤング・レポートからドッジ・ラインの時期には、つぎのような対抗関係が存在した。すなわち一方は、輸出を促進して日本の経済自立化を図り、アメリカの援助から脱却させようとするアメリカ政府（その中心はNAC）とその意を受けて日本に派遣されてきたドッジである。他方は、国内の政治的安定を重視し、統制経済からの漸次的な脱却をめざすSCAPと日本政府である。

この両者の対立が、ヤング・レポート発表（1948年6月）から「経済安定9原則」発表までの時期においては、「一挙安定」＝早期単一レート導入論と、「中間安定」＝漸次的単一レート移行論との対立という形で現れた。「9原則」発表から360円レート設定までの時期に、この対立は330円レート対360円レートという形に変わった。330円か360円かという違いは、為替水準の幅だけを見れば大きなものではないが、日本政府の財政支出の面では相当の差になる。ドッジは、均衡財政化こそ経済安定化の中心であり、とりわけアメリカの援助資金が日本政府の補助金支出に使用される道をふさぐことが鍵だと考えていた。ドッジは、330円案を採用することでSCAPに妥協はしたが、見返資金を設置し、援助資金の運用を厳格化したことによりみずからの意思を貫徹した。49年9月のポンド切下げの際には、上記の対立は、円の追随切下げを行うか否かをめぐって、切下げ論のアメリカ政府と、円レート維持論のSCAP、日本政府の対立という形で再燃したのである。

1993年7月11日の『日本経済新聞』の記事は、「円レート決定の謎」と題する記事を掲載した。この記事では、「円安容認を打ち出した米国の対日政策は、寛大さで貫かれていた」点が強調されている。93年は日米包括経済協議が始まった年であり、また、急激な円高が進み8月には一時100円40銭になった。日米経済摩擦と円高のなかで、かつて360円レートを勧告したアメリカ政府が非常に寛大に見えたのであろう。しかし、この解釈は現在を過去に投影しすぎており、歴史的事実と食い違うことは、本章から明らかであろう。

「9原則」はIMFコンディショナリティに相当する。だから、むしろ援助国と途上国との関係に重ね合わせて考える方がわかりやすい。そのような観点に立てば、360円レートをめぐる対立を理解するのは困難ではない。IMFは一般的に、資金借入国に対して、対外競争力を増大させるため、過大評価に陥っている通貨の切下げを求める。これに対して、借入国の側は、通貨切下げによる輸入価格の上昇が国内物価の高騰を招き、社会不安を引き起こすこと等を恐れて、過大評価されたレートを維持しようとする[88]。

1949年の日本には、つぎのような特殊な状況が存在した。

日本の占領統治に責任を持っていたSCAPは、日本国民の生活水準の維持に神経をとがらせていた。またマッカーサーは、日本統治を円滑に進めたという名声を得ることに腐心し、食糧メーデーや2・1ストのような事態の再発を恐れていた[89]。そのため、SCAPが日本政府の側に立って、アメリカ政府と対抗する局面がしばしば生じた。

また日本の側から見れば、貿易赤字は当面返済義務が生じない経済援助によってカバーされていたので、外貨危機が起きる恐れはなく、一方では、対外経済関係が正常化していなかったため、円安レートを採用しても、ただちに輸出が増加するような状況でもなかった。日本としては、円安レートによる短期的な効果を狙う必然性はなかった。

第2章　戦後為替管理の成立

1　戦前から戦後初期の為替管理

（1）戦前・戦時期の為替管理

戦後為替管理の推移　為替管理は1930年代の産物である。大恐慌期に経済を攪乱する短期資本の移動を規制するために導入された為替管理は、第二次大戦期・戦後初期においては、国際収支均衡という目的が加わり規制の対象が拡大した。その後、50～60年代には、IMFが主導して、先進国を中心に経常取引にかかわる為替自由化が進められたものの、為替規制の緩和が資本取引全般に及んだのは、金融グローバル化の80～90年代である。30年代から約半世紀は、為替管理の時代であった。

日本の戦後為替管理制度の背骨である「外国為替及び外国貿易管理法」（通称「外為法」、以下、外為法と略す）は、ドッジ・ラインの一環として、1949年12月1日に公布された。また、外為法の特別法として、50年5月10日に「外資に関する法律」（通称「外資法」、以下、外資法と略す）が公布され、外為法の具体的な適用を定めた「外国為替管理令」も同年6月27日公布され、戦後為替管理システムの骨格ができあがった。

1960年代以降、為替規制の緩和が進み、外為法も改正された。外為法は1964、79、97年の3回の大幅改正が行われた。64年はIMF8条国移行に伴う経常取引の自由化にかかわる改正、79、97年は資本取引規制の自由化を目的とする改正である[1]。97年の外為法改正（98年4月施行）では、「管理」の2文字が削除され、「外国為替及び外国貿易法」と名称が変更された。これにより32年に始まった日本の為替管理時代は終焉した。

以下本章では、第二次大戦後の為替管理制度の成立の検討を通じて、日本の戦後為替管理の特質を解明する[2)]。

戦前・戦時の為替管理　日本の為替管理は、1932年6月の資本逃避防止法制定に始まる。資本逃避防止法の狙いは、金輸出再禁止（31年12月）以後、主として外貨邦債への投資の形で行われた海外への資本逃避を防止することにあった。しかし、この法律は十分な効果を収めず、その後も、無為替輸出やリーズ・アンド・ラグズによる資本流出が続いたため、33年3月、外国為替管理法が制定された。資本逃避防止法と外国為替管理法の目的は、投機的な為替取引の防止にあり、この時期の為替管理はまだ貿易にまでは及んでいなかった[3)]。

1937年以降、為替規制は貿易面に拡大された。37年1月から輸入のための為替取引が許可制となり、同年9月には輸出入品等臨時措置法が制定されて、貿易統制が始まった[4)]。37年度後半からは、商工省と大蔵省の管理の下で、輸入品目に対する外国為替割当も実施された[5)]。

1941年4月に外国為替管理法は全面改正され、すべての為替取引が管理の対象となった。しかし、同年12月に太平洋戦争が勃発すると、国際通貨である英ポンドおよび米ドルと円との関係は絶たれ、貿易が円通貨圏にほぼ限定されたため、規制の対象である外国為替自体が消滅し、為替管理の意味は実質的に失われた[6)]。

このように、1932年に資本規制から始まった外国為替管理は、37年には経常取引規制まで拡大したが、41年に太平洋戦争勃発とともに対外金融関係は途絶し、為替管理の機能は停止した。事実上の「無為替」状態は、45年の連合国による占領開始を経て、48年まで続いた。

（2）占領初期の為替管理

為替取引の原則禁止　1945年9月22日公布の「降伏後における米国の初期の対日方針」にもとづいて[7)]、SCAP（連合国最高司令官総司令部）は、日本人による外国為替取引を原則禁止する3件の指令を出し[8)]、10月15日に日本政府は「大蔵省令第88号」を制定した。これにより、すべての外国為替・外国貿易取引はSCAPの管理下に置かれた[9)]。戦前に制定された外国為替管理法は占領下においても存続したが、SCAPの指令・覚書が上位の法規になったため、実質上、効力を失った。

1948年までの為替管理　占領初期にアメリカ政府は、日本の対外経済取引を最小限に抑える政策をとった。しかし、講和条約の締結後、日本に「世界貿易関係への参加」を認めることはポツダム宣言も謳っており、対外取引の制限はあくまでも占領のための措置であった[10)]。

SCAPが対外取引を原則禁止した結果、占領前半期の貿易は、アメリカ政府等からの援助物資輸入を別にすれば、SCAPが許可を与えた最低限の物資の輸入と、その資金を賄うための輸出に限定された[11)]。貿易は日本政府とSCAPとの間で行われた（国営貿易）。輸出物資は貿易庁（1945年11月14日設置）が貿易公団を通じて買い上げた後、SCAPに売り渡した。輸入物資は、貿易庁の指示によって貿易公団がSCAPから引き取り、配給公団や食糧管理局に払い下げた。代金は貿易資金特別会計を通じて円で決済され、外国為替は関わらなかった。海外の貿易業者との取引はSCAPが行い、貿易庁は海外の業者と取引する権限を持たなかった。その後、48年8月にBSコントラクト方式（輸出について、日本の業者と外国のバイヤーとの契約を認める方式）が導入され、貿易公団を通さない輸出が増大した[12)]。その結果、輸出については通常の貿易に近づいたが、輸入については49年末まで政府貿易が続いた。

海外資産は連合国によって封鎖され、日本政府および日銀が保有していた貴金属は接収され、連合国の管理下に置かれた[13)]。敗戦時に海外に存在していた日本の金融機関はすべて閉鎖され、外国為替銀行は消滅した。政府も、銀行・企業・個人も外貨を持つことを禁止されたなかで、外貨の受払を担当したのはSCAPである。輸出品の売却代金の受入れと、輸入品の買付け代金の支払は、SCAP勘定を通じて外貨（主としてドル）で行われた[14)]。また為替業務は、SCAPからライセンスを受けた外国銀行が担当した。

このように円勘定（貿易資金特別会計）と外貨勘定（SCAP勘定）とは相互に無関係に運営され、円と外貨とが切断された結果、1949年4月に単一為替レートが設定されるまで、事実上、外国為替は存在しなかった[15)]。

2　外国為替管理法案の編成作業

（1）「経済安定９原則」指示の具体化

SCAP 指令「外国為替管理に関する件」（1949 年２月）　1948 年 12 月 11 日にアメリカ政府がSCAP に指示した「経済安定９原則」の第６項において、外国為替管理の強化が示された[16)]。周知のように、「９原則」は、「占領政策の転換」にともなって策定された新たな対日政策（48 年 10 月の国家安全保障会議採択 NSC 13-2）にもとづく、アメリカ政府のSCAP に対する指令であり、この「９原則」にもとづいて 49 年２月以降、ドッジ・ラインが実施された。

「９原則」は、経済統制を廃止し、市場経済への移行を図った政策と一般に理解されている。それでは、なぜ「９原則」は、国内では市場経済化（＝統制の撤廃）を図りながら、対外取引においては厳格な規制（貿易・為替管理）を設けようとしたのだろうか？

それは、つぎのように説明することができる。当時のアメリカの対外経済政策の目標は、ドルを基軸通貨とする固定為替レート制を構築して多角的貿易を復興することと、世界的な「ドル不足」（＝アメリカ以外の国々の恒常的な経常収支赤字）を緩和し、各国のアメリカの援助への依存を解消することにあった。しかし、経済復興が進んでいない段階で自由貿易を実現すれば、アメリカからの輸入がさらに増えて、「ドル不足」を拡大することになってしまう。「９原則」が、一方では、国内のインフレ要因となっている統制経済を廃止し、市場化により物価・賃金安定を図るとともに、他方では、厳格な為替管理によって輸入制限（⇒消費抑制）、資本移動を制限（＝経済政策の攪乱防止）したことは、矛盾するものではなく、アメリカの利害・目的に合致していた[17)]。

1949〜50 年の為替管理制度の整備は、貿易民営化（民間貿易の再開）と並行して行われた。49 年２月２日、SCAP は「９原則」の第６項を具体化するために、メモランダム「外国為替管理に関する件」（SCAPIN-1968）を発した[18)]。このメモランダムは、①日本政府が外国為替および貿易の総合的管理を確立するために必要な措置を速やかにとること、②そのための機関として政府の各省から独立した外国為替管理委員会を設置すること、③新たに制定する為替管理はIMF加盟国の制度と合致したものにすること、を指示した。

外国為替管理委員会の設置　SCAPは日本政府に対し、メモランダムの公布から60日以内に外国為替管理委員会を組織するよう指示し[19]、1949年3月16日に外国為替管理委員会令が公布され、同日、総理府の外局として外国為替管理委員会（Foreign Exchange Control Board, FECB，以下、外為委と略す）が設置された。SCAPは、外為委に広範な外国為替管理の権限を与えただけでなく、為替管理制度の設計、行政権限の調整の役割まで委ねた[20]。こうした点からも、SCAPの外為委重視の姿勢がうかがわれる。

SCAPが既存の組織を用いず、外為委という新たな組織を設けた理由は、以下の通りである。

第1に、為替管理と貿易管理とは一体でなければならないと考えたためである。為替管理と貿易管理の双方を管轄するには、大蔵省も貿易庁（商工省の外局、1949年5月に通産省が設置されて通産省の外局となる）も適切ではないとみなされた。諸官庁を調整する立場にある経済安定本部がその役割にふさわしかったが、永続的な組織でない点に難があった[21]。もしも、48年10月に第2次吉田内閣の発足した直後に白洲次郎貿易庁長官が唱えた「海外経済庁」構想が実現していたならば、当然、この機関が受け皿になったであろう。「海外経済庁」構想は、貿易庁を商工省から独立させ、経済安定本部の貿易局、大蔵省の為替部局、外務省の通商関係部局を統合した内閣直属の機関を設ける案であったが、幻の構想に終わった[22]。

第2に、日本の官庁、とくに大蔵省に対するSCAPの強い不信感が指摘できる[23]。SCAPがコントロールしやすいように、外為委を新設したと見られる[24]。初代の委員長に横浜正金銀行出身の木内信胤が任命されたことにも、大蔵省の影響力を排除したいSCAPの意図が反映されている[25]。

（2）日本政府の法案編成作業

大蔵省の検討作業　SCAPが外国為替管理法案の起案を外為委に委ねる以前に、すでに大蔵省は検討作業を始めていた。

大蔵省が為替管理法の検討に本格的に取り組み始めたきっかけは、1948年7月15日の非公式メモランダム「経済安定10原則」にもとづき[26)]、SCAPが日本政府に対して「10原則」の履行状況の報告を求めたことにあった。「10原則」の第9項目は、「外国貿易の統制及び管理の運用に改善を加え、日本政府内の適当なる機関の下に新たに外国為替管理を行わしむること」を指示していた。こうして大蔵省は為替管理制度の立案に取り組むことになり[27)]、省内に外国為替事務準備調査会を設置し[28)]、10月6日に「為替管理及び導入外資審査機構に関する意見」[29)]を作成して、SCAPに提出した[30)]。大蔵省はこの意見の中で、貿易＝商工省、貿易外＝大蔵省の二元管理は、戦時に円ブロック経済へ移行する際に設けられた特別措置であり、大蔵省の一元管理に戻るのが望ましいと主張した[31)]。為替管理はもともと大蔵省の所管であったが、太平洋戦争開始後、対外取引の重点が円ブロック内の物資獲得に移ったため、42年4月以降、輸出入貿易関連の為替管理事務が商工省へ移管された。そのため、貿易関連の為替管理は商工省（43年11月以降は大東亜省）、貿易外関連は大蔵省という二元管理体制ができあがり、戦後に引き継がれたのである[32)]。

このように、1948年から為替管理プラン作成に着手していた大蔵省は、49年2月にSCAPメモランダムが発せられると、ただちに第1次草案を用意することができた[33)]。大蔵省の文書「外国為替管理制度の確立に関する件」(49年2月1日）に沿って、第1次草案の骨子を見ておきたい[34)]。

為替管理を必要とする理由として挙げられているのは、つぎの2点である。

① 日本の国際収支が著しく不均衡であるので、ハード・カレンシー（ドルおよびポンド）の獲得を図り、外貨を政府に集中する必要がある[35)]。

② 為替の思惑取引や資本の海外逃避を防止し、経済への攪乱を防がなければならない。

草案は基本原則として、①思惑的取引の禁止・資本逃避の防止、②外国為替相場の公定、③外貨資金の集中（日銀に外貨資金集中勘定を設置)、④ドル、ポンドの獲得促進と使用抑制、⑤正常な国際経済取引の規格化を掲げた。

この大蔵省案は、以下で述べる外為委案と比較すると、外貨予算の構想が存在しない点、思惑的取引・資本逃避の防止に力点が置かれており、貿易管理と為替管理とが一体になっていない点において、戦前の為替管理の枠組みから脱していない。

外国為替管理委員会の法案編成作業　外為委は、4月から為替管理法規の編成作業に入った。作業開始に当たってつぎのような基本方針が立てられた[36)]。

① 輸入：外貨の配分が順調に実施されることが必要である。日本の現状では、ある程度の自由輸入を認める利益はすこぶる大きい。輸入の審査に当たっては、個別審査はできるだけ避け、クオータ制を取る必要がある。
② 輸出：無為替輸出は認めない。また、軟貨国とは貿易・通貨協定を結ぶことになるが、受取通貨については条件を付けるべきである。
③ 投資：外資委員会が認可した外資の利益送金には、プライオリティーを与える。
④ 為替集中機構：すべての外貨は、指定為替銀行を通じて外為委に集中する。ただし、為替銀行には一定額の外貨を運用資金として供給する。対外債権債務の決済はすべて指定為替銀行を通じて行う。

この基本方針には外貨予算の構想はまだ現れていない。その後、外為委は、1949年12月の通常国会上程を目標に法案編成の作業を進め、7月末までに「渉外取引取締法」の骨子ができあがった[37)]。この骨子において、「外貨使用計画」という名称で外貨予算の輪郭が初めて示された。

「渉外取引法案」は、外為委案の基本的な考え方を示しているので、以下にその要点を掲げる。

① 新たな法律は、その範囲を為替管理に限定せず、貿易統制、外資導入、その他一切の渉外取引を規定する。法律の名称は、たとえば「渉外取引取締法」とする。
② 各官庁の権限を明確にし、「従来の権限争議」を解決する。
③ 渉外取引の取締りの最大の目的は、「輸入力を最大限に使用」することにある。(1)外貨使用計画の策定、(2)為替の集中配分、(3)貿易管理の3つが、そのための主たる手段となる。
④ 為替銀行には半公共的性格を持たせる。
⑤ 外貨使用計画は、国民にとっては政府予算につぐ重要事であるから、国民

に知らせる必要がある。

⑥　貿易はすべて政府の許可を必要とする。貿易については通産省が、貿易外取引については大蔵省が許可を行い、資金面の許可は外為委が行う。

⑦　外資導入政策は、これまで通り特別の委員会が当たる。

8月中に開催された「渉外取引統制法（仮称）」案審議各省会議において、初めて、関係各省を交えて「渉外取引統制法案」（第1次案）[38]が検討された。この検討を踏まえて修正された第2次案（この時に法案名称を「国際取引統制法案」と改称）が、9月24日の外為委・大蔵省・外務省・通産省の会議に提出され、一応の合意が成立し[39]、9月28日に各省の意見を反映した第3次案が出来上がった[40]。その後も、各省との調整が行われ、10月には名称を「外国為替及び外国貿易の管理に関する法律」と改めた第4次案が作成された[41]。

第4次案では、経済安定本部が作成した外貨資金使用計画にもとづいて、外為委が外貨資金使用計画（外貨予算）を決定し、大蔵省・通産省が外貨資金の使用を伴う取引および行為を許可するとなっている。最終的に外為法では、外貨予算審議のために総理大臣を議長とする閣僚レベルの会議（閣僚審議会）が設けられることになるが、この案ではまだ、外貨予算が内閣の最高レベルの会議で決定されるという構想は現われていない。

このようにして、法案の編成作業は10月までにほぼ終わった。しかし、10月末になっても、外為委と通産省との権限をめぐる意見の相違が埋まらず、法案作成作業は行き詰まってしまった。一方では、民間貿易の再開が急がれていた。2ヵ月以内の民間貿易の再開を勧告したフリール調査団の報告（1949年10月）を受け、SCAPは「無許可輸出に関する覚書」（10月20日）により49年12月1日からの民間輸出の再開を、「民間輸入に関する覚書」（10月21日）により50年1月1日からの民間輸入の再開を日本政府に指示した。

こうして民間貿易の再開が迫るなかで、通産省は貿易に関する規定だけを切り離し、外為法とは別の法律として先行して制定しようとし、独自に「輸出貿易臨時措置法案」と「輸入貿易臨時措置法案」を作成して、SCAPに示した。しかしこのことは、混乱に拍車をかける結果となった[42]。外為委は11月6日に外為法の第5次案を準備していたが[43]、ここに至って、外為法の制定作業は立ち往生してしまった。この事態を打開するため、SCAPが乗り出し、急ピッチで外為法案が編成されることになる。

その経過を述べる前に、SCAPの招きで9月から11月に相次いで来日した、アメリカ政府のフリール調査団、ドイツ統合地区共同輸出入庁長官のウィリアム・ローガン（William J. Logan）、IMFのジャン・ムラデク（Jan V. Mladek）とアーネスト・ウィチン（Ernest Wichin）が為替・貿易管理制度の創設に与えた影響について見ておきたい。

3　「外国為替及び外国貿易管理法」の制定

（1）SCAP請招使節団の勧告

フリール調査団　フリール調査団は貿易制度について助言を行うためにSCAPによって招請された調査団である。

1949年5月10日、SCAP経済科学局長マーカットは、トレーシー・ヴォーヒーズ（Tracy S. Voorhees）陸軍次官に対して、単一為替レートの設定、為替管理制度の整備と併せて検討する必要がある貿易手続きについて助言を求めるため、アメリカ関係各省のメンバーからなる調査団の派遣を要請した[44]。

陸軍省極東局産業貿易課長のオーモンド・フリール（Ormond Freile）を団長とし、商務省、国務省、財務省、ニューヨーク連銀のメンバー合計11名によって構成された調査団は、9月18日に来日し、10月24日に報告書「貿易に関する使節団の所見と勧告」をマッカーサーに提出した。

報告書は、政府貿易を廃止し、民間貿易を促進する方針を示し、提言を行った[45]。その内容は、つぎのようなものであった。

① 政府貿易を速やかに廃止し、2ヵ月以内に民間貿易に移行する準備を整えるべきである。

② 民間貿易への移行後は、外為委が年間および四半期ごとの外貨収入を見積もり、経済安定本部が、年間および四半期ごとの輸入計画を立てる必要がある。

③ 輸出に関しては、戦略物資や国内で不足する物資を除くすべての品目について許可制を廃止し、フロア・プライス（最低輸出価格）制も廃止すべきで

ある[46]。

④　講和条約締結までは、輸出促進の手段は限られているが、海外通商事務所を設け、優先外貨制度を早期に実施する必要がある[47]。

⑤　民間の外国為替銀行の再開は不可欠である。SCAPは速やかに日本の外国為替銀行が海外にコルレス勘定を開けるよう手配しなければならない。また、SCAPが管理している外貨資金は日銀に移管する必要がある。

⑥　二国間取引協定は、多角的な貿易の復活と拡大の目的に反するので、早期の廃止が望ましい。双務貿易協定にこだわれば、将来の日本の貿易の発展の障害になる。

外貨予算制度の導入、外国為替銀行の活用など、フリール調査団報告書の基本線は外為委の構想と一致する。一方、この報告書が多角的貿易の原則を強調し、双務貿易支払協定に否定的な点は、つぎに述べるローガン構想と対照的であった。

ローガン構想　ドイツ統合地区共同輸出入庁（Joint Export-Import Agency, JEIA）長官のウィリアム・ローガンが、SCAPの招きで、1949年10月に来日し、11月2日まで滞在した[48]。ローガンはアメリカ人であるがドイツの占領政策にかかわり、ジョセフ・ドッジとも親交があった。来日の目的は、民間貿易の再開についてSCAPに助言を行うことと、日独貿易協定および双務支払協定の締結であった。ローガンはまとまった意見書を残しておらず[49]、SCAPとの関係も円滑ではなかったため、影響力は小さかったとも言われる[50]。また、ローガン構想は、朝鮮戦争勃発などの予期しない出来事によって、前提が崩れてしまった部分も少なくない。しかし、民間貿易の再開の手続きの制定や、双務支払協定の促進などの面で、ローガンの助言が一定の影響を持ったことは間違いない。

ローガンの構想の要点は、①輸出自由化と輸入手続きの簡略化措置、②協定貿易の促進にあった。

輸入については、輸入計画の範囲内で、早いもの順に輸入申請を認める方式（first come first serve の原則）を推奨した。個別の輸入許可は非効率と腐敗を招くというのがその理由であった。また、ローガンは官庁を通さずに貿易業者が輸出入を行えることが肝要だと考え、外国為替銀行が輸出入許可の窓口になるのが望ましいとした。

ドル不足の下での貿易拡大策として、スウィング付の貿易支払協定の拡大を奨励した。ローガンは、一定の金額（貿易計画の通常10～15%）まで貿易債務を次期に繰り越せるスウィング付決済方式に注目した。ローガンは、日本が各国とスウィング条項付双務協定を結び、まず原材料等を輸入して生産を拡大し、その後に輸出を行えば経済復興に効果的だと主張した（「輸入先行主義」）。1949年10月に西ドイツ占領三ヵ国軍政部とSCAPとの間で締結された支払協定には、ローガンの主張に沿って300万ドルのスウィングが設けられた[51]。

ローガン構想は、フリール調査団と同様、民間貿易促進論に立っていたが、協定貿易に積極的な点はフリール調査団とは対照的であった[52]。また、国内投資を優先する「輸入先行主義」は、国内需要抑制・「輸出優先主義」のドッジ・ラインとは相容れない面を持っていた[53]。

ムラデクの招請　1949年5月16日、SCAP/ESS財政金融課は米陸軍省に対して、外国為替管理法の改正と貿易管理手続きの整備のために、国際金融問題の専門家の派遣を求めた[54]。とくに、ヨーロッパにおけるECA（経済協力局）の経験を生かすために、ヨーロッパの事情やECA、IMFの機能に通じている人物を望んだ。

8月29日、渡米中のSCAP/ESS金融財政課のジョン・アリソン（John R. Allison）がIMFを訪れ、ムラデク、ウィチン、W. H. テイラー（W. H. Taylor）らIMF職員と、日本の為替管理の樹立について協議を行った[55]。日本の現状では、厳格な輸入規制が不可欠であり、為替管理は輸入許可と一体で運営しなければならないという点で意見が一致した。

陸軍省は、9月2日付で、IMF職員のムラデク（Operation Department, Deputy Director, チェコスロヴァキア出身）とウィチンの派遣を正式に要請した。正式要請を受けてIMFは、日本は近い将来IMFに加盟する可能性があるので、IMFにとっても有益だと判断し、ムラデクとウィチンの派遣を承認した[56]。

ムラデクは、10月10日に来日し、約1ヵ月滞在した[57]。ムラデク調査団は、為替管理について助言を行っただけでなく、外為法の骨子をみずから起草して積極的にコミットした。調査団の「日本の外国為替及び外国貿易管理に関する報告書」(ムラデク=ウィチン報告) は、11月18日にマッカーサーに提出された[58)]。報告書には、IMFの公式見解ではないが、IMFにおける実務経験を踏まえて書かれたとの注記がある。日本側は、この報告書をSCAPの為替管理に関する方針として受け止めた[59)]。

報告書は、直接的な貿易・為替管理の必要性を強調し、以下のような提案を行っている。

為替管理が成功するためには、貿易管理と為替管理が一体でなければならず、その最適の方法は外貨予算制度である。戦前において為替管理は資本移動にのみ適用されたが、貿易管理との効果的な協調がなければ、為替管理が有効でないことは過去の経験からも明らかである。外貨予算の決定には、閣僚によって構成される委員会ないし審議会が当たり、議長は大蔵大臣が務めることが望ましい。外貨予算は、緊急の需要に応えるために弾力性がなければならない。供給不足の物資は割当制をとるべきであり、早い者勝ちの制度は思惑的輸入を招くので好ましくない。また、貿易機構を円滑に運営しようとする余り、計画を破綻に追い込む結果にならないよう、非割当物資の指定は慎重に行うべきである。資本の逃避を防止するため、すべての為替を当局に帰属させ、政府は外貨を厳格に管理しなければならない。輸出は事後管理が好ましいが、うまくいかない場合には、直接的な事前許可制を躊躇すべきではない。経済再建のためには、ある程度の外資は必要であるが、無差別の外資導入は許されるべきではない。不生産的な外資導入や、設備がすでに整っている産業への外資導入は避けるのが望ましい。ただし、いったん許可された外資に対しては、配当・利子、元本の送金許可が与えられなければならない。

ムラデク=ウィチン報告は、直接的な貿易・為替統制の必要性を強調しており、フリール調査団報告やローガン構想と比較すれば、統制的な色彩が濃い。輸入については、厳格な外貨割当制の実施を提案した。

当時の日本側の関係者は知るべくもなかったが、公表されたムラデク=ウィチン報告とは別に、微妙な点にかかわる秘密報告書を、11月18日に、ムラデクはマッカーサーに提出していた[60)]。

この報告書において、ムラデクは2点を勧告している。

第1に、為替管理の権限は大蔵省に属させるべきだと、つぎのように勧告した。

外貨予算を決定する閣僚審議会は、総理大臣ではなく大蔵大臣のもとに置き、外貨予算の編成は経済安定本部ではなく大蔵省が担当すべきである[61]。外国為替の管理権限は外為委ではなく大蔵省に属すべきだ。それは、通貨の安定と国際収支の均衡に責任を負うのが大蔵省だからであり、また、総理大臣が閣僚審議会を主催すれば権力の集中を招く恐れがある。独立した組織である外為委は、実務よりも、監査・検査を担当するのがふさわしい。中央銀行は、いずれの国においても財務大臣の代理として事務を担当しており、直接の権限を持つわけではない[62]。

第2に、SCAPが為替管理を日本政府に委ねる際には、慎重な配慮が必要だとつぎのように勧告した。

SCAPは経済状態が悪化しないよう、また、経済援助が適切に利用されるよう監督し、日本経済の発展を促進しなければならない。そのためには、一国の経済に介入する戦略的手段として貿易・為替管理は決定的に重要であり、安易に為替管理を日本側に移行させてはならない。

ムラデクの、為替管理権限を大蔵省に帰属させる発想は、いかにもIMF的である。IMFは政府間の取引を通じて為替の安定、国際収支の均衡を図る機関であり、各国のIMF代表は原則として財務大臣である。SCAPが、政府から独立した行政委員会である外為委を新設し、為替管理権限を与えたことに対して、ムラデクが違和感を覚えたとしても不思議ではない。

占領終結後の1952年8月に外為委は廃止され、為替管理権限は大蔵省為替局に移行することになる[63]。SCAPの強いイニシアティブのもとで設けられた外為委は、占領が終われば後ろ盾を失い、廃止される運命にあった。また、経済安定本部の権限縮小・経済審議会への改組にともない、52年には外貨予算の編成権限も変更された。閣僚審議会が審議・決定する外貨予算の編成事務は、従来、経済安定本部貿易局が行っていたが、輸入およびこれに関連する貿易外の支払については通産省、それ以外の支払については大蔵省に移管され、全体のとりまとめは大蔵省為替局が行うことになった[64]。これらの措置により、大蔵省は為替管理権限を回復し、通産省は貿易にかかわる外貨予算案の編成権と、輸入等の外貨予算使用の確認の権限を得ることになった[65]。ただし、総理大臣が会長を務める閣僚審議会が外貨予算編成の責任を負うシステムは、64年に外貨予算が廃止されるまで続いた。これは、為替管理と貿易管理が一体である戦後為替管理制度の特徴を反映するものであり、大蔵省が外貨予算全体の編成権まで持つことはなかった。

（2）外国為替管理法制の制定

外為法の公布（1949 年 12 月）　先に述べたように、「為替管理の所管をめぐって大蔵、通産、外為委等が、GHQ もほとほともてあますほどの論争」を行い、法案編成作業は難航した[66]。外為法制定が延期される懸念も生じるなかで、SCAP はとりあえず一般的な規定を盛り込んだ外為法を作成する方針を固めた。

11 月 10 日、外為法の制定に関する会談において SCAP/ESS のライダー（William T. Ryder）は、増田甲子七官房長官に対してつぎのように述べた[67]。行政責任や管理手続きについて、外為委と通産省との間に意見の一致が見られないので、まず、一般的な法律を制定し、そのうえで政令・省令によって民間の輸出入の手続きを定めるのが適切である。SCAP は、来日中の IMF の専門家に「貿易統制一般法」案の起草を依頼し、すでに草案はできあがっている。この草案の第 2 条に規定する閣僚委員会は、日本側が想定しているようなレベルのものではなく、内閣の最高責任者によって構成されるべきであり、総理大臣が委員長にならなければならない。

SCAP は 11 月 15 日に、日本政府にムラデクの作成したアウトラインを示した。これはきわめてラフなものだったので、12 月 1 日の民間輸出貿易の再開に間に合わせるために、肉づけをする作業が急ピッチで行われた[68]。こうして、外為委がそれまで 5 次にわたって練ってきた案とは別に、ムラデクのアウトラインに沿った第 6 次案が作成され[69]、11 月 16〜18 日に SCAP と日本政府との合同の会議で検討に付され[70]、最終案が完成した[71]。法案は 11 月 22 日に国会に提出され、無修正で 11 月 30 日に可決成立、12 月 1 日に公布された。

外為法の概要を簡単に見ておきたい。

外為法は、その目的として、「外国貿易の正常な発展を図り、国際収支の均衡、通貨の安定及び外貨資金の最も有効な利用を確保するために、外国貿易及びその他の対外取引の管理を行い、もって国民経済の復興と発展に寄与すること」を掲げている。

外為法の特色はつぎの通りである。

① すべての対外取引を管理・許可の対象とした（「原則禁止」規定）[72]。

② 為替管理の重点を外貨の集中と配分に置き、外貨を有効に配分するために外貨予算制度が新たに設けられた（外貨集中制）。

③ 単一の基準為替相場を設け、直物為替の変動幅を基準相場の 1% 以内と定めた（単一固定レート制）。

④ 対外取引の安全、国際信用の保持の観点から、政府の認可を受けた外国為替銀行のみに外国為替業務を許可した（「為銀主義」）。

外為法は、外為委員会が編成した法案とは異なり、いわば骨格だけの簡単な法律として成立したために、具体的な部分はすべて法令に委ねた[73]。

木内は、外為法が外為委の「草案とは非常に離れたもの」となったとする一方で、「アリソンがワシントンに持って行った 12 箇条の精神はおおむね貫かれている」と述べている[74]。基本的な枠組みに関して言えば、権限の帰属の明確化を別にすれば、外為委案の基本線は貫かれたと評価してよいであろう[75]。外為委案は採用されなかったが、木内構想は外為法に生かされたことになる。木内は戦後の情勢を的確に把握していたので、占領側の意図をいちはやく外為委案に反映できたと思われる。外為委員会案がほぼ完成した段階で来日したフリールやムラデクなどの意見が、木内の意見と大筋において一致したことは、それを裏付けている。

外国為替管理令の公布（1950 年 6 月）　外為法が多くの部分を政令に委ねたために、その運営のためには、政令の編成を急がなければならなかった。そこで、大蔵省が中心となり、外国為替管理令（以下、外為管理令と略す）起草が進められることになった。外為委は、外国為替管理委員会設置法（1949 年 12 月 1 日公布）により、政令の編纂に関与する権限を失い、代わって大蔵省が政令の起草に当たることになった[76]。外為管理令の制定は当初の予定より約 3 ヵ月遅れ、6 月 27 日に公布された。

外為管理令の起草過程では、1950年3〜4月に来日した英国大蔵省のソーレー（G. C. Thorley）から意見聴取が行われた。ソーレーは、ムラデクが中心となって作成した外為法に批判的であった。ソーレーは、外為法はチェコスロヴァキアの法律の引き写しであり、「すべてを『支払』制限で律して行こうと云うシャハト以来の旧思想で、英国では最早通用しない」と厳しい評価を下した[77]。さらに、SCAPにおいて外為法制定の中心であったライダーは、49年末から50年3月にかけてイギリスと西ドイツの為替管理の視察に赴いた[78]。ライダーも、政府の統制的な色彩を弱めることが望ましいという意見を述べた。しかし実際には、外為管理令により為替管理の統制的な色彩はかえって強められる結果となった。当時外為委に在籍していた渡辺誠は、のちに、戦後日本の為替管理体系を、「為替、貿易を含む複雑怪奇なトーチカ」と呼んだ[79]。

外資法の制定（1950年5月）　外為法に盛り込まれなかった外資導入に関しては、1950年5月10日公布の「外資に関する法律」（外資法）によって定められた（6月8日施行）[80]。外資法は、「日本経済の自立とその健全な発展及び国際収支の改善に寄与する外国資本」の導入を積極的に推進し（第1条）、そのために外資導入はできる限り自由に認められるべき（第2条）と謳ったが、実際にはほぼすべての資本導入に政府の許可の網がかけられ、外資導入は厳しく制限された[81]。

外資法第8条は、外資導入を許可する条件として、①国際収支の改善に寄与すること、②重要産業又は公益事業の発達に寄与すること、③重要産業又は公益事業に関する従来の技術契約の更新または継続に必要であることの3条件を挙げ、①が最優先するとした[82]。すなわち、外資の果実および元本の支払が、将来的に国際収支を圧迫しないようにとの配慮が優先された。

国際収支の改善に伴い、元本および果実の送金制限は、1960年代初めの為替自由化で緩和された。しかし、その後も国内企業を保護する目的で、対内投資に対する厳しい制限は続いた。対内直接投資の自由化（いわゆる「資本自由化」）が完了したのは76年であった。

第3章　IMFへの加盟

1　日本のブレトンウッズ観

（1）2つのブレトンウッズ観

ブレトンウッズ協定案に関する詳細な情報は、すでに太平洋戦争中に、ベルリンやスイス経由で日本にもたらされていた。1943年11月に、横浜正金銀行調査部がホワイト案を全訳し、44年10月には大蔵省外資局がIMFと世銀構想を詳細に紹介した『調査月報』特別号を刊行している1)。以下、戦時から敗戦直後の日本におけるブレトンウッズ協定の理解を検討する。

ブレトンウッズ協定案に接した専門家は、2つの対蹠的な解釈を行った。金本位制の一種と見る解釈と、金本位制とは本質的に異なると捉える解釈があり、前者が多数派であった。

前者の代表的な論者は大内兵衛である。大内は、戦時下からブレトンウッズ協定の研究を進め、その成果を1947年に『世界新通貨制度の研究』として公刊した2)。

この本の論旨は以下のとおりである。

第一次大戦から第二次大戦までの時期に、金本位制はインフレによって破壊された。英米は金本位制を復活すべきだとし、ブレトンウッズ協定において新たな形態の金為替本位制を提案した。こうして、「今や金為替本位制が従来のそれに比してより単一化への進化を遂げ」ることになった。ブレトンウッズ協定が実施されれば、いずれの国も進んでこの協定に参加し、「為替及び資本供給の便宜を得ようと試みる」に違いない。「世界を通じて安定した貨幣が得られることになり、これよりして世界貿易の平和な発展の新しい時代が始まることになるだろう。」戦時下の日本は、軍票を乱発して「東亜各地の貨幣制度を破壊」し、また、軍事費支出と軍需産業への融資が戦後のインフレを招いた。「本来日本が東亜共栄圏の建設などということを考えたのが間違いであったが、なかんずくその貨幣政策は愚かなものであった。われわれはこれを過去の悪夢としていさぎよくすてなければならぬ。そして新しい世界の一員として仲間入りをさせて貰うことを考えなくてはならない。」

大内の発想の根底には、「貨幣は現在に至る迄の人類社会の経験に依って金であることが確定して」おり、「貨幣は金でなければならない」とするメタリスト（金属主義）的な貨幣観があった。

大内の解釈に対して、ケインズ主義的な立場からブレトンウッズ協定の非金本位制的な側面を強調したのが鬼頭仁三郎であった。以下、鬼頭の『世界通貨の将来——国際通貨基金と金の問題』（1947年）により、その主張を一瞥しておきたい[3]。

ブレトンウッズ協定において、「金を世界的な本位とする制度の実現を狙定《〔ママ〕》する」ホワイト案が採用されたことは、「直ちにケインズ案の全面的後退を意味するのではない。」国際収支の自動調節作用における金の役割が「観念的なものに過ぎなかった」ことはすでに自明となっており、それゆえ、アメリカは金本位制の再建ではなく、「国際的協力機構の設置」を目論んだのである。ブレトンウッズ協定においては、平価の変更を認めないとするホワイト案の原則は緩和され、一定の条件の下で平価変更が認められることになった。国内均衡の達成に重点を置くケインズの主張が「不十分ながら取り入れられた」と見ることができる。たしかに、今回設立された国際通貨基金の支払便宜の供与は、世界貿易の発展を図るためには不十分であるが、為替相場の競争的切下げが防止され、為替相場が安定すれば、アメリカが企図した基金の目的は達成されたことになる。国際通貨基金は「自己完了的な制度ではなく、他の取極によって必然的に補完されるべき性格をもっている。」「アメリカが各国に対して個別的に借款を供与するならば、それは清算同盟〔ケインズ案——引用者〕による信用の割当と殆んど同じ効果をもち、世界貿易に対して膨張主義的な圧力を加え」うる。

政府・日銀においては、メタリスト的な解釈が主流であった。しかし、ケインズ主義的な解釈が、一定の影響力を持ったことにも着目する必要がある。

まず、メタリスト的な解釈の事例を、大蔵省と日銀の文書から示したい。

戦時下に大蔵省外資局がまとめた「国際通貨基金案ノ概要、検討及批判」(推定1944年作成)[4]は、学者の意見を参考にしながら詳細に条文を検討したものである。この文書は、国際通貨基金はアメリカの「世界経済ノ支配」を目的とする制度であり、金本位制に近いものと解釈する。「本案ニ依ル自由乃至均衡ハ米国ヲ中心トシテ米国ノ指令スル『ルール』ニ於ケル自由乃至均衡ニ帰着スベシ」、「本案ニ依リ世界経済ハ一種ノ金本位類似ノ調整作用ヲ回復スルニ至ルベキモノト予想セラル」といった文言に、そうした解釈が端的に示されている。この文書は、国際通貨基金案は実現可能性が高いと見て、つぎのように述べている。国際通貨基金案は、国際収支不均衡を根本的に解決するものではなく、「一時的彌縫的」手段を提供するにすぎず、弱小国に対しては「収縮主義的逆作用」を及ぼす恐れもあるが、米国が強力に推進すれば基金の「運営ハ円滑ニ進行」するであろうし、「問題ノ普遍性、具体性ノ為ニ米国ヲ中心トスル反枢軸諸国結集ノ為ニ格好ノ手段」となるだろう。

日本銀行調査局の「ブレトンウッヅ通貨協定と日本参加の方途」(1946年1月)も、国際通貨基金協定を、「平価変更の自由なき金本位制度の実現を企図するもの」とみなした[5]。この協定への参加により、米国以外の諸国家は、「為替管理施行の自由は勿論、平価変更の自由を喪失するのであり、国内経済発展の為新しき国際的均衡点を求めんとするが如き希望は殆んど失はれる」だろうと解釈している。それにもかかわらず、国際通貨基金に参加すれば国際収支決済能力が高まり、国際復興開発銀行からの融資も期待できるので、日本はこの協定への参加によって「飛躍的発展を望む」ことはできないものの、「積極的関心」を寄せなければならないと結論付けている。

これらのメタリスト的見解とは対照的なのが、つぎに挙げるケインズ主義的な解釈である。

大蔵省外資局の「ブレトン・ウッヅ協定の金本位的性格」(1947年6月)は、大内説を真っ向から批判している[6]。この文書は、大内の貨幣観は「貨幣価値はなんらか具体的なものによって支えられていると見なくては気がすまないという」極めて素朴的形而下的な見方であり、物価現象についても「極めてナイーブな理論」しか持ち合わせていないとし、鬼頭説に依拠しながら、国際通貨基金は本質的に金本位制ではないとする。為替相場の変更によって国際収支の均衡が図られる余地が少ない点ではたしかに「金本位制的性格を有する」が、「国際的な信用量」が「アメリカの国内通貨政策で伸縮性を持っている弗に依存する点」において金本位制とは性格を異にすると解釈していた。

また、日本銀行調査局の「戦後国際通貨制度にかんする覚書——国際通貨基金の性格をめぐる諸見解」(1950年4月)も、国際通貨基金の設立を金本位制への復帰とみなす学説と対立する4名の海外のエコノミスト(ケインズ(John M. Keynes)、P. A. サミュエルソン(Paul A. Samuelson)、ヴァージル・サレラ(V. Salera)、G. N. ハーム(George N. Halm)の見解を紹介する形で、暗に、ケインズ主義的見解を支持している[7])。

(2) IMF・世銀への加盟をめぐる議論

メタリスト的な見解も、ケインズ主義的な解釈も、日本のIMF、世界銀行への加盟は必要であり、避けて通れないという結論では一致していた。

ブレトンウッッズ協定への加盟は、早くも、1945年10月末に戦後通貨物価対策委員会の第2部会(通貨制度)で論議された[8])。

10月30日に第2部会に配布された大蔵省外資局の「ブレトンウッツ体制加入問題」[9])は、「ブレトンウッツ体制ハ世界安全保障機構ト相俟ッテ米国ヲ中心トスル世界安定機構ノ中軸ヲ為ス。従ッテ右体制ヘノ参加ハ世界社会ノ構成員タルコトノ確認ヲ意味スルニ反シ、之ヘノ不参加ハ世界秩序ヨリノ除外ヲ意味ス」と、ブレトンウッズ体制への参加を国際社会への復帰のために不可欠な要件だとみなした。

ブレトンウッズ体制を金本位制と解釈するかどうかについては、委員会の意見は分かれた[10])。論議の焦点になったのは、国内通貨制度(管理通貨制度)と新たに創設されたブレトンウッズ体制とは矛盾するのではないかという点であった。第2部会では、ブレトンウッズ協定は金を価値尺度と定めているだけで、国内通貨の供給量が金によって縛られるわけではないので、管理通貨制度とブレトンウッズ体制とは両立するという解釈に落ち着いた[11])。また、第2部会意見書は、戦後過渡期の状況を予想すれば、為替管理の撤廃は難しく、むしろ「貿易ノ回復スルニ従ッテ外貨資金ノ有効ナル運用ヲ確保スル為替集中制度ヲ強化スルコトガ必要デアル」と、為替管理強化の必要を主張した。

占領初期には、IMF・世銀加盟は講和条約締結後になると考えられていた。しかし、早期講和の可能性が薄れるにともない、講和条約発効前にIMF・世銀に加盟する道が模索され始めた。民間からIMF・世銀加盟への要望が出てくるのは、1950年以降である。50年8月25日、経済団体連合会（以下、経団連と略す）は、「ブレトンウッズ機構への加盟促進に関する要望」を公表し、イタリア、オーストリアの例を引きながら、「速かにブレトンウッズ機構への参加を実現し、これを通じて一層の経済安定と日本の国際的地位の向上をはかるべき」と訴えた[12]。全国銀行協会連合会（全銀協）は、51年1月29日の「ダレス氏への要望書」で、IMF・世銀への速やかな参加を要請した[13]。

2　IMF加盟申請

（1）加盟の打診

日本政府関係者がIMF、世界銀行に最初に接触したのは、1950年3月3日であった。この日、渡辺武大蔵省財務官は、ワシントンD.C.ハイ・ストリートのIMFを訪れ、Assistant Directorのウィリアム・テイラー（William H.Taylor）らから、IMF加盟の条件や手続きについて詳細な説明を受け、専務理事のカミーユ・ギュット（Camille Gutt）とも面会した。また、同じ日に世銀のホアー（A. S. G. Hoar）とも会い、加盟条件と手続きについて聴取した。渡辺は、ガリオア資金によって渡米した最初の政府関係者であり、50年1月から4月までアメリカに滞在した。渡米の目的は、大蔵省の外交ルートの再建や、戦前債務の処理の下準備であったが、IMF、世銀と接触し、加盟についての情報を収集することも任務に含まれていた。

ついで、池田勇人蔵相は、1950年4月から5月の訪米の際に、IMFと世銀を訪れ、加盟の希望を伝えた[14]。池田訪米は占領下で初めて実現した閣僚の訪米であったので、日本政府はこの機会を活かして、米国政府との直接交渉を試みた。訪米の最大の目的が、対日講和の促進であったことはよく知られている[15]。

IMF・世銀訪問時の会談は、視察の域を超えて、加盟交渉に踏み込むものであった。池田はウィリアム・ドレーパー（William H. Draper）前陸軍次官の紹介により、5月8日、アメリカのIMF理事フランク・サザード（Frank Southard Jr.）にも面会した。池田が加盟に積極的な姿勢を示したため、サザードは「国際通貨金融問題に関する国家諮問委員会」（NAC）に対して、日本のIMF加盟に関する法的な問題点を早急に検討し、占領下でもIMF加盟が可能かどうかを早急にSCAPに伝えることを求めた。

池田のIMF・世銀訪問後、国務省と財務省はサザードと協議して、日本の加盟に関する意見をまとめた。その結論は、「現時点における加盟申請は時期尚早」というものであった[16)]。同文書は、時期尚早の理由として以下の3点を挙げた。

① 対外金融に関する権限は実質的には日本政府によって行使されているものの、最終的な権限はSCAPに帰属する。

② これまで米国が、各種国際機関への日本の参加を各国に働きかけた際には、イギリス、フランス、オーストラリアなどから強い反対に遭っている。

③ 来る9月のIMF・世銀総会では、理事の改選、クオータの改定が論議される予定であり、それ以前に日本が加盟申請をすれば、各国が自国の発言権を確保しようとして、過大なクオータを要求する懸念がある。（IMF協定によれば、クオータは5年ごとに見直されることになっており、1950年が見直しの年に当たっていた。）

この意見は陸軍省を経由して6月6日にSCAPに伝えられた[17)]。SCAPは、米本国政府の見解に同意し、すでに、日本政府にIMF加盟は時期尚早であると伝えた旨を返電した[18)]。

ESS財政金融課のジョン・アリソン（John R. Allison）は、6月3日付けのメモの中で、アメリカ政府が支持すれば講和条約締結前の日本の加盟は困難ではないが、日本の理事がIMFにおいて自由に行動することをSCAPが許容するかどうかが問題となると指摘している[19)]。このように、日本の加盟の最大のネックは、日本が占領下にあり、主権が制限されていることにあった。被占領国がIMFに加盟した先例としては、1948年8月に加盟したオーストリアのケースがあった[20)]。西ドイツは、日本と同じ時期にIMF加盟交渉を進め、日本加盟の翌日の52年8月14日に加盟したので、西ドイツの事例が参照されることはほとんどなかった。

対日講和に関する米国政府内の意見調整がまとまり、締結交渉が始まったことは、日本のIMF加盟問題に影響を与えたと思われる。1950年9月8日に、対日講和条約の予備交渉開始が決定し、9月22日のダレス（John Foster Dulles）の対英交渉を皮切りにして連合国間の協議が始まった。IMFが日本の加盟を検討し始めたのは、その直後の10月であった。

1950年10月11日、IMFは「日本の国際法的な地位」と題するレポートを作成した[21)]。

この報告書は、①独立しているか否かは国際法的には国家として認められるための必要不可欠な条件ではないこと（オーストリアの加盟も認められている）、②ただし、IMF加盟国としての義務を遂行する能力という点では、オーストリアと日本とは大きく異なるので、オーストリアに倣って直ちに日本が加盟できると結論づけるわけにはゆかない、と述べている。オーストリアの場合には、連合国4ヵ国による占領であり、実質的にはオーストリア政府が法律の制定等の権限を持っている。連合国4ヵ国は拒否権を持つが、実際に拒否権を行使することはない。これに対して、日本の場合はアメリカによる事実上の単独占領であり、アメリカが大きな権限を持っている。アメリカはIMFの加盟国ではあるが、法的な見地からは、日本がIMF協定の義務を遂行することをアメリカ政府が妨げないという保証が必要になると述べた。

以上のように、1950年の段階では、アメリカ政府、SCAP、IMFともに、日本の加盟は時期尚早という意見であった。

1951年1月、国務省は日本のIMF加盟を促進するために動き出した[22)]。1月10日、国務省、財務省、陸軍省の代表者が参加する委員会が開催され、①IMF加盟に必要な為替管理権を日本政府に委譲するようSCAPに対して促すこと、②FEC（極東委員会）・IMF加盟国に日本の加盟に賛成の投票をするよう国務省が非公式に働きかけること、を決定した。SCAPから日本政府への為替管理権の委譲については、講和条約締結の機運が高まっていること、西ドイツでは為替管理権の委譲がすでに実施されていたことから、国務省は容易に実現すると楽観していた。

（2）加盟申請

SCAPが日本の加盟に向けて行動を開始したのは、1951年5月以降であった。

1951年5月14日、池田蔵相とSCAP外交局のディール（W. W. Diehl）との会談においてディールは、マシュー・リッジウェイ（Matthew B. Ridgeway）新司令官はマッカーサー前司令官よりも、日本のIMF加盟に積極的だと思われると述べ、これまでこの問題が停滞していたのは、マッカーサーが為替管理権の日本政府への委譲に消極的であったことが原因だと示唆した。そして、吉田首相からリッジウェイ司令官に書簡を送り、①日本政府は、IMF・世界銀行への加盟を希望しており、加盟を許された場合には加盟国としての義務と責任を果たす用意があること、②正式の加盟申請のための準備を始めたいこと、を伝えてはどうかと助言した[23)]。

マッカーサーが為替管理権委譲に消極的であったことを示す具体的な史料は確認できないが、1949年12月にすでに条件が整っていたにもかかわらず、51年8月まで外貨勘定の日本政府への全面的移行が実施されなかった事実から、SCAPの消極的姿勢は明らかである。SCAPは、51年4月に外貨資金管理の全面的移管の方針を日本政府に伝え、8月16日、米ドル資金の管理権が日本政府に移管された[24)]。SCAPが消極的であった理由は明らかでないが、SCAP/ESS外国為替資金管理課が日本の外貨管理能力を信頼していなかったこと[25)]、日本経済に対するコントロールの手段を手放したくなかったことがその理由と考えられる。

日本がIMFに対して加盟申請したのは、1951年8月9日である。ドル資金の管理権移行とほぼ同時にIMF加盟を申請したことは、日本政府への外貨管理権の移行が、IMF加盟のための必要条件であったことを示している。

その後、周囲の環境は日本の加盟に有利に展開した。

第1は、講和条約交渉の急進展である。1951年3月には対日講和の英米交渉が予備交渉から正式交渉に移行し、5月3日に暫定的な英米共同草案ができ、6月のロンドン交渉で対日講和条約の草案はほぼ完成した。

第2に、1951年1月以降、米軍軍需物資の補給のために日本の工業力を利用する「日米経済協力」構想が持ち上がったことは、アメリカ側に日本の世銀加盟の必要性を認識させた。日本政府は「日米経済協力」構想の一環として、電源開発のための外資導入の希望をアメリカ政府に伝えた[26]。また、一万田尚登日銀総裁は訪米中の2月1日に行った声明で、電源開発の重要性に触れつつ、IMF・世銀への加盟の希望を訴えた[27]。

国務省は、7月初め頃から、日本のIMF・世銀への早期加盟実現に本格的に取り組み始めた。国務省のスタインバウアー（L. D. Stinebower）からIMF理事サザードに宛てた文書は、つぎのような内容であった[28]。

国務省は早期の日本のIMF加盟が望ましいと考える。それは、主要な国際機関への参加は日本に対し政治的に良い効果を及ぼすからであり、また、日本が講和条約締結後に広範な経済開発計画――とくに水力発電の分野において――を予定しているからである。講和条約締結の交渉は進んでおり、日本とイギリス、フランスとの間にはすでに合意が成立している。講和条約の発効まで待つべきという意見もありうるが、それでは加盟の時期がかなり遅れてしまう。日本の加盟に際して問題になりうるのは、FEC（極東委員会）の権限の問題であるが、それについては、国務省の法律顧問は障害にならないと述べている。イギリス、フランス、英連邦諸国のIMFメンバーに非公式に打診を始めて欲しい。

ここで問題となっているFECの権限とは、「戦後の対日基本政策」に関する1947年6月14日のFEC決定で、日本の輸出入貿易と為替に関する管理権限はFECが保持するとされたことである。FECは、連合国11ヵ国（のちに13ヵ国）によって構成される日本の占領管理に関する最高の政策決定機関である。為替政策に関する権限がFECにあるとすれば、日本のIMF加盟に際し、この13ヵ国の承認を得なければならない。国務省法律顧問の見解は、FECは47年6月の決定後、何等実際の政策を決定しておらず、貿易・為替に関する権限は実質的にSCAPに帰属しているというものであった[29]。そうであるならば、IMF加盟はSCAPの承認だけで済むことになる。

8月3日、陸軍省はSCAPに対して、日本のIMF・世銀に関する法的な障碍はもはや存在しないので、日本政府に加盟申請を促すよう指示した[30]。

日本政府は、8月9日付でIMF、世銀に加盟申請を行った。申請書は、SCAPのIMF専務理事イヴァール・ルース（Ivar Rooth）宛書簡とともに、IMFに送付された[31]。そこには、SCAPが日本の加盟を全面的に支持し、IMF協定の義務を日本政府が履行することを保証する旨が記載されていた。講和条約の発効まで最終的な権限を有するSCAPによるIMF宛保証書であるこの書簡は、米国務省とIMFが協議して作成された。

また、日本政府は、1951年9月10〜14日にワシントンで開催される第6回IMF・世銀総会へのオブザーバー参加を希望し、7月20日に参加が認められた[32]。

3　IMF加盟の決定

（1）IMFにおける加盟審査

日本加盟までの経緯　IMFは1951年8月30日の理事会に日本の加盟申請の件を諮り、2週間の予備調査の後[33]、9月18日の理事会において、加盟審査委員会（membership committee）が発足した[34]。その後、10月19日、52年1月14日の2回の委員会で日本の加盟が審議された。委員会の審議結果は、IMF事務局によって報告書にまとめられ[35]、4月24日の理事会で加盟投票の実施が決定した[36]。加盟各国総務または副総務による投票は5月8日から27日の間に郵便等により行われ、28日に開票された。加盟審査委員会が集約した投票結果は、6月2日の理事会で確認され[37]、日本の加盟が決定した。

投票結果は、賛成8万8,385票（39ヵ国）、反対1,500票（1ヵ国）、棄権750票（1ヵ国）、返答のなかったもの3,650票（10ヵ国）であった（賛成票は全票数の約94%）[38]。この投票結果に見られるように、日本の加盟に強く反対する国はほとんど存在しなかった。しかし、クオータの割当については、つぎに述べるように、加盟審査委員会内で意見が対立した。

クオータをめぐる対立　IMF出資の割当額（quota）は、IMFの資金利用の基準となるだけでなく、IMFにおける発言権の大きさを決定する。

IMF設立の際に、クオータの算出方式として採用されたのは、米財務省が作成した算式（formula）であり、この算式は原加盟国だけでなく、後から加盟した国にも適用された。これは、1940年の国民所得と34〜38年の貿易額を基礎に算定する方式で、米財務省のマイクセル（Raymond F. Mikesell）により考案された[39]。当時、大部分の国はまだ公式の国民所得統計を作成していなかったので、国民所得の数値は不正確であった。また、算出されたクオータ額は協議のための出発点にすぎず、実際にはクオータは政治的ネゴシエーションを通じて決定された。それは、連合国4大国（アメリカ、イギリス、ソ連、中国）がクオータ上位4位を占めるようお膳立てされたことに端的に現われている[40]。

それでは、日本のクオータはどのようにして決まったのか。

IMF事務局の見解は、IMF事務局（極東部）が加盟委員会のために作成した日本のクオータに関する報告書（10月9日付）に示されている[41]。この報告書は、1940年の国民所得は軍備増強と領土の拡張を反映した異常値であるという理由から、35年を基準値として選んだ[42]。また、外国貿易の基準値としては、算定式どおり34〜38年（輸入10億5,860万ドル、輸出10億2,150万ドル）を用いた。金・ドル保有額も、算定式どおり43年7月1日の数値（1億7,250万ドル）を採用した。クオータの計算結果は、34〜38年貿易量を用いた場合2億6,290万ドル、34〜38年貿易量に領土変更にともなう修正を加えた場合2億2,560万ドル、30〜34年の貿易量を用いた場合2億2,110万ドルであった。

アメリカ国務省も独自に試算を行った（1951年7月26日付）[43]。この報告書は、2つのケースを設けて試算し、クオータは、40年国民所得、34〜38年貿易額、40年金ドル保有額を用いた場合には3億1,330万ドル、36年国民所得、34〜38年貿易額、36年金ドル保有額を用いた場合には、2億8,380万ドルになると計算した。金・ドル払込額は、前者の場合は7,830万ドル、後者の場合は7,095万ドルである。そのうえで、国務省の報告書はつぎのように述べている。「約3億ドルのクオータと5,000〜7,500万ドルの払込額が適切だと思われる。3億ドルのクオータは、カナダ、オランダと同額であり、ベルギーよりも大きい。これら3ヵ国は現在理事会のメンバーである。」アメリカ国務省が、日本が理事国に加われるだけの規模のクオータを持つべきだと考えていたことが窺われる。

10月17日のNACスタッフ委員会は日本のクオータ問題を討議した。イギリスがオーストラリアに配慮して1億9,000万ドルを示唆していること、また、SCAPの試算が3億2,500万ドルないし3億5,000万ドルであることが紹介され、討議の結果、国務省提案に沿って2億4,000万ドルから2億7,000万ドルの範囲で交渉を行うようアメリカのIMF理事に指示することになった[44]。

10月19日の加盟審査委員会においては、日本の加盟について法的な障碍が存在しないことが確認された後、クオータについて論議がなされた[45]。アメリカのサザード理事は、IMF事務局案については、国民所得の基準年として1935年を選ぶことには賛同するが、34〜38年貿易額を領土の縮小を考慮して減額することには同意できないとした。そして、アメリカ政府内には3億ドルという意見もあるが、2億6,500万ドルないし2億7,000万ドルのクオータであればアメリカ政府は同意すると述べた。また、日本に「懲罰的クオータ」だと受け止められない程度の規模のクオータが望まれると付け加えた。これに対して、イギリスのアーサー・スタンプ（Arthur M. Stamp）理事、オーストラリアのレスリー・メルヴィル（Leslie G. Melville）理事は、34〜38年の貿易額は領土拡張と軍事行動の影響を受けているので、戦後日本の現状に合わせるべきあり、2億ドル程度のクオータが望ましいと述べた。結局、この会議では結論が出ず、つぎの委員会に持ち越された。

その後、イギリスとアメリカの理事の間で非公式の協議が行われ、2億5,000万ドルで一致したが、オーストラリアが2億ドルを主張したため、つぎの委員会開催は翌年にずれ込むこととなった[46]。オーストラリアの主張は、日本のクオータがオーストラリアの2億ドルを上回った場合、オーストラリアから理事を出せなくなることを懸念したためだとされる[47]。

1952年1月14日、3ヵ月ぶりに開かれた委員会では、クオータ2億5,000万ドルで簡単に決着し、議論の焦点は金による払込額の問題に移った[48]。

（2）日本政府とIMFとの交渉

交渉の経緯　日本政府は、1951年9月、武内龍次在ワシントン日本政府在外事務所長をIMF・世銀との交渉代表に任命し、渡辺武財務官等を補佐させて交渉に当らせた[49]。正式の交渉は、加盟審査委員会の結論が出、1月23

日にヨハン・ベイエン（Johan W. Beyen）委員長から、クオータと金払込額について非公式の通告を受けた時から始まった[50]。

日本政府は3億ドルないし、それ以上のクオータを期待していたので、2億5,000万ドルという加盟審査委員会の結論には不満であった。しかし、2億5,000万ドル程度で決まるという観測は前年11月頃から流れており、日本政府はこの決定に驚かなかった。

なぜ日本政府は、3億ドルのクオータが可能だと考えたのだろうか。じつは、1947年頃には、大蔵省は、1億5,000万ドル～2億5,000万ドルを予想していた。「ブレトンウッヅ体制加入問題」と題する文書は、「戦前ノ国民所得等ノ水準ヨリスレバ概ネ三億弗乃至五億弗（加奈陀、印度、仏蘭西級）ヲ主張スベキモ戦後ノ低下セル生産カラ考慮スレバ一億五千万弗乃至二億五千万弗（ブラジル、豪州、白耳義、チエッコ、波蘭級）トナルベシ」と記載している[51]。また、50年5月25日に大蔵省が作成した文書でも、「わが国の現状からみるときは、イタリアの割当額180百万ドルが目安として考えられよう」と述べている[52]。

それが、1951年になると、予想値は3億ドル台に上昇した。51年8月の大蔵省主計局の文書は、3億ドルのクオータ、5,000万ドルの金払込額を想定した[53]。また、同年9月6日付の理財局作成文書には、「わが国の割当額は現在一定の方式に従って試算した結果は291百万ドルとなっているが、諸種の事情から、3億5千万ドル位になるのではなかろうか」とあるが、「諸種の事情」とは何を意味するかは記されていない[54]。

期待が膨らんだ理由としては、朝鮮特需期の1950～51年にかけての急速な経済規模の拡大、好調な国際収支による外貨準備の増加などの経済変化も挙げうるが、最大の理由はアメリカの支持への期待の高まりだったのではなかろうか。51年8月29日には、渡辺武が国務省のマクダイアミッドから、3億ドル程度が妥当であるとする国務省試案（前掲）を入手していた[55]。また、一万田日銀総裁は、51年1月29日にサザードに面会した際に、IMFが2億9,000万ドルの試算を出しているという情報を得ていた[56]。

クオータが希望を下回る2億5,000万ドルに決まったことが日本政府を失望させた一方で、金払い込み額が日本政府が予定していた4,600万ドルを上回ったことは、日本政府を慌てさせた。

加盟国は原則としてクオータの4分の1を金で払い込む。ただしIMF協定は、十分な金準備を持たない国に配慮した条項も設けている。すなわち、協定の第3条第3項は、①割当額の25%または、②金および米ドルの公的保有額の10%のいずれか低い方を金で払い込むものと規定し、金準備が乏しい国については、金・米ドル保有額の10%の払込みで済ませる道を開いている。日本のクオータ2億5,000万ドルの25%は6,250万ドルである。IMF事務局のペーパーは51年6月30日現在の金ドル保有額にもとづいて、払込み額はその10%の4,597万2,000ドルになると計算した[57]。ところが、51年1月の加盟審査委員会は最新のデータにもとづく再計算を要求した。日本側から最新データを求めて再計算した結果、金払込み額は6,250万ドルに増大した[58]。51年12月末の金・ドル保有額は7億1,860万ドルであり、割当額の4分の1である6,250万ドルが、金・ドル保有額の10%である7,186万ドルよりも低かったので、6,250万ドルとなったのである[59]。

大蔵省は4,500万ドルの金払み込額を予定していたので、6,250万ドルという数字に驚いた。大蔵省は、1951年6月末の金ドル保有額約4億6,000万ドルの10%を基準に、51（昭和26）年度補正予算に200億円（IMF出資金170億円、世銀出資金30億円）を計上していたからである[60]。

加盟審査委員会の決定について大蔵省は、資金の利用限度、発言権などを考えると割当額はできれば3億ドルないし3億5,000万ドルが望ましい。2億5,000万ドルでも受け入れるが、金払込み額は、ドル支出をできるだけ縮小したいので、払込額は4,500万ドルよりも少なくしたいとした[61]。これに対して外務省は、クオータおよび金払込み額の修正は困難であり、「関係各国特に米国の好意ある努力を生かす上からも提案を承認することが適当」との立場を示した[62]。

1月30日、日本政府はIMFとの折衝方針を協議した。大蔵省は、1952（昭和27）年度予算案の速やかな国会通過を優先しており、修正は困難である、払込額の減額が認められなければ、「基金加盟を断念するも止むを得ぬ」との強い態度を示した。これに対して外務省は、「薄弱なる根拠の主張を続けて交渉を決裂せしめることは、日本政府の対外的立場を窮地に陥れる」と、IMFの示した条件の即時受け入れを主張した[63]。

結局、2月14日に、対IMF交渉は以下の案で進めることになった[64]。

① クオータについては2億5,000万ドルを承諾するが、将来の増額希望を申し入れる。

② 金払込み額については、加入手続き完了時の金ドル保有額の1割の方が6,250万ドルよりも低い場合は、減額を求める。しかし、金ドル保有額が1951年12月末を下回る可能性は少ないので、SCAPの管理下にある日銀保有の金の一部を解除してもらい、これを政府が日銀から簿価で買い取る。

③ IMFとの交渉開始は、来年度予算が少なくとも衆議院を通過するまで延期する。

4月18日、IMF、世銀への加盟が閣議決定された[65]。

出資金の払込み 1952年8月13日、日本はIMFと世銀に加盟した。加盟の際に日本は、クオータ2億5,000万ドルのうち6,250万ドル（割当額の25%）を金で、1億8,750万ドル（割当額の75%）を自国通貨および国債で払い込んだ。

金の払込みは、加盟と同時に実行された。6,250万ドルのうち、4,500万ドル相当（約40トン）は政府がアメリカで購入し、残額の1,750万ドル相当（約15.5トン、時価63億円）は政府が簿価（5,400万円）で日銀から買い入れた。ただし、実際に日本から現送したのは約8.9トンであり、残りの約6.6トンはニューヨーク連邦準備銀行に保管していた大蔵大臣名義の金を振替使用した[66]。

円および国債の払込みは、平価決定後の1953年5月15日になされた。割当額の1%の約9億円が現金で、74%の666億円が国債（通貨代用国庫債券）で払い込まれた[67]。

日本からのIMF理事選出 IMFで発言権を得るためには、理事国になる必要がある。IMFの最高意思決定機関は加盟国の総務および総務代理人（日本の場合、総務は大蔵大臣、総務代理は日銀総裁）により構成される総務会（Board of Governors）であるが、総務会は原則として年1回開催されるだけである（IMF年次総会）。日常的に、一般的な業務を運営するのは理事会（Board of Executive Directors）である。理事の定員は、IMF協定により12名以上と規定されてお

表3－1　IMFクオータ上位国（1953年4月末現在）

国名		クオータ	シェア
		100万ドル	%
アメリカ	**	2,750	31.48
イギリス	**	1,300	14.88
中国	**	550	6.30
フランス	**	525	6.00
インド	**	400	4.58
ドイツ	*	330	3.78
カナダ	*	300	3.43
オランダ	*	275	3.15
日本	*	250	2.86
ベルギー	*	225	2.58
オーストラリア	*	200	2.29
イタリア	*	180	2.06
ブラジル	*	150	1.72
チェコスロヴァキア		125	1.43
パキスタン		100	1.14
スウェーデン		100	1.14
南アフリカ		100	1.14
メキシコ		90	1.03
デンマーク		68	0.78
エジプト	*	60	0.69
ユーゴスラヴィア		60	0.69
オーストリア		50	0.57
チリ		50	0.57
コロンビア		50	0.57
キューバ		50	0.57
ノルウェー	*	50	0.57

［注］1．**は常任理事国、*は選出理事国。
2．理事国は、上記以外にニカラグア。計16ヵ国。
［出所］*IMF, Annual Report 1953,* pp.102–114より作成。

り、1948年2月から52年9月までは14名であった[68]。14名の理事のうち、5名はクオータ上位5ヵ国から任命され（任命理事）、他の9名は地域グループごとに互選で選出された（選出理事）[69]。しかし、実際には、互選グループの編成を工夫することで、ほぼクオータ上位国が選出される仕組みになっていた[70]（表3－1）。

日本、ドイツが加わることにより、カナダ、オーストラリア、イタリアのいずれか2ヵ国が理事会メンバーから外れる恐れが出てきた。対処策として、IMF理事のなかで、理事の増員を求める意見が支配的となり、1952年に14名から16名への増員が決定した[71]。同年9月11日に行われた選挙で、日本から湯本武雄が選任された[72]。以後、日本は毎回、理事を出すことになる[73]。

（3）円平価の決定（1953年5月）

平価決定のプロセス　新規加盟国は、IMFと協議して平価を決定する。加盟国政府は、IMFから平価通告の要求があってから30日以内に平価を通告し、IMFは通告を受け取ってから60日以内に、加盟国政府と協議して平価を決定するという手続きになっていた。ただし、加盟後ただちにIMFが平価通告を要求するわけではなかった。また、加盟国の中には、1947年に加盟していながら、60年まで平価を決定しなかったイタリアのように、平価の決定を先延ばしにした国も少なくなかったので、この規定も有名無実化していた。さらに、平価を決定していない加盟国に対してIMFは融資を行わないという規定も、次第に骨抜きにされていった[74]。

円切下げの是非　日本はIMFに加盟する以前の1949年4月に平価を決定していた。しかし、朝鮮戦争期に日本の物価の独歩高が進み、対ドル購買力平価は360円よりもかなり円安になっていたと見られる。日本は51年にIMFに加盟申請した時点から360円平価を希望していたが、この平価をIMFが妥当でないと認定する恐れもあった[75]。

1951年8月に日銀の五十嵐虎雄理事が参議院委員会で実勢レートは1ドル513円だと発言したことをきっかけに、円切下げのルーマーが広がった[76]。大蔵省の試算でも、対ドル購買力平価は日銀の算定とほぼ同じ値になったが、能率報酬率平価説を援用して、実勢レートは「概ね360円レートに接近している」と主張した[77]。

1951年秋ごろから52年にかけて、大蔵省は円レートの切下げの是非を検討した。大蔵省のレート維持の姿勢は揺らいでいなかったので、その検討は360円レートの正当性の論拠を固めるためであったと思われる。

大蔵省が円切下げに否定的であった理由は何であったのだろうか？

1951年11月の「レート切り下げに伴う問題」はつぎのように分析する[78]。

相当程度の国内資源と生産力を持たない限り、為替切下げを行っても、輸出の伸長が困難であることは、現在どこの国でも一般的に妥当する。日本の場合、輸入の90%まで食糧と工業原材料等の必要基礎物資が占めるので、輸入は非弾力的であり、物価上昇によるマイナスの影響が大きい。スターリング地域に対する輸出の見通しは明るいので、日本が円切下げを行った場合、ダンピングの非難を受けることの方が懸念される。

また、1952年8月の「日本の為替相場」はつぎのように論じている[79]。

現在の国際関係が正常ではないので、1ドル360円レートが妥当であるかどうかを判断するのは困難である。1951年における日本のスターリング地域貿易の受取超過は、360円レートが過小評価であることを示している。52年に入ってから、スターリング地域向け輸出が減退しているのは、ポンド地域の人為的な輸入制限のためであり、為替レートが原因ではない。ドル地域が受取超過であるのは、特需という政治的な条件のためである。将来、特需がなくなった時に国際収支均衡を維持できるかどうかは、現在の為替レートとは直接関係はない。したがって、現在の国際収支から見るならば、円が過大評価されているとは言えない。

このように、国際収支がマイナスになっていない以上、円レート切下げのメリットはほとんどないと大蔵省はみなしていた。

IMFによる360円レートの承認　日本は平価設定について、IMF加盟直後の1952年8月からIMFとの間で非公式の事務レベル協議を始めた[80]。その後、53年3月10日にIMFからの提出要求があり、3月13日に日本政府は1ドル360円平価の通告を行った[81]。

申請を審査する際にIMF事務局が作成したスタッフ・ペーパー「日本円の平価」(1953年4月)は、日本の提案を支持し、つぎのように述べた[82]。

1ドル360円の為替レートについては、1949年4月の導入時には、円高すぎるレートだという国内の批判も強かったが、日本はインフレの鎮静化に成功を収めるとともに、世界貿易におけるシェアも拡大させ、このレートは4年間の厳しいテストをパスすることができた。52年半ば以降、外貨準備(とくにポンド準備)は減少傾向にあるとはいえ、少なくとも今後2年間は特需収入が期待できる。また、日本政府は、57年までに国際収支を均衡させる長期計画を立てている。360円レートは、現在の物価水準から推定すると、幾分、過大評価であり、輸出競争力を阻害するという懸念があるかも知れない。しかし、日本は輸入依存度が高いので、円が過大評価されたレートの方が有利である。また、日本の場合は、為替切下げを行うよりも、工業の合理化・近代化に力を注ぐ方が、輸出競争力改善にとって効果があると考えられる。以上の理由から、IMFは日本政府が提案したレートに賛成する。

円平価が審議された5月11日のIMF理事会では、報告書の結論に対して大きな異論は出ずに、日本の申請どおり承認された[83]。

第2部　分断された為替圏と外貨危機

1952～58年

1958年12月に英ポンドをはじめとする西欧主要通貨が交換性を回復する以前は、世界の通貨圏は分断され、二国間の決済協定も広範に存在した。EPU（欧州決済同盟）に属する西欧諸国間では地域的な多角的決済が実現していたが、国際的な交換性を持つ通貨はほぼ米ドルに限定されていた。

いずれの通貨圏にも属さなかった日本にとって、東南アジア地域にスターリング圏が広がる状況下で、貿易を拡大することは容易ではなかった。1950年代前半の日本の最大の課題は、「経済自立」すなわち特需依存からの脱却であった。「経済自立」のために、輸出の促進、原料・食糧輸入の確保を図らなければならなかった日本にとって、分断された為替圏は大きな障害となった。

独立回復後、1950年代に日本は、53〜54年と57年の2回、外貨危機に陥り、IMFから借入を行った。53〜54年の外貨危機の際には、日本経済の特需依存体質、スターリング圏との貿易の困難が顕著な形で現れた。しかし、50年代半ば以降、為替圏の分断は次第に解消されていった。55〜56年の設備投資ブームを契機に、日本の高度成長が始まる。57年の外貨危機には、高度成長の影響が明瞭に現れ、国際収支にも変化が現れた。第2部では、1950年代前半の状況と、そうした状況からの脱却過程を検討したい。

第4章では、1953〜54年の外貨危機を、対外的な関係、すなわちIMFおよびアメリカ政府と日本政府との交渉（IMF借入、53〜55年度のコンサルテーション、日米交渉）、および国内のマクロ経済政策、貿易政策の両面から分析する。国内に関しては、この時期に為替管理が強化された状況に焦点を当てる。

第5章では、為替圏の分断がどのような形で対外決済を妨げ、日本の貿易や経済全体を制約したのかを、スターリング地域、オープン・アカウント地域のそれぞれについて具体的に検証する。あわせて東アジアでEPUのような決済同盟が形成されなかった事情についても考察する。

第6章では、1957〜58年の外貨危機を取り扱う。コンサルテーション、借入を通じたIMFとの交渉を中心に検討し、53〜54年の時期からの変化の様相を明らかにする。

第4章　1953～54年の外貨危機

1　朝鮮特需から外貨危機へ

（1）朝鮮特需期の貿易

1950～51年の貿易拡大　1950年1月に本格的に再開した日本の貿易は、ただちに国際政治の激動にさらされることになった。50年6月の朝鮮戦争勃発によって、原料を中心に貿易品の需要が急増した。世界市場は買い手市場から売り手市場に転じ、世界的なブームが現出し、日本も朝鮮特需景気を謳歌した。しかし、51年に入るとブームは早くも陰りを見せ始め、6月23日のマリク声明を契機に、7月10日に休戦会談が始まると、物価下落に拍車がかかった。

日本経済は荒波に翻弄されながらも、朝鮮戦争によるブームから大きな利益を受けた。輸出は1951年には49年の2倍以上に増大し、特需収入はこの2年間に7億ドル以上に及んだ（**表4－1**）。49年末に2億ドルにすぎなかった外貨保有高は、52年2月末には10億ドルに達した[1)]。こうして、IMFに加盟した52年8月には、日本は特需に依存しつつ国際収支の安定を保っていた。

1949年から占領終結までの貿易を半年ごとに見てみよう（**表4－2**）。輸出は朝鮮戦争勃発を契機に急増し、51年下期にピークに達した後、漸減傾向を示した。輸入はブーム期に激増し、51年上期に12億ドル以上を記録した。政府、日銀の積極的な輸入促進政策が、輸入激増の原因であった。この輸入促進政策は、のちに述べるように、53～54年の外貨危機を引き起こす原因の1つになる。決済地域別では、スターリング地域がもっとも重要な輸出先であった。これに対し、ドル地域との貿易は大幅な輸入超過であった。しかし、対米貿易の赤字は朝鮮戦争以前にはガリオア・エロア援助によって、朝鮮戦争勃発後は特

表4−1　輸出入額（1945～55年）

（単位：千ドル）

暦　年	輸出	輸　入			貿易収支	貿易収支	特需収入高
		米国援助	商業勘定	合計	(含援助)	(除援助)	
	(1)	(2)	(3)	(4)	(1)−(4)	(1)−(3)	
1945.9～46.12	103, 292	192, 893	112, 600	305, 493	△202, 201	△9, 308	—
1947	173, 567	404, 433	119, 128	523, 562	△349, 994	54, 439	—
1948	258, 271	461, 004	222, 078	683, 082	△424, 811	36, 193	—
1949	509, 700	534, 750	370, 095	904, 845	△395, 145	139, 605	—
1950	820, 055	361, 293	613, 045	974, 339	△154, 284	207, 010	148, 889
1951	1, 354, 520	180, 341	2, 037, 036	2, 217, 377	△862, 857	△682, 516	591, 677
1952	1, 272, 915	5, 426	2, 022, 767	2, 028, 193	△755, 278	△749, 852	824, 168
1953	1, 274, 842	—	2, 409, 637	2, 409, 637	—	△1, 134, 795	809, 479
1954	1, 629, 236	—	2, 399, 403	2, 399, 403	—	△770, 167	596, 164
1955	2, 010, 599	—	2, 471, 430	2, 471, 430	—	△460, 831	556, 604

［注］通関統計。
［出所］1．輸出入額は、大蔵省財政史室編『昭和財政史——終戦から講和まで』第19巻（統計）、1978年、pp. 106−107、p.117、pp.121−122、1953、54年は、大蔵省『外国貿易概況』により補った。
2．特需収入高は、経済企画庁統計課監修『日本の経済統計』上、至誠堂、1964年、pp.324−325。1950年は、通商産業省賠償特需室編『賠償とアメリカの対外援助』通商産業調査会、1961年、p.86により補った。

需収入によって補填された。またオープン勘定（O/A）地域への輸出は、ドル圏への輸出に匹敵する規模に達し、双務協定貿易はこの時期の日本の輸出を支えた。

貿易品目では、繊維製品が1950、51年において輸出の半ば近くを占め、戦前型の貿易構造が復活した（**表4−3**）。鉄鋼等の金属・金属製品輸出も朝鮮戦争ブームで急増したが、50年代初めにはまだ国際競争力を持つに至っていなかった。輸入は、繊維原料と食糧・飲料品で全体の半ば以上を占めた。米の国内消費を補っていた植民地を失ったため、食糧輸入が多額にのぼったのは、この時期の貿易の特徴である。

一時的な貿易自由化　外貨予算規模は輸出の急速な伸長とともに拡大した。しかし、外貨予算制度は、編成・運用が未熟であったことに加えて、世界経済の変動も著しかったために、混乱と試行錯誤を繰り返した。

朝鮮戦争の勃発後、アメリカの大規模な軍需品調達が引き金となって世界的な原料不足が生じ、各国は輸入原料の確保に走った。日本も1950年後半以降、輸入を促進するために、外貨予算の自動承認枠を大幅に拡大した。自動承認制予算（AA予算）は、50年10～12月期以降、3期続けて外貨割当制予算（FA予算）を上回り、貿易自由化が一挙に進んだ。

自動承認制予算の急拡大は、日銀の輸入金融拡大と相俟って、投機的輸入を助長した。しかし、1951年春にピークに達した投機ブームは、51年7月の朝鮮休戦会談開始を契機に崩壊した。原料価格の暴落により、「新三品」（ゴム・原皮・油脂原料）を中心に投機的取引を行っていた貿易業者は大打撃を受けた[2)]。朝鮮戦争ブームのなかで進んだ貿易自由化（＝自動承認枠の拡大）を51年7～9月期に政府は見直し、外貨割当制を強化した。貿易が厳格な輸入割当のもとに置かれる状態はその後長く続いた。ふたたびAA予算がFA予算を上回ったのは、本格的な貿易自由化が始まった61年である。

表4-2　決済地域別輸出入額（1949～55年）

（単位：100万ドル）

暦年	輸出			
	計	ドル	スターリング	O/A
1949 上	261	68	122	71
下	249	100	106	43
50 上	323	121	94	107
下	497	173	150	174
51 上	662	158	250	253
下	693	158	335	199
52 上	683	176	339	168
下	590	221	200	169
53 上	604	263	149	192
下	670	227	169	275
54 上	720	233	195	291
下	910	328	297	285
55 上	892	347	303	243
下	1,119	470	346	303

暦年	輸入			
	計	ドル	スターリング	O/A
1949 上	505	387	62	57
下	399	294	78	28
50 上	485	276	95	114
下	490	283	127	79
51 上	1,229	696	299	234
下	989	605	216	168
52 上	993	602	250	140
下	1,035	619	251	165
53 上	1,161	610	341	210
下	1,248	695	261	292
54 上	1,412	855	261	295
下	988	556	172	260
55 上	1,221	658	276	288
下	1,250	674	324	252

暦年	収支			
	計	ドル	スターリング	O/A
1949 上	△244	△319	60	14
下	△150	△194	28	15
50 上	△162	△155	△ 1	△ 7
下	7	△110	23	95
51 上	△567	△538	△ 49	19
下	△296	△447	119	31
52 上	△310	△426	89	28
下	△445	△398	△ 51	4
53 上	△557	△347	△192	△18
下	△578	△468	△ 92	△17
54 上	△692	△622	△ 66	△ 4
下	△ 78	△228	125	25
55 上	△329	△311	27	△45
下	△131	△204	22	51

［出所］大蔵省財政史室編『昭和財政史――終戦から講和まで』第19巻（統計）、1978年、p.114。1953～55年は大蔵省『外国貿易概況』により補った。

表4－3　輸出入品の構成（1950～55年）

（単位：100万ドル）

貿易品	1950	1951	1952	1953	1954	1955
［輸出］						
食糧及び飲料	50.5	69.1	99.4	131.4	134.7	136.1
繊維製品	398.8	622.6	417.5	460.3	657.0	749.0
化学製品	15.6	36.7	39.9	67.3	78.9	93.6
金属・金属製品	150.1	299.8	340.7	186.5	249.0	385.8
機械器具	82.0	109.3	110.1	188.7	202.3	246.9
セメント・板ガラス	6.7	16.2	16.7	19.7	22.6	26.6
石炭	4.9	0.2	0.8	8.1	4.8	4.1
その他	111.5	200.6	247.8	212.8	279.9	368.1
合計	820.1	1, 354.5	1, 272.9	1, 274.8	1, 629.2	2, 010.2
［輸入］						
食糧及び飲料	310.7	503.0	617.7	604.1	653.8	627.9
繊維原料	369.6	769.2	611.6	682.7	638.5	601.7
鉄鋼原料	23.5	111.5	191.1	190.6	162.2	194.9
原油及び同製品	40.8	101.3	141.1	191.7	198.0	211.9
化学品原料	79.3	109.1	102.5	124.0	133.6	167.6
その他原料	117.9	310.1	154.9	255.5	288.0	377.0
機械類	7.4	57.3	90.5	160.8	177.1	132.4
その他	25.2	33.5	118.8	200.2	148.2	162.9
合計	974.4	1, 995.0	2, 028.2	2, 409.6	2, 399.4	2, 476.3

［出所］西川博史「東アジア貿易圏と日本の貿易」長岡新吉・西川博史編著『日本経済と東アジア』ミネルヴァ書房、1995年、pp.260−261、pp.264−265より作成。

（2）外貨危機の顕在化

国際収支の悪化　1952年8月のIMF加盟後、1年も経たない53年春に日本は戦後初めての外貨危機に直面した。

朝鮮特需ブームで急伸した輸出は、1951年5月をピークに漸減に転じ、年末にかけていったん持ち直したものの、その後は伸び悩んだ（図4－1）。輸出額は51年の13億5,500万ドルから、52年には12億7,300万ドルに減少し、53年も52年をやや上回る12億7,500万ドルの水準で低迷した。民間貿易が本格的に再開した50年から、高度成長が終わるまで毎年、連続して輸出が伸びたなかで、52年だけは輸出額が前年を下回った特異な年である。

輸入は、1951年4月に朝鮮特需ブームが終焉した後、一時的には減少傾向

図4－1　輸出入額月別推移（1950～55年）

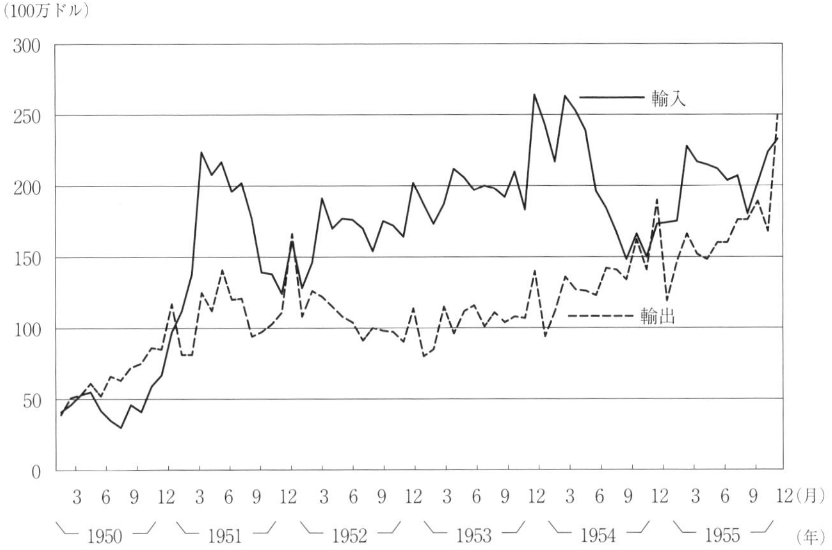

［注］通関統計。輸入額は商業勘定のみであり、援助輸入は除外した。
［出所］大蔵省『外国貿易概況』、大蔵省財政史室編『昭和財政史――終戦から講和まで』第19巻、東洋経済新報社、1978年、p.107より作成。

が見られたが、ふたたび増加に転じ、54年前半まで高水準が続いた。年間輸入額（商業勘定）は、51年に前年の約3.3倍の20億3,600万ドルに急増した後、52年には前年とほぼ同水準の20億2,300万ドル、53年にはさらに増加して24億1,000万ドルに達した（**前掲表4−1**）。

1952年以降の輸出不振と、54年春まで続いた輸入ブームの結果、貿易収支の赤字（援助輸入を除く）は、51年6億8,200万ドル、52年7億4,900万ドル、53年11億3,400万ドルへと拡大した。外国為替収支では、貿易は51年4億2,800万ドル、52年4億2,900万ドル、53年9億4,500万ドルの支払超過が生じた。しかし、巨額の特需収入（51年5億9,200万ドル、52年8億2,400万ドル、53年8億1,000万ドル）によって貿易赤字がカバーされた結果、外国為替収支は全体で、51年3億3,100万ドル、52年3億1,400万ドルの受取超過となり、外貨危機は53年初めまで顕在化しなかった。しかし53年には、特需収入は前年とほぼ同額の約8億ドルを保ったものの、輸入の増加により、外国為

表4-4　外国為替収支（1950～58年）

（単位：100万ドル）

暦年	受取				支払			受払超
	合計	輸出	貿易外	特需	合計	輸入	貿易外	
1950	1,008.2	772.8	235.4	–	677.1	645.5	31.6	331.1
51	2,240.5	1,297.3	351.6	591.6	1,909.2	1,725.1	184.1	331.3
52	2,239.1	1,289.1	125.9	824.1	1,924.8	1,718.3	206.5	314.3
53	2,120.0	1,156.3	154.2	809.5	2,313.7	2,100.9	212.8	△193.6
54	2,309.2	1,532.4	180.7	596.1	2,209.2	1,961.6	247.6	99.9
55	2,667.6	1,954.1	156.9	556.6	2,173.8	1,848.2	325.6	493.7
56	3,224.7	2,402.2	227.2	595.3	2,931.4	2,470.1	461.2	293.3
57	3,642.5	2,781.1	312.2	549.2	4,175.4	3,571.7	603.6	△532.9
58	3,510.4	2,727.6	301.3	481.5	2,999.0	2,468.3	530.7	511.4

［出所］日本銀行外国為替局・為替管理局『外国為替統計便覧』（昭和33年12月）pp.2–7より作成。

替収支は1億9,300万ドルの支払超過となり、外貨危機に陥った（**表4-4**）。

外貨準備の急減と外貨危機の発生　占領終結直前の1952年3月末の時点では、外貨保有高は10億5,900万ドルと、かなり潤沢であった。外貨残高の正式の公表値であった外貨保有高には、オープン勘定（清算勘定）残高も含まれるので、オープン勘定残高を差し引いた外貨準備に直すと、52年3月末は9億3,030万ドルである。約5.5ヵ月分の輸入に相当する外貨準備を保有していたことになる。

占領が終わった1952（昭和27）年度は、占領当局の束縛から解放され、積極的な経済政策がとられた年であった。52年3月28日、池田勇人蔵相は手持外貨を活用して産業近代化のための機械・設備・技術の導入を図る「新経済振興策」を打ち出した[3)]。特需があるうちに経済基盤を強化するという趣旨である。この方針にもとづき、52年度上期の外貨予算では、ドル資金の使用制限の緩和と、スターリング地域からの輸入の拡大が図られた[4)]。ポンド貨物予算は2倍に増額され、また、自動承認品目（AA品目）の拡大も実施された。こうした輸入促進方針は52年度下期の外貨予算にも引き継がれた[5)]。

ところが、1952年春からスターリング地域が輸入制限措置を実施したことにより、日本のスターリング地域への輸出は急減した。その結果、日本のポン

図4-2　外貨保有高（1950年12月〜56年1月）

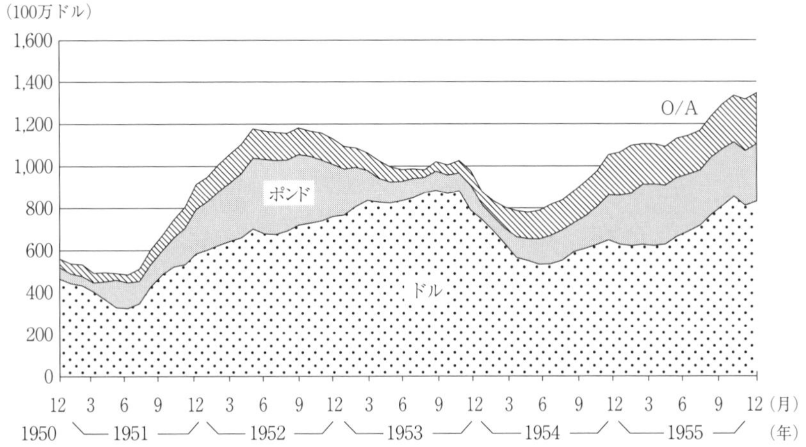

［出所］経済企画庁編『戦後経済史（貿易・国際収支編）』大蔵省印刷局、1962年、pp.475-476より作成。

ド保有高は52年8月をピークに急減し、53年春には貿易決済に窮する水準まで下がった。ポンド資金の枯渇は、後述するように、イギリスの市中銀行からの資金借入（ドルとポンドのスワップ）とIMF資金の引出しによって乗り切ることができたが、これは外貨危機の第一幕にすぎなかった。

第二幕は、1953年末以降のドル保有高の急減によって始まった。ドル保有高は、53年11月末に8億8,130万ドルのピークに達したのち、7ヵ月後の54年6月末には5億3,210万ドルにまで落ち込んだ。外貨保有高全体で見ると、52年9月の11億8,210万ドルをピークに減少に転じ、53年6月には9億8,340万ドルまで落ち込み、その後、IMF借入などにより年末にかけて漸増したものの、54年の初めからふたたび減少、54年5月には7億7,940万ドルに減少した(**図4-2**)。外貨準備高では、54年6月末には6億ドルを割り(5億9,610万ドル、うちドル4億8,740万ドル)、2年前の52年6月末の11億3,670万ドルから半減した。このように53年には比較的豊富だったドルが54年に急減したために、外貨準備は厳しい状況に陥った。

1953〜54年の外貨危機の特徴　1953〜54年の外貨危機には、つぎのような特徴があった。

第1に、国際的に通貨の交換性が回復しておらず、日本の対外決済もドル、ポンド、オープン勘定の3つの外貨勘定に分断されていた。そのため、外貨危機はまず、スターリング地域への輸出の減少による英ポンド資金の枯渇の形で発生した。東南アジアのスターリング地域との貿易決済上の困難が、1953年のポンド危機として現れたと言える。

第2に、日本経済の特需依存的性格が指摘できる。ドル地域との貿易が大幅な赤字であったにもかかわらず、1953年末までドル保有高が増大し続けたのは、特需収入が存在したからである。51〜53年で合計22億ドル以上にも及ぶ特需収入が存在した。52年に特需で得たドルは、貿易で得たドル収入の2倍にも達した。国際収支悪化の原因は、国内物価高による輸出競争力の弱まり、積極的な財政・金融政策による投資と国内消費の拡大にあったが、特需の存在は、貿易赤字の拡大を糊塗し、外貨危機の発生を遅らせた。

2　ポンド収支の悪化とIMF借入

（1）ポンド資金の枯渇

ポンド保有高の急増と急減　外貨危機の発生を、ポンド資金に注目して詳しく見たい。

1950年から51年にかけて、スターリング地域への輸出が急増した。スターリング地域への輸出は、51年に前年の倍以上の5億8,500万ドルに達し、輸出額全体の4割以上を占めた（**図4－3**）。52年上期も3億3,900万ドルの高水準を維持し、ポンド保有高は1952年6月には1億2,689万ポンド（3億5,529万ドル）に達した（**図4－4**）。輸出が伸びた理由は、ポンドの為替レートが過大評価されていたこと、51年8月の日英支払協定の改定により、ドル・クローズ（ドル条項）が撤廃されたことにあった。

ところが、1952年下期以降、一転してスターリング地域との貿易収支は急速に悪化する。53年のスターリング地域向けの輸出額は3億1,750万ドルと、前年比約40％も減少し、ポンド収支は2億8,500万ドルの支払超過になった。貿易収支悪化の原因は輸入と輸出の両面にあった。輸入の増大の原因は、内需

図４−３A　決済地域別輸出額

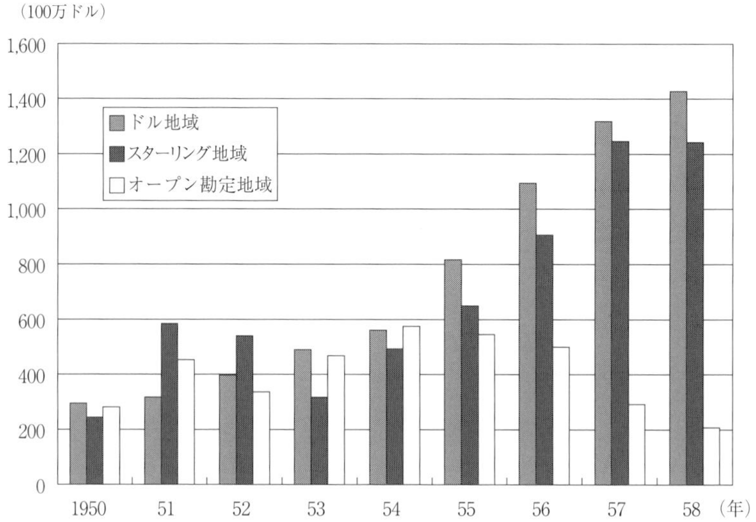

図４−３B　決済地域別輸入額

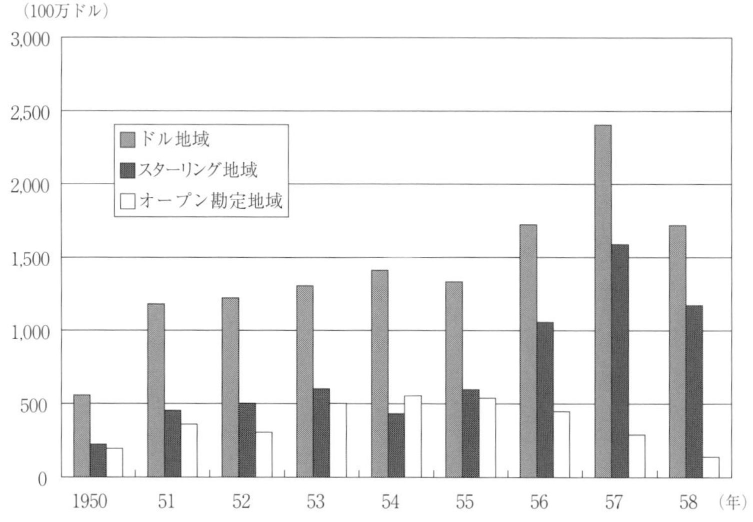

［注］通関統計。暦年。
［出所］大蔵省『外国貿易概況』より作成。

図4－4　ポンド保有高の推移

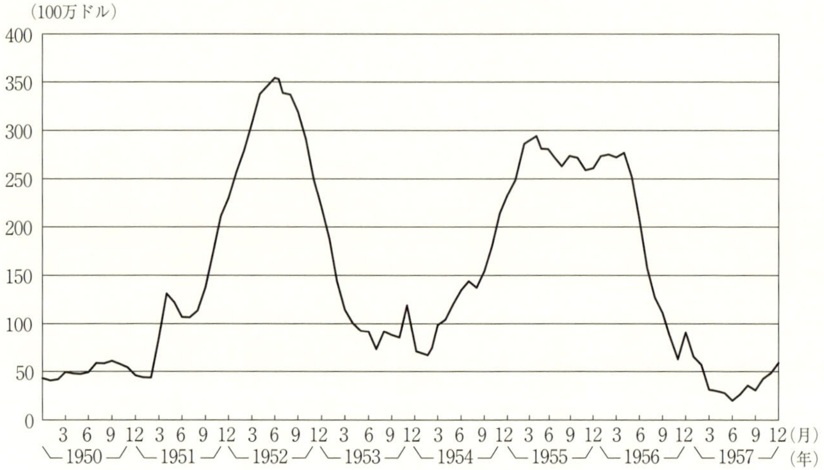

［注］1ドル＝0.3571ポンド
［出所］大蔵省財政史室編『昭和財政史――終戦から講和まで』第19巻、東洋経済新報社、1978年、p.127。
経済企画庁戦後経済史編纂室編『戦後経済史（貿易・国際収支編）』大蔵省印刷局、1962年、pp.475-476。

が拡大したこと、ポンド累積を減らすために日本政府がスターリング地域からの輸入促進政策をとったことにあった。一方、輸出の減少の原因は、スターリング地域が実施した対日輸入制限、朝鮮戦争ブーム後の一次産品価格暴落による低開発国の購買力が減退したことにあった。

スターリング地域からの輸入が急増した結果、1952年度下期外貨予算のポンド自動承認枠（1億6,400万ドル）を使い果たし、政府は53年2月14日からスターリング地域からの自動承認制による輸入を停止した6)。ポンド保有高は、53年2月末には前年6月のピーク時の約半分の6,685万ポンド（1億8,720万ドル）に落ち込んだ。

スワップ取決めの成立（1953年4月）　ポンド資金不足に対処するため、日本政府はイギリス政府に、スターリング地域の輸入制限の緩和を要請するとともに、当面のポンド資金調達への協力を求めることにした。1953年1～3月の日英貿易交渉については、第5章でくわしく述べる。

1953年3月末、政府は東条猛猪大蔵省為替局長を英国に派遣して、ポンド資金調達交渉を行い、4月29日にスワップ等の取決めが成立した[7]。この間、4月初めには、日本政府のポンド手持が為替操作上の最低限の水準の3,000万ポンドを割り、2,500万ポンドまで減少するという事態に立ち至っていた[8]。

英国側は、日本に対してポンド調達の3つの方法を示した。第1はアウトライト（直売取引）でのポンド購入、第2はドル・ポンドのスワップ（ドルの現売先買）、第3はポンド・ユーザンス手形の導入（イギリスの銀行による短期貿易信用の供与）であった。この提案に対して日本側は当初、そのいずれにも該当しない、イングランド銀行の日本政府または市中銀行への当座貸越（オーバードラフト）を希望した。しかし、イギリスはこの日本側の希望を受け入れなかった[9]。

日本政府の狙いは、ドル保有高を減らさずに、ポンド資金を調達することにあった。その点では、第1のアウトライトでの調達（日本が保有するドルでイギリスからポンドを購入する）は問題外であった。また、第2のドルとポンドとのスワップの場合も、返済期限が来た時に日本にポンドの手持ちがなければ、ドルで決済することになる。第3のポンドのユーザンス手形の開設は、契約から実施までに時間がかかり、緊急のポンド調達には役立たないばかりか、金利も高い（年利6〜7%程度）という問題があった。結局、日本政府は、第2のスワップによる方法を選んだ。

4月29日に締結された日英間の協定の内容は、以下のとおりである[10]。

イングランド銀行は、日本政府（大蔵省）がロンドンの外国為替市場において、2,500万ポンドを限度として、ドル・ポンドのスワップ取引を行うことを承認する。期間は3ヵ月とし、必要に応じて3ヵ月ごとに更新が認められる。スワップは、日本政府とロンドンの市中銀行との間で実施され、イングランド銀行は、スワップが実現しなかった場合に不足額を補う義務を負う。

あわせてこの協定により、日本がポンドで貿易代金の決済ができる地域（行政振替可能勘定国）も拡大された。イギリスは、第三国間でのポンドによる決済を促進することを通じて、貿易決済通貨としてのポンドの地位を維持しようとしていたから[11]、これはイギリスの利益にもかなう措置であった。

スワップの実施　2,500万ドルを限度とするドル・ポンド・スワップ取決めは、5月初めから実施に移された（期限8月末日）。スターリング地域からの入超がその後も止まらなかったため（入超額は1953年4～6月に毎月1,500万ポンド）、スワップ上限額では足りず、5月、6月頃に信用状が発行できない状態に陥ることが懸念された[12)]。事実、7月初めには、日本政府の手持ポンドは、外国為替銀行への預託分も含めて約3,000万ポンドにまで落ち込んだ[13)]。

そこで、日本政府はスワップ2,500万ポンドの期限（3ヵ月）を3ヵ月間延長するとともに、9月末に予想される1,000万ポンドの資金不足に対処すべく、イギリスに対してスワップ枠の増額を求めることにした。7月17日、経済最高顧問会議において岡野清豪通産相は、スワップ限度額をさらに1,000万ポンド拡張するためにイギリスと交渉すると言明した[14)]。

しかし、7月から始まった日英交渉は難航した。英国側は、日本に対するスワップの提供は例外的な措置であり、増額には応じられないと強い難色を示した[15)]。また、英国側はスワップ拡大が困難な理由として、日本のポンド不足が短期的な性格のものではないこと、日本の外貨ポジションが全体的には良好であることを挙げた[16)]。イギリス側担当者の大蔵省のデヴィド・サーペル（David Serpell）は、一方で、イギリス政府関係者に対しては、日本のスワップ枠拡大を実現させるべく説得に努めた。サーペルは、日本にあくまでもドルでの支払いを要求すれば、日英間の貿易支払がバイラテラルな形に戻る恐れがあり、英国が追求するポンドの多角決済の拡大に逆行すると説いて回った。

サーペルの説得が功を奏して、イギリス政府は8月末の決済資金として500万ポンド、さらにIMFからの借入のための繋ぎ資金として500万ポンドの計1,000万ポンドのスワップ枠の増額を認め[17)]、スワップ限度は3,500万ポンドに拡張された[18)]。

（2）1953年度コンサルテーションとIMFへの借入申請

1953年度コンサルテーション（1953年6～7月）　IMF加盟後、最初の対日コンサルテーションは、ちょうどポンド資金が底をついた時期に開催された（1953年6月29日から約2週間、東京で開催）[19)]。IMFのスタッフ・チームは、副専務理事マール・コクラン（H. Merle Cochran）が率いた[20)]。

事前に日本の関係各省はコンサルテーション対策を協議し、現在の比較的潤沢な外貨保有は朝鮮戦争による臨時のドル収入の結果もたらされたものであり、今後は国際競争の激化が予想されるので、為替管理を緩和するのは困難だと主張することにした[21]。当時 IMF は為替制限撤廃について漸進主義をとっていたので、コンサルテーションでは、IMF 側から為替制限撤廃の強い要請はなされなかった[22]。

コンサルテーション後に IMF スタッフがまとめた報告書には、以下のような日本経済に関する認識が示されている[23]。

日本経済は構造的な問題を抱えており、それは長期的経済計画を通じて解決するほかなく、国際収支の改善も短期的には困難である。現在の外貨保有高 10 億 6,110 万ドルは、1945～52 年の特別受取額（ガリオア援助および特需）約 40 億ドルから同期間の貿易赤字約 29 億ドルを差し引いた金額にほぼ等しい。すなわち、現在の比較的高水準の外貨準備は、こうした特別受取によるものである。日本政府は、貿易赤字は 52 年度の 6 億 3,900 万ドルから 57 年度には約 2 億ドルに縮小するとしているが、この見通しは楽観的すぎる。国際収支は危険な状態にあり、広範な為替管理を継続する必要がある。国内生産拡大のための投資は主として銀行信用に依存しており、インフレを進行させないためには、注意深い金融政策が必要である。また、日本は自発的貯蓄によって経済成長を実現できるような段階に達していないので、「5 ヵ年計画[24]」がインフレ圧力となる懸念もある。

このように IMF 側は、外貨ポジションの悪化の主たる原因は構造的なものであるという認識を示し、為替制限の継続を容認した。

理事会における勧告案と借入申請の審議（1953 年 9 月）　1953 年 8 月末、政府は、IMF にゴールド・トランシュに相当する 2,230 万ポンド（6,244 万ドル）までのポンド買入れを申請することを決定した[25]。

日本政府は、7 月に来日した IMF スタッフ・チームに、借入の打診を行っていた[26]。しかし、IMF からポンドを借り入れた場合、交換性のある通貨（米ドル、カナダドル等）で返済しなければならないので、ドル準備を減らしたくない政府としては積極的にはなれなかった[27]。すでに述べたように、イギリスから IMF 借入を強く求められ、政府は借入申請を行わざるを得なくなったのである。

9月4日のIMF理事会に、コンサルテーションの対日勧告案と、借入申請案が提出され、借入申請は9月4日、勧告は23日の理事会で決定した。IMF借入は、ゴールド・トランシュの範囲内であるため、借入には国内政策に対する条件（コンディショナリティ）はついていない[28)]。

9月4日の理事会では、イギリス理事のエドマンド・ホールパッチ（Edmund Hall-Patch）が、日本のIMF資金引出を支持すると発言し、ついでアメリカ理事のサザード（Frank Southard Jr.）も賛意を示し、異議なく借入申請は認められた[29)]。その際にサザードは、日本の外貨準備のうちポンド保有高のみが減っていることは、日本の貿易面において困難が存在することを示していると述べた。日本が借入を申請するに至った主たる原因は、日本の国内政策ではなく、スターリング地域の輸入制限にあるという含意である。後述するように、当時アメリカは日本のインフレ的経済政策を強く批判していたので、これはイギリスを牽制するための意図的な発言と見られる。この発言に対して湯本武雄理事は、わが意を得たりとばかりに、現在のポンド不足の原因はスターリング地域諸国の日本に対する輸入制限措置にあり、日本はイギリスから3,000万ドルのスワップ枠を得たが、イギリスがこれ以上のスワップを望まないのでIMFに借入を申請した次第であると述べた。

コンサルテーション勧告を審議した9月23日の理事会では、ホールパッチが、年間輸入額の45％に達する1953年5月現在の外貨準備は、イギリスの25％と比べて高水準だと指摘し、日本が厳格な為替制限を行う必要がないことを示唆した。これに対してサザードは、イギリス理事の発言が、日本がドル準備を引き出してポンドを購入すべきという趣旨であれば、日本の外貨準備がいかにして築かれたのかと問い返したい、特需がなければ対ドル圏、対スターリング圏とも貿易は大幅な赤字になるはずだと反論し、特需の減少、対中貿易の見透しの不透明さ、将来の債務支払等を考えれば、日本の外貨準備は決して安定した状態ではなく、慎重な外貨準備政策が求められると切り返した[30)]。これに対し、オーストラリア理事のレスリー・ベリー（Leslie H. E. Bury）は、過去3年間にマネーサプライが急増している点を指摘し、外貨危機の原因は構造的要因（＝輸入制限等）だけではなく、国内的な要因もあると主張し、ホールパッチを援護した。

コンサルテーションの勧告は、提案通り承認された。勧告は、日本が「相当の特別為替受取がなければ、国際収支の均衡を保てない状態にある。特需や他の特別の源泉からの外貨獲得は、将来的には減少すると見られるが、短期的には輸出増大の見通しはない」として、国際収支に関しては日本側の認識と一致した。他方で、「国内における拡張的政策が、インフレ圧力を増大させ、物価の上昇と、国際収支不均衡の拡大をもたらすことを懸念する」と述べ、日本に対して緊縮政策を求めた。為替制限の緩和に関しては、リテンション・クオータ制度を今後の日本との協議の対象として挙げるにとどめた。

IMF借入の実施（1953年9～12月）　借入申請承認後1953年9月8日に、日本政府はIMFから500万ポンドを引き出した。ポンド資金はその後も不足したため、11月13日にさらに1,300万ポンド、12月7日に430万ポンドを引き出し、限度額の2,230万ポンドに達した。日本の借入額は、イギリスからのスワップによる3,000万ポンド、IMFからの2,230万ポンドを合わせて、計5,230万ポンド（1億4,644万ドル）に達した。

スワップの期限は12月であり、日本政府はIMFから資金を引き出した直後に、スワップ資金返済のための手当を迫られることになった。

ドル準備に余裕があったのでスワップをドルで決済することも可能であったが、日本政府はドルでの決済には消極的であった。後述するように、1951年に日英支払協定を締結した際に、「ドル条項」が撤廃され、双務支払勘定に累積したポンドはドルに交換することができなくなった。日本政府は、「ドル条項」が撤廃されたにもかかわらず、スワップ借入をドルで返済するのは非対称的であり、受け入れ難いと考えた。また、IMFからポンドの追加借入を行う道もあったが、IMFが難色を示すことが予想された。そこで窮余の策として、IMFから借りたポンドをいったんドルで返済し、あらためて同額のポンドを引き出して、スワップの決済に充てることにした（12月18日、21日に実施）[31]。これは、日本がIMFからドルでポンドを買い入れ、ロンドンの銀行とのスワップを決済したことを意味する。こうして、53年12月にスワップ3,000万ポンド全額の買戻しが実施された[32]。

その後もポンド資金の不足が予想されたので、日本政府はあらためて英国に対してポンド資金の支援を要請した。その結果、1954年1月29日、1,250万ポンドのスワップ取決めが締結され、スワップは4月末までに全額実施された[33]。当時政府はポンド資金を日銀ロンドン支店に集中して綱渡りのポンド資金操作を行わざるを得ない状況に陥っていたが、スワップ取決めの再締結により当面のポンド不足を回避できた[34]。54年1月末に1,081万ポンド（3,026万ドル）にまで落ち込んだポンド外貨準備は、2月以降増加に転じ、6月末には3,181万ポンド（8,907万ドル）にまで回復し、ポンド準備の危機的状況は乗り越えられた。10月11日までにスワップは全額決済された[35]。

IMF借入2,230万ポンドは、1955年12月にドルで返済された。54年度コンサルテーションの際に、日本側はポンドでの返済の希望を伝えたが、IMF側からはルール上、ポンドでの返済は認められないという返答を得た[36]。そこで、55年11月19日、一万田尚登蔵相が来日中のIMF副専務理事H.M.コクランに返済を申し出、同年12月に米ドル6,244万ドルをもって円貨224億円を買い戻すこととなった[37]。

日本は結局、1953〜54年のポンド不足を、イギリスからの短期のポンド借入（最大3,000万ポンド）と、IMFからの2回のポンド資金借入（合計4,430万ポンド＝約1億2,400万ドル）によって手当したことになる。

3　緊縮政策の実施

（1）緊縮政策への外圧

「もう一服のドッジの薬」　アメリカは、日本経済の脆弱性に強い危機感を抱いており、こうした懸念は、とりわけ1953〜54年に強くなった。その背景には、米軍基地問題や第五福竜丸問題（1954年3月）が起きて、日本の反米感情が高まったこと、与党内に吉田離れが始まり吉田政権が弱体化していたことなどの不安定な政治情勢があった。アメリカの国家安全保障会議（NSC）においては、日本は原料・食糧を自力で調達する力を持たないので、特需がなくなれば、経済が行き詰まり、共産主義者の破壊活動が勢いを得るという危惧が示された。

1953年6月25日にNSCが決定した対日方針は、日本経済の存続可能性はアメリカの安全保障にとって決定的に重要であるが、達成は著しく困難であると述べていた。推進すべき対日政策として挙げられたのは、①早期にアメリカが、日本との間でGATTの関税削減協議に入ること、②世界銀行、ワシントン輸出入銀行（EXIM）借款を日本が得られるように支援すること、③日本からの軍需品域外調達を促進することなどであった。またアメリカ政府は、日本に対して、インフレ抑制的な財政・金融政策の実施、重要な産業への投資の集中などを求めるべきだとした[38)]。

こうしたなかで、経済危機の根本的な原因が経済政策にあることを指摘したのが、ジョン・アリソン（John M. Allison）駐日大使であった。アリソンは、1953年9月7日、国務省に送ったメモの中で、慎重な経済政策運営を行っていれば、経済基盤を強化し、特需減少に備えることが可能であったにもかかわらず、日本政府はインフレを昂進させ、不健全な国内消費ブームと貿易赤字を招いたと批判した[39)]。日本が健全な経済政策を実施するならば、将来、円が交換性を回復する際に、アメリカは日本に対して交換性回復を支えるためのクレジットを提供する用意があると、池田勇人に告げるべきだろうと述べた。アリソンは、アメリカがさらに援助を行うためには、その前提として「ドッジの薬をもう一服処方する」（another dose of Dodge's medicine）必要があると説いた。

「ドッジの処方箋」は、10月に行われた池田・ロバートソン会談で示された。10月14日の会談の際に司会を務めたドッジ（当時、予算局長）は「日本経済強化の方策」と題する意見書を日本側に渡した[40)]。ドッジは、特需が終了した後にドル赤字が生じないためには、国内経済を整えることが先決だと述べた上で、銀行信用の膨張、外貨の無駄な使用、財政支出の拡大、所得減税、消費拡大などを批判した。そして、適切な国内政策が講じられなければ、国際収支の均衡が達成されないだけでなく、日本製品が高価格であれば、特需の買付も減るかもしれないし、日本は債務返済力がないと見なされて長期の外資も入ってこないだろうと警告した。池田・ロバートソン会談後の共同声明で、日本政府は「インフレの抑制に一層努力する」ことを約束した。

円レートの維持声明　前章で述べたように、IMFは、1949年4月に実施された1ドル＝360円レートを、53年5月に正式に日本の為替レートとして承認した。これにより円レートは安定感を増すと考えられたが、実際には、日本の外貨危機への不安から、7～8月頃から円レート切下げの噂が、海外に広まった。53年夏にはニューヨークのヤミ為替市場で、円が一時、1ドル480～500円まで下落し、海外において円の価値を疑問視する報道もなされた[41]。政府は、53年10月23日に「通貨価値の安定に関する件」を閣議決定し、「通貨価値の安定を確保することをもって政府諸政策の中核とする」と言明し、円切下げの意図がないことを言明するとともに、健全財政の維持等を通じてインフレ要因の排除に努める意思を明らかにした[42]。

（2）緊縮政策への転換

金融引締め　1953年9月から金融引締めが始まった（**表4－5**）。1953年9月に日銀窓口指導の強化、10月1日に高率適用制度の運用強化の措置がなされ、その後54年1月と3月に金融引締めは強化された。当時はまだ金利政策（公定歩合操作）は復活しておらず、高率適用制度の強化や窓口指導の強化などが主要な金融政策の手段であった。しかし、53～54年の金融引締めの主役は、高率適用強化でも、窓口指導強化でもなく、輸入金融優遇制度の縮小・整理で

表4－5　1953～54年の引締め政策

年月日	政　策
1953　9. 6	日銀、窓口指導を強化
10. 1	日銀、高率適用制度の運用強化
10	日銀、輸入金融優遇措置の圧縮
12. 29	1954（昭和29）年度予算大蔵省原案決定
1954　1. 4	日銀、高率適用制度の運用再強化
1. 14	輸入保証金制度の運用強化
1. 16	日銀、輸入金融優遇措置の圧縮
3. 1	日銀、高率適用制度の運用再強化
3. 9	日銀、輸入金融優遇措置の全面見直し措置を決定
6. 1	政府、一般会計と財政投融資の10% 削減方針を決定
10. 1	日銀、高率適用の運用再強化、輸入金融優遇措置の圧縮

［出所］日本経済調査協議会編『景気調整とインフレーション』東洋経済新報社、1975年、p.180、日本銀行金融研究所編『日本金融年表（明治元年～平成4年）』1993年を参考に作成。

あった。

輸入金融優遇制度は、日本銀行が輸入金融に対して行った優遇措置であり、朝鮮戦争期に輸入を促進するために活用された。外国為替貸付制度、スタンプ手形制度[43]、輸入決済手形制度がこれに該当する。このうち、優遇度がもっとも高かったのが外国為替貸付制度である。

外国為替貸付制度は、日銀が輸入手形の決済に必要な資金を低利で貸し出す制度であり、朝鮮戦争勃発直後の1950年9月に設けられた。50年代初めの日本は対外信用度が低く、日本の外国為替銀行（本邦為銀）が輸入信用状を開設する際には、コルレス先の外国銀行からマージン・マネー（担保金）の積み立てを求められた。このマージン・マネーの日銀による為銀への融資を甲種貸付と呼ぶ。これは貿易手形到着までの期間についての信用供与になる。さらに、当時はユーザンス手形がほとんど使われておらず、輸入手形の決済はサイトベース（一覧払）で行われていたので、輸入業者は輸入貨物の到着後についても信用を必要とした。そこで日銀は、船積書類到着後原則として90日まで外貨資金を貸し付ける制度を設けた（乙種貸付）。日銀は輸入業者に対してユーザンス手形を用いた場合と同等の便宜を図ることになるので、「日銀ユーザンス」とも呼ばれた。

乙種貸付制度（日銀ユーザンス）は、思惑輸入を抑制するために1951年10月にいったん廃止され、甲種貸付（マージン・マネーの貸付）のみとなったが、52年2月に、ポンド累積対策として、スターリング地域からの輸入を促進する目的で、対象を原料・合理化機械などに限定し、別口外国為替貸付という名称で復活した。その後、この制度はドル地域にも適用され、原綿・生ゴム・鉄鉱石・屑鉄・強粘結炭等の輸入に利用された。

日銀の輸入金融優遇が信用膨張の主たる要因であったことは、1952年2月以降の日銀の輸入金融優遇の拡大と、日銀貸出残高におけるその比率の大きさを見れば明瞭である（**図4－5**）。そのため、輸入金融の廃止・縮小が、金融引締め政策の柱に据えられることになった。輸入金融優遇制度のうち、別口外国為替貸付制度は1954年3月10日以降廃止され、4月1日以降、輸入物資引取りスタンプ手形制度も廃止された（ただし鉄鋼原料・皮革関係分を除く）。輸入決済手形制度についても、53年10月〜54年8月に、適用品目の縮小、優遇度

図 4－5　日銀貸出の推移（1952～55 年）

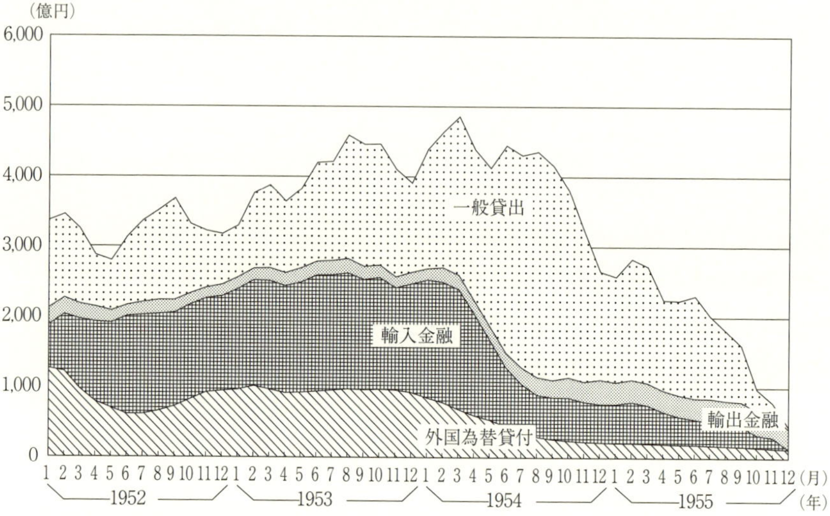

［注］輸入金融＝輸入貿手＋スタンプ手形。輸入金融優遇の対象は輸入金融および外国為替貸付。
　　　輸出金融＝輸出貿手＋外為資金引当貸。
［出所］大佐正之『産業・貿易振興と金融政策』東洋経済新報社、1989 年ほかより作成。

の引下げ、手形期間の圧縮が行われた[44)]。

輸入取引のほぼすべて（輸入取引高の約 9 割）が日銀の輸入金融優遇によってファイナンスされていた[45)]。そのうえ、輸入金融優遇は引取資金（加工・流通段階における資金需要）までを対象としたので、輸入金融の拡大は信用膨張をもたらした[46)]。

輸入金融優遇制度廃止・縮小の信用縮小効果は大きく、日銀の貸出残高は 1954 年 3 月をピークに急速な勢いで縮小し[47)]、通貨量（M 1)、全国銀行貸出も 54 年 1～3 月以降急減した[48)]。

「1 兆円予算」　経済安定化の面で、1954（昭和 29）年度の「1 兆円予算」が果たした役割は大きかった。占領終結後、52（昭和 27）年度補正予算、53（昭和 28）年度予算は、国会の要求に押されて規模が膨張し、インフレ昂進、国際収支悪化の原因を作った。53 年に国際収支が悪化し、アメリカ政府からの圧力が強まるなかで、財政緊縮を求める意見が政界・経済界で支配的になっていった。その結果、54年度予算では、53年度の補正後の予算規模（1兆272億円）を下回る「1兆円予算」(9,995億円）が実現した（54年1月27日閣議決定、4月3日成立）[49]。財政投融資計画も、54年度には前年度比17%減の2,805億円となった[50]。さらに、54年6月1日には閣議決定により、一般会計と財政投融資について、それぞれ10%を目標に支出削減が図られることになった[51]。

「1兆円予算」によって、高度成長期の均衡財政路線が確立したことは争う余地はないが、「1兆円予算」が1953〜54年の外貨危機の際の、インフレ抑制、国際収支の改善に寄与したかどうかについては、議論の余地がある。「1兆円予算」が実行に移された54年4月には、すでに物価下落が始まっていた。また、54年3月末において、過年度繰り越しが2,040億円もあったので、54年度上期の財政資金の対民間収支は実際には278億円の散布超過となった[52]。この予算編成の責任者であった森永貞一郎（当時、主計局長）自身が、「予算のほうは触れ込みほど緊縮の効果が、じつは、なかった」と述懐している[53]。一方で、財政官僚主導の「1兆円予算」実現への世論の動員が、金融引締めを後押ししたことは認めなければならない[54]。さらに、54年度の財政投融資の予算規模を、前年度より17%削減したことの投資抑制効果も指摘する必要がある。

全体として見れば、財政面の引締め効果はあったと評価すべきだが、ドッジ・ラインと比べれば、引締め政策は金融政策中心であった。

外貨予算における原料輸入の確保方針　為替面では、外貨予算の縮小が第一に挙げられる。外貨予算を削減すれば、輸入物資の高騰で国内物価が上昇するので、国際収支の改善につながらないとする異論が強かった。そのため、当初は外貨予算の縮小は行われず、1954年度上期予算において、はじめて本格的な削減が実施された。

こうした事情から、まず1953年度上期には、通産省が唱えた貿易の拡大均衡論が大蔵省のポンド予算削減論を抑え[55]、前年同期を約2億ドル上回る15億6,000万ドルの外貨予算が組まれた[56]。輸入貨物予算では、前年同期（最終予算）比でドル地域3,079万ドル増、スターリング地域1億5,235万ドル減、オープン勘定地域1億526万ドル増である。外見上はポンド予算が大幅に削減されたように見えるが、前年度実績と同額で、実質的な輸入削減ではなかった[57]。また、オープン勘定地域からの輸入予算を1億ドルも増やして、この地域からの輸入を促進する方針をとったことも注目に値する。この政策のもとで、小麦・羊毛輸入と交換に、輸出不振に悩む鉄鋼企業がアルゼンチンに鉄鋼を輸出したことについては、後述する。

1953年度下期の外貨予算は、ポンドの資金繰りが深刻な事態に陥っていた53年8〜9月に編成された。この時も通産省の意見が大蔵省を抑えて[58]、原材料を積極的に輸入する方針がとられた[59]。その結果、貨物予算は13億3,500万ドルで、前年同期よりも約8,000万ドル減の小幅な削減にとどまり[60]、綿花・羊毛・鉄鉱石などの原料に対しては十分な外貨が割り当てられた[61]。ポンド予算は、前年同期と比べて約6割の2億8,200万ドルに抑えられたものの、ポンド準備が危機的な状況に陥っていたことを考えれば、必ずしも抑制的とは言えない[62]。

ドル準備が1953年末から減少に転じたため、54年度上期には予算規模の縮小が図られた。54年度上期外貨予算では、「従来採られて来た放漫な輸入政策に鋭い反省が加えられ」た。とはいえ、それはおもに不要不急品に関してであり、原材料の必要輸入量を保証する従来の方針は引き継がれた[63]。外国為替収支赤字が年間1億ドルになることを前提に、21億4,000万ドルの年間の貨物輸入予算規模をまず決定し、それを上下期に割り振った。上期には約半分の10億5,000万ドルが割り当てられた。輸入は下期に集中するので、通常、外貨予算の編成の際には、下期予算を上期予算より2割程度多く組む。したがって、上期に下期とほぼ同額を計上したことは、外貨予算の削減を漸進的に進めることにより、産業への影響を避ける狙いがあったと推測できる[64]。実際に、綿花等の繊維原料の割当量は大幅に削減されたものの、十分に必要量をまかなえる予算額が確保され、加工貿易原材料については、予算の大幅増額さえなされた。上期予算（総額13億7,000万ドル、うち輸入貨物予算10億5,000万ドル）は、前年度同期より約2億ドル少なく、2年前の水準であったが、相当のゆとりをもって組まれた[65]。それは、上期予算の確認率（外貨予算の使用率）が85%にとどまり、多額の使い残しが生じたことからも裏付けられる。

以上の検討から、1953～54年度の外貨予算の編成においては、積極的な削減がなされなかったことがわかる。こうした傾向は、その後の国際収支悪化の際の外貨予算編成にも見られ、緊縮政策の手段として外貨予算削減が積極的に用いられることは少なかった。

輸入担保率の引上げ　為替面の政策で、外貨予算よりも大きな役割を果たしたのは、輸入保証金制度であった。

輸入保証金制度は、輸入しようとする者に対して、輸入申請額の一定割合（輸入担保率）の保証金を外国為替銀行に預け入れさせる制度である[66]。輸入許可を得た者に確実に輸入を実行させることを目的に、外貨予算制度が発足した際に設けられた[67]。その後、この制度は輸入業者の資金を長期間拘束し、金利負担を増大させることを通じて、思惑輸入を抑えるために用いられた[68]。

1954年1月14日に為銀の日銀への保証金の再預託制度が復活し、1月28日（担保率10%）、2月6日（同20%）、4月1日（不要不急物資35%、一般物資25%）に担保率の引上げが行われた[69]。輸入担保率の引上げは、4月以降大きな効果を発揮したと日銀は評価している[70]。

4　外貨危機の深化と1954年度コンサルテーション

（1）外貨危機の深化

ドル収支の悪化　1954年に入ると、ドル収支が急激に悪化し始め、54年1～3月のドル収支は1億5,150万ドルの大幅赤字になった。ドル収支悪化のおもな原因は、特需の減少であった。1954年1～3月のドルベースの特需契約高は、前年同期の1億1,883万ドルから3,534万ドルへと70%も減少し、政府を慌てさせた[71]。1952、53年には年間8億ドルを超えていた特需収入は、54年には5億～6億ドルしか期待できないと見込まれた（実績は、ほぼ予想通り5億9,600万ドルになった）。52、53年において特需収入は外貨受取の約4割、ドル収入の約6割に達していたので、特需収入が存在しなかったならば、「輸入規模は一挙に⅔程度になり、食糧、工業原材料を輸入に大きく依存するわが国貿易にとって大きな混乱を来したであろう」と、大蔵省は特需の減少に危機感を募らせた[72]。

特需交渉とマイヤー調査団　1954年5月28日、日本政府はアメリカ政府に対して、今後の特需について協議を行いたいと申し入れた。この申し出を受けて、54年7月から12月にかけて日米間で特需交渉が行われた。

日本側がアメリカに対して特需の維持を求めた根拠は、1953年4月のアメリカ政府の声明と10月の池田・ロバートソン会談での54年度域外調達1億ドルの約束であった。53年4月の総選挙に当たって、吉田首相は選挙戦を有利に戦うため、ロバート・マーフィー（Robert D. Murphy）駐日大使にアメリカの支援発表を求めたのに応じて、4月15日に国務省が、今後2年間は従来の特需の水準を維持するというメッセージを公表したという経緯があった[73]。

朝鮮戦争の休戦により特需が減少することは必至であり、アメリカ側としては、日本の特需水準維持の要請に積極的に応えることは困難であった。しかし、アメリカ政府は、日本の経済危機を憂慮しており、経済危機が深刻化すれば、日本が自由主義陣営から脱落し、太平洋が「共産主義者の湖[74]」になるのではないかという不安を抱いていた[75]。

アメリカの国務省とFOA（対外活動庁）は、日本の経済的困難の状況を検討し、経済状況を改善する手段を決定するために、クラレンス・マイヤー（Clarence E. Meyer）を団長とする調査団を派遣することにした。調査団は、1954年7月8～28日に日本に滞在し、「日本のための経済計画」と題する報告書をまとめた[76]。報告書は、対策を日本自体が行う国内政策と、アメリカの援助を必要とする対外政策とに分けて論じている。日本が行うべき国内政策として挙げているのは、①不要不急品の輸入の制限（外貨予算を1953年度より11％削減するか、23億ドルから20億ドルに縮小する）、②輸入原材料の輸出向け生産への誘導（輸入原材料が国内消費のために浪費されないようにする）、③物価水準の引下げ（金融引締め、均衡財政、生産・経営・マーケティング技術の改善、外国からの投資の増加）である。また同報告書は、過去2年間になされたよりも積極的な経済援助をアメリカは日本に与えるべきだとした。賠償問題の解決、GATTへの加盟、世銀借款、共産圏への輸出制限の緩和、最恵国待遇の獲得において支援を行う以外に、日本からの軍需品調達を促進し、余剰農産物援助（年額1億ドル）の形態での直接的な経済援助を実施する必要があると提言している。

「為替安定化資金」要請の計画　日本の外貨保有高は、1954年6月末に約7億8,800万ドル（外貨準備5億9,612万ドル[77]）に落ち込み、ポンド・ユーザンス、オープン勘定延滞債権を差引けば、実質の手持外貨は約5億ドルの水準であった[78]。

こうしたなかで、前年から続いている円切下げのルーマーが再び盛んになった。1954年4月21日付の『フィナンシャル・タイムズ』が、円レートは重大段階に到達したと報じるなど、海外報道機関は円切下げを予想した[79]。実際には、自由市場レートは1ドル約400円で安定していたが、日本政府は海外での円のヤミ取引の一掃を図り、こうした懸念を払拭しようとした[80]。

5月26日の『日本経済新聞』は、吉田首相が6月の訪米時に、「為替安定化資金」として、世銀借款等からの産業資金の借入のほかに、5億ドル程度の借款（期間5～10年）を要請する計画であると報じた。この資金は、特定の目的の借款ではなく、政府外貨預金の形で保有し、国際収支の改善と円価値の維持に必要な場合はいつでも利用可能な状態にしておくものであると解説している。

7月30日に渡辺武在ワシントン公使は、連邦準備制度理事会（FRB）のホィッティントンからこの記事について尋ねられたが、実際にそのような計画が存在するのかと、大蔵省に問い合わせた。ホィッティントンは、ポンド交換性回復のために英国に対してFRBのスタンドバイ・クレジットが検討されているが、日本のように外貨が減少を続けている国にテコ入れすることはありえない、支援を要請すれば政府の信用を失墜させるだけだと、渡辺に忠告した[81]。

それでは、為替安定化資金計画は存在したのだろうか？　実際に吉田訪米のために約5億ドルの借款要請案は用意されていた。そこに挙げられていたのは、①世銀借款7,500万ドル、②余剰農産物借款1億3,000～4,000万ドル、③ワシントン輸出入銀行（EXIM）借款2億8,000万～3億ドル（綿花6,000～8,000万ドル、鉄鋼原料7,000万ドル、機械類1億5,000万～1億7,000万ドル）であった[82]。ただし、世銀借款は特定目的の長期借款であるので、為替安定化資金とは言えない。

しかし、この借款要請案が為替安定化の目的を持っていたことは否定できない。なぜなら、EXIM借款約3億ドルには貿易運転資金の当面の不足を補う意図があったと考えられるからである。また、余剰農産物借款についても、吉田首相の代わりに1954年6月に訪米した向井忠晴特使は、国際収支が改善する予定の秋までの外貨不足を補うためとアメリカ政府に説明した。それだけでなく、5月半ば、日本政府が外貨資金繰り対策のために、ナショナル・シティ・バンクに対して1億5,000万ドルのクレジット・ライン開設の打診を行った事実も存在する[83)]。アメリカ国務省も、6月末の時点では、日本から為替安定化資金の強い要請がありうると予想していた[84)]。

このように、日本政府は5~7月の時点では、為替安定化資金を準備する必要に迫られていた。ただし、新たにIMF借入を求める計画はなかったようである。6月から国際収支が改善に向かい、8月頃には外貨資金繰りが綱渡りの状態から脱したので、為替安定化資金の要請は当面不要になった。

（2）1954年度コンサルテーション

コンサルテーションの準備　このような状況下で1954年度コンサルテーションが東京で開催された（8月2~13日）。通常、コンサルテーションの開催地は加盟国とIMF本部（ワシントン）で交互に実施され、ワシントンで実施される時には簡略化される。53年に続いて54年も東京で開催されたのは、外貨危機が深刻であることに鑑みて、日本側が東京での開催を要請したためであった[85)]。

6月15日、イヴァール・ルース（Ivar Rooth）IMF専務理事は日本政府に、コンサルテーションは8月初旬に東京で実施し、派遣団はアジア局次長（Deputy Director）ヘンリー・マーフィー（Henry C. Murphy）らによって構成されると通知した[86)]。

団長のマーフィーは、対日コンサルテーションの課題を次のように認識していた[87)]。

ポンド収支は5月には黒字に転じており、ポンド不足は1954年には改善されるだろう。しかし、日本が抱える真の問題はポンド不足ではなく、国際収支全体の不均衡である。日本の国際収支危機が東アジアの産業・貿易構造の変化という構造的要因によることは明らかだが、国内のインフレは危機をさらに悪化させている。今回のコンサルテーションでは財政・金融政策、為替レート政策が焦点となる。IMF側から為替レートの変更を提案はしないが、IMFチームは日本側の見解を正確に把握するように努める。IMFスタッフ・チームは、どの商品の輸出が輸出物価に敏感であるかを尋ねるという間接的な形で、為替レート変更問題を提起したい。

7月7日、アーヴィング・フリードマン（Irving Friedman）為替制限局長はスタッフ・チームに対して、①現在行われている国内政策について詳細に議論すること、②為替レート問題を議論すること、③日本のバイラテラリズムに対するIMFの懸念を表明することの3点をとくに指示した[88)]。

7月8日にマーフィーは、通貨問題および北東アジア担当の国務省関係者と会談を行った[89)]。この会談で注目されるのは以下の3点である。①国務省は、5億ドル以上の特需を日本があてにすべきではないと述べた。②日本の労働者が賃金引上げ要求を控え、為替切下げに協力するかとのマーフィーの質問に対して国務省側は、日本の労働組合は吉田政権と敵対関係にあり、協力は望めないと答えた。③国務省側が変動為替レート制の採用の可否について質したのに対して、マーフィーは日本の国民が円の安定に信頼を寄せていない現状では、為替レート変動を市場に委ねるのは最悪であると答えた。

1954年度コンサルテーションの経緯　8月2日から始まったコンサルテーションで重点的に討議されたのは、国内緊縮政策であった[90)]。

IMF側は、1950年から54年の卸売物価の50%の上昇率は、イギリスやアメリカと比べて大幅だと指摘し、財政面では税収の拡大、金融面では公定歩合の引上げを求めた。これに対して日本側は、すでに課税水準は高く、これ以上の税の引上げは経済活動を抑え、生活水準を引き下げるので困難であると答えた。また公定歩合引上げについては、全般的な金利引上げは生産コストの増大を招くので好ましくないと述べた。IMF側が、高率適用制度は銀行に対して選択的に作用するだけで、産業に対する選択的効果は薄いのではないかと質したのに対して、日本側は、日本開発銀行融資では産業の選択的取扱いが実施されており、金融全体は産業に対しても選択的であると答えた。デフレ政策の到達目標についてIMF側は、卸売物価はすでに5〜10%下落しており、蔵相が掲げた52年水準に戻す目標はすでに達成されているが、さらなる物価引下げを求めたいと述べた。この要請に対しては、コンサルテーション後の9月のIMF総会の際に、小笠原三九郎蔵相が、国内経済への悪影響を考慮し、これ以上の物価引下げは目標としないという日本政府の方針をIMFに伝えた。

為替制限に関してIMF側は、日本が極度に為替制限に依存している状態に憂慮の念を示した。これに対して日本側は、市場の力で経済が維持されることは理想だが、それは日本の産業の合理化が実現した後になると答えた。具体的な論点としてIMF側が提起した問題点は、①外貨予算の自動承認枠が縮小したこと、②貿易の双務協定依存度が高いこと、③バーター貿易が存在すること、④輸出振興外貨制度の改善がなされていないこと、⑤輸出入リンク制が広範に行われていることなどであった。輸出入リンク制については、輸入原料とその原料を用いた製品とのリンク（例えば原綿と綿製品とのリンク）と、輸入物資と輸出物資とが無関係なリンク（例えば粗糖輸入と機械プラント輸出とのリンク）とを区別し、後者については次回のコンサルテーションまでに廃止するよう求めた。

こうした指摘に対して日本側は、為替状況が改善すれば為替管理は緩めると言明したが、双務協定と輸出振興外貨制度については、維持する意向を伝えた。

公式セッションの後、IMFスタッフ・チームは蔵相、通産相、外相、日銀総裁と会談した。

小笠原蔵相との会談（8月13日）で、マーフィーは、輸出入リンク制、双務支払協定、リテンション・クオータ制は隠れた複数レート制であると指摘し、真の単一為替レート維持の努力を要請した。これに対して小笠原蔵相は、為替レートの変更はあり得ない、為替レート切下げは輸入コスト増大、国内物価・賃金水準の上昇を招くので望ましくないと、強い調子で述べた。同席した鈴木源吾財務参事官は、昨年12月にIMFの情報として広まった1ドル=420円への切下げのルーマーは、深刻な影響を与えたと苦言を呈した。これについてマーフィーは、IMFがルーマーの出所ではないと否定した。

愛知揆一通産相との会談（8月13日）では、愛知の20%物価引下げ発言が話題となった。愛知は、20% 目標という発言は一種の政治的マヌーバーであり、実際に経済審議庁が提示したのは15% である、この目標は1956年4月までに達成するつもりだと述べた。

オブザーバーとして参加した湯本理事は、コンサルテーション終了後の記者会見において、一部に風評のあった為替レート変更については、IMF は為替レートを維持する立場にあり、まったく議論の対象とはならなかったと述べた[91]。

IMF マーフィーと国務省との会談　9月7日、米国務省においてIMF コンサルテーションから帰国したばかりのマーフィーと国務省担当者の間で会談が持たれた。この会議には、東京のアメリカ大使館のフランク・ウェアリング（Frank Waring）も参加した[92]。

IMF のマーフィーは、今回日本へ行き、日本経済の将来についてやや楽観的になったと述べ、次のような見解を示した。卸売物価は2月のピーク時と比べると7〜8% 下落したが、さらに7〜8% の下落が望まれる。15% 物価が下がれば、輸出競争力は改善されるが、国際収支の健全化にはまだ十分ではない。そこで、為替切下げが必要となるが、しかし現時点でそれを実施するのは適切ではない。なぜなら、日本政府は切下げがもたらすインフレ圧力に対処できず、為替切下げの効果が無効になってしまうからだ。現在の日本には、為替切下げ、デフレ政策、複数レートの3つの選択肢がある。究極的には為替切下げの必要があるが、経過的な措置として、複数レートの導入が望ましいと考える。リンク制度などの隠れた複数レートはすでに存在するが、明瞭な形で複数レートを設けた方がよい。

ウェアリングが、金融や基礎的物資の直接的な統制という第四の道があるのではないかと質したのに対してマーフィーは、IMF は価格メカニズムにもとづいて政策を行うべきという立場で、直接統制には反対だと答えた[93]。

国務省本省の出席者は皆、円切下げを日本に勧告すべきと考えており、為替レート問題を議論していないことはマイヤー報告の弱点だと指摘した。

これに対して、在日米大使館のウェアリングは切下げに反対であった。ウェアリングは、8月4日に東京でマーフィーと会談した際にも、日本が当面とるべき政策として、信用の質的統制、増税（主として奢侈品に対する課税）、海外からの投資の促進、双務協定の廃止を提言し、20% の物価引下げは日本経済を破綻させると主張した[94]。つまり、ウェアリングは、為替切下げにも、緊縮政策の強化にも消極的であり、統制的な手法に関心を持っていたと言えよう。

1954 年度コンサルテーション勧告　11 月 5 日、マーフィーはコクラン IMF 副専務理事に、つぎのように報告した[95]。

朝鮮戦争開始以来、日本の物価が国際物価よりも急激に上昇したことが輸出競争力を低下させたことは日本側も理解しており、昨年秋から、緊縮財政と金融引締めの 2 つの面から「ディスインフレ政策」が実施された。いずれも、マイルドな政策にとどまっており、効果もマイルドである。物価は約 7% 下落し、1950 年と比べてわずかの上昇に止まっている。経常収支はこの 6 ヵ月間に顕著に改善され、日本側の予測では来年 3 月末までには均衡を回復することになっている。この予想が外れなければ、日本が近い将来に IMF から資金を引き出すことはないだろう。

1954 年 12 月 6 日の IMF 理事会において、スタッフ・チームの報告書および勧告案の審議が行われた[96]。

冒頭で、湯本理事が 1953 年 10 月に開始した引締め政策は、最終的な目標には達していないものの、効果を収めつつあると述べた。サザード理事（アメリカ）は、IMF スタッフに対して、日本が実施している日銀の高率適用制度に IMF は同意しているのかと尋ねた。これに対して、IMF スタッフは日本の市場金利は 10〜12% の高い水準にあり、金利コストの増大が輸出競争力に悪影響を与えるという日本の主張は理解できると答えた。ポーツモア理事代理（Portsmore，イギリス）は、ヨーロッパ諸国が交換性を回復することにより双務支払協定が困難に陥ることを日本は懸念しているようだが、交換性が回復すれば、日本の決済はむしろ容易になるだろうと述べた。これに対してド・ラルジャンタイ理事（de Largentaye，フランス）は、ヨーロッパの交換性回復により貿易が縮小しかねないという日本の懸念は、日本の失業者の存在を考えれば理解できると述べ、完全雇用は IMF の第二の目的であることを想起すべきだと述べた。これについて IMF スタッフは、長期的には交換性回復は日本の国際収支改善に寄与すると答え、サザード理事は、生活水準の向上を望むのであれば、生産性向上を図るべきだとコメントした。

討議の結果、つぎの内容の対日勧告が承認された[97]。

日本は国際収支が困難に陥ったために、輸入制限の強化、双務主義の継続、新たな輸出促進策の導入などの手段を取ることを余儀なくされた。国際収支の困難の主たる原因は、国際価格と較べて価格およびコストが高いことにある。IMFは、1953年秋に開始されたディスインフレ政策が挙げた価格引下げ効果を評価する。ディスインフレ政策によって国際収支が改善され、為替制限が緩和されるよう、ディスインフレ政策の継続・強化を希望する。（またIMFは、双務協定、バーター貿易、輸出入リンク制への依存が、今後経済状態の改善にともなって、廃止されることを期待する。）IMFは、日本が工業生産と直接関係のない輸出入リンク制の廃止を優先的課題とし、1年以内にこの目的を達成することを期待する。IMFは、リテンション・クオータ制度（輸出振興外貨制度）が、日本の主張するように、外貨の効率的割当のみを目的に運用されているのではないと見ており、IMF決議にもとづいて、さらに日本と協議していきたい[98]。

5　1953〜54年の輸出促進政策

（1）輸出促進政策の形成

1953〜54年の外貨危機の際に、危機克服策として財政金融面から緊縮政策が実施される一方で、さまざまな輸出促進政策が講じられた。53〜54年の輸出促進政策は、高度成長期の輸出優先主義の出発点であったが、また60年代の輸出促進政策とは様相を異にしていた。

ドッジ・ラインを、戦後の輸出優先主義の起点とみなすのは、必ずしも正しくない。たしかにドッジは輸出優先を唱えたが、1950年に朝鮮戦争が勃発し、国際的な原料資源の争奪が始まるや、輸出優先主義は輸入優先主義に取って代わられた。朝鮮特需期の輸入促進熱の高まりは、本章第3節で見た日銀の貸出における輸入金融優遇の比重の大きさに明瞭に表れている（**前掲、図4－5**）。しかし、輸入優先主義を朝鮮戦争という外的原因にだけ帰することはできない。

すでにドッジ・ラインの時期から、輸入優先的なローガン構想が存在しており、輸入優先主義は原料の海外依存という日本経済の特質と密接に関連していた。53年以前には輸入優先主義が支配的であった。

1953年の外貨危機は、輸出振興の重要性を改めて認識させる契機となった。「輸出第一主義」と呼ばれる戦略的な輸出政策や保護主義が、政官財界の広い支持を集めることになった[99]。財界は一致して、政府に対して輸出振興策の導入を求めた。53年5月12日に経団連、日経連、関経連が各政党に提出した「経済基本政策に関する意見[100]」は、「輸出第一主義の徹底」を謳い、独占禁止法の改正、輸出信用保険制度の拡充、貿易関係金利の引下げ、輸出入リンク制度の採用などを挙げた。通産省は、53年度の通商産業政策の最重点を輸出振興におくことを決定し[101]、54年9月には、通産省の主導により最高輸出会議の設置が閣議決定された[102]。

このように、1953～54年に「輸出第一主義」が形成された。多岐にわたる輸出促進政策のなかでも、53～54年の外貨危機の際に政府が重点的に取り組んだのは、輸出入リンク制の拡充、輸出振興外貨制度（リテンション・クオータ制度）の充実、バーター（求償）貿易の発展、オープン勘定（双務支払協定）貿易の維持などの、為替規制に依存した施策であった。しかし、これらの政策はIMFの差別的通貨取決めの廃止、複数レートの禁止の方針に反するとして、IMFから廃止・縮小の勧告を受けることになった。

以下、1953～54年に貿易・為替面で実施された輸出振興策を具体的に検討したい。

（2）輸出振興外貨制度

リテンション・クオータ制度　複数為替レートの廃止は、IMFが最初に取り組んだ課題の1つである。IMFは、各国でとられている輸出促進のための為替制度の多くが実質的な複数為替レートに該当するとみなした。とくにIMFが積極的に取り組んだのが、リテンション・クオータ（retention quota）制度の廃止であった。日本の輸出振興外貨制度は、このリテンション・クオータ制度の一種であり、最初のコンサルテーションから、IMFは日本に対してその廃止を求めた。

リテンション・クオータ制度は、輸出業者が輸出によって得た外貨の一部を、その業者が輸入等に利用することを優先的に認める制度である。輸出の拡大に貢献した業者を優遇することで輸出の拡大を図ることを狙いとする。リテンション（留保）は獲得外貨の一部を輸出業者が留保するという意味であり、日本では「輸出ボーナス制」と呼ばれる。

リテンション・クオータ制度は、1950年代初めに、輸出業者にドルの獲得を促す手段として西ドイツなど西欧諸国が導入した[103]。輸出業者にとっては、外貨利用権（輸入権）の売買によって得られるプレミアムを見込んだ輸出価格の引下げが可能になり、輸出促進効果が期待できる。

IMFはこの制度は、IMF協定が禁止する複数為替レートに該当するとして、1952年に調査に乗り出した。52年9月のIMF総会において、リテンション・クオータ制度の廃止および同制度に関する調査実施の決議（ベルギー総務が提案）が採択され、53年5月4日にIMF理事会は、リテンション・クオータ制度の廃止勧告決議を行った[104]。この理事会での決議に際しては強い異論もあり、為替割当手続きの簡素化目的であれば容認されるという条項が付け加えられた。

IMFはこの制度の廃止を促す意図で、デンマーク、フランス、ドイツ、オランダ、スウェーデンに調査団を派遣し事情聴取を行った[105]。調査結果を検討した1953年8月28日、9月1日の理事会においては、リテンション・クオータを用いた中継貿易の拡大によって利益を得るオランダと、オランダの中継貿易によって被害を受けていると主張するイギリスとの間で激論が交わされた[106]。こうした異論があったにもかかわらず、IMFにおいてリテンション・クオータ廃止の合意が成立した背景には、すでに西ドイツやフランスなどの西欧諸国の多くにとって、この制度はもはや必要ではないという事情があった。

このように、リテンション・クオータ廃止には西欧の問題（オランダとイギリスとの間の貿易摩擦）が絡んでいたが、リテンション・クオータの廃止決議がなされた以上、日本の輸出振興外貨制度も問題にならざるを得なかった。

輸出振興外貨制度の創設　輸出振興外貨制度は1951年12月に設けられた制度であるが、それ以前に同様の制度として優先外貨制度が存在した。この制度は1949年7月にドイツの制度を参考にして設けられた[107]。51年4月に、SCAPは優先外貨制度を6月末で廃止する方針を示したが、貿易業者から存続の強い要望があり[108]、通産省は輸出奨励のためにこの制度を残す方針を固め[109]、同年12月に、輸出振興外貨制度が定められた（施行は7月1日に遡及）[110]。

リテンション・クオータ制の廃止に取り組み始めたIMFは、日本に対しても1953年2月下旬に、輸出振興外貨制度の実施状況について問い合わせを行った。その時、通産省は輸出振興政策の一環として輸出振興外貨制度の拡充を検討していた。同年6月にIMFコンサルテーションが始まるまで、政府内で調整が続けられた[111]。通産省は、この制度は輸出振興方策の中では「ワキ役」にすぎないが、「輸入方式の1つの調整弁的存在として」「今後益々重要」になるとして存続を主張した[112]。7月初めまでに政府は、この制度は「輸出の促進及び為替割当手続等の簡素化を目的とするもの」であり、「我が国の貿易の現状にかんがみて」「現在のところ、これを廃止することはできない」との統一見解を決定した[113]。

1953年コンサルテーションの時点で実施されていた輸出振興外貨制度の概要は以下の通りである[114]。

対象外貨：米ドル[115]。

算定比率：輸出によって獲得した外貨の15%、10%、5%の3段階。

資金の用途：輸出振興または経済復興・安定に寄与する物資の輸入、海外旅行滞在費等。

1953年度コンサルテーションにおける検討　1953年6月の第1回コンサルテーションにおいて日本政府は、輸出振興外貨制度はIMFの決議に反するものではなく、外貨配分を円滑に進める手段にすぎないと説明した。

IMFの意向に逆らうような形で政府は、コンサルテーション終了直後の1953年8月、輸出振興外貨制度を外貨資金特別割当制度（通称、マル特）に改め、実質的な拡充を行った。この改正は、すでに2月に通産省が決めていた案にもとづくもので、算定率を一律10%とし、適用通貨をドル以外にポンド、オープン勘定にも拡大するという内容である[116]。ドル以外への拡大は、不振に陥っていたスターリング地域への輸出を奨励するためであった[117]。

1953年度コンサルテーションのIMFスタッフ・レポートは、この制度改正は従来の制度の拡張であり、IMFの決定に反すると指摘した。また、この制度に用いられる外貨は、現在の年間3,000〜4,000万ドルから1億ドルに増大すると予想され、その結果、外貨割当制度がゆがめられ、輸出業者がプレミアムを得る状態が起きるとの懸念を表明した[118]。

このように、IMF決議を無視して、輸出振興外貨制度は拡張された。特別外貨資金の利用金額は、制度改正前には1951年12月〜53年3月までの合計が5,342万ドルであったが、54年には5,500万ドル、55年には1億660万ドルと増大した[119]。通産省は当初から6,000万ドルの増加を見込んでいたとされるから、通産省の意図が貫徹したことになる[120]。

1954年度コンサルテーション以降の推移 1954年度のコンサルテーションにおいてIMF側は、53年から改善が進んでいないことに不満を示し、特別外貨がプレミアム付きで取引されているという情報を得ていると指摘した。これに対して日本側は、この制度は輸出促進の手段ではなく、プレミアムも発生していないと答えた[121]。

IMFの指摘を受けて、1954年末に大蔵省は、貿易自由化の見地からこの制度の維持は望ましくないとの見解を示したが[122]、通産省は制度維持の姿勢を保った。しかし、外貨危機が去ると、「特殊貿易制度」縮小論が次第に優勢になり、制度の見直しが始まった。輸出振興外貨の算定率は、55年3月に輸出代金の10%から5%へ、さらに57年1月には5%から3%へ引き下げられた。その結果、特別外貨資金の利用金額は、55年をピークに、56年以降は減少に向かった（58年、約5,600万ドル）。最終的には、貿易・為替自由化の際に廃止された（60年10月1日廃止）。

以上の経緯から、1953〜54年の外貨危機の際に、日本政府が輸出振興策の一環としてリテンション・クオータ制度を拡大したこと、その時にIMF理事会の廃止決議は、日本にこの制度を放棄させる圧力にはならなかったことがわかる。

（3）輸出入リンク制

輸出入リンク制　輸出入リンク制（輸出リンク制とも言う）は、輸出実績に応じて業者に輸入外貨を割り当てる制度である。業者は輸出をしなければ原材料を輸入するための外貨割当を受けられないので、輸出促進のインセンティブになる。日本では1938年に、輸入原材料の内需向け使用を制限するという、輸入防遏の目的から導入されたことがある[123)]。戦後の輸出入リンク制度は、輸入防遏ではなく、輸出を拡大することに主目的があった。

輸出入リンク制には、①原材料リンク制：特定の産業の製品輸出と原材料輸入をリンクさせる方式（原材料輸出リンク制）と、②特殊リンク制：特定の物資の輸出において生じる赤字を、これとは無関係の物資の輸入益により補填する方式（出血補償リンク制および市場リンク制）、③総合リンク制：特定の商品を指定せず、一定額の輸出に対して、一定額の輸入を割り当てる制度がある[124)]（**表4－6**）。これらのうち総合リンク制は実施されなかったので[125)]、原材料リンク制と特殊リンク制（出血補償リンク制、市場リンク制）について以下検討することにしたい。

原材料リンク制　原材料リンク制は、繊維原料（綿製品、毛製品、人絹スフ製品）、輸入屑鉄等について実施された。

①　**繊維原材料リンク制**

繊維産業のリンク制の対象となったのは、原綿、原毛、パルプである[126)]。

綿工業にとって原綿リンク制は、外貨予算が綿業全体に大きな規制力を発揮した「外貨割当時代」（1950年1月～61年3月）[127)]に重要な位置を占めた[128)]。綿花輸入に割り当てられた外貨予算をメーカーに配分する際に、設備割当と輸出リンク割当の2つの基準が存在した。52年までは設備規模を基準に割当が行われていたが、53年7月から輸出リンク制が発足し、割当基準の重点が輸出額に置かれるようになった[129)]。リンク制は、54年の綿製品輸出の急回復（53年2億1,450万ドル→54年3億100万ドル）に大きな効果を発揮した。しかしその反面、割当枠獲得のための安値の輸出競争を招き、外国からダンピング輸出の非難を受けるという問題も持っていた[130)]。

表4－6　輸出入リンク制の概要

（1954年8月現在）

	種別	被割当業者	地域	リンク方式及びリンク率
原材料リンク	原綿リンク	綿紡各社	全地域	1．各紡績会社輸出業績に応じて輸出品製造に必要な原綿量及び、浸染、プリント等の加工度に応ずる報奨率をそれに乗じた原綿量との合計（数量リンク） 2．平均リンク率　115%
	原毛リンク	毛紡各社	全地域	1．事前割当 輸出計画金額（前期実績の2倍を限度とする）に商品別原毛リンク率を乗じた金額（金額リンク） 2．事後割当（1954年10月より改訂実施の予定） (イ)　輸出実績に応じ10%～20%（商品により異なる） (ロ)　輸出計画の遂行率に応じ5%～25%
	化繊リンク	人絹、スフメーカー	全地域	1．各メーカーの輸出実績に応じ、輸出品製造に必要な、パルプ量に商品別リンク率を乗じた数量（数量リンク） 2．平均リンク率　98.2%
	屑鉄リンク	メーカー	全地域	鉄鋼半製品、鉄鋼素材、鉄鋼二次製品、プラント類の輸出に使用される屑鉄所要量（鋼材屯当り屑鉄0.42屯）数量リンク
	牛脂リンク	メーカー	全地域	①　グリセリン……FOB輸出価格の2.5倍 ②　その他（硬化油、脂肪酸、活性剤）……FOB輸出価格 ③　共に金額リンク
出血リンク	粗糖リンク	輸出者	全地域	対象物資（プラント類、寒天、ビタミン油、鯨油等）の損失額（Cost　輸出FOB、但し輸出FOBの15%を限度とする）の半分を補償するに足る粗糖（粗糖屯当り$50とす）
市場リンク	バナナ・リンク	輸出者	台湾	輸出FOBの20%（特定品（機械等）については10%）
	コンビネーション取引	—	アルゼンチン	①　アルゼンチンより羊毛、小麦を輸入し、日本から鉄鋼を輸出する ②　アルゼンチン為替相場による差益金の一定割合を鉄鋼メーカーに渡す

［出所］「現行リンク制度の概要」昭和29年8月21日、為替局［大蔵Z 522-186］。

原毛リンク（毛製品）とパルプリンク（人絹スフ）も、1953年10月から実施され、綿製品と同様、輸出促進に効果を収めた[131]。

このように、1950年代の輸出拡大に大きな役割を果たした繊維原材料リンク制は、原材料の輸入自由化（61年4月、綿花・羊毛輸入自由化）とともに消滅することになる。

② **屑鉄リンク制**

輸入屑鉄のリンク制は、屑鉄の輸入外貨資金の割当を鉄鋼製品の輸出にリンクさせる制度である。1954年4月〜55年3月に実施されたが、鉄鋼原材料に占める屑鉄の比重が小さいために、ほとんど輸出促進効果を発揮しなかった[132]。鉄鋼の輸出促進に効果があったのは、つぎに述べる特殊リンク制（出血補償リンク制、市場リンク制）であった。

出血補償リンク制　出血補償リンク制は、船舶、プラント等の特定物資の輸出による赤字をカバーするため、それらの物資を輸出した業者に対して一定量の粗糖の輸入権を与える制度である（粗糖リンク制）。粗糖は外貨節約の見地から外貨予算の輸入枠が抑えられていたので、輸入権を得た者は国内で高値で粗糖を売却することができ、大きな輸入益が得られた。出血補償リンク制は、この輸入益を業者から吸収し、船舶・プラント類等の輸出促進目的で使おうとするものであり、1953年10月から55年3月まで、4次にわたって実施された[133]。

粗糖リンク制による輸出額の82%までが、船舶とプラントで占められたことからわかるように、この制度の主たる目的は船舶・プラント（とりわけ船舶）の輸出を促進することにあった（**表4-7**）。

輸出価格に対する補償額の割合を補償率と呼んだ。日本の船舶は海外と比べて約10%割高であるので、その半分をこの制度で補填し、残りの半分は企業の自助努力で賄うという趣旨で、補償率は5%に設定された[134]。しかし実際には、砂糖価格の高騰などにより補償率は30%近くにも跳ね上がり、1954年の船舶の輸出契約高は1億3,292万ドルと、前年の3,592万ドルから一挙に3.7倍に増えるという「輸出船ブーム」をもたらした[135]。

プラントの補償率は7.5%であった。日本のプラントは、海外の約2割高と

表4-7　出血補償リンク制実施状況

		輸出価格	粗糖割当量
		千ドル	トン
第1次・第2次	総額	47, 249	107, 000
(1953年10月～54年3月)	うち船舶	14, 805	24, 600
	プラント	19, 125	47, 800
第3次	総額	39, 432	72, 700
(1954年4月～54年9月)	うち船舶	11, 879	12, 000
	プラント	10, 113	23, 800
第4次	総額	109, 623	216, 599
(1954年10月～55年3月)	うち船舶	71, 226	118, 711
	プラント	34, 142	85, 354
合計	総額	196, 304	396, 299
	うち船舶	97, 910	155, 311
	プラント	63, 380	156, 954

[出所] 西村敬介「特殊貿易方式について（上）」『外国為替』第120号（1955年6月）p.10。

見られていたが、この制度の利用によって人絹工場設備、車両などの輸出が伸び、1954年のプラント輸出額（船舶を除く）は6, 779万ドルと、前年の3, 342万ドルの約2倍になった136)。

IMF等の批判を受け、この制度はわずか1年半で廃止されたが、造船業の「国際競争力上のポテンシャリティに実にタイミングよく有効な浮動力をつけ137)」、その輸出産業化に貢献したと評価されるが、一方で消費者に対して、砂糖の高価格という犠牲を強いたという批判もあった138)。

市場リンク制　市場リンク制は双務支払協定による貿易の調整のために用いられた制度である。出血補償リンク制と同様、リンク物資相互間の関連はない特殊リンク制である。コンビネーション取引も輸出赤字に対する補償なので、出血補償リンク制と併せて出血補償措置と呼ばれる。

① **アルゼンチンとのコンビネーション取引**

この制度は、日本からの鉄鋼輸出を促進し、アルゼンチンからの羊毛・小麦の輸入を円滑にするために、アルゼンチンが日本への羊毛輸出に特恵為替レート139)を適用することによって生じる為替差益の一部を鉄鋼業に配分する制度である。

鉄鋼製品は、1950年代初めの朝鮮特需ブームの頃には日本の輸出額の1〜2割を占める重要な輸出品であった[140]。52年には、鉄鋼製品の輸出総額に占める割合は、一時的に綿製品輸出を上回った（鉄鋼製品23%、綿製品20%）。しかし鉄鋼輸出は、朝鮮特需やアメリカの長期スト（52年6〜7月）などによる世界的な需給逼迫に支えられたものであり、低生産性で高価格の日本製品は世界市場の限界的供給者にすぎなかった[141]。そのため、53年に世界市場における需給関係が変わると、たちまちにして、鉄鋼輸出は行き詰まり、53年の鉄鋼輸出額は前年の約半分にまで落ち込んだ（2億9,100万ドル→1億5,600万ドル）。

そこで1953〜54年に、鉄鋼業に対して、コンビネーション取引とバーター貿易を利用した戦略的な輸出振興策である出血補償措置が講じられた。コンビネーション取引によるアルゼンチン向け鉄鋼輸出と、バーター（求償）方式によるインド、パキスタン向け鉄鋼輸出の2種類を合わせて、54年の鉄鋼輸出量の25%、輸出額の21%が、出血補償措置の適用を受けた（**表4−8**）。

このうちアルゼンチンとのコンビネーション取引は、1953年9月から54年9月まで4回にわたって実施され、この制度による54年の鉄鋼輸出額は3,520万ドルに上った。この点については、アルゼンチンとのオープン勘定貿易の部分で改めて触れる（第5章参照）。

バーター方式による出血補償措置についても、ここで触れておきたい。これは、アラビア産石油の輸入とインド向け鉄鋼輸出を、パキスタン産綿花の輸入とパキスタン向けレール輸出をそれぞれ結びつけるもので、出血補償リンク制度と仕組みは同じである。1954年に実施され、総額は1,308万ドルであった。

表4−8　鉄鋼輸出に対する出血補償措置（1954年）

項　目	数　量	金　額
	千トン	千ドル
輸出承認高（A）	1,808	231,129
うち補償分（B）	448	49,076
コンビネーション取引	228	35,209
石油バーター	111	10,005
綿花バーター	35	3,079
その他	14	783
（A）／（B）	24.8%	21.2%

［注］コンビネーション取引にはアルミ地金を含まない。
［出所］西村敬介「特殊貿易方式について（下）」『外国為替』第121号（1955年7月）p.18。

鉄鋼業に対するこれらの措置は、限界的産業であった鉄鋼業の輸出拡大に効果を発揮したとされる[142]。ただし1955年になると、鉄鋼企業はこうした補償措置がなくても順調に輸出を伸ばせるようになり、この措置は一時的な救済措置にすぎなかった[143]。

②　台湾からのバナナ、パイナップル缶詰リンク

1954年当時、台湾とのオープン勘定貿易は、日本の輸入超過であったため、バランスを改善する目的で設けられた。バナナ、パイナップル缶詰の輸入益で、農水産物輸出の損失をカバーし、輸出を拡大するという趣旨である。

IMFコンサルテーションと輸出入リンク制　IMFは、輸出入リンク制は複数為替レートを発生させ、IMF協定（第8条第3項）違反になるという見解であった。輸出入リンク制といっても、原材料の輸入と製品の輸出をリンクさせる原材料輸出リンク制と、相互に無関係の輸出品と輸入品を組み合わせる出血補償リンク制（船舶・プラント）や市場リンク制（鉄鋼）とでは意味が大きく異なる。後者の場合には、輸出の赤字を輸入の黒字で補填することになるが、前者にはそうした意図はない。しかし、前者の場合も輸出価格と国内価格の二重価格を発生させるので[144]、両者とも好ましくないというのがIMFの見解であったが、IMFがとくに問題にしたのは後者である[145]。

1954年2月にIMFは日本に対して二重価格制度（輸出ダンピング）についての公式説明を求め、日本政府は部分的な現象にすぎず、すでに解消に向かっていると返答した[146]。実際には、原材料の割当を受けるための大幅安値での輸出が行われており、船舶の出血補償リンク制も実施されていた。

1954年度コンサルテーションにおいて、IMF側は輸出入リンク制の廃止を求め、とくに粗糖リンク制を問題にした。湯本IMF理事は、コンサルテーション後の記者会見（54年8月13日）で、IMFは「輸入砂糖と輸出物資とのリンク制については他国にあまり例がないので深い関心を持っていた。これは特定の物資について、ある意味で輸出補助金をやることになるのでよくないと見ていたようだ。調査報告書がどう出されるかわからないが、場合によっては国際通貨基金の理事会でリンク制が好ましくない旨決議され、日本に通告されるかもしれない。」と述べた[147]。日本政府は、ただちにこれに反応し、同日愛知通産相は、「リンク制度はIMF（国際通貨基金）に指摘されるまでもなく正常な貿易形態ではないので、できる限り早くやめたい」との意向を表明した[148]。

1954年12月6日のIMF理事会で決定した対日勧告では、生産と直接関係のない輸出入リンク制の1年以内の廃止が求められた[149]。

輸出入リンク制の一部廃止　出血補償リンク制度は、1954年11月に割当が打ち切られ、55年1月に制度としても廃止された[150]。外貨割当制度のもとで精糖メーカーが不当な利益を上げているという批判が強く、粗糖リンク制にはこうした利益を吸収する意図があったのであるが、政府は、粗糖の輸入権から発生する差益を、56（昭和31）年度からは輸入関税の引上げによって吸収することにした[151]。

原材料リンク制については存続論が優勢であった。通産省通商局は、「為替及び貿易の自由化に関連して」（1954年12月）のなかで、「IMFの意向もあり、リンク、バーター、特割制度などいずれも縮小ないし廃止を迫られているが、IMFの論理は本来先進工業国のイデオロギーであり、わが国がこれを全面的に肯定することは必ずしも得策ではない」と、IMFの方針に反発していた[152]。大蔵省も、この制度は輸出物資原材料の割当方式として有効であると評価していた[153]。原材料リンク制は、その後貿易為替自由化によってこの制度が無意味になった時に廃止された。

（4）バーター（求償）貿易

バーター貿易の活用　バーター貿易は、為替を用いない物々交換の貿易形態である。バーター貿易のうち、商品を特定せず輸出入の金額だけを同額とする決済方式を求償貿易（compensating transaction）と呼ぶ。貨幣経済が発展した段階においては、一般に物々交換方式が行われることはないので、バーター貿易と求償貿易は同義で用いられることが多い[154]。

バーター貿易は、1950年1月の民間貿易の再開当初から、輸出市場の開拓を目的に設けられていたが[155]、朝鮮戦争の勃発後、外貨収入が好転したために縮小した。53～54年の外貨危機の際に、バーター貿易は、輸出振興策として改めて見直されることになった。政府は53年6月に、新市場開拓を目的として求償貿易を認める地域を、それまでのソ連・中華人民共和国からスターリング地域・オープン勘定地域に属さない西欧、中南米、中近東諸国に拡大し、輸入先行の条件も緩めた。さらに、54年4月には、求償貿易を認める地域を世界全地域に拡大した。その結果、バーター貿易による輸出は、全輸出額の8.2%まで増大した[156]。54年のバーター貿易の増加は、その大部分が、中国および中南米諸国向けの輸出によるものであった。

バーター貿易の縮小　バーター貿易は、IMFの掲げる多角的貿易と相容れない貿易方式であり、IMFはコンサルテーションを通じて撤廃を迫った。また、国際的にも「輸出の出血補償」であるとの非難を受けた[157]。

IMFの要請に対して日本は、バーター貿易は外交関係、貿易協定が存在せず通常な貿易が行われない国に限定して実施しており、ソ連ブロックとは、この方式以外に貿易の方法はないとIMF側に必要性を訴えた[158]。

求償貿易の規模は大きくなく、日本国内でも正常な貿易を阻害するという批判もあったので、1954年10月以降、貿易品目と地域は縮小された。政府は55年4月、中南米、中近東の新市場開拓のために必要な場合と、共産圏との取引のようにバーター貿易方式に貿易取引が限定されている場合を除き、原則としてバーター貿易を認めないことにした。56年に日ソ国交が回復した後は、日ソ間のバーター貿易は廃止され、共産圏のバーター貿易は中国が主となった。59年以降バーター貿易は急減し、63年4月に全廃された。

（5）1953～54年の輸出促進政策の効果

造船・海運業、鉄鋼業について、石井晋は1950年代前半の輸出促進策の効果を分析している[159]。粗糖リンク制は、造船業の操業維持による失業防止という必ずしも「合理的」でない動機にもとづいて設けられたが、結果的に輸出を促進したと結論付けている。また、鉄鋼業に対する出血補償制については、一時的な鉄鋼輸出拡大が内需を刺激した側面を評価した。要するに、53～54年にとられた戦略的な輸出振興策は、一時的な政策としては有効であったという主張である。この結論は、おおむね妥当だと思われる。

しかし、なぜこの制度が廃止されても輸出は採算割れせず、制度の支えなしに1954年後半から好転したのだろうか。日銀調査局の「最近の輸出好転の安定性に関する検討」は、54年4～9月の各輸出産業の状況を検討し、つぎのように説明している[160]。出血補償なしにはコスト割れ状態にあったのは船舶、プラント類だけであり、鉄鋼製品の大部分は採算が取れていた。船舶も 53〜54 年に船価が下落した結果、55 年にはイギリスよりも安価になった。すなわち、日銀調査によれば、54 年には鉄鋼や船舶は曲がりなりにも対外競争力を持つ水準になっており、輸出促進策は競争力を持たない輸出産業のコスト割れ部分を補填して輸出促進を図る政策というよりも、在庫処分や操業水準維持を目的とした不況対策の色彩が強かったということになる。デフレ政策の効果もあり、54〜55 年にこれらの産業は急速に競争力を持つに到ったと考えられる。

6　外貨危機からの脱却

（1）国際収支の改善と 1955 年度コンサルテーション

国際収支の改善　国際収支は 1954 年後半から急速な改善を見た。54 年 6 月に外国為替収支は受取超過になり、その後、受取超過幅は着実に拡大していった（表 4－9）。国際収支の好転には、輸出の増加と輸入の減少の両方が寄与していた。

輸入額は 1954 年上期の 14 億 1,200 万ドルが、下期には 9 億 8,800 万ドルに、30％ も減少した（前掲、表 4－2）。54 年上半期に輸入が多額に上った理由は、不作への対策としての食糧の緊急輸入の実施、引締め措置の強化を見越して企業が原材料の輸入を急いだことにあったが、下半期にはこの 2 つの要因がなくなった。輸入が下半期に急減した品目は、穀物、大豆、木材、綿花、非鉄金属、鉄鋼スクラップ、石油、原皮、機械類等であった。

輸出は、1954 年下半期に 9 億 1,000 万ドルと、前期よりも 26％ 増加した。54 年を通して、輸出額は 16 億 2,900 万ドルと、前年の 12 億 7,500 万ドルよりも 3 割近く増加した。54 年に輸出が増加した品目の筆頭は繊維製品であり、前年よりも 4 割も増加した。決済地域別では、スターリング地域の輸入制限の緩和の影響による同地域への輸出の回復がとくに著しく、それが繊維製品輸出の伸びにつながった。

世界的な好景気の影響で、1955 年も輸出は順調に伸び、年間の輸出額は 20

表4－9　外国為替収支　四半期別（1952～55年）

（単位：千ドル）

		受取			支払			受払	貿易受払
		貿易	貿易外	合計	貿易	貿易外	合計		
1952	1-3	388,283	222,835	611,119	404,578	28,044	432,624	178,493	△16,295
	4-6	343,954	277,546	621,501	418,546	56,754	475,301	146,199	△74,592
	7-9	271,407	221,087	492,496	402,474	60,917	463,392	29,104	△131,067
	10-12	285,536	228,468	514,006	492,758	60,732	553,493	△39,486	△207,222
1953	1-3	267,546	211,533	479,078	475,724	45,470	521,195	△42,115	△208,178
	4-6	289,235	243,255	532,491	574,161	55,780	629,976	△97,484	△284,926
	7-9	285,076	259,024	544,112	463,724	55,396	519,122	24,988	△178,648
	10-12	314,529	249,821	564,351	587,382	56,035	643,418	△79,067	△272,853
1954	1-3	355,680	164,586	520,266	617,246	64,823	682,070	△161,807	△261,566
	4-6	352,809	203,766	556,575	517,346	54,898	572,244	△15,669	△164,537
	7-9	376,532	224,505	601,037	440,234	65,917	506,152	94,885	△63,702
	10-12	447,455	183,928	631,384	386,853	61,976	448,829	182,555	60,602
1955	1-3	425,200	152,293	577,493	422,947	72,424	495,371	82,111	2,253
	4-6	452,661	175,721	628,383	482,572	87,453	570,025	58,357	△29,911
	7-9	524,854	191,154	716,009	468,760	72,548	541,308	174,700	56,094
	10-12	551,452	194,305	745,758	473,944	93,195	567,140	178,618	77,508

［出所］日本銀行『外国為替統計月報』各号、より作成。

億1,000万ドルと20億ドルを超えた。とくに化繊、衣類、鉄鋼、造船、合板などの伸びが著しかった。とくにドル地域への輸出が、前年よりも46％も増大したことが顕著な特徴であった。輸入は前年並みの24億7,100万ドルにとどまったため、国際収支は大幅に改善し、特需なしで国際収支が均衡する状態に近づいた（前掲、表4－1、図4－1）。外貨保有高は、1954年末の10億5,380万ドルから、55年末の13億1,630万ドルへと増大した[161)]（前掲、図4－2）。

卸売物価は、1954年2月をピークに低下し始め、景気が上昇過程に入っても、55年を通じて物価は安定していた（図4－6）。さらに、それまで日銀信用に強度に依存していた市中金融機関は、金融緩慢の影響で、オーバー・ローンを解消した。国際収支の改善、物価安定、オーバー・ローン是正の三拍子揃った景気を、56（昭和31）年度版『経済白書』は「数量景気」と名付けた。

このように、日本は首尾よく国際収支危機を乗り越えたが、IMFが危機克服をどのように評価したのかを、1955年度コンサルテーションについて検討する。

図4-6　卸売物価の推移（1952年1月～55年12月）

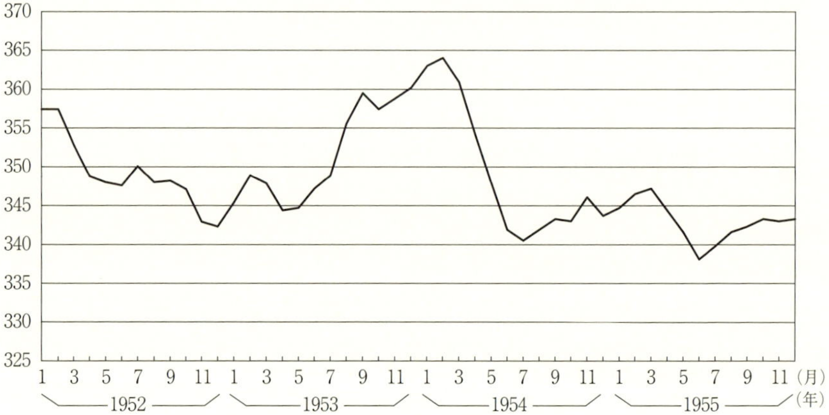

［注］1934-36=100
［出所］日本銀行「卸売物価統計調査」（東洋経済新報社編『昭和国勢総覧』第2巻、1991年、p.443）より作成。

1955年度コンサルテーション　1955年のコンサルテーションは、IMF側の提案により7月25～30日にワシントンで開催された[162)]。

コンサルテーションにおいてIMFスタッフは、一般会計、特別会計、政府関係機関会計の全体では財政は撒超であると指摘した。日本側は、政府は防衛・福祉のための財政資金需要増大に対処しなければならず、財政のこれ以上の緊縮は無理であり、経済安定の維持は金融政策に委ねるべきだとした。IMF側は、これまでの金融政策では限界があるとして、公定歩合制度の活用、支払準備制度の確立、公開市場操作の導入を検討すべきだと主張した。

IMF側は、日本の国際収支の顕著な改善は、為替制限政策によって達成された側面があると指摘し、為替制限的措置なしで対外均衡を達成できるよう日本は努力すべきだとした。このコンサルテーションでIMFがとくに重視したのは、双務支払協定の廃止であった。日本側は、1960年までには特需に依存しないで国際収支の均衡が実現できる見通しであるが、現時点ではドラスティックな輸入制限の撤廃は不可能だと答えた。また、日本側は対日貿易差別措置（GATT第35条の援用）の撤廃にIMFが協力してくれるよう求めた。

1955年11月23日のIMF理事会において、対日コンサルテーションの結果が報告され、対日勧告について討議が行われた[163]。

勧告案は、「1953年秋以降、日本政府によって実施されているデフレ政策はかなりの成功を収めた。54年春以降、国際収支上は顕著に改善した」と、日本の政策を評価した。そのうえで、「IMFは、財政収支面の撒超に懸念を抱いている。IMFは、また、金融情勢の変化に対応するため、新たな金融政策技術を検討すべきだ」と指摘した。

理事会では、ドイツのオトマール・エミンガー理事（Otmar Emminger）が、インフレ抑制、国際収支均衡化に効果を発揮した日本の通貨政策の「巧みな操作」を絶賛した。また、フランスのド・ラルジャンタイ理事は、もはやIMFがディスインフレ政策の継続を勧告する必要はなく、財政政策に注文を付けるべきではないと主張した。これに対し、アメリカのサザード理事は、成果はきわめて満足すべきものであるとはいえ、IMFが看過することのできないインフレ要因が残っていると反論した。勧告は原案通り採択されたが、財政の撒超に対する懸念と金融政策手段の改善に関する部分について、フランスは意見を保留した。

（2）1954〜55年の国際収支改善の評価

IMFの評価　IMF極東部エコノミストのP. R. ナヴェカー（P. R. Navekar）は、1957年に「1954〜55年の日本の国際収支改善」と題する論文を、*IMF Staff Papers*に発表した。この論文を中心に、1954〜55年の国際収支改善を検討してみたい[164]。この論文は、つぎのように分析している。

1953年の外貨危機は国内需要の拡大による輸入急増によってもたらされたが、その背後には戦後日本の構造的変化（原料供給地である植民地の喪失等）が存在している。現在、日本は自国の経済を戦後の環境の変化に対応させつつあるところである。53〜54年に国際収支不均衡の是正のためにとられた政策は、輸入金融優遇措置の廃止、高率適用の強化などの金融政策が主であり、財政面では政府投資の縮小が図られたものの、財政全体ではディスインフレ効果は発揮されなかった。53〜54年のディスインフレ政策は緩やかなものであり、54〜55年にディスアブソープションは起きていない。また、人為的な輸出促進政策は、一般に考えられているほど、大きな効果は発揮しなかった。

ここで、若干の注釈をつけておきたい。アブソープションとは、国民所得計算における投資（I）と消費（C）を指す。国際収支が赤字であるのは、アブソープションが国内総生産（Y）を上回っている結果であるから、金融財政引締め政策によって投資・消費を抑制すべきであるというのが、当時のIMFが立脚したアブソープション・アプローチである[165]。しかし、ナヴェカー論文は、1954〜55年の日本の国際収支改善は、アブソープションの縮小（ディスアブソープション）によっては説明できないと、次のように述べる。

輸出は海外需要の拡大によって増えたという面が強い。海外の需要がそれほど盛んでなかったならば、より強いディスインフレ政策が必要となったであろう。勿論、今回の場合、ディスインフレ政策が不要であったわけではない。国内需要の抑制と海外需要の拡大の双方が作用して、国際収支が改善したのである。日本は国際的な需要拡大から大きな利益を得て、世界貿易全体の拡大をはるかに上回るペースで輸出を拡大させた。それが可能となったのは、1953年までになされた投資の成果が現れたためである。日本製品の輸出価格の下落はそれほど顕著ではないが、価格は国際競争力の1つの要因にすぎない。納品期間の短さは価格に引けをとらない重要性を持つ。このように、過去の投資による生産性・生産能力の拡大が、国内需要を上回る生産のはけ口を海外市場に見出すことを可能にしたため、緩やかな引締め政策で足りたのである。

日本国内の評価　国際収支の改善についての同様の評価は、1955年を「投資ブームの収穫期」とする1956（昭和31）年度『経済白書』にも見られる。まず前年の『経済白書』（55年度版）の記述から見てみよう[166]。55年度版の『経済白書』は、国際収支の改善は海外市況の好転という僥倖のおかげであると述べている。そして、国際収支の実態は「赤信号からせいぜい注意信号にかわった程度」であり、国際収支危機以前のインフレの過程で生じた歪み（金利体系の歪みや企業の自己資本の薄弱さ）はまだ改善されていないと、日本経済の将来について悲観的な見解を示した。

それに対して1956年度版『経済白書』は、輸出好調の最大の要因をアメリカ経済の好況という外的要因に求める点では前年度版の『経済白書』と異ならないが、昭和「27〜28年の合理化投資が大規模な投資であっただけに、すぐには生産効果を発揮せず、着手してから1〜2年遅れて、ちょうど30年度の生産に間に合った」点などを挙げ、55年が「投資ブームの収穫期」であったと指摘した[167)]。

この指摘は正鵠を得ていると考えられる。1956年以降の高度成長期の目覚ましい設備投資の拡大を経験したのちには、51〜53年の投資は目立たなくなってしまった。しかし、鉄鋼や造船などの分野における、51〜53年の投資が54〜55年の国際収支改善に果たした役割が小さくなかった。

以上紹介した見解とは異なる観点から1953〜54年外貨危機からの脱却を論じたのは下村治（当時、日銀政策委員）である[168)]。下村は、53年度（会計年度）の外国為替収支の支払超過3億ドルは、米の不作による緊急食糧輸入（1.4億ドル）、思惑輸入、スターリング地域の輸入制限による部分が大きく、これらの要因を除けば支払超過は1億ドル程度であること、54年9月以降受取り超過に転じていることに着目し、これ以上の引締めはいたずらに失業者を増やすだけであり、54年春に実施された以上の緊縮策を講じる必要はないと主張した。下村は、賃金安定が国際競争力増大の要因であると考えた。為替レートについて下村は、ドッジ・ラインの際には賃金水準は物価水準よりもはるかに高く、360円レートは能率賃金平価と比べて割高であったが、朝鮮戦争以降は逆に、物価水準が賃金水準よりも高くなっており、能率賃金平価は360円より円安になっていると指摘した。

下村の指摘のように、賃金安定は1951〜53年に行われた設備投資と並んで、国際収支改善の要因の1つと考えられる。54年に経団連・経済同友会などの経済団体は、労使協調による賃金安定を掲げて、労働省や中央労働委員会の支援のもとで「労使協力なき賃金抑制」を達成した[169)]。その結果、49年のデフレ期の製造業の実質賃金37%の上昇と比べて、54年には上昇率はわずか0.1%に抑えられたのである[170)]。

以上のように、1953〜54年の外貨危機の際の引締め政策がマイルドで、国内需要を大幅に縮小させることはなかった理由を、良好な国際環境、51〜53年の設備投資による生産性向上、賃金安定に求めることには、十分な根拠がある。しかし、このような面だけに注目すれば、53〜54年に人為的な輸出促進策（輸出入リンク制、輸出振興外貨制度）や強力な為替面の措置（輸入担保率引上げなど）がとられたことを過小評価し、一種の産業政策である輸入金融優遇の縮小が金融引締めの中心であったという当時の金融政策の特殊性を見逃し、さらには特需というこの時期特有の要因を無視することで、53〜54年の引締め政策の理解をオーソドックスなマクロ経済政策の枠内に押し込める恐れがある点にも注意しなければならない。

第5章　スターリング地域とオープン勘定地域

1　スターリング地域と日本

（1）スターリング地域貿易

スターリング地域　1958年12月に西欧の主要通貨が交換性を回復する以前は、世界の大部分の通貨は軟貨（交換性を持たない通貨）であった。そのなかで、スターリング地域を含む広大な地域において、決済通貨、準備通貨として使用されていた英ポンドは独自の地位を占めた。1950年代に世界の貿易契約の3分の1は英ポンドで決済され、世界の準備通貨における英ポンドの比重は50年代初めにはドルを凌駕していた[1)]。キャサリン・シェンク（Catherine R. Schenk）は、第二次大戦後のスターリング地域システムはつまるところ「戦後イデオロギーの産物」であり、多角的決済と自由貿易を通じて国際分業と成長を促すブレトンウッズの精神を体現していたと述べている[2)]。しかし同時に、スターリング地域システムはグローバルなシステムではなく、EPU（欧州決済同盟）と同様の防衛的な地域的貿易・支払システムでもあったと指摘する。英ポンドの地域性と国際性、排他性と包容力の相矛盾する性質に、スターリング地域を理解する鍵がある。

1932年のオタワ会議以降、スターリング・ブロック（為替レートを英ポンドにリンクする国々）が形成されたが、ポンドの交換性は39年まで維持されていた。第二次世界大戦の勃発とともに、イギリスはスターリング地域外との対外支払をすべて大蔵省（Treasury）の許可のもとに置いた。スターリング地域はこの時に成立した。戦時期の為替管理体制は、47年7～8月の一時的なポンドの交換性回復の後に再編され、それまでの為替管理を集大成した為替管理法が47年10月に制定された[3)]。

イギリスの為替管理は、ドル準備の流出を防ぎつつ、国際的なポンドでの決済を促進する目的で作られていた4)。対外支払は4つの地域に分けて管理された。第1はスターリング地域であり、この地域内ではポンドはほぼ完全な交換性を有した5)。スターリング地域に属する国や地域は、英連邦に属する独立国（オーストラリア、ニュージーランド、インド、パキスタン、セイロン、南アフリカ）および英植民地ならびに属領のほかに、英連邦に属さないビルマ、アイスランド、アイルランド、イラク、ヨルダン、リビアが含まれていた6)。また、カナダは英連邦に属するが、スターリング地域には入っていなかった。第2は振替勘定地域である。この地域に属する国々とスターリング地域との間、および振替勘定地域の国々の間のポンド資金の移動は自由であるが、ドルとの交換は認められない。ドイツ、イタリア、オランダ、ソ連、オーストリアなどがこの地域に含まれる。第3は双務勘定地域であり、日本はこのグループに属した。他に、アルゼンチン、ブラジル、トルコ、フランスなどが双務勘定地域に含まれる7)。双務勘定地域とスターリング地域との貿易はポンドで決済され、双務勘定地域と振替勘定地域との間の資金移動にはイングランド銀行の許可が必要とされる（行政振替）。第4はアメリカ勘定地域であり、アメリカ、カナダおよび中南米諸国の一部等が含まれる。この地域との決済は、米ドルないしカナダドルによって行われる。

為替管理の権限は大蔵省に属し、金および外国通貨（指定通貨8)）は公認取引業者（外国為替銀行）を通じてイングランド銀行に原則集中することが義務付けられた。大蔵省の計画委員会（Programs Committee）が年間の国際収支見込を作成し、各省が輸入資金額を見積もった。貿易管理は商務省（Board of Trade）が担当し、輸入は原則として商務省の許可を必要とした。輸入許可の種類には、World Open General License（完全自由化品目）、Open General License（OGL，包括輸入許可制、特定地域からの輸入が自由に認められる品目）、Open Individual License（OIL，商社指定包括輸入制度、特定の業者に対して一定の商品の輸入を無制限に認める制度）、Individual Import License（輸入に際し一件ごとの許可が必要な品目）があった。OGL は日本の外貨予算制度における自動承認制品目（AA 品目）に相当する。OEEC 諸国からの輸入の自由化は、主として OGL の拡大という形で進められた。

スターリング地域と日本との貿易　敗戦により植民地を失い、冷戦で大陸中国との貿易を閉ざされた日本は、多くの原料をドル地域に依存しなければならなくなった。しかし、ドル地域への輸出は不振で、大幅な貿易赤字であり、その赤字を縮小するために注目されたのが東南アジア貿易である。当時、東南アジアは台湾からパキスタンまでの地域を指したが、この地域の過半はスターリング地域に属していた。スターリング地域との貿易は日本にとってきわめて重要な意味を持った[9)]。

1950～58年までの期間において、日本のスターリング地域への輸出額は、最大で総輸出額の5割弱、最小で3割弱を占め、ドル地域への輸出に匹敵する規模であった。輸入においては、50年代を通じてドル地域からの輸入が圧倒的であったものの、輸入総額に占めるスターリング地域の比率は平均で3割弱を占めた（**表5-1**）。スターリング地域は、ドル地域への輸出不振を補う輸出市場であるとともに、ドルを使わずに輸入ができる原料供給地の役割を果たしていたのである。しかし、スターリング地域との貿易には、53年の輸出激減の際のような、極端なアンバランスが生じるという問題があった。

日本のスターリング地域との貿易における主要な相手国は、東南アジア、オセアニア地域であった。輸出先では、香港、パキスタン、インド、シンガポール、オーストラリアが上位を占め、英本国は7位にとどまった。また、輸入では、オーストラリアが首位で、パキスタン、インド、マレー連邦と続き、英本国は5位であった（**表5-2**）。

表5-1　スターリング地域との貿易

（単位：100万ドル、%）

暦年	日本の輸出	輸出総額中の比率	本地域輸入総額中の比率	日本の輸入額	輸入総額中の比率	本地域輸出総額中の比率
1951	558	43.0	2.8	421	24.4	1.8
52	590	45.7	3.2	480	27.9	2.2
53	315	27.3	1.7	570	27.1	2.8
54	465	30.3	2.5	324	16.5	1.6
55	731	37.4	3.6	533	28.8	2.3
56	712	29.7	3.3	736	29.8	3.0
57	822	29.6	3.6	983	27.5	3.8

［出所］東京銀行調査部『対スターリング地域貿易の考察』1955年、p.4。

表 5－2　日本とスターリング地域との貿易・国別（1951～55 年）

輸出			輸入		
輸出市場	1951～55 年平均輸出額	スターリング地域輸出額中の割合	輸入市場	1951～55 年平均輸入額	スターリング地域輸入額中の割合
	万ドル	%		万ドル	%
香港	7, 356	14.2	オーストラリア	14, 789	28.4
パキスタン	6, 944	13.5	パキスタン	7, 523	14.5
インド	5, 883	11.5	インド	6, 589	12.7
シンガポール	4, 756	9.3	マレー連邦	6, 253	12.0
オーストラリア	4, 204	8.2	英国	5, 443	10.5
英領西アフリカ	4, 067	7.9	ビルマ	4, 391	8.5
英国	3, 661	7.1	南ア連邦	1, 335	2.5
ビルマ	3, 126	6.1	シンガポール	948	1.8
南ア連邦	2, 719	5.3	英領東アフリカ	685	1.3
セイロン	1, 726	3.4	香港	616	1.1
イラク	1, 472	2.9	ニュージーランド	577	1.1
マレー連邦	1, 066	2.2	イラク	420	0.8
英領東アフリカ	944	1.9	セイロン	239	0.4

［出所］「対スターリング地域貿易の考察」『東京銀行月報』第 8 巻第 9 号（1956 年 9 月）p.49。

対スターリング地域貿易は、英本国、植民地、英連邦諸国とで、それぞれ性格が異なっていた。英連邦諸国は日本の原料供給地（オーストラリアの羊毛・小麦、パキスタンの綿花・ジュート、インドの綿花・鉄鉱石、マレー連邦のゴム、スズ、鉄鉱石）であり、日本が輸入超過傾向にあった。植民地・属領（東アフリカ、西アフリカ、香港、シンガポール等）は、繊維製品を中心とする日本製品の有力な輸出先であり、日本の出超が基調であった。イギリス本国との貿易は、加工用綿織物等の輸出と、機械類・毛織物等の輸入が主であり、貿易は日本の出超傾向であったが、貿易外勘定は日本の支払超過であった。

日本とスターリング地域との決済・貿易に関する協定　スターリング地域との決済の方法と条件は、1951 年 8 月 31 日に締結された日英支払協定（Sterling Payments Agreement between the Government of the United Kingdom of Great Britain and Northern Ireland and the Government of Japan）によって規定されていた。

日英支払協定は、日本とスターリング地域とのすべての支払を英ポンドで決済することを定めており、日英間の協定ではあるが、スターリング地域全体をカバーしていた。支払協定とは別に、貿易の方式と規模を定めた貿易取決め（貿易計画）が作成された。貿易取決めには英連邦諸国との貿易金額も記載されたが、見積金額にすぎず、貿易取決めが一定の強制力を持ったのはイギリス本国と植民地のみであった。このように、為替面ではスターリング地域全般を規制しながら、貿易面ではイギリスとその植民地だけを規制するという非対称性はスターリング地域との貿易決済の特徴であった。

日英支払協定は、1954年1月にわずかな修正が加えられただけで、57年4月の廃止まで維持された。その後58年末には、ポンドの交換性が回復し、通貨圏としてのスターリング地域は消滅した。57～58年頃は、日本とスターリング地域との関係の大きな転換点であった。英連邦諸国がつぎつぎに日本と通商協定を締結し、正常な貿易関係に入ったのは、50年代後半から60年代初めであった。57年7月にはオーストラリア、翌58年2月にはインド、9月にはニュージーランドとの間に通商協定が締結された。イギリスがGATT第35条の日本に対する援用を撤回し、日英間に日英通商航海条約が締結されたのは62年11月のことである。

（2）日英支払協定の締結

「一般支払協定」と「ドル条項」　占領下の1948年5月29日にSCAPと英国との間で締結された「日本とスターリング地域との間の貿易のための支払協定」（別名、「一般支払協定」Overall Sterling Payments Arrangements）は、ドル地域以外との貿易を促進する目的でSCAPが締結した貿易・金融協定のなかで、もっとも重要なものであった[10)]。戦後日本の貿易復興のために東南アジア市場をSCAPが重視していたからである[11)]。48年11月には、イギリス、オーストラリア、インド、ニュージーランド、南アフリカの5ヵ国とSCAPの間で貿易取決めも締結された[12)]。

一般支払協定は、日本とスターリング地域との貿易を原則として英ポンドによって行うことを定めたものである[13)]。この協定の特色は、日本側のポンド残高をドルと交換できると定めた点にあった（「ドル条項」）。この条項が設けられた根拠は、FEC（極東委員会）が、日本の保有する外貨は、米ドルまたは米ドルと交換できる通貨でなければならないと定めていたことにあった[14]。貿易決済は年に2回、双方の勘定を突き合わせて行い、スターリング地域が輸入超過の場合には、英国がドルで支払うことになっていた。

「ドル条項」は、イギリスにとってはドルの流出を招きかねない不利な規定であったが、実際にはポンドのドルへの交換は実施されなかった。SCAPは、1949年2月、英国に対して、49年6月まではポンドをドルに交換する権利を行使しないと約束した。その後、49年11月、1,000万ポンドを超える部分だけをドルに交換することが取り決められ、その限度は50年11月に、1,700万ポンドに引き上げられた。貿易決済のための運転資金として日本が一定額のポンドを保有する必要があるというのがその理由であった[15]。結局、「ドル条項」は一度も発動されず、この条文は空文化した。

日英支払協定（1951年8月）　占領終結が近づいた1951年5月24日、日本・英国・SCAPとの間で、「一般支払協定」の改定交渉が始まった。新協定への改定は、英国側からの申し入れによってなされたもので、英国の最大の狙いは「ドル条項」の撤廃にあった。それと同時にイギリスは、香港と日本との間のドル決済の双務協定を廃止し、ポンド決済にすることも希望していた。

SCAPは、占領後に効力を持つ協定には干渉をしない立場をとり、交渉は日英両政府に任された[16]。「一般支払協定」に代わる、日本とスターリング地域との為替決済に関する新たな日英支払協定は、3ヵ月に及ぶ交渉の結果、1951年8月31日に調印に至った[17]。

英国は、すでに1950年から「一般支払協定」の改定の準備を始めていた。すなわち、英国政府の対外交渉委員会（Overseas Negotiations Committee）は、50年7月にスターリング地域と日本との長期的関係についての検討を開始した。作業部会は、51年2月に、将来的には日本を振替勘定地域に包摂するが、当面は「ドル条項」を廃止して行政振替地域へ移行させるという案をまとめた。この提案を受けて英国政府は2月半ばまでに「一般支払協定」改定の方針を決定した。イギリス政府の意図は、対日貿易を円滑にし、東アジアにおけるポンドの影響力を強めることにあった[18]。当時、ランカシャー綿業者は、対日貿易の復活が深刻な脅威になることを懸念していたが、「一般支払協定」の改定は、ランカシャー綿業の利害を越えて、対日貿易を拡大し、ポンドの優位性を保持するという観点から進められたものである。

日本側は「ドル条項」撤廃に反対の態度は決めていたものの、政府内部では意見が割れていた。大蔵省は、「ドル条項」が撤廃された場合、スターリング地域からの輸入が増え、通貨価値が保証されないポンドを大量に日本が抱え込む結果になることを危惧し、「ドル条項」の維持を主張した[19]。通産省は、スターリング地域との貿易を促進し、原材料を確保するためには、「ドル条項」の削除はやむを得ないと考えた[20]。外国為替管理委員会は、「現在の好況時にスターリング地域及び南方市場に確乎たる貿易上の足場を築くために凡ゆる手段を講ずることは、我が国の生存と繁栄にとって緊急不可欠の条件である」として、「ドル条項」撤廃に賛成した[21]。また、将来のポンド累積の恐れについても、楽観的予測（通産省や外国為替管理委員会）と、悲観予測（大蔵省など）が存在した[22]。

「一般支払協定」の交渉では、イギリス側の主張が通り、「ドル条項」は廃止された[23]。交渉が不首尾に終わればスターリング地域との貿易は大きな損失を蒙ることになるので、日本側は強硬な態度に出ることはできず、ポンドの累積を防ぐ具体的な保証をイギリスから取り付けることに交渉の狙いを定めた。しかし、イギリスの強い姿勢の前に、日本側は、「ポンド残高を合理的範囲内にとどめ」るよう努力するという、イギリスの曖昧な約束に甘んじるしかなく[24]、実質的な利益が少ないポンドの行政振替の拡大という成果を得ただけであった[25]。

（３）累積ポンド問題

輸出制限措置の実施　日英支払協定の締結後、輸出の急増と輸入の停滞により、ポンドの外貨準備は急増した。ポンド保有高は、1951年８月の約１億600万ドル（3,800万ポンド）から、同年末には約２億1,100万ドル（7,540万ポンド）に達した（**前掲、図４－４**）。

ポンド累積の根本的な原因としては、①戦後の貿易構造の変化、②ポンドの実質価値の下落、③「ドル条項」の廃止の３点があげられる[26]。①について言えば、占領期の米国援助の結果、原綿や食糧の輸入が戦前と比べて大きくドル圏にシフトしたことが指摘できる。②については、1952年初めには1ポンド＝約2.40ドルへと、ポンドの実勢レートが平価を約15%下回り、スターリング地域の交易条件が悪化していた。また、日本のインドネシア等への輸出に、為替レートが有利な香港経由のルートが使われ、ポンドはさらに累積した。①、②がポンド累積の主因であり、「ドル条項」の廃止がそれに拍車をかけたと考えられる。

予想外のポンド激増に驚いた政府は、1951年11月28日の閣僚審議会幹事会以降、本格的に対策を検討し始めた。通産省が、輸入促進政策によってポンドを減らすべきだとしたのに対して、大蔵省や外為委は、輸入金融優遇の拡大に消極的であり、輸出の抑制によりポンド過剰に歯止めをかけるべきだとした[27)]。大蔵省が輸入金融の拡大に消極的であったのは、10月末から11月末に来日した第4次ドッジ使節団が「輸出第一主義」の観点からインフレ抑制による国内物価の安定を強く要請したことと関連があると思われる。

ただし、大蔵省は、かならずしもドッジの意見に同調していなかった。大蔵省は、朝鮮特需期のインフレはすでに収まりつつあり、物価水準は輸出を阻害するほど高くないと見ていた[28)]。また大蔵省は、ドッジの言う通りインフレ抑制策を強化して輸出拡大を図れば、ポンドはますます累積するだろうと懸念した[29)]。

このように大蔵省は引締め政策の強化には懐疑的であり、為替予約期間の短縮等の「思い切った輸出統制」により輸出を制限すべきだという立場をとった[30)]。1952年2月18日、外国為替管理委員会は大蔵省と連携し、通産省の意向を無視する形で、スターリング地域に対する輸出抑制措置の実施を決めた。決定されたのは、①先物為替相場におけるポンドの買相場の大幅引下げ、②スターリング地域向けポンド建て輸出予約期間の輸出契約後6ヵ月から信用状到着後3ヵ月への短縮であった[31)]。

この輸出抑制措置は、ポンド切下げのリスクを負うことになる貿易業界から猛反発を受け[32)]、わずか1週間後の2月26日に事実上撤回された[33)]。その代わり通産省は、3月3日以降、スターリング地域向けの輸出割当という形で鉄鋼、繊維（綿糸布、化学繊維）を対象に輸出調整措置を実施した[34)]。このように通産省は、為替面での制限措置の撤回と引き換えに、別の形で輸出制限の実施に踏み切った[35)]。

日本政府は、ポンド収支状況を検討するための協議をイギリスに申し入れた。1952年3月18〜25日に実施された協議では、イギリス側は、ポンド累積の原因は、日本のスターリング地域からの輸入促進策が不十分なためであると主張し、日本側は交渉の糸口を見出すことができなかった[36)]。

スターリング地域からの輸入促進策　スターリング地域への輸出抑制は緊急措置にすぎず、ポンド累積への対処は主として輸入促進策によってなされた。

第1は外貨予算面でのポンド予算の拡大である。ドル予算の削減とポンド予算の拡大、ドル地域からの輸入割当制の維持、スターリング地域からの輸入の大幅自由化（自動承認方式）などの措置により、スターリング地域からの輸入促進が図られた。ポンド予算の比率は、1951年7〜9月期の23%から、10〜12月期の35%、52年1〜3月期の42%へ大幅に拡大され、スターリング地域からの輸入は食糧・羊毛等を除いて、自動承認制に移行した[37)]。この方針は、52年度上期・下期の予算にも引き継がれた[38)]。

第2に、日銀の輸入金融優遇の拡大である。日銀は1952年2月18日、スターリング地域およびオープン勘定地域からの輸入を促進する目的で、特定品目を対象とした外貨貸付制度（別口外国為替貸付制度）を設けた。これにより、朝鮮戦争勃発直後に輸入物資確保のために設けられ、51年11月に廃止されたばかりの乙種外国為替貸付制度が事実上復活した[39)]。対象となった輸入品は、綿花と鉄鋼業原料（鉄鉱石・粘結炭）および合理化に必要な機械であった。別口外国為替貸付制度は、その後、ドル地域にも拡大された。53年10月のピーク時には外国為替貸付残高が959億円に達し[40)]、53〜54年の国際収支悪化を招く原因の1つとなったことは前章で見たとおりである。

スターリング地域の輸入規制　スターリング地域においては、1949年9月のポンド切下げの効果は50年になって現れ、朝鮮戦争による好景気もあり、この年には英国およびスターリング地域全体の国際収支は大幅に改善した。ところが、この状況は長くは続かず、輸入激増により、一転してイギリスは、51年下半期に、非スターリング圏に対して約6億ポンド（16億8,000万ドル）もの貿易赤字を計上した。51年から52年にかけてアジアでスターリング債権が顕著に増加したのは日本とタイであり、日本のポンド残高は52年6月末には1億2,700万ポンドに達した[41]。

国際収支危機に陥ったイギリスは1951年秋に金融引締めを実施し、52年1月には緊急英連邦蔵相会議が開かれ、英連邦全体で緊縮政策と輸入制限措置が講じられた[42]。

1951年11月7日にバトラー（Richard A. Butler）英蔵相は、年間3億ポンドの輸入削減を発表した（翌年3月11日までに削減目標は6億ポンドにまで拡大）。52年3月11日以降、スターリング地域以外からの輸入をすべて許可制とし、27日にグレー・クロス（綿・人絹・スフ）の全地域（インドを除く）からの輸入を停止した。

輸入制限措置は、イギリスだけでなくスターリング全地域で実施された。オーストラリアは3月7日、1952年度の輸入を前年度実績の50%に削減する目標を発表し、全地域からの輸入を許可制にした。3月20日にはドル地域（日本を含む）からの輸入ライセンスの発行を一時停止し、5月9日に、ドル物資輸入許可証（日本を含む）を20%削減すると発表した。ニュージーランドは、3月11日、アメリカ、カナダ、日本からの既発行輸入許可を無効とし、輸入には新たな許可を要すると発表した。インドは、6月15日、総輸入額15%削減を目標に、新たな輸入許可品目の創設、従来のOGL（包括輸入許可制）品目の輸入禁止品目への振替措置を発表した。パキスタンは、6月25日には綿布輸入税を引き上げ、8月11日に綿糸布を含む一部OGLを停止した。マレー・シンガポールは、2月11日に、非必需物資（カメラ、ライター、万年筆等）の輸入を禁止し、3月10日には日本製綿製品の輸入許可証の割当を一時停止し、4月9日に52年度の日本からの綿製品輸入割当金額を最高1億海峡ドルとすることを発表した。アフリカでは、東アフリカ（ケニヤ、ザンジバル、ウガンダ、タンガニーカ）が、3月26日、非スターリング地域からの輸入を51年度水準に抑えるため、輸入は今後すべて許可制とすることを発表した。ゴールド・コーストは4月3日に繊維・機械等の日本からの輸入を禁止した。ナイジェリアも、8月18日に日本繊維品の輸入禁止を発表した[43]。

このように、1952年3月以降、スターリング地域は強い輸入制限措置の導入に踏み切った。

（4）ポンド不足への転換

スターリング地域への輸出の不振　スターリング地域の輸入規制の影響は大きかった。日本のスターリング地域への輸出は、1952年３月以降、一気に減少に向かい、半年後には半分以下の水準に落ち込んだ（**図５-１**）。ポンド保有高は年末には１億ポンドの水準を切り、さらに53年３月末には約5,100万ポンドにまで減少した。こうしてポンド過剰から一気に、スターリング地域との決済に最低限必要なポンド保有高を割り込む状態になった。その結果、日本がイギリスやIMFの支援を受けるに至った経緯は、前章で述べたとおりである。

スターリング地域への輸出不振は1953年中続き、同年のスターリング地域

図５-１　対スターリング地域貿易の月次推移（1951～54年）

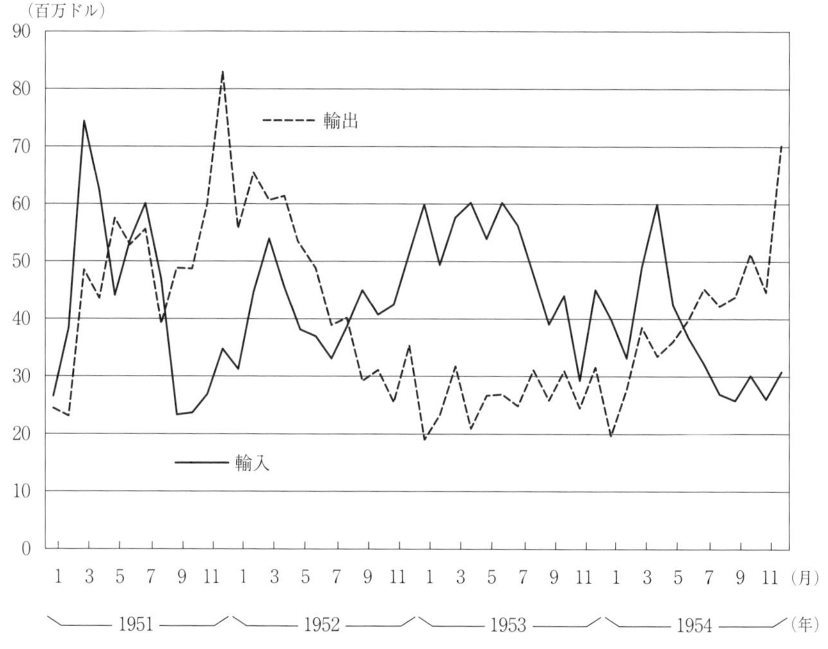

［出所］大蔵省『外国貿易概況』より作成。

への輸出額は前年の53%にとどまった。なかでも、パキスタンは1952年にはスターリング地域の中で最大の輸出先であったが、パキスタンへの輸出は、53年には前年の4,206万ポンドからわずか532万ポンドへと10分の1近くまで減少した。イギリスへの輸出も、前年の半分以下の1,183万ポンドに落ち込んだ。この両国で、53年の減少額の7割までを占めた。

日本のスターリング地域への主力輸出品である綿布についてみると、1952年には綿布輸出量の64%はスターリング地域に向けられていたが、パキスタンへの輸出は、53年にはその割合は33%に低下した。パキスタンへの綿布輸出は1億8,389万平方ヤードからわずか38万平方ヤードに減少、イギリスへの輸出も6,424万平方ヤードから3,270万平方ヤードに半減した[44)]。52年に最大の綿布輸出先であったパキスタンへの綿布輸出が53年にほとんどストップした原因は、52年初めの綿花およびジュートの価格下落による国際収支悪化にあった。53年4月に、日本とパキスタンとの間には新貿易協定が結ばれたものの、パキスタン政府は10月まで綿布輸入のライセンスを発給しなかった[45)]。

日英間の輸出拡大の合意（1953年3月）　1951年8月末に締結された日英支払協定の期限は52年8月末に12月までの延長が決まったが[46)]、12月末になると、もはやポンド累積の危惧どころか、スターリング地域貿易の縮小が懸念される状態になっていた。日本側はイギリスと協議を行い、スターリング地域との貿易を拡大する方策を探ることにした[47)]。

1953年1〜2月、日本側の申し入れで日英支払協定の運営に関する会談が東京で開催された[48)]。スターリング地域との輸出入が1対2と極端に輸入超過になっている状態を改善するために、日本側は年間2億3,000万ポンドの輸出目標を示し、輸入制限措置を緩和するようイギリスに求めた[49)]。これに対してイギリス側は、自治領および植民地に対する輸入制限緩和の権限をイギリス本国は持っていないので、イギリス本国の影響力には限度があると説明した。

3月13日、イギリス側は、①香港とシンガポールへの輸出については無制限に輸入ライセンスを発行する、②その他の植民地については、1952年下半期の実績の2割増の輸出を可能にする、③イギリスが命令権を持たない自治領についてはイギリスの方針を示すのが限界である、という内容の対案を示した[50]。日本側は、イギリスの提案は不十分な点はあるが、大幅な輸出増につながりうるとして、イギリス案を受け入れた[51]。

日英支払協定の改定（1954年1月）　1952年8月以来続いたスターリング地域との貿易赤字は、53年後半に日本の輸入が減少に転じたために、その幅は縮小したものの、輸出不振から脱却する兆候は見られなかった。53年の対スターリング地域貿易の実績は、日本側の輸出1億1,250万ポンド、輸入2億300万ポンドであり、輸出は計画（1億8,000万ドル）の約3分の2にとどまった。

日英支払協定の期限が1953年12月末に到来するのを前に、日本政府は11月下旬、イギリスと交渉することを決定した。イギリスに対する要請事項は、①スターリング地域との貿易の拡大均衡、②関税差別や対日輸入制限等の日本の輸出に対する不利な取扱いの廃止、③当面のポンド不足に対応するための金融的便宜の供与等であった[52]。当時、国際収支悪化のなかで、スターリング地域との決済を綱渡りで乗り切っていた日本は、交渉の重点をスターリング地域との貿易不均衡の是正とポンド不足の打開に置き、協定自体はそのまま延長する方針をとった。

日英会談は、12月3日からロンドンで開催された。会談は、イギリス側の準備が整っていなかったために、12月中は進展を見なかった。パーシバル（A. E. Percival）英商務次官補が朝海浩一郎代表に、日本との関係は「機微でなかなか政治家の踏ん切りがつか」ず、「日本との妥協と云うことになるとイーデン、バトラー、ソーニクロフト三者の立場に政治的に影響してくるのでなかなか結論が出なかった」と漏らしたことからも、イギリス側の事情を窺い知ることができる[53]。イギリス側が、植民地および中継地（香港、シンガポール等）の輸入制限大幅緩和によって日本のポンド不足を解決する方針を固めたのは会談開始後の12月8日であった[54]。

会談は1月29日に妥結した。合意の内容は、片道2億950万ポンド（貿易外も含む）の1954年の貿易計画と、日本とのスワップ取決め締結の2点であった。

貿易計画については以下のような交渉が行われた。まず、日本側が片道2億500万ポンドを提案したのに対して、イギリス側は片道2億3,000万ポンドの対案を示した[55]。1953年のポンド収支は受取1億3,184万ポンド、支払2億4,062万ポンドであったから、イギリスはほぼ前年並みのスターリング地域からの輸出額の確保を望んでいたことになる。日本側が双方の輸出額をバランスさせることを重視したのに対して、イギリス側はバランスさせるのは無理であると主張した[56]。

最終的には、日本の提案に近い2億950万ポンドで決着した。日本側受取額の内訳は、イギリス1,450万ポンド、植民地9,150万ポンド、自治領9,250万ポンド、貿易外取引1,100万ポンドであった[57]。このうち、拘束力があるのはイギリスと植民地のみであり、自治領は単なる見込みの数字に過ぎない。日本側が繊維製品の輸出制限撤廃を求めたのに対して[58]、イギリスは、イギリス本国がグレー・クロス（未晒綿布）3,000万ポンド（4,200万～4,500万ヤード）を輸入することを認めた。これは、1951年の約半分に過ぎないが、前年53年の3,300万ヤードと比べれば大幅な伸びになる（54年の実績は6,600万ヤードに達した[59]）。

イギリスがグレー・クロスの輸入を認めた背景には、第二次大戦後のランカシャー綿業において仕上げ部門が肥大化し、綿織物が不足したため、輸入グレー・クロスを加工して植民地へ輸出する状況が生じていたことが挙げられる[60]。そこでイギリスは、ランカシャー綿業にとって独占的な市場であるナイジェリア等からは日本製品を排除する一方で、イギリス本国への日本の輸出については、妥協的な姿勢を示したのである[61]。

合意のもう1点であるポンド資金供与については、第4章でも述べた。日本は1953年末にスワップ資金の返済期限を迎えており、その延長が会談の目的の1つであった。イギリス側は、日本の輸出回復を図るために輸入制限の解除を実施すれば十分であり、金融上の支援まで行う必要はないとした。しかし、日本のIMF借入の増額が困難な状況をイギリス側も把握しており[62]、会談終盤の1月26日、イギリス側はスワップを認めると申し出た[63]。1月29日の合意書には、イギリスが1954年2月1日～4月30日に1,250万ポンドを限度とするスワップ契約締結を承認することが盛り込まれた[64]。

1953年12月〜54年1月の日英交渉においては、イギリスが積極的に日本に対してスターリング地域の市場を開放した点が注目される。この日英合意は、イギリスが日本に譲歩しすぎたとして、イギリス本国で激しい批判を巻き起こした。2月1日、野党の労働党は下院において政府を追及し、討議は15時間に及んだ。繊維・陶磁器等の関係業界に事前の相談なしに新規に日本商品輸入を認めたこと、英植民地の対日繊維輸入割当制を性急に外したことが攻撃の的になった[65)]。反対論は波紋を呼んだが、日英支払協定自体を覆すまでには至らず、2月10日に、政府がランカシャーの立場に一定の理解を示すことで、一応の決着をみた。モードリング（Reginald Maudling）経済担当大蔵次官は、スターリングがより多く使われることで国際通貨としてのポンドは強くなるし、もし日英支払協定を結ばなければ日本は自治領諸国と個別に二国間協定を結ぶことになるだろうと、日英支払協定の意義を強調した[66)]。またバトラー蔵相は、2月2日、ランカシャー選出保守党議員との会見において、日英協定はランカシャーに悪影響を及ぼすかもしれないが、英本国およびスターリング地域全体にとっては有益であり、国際収支上の理由がないのに英植民地に対日輸入制限を求めることはできないと述べた[67)]。

これは、イギリスの反日感情の強さと同時に、ランカシャー綿業の力の限界も示す事件であった。ランカシャー綿業の中で、輸入グレー・クロスに依存する仕上げ部門と、日本から輸入に脅威を感じる紡績・織布部門の利害が異なっていただけではない。インド綿業の発展によって、1954年までにインドからの輸入は日本からの輸入を凌駕するに至っていた[68)]。2月10日の議会で保守党のホロビン議員は、日本の進出はクオータで抑え得たとしても、より大きな脅威であるインドには打つ手がないではないかと、日英合意を支持する立場から発言した[69)]。

1955年の日英交渉　対日貿易制限の緩和の効果が大きく、1954年1月の支払協定改定を機に、日本のスターリング地域向け輸出は劇的に回復した[70)]。54年のスターリング地域への輸出は、4億9,200万ドルで、前年と比べて55%の増であった。他方で、輸入は4億3,200万ドルと、前年と比べて28%減少した。その結果、54年1月に7,060万ドル（2,520万ポンド）にまで落ち込んでいたポンド外貨保有高は、55年3月には2億8,630万ドル（1億225万ポンド）と、4倍にも増加した（**前掲、図4－4**）。

日英支払協定の新たな交渉は、1955年6月23日～10月17日に東京において行われ、約1ヵ月間の中断を含め、ほぼ4ヵ月に及ぶ長期交渉の末に締結された（協定期間は55年10月1日～56年9月30日の1年間）。この交渉は前回の54年1月の時とは異なり、日本の輸出超過が続き、ポンド外貨保有が1億ポンドにも膨らんでいた状況のもとで行われた。

イギリス側の最大の関心は、日本のスターリング地域からの輸入を増やし、日本のポンド保有を減らすことにあった。ポンドの交換性回復が日程にのぼっていたので、イギリスは交換性回復時に、日本が多額のポンドを保有することに強い懸念を抱いていた[71]。

貿易目標額の決定の経緯は以下の通りである。まず6月23日の第1回会談においてイギリスは、1955年7月～56年6月に見込まれる日本のポンド受取額2億9,000万ポンド（第三国を含む）をすべて支払に向けることを求めた（貿易支払2億4,500万ポンド、石油および貿易外支払4,500万ポンド）[72]。日本側が主張した貿易目標、片道1億9,630万ポンドとの間には約5,000万ポンドの開きがあった。また、適正ポンド保有高について、日本側は最低7,000万ポンドのポンド保有が必要であり、現水準は決して過剰ではないと主張した[73]。

イギリスは、日本の輸入拡大が保証される実効ある措置に関心があったので、貿易目標額に関しては立ち入った議論は行われなかった。その代わりイギリス側は、協定期間中に日本がスターリング地域から得たポンドを、スターリング地域への支払に充てる旨を明記すること、具体的には、1955年度下期（10～3月）外貨予算に、1億500万ポンド（別に石油および貿易外2,250万ポンド）を計上することを求めた。最終的に、日本側はサケ・マス缶詰の輸入割当量の増加と引換えにこの要求を受け入れ、55年度下期の外貨予算に1億2,750万ポンド（貿易外も含む）を計上することで妥結した[74]。なお、56年度上期については56年2月の中間レビューの際に改めて検討することとなった。

イギリス側は、スターリング地域からの輸入拡大の保証が日本から得られれば、その見返りに英本国・植民地の日本からの輸入の維持・拡大を認め、保証が得られない場合には、ペナルティとして植民地の日本からの輸入を削減する方針で臨んだ。この方針は、日本の英植民地への輸出拡大により、ランカシャー綿業の市場が奪われることを懸念する商務省の抵抗に遭ったが、最終的にイギリス政府内で合意が成立し、日英間の協定に盛り込まれた[75)]。

1955年の日英交渉の大筋は以上のとおりであるが、日本とイギリスとの間では貿易品ごとに、「パウンド対パウンドという様な世知辛い」交渉が繰り広げられた[76)]。イギリス側は日本に対して、毛織物、自動車等の輸入増加[77)]、石油に対するアメリカと対等の扱いを求め、日本側はサケ・マスの缶詰の輸出拡大を最重要目標に置いた。最終的に、日本の輸入見込み額は、英本国1,878万ポンド（機械類598万ポンド、毛製品280万ポンド等）、英植民地4,558万ポンド、英国側の対日本輸入見込み額は、英本国2,262万ポンド（サケ・マス缶詰472万ポンド等）、英植民地1億830万ポンドと定められた。貿易取決めが日本側の出超となっているのは、恒常的に日本側の入超であった自治領（貿易取決めには金額が明記されていない）を加えてバランスが取れるようにしたためである。なお、55年の貿易取決めにおいて英植民地からの輸入見込み額が、旧取極の目標額を約2割も上回ったのは、イギリスが植民地市場の開放をさらに推し進める意思表示であった[78)]。

その後、1956年3月7日～4月17日に日英レビュー会談が行われ、56年上期の外貨予算に、前期と同額の1億2,750万ポンドを計上することで合意が成立した[79)]。

1955年の日英交渉は、日本のスターリング地域貿易が順調な中で行われたため、日本が新たにイギリスから得るべきものはなく、受身の態勢に終始した。交渉は日本とイギリス本国との貿易交渉に矮小化され、日英間の支払協定・貿易取決めを維持することについての懐疑が深まった[80)]。

1956～57年の日英交渉と協定の廃止　1956年10月1日～57年2月26日、ロンドンにおいて日英貿易会談が実施された。56年のスターリング勘定貿易は、鉄鋼原料、原毛等のスターリング地域からの輸入の急増や、55年の日英協定にもとづいてとられた日本の輸入促進策等の影響で、日本のスターリング地域からの輸入は55年の5億3,300万ドルから56年の9億600万ドルへと、70％も増えた[81)]。輸出入はほぼバランスしていたが、貿易外収支が1億3,000

万ドルの支払超過であったために、ポンド保有高は56年4月の9,890万ポンド（2億7,680万ドル）をピークに減少し、会談開始時には、日本のポンド保有高は3,970万ポンド（1億1,110万ドル）まで減少していた[82]。日本は、ポンド資金繰りのために、すでに為銀を通じてスワップを実施していた（8月末460万ポンド[83]）。

日本政府が9月末までに決定した基本方針は、支払協定の改定には触れず[84]、イギリス側に日本の入超傾向を示して、それを是正するためにスターリング地域全般の対日輸入増、とくにイギリスと英植民地の対日輸入を大幅に緩和するよう求めるというものであった[85]。これに対して、イギリス側は国際収支の悪化と国内産業の保護を理由に、日本側の要求を拒否し、膠着状態に陥った[86]。

1956年10月末にスエズ危機が勃発し、イギリスが外貨危機に陥った。12月初め、日本政府は日英間に無協約状態に陥ることを避けるために、日本側が交渉の妥結に向けて急いでいたところ[87]、12月27日にイギリス側から突如、日英支払協定の廃止の申し入れがなされた[88]。英国側は、協定の廃止の理由として、双務協定の延長は対外支払を自由化する英国の政策に反すること、不要の双務協定を維持することはIMFの目的に反することなどを挙げた[89]。日本側はこれを唐突と受け止めたが、イギリス側は、すでに他の国とのスターリング支払協定は大部分は廃止されており、日英支払協定の廃止はむしろ遅きに失したと考えていた[90]。

1957年2月26日に、56年10月1日～57年9月30日の貿易取決めが締結された。輸出計画は英本国2,770万ポンド、英植民地1億4,000万ポンド、輸入計画は英本国3,160万ポンド、英植民地6,890万ポンドであった[91]。吉野文六外務省経済局第四課長は、「僅か1ヵ年間の有効期間をもつ協定を5ヵ月間かかって交渉したこととなり、まことに驚き入った話である」と、交渉の不毛さを慨嘆した[92]。57年4月1日に日英支払協定は廃止された。

（5）日本とスターリング地域との関係の歴史的特質

1950年代の日本とスターリング地域との経済関係　以上に見てきた1950年代の日本とスターリング地域との経済関係は、つぎのように要約できよう。

① 第二次大戦後、植民地を失い、大陸中国との貿易がほぼ完全に閉ざされた日本にとって、スターリング地域である東南アジア・南アジアとの貿易は、とくに原料調達の面で戦前以上に重要な意味を持った。

② 日本とスターリング地域との貿易バランスの変動は著しかった。その原因は、双務支払協定である日英支払協定に、貿易を均衡させる機能が備わっていないことにあった。加えて、イギリスが経済政策面で、頻繁に引締めと緩和政策を繰り返したこと（ストップ・アンド・ゴー政策）は、日本とスターリング地域との貿易バランスにも大きな影響を与えた。

③ その結果、日本のポンド保有高は過剰から不足へ、不足から過剰へと極端に揺れ動いた。外貨勘定がドル、ポンド、オープン勘定に分かれており、各勘定内で輸出入をバランスさせるのが難しかったうえに、ユーザンスや短期資金借入などのクッションもほとんど備わっていなかった。

日英支払協定の特徴　つぎに、日英支払協定とスターリング地域に関する貿易取決めについては、以下の特徴を指摘することができる。

第1に、支払協定・貿易取決めはスターリング地域全体をカバーする協定であったが、次第に協定と実態との距離が広がり、支払協定・貿易取決めはフィクションになっていったことである。

1948年の「一般支払協定」は自治領の国々も参加し、スターリング地域全体を拘束する協定であった。51年に日英支払協定に代わった時に、日英間の協定になり、自治領諸国に対する拘束力は失われた。それにも拘わらず、イギリスが自治領諸国に対しても一定の影響力があることを暗黙の前提として、スターリング地域全体をカバーする貿易計画が作成された[93)]。

第二次大戦期に成立したスターリング地域は、戦後になっても、しばらくは強固な結束を誇っていた。この結束の強さが最後に示されたのは、1952年1月の英連邦経済会議の時であった。その後、自治領諸国の独自の動きが目立つようになってくる。そうした状況を反映して、55年の日英間の貿易取決めから自治領諸国の見積額は記載されないことになった。50年代半ばには、植民地も必ずしも英本国の指示に従わなくなった。英国側も、植民地を規制することの難しさを認め、57年の貿易取決めでは、英国側は今後の交渉では植民地の貿易関係には関与しないと言明するに至った。

その結果、日英交渉は次第に日英間の個別商品の輸入割当額をめぐる交渉に矮小化された。内容が乏しくなる程、交渉内容は細かくなり、不毛な交渉になっていった。日英交渉で個別の貿易品を対象とする方式は、そもそも日本側が編み出したものであった。貿易取決めに輸出入の概数だけを記載しても、実効性が乏しいという理由から、54年の協定の改定時に日本側のイニシアティブで始まった。しかし、57年までには、日本側も個別商品ごとに交渉を行っても、輸出入を均衡させるのは不可能であること、個別商品ごとの貿易額に深くコミットすれば、個々の産業の利害と貿易バランスの双方を一致させることがますます難しくなることを認識するようになった[94)]。

また、ポンドの振替可能性が高まり、ポンド地域に属さない第三国とのポンド収支が拡大したことも、貿易取決めの履行を困難にした。日本のポンド収支における第三国の割合は、1955年10月～56年9月には、受取で17.9%、支払で15.8%に達した[95)]。ポンドの振替性が高まること自体は日本にとって有利であったが、貿易取決めの実効性はいっそう弱まる結果となった。

第2に、日本とスターリング地域の諸国との間に通商協定が存在しなかったために、日英支払協定に、通商協定に代わる役割が求められたことである。日本の貿易の約3分の1を占めるスターリング地域との貿易の円滑な実施は、日本にとってはきわめて重要であった。

サンフランシスコ平和条約発効後、戦前の通商条約の復活が進んだが、日本の主要な貿易相手国との通商条約の復活ないし新規締結には時間がかかった。戦前から条約が存続していたドイツ、1953年4月に友好通商航海条約を締結したアメリカ、54年3月に通商協定を締結したカナダを除けば、主要国との通商条約・通商協定は50年代半ば以降、60年代初めにかけて締結された[96)]。スターリング地域との通商関係では、57年のオーストラリアとの通商協定締結（後述）が画期となった。

スターリング地域から見た日本との経済関係　スターリング地域の側からの検討は、本書の課題の範囲外であるが、最近の研究を踏まえて、この点にも触れておきたい。1930年代に熾烈な貿易摩擦を経験したランカシャー綿業の利害を反映したイギリス政府の差別的な対日通商政策として、60年代初めまでの日本とスターリング地域との経済関係を捉える見方は、現在では修正を要する。

ここでは本書の内容と関連して、つぎの2点を指摘しておきたい。

第1に、英国の経済的利害は、ランカシャー綿業によって代表させることはできないということである。

1950年代の日英交渉において、イギリスは対日貿易の制限よりもスターリング地域と日本との貿易の拡大均衡を前面に掲げた。それは、貿易拡大を通じてポンドの力を強めることの利益が、ランカシャーの産業的利益に勝ったからである。イギリス政府内では、外務省、大蔵省は対日貿易の拡大に積極的であり、日本に警戒的だったのは商務省である[97)]。ランカシャー綿業では、仕上げ工程を専門とする加工業者は日本の未晒し綿布（グレー・クロス）に依存しており、繊維業界内部の利害は一致していなかった。また50年代中頃になると、自動車産業、石油産業、毛織物工業などの対日輸出拡大が日英交渉の主要なテーマとして取り上げられ、綿業はすでにイギリス製造業の代表ではなくなっていた。

第2に、スターリング地域の結束は1953年以降弱まり、イギリスと英連邦各国がそれぞれ独自の立場で通商関係を模索するようになったことである。

日本とスターリング地域との関係で、エポック・メーキングであったのは1957年7月の日豪通商協定の締結である[98)]。

日本は戦前から羊毛の大部分をオーストラリアから輸入しており、日豪貿易は日本側の大幅な入超であった（1951〜57年の平均で輸入対輸出の割合は4.8対1）。日本からの輸出は、差別的な割当制（硬貨地域並みの扱い）と高関税のもとに置かれ、厳しく制限されていた。51年に朝鮮戦争のブームによる建築需要で、オーストラリアが日本から鉄鋼製品を大量に買い付けたのは例外であった。羊毛価格の下落により国際収支が悪化すると、オーストラリアは52年3月に輸入制限を強化した。この措置は日本の輸出に大きな影響を与え、53年のオーストラリアへの輸出額は52年の3分の1に落ち込み、輸入対輸出の割合は19対1と極端にアンバランスになった。

1953年に日本がスターリング地域への輸出不振からポンド不足に陥ったこ

とはすでに述べた。53年5月、日本はスターリング・バランスとオーストラリアの輸入制限について貿易会談を申し入れ、54年1月には、西春彦駐豪大使が日本が羊毛輸入を大幅削減する可能性を示唆した。ポンド不足を緩和するために、日本は53年9月にアルゼンチンとの間で鉄鋼と羊毛のコンビネーション取引を始めていた。羊毛の過剰在庫が主たる原因ではあったが、54年の日本のオーストラリアからの羊毛輸入額は前年よりも約3割も落ち込んだ(日本の羊毛輸入額全体は約13%減)。

オーストラリアのメンジーズ（Robert G. Menzies）政権は、こうした状況を危機感を持って受け止め、1954年11月に対日貿易差別の根本的な是正と輸入制限の大幅緩和を決定し、対日政策を大転換した。イギリスとオーストラリア、日本とカナダとの関係がこの転換に影響を及ぼした。イギリスとオーストラリアとの特恵関税は、オーストラリア側に不利に働いていた[99)]。また、イギリスおよび欧州諸国の農産物保護政策はオーストラリアのイギリスへの輸出を妨げていた。これは、イギリスとオーストラリアが、もはや一致した利害で行動することが困難になったことを示している。また、カナダが54年3月に日本と通商条約を締結したことは、日本への小麦輸出でカナダと競合するオーストラリアが、カナダに後れを取ることを意味した。

1954年10～11月にメンジーズ政権は日本のGATT加盟を認める方針を決定、日豪の通商会談は55年10月から開始された。57年7月に日豪通商協定が締結され、①オーストラリアが繊維品・雑貨等の対日輸入制限を撤廃して、日本に最恵国待遇を与えること、②日本側のダンピングについては、オーストラリアは緊急関税の権限を留保すること、③日本はオーストラリアからの小麦輸入に対しては差別的措置をとらず、羊毛には輸入関税をかけないことが取り決められた。

2　オープン勘定地域

(1) 双務支払協定とIMF

第二次大戦後の双務支払協定　二国間の双務的為替支払協定（双務支払協

定、双務協定とも呼ぶ）にもとづく、金・外貨を用いない貿易決済は、1930年代に為替管理が強化されるなかで、貿易を円滑に維持するために編み出された。双方の国に為替清算勘定を設け、この勘定に貿易取引を集中し、一定期間経過後に貸借尻を清算する方式である。清算協定の嚆矢は、31年のスイスとオーストリアの間で結ばれた協定とされるが、その後ドイツや中欧、東欧、ラテンアメリカを中心に拡大した。37年に清算協定にもとづく貿易は世界貿易の12%を占め[100]、39年までに協定数は約180（38ヵ国）に及んだ[101]。しかし、第二次大戦勃発まで、為替清算協定による決済は一部の地域にとどまった。

第二次大戦直後には、決済通貨であるドルが極端に不足し、ドル節約のために二国間の双務的な貿易決済が一般的となった。1946年から50年代半ばにかけて、双務支払協定は世界の広範な地域に普及し、地域的広がりの面でも、締結された協定の数の面でも、第二次大戦直後には30年代をはるかに凌駕した[102]。双務支払協定の数は、47年6月に約200、54年に約400にも達した。54年には、IMF加盟国が双務支払協定にもとづいて行っていた輸出額は、世界の輸出総額の8.5%を占めた。また、54年末において、IMF加盟56ヵ国中41ヵ国が、輸出の10%以上を双務支払協定により行っていた[103]。

第二次大戦後の双務協定貿易の諸形態について説明しておきたい（**図5-2**）。

図5-2　双務協定にもとづく貿易の諸形態

- 清算勘定方式の双務支払協定貿易（清算協定貿易）
  - オープン勘定方式
    - スウィングが付く場合
    - スウィングが付かない場合
  - オープン勘定以外の方式
- 現金決済の双務支払協定貿易
  - 当事国通貨決済（英ポンド決済の場合）
  - 第三国通貨決済
- バーター貿易（求償貿易）
  - Back to Back L/C方式（同時開設信用状）
  - Thomas L/C方式（Back to Back L/Cの条件を緩和したもの）
  - Escrow L/C方式（第三者寄託信用状）
- その他（委託加工貿易、委託販売貿易、特殊決済方式による仲介貿易）

［出所］　池田善行（大蔵省為替調査課）「為替管理と双務協定（中）」『外国為替』第65号（1953年2月）等を参考にして作成。

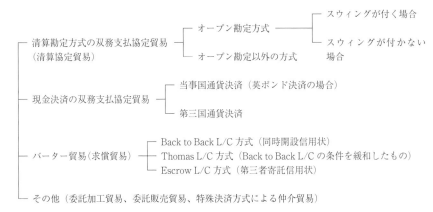

双務協定貿易には、相互の貿易数量をあらかじめ取り決めるバーター貿易も含まれるが、外貨を節約する目的の双務支払協定（bilateral payments agreement）によるものが一般的であった。日本が関係した双務支払協定のなかでは、オープン勘定（open account）を設ける方式と、ポンドによる現金決済方式が重要である。

オープン勘定方式の場合には、オープン勘定を通じて貿易決済が行われる[104]。オープン勘定による貿易決済の仕組みは、第二次大戦以前の為替清算制度と同じであるが、①戦前の為替清算協定では清算勘定貸借尻が物資の追加的輸入によって決済されたのに対して、オープン勘定では通貨（ドルやポンド）で決済された点、②戦後のオープン勘定には貿易不均衡に柔軟に対処するためのクレジット枠（スウィング）が設けられており、一定期間（主として1年）経過後、貸借尻の決済を行う際に、一定金額まで貸借尻を次期に繰り越すことができる点、③二国間で貿易を均衡させるために、支払協定と並んで貿易協定（通常1年間）が結ばれ、貿易計画が立てられた点が異なる[105]。ただし貿易計画（貿易取決め）は、あくまでも拘束力を持たない努力目標にすぎなかった[106]。

一方、イギリスが締結した双務支払協定ではポンドによる決済が定められているだけで、貿易相手国に特別勘定は設けられなかった。1950年代の日本のスターリング地域やフィリピン等との貿易は、それぞれ英ポンド、米ドルによる現金決済方式がとられており、支払協定貿易ではあるが、オープン勘定貿易ではない。

IMFと双務支払協定　双務支払協定は、IMFの多角的決済の原則と相いれないが、創立初期のIMFは世界的なドル不足の現実に配慮せざるをえず、加盟国に対して双務支払協定の早期撤廃を要求しなかった。

ポンドの振替制度の拡大や、欧州決済同盟（EPU）の発展により、多角的決済が進み始めた時期をとらえて、IMFはようやく1954年末に双務支払協定の廃止に動き出した。55年2月14日のIMF理事会では、「双務主義と交換性」[107]と題するスタッフ・レポートにもとづいて議論が交わされた。この議論を踏まえてIMF為替制限局は、「双務主義と交換性に関するスタッフの勧告」[108]をまとめ、この勧告をベースに理事会は6月22日に双務支払協定の廃止を促す決議を採択した。

理事会決議の概要は以下の通りである[109)]。

① 双務協定に関するIMFの政策は、為替制限の撤廃と多角的支払システムの早期樹立を目指すIMFの政策と不可分である。

② 多くの加盟国はいまだ双務協定を採用し続けている。できるだけ早く双務協定への依存から脱却するために、加盟国が全面的に協力し合うようIMFは促したい。

③ 今後IMFは加盟国と双務協定について討議を行う。双務協定存続の必要性を点検する際には、それらの国々の国際収支の状況には相当の配慮を行う。

理事会では、双務協定の即時撤廃か漸進的撤廃か、また、貿易・関税面の差別を考慮に入れるべきかどうかが議論となった。アメリカやカナダが早期撤廃論を唱えたのに対して、インドやアラブ連合などの途上国は漸進的な撤廃を主張したが、先進国は必ずしもアメリカ、カナダに同調せず、日本やデンマークは漸進論を支持した。貿易制限や関税における差別を度外視し、双務協定だけを取り上げて差別的だと断定するのは一方的だという途上国の主張についても、フランスや日本が途上国に同調した。湯本理事は、5月31日の理事会で、つぎのように発言した[110)]。「双務主義は弱小国の国際収支を強化するのに役立っており、その即時完全撤廃はそれらの国々にダメージを与えるので、双務主義の撤廃は慎重に行わなければならない。日本は多角的貿易支払システムの達成について幅広いアプローチを取っている。双務主義だけに攻撃を集中せず、関税、特恵関税、数量制限などの制限措置にも批判が向けられるべきである。」

1955年の決議以降、双務協定は14条コンサルテーションの主要議題として取り上げられた。60年には、双務協定の廃止が8条国移行の条件の1つとなり、さらに65年頃には、スタンドバイ・クレジットのコンディショナリティに双務協定廃止が盛り込まれた。こうして、60年代半ばには、14条コンサルテーション、8条国移行条件、IMFコンディショナリティの3つの側面から双務協定廃止の圧力が加盟国にかかった。その結果64年末までに、55年当時存在した双務協定の80%以上が廃止され、世界の貿易に占める双務協定貿易の割合は2%にまで減少した。ただし、60年代に新たに独立したアフリカ諸国などが新規に双務協定を結んだため、双務協定の数はほとんど減らなかった[111]。

(2) 日本のオープン勘定貿易

オープン勘定貿易の開始　日本の双務協定貿易は、占領期に、アメリカ以外の国との貿易を行う目的で開始された。世界的なドル不足のなかでは、ドル地域以外との貿易を拡大するためには双務協定締結が唯一の現実的な方策であった。占領終結の時点で、12のオープン勘定協定が存在し、それ以外にオープン勘定に依らない双務協定が存在した[112]。

双務協定の嚆矢は1947年11月14日調印の日本とスターリング地域との暫定金融協定（48年5月31日正式協定）である。これは双務協定ではあるが、オープン勘定方式ではなかった。オープン勘定方式の正式の協定は、フランス（48年7月）がもっとも早い[113]。49年には、アルゼンチン、ブラジルともオープン勘定協定が締結され、49年10月にローガン（William J. Logan, ドイツ統合地区共同輸出入庁長官）が来日した時には、双務協定数はオープン勘定方式によらないものも含めて18に達していた[114]。占領初期の貿易は政府管理貿易であったので、対米貿易以外の貿易は双務的な性格を持っていたといえる。

第3章で述べたように、1949年10月に来日したローガンは、輸入促進の手段としてスウィング付オープン勘定協定を活用すべきという提言を行った。この「ローガン構想」に沿って、その後51年にかけて、スウィング付オープン勘定協定が、インドネシア、タイ、フィリピン、スウェーデン等の間で結ばれた[115]。占領期におけるオープン勘定貿易の比率は、輸出で31.5%、輸入で13.2%、貿易全体で20.1%であった[116]。輸入におけるオープン勘定貿易の比率が低いのは、アメリカからの援助物資輸入の比重が大きかったためである。

占領後のオープン勘定貿易の拡大　講和条約発効にともない、オープン勘定はSCAPから外国為替管理委員会（のち大蔵省為替局）に引き継がれ[117]、占領期に締結された協定は、漸次、新協定に置き換えられた[118]。ただし、フランス、韓国、オランダ、フィリピンについては、旧来の協定が適用されたため、新協定は締結されなかった。また新たに、イタリア（1952年12月）、エジプト（53年11月）、トルコ（55年2月）、ギリシア（55年3月）との間にオープン勘定協定が締結された。講和条約発効後に存在したオープン勘定協定は全部で16である（表5-3）[119]。

オープン勘定協定を維持し、新規に締結した理由としては、ドルを節約しつつ貿易拡大を図るという目的に加えて、市場開拓を図る意図もあった。また、砂糖（台湾・インドネシア）、米（台湾・タイ・イタリア）、綿花（ブラジル）など、特定の貿易品目の輸出入政策とオープン勘定協定が密接な関連を持つ場合も少なくなかった[120]。

オープン勘定貿易の地域別特徴は、以下の通りである（表5-4）。

① 貿易額が大きかったのは、台湾・タイ・フィリピン・インドネシアの東南アジア諸国であった。

② 1953～54年に、南米のブラジル・アルゼンチンとの貿易が激増した。

③ 西欧諸国とのオープン勘定貿易額は活発ではなかった。

オープン勘定貿易が日本の総貿易額に占める比率は、1952年にいったん19.4%まで低下したのち、53～54年に拡大し、ピークを迎えた。52年に縮小

表5-3　オープン勘定協定の締結と廃止

国　名	旧協定締結	新協定締結	オープン勘定廃止
アルゼンチン	1949年6月8日	1953年4月30日	1956年9月8日
ブラジル	1949年6月2日	1952年9月12日	1958年10月16日
台湾	1950年9月6日	1953年6月13日	1961年9月30日
エジプト	—	1953年11月28日	1958年11月27日
フィンランド	1949年6月21日	1952年12月24日	1957年3月31日
フランス	1948年7月7日	新協定を締結せず延長	1956年12月31日
ギリシア	—	1955年3月12日	1960年3月31日
インドネシア	1950年6月30日	1952年8月7日	1957年6月30日
イタリア	—	1952年12月27日	1956年1月14日
韓国	1950年6月2日	新協定を締結せず延長	1966年3月19日
オランダ	1951年4月13日	新協定を締結せず延長	1957年5月31日
フィリピン	1950年5月18日	新協定を締結せず延長	1957年7月31日
スウェーデン	1950年4月1日	1952年3月5日	1956年4月14日
タイ	1950年3月2日	1952年9月1日	1956年4月15日
トルコ	—	1955年2月8日	1959年7月31日
西ドイツ	1949年8月1日	1951年8月2日	1955年9月30日

［注］西ドイツとの新協定は、1951年8月に支払協定が改定された際に、講和条約発効後の支払協定も同時に締結された。

［出所］『日本銀行沿革史』第5集第17巻より作成。

表5-4 オープン

輸出

暦　　年	1950	1951	1952	1953	1954
韓国	17, 642	14, 833	49, 844	106, 831	68, 567
台湾	38, 011	50, 600	60, 667	60, 967	65, 936
インドシナ（仏領）	2, 053	9, 172	8, 519	7, 622	12, 928
タイ	43, 092	45, 189	36, 378	52, 550	65, 106
フィリピン	21, 264	38, 367	19, 628	27, 544	31, 192
インドネシア	46, 281	128, 389	59, 842	105, 436	119, 714
トルコ	−	−	−	−	−
スウェーデン	7, 089	13, 081	14, 275	9, 622	8, 419
オランダ		9, 553	13, 139	13, 997	21, 819
フランス	10, 436	19, 325	28, 186	11, 775	11, 636
西ドイツ	10, 256	21, 733	16, 194	15, 825	18, 100
イタリア	−	−	9, 050	4, 167	5, 389
ブラジル	2, 300	21, 642	10, 950	21, 739	78, 208
アルゼンチン	20, 992	47, 361	9, 136	15, 622	48, 867
エジプト	−	−	−	3, 014	6, 422
小計	219, 414	419, 244	335, 808	456, 711	562, 303
その他	62, 108	33, 407	442	10, 531	13, 239
合計	281, 522	452, 651	336, 250	467, 242	575, 542

輸入

暦　　年	1950	1951	1952	1953	1954
韓国	15, 686	7, 050	20, 419	8, 567	8, 100
台湾	35, 817	53, 025	63, 764	64, 039	57, 089
インドシナ（仏領）	1, 575	2, 967	4, 683	14, 664	14, 536
タイ	43, 425	50, 961	62, 461	84, 647	69, 169
フィリピン	22, 506	49, 639	51, 039	62, 728	67, 128
インドネシア	13, 303	54, 917	27, 486	48, 847	60, 172
トルコ	−	−	−	−	−
スウェーデン	5, 803	9, 311	7, 836	12, 964	9, 078
オランダ	1, 242	7, 347	5, 872	16, 194	11, 742
フランス	3, 881	22, 181	8, 650	26, 744	20, 556
西ドイツ	6, 833	15, 500	22, 514	37, 856	44, 111
イタリア	−	−	−	8, 492	17, 486
ブラジル	1, 647	32, 303	15, 458	39, 114	73, 833
アルゼンチン	30, 742	49, 661	3, 658	51, 603	60, 778
エジプト	−	−	−	22, 825	28, 017
小計	182, 458	354, 861	293, 842	499, 283	541, 794
その他	10, 884	6, 301	11, 070	2, 809	13, 129
合計	193, 342	361, 162	340, 912	502, 092	554, 923

［注］1．各国の貿易額は、原則として、オープン勘定協定が締結された年度は記載し、廃止した年度は記載
　　　2．その他金額は、オープン勘定貿易額合計から各国の貿易額を差し引いた金額。各国の貿易額は、原
［出所］大蔵省『外国貿易概況』より作成。

勘定貿易　国別輸出入

（単位：千ドル）

1955	1956	1957	1958	1959	1960	1961
39, 494	63, 606	56, 994	56, 694	62, 380	100, 089	125, 876
63, 828	77, 858	84, 275	90, 040	86, 846	102, 237	
−	−	−	−	−	−	−
63, 031	−	−	−	−	−	−
51, 808	55, 503	−	−	−	−	−
64, 714	75, 783	−	−	−	−	−
3, 533	6, 361	875	1, 051	−	−	−
13, 375	−	−	−	−	−	−
26, 742	26, 794	−	−	−	−	−
11, 617	14, 044	−	−	−	−	−
−	−	−	−	−	−	−
7, 906	−	−	−	−	−	−
33, 422	45, 156	−	−	−	−	−
79, 125	−	−	−	−	−	−
14, 233	10, 392	22, 513	6, 681	−	−	−
472, 828	375, 497	164, 657	154, 466	149, 226	202, 326	125, 876
73, 122	123, 400	127, 268	53, 019	−	−	−
545, 950	498, 897	291, 925	207, 485	149, 226	202, 326	125, 876

1955	1956	1957	1958	1959	1960	1961
9, 539	11, 122	12, 204	11, 039	12, 046	18, 579	22, 445
80, 878	45, 508	67, 255	75, 642	71, 546	63, 522	
−	−	−	−	−	−	−
63, 447	−	−	−	−	−	−
88, 953	116, 758	−	−	−	−	−
81, 156	88, 986	−	−	−	−	−
1, 100	1, 050	1, 884	195	−	−	−
4, 756	−	−	−	−	−	−
11, 469	12, 114	−	−	−	−	−
15, 297	21, 594	−	−	−	−	−
−	−	−	−	−	−	−
13, 103	−	−	−	−	−	−
59, 278	50, 208	−	−	−	−	−
22, 239	−	−	−	−	−	−
29, 564	43, 069	−	−	−	−	−
480, 778	390, 411	81, 343	86, 876	83, 592	82, 101	22, 445
58, 995	110, 481	207, 367	53, 195	−	−	−
539, 773	447, 020	288, 710	140, 071	83, 592	82, 101	22, 445

していない。
則として、協定締結年には年度全体の金額を計上し、廃止時には年度全体の金額を除外した。

したのは、朝鮮戦争ブームで世界的に売り手市場となったためにオープン勘定による貿易が敬遠されたこと、また、日本の外貨準備も潤沢であり、ドルやポンドによる決済が可能であったことによる。しかし、53〜54年に外貨危機に陥ると、ドル・スターリング地域からの貿易の転換を図るためにオープン勘定貿易が重視されることになった。53〜54年にかけてオープン勘定貿易の比率は顕著に増大し、54年には28.1%のピークに達した。この比率は、アルゼンチンやブラジルほど高くはなかったものの、チリ、インドネシア、韓国、スペインなどと並んで、世界的にはもっとも高い部類に属した[121]。

二国間で貿易を均衡させることが困難であるために貿易が縮小傾向に陥りやすい、割高な商品を無理に輸入せざるを得ない不合理が起きるなどの、オープン勘定貿易に固有の問題は従来から指摘されていたが、当面の輸出拡大が優先された。しかし、1954〜55年のオープン勘定貿易拡大の結果、貸越残高のかなりの部分が回収困難になったことは、深刻に受け止められた（**表5-5**）。55年末の2億4,450万ドルのオープン勘定貸越残高は、7億6,900万ドルにすぎなかった日本の外貨準備から見れば、大きな金額であった。多額のオープン勘定貸越残高が存在した国は、インドネシア・韓国・アルゼンチン・台湾である。対インドネシア債権は50年から増え続けていたが、対韓国債権は53〜54年に、対アルゼンチン債権は55年に、対台湾債権は57年に急増した。

オープン協定の縮小と廃止　1955年に双務協定廃止のIMFの決議が出された頃には、日本においてもオープン勘定貿易が、戦後貿易復興の歴史的な役割を終えたという認識が共有されるようになっていた。

そこで1956〜57年に、オープン勘定協定は大幅に整理されることになった。55年の西ドイツを皮切りに、56年にはイタリア、スウェーデン、タイ、アルゼンチン、フランス、57年にはフィンランド、オランダ、インドネシア、フィリピンの協定が廃止された。

オープン協定廃止が急速に進む一方で、貿易拡大にとって、オープン勘定協定は有効性を失っていないという意見も存在した。通産省は、1958年3月に、輸出振興策の1つの柱として、後進国との貿易にオープン勘定を利用する方針を打ち出した[122]。通産省は、東南アジア等の後進国との貿易伸長は、「延払、

表5－5　オープン勘定残高　国別

（単位：千ドル）

暦年末	1949	1950	1951	1952	1953
アルゼンチン	△ 1, 586	△ 8, 992	11, 666	17, 139	△ 19, 598
ブラジル	165	3, 062	9, 526	5, 245	△ 11, 157
台湾	6, 523	1, 965	4, 854	1, 039	△ 7, 930
エジプト	714	16	－	－	△ 23
フィンランド	146	236	△ 712	117	836
フランス	△ 912	△ 546	5, 082	10, 742	△ 5, 570
西ドイツ	6	4, 128	12, 474	1, 001	△ 13, 679
インドシナ	△ 1, 012	693	4, 860	1, 658	△ 7, 003
インドネシア	△ 5, 348	15, 614	43, 749	11, 832	50, 358
同（特別勘定）	－	－	－	60, 000	66, 859
イタリア	△ 38	11, 962	－	－	△ 1, 421
韓国	10, 968	1, 280	4, 805	5, 573	31, 351
オランダ	508	－	610	△ 52	△ 2, 573
フィリピン	－	△ 8, 093	4, 412	△ 4, 865	△ 6, 159
スウェーデン	36	110	4, 425	8, 089	△ 9, 557
タイ	△ 654	654	5, 081	6, 198	4, 461
スペイン	－	－	△ 174	－	－
トルコ	－	－	－	－	－
香港	2, 512	15, 256	6, 720	－	－
ギリシア	－	－	－	－	－
琉球	1, 910	1, 525	－	－	－
Old Open a/c	3, 670	1, 780	2, 417	76	76
合計	18, 130	41, 938	119, 795	121, 714	69, 271

暦年末	1954	1955	1958	1959	1960
アルゼンチン	△ 20, 171	47, 200	48, 309	45, 720	41, 288
ブラジル	10, 634	△ 5, 900	11, 802	16, 984	15, 429
台湾	1, 746	△ 12, 000	29, 672	24, 521	13, 780
エジプト	△ 2, 055	1, 000	2, 506	103	－
フィンランド	1, 862	600	－	－	－
フランス	△ 332	△ 2, 800	－	－	－
西ドイツ	△ 12, 468	△ 12, 700	－	－	－
インドシナ	190	0	－	－	－
インドネシア	21, 906	21, 200	－	－	－
同（特別勘定）	150, 031	157, 500	－	－	－
イタリア	2, 421	△ 1, 200	－	－	－
韓国	47, 446	47, 000	46, 908	44, 491	45, 661
オランダ	3, 654	△ 2, 300	－	－	－
フィリピン	△ 16, 119	△ 4, 600	△ 1	△ 1	－
スウェーデン	1, 678	3, 400	－	－	－
タイ	4, 962	9, 200	－	－	－
スペイン	－	－	－	－	－
トルコ	－	△ 1, 100	△ 23	△ 433	－
香港	－	－	－	－	－
ギリシア	－	100	△ 516	△ 113	611
琉球	－	－	－	－	－
Old Open a/c	76	100	－	－	－
合計	192, 105	244, 500	138, 656	131, 272	116, 769

［注］1. △は債務。2. 合計はその他のオープン勘定を含む。

［出所］1949～54年は、大蔵省『財政金融統計月報』第55号（1955年6月）pp.112−113、55年は、通商産業省通商局編［1956］『日本貿易の展開――戦後10年の歩みから』商工出版、pp.120−121、58～60年は「外貨準備高 自昭24 至昭38」［日銀 12017］より作成。56、57年は不明。

円クレジットというような或程度決済条件が悪くなるような手段をも活用しなくては」困難であるとし、「双務主義的な行き方による輸出増加策は、この際はかなり有効な対策である」と主張した[123]。天谷直弘（通産省）はオープン勘定貿易は「輸出クレジット戦争における一つの武器」であり、リスクは延払輸出と変わらないと見ていた[124]。経済界もオープン勘定協定の性急な廃止には否定的であった[125]。

このようにオープン勘定貿易の急激な廃止には慎重な考え方もあったが、1957～58年までには、廃止は世界的な潮流になっており、日本も協定の廃止をさらに推進した[126]。58年には、ブラジル、エジプトとの協定が廃止された。58年末には、トルコ、ギリシア、中華民国（台湾）、韓国の4ヵ国だけとなり、59年に、オープン勘定貿易は日本の全貿易額の3%を占めるに過ぎなくなった。

以下、日本のオープン勘定貿易において重要な意味を持ったインドネシア、アルゼンチン、台湾、韓国を取り上げ、具体的に見ていきたい。

(3) インドネシア焦げ付き債権問題

1952年の新協定　インドネシアとのオープン勘定貿易は、多額の焦げ付き債権が発生し、オープン協定貿易の「最も好ましくない典型の1つ[127]」と言われた。また、インドネシアのケースは、賠償問題が絡んでいた点で、日韓オープン協定と共通する側面を持つ。

インドネシアとの支払協定は、占領下の1950年6月にSCAPとインドネシア政府（49年12月オランダより独立）との間で結ばれた。貿易計画は、輸出4,440万ドル、輸入3,000万ドル、スウィング限度1,000万ドルであり、51年も同一の内容で更新された。2年間の貿易は、日本側の一方的な輸出超過となり、52年6月末にオープン勘定の日本側貸越額はスウィング限度を大きく上回る6,400万ドルに達した[128]その主たる原因は、50年に約3,500万ドル、51年に約6,900万ドルに及んだ綿布輸出にあった。48年、まだオランダ領であったインドネシアは、米国の援助資金により日本から綿布を大量に購入し、日本の綿業の最大の顧客になっていた（48年の輸出量の約48%が蘭印向け）[129]。49年にはイギリス、50年にはパキスタンに輸出先第一位の座を明け渡したが、インドネシアは日本の綿布輸出の12%（49年）、18%（50年）、22%（51年）を占める有力な輸出市場であった[130)]。

1952年6月に始まった新貿易支払協定の交渉は旧協定時代のオープン勘定債務約6,400万ドルの処理をめぐって難航し、52年8月に、日本側の譲歩により、以下の内容の新協定が締結された[131)]。

① 旧協定の未決済債務6,000万ドルは、5ヵ年間（2年据置、3年分割払い）の年賦払いとする。
② 1952年の貿易計画は日本の輸出5,500万ドル、輸入4,000万ドルとする。
③ 日本は、インドネシアを中継とするスイッチ貿易（三角貿易）による輸入を認める（上限1,500万ドル）[132)]。また、日本の輸入が4,000万ドルに届かなかった場合は、不足額を特別勘定に振り込み、翌年の追加輸入により決済する。
④ スウィング限度は設けず、毎年6月末に日本側の債権が存在する場合は、500万ドルは米ドルで現金決済し、残額は延払とする。

この協定は、旧協定時代の債務支払を分割払いとし、今後の貿易決済を年次決済方式とするなど、さらなる焦げ付き債権の累積が予想される内容であった。日本政府がこのように不利な内容の協定を締結した理由は、外務省ジャカルタ事務所長の1952年7月5日付電信の、「協定不成立の場合は日本品の一大市場を喪失すべし。特に当国は欧州方面よりの輸入（主として綿製品と金属製品）を実施せんとする形勢顕著である」という文言が明瞭に語っている[133)]。

貿易債権の累積　新協定が発効した1952年は、外貨事情の悪化からインドネシア政府が輸入制限を行ったために日本の輸出も振るわなかったが、53年1月にインドネシア政府が対日輸入制限措置を緩和すると、53～54年に輸出は急伸した（**図5-3**）。53年には綿布輸出はふたたびパキスタンを抜き、2億5,400万㎡と戦後の一市場向け輸出としては最高の輸出量を記録した[134)]。輸入が低調であったため、日本の大幅出超となった。インドネシア政府は、賠償問題の未解決を理由に旧債務の支払をほとんど履行せず[135)]、53～54年の大幅な輸出超過によって、対インドネシア貿易債権は累積し続け、54年6月末には、日本の債権は1億6,321万ドルに達した。

図5－3　インドネシア貿易の推移

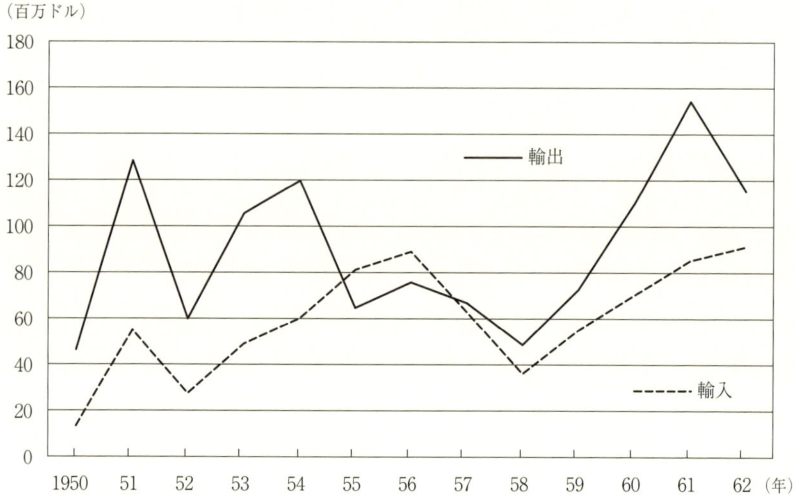

［出所］大蔵省『外国貿易概況』より作成。

日本は対インドネシア貿易の収支均衡を図るため、1954年7月12日、輸出調整措置を実施し、輸出を制限した[136]。この措置にもとづいて、輸出権方式、輸出調整方式、標準外決済が実施された。輸出権方式は、輸出する金額と同額の輸入証明書がある場合に限り、輸出が承認されるシステムであり、繊維製品と鉄鋼製品に対して適用された[137]。輸出調整方式は、品目グループ別に輸出調整枠を設定し、その枠内に限り輸出が認められる方式で、繊維製品・鉄鋼製品以外の物資に適用された。また、輸出権方式、輸出調整方式を実施するために、インドネシア向け輸出および貿易外受取は標準外決済とされ、1件ごとに承認が必要となった。この時まで、日本政府が対インドネシア輸出の制限に踏み切れなかったのは、繊維産業に与える影響の大きさを考慮したためであった[138]。

輸出制限措置が実施されて以降、対インドネシア輸出は激減し、1955年後半から日本側が入超傾向になり、55年、56年は輸入超過に転じた。

1957年3月、インドネシア政府は、突然、日本政府に対してオープン協定の廃止を通告してきた。インドネシア側は、①IMFの方針に沿って貿易正常化を行うこと、②対日オープン協定による買付価格が香港、シンガポールを経由する買付よりも割高であることを理由として挙げた[139]。インドネシアは、対日貿易が黒字になったので、過去の債務を棚上げにしたまま、貿易黒字を現金で獲得することを狙ったものと思われる。こうしてインドネシアとの貿易決済は、57年7月以降、英ポンドによる現金決済に移行した。

オープン協定の廃止は、輸出権プレミアムを織り込んでインドネシアから割高物資を輸入していた日本の輸入業者にとって、大きな打撃となった。また、日本の輸出業者にとっては、有利な収益源が失われることを意味した。他の国に輸出するよりも約30%も高い価格でインドネシアに輸出できたため、輸出権に10%のプレミアムを支払っても、約20%の高利益が得られたからである。

焦げ付き債権の処理と賠償協定　オープン協定廃止後には、焦げ付き債権の処理の問題が残った。1957年10月末の対インドネシア累積債権は1億7,691万ドルにのぼっていた。焦げ付き債権の処理問題は、58年にインドネシアとの賠償協定が結ばれた際に、日本側が累積債権を放棄する形で決着した（58年1月20日調印「旧清算勘定その他の諸勘定の残高に関する請求権の処理に関する議定書」）。

インドネシアとの賠償交渉は、ジュアンダ（Djuanda Kartawidjaja）交通相との間に1951年末に東京で始まったが、賠償金額、支払手段などの面で大きな懸隔があり、交渉は行き詰まったまま6年間が経過した。交渉が進捗しなかった理由としては、日本側が賠償交渉の早期決着に熱意を示さなかったこと、インドネシアの政情が不安定であったことなどが挙げられる。局面を転換したのは、57年1月に登場した岸信介内閣の積極的な東南アジア外交、インドネシアの国際的な孤立（旧宗主国オランダからの脱植民地化[140]、欧米先進国のスカルノ（Achamet Stutan Sukarno）政権に対する懐疑的姿勢）と経済上の行き詰まり（外貨の急減）といった、日本とインドネシア双方の事情による。57年4月に成立したジュアンダ内閣は、7月2日に賠償4億ドル、経済協力4億ドル（貿易債務を含む）の提案を新たに行った。これに対して、小林中東南アジア移動大使は、賠償2億ドル、経済協力4億ドル、貿易債務は20年間の延払という案を示した[141]。こうして賠償額をめぐる両者の差は縮まり、最終的に57年11

月の岸・スカルノ会談で、賠償2億3,000万ドル、経済借款4億ドル、貿易債権1億7,700万ドルの放棄で決着した[142]。日本側は54年の対ビルマ賠償2億ドルとの釣り合いで、賠償2億ドルの数字にこだわり、インドネシア側は実質4億ドルで早期妥結を目指した結果、妥結に至ったものである[143]。

以上のようにインドネシアとのオープン勘定貿易は、当初から輸出入の極端な不均衡が存在したために、貿易勘定の累積債務が発生する必然性があった。それにもかかわらず、1957年まで廃止されなかった背景には綿製品の輸出市場確保という理由が存在した。また、累積債務の処理が進まなかったのは、賠償問題が未解決であり、インドネシア側が累積債務処理を賠償支払と結び付けて解決しようと図ったためである。インドネシアとのオープン勘定貿易の廃止は、一時的には混乱を招いたが（1958年には輸出入ともに激減)、その後インドネシア貿易は増加傾向をたどった（**前掲、図5－3**)。

（4）アルゼンチン焦げ付き債権問題

アルゼンチンの貿易債務の性格　アルゼンチンとのオープン勘定貿易の焦げ付き債権がインドネシアと異なる点は、インドネシア貿易の場合は日本の構造的な貿易黒字に原因があったのに対して、アルゼンチンの場合は、日亜両国のそれぞれの経済・産業政策が焦げ付き債権を作り出した点にある。日本側から見れば、それは1953～54年の外貨危機対策としてのオープン勘定貿易拡大政策の産物であった。

日本とアルゼンチンとの貿易は、日本の鉄鋼・機械とアルゼンチンの羊毛・小麦・綿花という相互補完的な商品で構成されていた。両国の貿易品は国際価格と比べて割高であったため、両国の産業はオープン勘定貿易に利益を見出していた。日本政府と企業は、鉄鋼・機械製品の市場としてアルゼンチンに着目したのである。アルゼンチンが貿易債務を累積させた背景には、ペロン政権の工業化政策があった。アルゼンチンは、オープン勘定貿易を通じて各国から多額の資本財を買い付け、日本以外の国々との間でも多額の貿易債務を発生させた。日本が抱えた焦げ付き債権のなかでは、対アルゼンチン債権4,700万ドルは、対インドネシア債権につぐ規模であった。

新協定と鉄鋼輸出の拡大　アルゼンチンとのオープン勘定協定は、占領下の1949年6月に締結され、講和条約発効後も協定は引き継がれた。しかし、50、51年の2年間続いた凶作のためにアルゼンチンは輸入を制限し52年には日亜貿易はほとんど途絶状態に陥った[144)]。この事態を打開するため、新協定締結の交渉が52年4月から開始され、53年4月30日に新支払協定が締結された。

新協定では、スウィング限度は従来の1,000万ドルから2,000万ドルに引き上げられ、新協定締結時に存在したオープン勘定残高については支払猶予の措置が講じられた[145)]。新たな貿易取決め（片道8,000万ドル）が定められ、長期払契約（延払輸出契約）に関する取決めも結ばれた[146)]。

新協定の交渉が始まった1952年には、日本政府の関心はアルゼンチンを機械類の輸出市場として開拓することにあった[147)]。鉄鋼は51年から52年前半にかけて朝鮮戦争の輸出ブームが続いていたので、その時はテコ入れの必要を感じていなかったのである。ところが、スターリング地域の輸入制限、日本の鉄鋼価格の国際的な割高傾向のために、鉄鋼輸出は52年後半から急激な減少に転じた。スターリング地域だけでなく、オープン勘定地域への輸出（船積実績）も52年11月をピークに急激に減少し始めた[148)]。こうしたなかで、53年4月30日に成立したアルゼンチンとの新支払協定（オープン勘定協定）は、鉄鋼輸出に活路を開く役割を担った。53年度の日亜貿易計画片道8,000万ドル中、鉄鋼は約3分の2の5,250万ドルを占めた。「もし再び日・亜貿易が停頓すれば、わが国はこの輸出不振の現状で、ただ一つ残されたる市場をも失うことになるのではないか」という通産省の危機感には、53～54年外貨危機の際にアルゼンチン貿易が持った重要性が示されている[149)]。

日亜貿易の拡大のためには、国際的水準よりも高価格の日本の鉄鋼の輸出と、高価格で競争力が弱いアルゼンチンの羊毛・小麦の輸出を結びつけるのが有効であると考えられた。こうした意図で締結されたのが、1953年9月15日のコンビネーション取引に関する協定である。日本がアルゼンチンに国際価格で鉄鋼2,000万ドルを輸出し、アルゼンチンは日本に1,400万ドルの小麦と600万ドルの羊毛を輸出するという内容である。アルゼンチンが通常羊毛に適用していた為替レート（1ドル5ペソ）よりも25%ペソ安の6.25ペソの特恵為替レートを日本への羊毛輸出に適用し、その為替差益は割高の羊毛・小麦を輸入した日本の業者に対する損失補償と、鉄鋼業者の輸出補助金に当てられた。この取引により実現した10万トンの鉄鋼輸出は、「鉄鋼輸出史上において画期的」と評された[150)]。

1954年度にもアルゼンチンとの間で3件のコンビネーション取引が成立した。鉄鋼（レール）対小麦・羊毛（レール輸出550万ドルと小麦550万ドル＋羊毛550万ドルのコンビネーション取引、54年3月成立)、鉄鋼（ビレット・スラブ）対羊毛（1,053万ドル、54年4月成立)、アルミ対羊毛（150万ドル、54年9月成立）である[151)]。54年度の交渉では、アルゼンチン側は、比較的国際競争力があり、ドル、ポンドの現金決済による輸出が可能な羊毛をコンビネーション取引の対象にすることに消極的になり、オープン勘定貿易を通じてしか売り捌けない小麦をコンビネーション取引に加えようとした[152)]。一方で、カナダからの小麦輸入を優先させていた日本側は、品質面で日本市場に馴染まないアルゼンチン小麦の輸入に難色を示した。

アルゼンチンとのコンビネーション取引が、鉄鋼輸出に与えた効果は絶大であった。アルゼンチンへの鉄鋼輸出は、1954年と55年に飛躍的に拡大し（52年6万7,000トン→55年56万2,000トン)、アルゼンチンは、一躍、日本の鉄鋼製品の最大の輸出先となった（54年にはアルゼンチンへの輸出は全鉄鋼輸出の約4分の1を占めた)。当時鉄鋼業界関係者は、「日亜通商協定の成立は、沈滞していた当時の鉄鋼輸出界に大きな光明を齎したもので、これに払われた努力は、これによって得られた成果と共に、永く記憶しかつ感謝せらるべきもの」と、日本政府のアルゼンチン向け鉄鋼輸出への貢献を高く評価した[153)]。

貿易債権の不良債権化　ペロン（Juan Domingo Perón）政権は二十数ヵ国との「双務協定を通じて、殆んど常軌を逸すると思われるような買付を行」った後に、累積債務を抱えたまま1955年9月に、クーデタにより崩壊してしまった。フロンディシ革命臨時政権は8億ドルにのぼるとされた対外債務の処理とオープン勘定の整理に乗り出し、56年3月に日本を含む各国に対し、オープン勘定の廃止を申し入れてきた[154)]。

日本のオープン勘定貸越残高は、スウィング限度の2,500万ドルをはるかに上回る6,036万ドルに達していた。1952年にもアルゼンチンへの貸越額がスウィング限度を超えたことはあったが、日本側はアルゼンチン経済の先行きを楽観しており[155]、実際に、1953、54年には日本側が借越しに転じていたのである（**前掲、表5−4**）。まったく予想できなかったわけではないにしても、この事態が日本側にとって不意打ちであったことは間違いない。

ヨーロッパ諸国はパリクラブの場で、共同してアルゼンチン債務の処理に当たったが、日本政府は単独で交渉を進めることになった。日本政府はアルゼンチン政府に対して、日本がスウィング限度をはるかに超える債権を認めてきたことは、アルゼンチンにとくに便宜を図った結果であるとして、有利な取り計らいを求めた[156]。しかし、アルゼンチン側はパリクラブ加盟国と同一の条件を日本に適用すると主張し、交渉は難航した[157]。結局、日本側は交渉を急ぐためにこの方針を放棄し[158]、1956年9月8日に「対日債務処理及び日亜貿易の新決済方式に関する覚書（暫定取極）」に調印した。その内容は以下の通りである[159]。

① 10月1日以降両国間の貿易は振替可能ポンドによる現金決済に移行する。
② 日亜支払協定上の確定債務は6,000万ドルとする。そのうち、基本債務5,500万ドルについては、年3.5%の金利、10年間分割払いでアルゼンチン政府が日本政府に支払う。残りの500万ドルについては、57年3月までにアルゼンチン物資の日本への輸出によって支払う。

その後、アルゼンチンとパリクラブとの交渉が長引いたために、1956年9月の暫定取決めを正式取決めにするための日亜間の交渉は57年12月20日にようやく再開され、58年6月10日に正式調印された[160]。5,500万ドルの貿易債務は、10年後の66年6月30日に予定通り返済が完了した[161]。

以上述べてきたように、アルゼンチン貿易の焦げ付き債権は、日本の鉄鋼輸出政策によって生じたものである。オープン勘定貿易においては、輸出業者には債権回収上のリスクが発生しないので、貿易相手の支払能力が疑わしくても貿易業者は輸出を控えず、焦げ付き債権のチェック機能が働かない。アルゼンチンとのオープン勘定貿易は、そうした問題点が露呈したケースであった[162]。

(5) 日台オープン勘定貿易

日台貿易の性格　第二次大戦後の日台オープン勘定貿易は、貿易品が相互補完的であったために比較的良好であったが、次第に両国の産業構造・貿易構造に変化が生じ、最終的にはオープン勘定貿易を維持できなくなった。

日本と台湾（中華民国）とのオープン勘定協定は、占領下の1950年9月に遡るが[163]、新協定は日華講和条約締結後の53年6月13日に成立した（同年4月1日に遡及して実施。貿易片道7,450万ドル、スウィング限度1,000万ドル）[164]。

日台貿易は、日本が肥料・機械・鉄鋼などの重化学工業製品を輸出し、台湾が砂糖、米、バナナ、パイン缶などの農産物を輸出する関係にあった。その中核は、米と肥料とのバーター的貿易と、日本の砂糖輸入であった。戦前の台湾は日本綿布の輸出市場であったが、戦後、台湾は中国紡績資本の進出とアメリカの援助、政府の強力な保護政策（1951年綿布の輸入制限）によって、53年頃までには繊維製品の自給が可能となり、日本からの繊維製品輸出はほとんど消滅した[165]。

台湾の輸出は日本市場に依存しており（1950年代に全輸出額の35～60%）、輸入については、日本（50年代には全輸入額の約30～40%）、とアメリカ（同、約30～50%）がほぼ同等の比重を占めた[166]。アメリカからの輸入は主として援助資金による輸入であり、日本からの輸入は商業輸入であった。この点は、アメリカの援助資金による日本からの物資調達が行われた韓国とは異なる。

このように台湾の貿易は、米と肥料の日本とのバーター的取引、アメリカからの援助資金（FOA資金）による輸入によって支えられており、「政治色が濃厚」と評された[167]。

米と肥料とのバーター的貿易　米と肥料とのバーター的な取引について見てみよう。

戦前において米の消費の約2割を朝鮮・台湾からの移入に頼ってきた日本は、戦後しばらくの間、食糧米の一部を輸入に頼らざるを得なかった。米の輸入先は、1950年代前半まではビルマ、タイ、アメリカが中心であり、台湾からの輸入が増大したのは55年以降である。

1955年の豊作を境に日本の米輸入が減少に向かうなかで、台湾からの米輸入はかえって増加傾向を辿り、58年にピークの19万トンに達した[168]。ビルマ米・タイ米などの外米が国内市場で敬遠され[169]、国内米に品質が近い台湾米・中国本土米などの準内地米への転換が図られたためである[170]。また、日台貿易協定にもとづいて肥料と米のバーター取引が実施され、肥料（主として硫安）の輸出先確保のために台湾米を輸入しなければならないという強制力が働いたことも台湾米輸入の増加の要因であった。

日本の硫安産業は、戦後占領期に食糧増産の目的から重点産業に指定され、短期間にめざましい復興を遂げた[171]。化学肥料のなかでも、原料を輸入に頼る必要のない硫安はとくに重視された。復興政策の結果、硫安は早くも1949年には過剰生産に陥り、政策的に輸出を促進する措置が講じられた（51年9月、化学肥料10万トンの輸出計画が閣議決定）[172]。しかし、硫安の輸出促進は国内農家の反発を招いた。インド、韓国へ硫安を安値で輸出し、その損失を国内の農家に転嫁することに対して、52年末に農家の強い反発が起きた。その結果、54年6月10日に肥料二法（「臨時肥料需給安定法」「硫安工業合理化及び硫安輸出調整臨時措置法」）が制定され、輸出赤字を国内消費者へ転嫁する道が封じられた。国際的に高コストであった硫安工業は、合理化計画（第1次53年5月、第2次57年2月）を立ててコスト削減に努めたが、効果ははかばかしくなかった[173]。

こうした状況下でも硫安輸出が1952年の50万トンから58年に98万トンへ伸びたのは、台湾との米・肥料のバーター的貿易、韓国へのICA輸出（アメリカの対韓援助資金を用いた輸出）のおかげであった。58年において、硫安輸出量の31.5%を台湾が、25.5%を韓国が占め、両国を合わせて57%にも達した[174]。

台湾側にとっても、米・肥料のバーター的取引は、米の輸出先を確保できるだけでなく、ドルなしで肥料を入手できる点で魅力的であった。台湾にも肥料産業は存在したが、1950年代においては、国内需要の約2～3割をまかなえる程度の規模にすぎなかった[175]。

もう1つの台湾からの主力輸入品であった砂糖は、日本国内ではほとんど生産できず、大部分を輸入に依存しており、主要な輸入先はキューバと台湾であった。台湾糖はキューバ糖よりも割高であったために、日台貿易交渉では価格が焦点となった。交渉を通じて、日華政府間で砂糖輸入の価格・数量が決められ、年間の買付契約が行われた[176]。

貿易構造の変化とオープン勘定協定の終焉　日台オープン勘定貿易は、計画に対する実行率も高く、輸出入のバランスが取れ、オープン勘定債権が累積することもなく、もっとも理想的に運営されているオープン勘定貿易とみなされた[177]。理想的状況に変化が起きたのは、1957年であった。それまで日本側の入超であった日台貿易は、56年8月から出超に転じ、57年度半ば以降にオープン勘定貸越高がスウィング限度の1,000万ドルを大幅に上回り、11月には3,100万ドルに達した[178]。

日台貿易が不均衡化した根底には、貿易構造の変化が存在した。日本の米穀需給が改善すると、外米輸入の必要性は減じた。1956年度には、台湾からの米の輸入計画は、食糧庁の強い要請により、台湾側の要望よりも少ない15万トンに決定した[179]。しかも実際に年度内に輸入されたのは、10万トンにすぎなかった。57年度の交渉は、台湾側が前年度積み残しの5万トンの輸入を強く求めたため、難航した(57年上期中に日本が5万トン買い入れ、これを含めて57年度の輸入量は15万トン、輸入額2,300万ドルで決着)[180]。58年度の交渉でも台湾側が年間20万トンを提案したのに対して、日本側は15万トン以上は無理だと主張して、15万トンで決着した[181]。59年度も15万トンの計画が立てられたが、3万トンが実施されずに終わった。60年度は、米と肥料については交渉がまとまらず、貿易計画に明記されなかった[182]。このように、米と肥料のバーター的取引の持続は、50年代末には困難になっていた。米の輸出が不振になったため、台湾は入超傾向となり、日本の貿易債権が増え始めたのである。

スウィングオーバーは、外務・通産両省が日華貿易会議の議題にするのは時期尚早だとしたため、1956、57年度には議題に上らなかった[183]。58年度の交渉では、スウィングオーバーの現金決済を台湾に求めることで日本側の意見が一致した。58年末にオープン勘定残高は2,967万ドル（スウィング限度の約3倍）に達していた（**前掲、表5-5**）。台湾側は日本の追加買付によってスウィングオーバー分を処理すべきだと主張したが、結局日本の主張通り、現金決済の速やかな実施を台湾側が約束することで決着を見た[184]。

1958年度から日本側はオープン勘定協定自体の見直しを台湾側に提案し、この問題は60年度に日台貿易会議の正式議題に取り上げられた。日本側は、オープン勘定廃止の方針をとり、台湾側の意向を打診することにした[185]。会議において台湾側は、早期のオープン勘定廃止に積極的な姿勢を示し[186]、61年度中の適当な時期に現金決済に移行することで合意が成立した[187]。台湾側が廃止提案に難色を示さなかった背景には、オープン勘定の存続が台湾にとっても、もはや有益ではなくなっていたという事情があった。台湾の工業化とともに米の国内での需要は拡大しつつあり、肥料も国産化を図っていたので、将来的に米と肥料の貿易量は減少するであろうと台湾側も予測していた[188]。50年代に台湾政府は安価な電力を利用して肥料産業を振興し、62年には肥料の自給率は50％を超えるまでになっていた[189]。こうして、61年の日華貿易会議でオープン勘定の廃止が決定し、同年9月末をもってオープン勘定貿易は終焉した[190]。

（6）日韓オープン勘定貿易

日韓オープン勘定貿易の特徴　オープン勘定貿易の中でも、日本と韓国との間のそれは、もっとも長期間続いた。双務支払協定の締結は1950年6月、廃止は66年3月であり、約16年間続いた。61年9月に台湾との双務支払協定が廃止された後にただ1つ残り、廃止は日本の8条国移行後に持ち越された。

オープン勘定貿易が長期間続いたことは、両国間の貿易が順調であったことを示すものではない。逆に、日韓貿易は両国間の険悪な外交関係を反映して、1950年代にはきわめて低調であった（**図5－4**）。支払協定の廃止に手間取ったのは、インドネシアと同様、オープン勘定の累積債務問題が、戦後処理問題と関連していたためである。

占領期の日韓貿易　日韓のオープン勘定貿易は、1950年6月に調印された日韓通商協定にもとづいて開始された。同年6月25日に朝鮮戦争が勃発し、通常の貿易が困難になったために、協定にもとづく貿易は51年まで微々たる額にとどまった[191]。朝鮮戦争期には、特需による日本の輸出が日韓貿易の中心であった。

オープン勘定貿易が始まる以前にも、日本と米軍政期の南朝鮮（1945年9月～48年8月）との貿易が、SCAPと米軍政庁との間で行われていた。軍政期の貿易は調達に近いものであり、米軍が南朝鮮の統治に必要な物資を日本から

図5-4　日韓貿易の推移

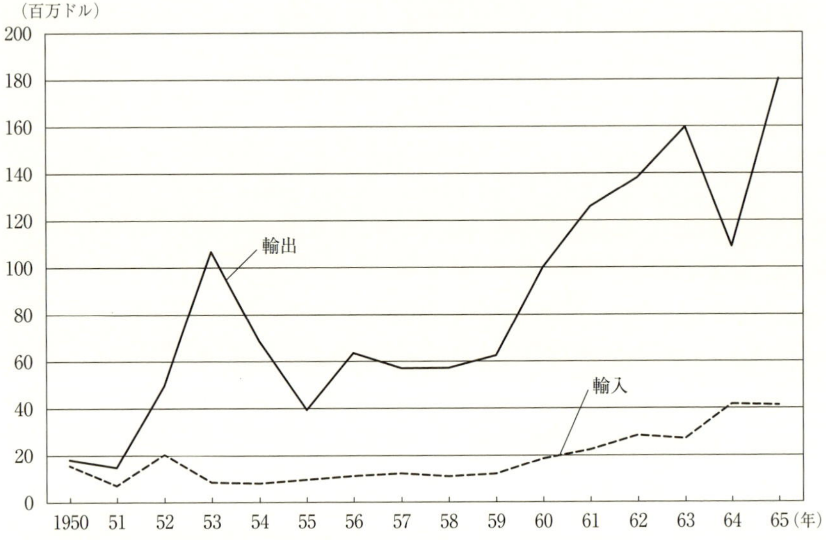

［出所］大蔵省『外国貿易概況』より作成。

調達し、見返りの日本への輸出品はSCAPが一方的に決めた。南朝鮮への輸出品は石炭が首位で、機械（輸送機械等）がそれに次いだ。それは、マヒ状態にあった鉄道を動かし[192]、工場を稼働させる必要から実施された物資調達であった[193]。米軍政期の貿易は、日本側の大幅出超であり、46〜48年の貿易赤字は累計4,300万ドルに達した[194]。貿易赤字は、日本の貿易資金特別会計で賄われたが、日本が異議を申し立てたため、48年3月にドル現金決済に改められた。韓国政府が成立（48年8月15日）した後、49年4月に、韓国政府とSCAPとの間で結ばれた通商協定は、ドル現金払いの決済であった。

占領期の日韓貿易の債権残高の解決（「朝鮮債権」問題）が、占領後に持ち越された点は、インドネシアに対する貿易債権と似ている。ただし日本政府は、「朝鮮債権」を韓国に対する債権ではなく、南朝鮮軍政の当事者であったアメリカに対する債権とみなし、対日援助返還交渉（ガリオア・エロア資金問題）の一環として、債権処理交渉を行った。この点は、インドネシアのケースとは異なる。

「朝鮮債権」は、1951年8月に河野一郎衆議院議員が国会でその存在を明らかにして、政府を追及したことによって、政治問題となった。当時、通産省は「朝鮮債権」の調査を進めていたが、51年6月には総額が4,705万ドルであることが判明していた。政府はSCAPに「朝鮮債権」の確認を求めたところ、52年にSCAPは4,705万ドルの貿易債務の存在を認め、ガリオア・エロア資金の返済と相殺したい旨を明らかにした。最終的に、61年5月の小坂・ライシャワー会談で、アメリカ側は占領期の対日純援助額からの「朝鮮債権」のネット控除方式に同意し、62年1月にガリオア協定（対日援助返済額4億9,000万ドル、「朝鮮債権」を日本はアメリカに対して今後請求しない）が締結された[195]。

停滞する日韓貿易　1950年6月に締結された日韓貿易・金融協定は、日本の占領終結後もそのまま引き継がれた（スウィング額200万ドル）。

1953年7月の朝鮮戦争休戦を契機に、復興需要が高まり、小麦・繊維製品等の消費物資の日本からの買付が急増した。その結果、53年の輸出額は前年の約2倍の1億683万ドルに達した。53年6月までの韓国の輸入超過合計3,335万ドルは現金で決済され、貿易は円滑に進んでいたが、54年2月に韓国は日本の不当な輸入制限を理由にスウィング支払いを停止した[196]。53、54年の韓国側の大幅入超によって、55年3月までに対韓国オープン勘定債権は4,783万ドルに達した[197]。

日韓貿易は、きわめて複雑な問題を抱えていた。オープン勘定債権問題に加えて、アメリカの対韓援助資金による日本からの調達に対して韓国側が実施した制限、漁業水域にかかわる李承晩ライン問題、日韓請求権交渉などが貿易関係に複雑に絡んでいた。

韓国側の一方的な輸入超過の原因は、第二次大戦後の南北分断、朝鮮戦争の被害によって韓国経済が疲弊していたためであった。1950年代の韓国の輸入額は、連年、輸出額の数倍に達し、貿易赤字は駐韓米軍のドル支出とアメリカの経済援助によって埋め合わされていた[198]。戦前の日本と朝鮮との貿易は、朝鮮米と日本の綿布が中心であったが、第二次大戦後の韓国には食糧を輸出する余力は乏しく、輸出品は海苔や鮮魚などの海産物と、タングステン、無煙炭などの鉱産物に限定されていた。しかも、海産物[199]と無煙炭[200]については、日本政府は産業保護の観点から輸入を制限していた。

貿易関係全体に影を落としていたのは、険悪な日韓関係であった。請求権をめぐる第1次日韓会談は1952年2月に始まった。その直前の1月18日に韓国は「隣接海洋に対する主権宣言」を行い、公海上にいわゆる李承晩ラインを設定した。第1次会談は短期間で決裂し、53年4月に第2次会談、53年10月に第3次会談が開催されたが、「久保田発言」(10月15日)をめぐり会談は58年4月まで約4年半中断された。53年は、2月に大邦丸事件(日本の漁船大邦丸が済州島沖で銃撃された事件)が起き、9月に韓国が李ラインを侵犯した漁船の拿捕を強化するなど、日韓の緊張がもっとも高まった年であった。拿捕漁船のピークも53年である。韓国は貿易債務増大を防ぐために54年3月から貿易調整を実施したが[201)]、55年8月には韓国は突然、対日通商停止を実施して、貿易は途絶に近い状態に陥った。

1956年1月23日に、いったん貿易は再開されたが、在日朝鮮人の北朝鮮への「帰還」促進政策(「北送」[202)])に対する韓国側の反発から、再度、オープン勘定貿易が停止するに至る。すなわち、59年6月11日、日本と北朝鮮との「北送」問題(在日朝鮮人の帰還問題)に関する会談が事実上妥結すると、韓国政府はこれに抗議して、貿易停止の措置に踏み切り、59年6月16日から60年4月4日まで日韓貿易は中断した[203)]。

このように、1955年8月~56年1月、59年6月~60年4月の2回にわたって日韓貿易は途絶に近い状態に陥ったのである。

1950年代には、アメリカの対韓援助物資の日本からの輸入をめぐっても、日米韓の間で摩擦が生じた。50年代の日韓貿易は、オープン勘定貿易以外に、フリー・ドル(ドル現金)支払、円エスクロ(バーター貿易)、アメリカの対韓国援助資金によるICA輸出(日本からの物資調達)の形態でも行われており、ICA輸出は、1950年代後半に日韓貿易の半ば以上を占めた(表5-6)。韓国へのICA輸出で最大の品目は化学肥料であった。50年代日本の硫安輸出において、韓国は台湾に次いで第2位であり、両国を合わせて輸出額の半ば以上を占めた[204)]。

ICA輸出をめぐる日本、韓国、アメリカ三者の関係は、李鍾元によって明らかにされている[205)]。朝鮮戦争休戦後、アメリカが実施した韓国復興援助は、1950年代末まで年間2~3億ドルの規模に達した。アメリカ政府は、韓国復

表５－６　日韓貿易の勘定別推移

（単位：千ドル）

暦年	輸出					輸入				バランス	うちO/Aバランス
	O/A	フリー・ドル	ICA 輸出	円エスクロ輸出	輸出合計	O/A 輸入	フリー・ドル	円エスクロ輸入	輸入合計		
1952	18, 355	6, 143	—	—	24, 498	4, 576	6, 049	—	10, 625	13, 873	13, 779
53	40, 592	20, 944	40, 000	—	101, 536	5, 558	—	—	5, 558	96, 005	35, 034
54	31, 905	4, 273	7, 820	—	44, 988	6, 798	3, 827	—	10, 625	34, 373	24, 297
55	6, 829	4, 925	15, 500	—	27, 254	6, 266	538	—	6, 804	20, 450	563
56	7, 395	3, 683	30, 930	886	42, 894	7, 415	—	1, 019	8, 434	34, 460	△20
57	10, 074	3, 884	38, 477	1, 900	54, 335	9, 121	—	1, 742	10, 863	43, 472	953
58	10, 436	4, 215	27, 030	1, 364	43, 045	8, 732	—	1, 325	10, 057	32, 988	1, 704
59	10, 374	3, 832	37, 241	1, 617	53, 064	9, 755	—	1, 650	11, 045	41, 659	619
60	15, 344	11, 649	40, 859	1, 210	69, 062	12, 728	2, 107	1, 185	16, 020	53, 042	2, 616

［注］外国為替統計にもとづく数値であるため、通関統計にもとづく図５－４の数値とは異なる。
［出所］外務省経済局アジア課「日韓経済貿易関係の現状」（昭和 36 年 10 月 1 日）、「日韓貿易の現況」（昭和 32 年 4 月 21 日　経五）、「日韓経済（特需を含む）に関する件」（作成年月不明、外務省）、「日韓貿易参考資料」（作成年月日不明、外務省）より作成［外務 E'2. 1. 5. 2］。

興だけでなく、対日援助の役割もこの援助に持たせようとした。すなわち、対韓援助物資を日本から調達することによって、日本の特需収入の減少をカバーし、日本を支援しようとしたのである。こうしたアメリカの方針に韓国は強く反発し、54 年 3 月以降、韓国は調達先から日本を排除する措置を実施した。日韓関係の正常化を重視したダレス国務長官は、対韓援助の執行を延期して韓国に圧力をかけ、日本の排除の撤回を求めた。結局、韓国側が 54 年 11 月にアメリカの要請を受け入れたが、実際には対韓国物資調達からの日本排除はその後も続いた。

オープン勘定債権問題の解決　1960 年以降、日韓貿易はようやく軌道に乗り始めた（**前掲、図５－４**）。抑留者の送還（60 年 3 月 31 日、李承晩ラインで拿捕され、抑留されていた漁民 167 名を送還）、日本政府による韓国米 3 万トンの買付け決定（60 年 3 月 22 日閣議）を受けて、60 年 4 月 4 日に日韓貿易が全面再開した[206]。米の輸入は、50 年以来初めてであった。

オープン勘定債権の処理をめぐる交渉は、1961 年 2 月に開始され、同年 4 月 22 日に、残高（約 4, 573 万ドル）を韓国側が早期に支払うことで合意が成立した（「日韓オープン協定残高の決済等に関する交換書簡」）[207]。また、62年2月以降については、200万ドルを超える入超は韓国がただちに決済することで合意が成立し、日韓貿易は拡大に向かった。

日本は、1962年4月、韓国に対して公式に、オープン勘定の廃止を申し入れた[208]。同年末の大平・金了解（大平正芳外相と金鍾泌中央情報部長との了解）により、この問題は戦後処理（＝日韓請求権問題）の交渉の一環として進められることになった。65年4月3日の椎名・李合意（椎名悦三郎外相と李東元外務部長との合意）により、オープン勘定債権約4,573万ドルの支払い方法は、10年間均分払い、金利なし、日本の無償供与（3億ドル、10年間均等供与）との相殺可能、という内容で決着がついた[209]。ついで、65年12月18日に、両国間でオープン勘定廃止の交換公文（「貿易のための金融協定の終了に関する書簡」）が調印され、66年3月19日にオープン決済は廃止された。

3　アジア決済同盟（APU）構想

（1）欧州決済同盟（EPU）とIMF

二国間の輸出入の均衡は困難であるので、双務協定貿易は縮小均衡に陥る難点を持っている。そうした難点を回避する方法が、支払協定の多角化であり、1950年創設の欧州決済同盟（EPU）により、ヨーロッパで実施に移された。

EPUは、OEEC諸国の間だけで経常取引に振替性を持たせるというリージョナル・アプローチ（地域主義）に立つ。これは、国際的な規模で通貨の交換性を回復して、多角的決済を実現するブレトンウッズ協定のグローバリズムとは対立する側面がある。また、EPUは加盟各国に対して経常取引を決済するために短期の信用を与える点で、ケインズが唱えた「国際清算同盟案」の地域版であると言われる。こうした信用付与は、緊縮主義のIMFの政策と矛盾する面を持つ。

アメリカ政府内では、単一ヨーロッパ市場の創出のためにEPUの設立を推進したECA（経済協力局）・国務省に対して、財務省、農務省、商務省などの多数派はEPUに否定的であった[210]。財務省は、地域的決済協定は排他的な地域経済圏を出現させることになり、IMF が推進する交換性回復に逆行し、ドルに対する差別につながるとして反対した。しかし、最終的にアメリカは、IMF やアメリカの政策と矛盾しない範囲内で、また、全般的な交換性の回復を妨げない限りでという条件を付し、消極的な形で EPU を支持することにした。

IMF は EPU 創設に積極的に関与することを避けた。こうした IMF の立場を擁護したのはアメリカ理事のサザードであり、これに対して、IMF パリ支局長のトリフィン(Robert Triffin)は、EPU への積極的関与を主張した[211]。1950年9月に OEEC 18ヵ国が参加して、EPU が発足すると、消極的な IMF を尻目に、国際決済銀行（BIS）が EPU の清算機関の役割を担うことになった。第二次大戦終結時には瀕死の状態にあった BIS は EPU を足掛かりにして復活を果たしてゆくことになる。BIS エコノミストであったペール・ヤコブソン（Per Jacobsson）が、貿易金融を市場よりも中央銀行の手に任ねることになるとして EPU に批判的であったことは皮肉である[212]。

西欧諸国は、地域的な決済システムの迂回路を通って、1958年に通貨の交換性の回復を果たした。これは、IMF を中心とするグローバリズムの貫徹であると同時に[213]、西ヨーロッパ諸国が OEEC 域外の国々との間に設けた防壁の中で保護主義的な成長を達成した結果でもあった[214]。それは、アメリカと西ヨーロッパ諸国との妥協、あるいは、国際的な自由貿易原理と国内の完全雇用政策との妥協の産物と言える。

つぎに取り上げる1950年代に日本が提起したアジア決済同盟（Asian Payments Union, APU）構想は、西ヨーロッパの EPU とは異なる動機にもとづいていた。

（2）日本のアジア決済同盟（APU）構想

ECAFE 地域決済問題専門家会議（1954年7月）　欧州決済同盟（EPU）と類似の地域的決済機構としてアジア決済同盟（APU）を創設する構想を、日本は1951～54年に ECAFE（国連アジア極東経済委員会）に提起した。

ECAFE は、国連経済社会理事会（Economic and Social Council）のもとに設けられた地域経済委員会の1つであり、地域経済の復興と開発を目的として、1947年3月に設置された（本部、バンコク）。日本は、占領下の51年9月に

ECAFEへの加盟を申請し、52年5月に準加盟国となり、54年6月に正式加盟国になった（日本の国連加盟は56年12月）。ECAFEの管轄地域は、東は日本から西はアフガニスタンまでである[215]。

日本が地域的決済機構の必要性を認識したのは、東アジアで日本が置かれた特殊な状況に由来していた。日本は、ドル地域、スターリング地域のいずれにも属さず、2国間のオープン勘定協定に依存する度合いが大きかった。オープン勘定貿易には限界があり、また、スターリング地域との貿易では差別的な取り扱いを受けていた。日本がスターリング地域およびオープン勘定地域との貿易を拡大するためには、地域的な多角的決済システムを導入する必要があるという議論は、こうした制約から生まれたものである。

APU構想が生まれたきっかけは、1951年に起きた累積ポンド問題であった。累積ポンドやオープン勘定債務を、地域的決済機構を通じてドルに交換できるならば、日本のドル地域赤字の補填に役立つという発想からAPUが考案された[216]。その後、52年半ば以降、累積ポンド問題が解消したにもかかわらず、日本の一部でAPU構想が推進されたのは、アジア決済圏における日本の孤立を打開するという動機によると考えられる。

1952年6月、一万田尚登日銀総裁は、東南アジア開発への積極的参加の必要性と関連して、APU創設に言及した[217]。東南アジア貿易の拡大を望む経済界にはAPU支持論が強く[218]、52年11月に来日したECAFE貿易金融部長ノーマン・L・ゴールドに対して経済界は、ECAFEが専門委員会を設けてAPUを検討するよう要請した[219]。日本政府は、APUは日本にメリットがあると考えていたが、実現については懐疑的であった[220]。

1953年1月に、国際商業会議所アジア極東問題第1回委員会（カルカッタ）で、日本国内委員会からAPU構想に関する報告書が提出された[221]。2月には、ECAFE地域貿易促進会議（マニラ）において、日本委員からECAFEに対しAPU構想を検討するようにとの要請がなされた[222]。

ECAFE事務局は日本の提案をとりあげ[223]、1954年7月19日にECAFE地域決済問題専門家会議（各国の中央銀行の専門家による会議、バンコク）が開催された。この会議は中央銀行代表者のみによって行われ、ECAFE諸国の中央銀行エキスパート[224]、IMFのマーフィー（H. C. Murphy）とワン（Y. C. Wang）、

ECAFE 事務局のロカナサン（P. S. Lokanathan）事務総長ほかが参加した[225]。

この会議に参加した吉沢洸（日本銀行参事）の報告によれば、「各国とも予想以上に自国の現在の支払事情に満足感を示しており、多角支払取極め等に関しては一部の国を除き各国共比較的消極的」であった[226]。「スターリング地域内各国の紐帯は予想以上に強固であり、政治的に又貿易上は諸国間に問題は存しつつも、支払手段、方途としてのスターリングに絶大なる信頼を有し、又その多角的決済性に全面的に頼っている」ので、日本が急いで APU 構想を推進することは「逆効果」になりかねないという印象を吉沢は漏らしている。会議は事務総長ロカナサン（インド人）のペースで進められ、ロカナサンが日本委員に対して日本のスターリング地域への参加を薦め、IMF 代表と激論になる一幕もあった。

「ECAFE 地域決済問題専門家会議報告書」は、地域内決済同盟について否定的見解を示した[227]。その理由として、①ECAFE 地域内で多角的に決済できるのは、域内貿易額の一部に過ぎないこと（1953 年の域内貿易の 16% 程度）、②大多数の国が需要・価格変動の著しい少数の輸出品に依存しているため、決済同盟への各国の拠出金（クオータ）が相対的に大きくなること、③決済同盟を運営するための BIS（国際決済銀行）のような機関が存在しないことを挙げた。

また、この報告書は、ECAFE 地域内の貿易決済の大部分がポンドないしドルによって行われている点を指摘した。すなわち、1953 年の ECAFE 地域の貿易の 29% がドル圏、54% はスターリング圏との貿易である。ECAFE 地域内貿易は ECAFE の貿易総額の約 3 分の 1 を占めるが、その約 70% はポンド、約 10% はドルにより決済されている。報告書は、このように ECAFE の貿易の圧倒的部分は、域内、域外を問わず、ドルまたはポンドで決済されているので、ポンドが交換性を回復すれば、決済の問題は解決するという認識を示した[228]。

IMF は APU 構想についてどのように考えていたのだろうか？　ECAFE 地域決済問題専門家会議への参加に先立ち、1954 年 7 月 7 日の理事会において APU 問題への対処方針が検討された[229]。サザード（アメリカ理事）は、IMF は肯定・否定いずれの立場も表明すべきではないが、二国間決済よりも多角的決済が優越する点は強調すべきだと述べた。これに対してリケット（Denis H. F. Rickett, イギリス理事）は、世界的に多角的決済への動きが進んでいる現在、新たに地域決済機構を設ける必要はないと、否定的な見解を示した。またプラサド（P. S. Prasad, インド理事）は、ECAFE 地域は急速な変化を遂げつつあるので、IMF が地域決済機構についてアプリオリに否定的な態度を取るべきではないと述べた。結局、意見がまとまらず、ECAFE の会議では IMF の公式意見は表明しないことになった。

しかし、IMF 事務局は APU 構想に好意的であった[230]。前掲の吉沢報告は、「IMF のマーフィー氏は個人的な見解乍ら、地域的に紐帯を強めるものとして賛意を表していた」と伝えている。この点は、1954 年 6 月の IMF のレポート「日本の決済問題」からも窺うことができる[231]。このレポートは、日本の国際収支赤字の原因は、戦後日本の輸出の回復が遅いこと、および海運収入や海外投資収益がほとんど消滅したことにあり、その解決は緊急を要すると述べ、地域別に日本の国際収支を検討している。ECAFE 地域が日本にとってはもっとも重要な輸出先であること、日本が非スターリング圏の ECAFE 地域との貿易においてのみ貿易黒字を計上していることを指摘したうえで、多角的な決済システムができれば、この黒字を有効に赤字の補填に用いることができると主張した。

このように、1952～54 年に日本側から提起された APU 構想は、日本以外の ECAFE 諸国が APU を必要としなかったために、支持を得られなかった[232]。スターリング地域、インドシナ三国、インドネシアは、それぞれ旧宗主国のイギリス、フランス、オランダを通じて EPU と結合していた[233]。EPU の恩恵に浴していなかったのは、日本、台湾、韓国、タイ、フィリピンだけであった。

APU の協議が不調に終わったことを、経済審議庁はつぎのように総括した[234]。東南アジアの国々は、すでにスターリング地域などの多角的決済機構に参加しているので貿易決済上の困難を感じていない。しかし、この地域は一次産品輸出の大幅な価格変動による外貨収入の激変にさらされているので、アメリカ、イギリス等の出資を得て APU が設立されれば、これに参加する可能性がある。ECAFE の「域内に経済力の豊かな国が存在しないので、外部からの資金援助がその結成のための不可欠の要件となる。」

東南アジア諸国が直面していた、最大の問題は資本不足であった。ひとまず却下されたが、ECAFE域外からの援助と結びつけば、APU構想は息を吹き返す余地はあった。

コロンボ・プランとアメリカ　インドがコロンボ・プラン参加国に呼びかけて1955年5月に開催されたシムラ会議において、日本はふたたびAPU構想を提起する機会を得た。

コロンボ・プランは、1950年1月にコロンボで開催されたイギリス連邦外相会議において設立が決定した南・東南アジア開発プランである。イギリスは、アメリカの資金拠出を期待し、コロンボ・プランを英連邦以外の域内地域に対しても開かれた組織にした。

イギリスの影響力が強いこと、過大な援助を期待されることを懸念してアメリカはコロンボ・プランへのコミットを躊躇したが、英連邦以外の国が参加する意義を認めて、1951年2月に参加した[235)]。また、アメリカは日本の参加を支援し、54年10月に日本はコロンボ・プランへの加盟を果たした[236)]。

1954年8月に、アメリカ国務省が「封じ込め政策」の一環として、大規模なアジア援助構想をまとめるなかで、多角的経済援助（複数の国からなるグループを対象とする援助）の構想が浮上した（「ボールドウィン計画」）[237)]。多角的経済援助は、援助の効果が一国にとどまらず、地域全体に及ぶ点で、また、大国の支配を懸念する国にとって受け入れやすい点で利点があると考えられた。こうしてアメリカ国務省は、多角的援助のための機構として、コロンボ・プランに着目することになった。

アメリカ政府の動きを察知した日本政府は、1954年10月から援助受入機構のプランの作成に取り掛かった。54年末にもスタッセン（Harold E. Stassen）対外活動庁（FOA）長官が援助計画を携えて来日するとの情報を得て[238)]、10月27日以降、東南アジアに設ける経済機構の検討を始めた。決済機構と開発機構に分けて検討作業が進められ、決済機構については、大蔵省の協力の下に日銀が担当し[239)]、11月末までに案が出来上がった[240)]。

この決済機構案（「東南アジア決済同盟大綱案[241)]」）は、スターリング地域以外の東アジア地域（日本、台湾、インドシナ、インドネシア、韓国、フィリピン、タイ）と米国を参加国として想定した。スターリング地域を外したのは、この地域にはすでに決済機構が存在しているためと説明されているが[242]、この時点では、まだアメリカのコロンボ・プランに対する態度が不明確であったためであろう。

この案の骨子は以下のとおりである。

① 加盟国はそれぞれ清算勘定を設けて、相互に債権債務を相殺する。

② 相殺後の債権超過額は、アメリカが拠出するドルにより決済される。

③ アメリカはドル拠出と引き換えに、現地通貨を獲得する。

④ アメリカはドルと交換に入手した地域通貨を、東南アジア条約機構（Southeast Asia Treaty Organization, SEATO）等の軍事計画・防衛計画の実施、および債務国からの物資の買付に充てる。

この案を日本に当てはめれば、東南アジア地域に対して輸出超過であればドルで受け取り、輸入超過であれば円で支払い、決済同盟に支払った円は、アメリカによる日本からの軍需調達（特需）ないし輸入に充当され、日本に還流する。日本にとっては、きわめて都合の良い案である。

アメリカの対アジア援助の拡大プランは、「冷戦の論理」に立つダレス国務長官やスタッセンFOA長官の支持を得たが、財政緊縮の見地から援助抑制を唱えるハンフリー（George Humphery）財務長官やドッジ（Joseph Dodge）対外経済政策審議会議長らの「財政の論理」に立つ人々から強い抵抗にあうことになった。結局、1955年2月の米政府内の合意では、多角的援助構想は、小規模なアジア経済開発大統領基金（President's Fund for Asian Economic Development, 総額2億ドル）に後退した[243]。スタッセンは、55年2～3月に、同基金について打診するためアジア諸国を訪れた。

スタッセンFOA長官は、1955年3月8日に来日し、日本側関係者と会談を行った[244]。会談に先立って、日本政府は「東南アジア経済開発援助について」と題する、つぎのような内容の統一見解を用意した[245]。「中共における驚異的速度の経済建設」は東南アジアにとって魅力的であり、これに対抗するための経済援助が緊要の課題となっている。この地域が共産化することは日本にとっても痛手である。援助方法としては、援助資金が「東南アジア経済開発基金」のような形に統合されることが望ましい。多角決済機構については、創設の前提条件が整っていないことは事実であるが、東南アジア諸国の外貨事情が悪化している現状に配慮する必要がある。

一万田蔵相・スタッセン会談のために用意した日本側文書は、地域的決済機構について、「自由諸国陣営中経済的に最も弱いこの地域諸国の補強策の一つとして、また貿易の自由化及び通貨交換性回復のための準備段階として、域外先進諸国の協力を得て、域内諸国の協力機構の実現を推進することは適当」だと述べている。ただし、イギリスやインドが地域的決済機構に反対しており、他の域内諸国も熱意がないので、「日本は少くとも表面的には主導的役割を演ぜず、各国の啓蒙に主力を置くことが得策」だとした[246)]。

3月9日に行われた一万田蔵相とスタッセンとの会談では、蔵相は「日本、米、その他の国が共同して経済開発に協力するというアイディア」を示したが、地域的決済機構については触れなかった[247)]。

シムラ会議（1955年5月）　1955～56米会計年度の対アジア援助計画の内容は、55年3月17日のスタッセン長官の発表、4月16日のアイゼンハワー（Dwight Eisenhower）大統領の「対外援助教書」によって明らかになった。アメリカの対アジア援助全体には大幅な増額はなく、2億ドルの大統領特別援助基金が設けられた点だけが目新しかった。アジアの経済開発のための大統領基金は、地域全体ないし地域内の複数の国に跨る経済開発への使用が優先され、使途については大統領に裁量権が与えられた。計画の実施に際しては、コロンボ・プランを活用することが想定された[248)]。

インドの提案にもとづき、大統領特別援助基金を活用する方法・機構を審議するための会議が、5月9日から13日までインドのシムラにおいて、11ヵ国が参加して開催された。

日本政府は交渉に臨むに当たって、米国の援助がアジア全般の経済発展に寄与するためには、多角的決済の円滑化に資することが望ましく、具体的には、アジア決済同盟、アジア地域銀行等の方法によって地域内諸国の国際収支不均衡を補填する方法を検討すべきだという態度を決定した[249)]。

地域開発基金の設置および決済機構創設は、会議の第3議題として取り上げられた。日本は、中期信用を供与する地域開発基金、および、短期貿易資金供給のための地域金融機関の設置を提案した。これに対して大部分の参加国は、当面は二国間援助方式をとることを主張し、地域開発機関の設置には消極的であり、地域金融機関案は、少額のアメリカの援助では無理であるとして退けられた[250]。

シムラ会議参加国の多数は多角的援助よりも二国間援助を支持し、会議は成果を生まないまま終わった。アメリカは多角的援助を推進しようとしたが、新たに援助配分機構まで設ける意思はなかった[251]。インドが援助配分のための会議を招集したことは、セイロン、パキスタンなどのインドに対する警戒を呼んだ。会議の失敗の原因は、インドのオーバープレゼンスにあったと言える。結局、開催国のインドは多数派に同調することを余儀なくされ、日本にとっては「出発前の期待から見れば頗る物足りない結果」に終わったのである[252]。

アジア共同市場案　アジア決済同盟構想は、1956年秋までには放棄され[253]、代わってアジア域内貿易促進構想が登場する。この構想は、58年1月にバンコクで開催されたECAFE産業貿易委員会で、日本により提案された[254]。この案が提起された背景には、57〜58年の東南アジア諸国の外貨危機による影響で日本の東南アジア貿易が減少したことがあった。

この構想の概要を、林信太郎（通産省経済協力課）の「アジア共同市場論」（1957年6月）により示せば、以下の通りである[255]。

関税引下げ一つをとっても実現は困難で、アジアに共同市場の創出することは容易ではない。しかし、アジア地域内の物資交流は活発であり、日本とアジアの一次産品生産国との貿易拡大は有望である。そのためには、日本が一次産品をアジア地域から購入するように努め、また開発資金を提供する必要がある。アジアの域内貿易の7割まではドルまたはポンドで決済されているので、アジア決済機構を作るのはむずかしい。むしろ、商品流通を中心とする経済交流の活発化の方が望ましい。

APUもアジア共同市場案も、地域内貿易の拡大という点では目的を一にするが、APUが地域内のフラットなネットワークであるのに対して、共同市場案では、日本が援助資金を投入し、アジア諸国との垂直的分業関係を構築することに狙いがあった。

東南アジア開発基金構想（1957年）　1957年に岸内閣が打ち出した東南アジア開発基金構想は、日米が共同して東南アジア開発のための国際金融機関を作る構想である。日本が東南アジアのリーダーとしてのイニシアティブを取ろうとした第二次大戦後最初の試みとも言われる。

岸の東南アジア外交に関しては、多くの先行研究が存在する[256)]。これらの研究によって、この構想はアメリカの支持が得られないままに岸が東南アジア諸国に提案したものの、多くの国が二国間援助を好み、開発基金の新設に乗り気でなかったために挫折したことが明らかになっている。1957年当時日本は外貨危機に直面し、対外援助に資金を割く余裕はなく、基金設立のための資金を岸はアメリカに仰ごうとした。いわば、シムラ会議でインドが果たした役割を日本が担う試みだった[257)]。

ここでは、APU構想との関連に限定して開発基金構想を検討しておきたい。

東南アジア開発基金構想は、①長期資金の融資を行う「東南アジア開発基金」、②中期の貿易資金を扱う「中期輸出手形の再割引機関」、③短期の農産物在庫金融のための「東南アジア貿易基金」の３つの機関から成る[258)]。

①の「東南アジア開発基金」は、通常の金利では収支が償わない公共事業・開発事業・生産事業を対象に長期の融資を行う。資金は５億ドルで発足し、出資国としては、コロンボ・プラン加盟国中の援助国（アメリカ、イギリス、カナダ、オーストラリア、ニュージーランド、日本）等を想定する。②「中期輸出手形の再割引機関」は、延払輸出の輸出為替手形の再割引を行う。融資期間は最長７年とし、金利は国際金利よりも低利とする。初年度所要資金１億ドルは、全額を米国援助資金から出資する。第二次大戦後は、戦前のロンドン市場のような5〜10年の中期信用を提供する市場が存在せず、資本財輸出国が長期延払貸付を行うのは容易でないので、こうした機関は必要である。③「東南アジア貿易基金」は、一次産品生産国である東南アジア諸国の季節的な外貨の枯渇に対処する目的で設けられる。貸付期間は６ヵ月を超えないものとする。所要資金は１億ドルとし、全額、アメリカの援助資金から出資する。

「アジア開発基金」構想は、資金源としてアメリカの援助を想定する点で、「日米経済協力」構想以来の日本の東南アジア開発構想の延長線上にある。しかし、この構想が従来の構想と異なる点は、日本とアジアとの垂直的分業関係を前提にしている点である。「アジア開発基金構想」の3つの機関はいずれも援助機関であり、「貿易基金」は決済同盟ではなく、一次産品輸出国の脆弱性を補うIMF補償融資制度に類似した仕組みである。また、「中期輸出手形の再割引機関」は、機械工業の発展を背景に、1957年頃に高まった日本輸出入銀行の延払金融の充実を求める経済界の要望に応えるものといえる[259]。

以上見てきたように、日本は1957年頃までに地域決済同盟構想を放棄した。59年の対日コンサルテーションの際に、IMFのマーフィーは、東南アジア開発基金構想等を挙げて、日本がふたたび、地域的決済機構を検討しているのかどうか質した。日本側は、日本やECAFEが最近提唱している地域内貿易促進は、地域決済機構を含むものではないと答えた。マーフィーは、地域的貿易・決済機構は、EPUのように双務主義から多角主義に移行する一段階としてのみ意味があり、現時点では、アジアにおける地域決済システムは時代に逆行するものであるとコメントした[260]。

(3) 1960年代のアジア決済同盟構想

その約10年後の1967年頃から70年代初頭にECAFEにおいてインドなどが中心となり、アジア決済同盟(APU)構想が提案された。これは、決済にかかわるアジア清算同盟(Asian Clearing Union, ACU)案と、支払いにかかわるアジア準備銀行(Asian Reserve Bank)案とから成る。イエール大学のトリフィンが中心になって案を作成した。

アジア清算同盟案は、ECAFE域内各国間の貿易及び貿易外取引の支払と受取を、清算取引所(Clearing House)を通じて多角的に相互に相殺する構想である。各国間の取引は1ヵ月ごとに決済される。アジア準備銀行案は、アジア準備銀行へ加盟国(ECAFE加盟国および準加盟国)が外貨準備の一部を預託し、加盟国が国際収支の不均衡に陥った際に、その預託外貨を貸し付けるプランである。預託外貨は、当初は各国の外貨準備の10%を予定した。前者がいわばEPUのアジア版であるのに対して、後者はIMFのアジア版である。

この構想の発端は、1961年にECAFEに設けられた「三人委員会」(大来佐武郎、K・B・ラル[K. B. Lall, インド]、ロワン・タヴィル[Luang Thavil, タイ])

のアジア経済協力機構（Organization for Asian Economic Cooperation, OAEC）構想に淵源がある[261]。OAEC構想は水面下での交渉の段階で潰えたが、その一部として計画された多角的決済機構（アジア清算勘定基金）が、アジア開発銀行（Asian Development Bank, ADB）設立後に、改めてECAFEの場で提起されることになった。1960年代半ばになってから、改めて、アジア地域決済機構の構想が提起された背景には、UNCTAD（国連貿易開発会議）に代表されるAALA（アジア、アフリカ、ラテンアメリカ）諸国の結束が強まったことがあった。64年の第1回UNCTADは、地域決済システムの重要性を指摘し、実際に、LAFTA（Latin America Free Trade Association, ラテンアメリカ自由貿易連合、61年創設）などの地域経済協力機構設置の動きが広がりつつあった[262]。

しかし日本は、この案に対して一貫して反対の意思を示した。大蔵省の安倍基雄（国際金融局企画課）は、「APU構想には種々の基本的欠点」があり、「トリフィン案は、アジアの現実を知らない学者の夢」である、したがって「わが国としてAPU構想を推進すべき理由は全くな」いと厳しい評価を下した[263]。柏木雄介財務官は反対の理由として、①貿易金融と開発援助とをミックスすべきではないこと、②ECAFE地域はわずかの債権国と数多くの債務国からなっているので、こうした機関を設けると債務国が拡張政策をとり、いっそう赤字を拡大する惧れがあること、③貿易自由化に逆行すること、④日本の外貨準備は十分ではなく、10%の準備をAPUのために割くのは困難であること、を挙げた[264]。

外務省の関栄次（国際連合局経済課長）は、世界的に為替の自由化が進んだ現在、このような案は「時代おくれ」という批判も強いが、「外貨不足や国際収支不調に恒常的に悩む諸国にとっては、ドル・ポンド体制からの脱却や貿易拡大というスローガンは常に新鮮な魅力を失わないであろう」と述べたうえで、日本の参加はありえないが、日本が「いきなりこれに水をさすような態度をとることは厳に慎むべき」だとした[265]。

アジア決済同盟（APU）構想は、ECAFE諸国内で足並みが乱れ、結局、1975年11月に、インド、パキスタン、イランなど南アジアの6ヵ国による小規模な地域決済同盟であるアジア清算同盟（Asia Clearing Union, ACU）として発足することになった[266]。

（4）アジア決済同盟（APU）構想とは何であったか

1960年代のAPU構想に日本が消極的であったことが、その後の円の国際化を阻む要因になったとする批判が存在する[267)]。

歴史的に見た場合、日本とAPUとの関係は、ドイツとEPUとの関係とは大きく異なっていた。1950年代前半において、日本はアジアのなかで対外決済の面で孤立していた。東アジアの国々の大半は、スターリング圏、ギルダー圏、フラン圏に属しており、欧州通貨を通じてEPUとも繋がっており、決済に不自由を感じていなかった。日本・台湾・韓国・タイ・フィリピンだけが孤立していたが、台湾、韓国、フィリピンはアメリカの援助に強く依存していたので、日本は対外決済システムに問題を抱えていたほぼ唯一の国であった。日本政府や日銀は、こうした状況から脱するためにアジア地域の決済システムを構想した。IMFは日本の構想に好意的であったが、アジア諸国からはほとんど賛同を得られなかった。

ドイツの場合は、ドイツの経済復興が進むことは、EPUの他の加盟国にとっても、ドル地域からの輸入削減、すなわち「ドル不足」解消に繋がり、歓迎すべきことであった。しかし、東南アジア諸国は、戦前の日本の貿易が復活することを、一般的には歓迎していなかった。第二次大戦後東南アジアの国々は、独自に繊維産業を立ち上げ始め、戦前に日本の主力輸出品であった綿製品の受入れには消極的であった。

日本の産業・貿易構造が転換し、1960年代に日本が重工業製品の供給国として東南アジア市場に現れた時、日本は貿易・為替自由化を完了し、世界的にも主要通貨は交換性を回復していたので、すでに決済上の問題は解決されていた。APUは日本にとっては対外援助の問題にすぎなくなっていたのである。

第6章　1957年の外貨危機

1　貿易拡大と国際収支の均衡回復

（1）貿易為替自由化と日本

西欧諸国の交換性回復への動きと日本　西ヨーロッパ諸国は1950年12月に欧州決済同盟（EPU）を設置して、域内の貿易自由化を図ったが、通貨の交換性を回復、域外貿易の自由化は将来の課題として残されていた。51年にイギリスの独力によるポンドの交換性回復への模索（ROBOT計画）が挫折したのち、54年にアメリカの提案（ランドール委員会報告）により、西ヨーロッパ諸国の漸進的な自由化の道が敷かれることになった[1)]。

西ヨーロッパ諸国が交換性回復に向けて動き始めると、日本政府は、日本の孤立化が強まることを懸念した。「西欧諸国の通貨交換性回復に伴う問題点」（大蔵省為替局、1954年8月）は、円だけが交換性を回復しないことになれば、日本は「新しい世界経済での孤児となり、硬貨国との経済力の差がますます拡大深刻化する」と、危機感を表明している。しかし、日本が交換性回復に踏み切るためには、経常収支の均衡、外貨準備の増大、米国政府、連邦準備銀行、IMFなどによるスタンドバイ・クレジットの提供等の条件が満たされなければならないので、現状では無理だと考えた[2)]。54年度IMFコンサルテーションにおいて、「通貨交換性が回復された場合の諸問題」が取り上げられた際には、日本側は、西欧諸国の交換性回復の動きに対処するために、円の通貨価値の安定に邁進するという回答を行うに留まった[3)]。

IMF加盟後、日本政府は外貨危機対策に没頭していたが、1955〜56年に外貨事情が好転したことにより、貿易自由化を検討する余裕が生じた。また、GATT加盟（55年9月）を前に、日本が自由化に積極的に取り組んでいる姿勢を示す必要もあった。55年1月22日、一万田尚登蔵相は国会の財政演説において、為替及び貿易の自由化を、財政の健全化、金融の正常化と並ぶ「今後の施策の基本方針」と位置づけ、「為替および貿易の正常化に努めるとともに、為替貿易の現行諸制度に関し」ても自由化の線に沿って検討を加えると表明した[4)]。

しかし、西欧諸国が通貨の交換性回復という明確な目標に向かって進んでいたのと比べて、日本の場合には、1958年12月に西欧諸国通貨の交換性回復が実現する以前に、具体的な貿易・為替自由化のシナリオがあったわけではない。「西欧各国の間に進められている通貨交換性回復の動きに如何に対処して行くか」[5)]という観点から、受身の形でこの問題に取り組んでいたのである。当時しばしば使われた「貿易・為替の正常化」という言葉に、その当時の貿易・為替自由化に対する認識が反映されている[6)]。

それは第1に、貿易水準を正常な状態に戻すことであった。貿易規模がすでに戦前水準を回復していた西欧諸国と比べて、日本の貿易の回復は遅れていた。そこで、国内政策では輸出振興策、対外政策では対日貿易差別の撤廃（GATT第35条国援用の撤廃等）が、貿易正常化のために重要な施策と目された。
第2に、貿易決済の正常な状態への復帰が目指された。L/C原則の緩和（標準決済制度の縮小）、商社の外貨保有の承認（外貨集中制度の緩和）、為替相場の弾力化（先物相場の自由化）、為替銀行に対する過剰な保護の廃止（LUA制度の廃止）などが、その具体的内容である。

1955〜57年の貿易・為替自由化政策　貿易自由化の進展度は、外貨貨物予算における自動承認制予算枠（AA予算）の拡大によって示される。外貨予算の確認額中のAA予算の比率は、1954年上期に11％まで縮小した後、58年下期に32％まで回復したものの、上昇のペースは緩慢であった。

GATT加盟を機に、日本は貿易・為替自由化への積極的な取り組みをアピールしなければならなくなった。55年度（昭和30年度）下期外貨予算編成に際して、通産省のなかでAA品目の大幅な拡大を主張する大堀弘通商局次長らの自由化推進論が強まった。実際には、鉄鋼原料、原綿、原毛、大豆、肥料原料などのAA品目への移行案は見送られたが、貿易自由化推進派の台頭は注目に値する[7]。

1956年6月12日には輸入自由化を検討するための閣僚審議会が開催された。閣僚審議会は通常、外貨予算を決定する際に年2回開催されるのが原則であり、自由化のために臨時の閣僚審議会が開催されるのは異例であった。しかし、実現した自由化は、落綿（紡績工程において発生する綿花屑）、原皮（牛皮）など、マイナーな品目の自由化にとどまった[8]。

（2）国際収支均衡下の1956年度コンサルテーション

輸出拡大と外貨準備の増大　1954年6月には6億ドルを割り込んだ外貨準備は、55年から56年にかけて急速に増大し、56年12月末には9億4,100万ドルに達した。外貨保有高では、54年6月の7億8,770万ドルから、56年4月に14億5,430万ドルまで増大し、外貨危機の前の52年水準を越えた。特需収入が大きかった52年当時と比べて、55〜56年の外貨準備増大は輸出の順調な伸びによってもたらされ、この間の日本経済の経済発展を反映していた。

1955年の輸出は、とくに化繊、衣類、鉄鋼、造船、合板などの拡大が著しく、20億1,000万ドルに達した。輸入は前年並みにとどまったため、国際収支は大幅に改善し、特需なしでも均衡できる状態となった。景気が上昇過程にあるなかで、55年を通じて物価は安定し、金融緩慢の影響で市中金融機関はオーバー・ローンを解消した。56年度版『経済白書』は、国際収支の改善、物価安定、オーバー・ローン是正の三拍子揃った景気を「数量景気」と名付けたが、56年夏ごろからは投資主導の「神武景気」に移行した。

適正外貨準備水準　1955〜57年に、適切な外貨準備に関する論議が、新聞・雑誌等で展開された。

1つは、交換性回復との関連で外貨準備水準を論じたものである。1955年4月に伊原隆（東京銀行）は、近い将来に交換性回復が実施されることを前提に、どの程度の外貨準備が必要かを論じた[9]。伊原は、20〜30億ドルの輸入をまかなうには2〜3億ドルの外貨があれば十分だとする議論は誤りであり、国際信用を保つために15億ドルの外貨保有量（実質的に11億ドルの外貨準備）が必要だと主張した。西欧諸国が年間輸入規模の約50％内外の外貨準備を保有していることを根拠に、日本が近い将来に30億ドルの輸入を行うために必要な外貨準備を11億ドルと想定し、この水準に達した段階で、貿易を自由化し、資本逃避規制以外の為替管理を撤廃して円の交換性を回復すべきだと述べた。外貨準備11億ドルの内訳は、貿易運転資金2〜3億ドル、食糧緊急輸入の備え4億ドル、世界的な景気変動への備え3億ドル、交換性回復時の資本流出への備え2億ドルであった。

伊原の論説は、外貨準備は2〜3億ドルあれば足りるという議論に対して、自由化をすれば貿易運転資金だけでは不十分だという指摘である。

もう1つは、経済政策運営との関連で外貨準備を取り上げたものである。1956年に、経済企画庁の金森久雄、後藤誉之助が「外貨バッファー論」を発表し、つぎのように主張した[10]。従来、世界的に好景気であり輸出が順調な時に需要拡大政策を実施し、景気が悪化し輸入が減少した際に引締め政策を実施してきたが、こうした政策は景気の波を増幅しがちである。日本の外貨準備水準も増えたので、従来とは逆に、輸出が好調の時期に国内需要を引き締めて外貨を蓄積し、景気悪化の際に拡張政策を実施するという反景気循環的な政策に転換することが望ましいと主張した。

経済企画庁の「外貨バッファー論」は、「神武景気」の急激な投資ブームに対する懸念から、安定成長に政策の舵を切ることに力点が置かれていた。

1957〜58年には、適正な外貨準備水準の具体的数字が論議の的になった。

1957年に経団連と経済同友会は、政策運営の基準として適正外貨保有高を決めることを提言し、正味10億ドルという値を示した[11]。同じころに大蔵省は、適正外貨保有量として実質9億ドルという試案を検討していた[12]。

1958年7月に大蔵省為替局資金課が行った試算では、「常時保有すべき準備高の下限」として8億5,000万ドルが示されている[13]。内訳は、大蔵省が外貨受払を行うための運転資金1億5,000万ドル、食糧緊急輸入等準備金2億ドル、景気変動準備金3億5,000万ドル、外銀信用等準備金1億5,000万ドルである。景気変動準備金の額は、53〜54年と57年の過去2回の外貨危機の際の外貨流出額から割り出した数字であった。また、外銀信用等準備金は、日本の外為銀行が外銀ファシリティーを享受するために外国銀行への預金形態で保有する外貨準備であり、4〜5億ドルのユーザンス等に対して1億5,000万ドルの外銀への預金が必要と見積もられている。そして、58年度末の外貨準備水準はこれらの基準を満たす見込みだと述べている。

ちなみに、8億5,000万ドルは、1956年の輸入額26億1,300万ドル、57年の輸入額32億5,600万ドルに対して、それぞれ、32.5%、26.1%である。大蔵省は、この水準では不十分だと考えていた。58年末の外貨準備高(8億6,100万ドル)について大蔵省為替局は、「外貨準備は未だ不十分であり、今後とも着実にその増加を図ることが必要である」と述べている[14)]。当時、大蔵省為替局が参照事例として挙げていた西ドイツやイタリアの外貨準備は、輸入額の5割前後の水準にあった。

その約1年後の1959年7月に経済企画庁は、「適正外貨準備水準について」と題するレポートをとりまとめた[15)]。このレポートは、適正外貨準備水準を、「深刻な不況の場合は別として、貿易為替制限に訴えることなく、原材料につき輸入自由化を行うに足る保有量」と定義している。その水準を決めるおもな要因別に、季節変動準備（1億1,000万ドル）、景気変動準備（9億8,000万ドル）、リーズ・アンド・ラグズに対する備え、外銀ユーザンス残高に対する準備等の信用保持準備（3億5,000万ドル）、凶作等の異常危機準備（5億1,000万ドル）を積み上げて、必要外貨準備を18億4,000万～19億5,000万ドル、適正外貨準備水準を14億4,000万ドルと計算している（**図6－1**）。14億4,000万ドルの外貨準備は、1958年の輸入額25億100万ドルに対して57.6%、59年の輸入額30億5,200万ドルに対して47.2%である。ちなみに、59年6月末の外貨準備高は11億500万ドルであった。

このように、外貨準備の規模が議論される中で、従来の外貨の公表値である「外貨保有高」が外貨準備を示す指標として適切でないことが明らかになり、1958年5月から正式の公表値は「外貨準備高」に切り替えられた。それにより、オープン勘定債権や為銀等の保有外貨といった流動性が低い外貨資産が除かれ、「外貨準備高」は流動性の高い外貨資産のみによって構成されることになった[16)]。

1956年度コンサルテーション　1956年コンサルテーションは、フリードマン（Irving Friedman）為替制限局長を団長とするIMFスタッフ・チームが

図6-1　1959（昭和34）年度の適正外貨準備試算（経済企画庁）

（単位：100万ドル）

<table>
<tr><td rowspan="4">必要外貨準備
1,840
〜
1,950</td><td colspan="3">季節変動準備　110</td><td>青信号</td></tr>
<tr><td rowspan="2">適正外貨準備
1,440</td><td>景気変動準備
980</td><td>輸出減少　150
輸入増大　780
貿易外支払増大　50</td><td>黄信号</td></tr>
<tr><td>信用保持準備
350</td><td>外銀ユーザンス準備　110
思惑心理　240</td><td>赤信号</td></tr>
<tr><td>借款可能額
400</td><td>異常危機準備
510</td><td>食料　100
原材料　410</td><td></td></tr>
</table>

［注］借款可能額は、IMF 2億5,000万ドル、EXIM 1億5,000万ドル。
［出所］「適正外貨水準について（企画庁作成）」1959年7月11日［日銀A 4801］。

来日し、6月16〜28日に東京で開催された17)。

IMF事務局は、国際収支が改善されてきた日本の状況は、1949年末のヨーロッパ諸国に似ていると観察していた。日本は国際収支が改善し、外貨準備も倍増したので、IMFは自由化への圧力をかける時期にきたと判断した。複雑すぎる為替制限の改善、制限的・差別的輸入ライセンスの緩和、自動承認制（AA）・グローバル・クオータの促進、輸入担保制度の再検討などが、日本に要請すべき項目として挙がった18)。

コンサルテーションでは、マクロ経済面について、金融引締め政策の必要性をめぐってIMF側と日本側との間に見解の相違があった。

IMF側は、最近国内消費需要の拡大が輸出を妨げる傾向が生じていると見て、日本に対して引締め政策の継続を求めた。政府・日銀が金融緩和政策への転換を図っているのではないかとのIMF側の指摘に対して、日本側は、金利低下は自然に生じたのであり、緩和政策をとっている訳ではないと説明した。

要するに日本側が、現在の金融緩和は高金利是正のために好ましく、あえて不胎化政策をとる必要はないと考えたのに対して、IMF側は、国内需要を抑えるために金融引締め策を継続するよう促したのである。

為替管理についてIMF側は、外貨事情が好転してきたので、従来3回のコンサルテーションで取り上げられたリテンション・クオータ制や双務支払協定などの差別的為替制度の撤廃に加えて、AA品目の拡大や外貨予算の見直しも可能だと主張した。IMF側は、日本は主要な工業国のなかで唯一、外貨予算を維持している国であると指摘し、日本側に輸入自由化の推進、為替管理の簡素化を求めた。またIMF側は、ヨーロッパ諸国のように、非居住者円勘定に交換性を持たせる意図はないかと質した。これに対し日本側は、ヨーロッパとは事情が異なり、非居住者円の自由化は円の下落をもたらす危険性があると答えた。

1956年10月に、IMF理事会は異議なく対日勧告案を承認した[19]。対日勧告は、つぎのようにインフレへの警戒を日本政府に要請した。

「全般的に、経済拡大は大きなインフレの歪みを生じることなしに実現している。しかしながら、最近においては、資源の需給逼迫により銀行信用が拡大し、顕著な輸入増加にもかかわらず物価上昇が続いている。この数ヵ月間は、国際収支黒字は急速に縮小し、わずかながらも赤字になった。外貨準備も若干、減少している。」こうした傾向に鑑みて、IMFは「今後数ヵ月間は国内需要を注意深く見守り、必要であれば、需要が過大にならないように食い止める適切な手段を講じることを促したい。」

(3) GATT加盟と対米関係

GATT加盟　ブレトンウッズ体制においては、IMFとGATTは唇歯輔車の関係にある。しかし、日本の場合、IMFへの参加は1952年8月であったが、GATTへの正式加盟は遅れ55年9月であった。しかも、日本の加盟と同時に、イギリス、フランス等の14ヵ国はGATT第35条を援用し、日本とGATT関係に入ることを拒否した。日本に対するGATT第35条援用が撤廃されたのは、1960年代前半のことである(イギリスは、1963年5月に第35条援用を撤回)[20]。

日本は国際社会への復帰を果たすために国際機関への加盟を重視しており、

GATT加盟についても、強い意欲を持っていた。日本のオブザーバー派遣が認められたのは1951年10月であった。52年7月に、日本はGATTへの正式加盟の前提となる「簡易手続にもとづく関税交渉開始」を申請した。

しかし、正式加盟にはいくつかの障害があった。第1は、第二次大戦前に日本との貿易摩擦を経験したイギリスおよび英連邦をはじめとする国々の、日本の加盟に対する強い反対である。第2に、日本の加盟を支持していたアメリカは、大統領の交代期にあり、通商政策の方向が決まっていなかった。関税取決めの権限を大統領に与えた1934年互恵通商協定法が53年6月に失効することになっており、延長されるかどうかは不明であった。第3に、日本の加盟に反対する国以外の加盟国も、日本の加盟によって得られる利益が乏しく、積極的に加盟を支持する動機に欠けていた。このような理由から、52年10月の第7回GATT総会では日本の加盟は実現せず、問題は加盟条件と加盟の時期を検討するための会期間委員会の審議に委ねられることになった。

GATT会期間委員会では、日本に対してセーフガードを設ける必要性を訴えるイギリスやオーストラリアの要望に応える方策（GATT第19条および第23条にもとづく方策）が検討されたが、十分な合意を見るに至らず、事態の打開のためにGATT事務局が考案した「仮加入」方式を適用して、1953年10月に日本の仮加入が実現することになった。イギリス、オーストラリア、南アフリカ等7ヵ国は仮加入決議を棄権した。仮加入は正式加盟に向けて一歩前進ではあっても、日本にとっては実質的な利益はなかった。

1954年に入って事態が大きく展開した。53年に暫定的に互恵通商協定法を1年間延長して対外経済問題の基本方針を検討していたランドール委員会が54年1月に報告書を提出し、同報告に沿って54年7月に互恵通商協定法が再延長された。これにより、アメリカが日本と関税交渉に入る条件が整った。54年6月、アメリカは日本に対して、日本の加盟のための多角的関税交渉を提唱する用意があることを伝えた。GATTの規定では、加盟国との間で関税交渉が行われていることが、GATT加盟の条件となる。アメリカ以外に日本と関税交渉に入る意思のある国は存在しなかったので、アメリカが関税交渉に応じることは、日本の加盟実現のための不可欠のステップであった。日本は関税交渉を、アメリカだけでなく、できるだけ多数の国に働きかけ、55年6月までに17ヵ国との間に交渉が成立した。

GATT加盟には、加盟国の3分の2以上の賛成が必要であったが、イギリス、オーストラリア等が最終的に賛成に回ったため、全加盟国の賛成により1955年9月10日に日本はGATTの正式加盟国となった。しかし、日本の加盟に際して、14ヵ国が第35条を援用した。第35条を援用した主な国は、イギリス、オーストラリア、ニュージーランド、南ア連邦などの英連邦の国々と、フランス、オランダ、ベルギーなど大陸ヨーロッパの国々であった。GATT第35条は、加盟国の一方がGATT関係に入ることを拒絶した場合には、両国間にGATT関係は存在しないと規定している。この条文を援用することは、特定の国をGATTから排除することを意味する。この条文を援用した事例は、それ以前には、人種差別を行っている南ア連邦に対してインドとパキスタンが援用した例などが存在するのみで、日本に対する第35条援用は異例であった。

日本は、IMFコンサルテーションを、GATT第35条援用の撤回を働きかける重要なチャンネルと位置づけた。1955年度コンサルテーションにおいて、日本の代表はIMFの援助を求めるステートメントを発表し、日本がGATTに正式加盟する際に、スターリング地域の国々などが日本に対して第35条を援用するのは必至だと指摘し、差別待遇改善のための援助をIMFに求めた[21)]。

1960年11月のGATT総会において日本が第35条援用の再検討を求めたのを受けて、61年8～9月にGATTレビュー作業部会が開催され、この問題の解決を促す報告書が11月に採択された。60年前後から各国は第35条援用を撤回し始め、インドが58年10月、イギリスが63年4月、オーストラリアが64年5月、フランスが64年1月、ベネルクス諸国が64年10月に第35条援用を撤回した。ただし、第35条援用の撤回に先立って日本に最恵国関税率を適用した国もあり、正式の撤回以前に実質的に撤回が実現していたケースも少なくなかった[22)]。

GATT第35条援用が撤回され、日本がGATTに受け入れられたのは、IMF加盟から10年余りも後であった。IMF加盟前の1951年6月にGATTへの加盟を果たしていた西ドイツとは対照的である。その原因としては「ランカシャーの恐怖症」がしばしば指摘されてきたが、背後には、日本の慣行が欧米のそれと大きく異なっているという「日本異質論」があった。GATT第35条援用の撤廃は、日本が欧米にとって「異質の国」から「同質の国」になったことを意味する。

1950年代の対米貿易摩擦　アメリカは日本のGATTへの加盟を支持し、日本の国際貿易への参入を推進した。その一方で、1950年代半ばには日米間で貿易摩擦が生じるようになった。

日本の対米輸出は、1950年代前半の伸び悩みの時期を経て、55年に増大に転じ、59年にはさらに大きく飛躍して10億ドルに達した（**図6-2**）。日本の輸出が急伸したとはいえ、貿易収支で見ると、50年代を通じて日本の大幅な輸入超過が続いていた。対米貿易が初めて出超となったのは65年のことである。

戦前に生糸・絹織物に集中していた対米輸出品は、戦後は、繊維、雑貨、食品等の多様な消費財に分散した（**図6-3**）。繊維製品の首位を占めたのは、綿織物およびその二次製品であり、生糸・絹織物、毛織物、スフ織物がそれに続いた。食料品輸出の半ばは、冷凍マグロおよび魚介類（サケ、マス、マグロ、カニ等）の缶詰であった。「その他」の項目に分類される雑貨類が、大きな比重を占めたのも、この時期の特徴であった。雑貨とは、具体的には、玩具、陶磁器、洋食器、自転車タイヤチューブ、竹製品、人造真珠、造花、ガラス製品、美術工芸品などである[23)]。こうした輸出品の構成は1960年代半ばに転換し、重工業製品が中心になる。

1950年代にアメリカは、軍事戦略的な見地からも、また、アメリカの援助・特需の減少に対応するためにも、輸出促進による日本経済の自立を支援した。そうした意図に沿って、アメリカ政府は、日本のGATT加盟を強く支持し、53年10月には日本のGATTへの仮加入を実現させた[24)]。アメリカにとって、日本と関税交渉に入る経済的利益は少なかったにもかかわらず、日本のGATT加盟を実現させるために、55年2月にアメリカ政府は、率先して日本との多角的関税交渉に入った。

関税交渉の結果、日本が譲許税率を得た品目には、綿製品、陶磁器、竹製品、寒天、玩具、真珠、造花などの当時の日本の対米主要輸出品が含まれていた。1955年を契機とする対米輸出の急増は、アメリカの関税率譲許に主たる原因

図6-2　対米貿易の推移（1950～68年）

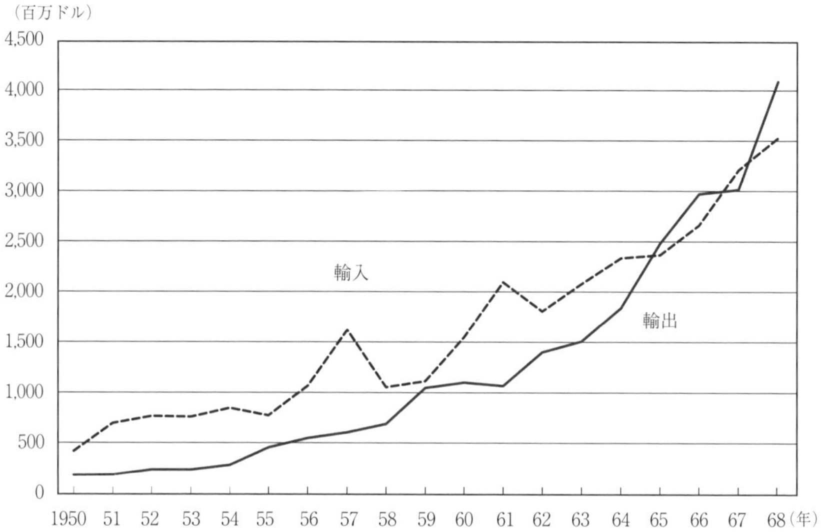

［出所］通商産業省編『通商産業政策史』第16巻、通商産業調査会、1992年、p.258より作成。原資料は大蔵省『外国貿易概況』

図6-3　対米輸出の品目別構成

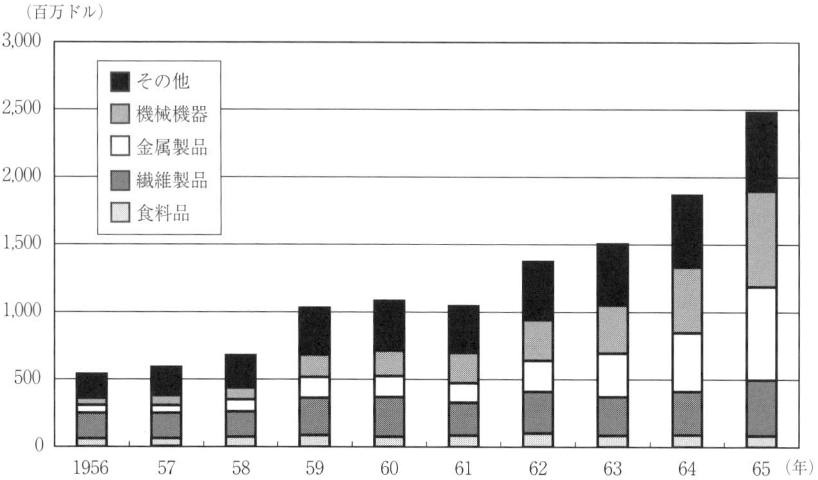

［出所］通商産業省通商局監修『戦後日本の貿易20年史』通商産業調査会、1967年、pp.375-377より作成。

があったわけではないが、関税率譲許がそれに拍車をかけたことは間違いない[25]。

日本の対米貿易の激増は、「ワンダラー・ブラウス」に代表される、軽工業製品の貿易摩擦を引き起こした。1951年頃から冷凍マグロ、ミシン、陶磁器等について起きていた輸入制限運動は、55年以降、繊維製品を中心とする本格的貿易摩擦に発展した[26]。米国の輸入における日本のシェアが4.4％（56年）にすぎなかったにもかかわらず、貿易摩擦が起きたのは、繊維をはじめとする特定の品目の対米輸出が短期間に激増したためであった（**表6－1**）。アメリカでこれらの商品を主として生産していた中小企業が大きな打撃を受ける恐れがあった。日本の輸出品と競合する企業は、敏感に反応し、議会に問題を持ち込んだ。当時の議会は、共和党を中心に保護主義の勢力が強く、日本からの輸入を制限するための法案が相次いで提案された。

綿織物の対米輸出は、1954年の4,950万ヤード（1,050万ドル）から、55年には、1億4,025万ヤード（3,037万ドル）へと、一挙に3倍に増大した。井口貞夫駐米大使は、55年6月、日本製1ドル・ブラウスの乱売の結果、米国の年内需要300万ダースに対して100万ダースの輸入契約が行われており、この

表6－1　対米輸出主要商品

品目	数量				金額（千ドル）			日本の輸出額に占める米国の割合（％）	米国の輸入額に占める日本の割合（％）
	単位	1954	1955	1956	1954	1955	1956		
冷凍マグロ	1000 MT	45	55	40	18,644	17,548	12,235	78.9	79.8
魚介缶詰	1000 MT	8	16	27	10,034	16,382	27,183	37.7	82.9
生糸	1000 LB	6,137	7,245	6,801	27,510	30,941	28,186	67.4	95.0
綿織物	1000 SY	49,500	140,247	122,547	10,495	30,368	28,310	10.6	54.8
絹織物	1000 SY	8,881	15,396	28,296	4,969	8,506	15,692	62.2	47.6
毛織物	1000 ST	1,211	3,748	7,486	1,891	5,984	11,517	34.5	9.2
陶磁器	MT	27,010	35,259	42,793	16,294	20,465	24,629	49.7	52.6
鉄鋼	1000 MT	22	76	78	2,700	12,956	16,974	7.6	8.9
光学機械	MT	727	1,194	1,730	6,382	10,243	14,717	48.9	28.3
ミシン	1000台	314	682	647	5,368	12,637	13,059	38.9	40.1
玩具	MT	18,032	29,652	37,660	17,473	26,476	34,167	62.9	74.5
合板	1000 SM	24,483	40,423	51,854	16,267	27,110	35,633	83.0	54.7

［注］1. 米国の輸入に占める日本の割合は、米国通関統計の分類によるので、日本とは若干異なる。
2. 日本の輸出額に占める日本の割合は1956年、米国の輸入額に占める日本の割合は1955年の数値。
［出所］「日米貿易に関する諸問題」昭和32年7月、〔外務省〕経済局第3課［大蔵Z 538-484］。

まま放置すれば重大な問題に発展する恐れがあると外務省に報告した[27]。日本は56年1月から綿織物およびブラウスに対する自主規制に踏み切った。さらに、57年からは、自主規制は綿織物および二次製品に拡大された[28]。

1956年から59年にかけて、毛織物、陶磁器、ライター、金属洋食器、ミシン、カメラ、万年筆、体温計、洋傘骨、バトミントン・ラケット、冷凍マグロ、マグロ缶詰などの商品についても貿易摩擦が起きた[29]。

輸入制限運動は、さまざまな法的手段に訴えたが、なかでも互恵通商法のエスケープ・クローズ条項の適用を求めるケースが多かった[30]。1951年の互恵通商協定延長法により、外国製品の輸入が国内産業に重大な打撃を与えた際の関税引上げが認められた。これを、エスケープ・クローズと呼ぶ。しかし、訴えによりエスケープ・クローズ調査が実施された結果、勧告にもとづいて関税が引上げられたケースは稀であった。実際には関税委員会が関税引き上げ勧告を行っても、大統領によって拒否される場合が多かった。50年代に関税引上げないし関税割当措置が実施された事例は、体温計、金属洋食器などわずかにとどまる[31]。

輸入制限運動は、輸入制限法の制定（マグロ・マグロ缶詰、合板など）、ダンピング防止法の適用（グルタミン酸ソーダ［味の素］、鉄管継手、シャベルなど）、関税法第337条（不公正輸入防止規定）の適用（バトミントン・ラケット、蓄音機のカートリッジ・針など）なども求めたが、いずれも実現には至らなかった。

このように、法的輸入規制が実施された事例は稀であったとはいえ、日本の輸出産業への影響はけっして小さくはなかった。法的規制がなされる以前に、日本側が自主規制に踏み切る場合が多く（綿製品、合板、マグロ、金属洋食器など）、日本の産業の対米輸出は制限された。1959年において、日本は対米輸出実績の43%を占める品目について自主規制を行っていた[32]。

2 1957年外貨危機とIMF借入

（1）外貨危機の発生

国際収支の悪化と引締め政策への転換　1956年は引き続く設備投資ブー

ムにより電力・輸送などで隘路現象が発生し、輸入の著しい増加が見られた。56年秋に勃発したスエズ危機により買い急ぎの輸入が加わったため、国際収支は急速に悪化し、貿易の外国為替収支は1956（昭和31）年第3四半期（7～9月）から支払超過に転じた。貿易外も含めた外国為替収支は、56年第4四半期には3,800万ドルの受取超過であったが、57年第1四半期に1億3,200万ドル、第2四半期には2億6,800万ドルの支払超過になった（**表6－2**）。外貨準備は、56年末の9億4,100万ドルから、57年3月末には7億3,800万ドル、5月末には6億800万ドルにまで落ち込んだ（**図6－4**）。

「一千億減税・一千億施策」を掲げた石橋湛山内閣は、1957年1月8日に積極的色彩の予算編成方針を閣議決定した。この方針は、2月に発足した第1次岸信介内閣に引き継がれた。積極論に立つ池田勇人蔵相は、国際収支悪化が表

表6－2　外国為替収支　四半期別（1955–59年）

（単位：千ドル）

	受取			支払			受払	貿易受払
	貿易	貿易外	合計	貿易	貿易外	合計		
1955年 1～3月	425,200	152,293	577,493	422,974	72,424	495,371	82,111	2,226
4～6月	452,661	175,721	628,383	482,572	87,453	570,025	58,357	△ 29,911
7～9月	524,854	191,154	716,009	468,760	72,548	541,308	174,700	56,094
10～12月	551,452	194,305	745,758	473,944	93,195	567,140	178,618	77,508
56年 1～3月	565,825	183,466	749,291	530,811	94,836	625,648	123,643	35,014
4～6月	611,570	204,700	816,270	569,094	121,810	690,905	125,365	42,476
7～9月	605,304	208,521	813,825	682,329	125,126	807,456	6,369	△ 77,025
10～12月	619,541	225,833	845,374	687,963	119,455	807,419	37,955	△ 68,422
57年 1～3月	658,081	203,030	861,111	842,761	149,914	992,676	△ 131,563	△ 184,680
4～6月	657,672	235,941	893,613	991,009	170,290	1,161,299	△ 267,685	△ 333,337
7～9月	710,891	214,868	925,759	1,015,367	136,879	1,152,247	△ 226,488	△ 304,476
10～12月	754,471	207,575	962,047	722,608	146,593	869,202	92,844	31,863
58年 1～3月	695,926	160,339	856,265	617,874	133,967	751,842	104,423	78,052
4～6月	660,314	185,224	845,539	619,948	136,626	756,574	88,964	40,366
7～9月	646,558	211,643	858,201	592,412	120,739	713,151	145,050	54,146
10～12月	724,848	225,631	950,480	638,142	139,367	777,510	172,969	86,706
59年 1～3月	696,254	223,620	919,874	637,866	142,762	780,629	139,245	58,388
4～6月	748,621	207,552	956,173	664,595	155,923	820,518	135,655	84,026
7～9月	830,720	225,163	1,055,883	743,042	225,722	968,764	87,119	87,678
10～12月	888,699	224,892	1,113,592	809,542	185,290	994,832	118,759	79,157

［出所］日本銀行『外国為替統計月報』より作成。

図6－4　外貨準備の推移（1955～59年）

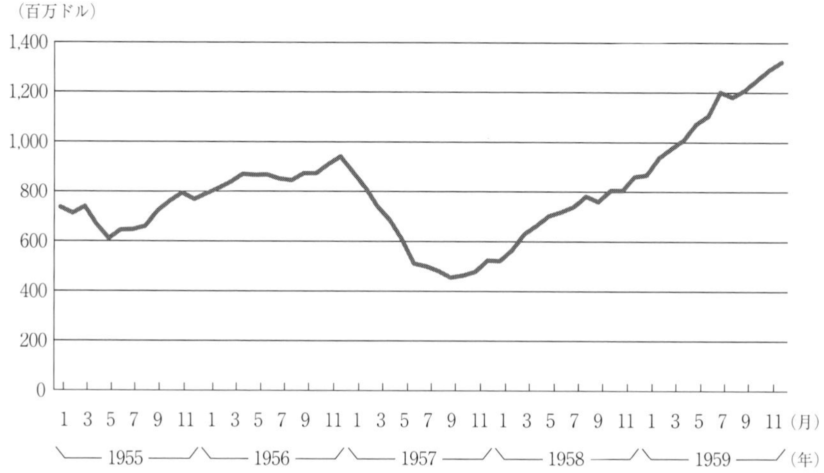

［出所］大蔵省財政史室編『昭和財政史――昭和27～48年度』第19巻、東洋経済新報社、1978年、p.523より作成。1955～56年は「外貨準備高　自昭24　至昭38」［日銀　12017］により補った。

面化してもただちに引締めに転じることには消極的であり、本格的な金融引締めが実施されたのは5月であった33)。日銀は、57年3月20日に公定歩合を引き上げたが（商業手形割引歩合：日歩2.00銭→2.10銭［7.30%→7.67%］）、一方で高率適用制度を緩和したために、実効金利は据置となり、金融引締めとしては不十分なものに終わった34)。これは山際正道日銀総裁が、池田蔵相の積極論に妥協したためだとされる35)。

5月8日に第2次公定歩合引上げ（商業手形割引歩合：日歩2.10銭→2.30銭［7.67%→8.40%］）が実施され、日銀は引締め政策に転じた。この公定歩合引上げをめぐっては、大蔵省内でも意見の対立があり、外貨資金繰りの責任者である石田正為替局長の公定歩合引上げ論が下村治の放任論を抑えた36)。

外貨危機は、自民党内の派閥対立を顕在化させた。河野派・大野派は、外貨危機を招いたのは池田蔵相の責任であるとの批判を強めた。また、首相の私的経済顧問（賀屋興宣、一万田尚登、北村徳太郎、高碕達之助、太田正孝）も金融引締め一本槍ではなく、財政投資の縮小も含む総合対策を立案すべきと岸首相に進言した。6月10日の自民党政調会では、財政投融資の繰延べを中心とする対策を立案することで意見が一致し、緊縮財政政策への転換をためらう池田蔵相は孤立していった[37)]。

「国際収支改善緊急対策」(1957年6月19日)　岸首相の訪米（1957年6月16日〜7月1日）に際して、政府は14日の閣議で国際収支の悪化に対処する総合政策を決定し、6月19日、「国際収支改善緊急対策」を発表した[38)]。「金融政策の独走」への批判のなかで、金融だけでなく財政面での引締め措置も併せた総合対策が打ち出されたのである。この措置は、日本政府の引締めへの決意を示すことにより、IMF借入交渉を円滑に進めるために採られたものであり、事実上のコンディショナリティであると言える[39)]。

緊急対策の目玉は、投資をスローダウンさせることを目的とした、財政投融資の15%、約650億円の繰延べ措置であった[40)]。事業計画の変更はせずに、計画実施の時期を調整することにより、15%については年度内に支出しないという内容である[41)]。15%という繰延べ幅は、財政投融資の計画規模を前年度並みに縮小する趣旨で決められた[42)]。一方で中小企業対策として、中小企業向けの財政投融資を150億円増額したので、実質的には、中小企業機関を除いた財政投融資の繰延べ額は800億円にのぼったことになる[43)]。

しかし、1957年10月に国際収支が黒字に転じると、各省、各政府機関からの繰延べ解除の要求が高まり[44)]、57（昭和32）年度末にかけて520.5億円の解除（「資金手当」と呼ばれた）が実施された[45)]。そのために、この繰延べ措置の影響はそれほど大きくはなく、むしろ「民間に対する心理的影響」の方が大きかったとも評価されている[46)]。

また、財政投融資の繰延べ措置と併行して、57年7月3日、金融機関資金審議会において民間設備投資の繰延べが決定され、金融機関資金審議会→大蔵省銀行局→全国銀行協会→市中銀行のルートを通じて、57年9月までに、設備投資の16.2%の繰延べが実施された[47)]。

その結果、1957（昭和32）年度の設備投資計画は当初よりも12%ほど縮小したが、当初の計画自体が56（昭和31）年度を60%上回る規模であったため、全体として設備投資は57年（暦年）にも名目値で35.2%増と大幅な伸びを示した[48)]。

貿易面での引締め策としては、5月14日にポンド・ユーザンスの期間短縮（1ヵ月）、6月4日と20日に輸入担保率の引上げがなされた。

国際収支の危機は、積極政策から緊縮政策の転換をもたらした。7月10日の内閣改造で積極派の池田蔵相が閣外に去り、代わって引締め論の一万田尚登が蔵相に復帰した。

経済界の反応　6月15日、岸首相は財界首脳を招いて総合政策への協力を求めた。財界は、総合政策の運用にあたっては弾力性を持たせることを要望し、財政投融資の一律的な繰延べには反対の姿勢を示した[49)]。

経団連は、6月17日、「輸出振興に関する要望意見」を発表し、現在の引締め措置はあくまでも応急対策にすぎず、「さらに一段と積極的に輸出の振興をはかることがもっとも緊要である」とし、「国をあげて輸出振興に力を集中し、外貨収支を根本的に改善すべきである」とした[50)]。経団連は、金融引締めの独走に懸念を抱いていたが、7月15日の一万田・石坂会談で、政府の引締め方針への協力を約した[51)]。

（2）IMF・EXIM借入

岸訪米と対米、対IMF交渉（1957年6月）　1957年6月に渡米した岸首相は、IMF等と借入交渉を行った。6月20日、岸はダレス（John Foster Dulles）国務長官に対して、対日借款の形態での金融援助を求めた。この会談に同席していたウォー（Samuel C. Waugh）EXIM（ワシントン輸出入銀行）総裁は、農産物短期借款について検討し、首相の帰国までに返答することを約束した[52)]。また、岸首相に同行した福田赳夫衆議院議員は、6月21日に、IMFヤコブソン（Per Jacobsson）専務理事、世銀ブラック（Eugene R. Black）総裁、EXIMウォー総裁、IFC（国際金融公社）ガーナー（Robert L. Garner）総裁を訪ね、融資を依頼した[53)]。

1954年6月に予定された吉田茂首相訪米（実際には向井忠晴前蔵相が訪米した）とは異なり、アメリカから資金援助を得ることは、日本にとって従来ほど重大な問題ではなくなっていた。岸は、アイゼンハワー（Dwight D. Eisenhower）大統領、ダレス国務長官との会談において、ごく簡単にこの問題に触れただけであった[54]。しかしアメリカ政府は、岸訪米に際してアメリカ政府がとるべき施策の1つとして金融援助問題を取り上げ、日本の要請に進んで応えようとした。その結果、EXIM 農産物短期借款（1億1,500万ドル）、EXIM 長期借款（1,760万ドル、富士製鉄と東北電力に対する借款）が実現した[55]。

さらに国際収支対策の一環として日本政府は世銀に対し7月に、総額3億1,700万ドル（内訳は、電力1億6,800万ドル、鉄鋼7,100万ドル、道路7,800万ドル）の借款を申請した[56]。

IMF 借入　IMF から1億2,500万ドルを借り入れる方針を大蔵省が決めたのは6月14日であった[57]。日本政府は、1957年6月21日、西原直廉財務参事官を通じて、IMF に対し、1億2,500万ドルの買入を要請した[58]。1億2,500万ドルは、日本のクオータ（割当額）の50% であり、第1クレジット・トランシュまでの借入であった。

すでに5月21日に、IMF 理事の渡辺武はアメリカ理事のサザード（Frank Southard Jr.）を訪れて IMF 借入を打診していた[59]。渡辺は、日本の国際収支は急激な輸入増加に輸出が追い付いていない状態であり、外貨準備は57年末に7億6,000万ドルまで減少する見込みだと説明し、金融引締め政策が年末までに十分な効果を発揮するとは思われないので、IMF に融資を求める可能性があると述べた。

6月17日、渡辺武は IMF 専務理事ヤコブソンとサザードに対して、1億2,500万ドルの第1クレジット・トランシュまでの引出しの希望を伝えた[60]。また、この金額を超えてさらに第2、第3クレジット・トランシュまでのスタンドバイ・クレジットを要請する可能性も示唆した。ヤコブソンは、日本への融資は第1クレジット・トランシュまで（1億2,500万ドル）という意向を持っており、それ以上の要望は思いとどまらせるつもりであった。サザードは渡辺に対して、日本が第1クレジット・トランシュを超える借入を要請した場合には、IMF は日本の状態に関して厳しい検討を行うだろうと述べた。またサザードは、日本の外貨準備がまだ底を突いていないのに、第1クレジット・トランシュを超える借入を要請すれば、同様の希望を持っているフランス、インド、パキスタン、インドネシアなどが反発する可能性があり、クオータが大きな国々が日本と同様の要請を行った場合には、IMFは資金引出しに何らかの制限を加えなければならなくなると指摘した。第1クレジット・トランシュまでのIMF借入に、EXIMの短期借款を追加すれば十分だというのが、サザードの意見であった。

日本の借入申請は、6月27日のIMF理事会で審議された。理事会は、アジア局作成の基礎資料をもとに討議を行い、日本のIMF借入申請を承認した。

IMF理事会提出のIMFアジア局作成資料[61)]は、「日本の国際収支状況の悪化は主として輸入及び運賃支払の増大のためであり、輸出が一般に高水準にあることは注目すべき点である」と述べ、国際収支悪化の原因が投資ブームの結果起きた原材料輸入（鉄鋼、屑鉄、石炭、原油、繊維原料）の急増によるものであると指摘した。そして、1957年3月以降、6月15日までにとられた一連の国際収支改善策は、貿易為替の制限措置に依存する度合いは低く、国内金融財政政策が主であることを評価した。結論としては、「これらの国内金融財政政策がどの程度国際収支を改善し得るかは予測しえないが、全般的にみて楽観できる十分な根拠がある」として、日本政府の申請を承認すべきだと述べた[62)]。

これを補足する形で、渡辺理事は、「日本の輸出促進策については主として金融上の措置を考えており、輸入制限は直接的制限はこれを出来る限り避け、金融的措置を主眼として行う方針である」と発言した。

理事会のなかでは、無条件賛成は9名、賛成ではあるとしつつも若干の問題点を指摘した者2名、否定的な意見は2名であったが、最終的には全会一致でIMF事務局の提案が可決された。

イギリスとインドは、輸入に対する直接的制限が実施される恐れはないか、また、輸出金融の緩和策は他の国の輸出を妨げないかの2点について懸念を表明した。日本のIMF借入に否定的であったのはブラジルとオランダであった。ブラジルは、日本の対米繊維製品輸出の自主規制、中共貿易の制限といった政治的問題を、アメリカが日本にIMFからドル・クレジットを獲得させることによって解決しようとするものだという意見を述べた。また、オランダは、日本の現状は単なる投資ブームに過ぎず、外貨準備も十分であり、思い切った引締め措置をとればIMF融資は不要であると述べた[63)]。

表6－3　IMF資金の買入と買戻し（1957～58年）

実行日	買入額	（円換算額）	買戻し額	（使用ドル額）
	千ドル	億円	百万円	千ドル
1957年7月2日	75,000	(270)		
8月12日	50,000	(180)		
1958年9月25日			22,500	(62,500)
11月28日			22,498	(62,496)
合計	125,000	(450)	44,998	(124,996)

［出所］「IMF,IBRDおよびIFC年次総会資料（為替局関係）」〔大蔵省〕為替局、1959年9月［Z18-486］。

コンディショナリティ　1957年6月19日発表の「国際収支改善緊急対策」が事実上のコンディショナリティであると前述したが、1957年のIMF借入のコンディショナリティの経緯について付け加えておきたい[64]。

池田蔵相からヤコブソン専務理事宛に提出された「IMF資金買入申請書」には、経済政策等に関する条件は記されず、公式にはコンディショナリティは明記されなかった[65]。

趣意書（letter of intent, LOI）の提出については、渡辺理事と大蔵省との間でやりとりがあった。渡辺理事は、「IMFよりの米弗買入申請に際しては、各国とも大蔵大臣のステートメントを理事会に提出し、通貨当局としての基本的政策を明らかにしているから、わが国の場合も提出することが望ましい」という意見であったが、大蔵省はステートメントの提出を躊躇した。結局、渡辺理事が大蔵大臣から受権された発言を理事会で行い、それをIMF理事会議事録に記録することで代えることとなった。すなわち、借入申請書に付された、6月14日閣議決定の緊急対策の履行と、現在の政策が十分でない場合には追加措置を講じる用意があるという理事会における渡辺理事の決意表明とが、事実上のコンディショナリティであったといえる。

IMFからの借入（ドル買入）は、7月2日に第1回7,500万ドルが、8月12日に第2回5,000万ドルが実施された[66]。取扱手数料は0.5%であった（**表6－3**）。

EXIM緊急農産物借款　1957年6月21日、岸首相の命を受けた福田赳夫議員はEXIMを訪れ、ウォー総裁に1億7,500万ドル（現行の綿花借款借換分

6,000万ドルを含む）を要請した。アメリカ財務省のバージェス（Randolph Burgess）次官の斡旋で6月27日、EXIMとの間で、綿花1億1,000万ドル（従来の分の更新5,000万ドルを含む。期限12ヵ月）、穀類6,500万ドルの計1億7,500万ドル（期限9ヵ月）、利率4.5％で合意に至った[67]。NACの承認を経て、27日に日本政府とEXIMとの間の正式諒解が成立した。

その後、①借款の引出し期限と②船舶条項の2点について協議が続けられた。①引出し期限については、EXIMは資金繰りの関係から、1957年9月末としたい意向であったが[68]、日本側の希望を容れて、綿花5,000万ドルは58年1月末、6,000万ドルは58年7月末、穀物は58年3月末までとなった。国際収支対策のための短期借款であるから、本来は日本側が早期引出しを希望するはずであるが、引出し期限の延長を求めたのは、通常の農産物輸入とEXIM借款の農産物輸入との時期を調整する必要があったためである。また、②については、アメリカ側がEXIM借款による日本の輸入品の輸送にアメリカの法律が定める船舶条項を適用することを強く求めた。これは、アメリカの海運業者の利害を反映したものであり、船舶条項により自国船に一定の積取率を確保しないと、割高な運賃のアメリカの船舶が利用されなくなる恐れがあるために設けられた保護規定である。この点については、EXIMクレジット利用金額及び海上運賃のいずれも50％以上を米船が確保することで合意を見た[69]。

8月16日、EXIMと日銀との間で以下の内容の借入契約が結ばれた[70]。

限度額　1億1,500万ドル
金利　年4½％
期間　綿花12ヵ月　その他農産物9ヵ月
対象品目　綿花、小麦、大麦、大豆、その他EXIMの承認する農産物

この借款の実現により、IMF借入1億2,500万ドル、EXIM借款1億7,500万ドル（うち6,000万ドルは綿花借款借換分）の計3億ドルの短期借款を得たことになる。

EXIMからの借入が実行されたのは1957年10月初め以降であり、その頃にはすでに国際収支は改善に向かい始めていた。これに関して石田為替局長はのちに、IMF資金以外は「急場には間に合わ」ないと述べている[71]。しかし、IMFの資金引出しの承認とほぼ同時に米国がEXIM借款を承認したことにより、3

億ドルの短期資金が確保できたことの意味は大きい。外貨危機の回復がきわめて速かったために、EXIM借款は効果を発揮できなかったと見るべきであろう。

(3) 1957年度コンサルテーション

コンサルテーションでの論議　日本の国際収支が悪化していた時期の1957年7月18〜25日に開催された57年度のコンサルテーション（ワシントン）では、為替自由化はあまり論じられず、マクロ政策が焦点となった[72]。

IMFスタッフと日本側は、今回の国際収支の原因が民間投資の行き過ぎにあると見る点では意見が一致した。

5月以降にとられた金融引締め政策をIMFスタッフは歓迎した。また、財政政策については、財政当局が年間3,000億円の財政資金の引揚超過を計画していることにIMF側は着目し、中立的な財政政策の維持という従来の日本の方針からの大きな転換だと高く評価した。日本側は、当初の財政計画をそのまま遂行した場合には私的部門と公的部門との間のアンバランスが生じるので、金融政策と並行して財政緊縮を図ったと説明した。また、所得減税についてIMF側が通貨安定を損ねる懸念を表明したのに対し、日本側は、減税がすべて消費に回るわけではないので、個人消費を過度に刺激することはないと答えた。

長期的見通しについてIMFスタッフは、西欧諸国のように日本は、急成長のための高レベルの投資と国際収支均衡との不安定なバランスという問題に直面していると指摘し、鉄鋼・機械・化学等の重工業への産業構造の転換を図っているのかと質問した。日本側は、産業構造の転換を図らなければ、構造的国際収支赤字は解決しないと日本では一般的に考えられていると答えた。

為替規制に関してIMF側は、この数年における日本の多角的貿易・決済面での著しい進展を称賛し、日本が現在の国際収支悪化を、オーソドックスな財政・金融政策のみによって克服することを希望すると述べた。日本側は、ドル地域に対するある程度の差別的取扱いは避けられないが、貿易・支払制限の強化は最小限にとどめると述べ、国際収支の不均衡は1957年末までには解消し、58年初めには外貨準備は増加に転じるという見通しを示した。

日本側は、1957年度コンサルテーションにおいても、重ねて日本に対する貿易差別撤廃へのIMFの協力を求めた。IMFスタッフは、理事会の場で具体的な国名を挙げるのは反発を招くので、非公式な場でこの問題を取り上げたいと述べた。

IMF 借入後の経済政策　1957 年 8 月 30 日、政府は経済企画庁作成の「昭和 33 年度経済運営の基本的態度」を閣議決定した[73]。「〔昭和〕33 年度における経済運営の第一義的目標は、国際収支を大幅に改善して経済の長期的発展の条件を整備することにおき、当面経済の発展は控え気味とし、着実な経済成長をはかること」とし、財政規模の抑制、投資活動の適正化、輸出増大策の実施、消費抑制・貯蓄増進を図るという内容である。

大蔵省が事前に行った検討作業の結論は、この方針と一致していた[74]。「国際収支改善のための施策は、7 月の状況を以て、既に効果を収めたと断ずることが早計であることはもとより、今後においても前途楽観を許さない」という認識に立ち、外貨保有高を 15 億ドル水準まで回復させるまでに 3 ヵ年を要すると予想した。この予想にもとづいて、金融政策については、「現在の引締まった姿を緩めるべきでない」とし、「銀行間の激しい競争の故もあって銀行が日銀貸出に依存する安易な態度で貸出を増加したことが今回の国際収支悪化を招いた有力な一因であるといわれるが、今後同じことを繰り返す愚は避けねばならない」と述べた。また財政政策については、「〔昭和〕33 年度財政は、引続き国際収支改善の目標がある以上、相当に『きびしい』姿のものとなるべきである」として、一般会計は 1957（昭和 32）年度と比べて実質 500 億円程度の増加にとどめ、財政投融資は繰延べ分も含めて前年度と同じ規模にすることを提言している。ただし、「財政を超均衡にまでして、デフレ的に作用させる必要があるとは思わない」ので、「相当の歳入超過が見込まれるならば、それを減税に廻す方がよい」とも述べている。

「昭和 33 年度経済運営の基本的態度」を踏まえ、9 月 10 日の閣議において、「昭和 33 年度予算の基本構想」が決定された。「基本構想」は、1958（昭和 33）年度における経済運営の第一義的目標を「国際収支を大幅に改善すること」に置き、国内需要を抑制して、輸出を拡大することを目指した。そのために、「需要としての歳出」を抑制すべく、①「歳出の実質的増加を厳に抑制する」こと、②財政投融資の規模は「おおむね昭和 32 年度の実行額の範囲内に抑制」

することを方針とした[75]。

「基本構想」は緊縮財政を掲げる一方で、国際収支の悪化の原因が一時的な輸入の急増にあるのか、構造的な不均衡にあるのかを見極めたうえで、財政政策を手直しする余地を残した[76]。そのため、剰余財源の一部を景気調節資金として特定目的（道路整備、科学技術振興、中小企業整備、輸出振興等）のために棚上げする方式がとられた[77]。

9月26日の閣僚審議会で決定した1957（昭和32）年度下期外貨予算は、輸入貨物予算16億5,200万ドルで、上期当初予算と比較して26％の大幅に削減、前年同期と比較しても14％の縮小であった。これは、引締め政策を堅持し、外貨準備の減少を食い止めるという趣旨で編成されたものである[78]。

9月のIMF・世銀総会（ワシントン）に出席した一万田蔵相は、ダレス米国務長官に対して、早急な緩和政策への転換を求める圧力に抵抗するつもりだと言明した[79]。

IMFスタッフによる勧告案修正版（1957年10月）　IMFスタッフ・チームは、コンサルテーション後の情勢を踏まえて、1957年10月10日に「1957年コンサルテーションのための追加の背景説明と修正勧告案」を作成した[80]。

「追加の背景説明」は、日本政府がとった引締め政策が効果を収めていることを評価し、年末までに国際収支が均衡するという日本政府の楽観的観測は、「必ずしも非現実的な期待とは見えない」と述べた。その根拠として、①緊縮政策に対する強い不満があるにもかかわらず、当局が国内需要抑制政策を堅持する意思を表明していること、②EXIM借款1億1,500万ドル、IMF資金引出し1億2,500万ドルに加え、政府がアメリカから4,500万ドルの農産物借款を獲得する計画を立て、さらに6,000万ドルのEXIM綿花借款が実現するなど、外貨の補填が順調に進んでいること、③1957年度下期の外貨予算を縮小し、輸入を抑制したこと、の3点を挙げた。

勧告案の内容は、8月20日に作成された案と基本的に同じであるが、金融・財政安定化政策が効果を発揮し始めていること、外貨予算の縮小の政策がとられたことが書き加えられた。勧告は、日本の現在の財政・金融政策および為替自由化政策を評価しつつ、今後もとりわけ財政面で緊縮政策を堅持すること、必要な場合には追加措置をとることを求めた。

この勧告書案は、1957年10月16日の理事会において異議なく採択された[81]。

（4）1957年の引締め政策の特徴

金融政策　1957年外貨危機の際の金融政策が53〜54年と異なる点は、公定歩合操作が金融政策の中心になった点である（**表6-4**）。

1953〜54年には、公定歩合引上げは実施されず、高率適用制度の強化による金融引締めが実施された。それに対して、57年の場合には、57年3月20日と5月8日の2度にわたり公定歩合が引き上げられ、公定歩合は7.30%から8.40%になった。57年の外貨危機の際に、公定歩合政策が主要な金融政策手段として用いられた背景には、4年間近く据え置かれていた公定歩合が55年8月に引き上げられ、金利政策が復活したことがあった（「金融正常化」）。ただし57年においても、金利政策のみで金融引締めが実現したわけではなく、窓口指導の強化も並行して実施された（5月の窓口指導強化）[82]。

1957年の金融引締めは、すでに述べたように、政治的要因から発動のタイ

表6-4　1957年の外貨危機時の景気対策

	年月日	政　策
引締め	1956. 7.17	日銀、窓口指導強化
	1957. 3.20	日銀、公定歩合引上げ（7.30%⇒7.67%）
	5. 8	日銀、公定歩合引上げ（7.67%⇒8.40%）
	5. 8	大蔵省、外為銀行に外貨預金の引揚げを通知
	5.14	ポンドユーザンス期間1ヵ月短縮（4ヵ月⇒3ヵ月）、適用品目2割削減
	6. 1	大蔵省、輸入信用状抑制の行政指導を開始
	6. 4	輸入担保率引上げ
	6.19	政府、「国際収支改善総合対策」を決定
	6.20	輸入担保率再引上げ
	6.28	公共事業費の8%繰延べを各省に要請
緩和	1958. 5. 1	輸入担保率引下げ、日銀再預託廃止
	6.18	日銀、公定歩合引下げ（8.40%⇒7.67%）
	9. 5	日銀、公定歩合引下げ（7.67%⇒7.30%）
	1959. 2.19	日銀、公定歩合引下げ（7.30%⇒6.94%）
	4. 1	輸入ユーザンス適用品目拡大

［出所］経済企画庁編『現代日本経済の展開——経済企画庁30年史』1976年、p.111を参考に作成。

ミングが遅れたが、金融引締めへの転換が遅れたもう1つの原因は、貿易赤字化の時期と外貨準備減少の時期とのタイムラグにあった。56年は、国内の投資増によって誘発された輸入増により、貿易収支（外国為替収支）は第3四半期（7~9月）以降赤字に転じたが、外貨準備は56年末まで増加を続けた（12月末9億4,137万ドル）。それは、53～54年時とは異なり、輸入ユーザンスが普及していたために、ユーザンス期間だけ決済が後になったためであった。こうしたタイムラグが、引締め政策への意思決定を遅らせた。

金融引締めへの転換は、IMF借入の時期とタイミングが一致しており、IMF借入の決断が、引締め政策への本格的転換を促す要因となったと言えるであろう。

財政政策　1953～54年には、前年度予算よりも規模を縮小した「1兆円予算」が組まれ、財政投融資も大幅に削減された。それと比較すると、57年には積極的に予算の縮小が図られたわけではなかった。

1958（昭和33）年度には、余剰財源の棚上げが行われ、緊縮型予算（一般会計前年度当初予算に対して歳出の伸びは実質9%にとどまった[83)]）が組まれたものの、58年度の予算規模は57年度当初予算の1兆1,374万円を上回る1兆3,121億円の規模であった。財政投融資計画も、58年度には前年度当初計画とほぼ同額（4,174億円）が計上され、54年度に前年度比12.6%も削減されたのと比較すれば、緊縮型ではない。

「神武景気」の民間投資の大幅拡大を経て、1957年には電力・輸送等の生産の隘路が大きな問題として浮上していた。こうしたことを背景に財政当局は、外貨危機が克服されたのちに積極財政へ転換する芽を残すべく、58年度予算に「経済成長を支える不均衡是正という積極的役割」[84)]を将来果すための工夫を凝らした。

為替面の政策　1953～54年には、輸入担保率の引上げが大きな役割を果たした。57年には、輸入担保率の引上げも行われたが、それ以外に、現地貸付枠の削減、為銀への預託外貨の引揚げ、ポンド・ユーザンスの制限、輸入信用状の抑制といった措置がとられた。

1957年の引締めの際に、即効性があり、効果がきわめて大きかったのが、輸入信用状の抑制であった。57年6月1日以降、大蔵省が為銀に対して信用状開設予定額の商社別・商品別の報告を求める措置を実施したが、この措置により、大蔵省は行政指導を通じて、各行毎に毎月の信用状開設の増加をチェックした[85]。その結果、輸入信用状開設高は、5月の3億2,000万ドルから6月には2億2,900万ドル、7月には2億1,000万ドルに激減した[86]。

輸入担保率も、1957年6月に2回にわたって改訂され、不要不急品の担保率が5%から35%へ一挙に引上げられた[87]。ポンド・ユーザンスの貸付期間は、1957年5月に4ヵ月から3ヵ月に短縮された[88]。また、1957年3月、政府は海外日系商社に対する邦銀12行の現地貸付枠を、ドルについては1億1,150万ドルから8,240万ドルへ、ポンドについては480万ポンドから200万ポンドに縮小した[89]。57年4月末に1年前の3倍近くの9,500万ドルに達した現地貸付残高は、58年3月末には7,000万ドルにまで縮小した。

さらに、MOF（大蔵省）外貨預託の引揚げも行われた。大蔵省から本邦外国為替銀行11行に預託された外貨は、現地貸付や邦銀ユーザンスに使われていた。MOF外貨預託の引揚げは、為銀の外貨資金源を締めることにより、外貨金融の縮小を図り、輸入を抑える効果を狙った政策である。この措置により、甲種為銀12行の外貨預託残高は従来の約半分の2,370万ドル、ポンドは約4分の1の240万ポンドとなった[90]。併せて、東京銀行MOF預金の引揚げ（1957年3月〜11月に1億1,240万ドル）も実行された[91]。

短期貿易信用は1953〜54年の外貨危機の後に急速に拡大しつつあった。そのため、57年の外貨危機の際に新たに導入された輸入信用状の抑制等の為替面の政策は効果を発揮した。

外貨予算の縮小は、輸入量の減少による物価の高騰を招き、ひいては国際競争力が低下するという外貨予算縮小に対する批判は従来から根強かった。1957年外貨危機の際にも、57（昭和32）年度上期の外貨予算は、「実需のある限りこれに見合う輸入を認める」[92]方針により、総額26億4,300万ドル（輸入貨物予算22億3,600万ドル、貿易外支払予算4億800万ドル）の大規模な予算が組まれた。「国際収支の赤字がたとえ永続的なものとなる可能性があったにしても、これを防止するために輸入の制限に訴えることは徒に物価騰貴の種をまき、インフレ促進の結果を招く愚策であって、財政金融を中核とする円サイドにおける強力な施策によるべき」という理由からであった[93]。

1957年度下期の外貨予算は、引締め政策堅持の線に沿って、同年上期よりも6億3,400万ドルも少ない総計20億900万ドル（輸入貨物予算16億5,200万ドル、輸入貿易外支払予算3億5,700万ドル）の予算が組まれた[94]。上期予算で使い残しの発生が見込まれており（最終的に確認率は82%にとどまった）、原綿・鉄鋼原料などの在庫が十分にあるので、下期貨物予算規模を大幅に縮小しても支障はないと考えられたためである[95]。実際に、この縮小した予算も3億ドル以上を使い残す結果となった（確認率は83%）。

財政政策に関するIMFの評価　1957年の日本の国際収支対策をIMFは非常に高く評価した。とりわけIMFは、日本政府が中立的財政政策を転換し、緊縮政策を採用した点を評価した。57年度コンサルテーションにおいて、IMF側は、「揚超は近年における最高額の1つであり、ドッジ安定計画時代よりも多額である。特に日本当局がインフレ時において中立的な財政政策を維持するにとどまった政策を離脱する意図を有することを多とする」と述べた[96]。当時、大蔵省主計局長であった石野周夫は、58年に来日したIMF専務理事のヤコブソンに「リアル・サープラス・バジェット」を作成したことを褒められたというエピソードを紹介している[97]。

まず、IMFの見解を知るために、IMFスタッフのナヴェカー（P. R. Narvekar）がまとめた、1953〜54年と57年の外貨危機に関するレポートを見てみよう[98]。このレポートの要点は、以下の通りである[99]。

① 1953〜54年も57年も、金融引締めがもっとも大きな効果を発揮した。

② 1953〜54年には、ディスインフレ政策の柱となるような強い財政緊縮措置はとられなかった。しかし、57年には、政府は、インフレの際に中立的な財政政策をとるという従来の方針を転換し、緊縮政策を実施して効果を挙げた。

③ 1953〜54年には、日本の貿易相手国が輸入制限を緩和したことなど、輸出環境が好転したことが、国際収支改善に大きく寄与した。それとは対照的に、57年には、海外需要の拡大が見られなかったので、54年と比べて、よ

り大幅な国内需要の縮小が求められた。

④　輸入制限政策は、国際収支の改善に重要な役割は果たさなかった。

このIMFの評価において注目されるのは、財政政策の評価が日本側と大きく食い違っている点である。

1957年度の『経済白書』は、「昭和32年度の経済基調の大転換をもたらした引締政策の主役が金融であって、財政はいわば脇役にすぎなかったことは、28〜9年の引締めのときに、財政、金融が相携えて景気抑制の役割を果たしたのと大きな相違である」と述べている[100)]。大蔵省官房調査課の58年7月のレポートでは、「前回〔1953〜54年〕は、財政の引締め政策が大きな影響を与えたが、今回〔1957年〕は民間投資の拡大に対処する金融引締政策が主たる役割を果たした」としている[101)]。日本側は、57年の国際収支危機における財政政策の役割をあまり評価していない。

このような食い違いはなぜ生まれたのだろうか？　それは、IMFが予算規模ではなく、財政資金の対民間収支揚超・撒超を指標に判断していたためである。1954（昭和29）年度は、「1兆円予算」にもかかわらず、1,902億円の撒超となった。それに対して、57（昭和32）年度は2,597億円の揚超であった。54年度よりも57年度の方が、パフォーマンスが良いとIMFは判断したのである。

揚超・散超は政府の意図的な操作によるものではない。1950年代には、財政資金の対民間収支の予想と実績とが大きく食い違う現象が毎年起きていた（**表6－5**）。その原因は、予算の繰越し使用、食管会計の食糧証券の増発、外為資金の払超などさまざまであった[102)]。

コンサルテーションの場でIMF側は、散超は財政引締めが実行されていない証拠であると問題にした[103)]。1955年度のコンサルテーションでは、緊縮予算を編成したにもかかわらず、54年度が撒超となり、55年度も撒超が見込まれることは由々

表6－5　財政資金対民間収支の当初予想と実績

（単位：億円）

会計年度	当初予想	実績	予算の性格
1953	1,302	△ 949	膨張予算
54	△ 11	1,902	1兆円デフレ予算
55	700	2,766	ほぼ1兆円予算
56	980	△ 1,634	地固め予算
57	350	△ 2,597	健全積極予算
58	1,200	2,510	タナ上げ予算
59	2,400	1,332	成長予算

注：△は揚超。
［出所］鈴木武雄「政府資金と国庫の構造」鈴木武雄ほか編『金融財政講座』第1巻、1960年、p.135。

しい事態であるとして、IMF 側は日本側に財政面の一層の引締めを求めた。それに対して日本側は、54 年度については予算の繰越しなどの特殊事情によるものであり、55 年度については揚超が見込まれ、深刻なインフレ要因にはならないと説明した。さらに日本側は、インフレ圧力の存在するときは均衡予算を組む以外に方策はなく、積極的な経済安定化は金融政策によって図るべきであると答えた。現に均衡予算を組んでいるのだから、それ以上の対応は無理だという主張である。

1955 年度も大幅な撒布超過であったので、56 年度コンサルテーションでも、IMF 側はこの点を問題にした。日本側の説明は、大豊作による食管会計支出の増加が原因であり、56 年度には撒布要因は少ないと答えた[104)]。

以上のような経緯から、1957 年度に大幅な揚超になったことを、IMF 側は緊縮財政の成果と受け止めた。

金融政策に対する IMF の注文　1955 年度のコンサルテーションの際に、IMF 側は、財政面にこれ以上期待できないとすれば、従来の金融政策では限界があるので、支払準備制度の創設、公開市場操作の導入を行ったらどうかと示唆した[105)]。56 年度コンサルテーションの際に日本側は、オープン・マーケット・オペレーションを試みているところであり、準備預金制度は目下検討中であると説明し、各国の事情に関する情報を IMF に求めた[106)]。

支払準備制度創設は、1956 年 6 月に設置された金融制度調査会において、8 月以降審議され、57 年 2 月の答申を経て、5 月 27 日の「準備預金制度に関する法律」公布・施行によって実現した。創設の理由としては、55～56 年の金融緩和の際に日銀の市中銀行貸出が急減し、貸出政策以外の政策手段が必要となったために、新たな政策手段を求めたことが一般には挙げられている[107)]。

しかし、1957 年の時点で支払準備制度を導入する必然性は見当たらない。57 年度コンサルテーションの際の IMF 側の質問事項に対する回答書にも、「準備預金制度を現在採用すべきかどうかということについては、金融制度調査会の審議に当っても問題となり、市中金融機関が中央銀行貸出に依存することが多い現状においては当面準備預金制度を必要としないという少数意見もあった。しかしながら、経済の変動に伴い、各種の通貨調節手段を整備しておくことが適当であるという理由で立法化が図られたものである」と説明されている[108]。57年度コンサルテーションにおいて日本側は、市中銀行が日銀借入に依存し、公定歩合操作が有効に機能している現状では、他の金融政策手段を発動する必要はないと考えていると説明した[109]。

預金準備制度が初めて発動されたのは1959年9月であるが、準備率の引上げ幅は小さく、ほとんど効果はなかった[110]。

このように日本側には支払準備制度を設ける強い動機はなかったので、IMFの示唆がこの制度導入に踏み切らせた要因だと想定することも可能であろう。

3　輸出促進と1958年度コンサルテーション

(1) 輸出振興対策

1957年の外貨危機は、輸入の急増が主たる要因であり、輸出面には顕著な落ち込みは見られなかった。しかし1957年下期以降、引締め政策が効を奏したために輸入は急減したが、輸出の方は不振に陥った（図6-5）[111]。

そこで1958年6～9月に、政府が中心となって輸出振興策が検討された。53～54年の外貨危機の際にも、輸出第一主義が強く唱えられたが、国際収支が改善するにつれて、輸出振興の掛け声は弱まっていった[112]。57年に外貨危機が起きると、輸出振興策を求める声がふたたび高まった。

「昭和33年度の経済運営態度と経済見通し」(1957年12月17日、閣議決定)において政府は、58（昭和33）年度の輸出目標を31億5,000万ドルに設定し、「あらゆる努力を集中してこの輸出目標の達成を期する」こととした[113]。閣議で岸首相は、「輸出目標の達成がむずかしくなって、この計画を変更しなければならぬようなことになれば、政府の信威が地におちるばかりでなく、国際的にもわが国の信用を落とすことになるから注意して欲しい」と、是が非でも目標を達成するように要請した[114]。

1957年12月、経済閣僚懇談会は輸出振興重点施策を決定した[115]。そこでは、産業政策の重点を輸出振興に集中する方針が掲げられ、海外新市場の開拓、輸出取引秩序の確立（過当競争排除等）、重化学工業製品の輸出振興（金融・技

図6－5　輸出入月別推移（1955～59年）

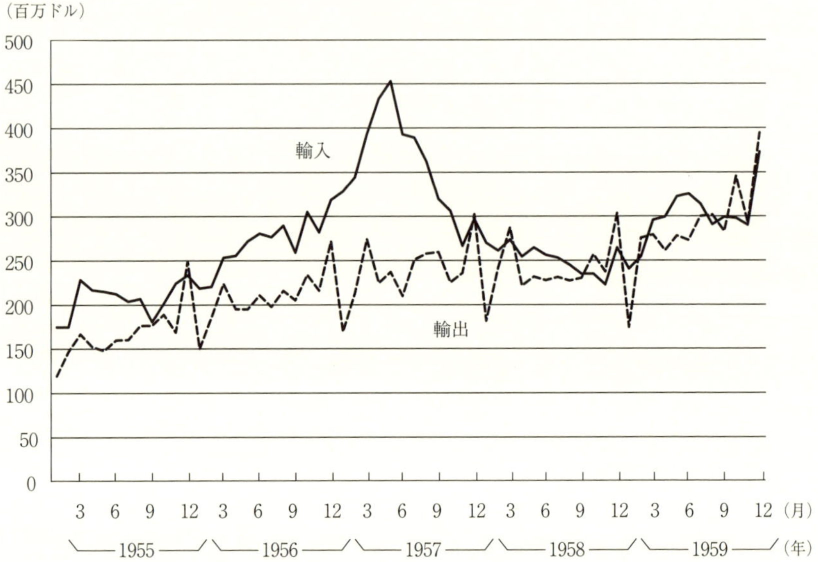

［出所］大蔵省『外国貿易概況』より作成。

術・サービス面の改善）などが列挙された[116]。58年7月11日の経済閣僚懇談会では、高碕達之助通産相が提出した「輸出振興対策」および「最近の輸出状況と問題点」をもとに輸出振興策が検討された[117]。通産省の輸出振興対策は、経済協力の推進と双務主義的貿易の復活に力点が置かれた。

通産省は、輸出振興について次のように考えていた[118]。

第1に、当面の対策としては、「強力な輸出振興策を推進し、これに景気対策の先導的な役割を担わ」せるために、延払輸出、円クレジットのような決済条件の悪い手段や、「双務主義的な行き方による輸出増加策」も活用すべきである。

第2に、「長期的観点からみれば、わが国輸出貿易の将来における最大の問題は、後進国特に東南アジアにおける購買力培養」であり、「消極的であったと言わざるを得ない従来の行き方を、抜本的に飛躍させ、この際強力な経済協力施策を活用すべきである。」

第3に、近年、「貿易に伴う債権回収上の多くのリスク」を国が危険負担をしなければ貿易量の増大を図れない状況になってきたので、国が企業リスクのある部分を負担したり、貿易相手国に対して国が積極的に信用供与を行う必要がある。

1958年7月の経済閣僚懇談会に提出された通産省の「輸出振興対策」[119]には、国際収支が悪化している東南アジア・中南米への輸出拡大のためのオープン勘定貿易の活用、アジア開発基金の設立、円クレジットの拡大（機械類だけでなくセメント・鋼材などの生産資材にも拡大)、延払方式の積極的活用、賠償の弾力的運用（消費財も賠償指定品種として認める）などが掲げられた。

こうした検討を踏まえ、8月22日、経済閣僚懇談会において、輸出振興対策が決定した[120]。①輸出取引における過当競争の防止、②消費物資の賠償繰り入れ、③プラント輸出の融資手続きの能率化、④輸出金融関係の金利の引下げ、⑤輸出保険料率の引下げなどがその主な内容である。

以上見てきたように、1958年の輸出振興策は、重化学工業製品の輸出促進に重点を置き、延払輸出や円クレジットの提供を重視した点で、53〜54年の輸出促進政策とは性格が異なっていた。53〜54年には「即効的な輸出促進策」がとられたのに対して、57〜58年には、産業・貿易構造の変化を見据えた「長期的な観点にたった総合政策」が提示された[121]。

（2）緩和政策への転換と1958年度コンサルテーション

緩和への政策転換　国際収支の改善が急速に進むなかで、1958年3月頃には経済政策の転換を求める声が強まった[122]。それまで引締め政策を堅持してきた日銀は[123]、58年6月18日に、公定歩合を日歩2厘引き下げた。山際日銀総裁は、「今回の公定歩合引下げの目的は金融緩和ではな」く、「異常に高くなった金利」の是正を目的とする「金融正常化」の一環であることを強調した[124]。

公定歩合引下げの後、内需拡大論が勢いを増した。経団連は6月21日の第2回総合対策委員会で、現在の不況は在庫調整の域を越えており、財政面から景気振興策を実施し、内需を刺激する必要があるという点で意見の一致を見た[125]。経団連は5月末には、人為的な景気刺激策は不要だとしていたので、その後意見が変わったとみられる。さらに経団連は、「経済の現状と今後の経済政策の方向について（覚書）」（1958年7月30日）で、「輸出振興の効果にも限度があって、過度に縮小循環に追い込まれた現在の状況を改善するのに間に合わない」と輸出振興策の限界を指摘し、「今後の経済政策としては、若干の内需振興策をとることが急務である」とする意見を公表した[126)]。

1957年に「輸出第一主義」を掲げていた通産省も、新通商政策（58年8月）においては、「輸出第一主義」を基本としつつも、内需刺激策を加味しており、政策基調を微妙に変化させた[127)]。

政府・自民党内では、池田勇人国務相が積極策への転換を主張し、慎重論の福田赳夫自民党政調会長、河野一郎同総務会長ら自民党主流派との意見の食い違いが表面化した[128)]。自民党臨時財政経済対策特別委員会（委員長：水田三喜男）は、7月下旬に関係省庁や経済界の意見を聴取し、8月4日に景気対策を中間答申としてまとめた[129)]。

答申は、現在では「国際収支の弾力性は著しく増強されて」いるので、有効需要を補強すべきだと述べた。ただし、自民党主流派の慎重論を容れて、経済政策を大転換しないこととし、①補正予算の提出などの積極的な内需刺激策はとらない、②輸出振興を第一目標に掲げ、不況産業に対しては緊急措置を講じる、③公共事業費や財政投融資の繰上げ支出により、なし崩し的に景気回復を図るという、漸進的な政策を提言していた。他方で、日銀に対しては公定歩合の引下げを要請した。財政引締めを維持しつつ、金融緩和を先行させようという姿勢が窺われる[130)]。

8月5日の経済閣僚会議で水田委員会の答申が了承され、答申は政府・自民党の景気対策として確定した[131)]。経済閣僚会議においても、公定歩合引下げの方針が確認され、政府・自民党が揃って日銀に緩和圧力をかける形となった。日銀は、9月5日、「金融情勢は去る6月の本行公定歩合引下げ後も、国際収支が引続き受取超過を示しているのをはじめ基調に格別の変化がない」との理由から、第2次公定歩合引下げ（日歩1厘引下げ）に踏み切った[132)]。

1958年度コンサルテーション　1958年度コンサルテーションは、6月23日から7月2日に実施された（東京）。「なべ底不況」の呼称に現れた長期不況への懸念とは裏腹に、日本は外貨危機を克服し、景気はV字型の急速な回復をとげつつあった。

コンサルテーションにおいて、IMFスタッフ側は日本の政策をつぎのように高く評価した。1957年9月以降の国際収支の改善と外貨準備の増大に示されているように、日本のディスインフレ政策は効果を収めている。この政策の結果、余剰生産能力が発生しているが、強い不況をもたらすほどではない。物価の下落は、対外競争力の増強に役立っている。投資はなお活発であり、こうした状況の下で日本が慎重な財政・金融政策を遂行しつつあることは大いに歓迎される[133]。

コンサルテーションではIMF側は、日本の長期経済計画に関心を寄せた。IMF側は、「新長期経済計画」(1957年12月17日閣議決定)における56年度から62年度までに年5.8%成長達成という目標(56年度実質ベース)は、輸出と国内貯蓄がともに増大するという例外的に有利な条件のもとでのみ達成可能な数値であり、高すぎるのではないかと批判した。

これより先、1958年2月22～27日にヤコブソンIMF専務理事が、インド経済視察の帰途に日本に立ち寄った。その目的は、IMF資金借入れ後の日本経済状況の視察という目的もあったが、ヤコブソンは「日本の工業化が如何にして達成されたか、その歴史的な探求」にも関心があると伝えられており、IMFのなかで日本の経済成長への関心が生まれていたことが窺われる[134]。

IMF借入の返済(1958年9～12月)　IMF協定の第5条第7項等により、IMF借入金の返済はつぎのように定められていた[135]。

① 次年度に返済することを義務付けられる額は、(借入額の半分)＋(年度内に増加した金・ドル準備の半分)である。金・ドル準備が減少した場合は、年度内に減少した金・ドル準備額の半分を差し引く。

② 返済(自国通貨の買戻し)は、金または交換可能通貨をもって行わなければならない。

③ 返済は3～5年以内に行わなければならない。

この規定に基づけば、日本が1958年度内に返済すべき金額は4,600万ドルであった。また、返済額のIMFへの通知の期限は10月末とされていた[136]。外貨準備に不安がなくなった状況を踏まえて、政府は58年9月16日、IMF

に対し1億2,500万ドル全額を、9月と12月の2回に分けて返済することを通知した[137]。

このように、政府が期限前の全額返済に踏み切ったのは、1958年10月のIMF総会において増資が議題に挙がっていたためである。日本はIMFに対して出資額の増額希望を表明する予定であったので、その前に返済を申し出た方が有利だと政府は判断した[138]。9月25日に、日本は借入額の半分の6,250万ドルを返済した。残りの半額についても、割当増額交渉を有利に進めるために、予定を繰り上げて11月28日に返済した。

なお、EXIM短期借款1億1,500万ドルの返済は、1958年6月26日〜59年4月15日に行われた[139]。

IMF増資（1959年9月）　IMF協定の規定では、割当額（クオータ）は5年ごとに見直されることになっていたが、全体的な増資は1947年の業務開始以来一度も行われなかった。しかしIMF増資への国際的要望は強く、53年にはECOSOC（国連経済社会理事会）がIMFは国際流動性の補強に、より積極的であるべきだとするレポートを発表した[140]。IMF事務局は56年に増資を検討し始め、57年9月の年次総会でヤコブソン専務理事は、世界貿易が44年以降70%も増加していることを挙げ、IMF資金の不足によってIMFの業務が阻害されることは遺憾だと述べ、増資を示唆した。IMFが増資になかなか踏み切れなかったのは、アメリカ政府が財政負担増を懸念して、消極的な姿勢をとっていたためである。

1958年10月のIMF総会において、アメリカ総務（財務長官）のアンダーソン（Robert B. Anderson）が提案した増資検討の決議が採択され、IMFの増資は実現に向かった。一律50%増資を実施し、カナダ、日本、西ドイツに対しては経済力を勘案して特別増額を認めるという決議案を12月末に理事会が纏め、2月2日までにこの決議は可決された[141]。92億ドルから140億ドルへのIMF増資は、59年9月9日に効力を発効した。日本に対しては、一律50%増資の場合の3億7,500万ドルを超える、5億ドル（当初出資額の倍額）への増資が認められ、日本のIMFからの借入可能額は従来の2倍に拡大した。

第3部　貿易・為替自由化

1959～64年

日本の貿易・為替自由化は、1959年を境に、急速に進展した。強固な為替規制で国内市場を海外市場から遮断していた日本に対し、IMF、GATTおよびアメリカ政府は自由化を強く求め、日本政府は、60年6月に「貿易・為替自由化計画大綱」を発表し、約40%の貿易自由化率を3年後に80～90%に高めるスケジュールを示した。

1959年に日本に対する自由化圧力が強まった背景には、西欧諸国においてIMF 8条国移行の準備が整ったことと、アメリカの国際収支悪化によってドル不安が生まれたことがあった。この2つの現象はコインの裏表の関係にある。西欧諸国の産業競争力が増大し、国際収支が改善したことが、西欧諸国の為替制限の撤廃を可能にしたが、一方で、西欧諸国の復興は、アメリカの国際収支の悪化に帰結した。

西欧諸国は1958年12月に通貨の交換性を回復し、非居住者の経常取引にかかわる為替制限を撤廃した（為替自由化の第1段階）。さらに、61年にはIMF 8条国に移行し、自由化の範囲を居住者の経常取引まで拡大した（為替自由化の第2段階）。日本は西欧諸国の後を追い、60年に為替自由化の第1段階（円為替と非居住者自由円勘定の導入）を実施し、63年2月にIMFから8条国移行勧告を受け、翌64年4月に8条国に移行した。日本の自由化は西欧諸国よりも3年遅れたが、西欧諸国において貿易・為替自由化が50年のEPU（欧州決済同盟）から10年余をかけて進められたことと比較すれば、短期間に集中的に実施された点に特徴がある。

第7章においては、日本政府が自由化に大きく舵をきった1960年6月の「貿易・為替自由化計画大綱」を中心に、自由化への転換について分析する。ついで、第8章では、61～62年の外貨危機とその対策を、「国民所得倍増計画」（1960年）に代表される高度経済成長政策や、60年代初めに急激に拡大した海外短資の流入との関連において検討する。最後に第9章において、64年の8条国移行とOECD加盟の過程を検討し、60年代半ばの、国際経済秩序のなかにおける日本の位置を明らかにする。

第７章　貿易・為替自由化の促進

1　自由化圧力の増大

（1）1959 年度コンサルテーション

欧州通貨の交換性回復　1958 年 12 月 29 日、ポンドをはじめとする欧州主要 9 ヵ国の通貨が交換性を回復した。非居住者の経常取引に限定された部分的な為替自由化であったとはいえ、西欧諸国は IMF 8 条国への移行に向けて大きな一歩を踏み出した。それに先立つ 58 年 1 月には欧州経済共同体（EEC）が発足し、域内 6 ヵ国の関税障壁が撤廃され、共同市場化への動きが本格化した。59 年には、西欧諸国の輸入自由化率は 90% を超えた。

西欧諸国の自由化に対する日本の反応は鈍かった。外務省は、通貨の交換性回復後も西欧諸国の為替・貿易管理に根本的な変化は生じないと予想した[1)]。また、EEC 発足をきっかけにして、むしろ保護主義がヨーロッパにおいて強まるという観測が、日本国内では一般的であった。

そのために 1959（昭和 34）年度上期外貨予算の編成においては、とくに自由化は考慮されなかった。59 年 3 月 5 日に経済企画庁が、上期外貨予算の編成のために経済閣僚会議に提出し、24 日に了承された「国際経済の新段階に対応するわが国の為替及び貿易政策の方向」は、貿易・為替自由化について初めて政府が基本的な考え方を示した文書とされる。しかし、そこには、「漸次為替、貿易の制限を緩和して国際経済の自由化傾向に即応しなければならない」と記されているだけで、具体的な自由化プログラムは示されていない[2)]。

1959 年度上期外貨予算の編成方針は、ドル差別品目の自由化の促進と、国内への影響の少ない非自由化（FA）品目に限定した AA 制（自動承認制）への移行に重点が置かれた[3)]。貨物予算に占める AA 制予算の比率（実質予算ベース）は、59年度上期には33.2％で、58年度下期の32.5％から増加を見ていない。自由化された品目は輸入額の少ない29の品目に限られ、くず鉄、銑鉄、ラワン材などの重要品目のAA制移行は見送られた[4]。

日本政府の自由化慎重論　1959年度コンサルテーションの準備に当たって、日本政府は自由化に慎重な方針を示した。通産省だけでなく、大蔵省や外務省も、欧州諸国が対日差別を行っていることを挙げ、日本が一方的に自由化を進めることに懸念を表明した。

外務省は、「わが国のおかれた通商環境、その貿易構造等をも考慮しつつ、漸進的な自由化を計らなければならない」と述べ、EEC、OEEC（欧州経済協力機構）諸国が対日貿易を差別的に扱っている現状に鑑みれば、今後も一定期間は双務的貿易に依存するのも止むを得ないとした[5]。大蔵省為替局は、「西欧先進諸国のわが国に対する貿易上の差別待遇、輸入制限は依然としてかなり厳しいものがあり、また英本国及び英連邦諸国や米国の対日輸入に対する態度も殆んど改善をみていない。このような状況において、わが国が今後これらの国との貿易自由化をすすめてゆくためには、互恵の基礎に立って相手国に対し輸入制限、差別待遇の改善を促しつつ、わが方としても漸進的に自由化を行うという弾力的な態度が必要である」とした[6]。

コンサルテーションの焦点　1959年度のコンサルテーション（6月1～10日、ワシントン）では、為替自由化が主たる議題となった。

フリードマン（Irving S. Friedman）為替制限局長は、コンサルテーションの開始前に日本側代表との間で行われた非公式の会談において、西欧諸国のIMF8条国移行が予想よりも早まりそうなので、日本も今から準備するようにと注意を喚起した[7]。

コンサルテーション協議の席でIMF側は、日本の国際収支が好調で、外貨準備に余裕がある今こそ、貿易・為替自由化の好機であると自由化を促した。またIMF側は、日本の為替管理が、国際収支上の困難を防ぐという本来の目的から外れ、国内産業の保護・調整の手段として用いられている点を批判し、外貨予算制度は不必要なまでに制限的であり、廃止を検討すべきであると指摘した。さらに、日本の為替制度には通貨差別が広く残存しており、リテンション・クオータ制度、輸出入リンク制度も、1958年にIMF理事会決定がなされているにもかかわらず、改善の跡が見られないと苦言を呈した[8)]。また、このコンサルテーションで、IMF側は初めて円の交換性回復を示唆した。

マクロ政策については、IMF側が注文を付ける余地はほとんどなかった[9)]。IMFスタッフは、日本が通貨の安定を損なうことなく、順調な経済成長、好調な国際収支を遂げているのは、日本の慎重な財政金融政策の結果であると、政策運営を高く評価し、今後も安定政策を維持することを促すにとどまった。協議の場では、日本側が経済成長重視の長期的な視点を強調したのに対し、IMFが安定重視の短期的視点を強調する傾向が見られた。

たとえば、輸入増加傾向がすでに現れ始めているとのIMF側の指摘に対して、日本側は国内成長を犠牲にしてまで外貨準備を蓄積する必要はないと反論し、IMFスタッフが、この反論を受け入れて、日本側の見通しには十分に根拠があると認める場面もあった。また、日本側は、3度の公定歩合引下げについて、けっして国内経済の拡大を意図したものではなく、国内の金利水準を世界水準に近づけることが目的であると説明した。

コンサルテーション最終日の講評において、IMFのマーフィー（Henry C. Murphy）アジア局長代理は、日本は輸入制限および差別措置の廃止を優先的に考慮すべきであると述べ、貿易為替自由化を強く促した[10)]。

自由化促進の対日勧告　IMFスタッフが作成した対日勧告案の内容は、つぎのようなものであった。

為替制限・為替差別撤廃への日本の取り組みは評価するが、厳格な外貨予算を含む日本の為替制度は、依然として極度に輸入抑制的であり、差別的である。日本の国際収支と外貨水準の改善状況に鑑みて、西欧諸国の通貨交換性回復と歩調を合わせた、いっそうの自由化の進展が望まれる。

1959年9月18日のIMF理事会は、事務局の原案通り対日勧告を決定した[11)]。

理事会において渡辺武理事は、日本政府は自由化の責任を重く受け止めており、自由化をさらに推進するつもりであると言明し、具体的には、外貨予算制度をより柔軟なシステムに改善する方向にあること、対ドル差別10品目については、経済閣僚会議（9月16日）において、撤廃の方針を決定したことについて触れた。

これと関連して、アメリカのサザード（Frank Southard Jr.）理事は、「ドル地域に対する10品目の差別の撤廃を決議に盛り込むよう、修正を求めるつもりであったが、渡辺理事が速やかに差別を撤廃する意向を示したので、あえて修正は求めない」と述べた。また、英国のマックジリブリー（G. J. MacGillivray）理事代理は、日本の外貨準備は増大したので、もはや外貨予算制度は不必要になっていると指摘した。

（2）アメリカ・GATTの貿易自由化要求

アメリカ政府のドル差別撤廃要請　アメリカ政府は、1959年夏以降、ドル差別（ドル地域についてのみ非自由化品目が残されている状態）の撤廃を日本に強く求め始めた。

ドル地域からの輸入を規制するためのドル差別措置は、第二次大戦後のドル不足に対処するために世界的に広く実施されていた。これは、IMF協定が禁止する為替差別に該当するが、ドル不足の現状ではやむを得ないとしてIMFは黙認してきた。

1958年末に英ポンド等の交換性が回復し、貿易を通じて取得する英ポンド等の西欧通貨とドルとの交換が自由になったことにより、日本がドルを差別する為替管理上の理由は消滅した。58年度下期外貨予算では、AA（自動承認制）品目617品目のうち213品目が、ドル地域についてのみFA（外貨割当制）品目となっていたが、政府は、59年1月31日、この213品目のうち13品目を除いてAAに移行し、3月31日には対ドル差別品目を10品目にまで削減した[12)]。この10品目は、ラード、牛脂、牛皮、大豆、アバカ繊維[13)]、ラワン材、鉄鋼くず、石膏、銅合金くず、銑鉄である[14)]。この10品目はいずれもアメリカの主要な対日輸出品であり、アメリカ側が自由化を強く望む品目であった[15)]。

アメリカのマッカーサー（Douglas MacArthur II）駐日大使は、1959年7〜8月、藤山愛一郎外相、佐藤栄作蔵相、池田勇人通産相との会談を要請し、貿易の自由化の促進、とりわけドル差別の早期撤廃を強く迫った。アメリカが日本に対して貿易自由化を正面から求めたのは、これが初めてであった。

8月25日に行われた藤山外相との会談では[16)]、マッカーサー大使は、日本の対米輸出が急伸した反面、アメリカの対日輸出は伸び悩んでおり、1959年前半に戦後初めて対日貿易収支が赤字に転じたことに言及した。マッカーサー大使は、従来自由貿易政策の支持者であった労働団体AFL–CIO（アメリカ労働総同盟・産別会議）が保護主義を唱え始めた事実を挙げて、日本がこうした事態を深刻に受け止め、はっきりした姿勢を示さなければ、米国政府はアメリカ産業界の保護主義に対抗できないと述べた。そのうえで、日本に対し、①日本製品の秩序ある対米輸出のための手段を講じること、②米国製品に対する差別的取扱いを撤廃し、輸入外貨割当を緩和して貿易自由化を促進することを求めた。

またマッカーサー大使は、日本滞在の米国ビジネスマンが自家用に米国製の乗用車の輸入を申請した際の日本政府の対応を非難してつぎのように述べた。ビジネスマンが、自分のドルで支払い、関税も負担し、転売禁止の条件まで甘受すると申し出たにもかかわらず輸入を許可しないのは、日本に好意的なアメリカ人まで敵に回す、まったく馬鹿げた措置である。またマッカーサー大使は、日本政府がアメリカの対日投資および技術輸出を極度に制限し、200件にのぼる申請を2年間も棚晒しにしていることに強い不満を表明した。これに対し藤山外相は、指摘された問題は関係者と協議のうえ、近い将来に対策を示すと述べるにとどまった。

8月26日の佐藤蔵相との会談でも、同様の事項が論点となった。マッカーサー大使は、通産官僚のなかに保護主義的な感情が根強い点を指摘し、今後、池田通産相との会談を通じて最大限プレッシャーをかける意向であると表明した[17)]。

池田通産相との会談は、8月27日に行われた。マッカーサー大使は、1959年前半に日本の対米輸出が51%増加し、アメリカの対日貿易収支が赤字になった事実に言及し、この急激な変化により、米国内では保護主義が強まっているので、日本政府が措置を講じなければ、深刻な事態が起きるだろうと警告した。これに対し、池田通産相は、為替制限を一挙に廃止すれば大混乱が起きるので、順序を踏む必要があるが、GATT大会の前に何らかの措置をとるよう努めると約束した。マッカーサー大使が、石坂泰三ら経団連首脳の方が日本政府よりもはるかに自由主義的だと批判したのに対して、池田通産相は自由化について14の経済団体の意見を聴いたが、賛成したのはわずかに1団体だけだったと応酬した[18]。

その後、9月に佐藤蔵相がIMF・世銀総会に出席のためワシントンを訪れた際にも、ハーター（Christian A. Herter）国務長官から、対ドル差別待遇の撤廃への善処を求められた[19]。

差別的為替制限に関するIMF決議（1959年10月） ドル地域からの輸入を差別していたのは、日本だけではなかった。1959年現在、ドル差別もせず、双務支払協定も締結していない国はIMF加盟国中15ヵ国にすぎず、約40ヵ国が為替差別を実施していた[20]。「ドル不足」の状況に配慮して、ドル差別を表立っては強く要請してこなかったアメリカは、西欧通貨の交換性回復を契機に、ドル差別撤廃を積極的に主張しはじめた。

IMFも1959年には、西欧通貨の交換性が回復された現在、もはや為替上の差別を行う国際収支上の理由は存在しなくなったと、戦後過渡期の終了を宣言するに至った。59年9～10月に開催されたIMF年次総会において、ヤコブソン（Per Jacobsson）専務理事は、演説の冒頭、「差別的制限はもはや保護主義的手段にすぎなくなった」と述べ、差別的為替制限の撤廃を訴えた[21]。

1959年9月24日にIMF理事会に提出された為替差別の現状に関する為替制限局の報告書は、為替差別（ドル差別と双務協定）についてのIMFの立場を明確な形でGATTに伝えるべきだと提言した。10月14日の理事会に決議案が提出され、23日に、「国際収支上の理由に基づく差別的制限の撤廃」の決議が可決された[22]。決議は、工業国を中心に最近、外貨準備は増加しており、もはや国際収支上の理由から差別的為替制限を行う必要は認められないと宣言した[23]。

理事会では、渡辺理事が、ドル差別、双務協定のほかに、OEEC、ドル地域以外の地域に対する「第3のタイプの差別」も存在すると指摘し、GATT第35条援用国の対日差別の撤廃も含めるべきだと訴えた。オーストラリア理事代理フレミング（Brian E. Fleming）とインド理事代理パテル（I. G. Patel）が渡辺発言を支持し、この決議はドル地域に対する差別撤廃に限定されないことが合意された[24]。

GATT対日輸入制限協議とGATT東京総会（1959年10〜11月）　1959年10月26日〜11月20日、GATT東京総会（第15回総会）が開催された。GATT総会は、創立当初を除き、すべてジュネーブで開催されてきたので、東京での開催は異例であった。東京総会は、GATT第35条援用の撤回に向けての国際世論づくりのために、日本政府が熱心に総会誘致運動を行った結果、実現したものである[25]。

総会に先立って、10月19日、20日に、日本政府とGATTとの間の輸入制限協議が東京で行われた（代表：牛場信彦外務省経済局長）。GATTの輸入制限協議は、国際収支上の理由から輸入制限を行っている加盟国（GATT 12条国）と、各国との間で毎年実施される、制限の緩和・撤廃のためのIMFコンサルテーション類似の協議である。

この協議において日本側は、①日本は原材料の多くを海外に仰いでいるので、現在の外貨準備の水準（約12億ドル）ではまだ十分ではないこと、②日本経済は過剰人口、資源の貧困、資本蓄積の不足に悩んでおり、基礎が脆弱であること、などを理由に挙げ、急激な自由化は困難だと訴えた。

GATT側は、①日本はすでに十分な外貨準備（対年間輸入額で40%超）を保有していること、②自由化率が31.5%というのは低すぎること、③リンク制、バーター制、外貨資金特別割当制度などの差別的な輸入制度が残っていること、④10品目のドル地域差別が残存すること、⑤完成品の輸入自由化がほとんどなされていないことを指摘し、「日本の輸入政策は余りにも慎重すぎる」と批判した[26]。

協議の報告書は11月5日にGATT総会に提出され、審議された。総会では、日本と似た立場に置かれていたイタリアが、すでにGATT総会開催で審議が行われる直前の同年10月にIMFから8条国移行の勧告を受けていたために、日本に批判が集中することになった。アメリカ、カナダ、デンマークなどが日本に対して、現行輸入制限の大幅な緩和と、差別的輸入制限の速やかな撤廃を要求し、日本はできるだけ1960年3月までに10品目の差別撤廃を行うことを約束した[27]。

（3）自由化圧力への対応

1959年度下期外貨予算　9月末に決定した1959年度下期の外貨予算では、上期と同様、自由化の進展は見られなかった。新たに自由化された150品目は、いずれも輸入実績の少ない品目であり、貨物予算に占めるAA予算の比率（実質ベース）は上期の33%から下期には31%へと低下した[28]。対ドル地域差別の残存10品目の自由化については、60年度までに自動承認制へ移行するための準備を行う意思表明はあったが、実質的には手がつけられなかった[29]。そのために、この外貨予算編成には、安保改定問題のかげに隠れて、貿易自由化を「できるだけさぼろうとする底意がある」[30]とジャーナリズムからは批判を受けた。

下期予算が自由化に消極的となった理由は、通産省の原局の強い抵抗にあった。通産省では、「一つ一つの品目につき原局と検討を加えているが、遅々として進展しない」状況にあった[31]。8月半ばの時点ですでに、松尾泰一郎通産省通商局長は、「これまでに自由化していない商品は国産品との競合などそれだけの理由があるわけで、大幅な自由化を行うことは困難である」と、積極的な自由化を断念する意向を示していた[32]。

その背後には、自由化率の引上げよりも、アメリカが問題としている対ドル地域差別10品目の自由化（グローバルAAへの移行）に焦点を絞る方が現実的という判断があった。しかし、この10品目を自由化するのも容易ではなかった。

このころまでには明確な自由化推進論に転じていた大蔵省為替局は、10品目のドル差別撤廃を、9月開催のIMF・世銀総会（ワシントン）に出席する佐藤蔵相の「渡米みやげ」にしたいと考えた[33]。しかし、佐藤蔵相の出発直前の9月16日に開かれた経済閣僚懇談会においては、1960年度上期までに10品目を自由化するという為替局の意見は通らず[34]、その1年後の61年3月末までに銑鉄を除く9品目を自由化する方針が決定した[35]。自由化のスケジュールは、60年1月にラワン材、銅合金くず、61年3月までに大豆、石膏、ラード、牛脂、牛皮、アバカ繊維、鉄鋼くず、61年3月以降に銑鉄の3段階であった。

10品目をただちに自由化できない理由として挙げられたのは、以下の点であった[36]。鉄鋼くずについては、鉄鋼業者の買い漁りによる価格急騰の恐れがあるので、一手買取機関を設けるか、アウトサイダーの規制を導入して「秩序ある買付体制」を整えることが先決である[37]。牛脂、ラードについては、自由化の前に、魚鯨油業界、マーガリン業界との調整が必要である。石膏については、国内中小鉱山保護の点から、セメント業界の買付保証が実現するまで自由化できない。銑鉄については、原料炭の輸入の自由化により、鉄鋼メーカーが安価な外国炭の買付を実施できるまで自由化は困難である。

通産省の輸入自由化に関する姿勢　通産省は、自由化をドル地域差別の撤廃に限定し、根幹であるAA品目の拡大には消極的だったが[38]、10月以降自由化圧力が強まるなかで、態度を変化させた。

「貿易為替自由化の必要性と今後の検討事項」に示された、1959年6月時点の通産省の見解は、つぎのようなものである[39]。当面は、外貨予算制度の撤廃など大幅な自由化を求められることはありえず、自由化要請はドル地域差別の撤廃に絞られるだろう。これまでIMFは双務協定の撤廃を重視してきたが、双務協定がほぼ廃止された現在、地域差別の撤廃がつぎの焦点になると見られる。本格的な輸入自由化は、その先のことになろう。

その後のIMFコンサルテーションおよび総会、GATT東京総会、アメリカ政府との交渉を通じて、貿易・為替の自由化が緩慢なペースで進むという通産省の見通しが甘かったことが明らかになった。1959年10月のGATT対日輸入制限協議後、通産省通商局は貿易自由化方針を再検討し、あらたな方針を「輸入の自由化について」と題する文書にまとめた[40]。その内容は、以下の通りである。

「輸入管理制度が戦後の復興過程において、わが国産業の再建と発展に果してきた役割は極めて大きなものがあった」が、今日では、アメリカやIMF・GATT等からの国際的な「自由化への圧力は極めて強いものとなって」いる。「このような国際的環境の下で、今後わが国が輸出を拡大して行くためには、わが国の側においても自由化への熱意を示しつつ、強力な経済外交を通じて相手国の対日輸入制限乃至はGATT第35条の援用撤回を求めることが必要である。」輸入の自由化については、「摩擦を最小限にとどめ」つつ、次の方針を「計画的に実行」すべきである。

① 国産競合品が存在しない素原材料、製品原材料および機械については、品目ごとにAA制移行の目標時期を設定し、可及的速やかに移行する。

② 国産競合品が存在するものについては、国産品の国際競争力を強化するための方策を検討した上で、AA制移行の可能性を検討する。従来は、国産可能な製品・半製品の輸入はほとんど認めてこなかったが、「今後は国内産業への刺激的効果を考慮して、原則として国産の一定比率（例えば3%）までの輸入を認めることとする。」

③ 事実上、輸入禁止的な措置が取られてきた消費財については、国民生活の向上の見地から輸入の道をひらく。

④ 対ドル差別10品目の完全AA制移行は、1960年度上期中のできるだけ早い時期に実現する。

⑤ 輸出入リンク制度、バーター制度、外貨資金特別割当制度は整理する方向で検討する。

従来、外貨割当は国内産業の保護（下記の②）以外に、以下のような多様な目的で実施されていた[41]。

① 輸出促進のための輸入確保：バーター的貿易取引を通じて、特定の国から物資を購入することにより、日本製品の輸出先を確保する政策。砂糖（台湾、ブラジル）、塩（台湾、タイ、アデン、エジプト）、原綿（シリア、ブラジル、中南米、エジプト、イラン）などのバーター的輸入が実施され、バーター的貿易の相手国以外からの輸入が制限された。

② 国産保護：砂糖、大豆、牛脂、チリ硝石、人絹用パルプ、アバカ繊維、石炭、銑鉄、機械類、原油・重油、オイルコークス、ラード、各種非鉄金属および同鉱石などについて、国産保護の目的で輸入割当制が実施された。

③ 産業秩序の維持：外貨割当が、生産調整、過当競争防止政策を補完する産業秩序維持の手段として用いられた。屑鉄、原綿、落綿、原毛、毛くず、アバカ繊維、牛脂などがこれに当たる。

④　中小企業の保護：牛皮、原毛、アバカ繊維、牛脂、各種非鉄金属及び同鉱石など。

⑤　輸入過当競争の防止：輸入に際して過当競争が生じ、輸入価格が高騰するのを防ぐ目的で外貨割当が実施された。ラワン材、カリ塩、鉄鋼くず、ニッケル鉱。

上記の通産省の新たな方針は、外貨割当の目的をコア部分である国内産業保護に絞ることを意図したものであった。

（4）ドル差別撤廃

ドル差別撤廃のスケジュール繰上げ　アメリカやIMFがドル差別撤廃を重視し始めたことにより、1959年度下期にはドル差別撤廃が、貿易・為替自由化問題の焦点となった[42)]。

ドル差別全面撤廃の時期は日本側が示した1961年3月末では遅すぎるという不満をアメリカ側は持っており、59年9月に渡米した佐藤蔵相は、ミューラー商務長官から、早期のドル地域差別撤廃を求められた[43)]。10月19〜20日のGATT輸入制限協議会でもこの問題が取り上げられ、10月27日に開催されたGATT東京総会においても、ディロン（C. Douglas Dillon）米国務次官はドル差別撤廃要請を繰り返した[44)]。

そのため通産省は、10品目の自由化スケジュールを再検討する必要があると判断し、11月11日、ドル差別撤廃の繰上げを含む、新たな輸入制限緩和措置を発表した。これにより、ラワン材、銅合金くず、石膏、アバカ繊維の4品目は1960年1月から、残りの6品目についても60年度中の早い時期に自由化されることになった[45)]。

併せて、ドル地域差別撤廃以外の一般的な自由化措置も追加的に実施された。AA品目の追加（60年1月実施のAA制移行品目に65品目を追加）と、外貨自動割当制（AFA）の創設である。AFAは、外貨資金割当制（FA）と自動承認制（AA）の中間のカテゴリーであり、AFA品目は国際収支が悪化した場合にはFAに戻すことのできる自由化品目である[46)]。ただしAFA制度については、「複雑すぎるといわれるわが国の輸入制度を、さらに複雑にするような」制度との批判もあった[47)]。11月発表のAA、AFAへの移行品目は、いずれも国産品とは競合しない品目であり、輸入自由化に対する日本の積極的姿勢を対外的にアピールすることが狙いであったと見られる。

以上のように、アメリカ政府、IMF、GATTの圧力で、対ドル差別品目の自由化は1959年秋に進捗した。60年1月4日にラワン材、アバカ繊維、石膏、銅合金くずの4品目、同年4月に鉄鋼くずなど3品目、7月に原皮に対する差別が撤廃された。残った大豆、精油ラードも、61年7月1日から自動承認制品目に移行し、対ドル地域為替差別は消滅した。

大豆の自由化　対ドル差別10品目のなかで大豆は、農林水産物自由化の試金石と目されていたので、以下に詳しく見ておきたい。

大豆の生産・輸入の特徴としてはつぎの点が指摘できる。

第1に、大豆は戦前から輸入依存度の高い農産物であった。大量の大豆が「満州」から輸入されていたので、1930年の大豆の自給率は36%にすぎなかった（国内産34万トンに対して、輸入は61万トン）[48]。第二次大戦後、外貨節約の目的で、50年代前半には国産大豆の増産が図られた。生産量は、52年にはピークの約52万トンに達し、その後も、60年までほぼ40万トン水準を維持した（**図7－1**）。しかし、食料油の生産拡大とともに輸入が増大し、自給率は57年には戦前と同水準の36%（国内産46万トン、輸入81万トン）まで戻った。

第2に、国産大豆と輸入大豆で品質・用途が異なった。含油分が少ない国産大豆は豆腐・味噌の原料に用いられ、食料油の原料としては主として輸入大豆が用いられた。輸入大豆は、食料油の原料という点で、国産大豆よりもむしろなたねと競合関係にあった。

第3に、大豆・なたねは収益性が低く、価格支持政策が実施されていた。なたねには1953年8月から、大豆には56年6月から、農産物価格安定法（通称「農安法」、53年8月施行）が適用された[49]。

第4に、第二次大戦後の輸入先は大部分が米国であった。ドル地域からの大豆輸入の制限は、大豆輸入の制限と同義であった。

1960年1月12日の貿易為替自由化方針に、大豆自由化（AA制移行）10月実施が盛り込まれた。貿易自由化の対象農産物の筆頭として大豆を選ぶことは、消費者の立場への配慮という点からも国民の納得が得られやすいと考えられ

図 7－1　大豆の生産と輸入量（1926～70 年）

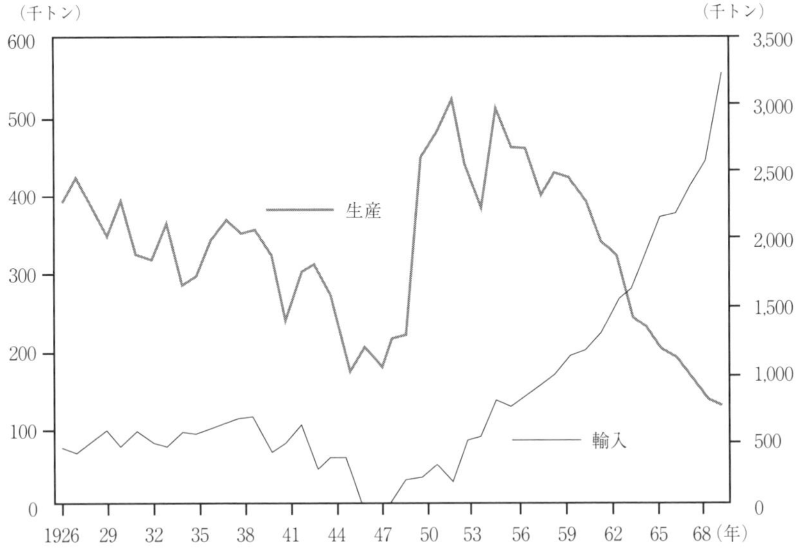

［注］左目盛りは生産高、右目盛りは輸入量。
［出所］大豆生産高は、『日本長期統計総覧』第 2 巻、日本統計協会、1988 年、pp.44–45、輸入量は『完結昭和国勢総覧』第 2 巻、東洋経済新報社、1991 年、p.164、p.166 による。

た[50]。7 月に成立した池田勇人内閣は、予定通り実施する方針であったが[51]、自由化対策の調整が難航した。自由化実施の代わりに採られる国内産大豆の保護策として、①関税引上げ（関税を引上げ、関税収入を大豆農家への補助金に当てる）、②輸入課徴金（10% 程度の課徴金を輸入業者から徴収し、補助金に用いる[52]）、③補助金（一般会計から補助金を支出する）などが挙がった。政府は、対米信用の上からも、60 年 9 月の GATT 総会までには方針を決めようと、解決を急いだ。

最初に農林省が検討したのは、輸入調整金方式（課徴金方式）である[53]。国産大豆価格は外国産より約 3～5 割も高く、この価格差を埋めようとすれば、関税率の 2 倍の引上げ（10%→20%）が必要になる。しかし、このような大幅な関税引上げを GATT との交渉のなかで実現するのは不可能と見られた。そのため農林省は、課徴金徴収の方法によって、関税引上げと同等の効果を狙ったのである[54]。しかし米国は、課徴金徴収も実質的な関税引上げであるとして、難色を示した[55]。そこで農林省は大豆関税を引き上げ、関税収入を大豆農家保護に充てる案に転換した（大豆関税の目的税化）。このように農林省の方針は変転したが、国産大豆保護のために特定財源（ひも付き財源）を確保する点では一貫していた。

大蔵省は、一般財源による負担にも、大豆関税や調整金の特定財源化にも消極的であった。とりわけ主税局税関部は、関税の目的税化は関税政策の基本原則を揺るがすものであり、波及効果が大きいとして、強硬に反対した[56]。

最終的に8月17日の経済閣僚懇談会で、①自由化の趣旨に反しない範囲内での関税の引上げ、②財政措置（一般会計からの支出）による農家への補助金交付の2つの対策を実施する方針が決定した[57]。

その後、関税引上げ交渉はGATTの場で行われ、1961年2月に決着した。財政措置をめぐる調整は大蔵、農林両省の間でなされ、61年1月に、①国産大豆対策費（国産なたね対策費も含む）総額30億円を一般会計から支出する、②政府の直接大豆買上げは行わない、③国産大豆・なたねの価格支持のための法律を通常国会に提出する、という点で一致を見た[58]。

1961年6月16日、政府は、大豆輸入の自由化を既定方針通り7月1日から実施することを閣議決定した[59]。国産大豆を保護するため、①大豆の輸入関税を現行の10%から13%へ引き上げること、②次期国会で大豆・なたねの交付金法案を成立させること（61年11月9日公布「大豆なたね交付金暫定措置法」）、③国産大豆の価格支持の目標価格を60キロ当たり約3,200円とすることになった[60]。

農産物の中で、まっさきに大豆が自由化された理由は、第1に、アメリカにとって日本市場は年間100万トンを輸出する大市場であり、対米政策の点で効果が大きかったこと、第2に、日本農業における大豆生産の比重は低く、国内の抵抗が小さいと予想されたことにあった。当時、年間40万～50万トンの国内の大豆生産のうち約20万トンは自家消費に向けられ、市場に出回るのは20万～30万トン程度にすぎなかった。

食料油メーカーは、安価な原料が期待できるので、大豆輸入自由化を支持したが[61]、他方で、食料油については保護を強く主張した。大豆油は低付加価値製品であり、原料価格により価格が決定されるという理由から、30%に達する高い関税障壁で守られていたにもかかわらず、大豆油は自由化されなかった[62]。大豆油が自由化されたのは、1971年6月である。

大豆自由化が大豆・なたね栽培に与えた打撃は大きかった。大豆作付面積は急減し（1960年30万6,900 ha→75年8万6,900 ha）、なたね栽培は70年代なかばまでにほぼ壊滅した（60年19万1,400 ha→75年4,400 ha）[63]。両作物ともに生産性向上が遅れたこと、また、価格支持水準が米ほど高くなかったことが、急激な衰退をもたらした。

戸田博愛は、「自由化対策としての不足払い制度〔価格支持制度〕がほとんど効果がなかったことが、農民の間に『自由化』への恐怖心と『不足払い』への不信感を広げていった」と指摘している[64]。大豆・なたねは全国の広範な地域で栽培されていただけに、影響が及んだ範囲は広く、農家経済へのダメージ自体はさほど大きくなかったにもかかわらず、自由化に対する農家の抵抗感を強める結果になった。

2 「貿易・為替自由化計画大綱」の策定

（1）貿易・為替自由化促進閣僚会議の設置

自由化への転換の画期となったのは1959年10〜11月のGATT東京総会であったが、これを受けて政府は、年明け早々に予定された岸首相の渡米（60年1月16日）に向けて自由化方針の決定を急いだ。

まず、1959年12月22日、自由化の総合政策検討に本格的に着手することが閣議決定された[65]。12月26日の経済関係閣僚会議は、繊維原料の原綿・原毛の61年4月輸入自由化を決定した[66]。年明けの60年1月5日には、貿易・為替自由化促進閣僚会議が設置され[67]、1月12日の貿易・為替自由化促進閣僚会議において、おおむね3年以内に貿易・為替自由化を行う基本方針（「貿易及び為替の自由化の促進について」、以下「基本方針」と呼ぶ）が決定された[68]。「基本方針」は、60年1月に、日米安全保障条約改定のため渡米する岸信介首相が携えてゆく、アメリカ政府への「みやげ」だと評された[69]。

「基本方針」の内容は以下の通りである。

① 1960年5月末をめどに自由化計画を固め、今後3年以内に態勢を整備する[70]。

② 対ドル差別6品目については、鉄鋼くず、牛脂、ラード、原皮を60年4月から、銑鉄、大豆をおおむね10月から自由化（完全AA化）する。

③ 約300品目を1960年4月からAA品目に移行させる。

④ 約150品目を1960年4月から自動割当制品目（FAA）に追加する。

⑤ 為替面では、非居住者自由円勘定の創設、為替集中制の緩和、海外渡航・送金制限の緩和等を実施する。

この基本方針について、大堀弘経済企画庁調整局長は、①西欧の自由化率が85〜90%であるのに対し、現状の日本の自由化率30%はあまりに低すぎること、②輸出見通し、国際収支の好調、外貨準備の増加（13億ドル台）などを鑑みれば、約3年間で自由化は可能であること、③IMF 8条国勧告以前に自由化体制を整える必要があること、などの点からこの方針を提出することになったと説明した[71]。

基本方針が掲げた3年以内の自由化は、ドラスチックだと一般に受け止められた[72]。1959年12月16日に、代表的な民間のオピニオン・リーダーが構成する総合政策研究会（有沢広巳法政大学総長ら）が発表した「貿易・為替自由化への提言」[73]は、積極的な自由化推進の提案として大きな反響を呼んだ私案である。「提言」は、63年度末までの4年間に自由化を完了するというスケジュールを掲げていたが、「基本方針」が示した期間はそれよりも短かった[74]。

こうして政府は自由化の推進へと大きく舵を切ったが、「基本方針」は自由化を宣言することに目的があり、内容は十分に詰められていなかった。自由化の具体的スケジュールは5月末までに策定することとされた。

（2）政党、経済団体、労働界の反応

自民党と自由化問題　1960年1月の「基本方針」の発表以後、予定の5月末までに具体的スケジュールを作成するための準備作業が急ピッチで進められた。

自民党では、政務調査会のなかに設けられた経済調査会が、1960年2月8〜24日に各省庁や財界団体に貿易・為替自由化に関するヒアリングを実施し、

その後3月には、貿易・為替自由化専門委員会（会長：水田三喜男）が発足した[75]。

当初は、自由化に対する反対論もあった。有力派閥の領袖河野一郎は、自由化はアメリカの押し付けによるものであり、「自由化より日本経済の自立体制確立が先だ」と主張し、岸内閣の自由化政策は拙速だと批判した[76]。また、松村・三木派は、「自由化よりアジア政策の確立、対中ソ貿易拡大の方が先だ」という議論を展開した[77]。このように、自民党内には異論もあったが、3月29日の水田・河野会談で、河野が妥協した結果、自由化推進の方向でまとまった[78]。

経済団体における自由化対策の検討　各経済団体は、自由化問題に関する委員会を設置し、対策を検討した。

経団連は、1960年2月26日に自由化対策特別委員会（委員長：佐藤喜一郎三井銀行会長）を設置し、各業界の意見を聴取した上で、4月19日の理事会において「自由化に対する意見」を決定し、政府、国会に建議した。「意見」は、「自由化政策を推進することは、企業の自主的活動を活発にし、合理化意欲を振興し、企業の体質改善を促進する原動力を与えることになるものと確信する」と自由化を積極的に肯定した。しかし具体的な政策提言は、企業の体質改善促進策に力点が置かれ、税制改正、独禁法改正、輸出入取引法の改正、貿易業法の制定など、政府に対してカルテル規制の緩和等の企業強化策の制定を求める内容となっていた[79]。5月19日の経団連定時総会は、「自由化はわが国経済自身のためにも当然推進すべきことがらである」とする決議を採択し、「為替・貿易の自由化に対処すべき経済界の決意」を表明した[80]。

東京商工会議所と大阪商工会議所は、3月28日に自由化対策をテーマに、合同の経済懇談会を持った。会合では、「金解禁」の際のような深刻な影響を懸念する声が強く[81]、自由化は十分な準備をもって実施すべきとの慎重論が支配的であった[82]。東京商工会議所と大阪商工会議所は、4月15日にそれぞれ、貿易自由化に関する意見書を政府に提出した。いずれも、3ヵ年内に90%の目標にとらわれることなく、業種別・規模別に自由化の影響を考慮し、対策を練った上で実施すべきだと主張していた[83]。

経済同友会は、7月16日、「貿易・為替自由化対策」を発表した[84)]。「自由化を梃子として企業の生産性を一段と向上させ、原則として、生産性の高い産業構造への移行を可能にする」と、自由化のメリットを説くとともに、競争力のない産業や農業については社会的配慮の観点から、自由化を急ぐ必要はないとした。また、経済界の自主的調整を強調し、経済界全体が総合的判断を行う場を設けることを提言した。

日本経済新聞社が、自由化と関連が深い企業160社を対象に1960年3月に行ったアンケート調査では、貿易の自由化を必要だとする企業が約90%にのぼったが、自由化の時期については、3〜5年後が3分の2を占めた。また、自社の製品に国際競争力があると答えたものが45%にのぼり、国際水準並みという回答と合わせると62%に達した[85)]。自由化に備えて設備投資を行うと述べた企業は87%に及び、「岩戸景気」のなかで高まっていた投資熱を、自由化がいっそう煽った様子が窺われる[86)]。

鉱工業界の意見　経団連[87)]と自民党[88)]のヒアリング等をもとに、各業界の自由化に対する意見を要約すれば以下の通りである。

機械工業：自由化の影響は、企業や機械の種類によって異なり一概に言えないが、一般的に日本の機械工業は発達が遅れているので、基盤を強化する必要がある。工作機械は、産業の基礎となる重要な機械であるから、あくまでも国産でやってゆかなければならない。産業機械の場合には、ただちに自由化できる機種は15〜20%程度である[89)]。電機工業においては、重電機は、水力発電関係は相当の実力はあるが、大型重電機は、まだ自由化できる段階にはない。ただし、家庭電器は自由化の影響は少ない[90)]。自動車は、二輪車は国際競争力が強く、トラック、バスも影響は少ない。問題は乗用車であり、小型自動車工業の基盤はきわめて脆弱であり、部品工業は親企業以上に弱体である。乗用車に対する40%の関税率は、据え置く必要がある[91)]。

鉄鋼業：鋼材の輸出競争力は十分にあるので、自由化に賛成である[92)]。

繊維：原料の自由化は決定済みなので、問題の焦点は、自由化に伴う混乱の防止にある。綿製品については、日本は世界最大の輸出国であり、競争力は強い。しかし、輸出先の国が種々の輸入制限を実施しているので、対策は必要である。毛製品の輸入自由化は慎重に行うべきである。化繊は十分な国際競争力を備えている。

紙パルプ：自由化されれば影響は深刻であり、少なくとも5ヵ年以上の準備期間が必要である。

鉱業：ただちに自由化されれば、企業の存続は危うくなるので、鉱産物の自由化は好ましくない。

海運：海運業の体質はきわめて弱く、世界市場での競争に耐え得ない状態である。強化の方策もなかなか見出しがたい。

石油：おそくとも1963年度を目標にまず原油を自由化し、製品については、その後、なるべく早く自由化するよう努力する[93]。

なお、東京商工会議所が、602の主要経済団体を対象に1960年1月に行ったアンケート調査では、化学、鉱業、石油、石炭、一般機械の各業種から、自由化した場合には厳しい影響が出るとの回答が多く寄せられた[94]。

農業と貿易自由化　農産物の自由化について農林省は、国内農業の保護の立場から、「普通の物資のように軽々に自由化するという考え方で進めることはできない」とした[95]。農林省は、大豆など一部の農産物を除く大部分の農産物については、自由化は不可能だと考えていた[96]。

農林漁業基本問題調査会（東畑精一会長）は、1960年4月11日、合同小委員会がまとめた「農業の基本問題と対策」を発表し[97]、「当面農業保護を堅持せざるをえない」が、保護政策は貿易自由化に即応する形に改めるべきだと提言した。すなわち、長期的に成長が期待されるべき農産物を除き、農業保護は関税によって行うことを原則とし、必要な場合に、輸入賦課金等の措置を講じることを提言した。

農林省は、経済企画庁と自由化計画について折衝するのに先立ち、5月13日、農林関係物資の自由化に関する以下の方針を決めた。①米、麦、乳製品、砂糖のように農業所得のなかで大きな比重を占めているもの、今後伸ばさなければならない成長部門は自由化しない、②競争力のある油脂、水産物、木材、果実の一部は自由化可能である、③農薬、農機具、肥料の大部分は自由化されることを期待するが、硫安は自由化しない[98]。

当時の農林省の姿勢について昌谷孝（当時、農林大臣官房長）が、「自由化の方向に進むのは日本経済の当然の方向だし、またそのことは農業構造の改善にとってそんなに悲観すべき事柄ではないんだという気持ちもありました」と後に述べているように、農林省は自由化を全面的に拒否する立場はとらなかった[99]。農林水産物の自由化率は、1959年10月の43％から64年5月には92.3％に達し、農産物215品目中、非自由化品目は75品目となった（**表7－1**）。輸入額に占める食料品の比率は、工業原料輸入の拡大や食糧増産のために50年代を通じて低下し続けたが、61年をボトム（11.5％）として上昇に転じた。畜産の発展にともなう飼料輸入の増大などの農産物需要構造の変化が主因ではあったが、自由化も輸入増の要因の1つであった[100]。

また、経済同友会は、1960年4月8日の総会で、「日本農業に対する見解」を採択し、「直ちに全面的に農産物の貿易自由化を許すわけにはゆかない」が、

表7－1　農林水産関係の自由化推移と主要自由化品目

自由化時期	自由化率	主要自由化品目
1959年10月	43.0％	鳥獣肉類（牛、豚、鯨肉を除く）、ナチュラルチーズ、とうもろこし、えん麦、香辛料、雑油脂原料、米材、獣毛、ホップ、植物繊維、農菜類
1960年 1月	54.8	ラワン材、アバカ繊維、ココアバター、たけのこ
4月	59.6	コーヒー豆、牛脂、ラード、生うるし、くず皮
7月	62.1	牛皮、小牛の皮
1961年 1月	63.6	乾ぶどう
4月	63.9	飼料の一部
7月	76.2	大豆、インスタントコーヒー
10月	76.7	さけ、ます、かつお、まぐろ、鯨油、酵母
12月	76.8	オートミール、カレー、ベーキングパウダー、動物油脂の一部
1962年 4月	77.0	さけ、ますの卵、やし油、あまに油、ビタチョコレート、フルーツカクテル、北洋材、ばっかんさなだ、除虫菊
10月	77.2	めん羊、鯨肉、鳥卵、しいたけ、くるみ、魚油、ごま油、ひまし油、ココアケーキ、さくらんぼ缶詰、落花生油かす、まゆ、生糸、真珠
1963年 4月	78.0	バナナ、綿実油（マヨネーズ用）、はちみつ、コーヒー（小缶）、マヨネーズ類
9月	92.1	粗糖、コーンフラワー、ミール、種子用豆類、木材加工品の一部
1964年 1月	92.2	配合飼料用ソルガム、ラワン類の合板、製材、単板及び薄板
4月	92.2	いぐさ類
5月	92.3	レモン

［注］経済企画庁調整局農林課資料による。
［出所］原定繁（経済企画庁内国調査課）「農産物の自由化はなぜ進まないのか」『貿易と関税』1964年12月号、p. 21。

「“農産物は絶対に自由化しない”という考えに固定してはならない」との見解を明らかにした。これまでタブーとして避けてきた農業問題に対する、財界の側からの初めての発言として注目された[101]。ただし、同友会の狙いは、自由化の促進自体よりも、「農業政策の保護的保守的な考え方を打破する方向で貿易の自由化を利用すること」にあった[102]。

労働組合の見解　1960年1月、三井三池炭鉱は無期限ストに入った。「総資本対総労働の対決」と評されたこの労働争議は、政府が貿易・為替自由化政策を策定した時期と一致する（スト終結は11月1日）。また、石炭産業は、貿易自由化による打撃が大きい産業であり、被雇用者数の多さから見ても、深刻な社会的影響が懸念された。対応が遅れていた労働組合も、自由化政策についても積極的に意見を表明する必要に迫られた[103]。

総評（日本労働組合総評議会）は、1960年3月8日、「自由化政策に対するわれわれの態度」を発表し（7月4日改訂版を発表）、自由化政策は「国際的規模における独占資本の強化＝再編成のための自由化」であり、自由化により低賃金構造が固定化され、合理化による首切りが進むと批判した[104]。日本の自由化政策は、「世界市場で孤立し、競争条件が不利になるのを避けるためには、いやでも自由化せざるを得ないという防衛的な側面」が強いことは事実だが、あくまでも「独占体自身の利害と意志」で決められたものだと主張した。総評とは対照的に、傘下に総同盟を擁する全労会議（全日本労働組合会議）は、貿易自由化は世界の大勢からやむを得ないものとみなした[105]。

労組の見解の対立を反映して、政党レベルでも社会党は貿易・為替自由化を批判し、民社党は自由化を積極的に受け入れた。3月5日、社会党中央執行委員会は、「当面の活動方針案」を決定し、貿易・為替の自由化に対抗して産業と大衆の生活と権利を守る闘いを組む方針を明らかにした[106]。さらに、社会党は、6月28日に、「政府の貿易自由化計画批判」を発表し、貿易・為替自由化は「安保改定に直結する米独占資本への奉仕」であると批判した[107]。これに対し民社党は、3月20日の政策審議会で、貿易・為替の自由化に対する党の正式見解を決定した[108]。「貿易・為替の自由化」は、「多くの困難があっても、積極的に取り組むべき民族的課題で、これを回避することは、現実逃避である」とし、「わが党は、貿易自由化を、わが国の産業を為替管理による保護政策から脱却させ、安定した産業構造と完全雇用を実現する重大な政策転換の機会として評価する」とこの見解は述べた。

（3）「貿易・為替自由化計画大綱」

1960年度上期外貨予算（「4割自由化」）　1960年度上期の外貨予算は、名目7.8%（実質6.6%）の経済成長、約12%の鉱工業生産の伸びという、「昭和35年度経済計画」（60年1月策定）が描いた順調な経済発展の見通しにもとづいて編成された[109]。外貨予算規模は32億6,800万ドル（輸入貨物予算26億2,400万ドル、貿易外支払予算6億4,400万ドル）、前期最終予算と比べ2億2,200万ドルの増の大型予算であった。

AA品目は約300品目増え、自由化率は前期最終予算の33%から40%へ上昇した（「4割自由化」と呼ばれた）。政府は「自由化前進予算」と称したが、自由化率の拡大という点から見れば、それほど目覚ましい進展ではなく、「自由化漸進予算」にすぎないという批判の声もあった[110]。

この外貨予算が貿易・為替自由化を強く意識して編成されたことは事実であるが、重点は自由化率の向上よりも、企業の機械輸入拡大の要望に応えて設備投資を後押しすること、商社活動の規制緩和を通じて商社の育成を図ることに置かれた。前者は、機械輸入に前年度下期当初予算2億ドルを大きく上回る3億ドルが計上されたことに[111]、後者は、貿易外支払予算のうち、海外渡航費、海外駐在員事務所経費（「その他の役務」の項目に計上）、交互計算勘定の送金（「貿易付帯経費」の項目に計上）などが増大したことに反映されている[112]。

「貿易・為替自由化計画大綱」（1960年6月）　経済企画庁、大蔵省は、IMFコンサルテーション、GATT関税交渉のスケジュールとの関連で、5月末までには貿易・為替自由化の年次別計画を決定したいと考えていた[113]。しかし、各省の内部調整が手間取ったため、5月末の予定は約1ヵ月遅れた[114]。6月に頂点に達した安保条約改定に対する反対運動が自由化計画の決定に影響が及ぶことが懸念されたが[115]、6月21日の各省庁会議で事務局案の内定に漕ぎつけた[116]。24日の貿易・為替自由化促進閣僚会議において、「貿易・為替自由化計画大綱」は了承され、28日の閣議で報告・了承された[117]。

「大綱」は、以下のように3年後に80%を目標に貿易自由化のスケジュールを示した[118]。

① 貿易自由化は対象品目別に、「早期に自由化するもの（1年ないし1年半を目途とする）」、「3年を目途とした近い将来に自由化するもの」、「所要の時日をかけて自由化するもの」、「自由化が相当に困難なもの」の4種類に分けて、段階的に進める（**表7－2**）。

② 1960年4月現在約40%の自由化率を、3年後（63年4月）に80%（石油、石炭の自由化が実施された時には90%）まで引上げる。

為替面については、つぎの方針が示された。

① 非居住者自由円勘定の創設と円為替の導入（7月1日より）。

② 貿易外取引の自由化は、海外渡航、用船、外国映画などは原則として2年以内に実施する。

③ 資本取引については逐次緩和する。

「大綱」は、個々の産業に対して政治的配慮を行った結果、多くの品目については、明確な期限が明示されなかった[119]。また、当初掲げられた3年後90%の目標は、80%にトーン・ダウンした[120]。検討作業で最後まで調整がつかなかったのは、石油（8%）、石炭（2%）、機械（9%）、砂糖（2%）であった[121]。

3　1960年度コンサルテーション

（1）1960年度コンサルテーション

コンサルテーション対策　大蔵省は3月30日の省議で、8条国移行は時期尚早との判断を下し、この方針で1960年度IMFコンサルテーションに臨むことに決定した[122]。同省は、「8条国移行問題に関してわが国のとるべき態度は、目下の所、国内における自由化政策を促進して実質的に8条国たる資格を可及的速やかに具えることが先決であり、これらの点について確実な見通しが得られないうちに8条国への移行を急ぐ考えはない」と説明した[123]。

しかし、1960年6月3日にフランスに対して8条国移行の勧告が出ると[124]、

表7－2　貿易・為替自由化計画（1960年6月）

<table>
<tr><th>品　目</th><th>早期自由化
（1年以内）</th><th>近い将来に自由化
（3年以内）</th><th>時日をかけて
自由化</th><th>相当期間自由化
困難なもの</th></tr>
<tr><td rowspan="2">エネルギー、金属および金属鉱石</td><td rowspan="2">銑鉄、普通鋼、亜鉛鉱石</td><td rowspan="2">特殊鋼、フェロアロイ、マグネシウム、アルミニウム、亜鉛鉄板などその他の鉄鋼製品</td><td colspan="2">石油、石炭は総合対策を立てながら進める</td></tr>
<tr><td>銅、鉛、ニッケル</td><td>マンガン、硫黄</td></tr>
<tr><td>機　　械</td><td>繊維機械、光学機械、木工機械、民生用電気機器、船舶、鉄道車輛、農業用機械</td><td>工作機械、金属加工機械、その他産業機械の一部で右欄に該当しないもの</td><td>技術開発途上の機械類（工作機械、金属加工機械、産業機械、化学機械、産業用電子機器、乗用車、重電機）</td><td></td></tr>
<tr><td>化　　学</td><td>カリ塩、石灰窒素、医薬品（数十品目を除く）、ベンゾール、トルオール、キシロールなど基礎化学品、油脂製品の一部</td><td>石炭酸、アセトン、ブタノール、ソーダ灰、苛性ソーダ、その他ソーダ製品、左欄以外の油脂製品、塗料、ビタミン類、天然硝酸ソーダ</td><td>硫安、尿素</td><td></td></tr>
<tr><td>繊　　維</td><td>原綿、原毛、綿製品、絹製品</td><td>毛製品、合成繊維、人絹スフ製品（パルプ自由化後）</td><td>麻製品</td><td></td></tr>
<tr><td>紙・パルプ</td><td></td><td>化繊用パルプ（原綿、原毛自由化後）</td><td>製紙用パルプ、紙および紙製品</td><td></td></tr>
<tr><td>その他工業品</td><td>自転車タイヤ、チューブなど一部ゴム製品、ビール</td><td>板ガラスの大部分、自動車タイヤ、チューブなど一部ゴム製品、雑品</td><td>耐火材の一部、皮革製品、ぶどう酒、ウィスキー</td><td></td></tr>
<tr><td rowspan="3">農 産 物</td><td colspan="2">雑穀（豆類を除く）、野菜および加工品（トマトを除く）は早期または近い将来に</td><td>紅茶</td><td rowspan="2">米、麦、澱粉類、雑豆、なたね、バナナ、パイナップル缶詰、果汁、生鮮かんきつ類（輸入量を増やす）</td></tr>
<tr><td>果物および加工品（右記の一部品目を除く）</td><td></td><td></td></tr>
<tr><td colspan="2">大豆、生糸、まゆなど</td><td colspan="2">砂糖は対策を講じ、慎重に</td></tr>
<tr><td>畜 産 物</td><td>家畜、畜産物の一部</td><td>精製ラード</td><td></td><td>酪農製品、食肉および加工品</td></tr>
<tr><td>水 産 物</td><td>さけ、まぐろ等の缶詰類</td><td></td><td></td><td>いわし、さば、あじ、にしん、のり等沿岸水産物、鯨肉、魚粉</td></tr>
<tr><td>林 産 物</td><td colspan="2">木材および加工品（一部の製材を除く）</td><td>くるみ、くり、しいたけ</td><td></td></tr>
<tr><td>脂脂・食品</td><td>工業用油脂粕</td><td>工業用油脂、食用油脂（なたね油と競合しないもの）、食用油脂粕</td><td></td><td>なたね油および競合食用油、菓子（輸入量を増やす）</td></tr>
</table>

［出所］三菱商事株式会社編『三菱商事社史』1986年、p.227。原資料は「貿易・為替自由化計画大綱」。

対日勧告は早ければ同年秋、おそらくは翌年（61年）のコンサルテーション後になされるという予想が強まった[125]。当初見込んでいた62年秋勧告、63年実施のスケジュールは1年ないしそれ以上早まることになり、62年初めまでに自由化率を90%に高めておくためには、貿易自由化計画も約1年繰り上げねばならないと考えられた[126]。

コンサルテーションの経緯　1960年度のコンサルテーションは、7月4日から18日まで、東京で行われた[127]。コンサルテーションの焦点は、貿易・為替自由化の促進にあった。

日本のマクロ経済パフォーマンスはきわめて良好であったため、マクロ経済政策についての批判的意見はほとんど出なかった。前年と同様IMFは、日本が経済安定を維持しつつ、国際収支均衡の下で経済成長を続けることが可能になっているので、貿易・為替自由化の条件はすでに整っているという論理で、日本に自由化を促すことに重点を置いた。

これに対し日本側は、8条国移行の条件がまだ満たされていないことを説明し、IMFに8条国移行の勧告を思いとどまるよう説得することに力点を置いた。コンサルテーションの冒頭で、賀屋正雄為替局長は、「貿易・為替自由化計画大綱」は「私共としてはせい一杯のものでありまして、余り早急に大幅な制限撤廃を行うことは却って非現実的であり無用の混乱を招く惧れがあると考えています」と述べ、「大綱」に掲げた政策をさらに繰り上げる意思のないことを表明した[128]。

日本側はつぎのように高度成長政策を擁護した。

日本の国民1人当たり国民所得水準が欧米諸国と比べて著しく低く（1957年現在で米国は日本の8.6倍、イギリスおよびフランスは3.8倍、ドイツは3.0倍、等）、生活水準の向上、雇用水準の引上げ、「二重構造」の解消のために経済の高度成長が不可欠である。高度成長には「絶えず景気過熱、国際収支悪化の危険性」があり、国際収支の防衛のために為替制限を安易には撤廃できない。また、輸出においては軽工業製品が高い比重を占めているが、先進国の輸入制限措置、低開発国の自給化によって軽工業製品輸出は早晩行き詰まることが予想されるので、重化学製品輸出への転換を図らねばならず、輸出競争力が乏しい重化学工業を保護育成しなければならない[129]。「基本的には成長するかどうかの問題ではなく、日本経済は成長しなければならないと言う立場に置かれている。」[130]

日本側の説明に対して、IMF側は、つぎのように自由化計画の繰上げを促した。

日本側はまだ外貨準備が十分でないと言っているが、1959年の輸入額に対する59年末の外貨準備の割合は37%であり、同水準のベルギー（36%）、オランダ（34%）、フランス（34%）が大幅な自由化を進めているのだから、決して不十分とは言えない。それに加えて、日本は第二線準備として5億ドルもの巨額のIMF引出し権を有している。国際収支の変動は、財政金融政策によって国内景気変動の幅を抑えれば、縮小可能である。また、現在の状況からすれば、今後数ヵ月間に重大な国際収支危機が生じる可能性は少ない。日本が為替制限を維持している理由が主として産業保護にあることは、今回のコンサルテーションを通じて明らかになった。「今後国際収支の好調が続く場合、日本政府として残存する諸制限措置を国際収支上の理由により正当化することは著しく困難になると思う。」日本政府は、自由化計画実施を早める意図はないか、また、スケジュールを少なくとも会計年度毎に示すことはできないか[131]。

これに対して日本側は、「この自由化計画は国際収支の動向、経済・社会問題等も勘案して作成したものであり、貿易自由化の影響を考えれば、その実施は慎重であることを要するので、実施速度の大幅な促進は考えられない」と返答した。また大蔵省はつぎのように説明した。適正外貨準備水準は22億ドルであり、自由化実施には十分ではない（1960年6月末の外貨準備は14億5,100万ドル）。外貨危機の準備として14億6,000万ドル、経常取引の運転資本1億6,000万ドル、ユーザンス・短期資金借入等の短期債務の引当6億ドルの計22億2,000万ドルが必要であるとした。財政金融政策によって景気変動を是正できるとIMFは主張するが、日本は過去にそうした努力を行ったにもかかわらず変動を防げなかったのであり、原因は日本経済の特殊性にある。国内産業保護という批判に対して通産省は、つぎのように述べた。輸入を自由化すれば外国製品が流入して国際収支が悪化する恐れがあるので、為替制限は国際収支維持のためでもある。日本は重工業製品の「限界供給国」であり、繊維機械・小型発電機を除けば、造船も含めて競争力は強くない。自由化計画は長時間をかけて練った現時点での最終案であり、国際収支上の問題のほか経済・社会上の問題もあり、自由化を大幅に促進することは困難である[132)]。

7月18日のコンサルテーション最終日にサブカー（D. S. Savkar）団長が行った講評では、日銀の金融政策を高く評価しながら、今後も「安定を伴った成長」を続ける必要を強調した。また長期的には、産業の金融に対する強度の依存（銀行のオーバー・ローン）や、企業の過少資本を是正するよう日本側に求めた。貿易・為替自由化については、日本の実施した自由円の創設（1960年7月1日）を、為替自由化の重要な一歩であると評価する一方で、自由化計画が慎重すぎることに苦言を呈した[133)]。ただし8条国移行については、「現在多少の赤字をみている国際収支が改善され、国内経済も健全に推移したならば、日本政府は現在の自由化計画の内容及び実態のテンポをより大きな自信を以て再検討できるであろう」と述べるにとどまり、ただちに8条国移行を勧告する意図がないことを示唆した。

理事会の勧告案審議　対日勧告案は9月2日に理事会に提出され、9月16日に原案通り決定された[134)]。

勧告は、①日本の当局が、通貨安定の条件の下で経済成長を続けるために適切な財政・金融政策を続行することを希望する、②為替差別措置の早期の全面撤廃を要請するとともに、貿易・為替自由化計画の繰上げを期待するという内容であった。8条国移行は、理事会では議論にはならなかった。

理事会冒頭の渡辺理事の発言では、多くの国々がGATT第35条を援用するなど日本に対して貿易・為替差別を行っていること[135)]、日本は輸入性向が高いので漸進的自由化が必要であることを指摘したうえで、池田内閣は積極的な自由化推進論に立っており、現在の自由化計画も今後、事情が許す限り繰り上げる方針であることを表明した。

各理事は、ほぼ異口同音に、現在の日本の外貨準備の水準と、外貨準備が増大しつつある傾向に鑑みれば、日本政府の自由化政策は慎重すぎるという意見を述べた。一方で、各国の対日差別について、オーストラリアのガーランド（J. M. Garland）理事が、ドル差別が解消すれば、その他の国々に対する差別が際立つことになると述べ、加盟国の対日差別撤廃を示唆し、インドのパテル理事代理、アメリカのサザード理事がこれを支持した。

アメリカ理事のサザードは、日本に対して好意的な発言を行った。サザードは、ドル地域からの輸入に対する差別を1961年3月までに廃止する日本の方針を歓迎するとともに、日本が為替制限を続ける理由として渡辺が挙げた諸事情にも一定の理解を示した。さらに、健全な財政金融政策を実施している日本に対して、あえて健全な政策を持続するよう勧告する必要もないという意見を述べた。このように、理事会では事務局案に対して大きな異論は出されず、勧告は原案どおり採択された[136)]。

(2) コンサルテーション後の自由化

1960年9月にワシントンで開催されたIMF・世銀総会に出席した水田三喜男蔵相、山際正道日銀総裁は、9月26日、IMFのヤコブソン専務理事を訪問した[137)]。

水田蔵相に対してヤコブソンは、日本の自由化はいまだに原材料の段階にとどまっており、製品の自由化が遅れているが、国内産業を強化するためには外国との競争に晒す方が良いと、いっそうの自由化を促した。また、山際総裁が、今後も健全通貨政策を堅持する意思を表明したのに対し、ヤコブソンは、ドイツの例を挙げ、健全通貨政策は外貨の流入を促進し、経済成長に寄与すると、これに賛同した。

1960年10月24〜25日にはGATT輸入制限協議会が開催された。IMFコンサルテーションの結果、8条国移行勧告が出なかったため、GATTのコメントも、日本に対して一層の自由化促進を望むという線に止まった[138)]。ただし、アメリカ代表は、日本に強硬に自由化を迫り、「原料品を自由化するのはあたりまえであって、それでもって自由化の率が上がったといっても、自分たちは納得しない。むしろ米国の求めるものは製品であって、その自由化に大いに努力してもらいたい」と要請した[139)]。

原綿・原毛等の金額の大きい輸入品の自由化が1961年4月とすでに決定済みであったため、60年度下期には自由化はほとんど進展を見なかった[140)]。60年度下期の外貨予算は、総額で上期に比べて1億3,000万ドル増の35億3,000

万ドル（輸入貨物予算28億ドル、貿易外支払予算7億3,000万ドル）の、輸入需要に対応した余裕を持った予算が組まれた[141]。AA品目は消費財を中心に238品目が追加されたが、自由化率は上期の42%から、下期には44%とわずかに上昇したにとどまった。

（3）関税政策の復活

1961年の関税改正　厳格な為替管理のもとでは、関税の本来の機能が発揮される余地は少なかったが、自由化の進展により、関税の保護貿易機能への要請が強まった。関税の復活に備えて関税制度を整備したのが、1961年3月の関税定率法改正であった。

「貿易・為替自由化計画大綱」が、「現行関税は、わが国産業構造の現状に即しないのみならず、自由化の観点から問題が多い」と指摘したように、関税率は1951年以降大幅な改定が行われておらず、1910年制定の税表分類が依然として使われている状況であった[142]。

1960年4月19日、佐藤蔵相は関税率審議会に対し、関税率と関税制度の全面的改正について諮問を行った[143]。諮問を受けた関税率審議会は、関税品目分類表の国際基準（「ブラッセル関税品目分類表」）への切替え作業に着手し、9月28日の中間報告を経て、12月6日に答申を行った。実質的な作業を担当した同審議会の調査部会（学識経験者、産業界の関係者等18名よりなる）は、5月末～7月初旬に、品目別税率の検討作業を行った[144]。大規模な大改定であったが、短期間で答申を作成したため、利害の対立した少なからぬ品目については関税率据え置きとなった。

この答申に基づいて、1961年3月31日に「関税定率法の一部を改正する法律」が公布され、これと関連して、「関税割当制度に関する政令」および「緊急関税に関する政令」が6月1日に施行された。こうして、貿易・為替自由化の本格的実施に先駆けて、関税政策が復活することとなった[145]。

この改正の要点は以下の通りである。

① 全品目では、引下げ品目数が引上げ品目数を上回ったが[146]、農産物と重化学工業製品を重点に関税引上げが行われたため、全体としては、保護関税の傾向が強まった。

② 自由化対策として、緊急関税制度と、関税割当制度（タリフ・クオータ制度）が設けられた。

緊急関税制度とは、外国における価格下落等によって、特定の物資の輸入が増加し、国内産業に重大な損害を与えたり、与える恐れがある場合に、国定税率の引上げ、ガット譲許税率の撤回または引上げ等の措置を講じることができる制度である。この制度は貿易自由化に対する業界の不安を解消するために設けられた[147)]。

関税割当制度は、特定品目について、一定数量以上の輸入に関して高関税を適用する制度（二重関税制度）である。生産者の利益に配慮して、一定量以上の輸入には高関税をかけて輸入を抑制するとともに、一定量の範囲内であれば低関税での輸入を認めて消費者を利するという、生産者と需要者の利害を調整する仕組みである[148)]。この制度は一部の重化学工業の原料に適用された（1961年から実施）[149)]。

関税率をめぐっては、国内の生産者と需要者との利害が対立した[150)]。中間財や原料の場合には、各種審議会や経団連の場で産業間の利害調整が図られ、調整がつかない場合には、関税率据置きかタリフ・クオータ制の導入という形で決着がつけられた。一方、需要者が消費者である場合には、消費者の利害を反映させるルートは存在しなかった。そのため、最終消費財の場合には、生産者優位になりがちであった。タリフ・クオータ制の対象がいずれも鉱産物であり、農産物が含まれていなかったことは、消費者の生産者に対する対抗力の弱さを示すものである[151)]。しかし、農業生産者の利害の貫徹が農業生産者にプラスであったかと言えば、長期的に見れば、必ずしもそうとは言えない。酪農品[152)]や砂糖[153)]に対する高関税は、農業生産者の利益のために消費者が犠牲になっていると強く印象付ける結果になったからである。

関税改正作業を通じて明らかになったのは、自由化対策としての関税政策の限界であった。「関税というのは国際経済の接点における潤滑油」であり、「関税からは回す力も何も出てこない」という加治木俊造（大蔵省税関部業務課長）の比喩が示すように、関税には幼稚産業保護の機能はあるが、幼稚産業の発展を直接促す機能はない[154)]。幼稚産業の育成に効果を発揮するのは、政府による資金援助等の直接的な財政措置である。目的税として関税収益を産業への財政補助に用いる方式もありうるが、大豆のように国内産出量が少ない場合にだけ、この方式は可能である[155]。たとえば石炭の価格支持のための財源を関税に求めようとすれば、重油に対して40%もの高関税を課さなければならなくなるからである。

1962・63年の関税改正　1961年の関税法の改正後、8条国移行までに2度、関税率改正が行われている。

1962年4月1日実施の関税率改正は、貿易自由化の繰上げにともなう一時的な混乱を防止するための措置であった[156]。この改正は、①引上げ品目数が引下げ品目数を上回ったこと（税率引上げ69品目、引下げ32品目）、②輸入割当制に近いタリフ・クオータ制（関税割当制）が14品目に適用されたことからも明らかなように、保護主義的な性格の改正であった[157]。焦点であった原油関税改正においては、軽減税率を廃止し、基本税率に戻すことにより、従価6%相当から10%相当に税率が引き上げられた。また、関税割当制度が適用された14品目のうち、鉱産物が10品目までを占めたことは、鉱産物の輸入について、国内の生産者と需要者（機械産業等）との利害が拮抗したことの現われであった。農産物では、バナナ、パイナップル関税が引き上げられ、オレンジに季節関税が適用された。

1963年改正も、引続き自由化対策の性格が強く[158]、非鉄金属の改正が中心であった。また、田中角栄蔵相の強い要請により、当初予定されていなかった、石炭対策の財源確保のための石油関税の大幅引上げが、2年間の暫定措置として関税率審議会の答申（62年12月25日）に付け加えられ、実施された[159]。

対米関税交渉（1960～62年）　このように1961～62年において、日本は貿易自由化対策の一環として関税引上げを行ったが、それまでにすでに関税交渉等で譲許していた税率については再交渉を行う必要があった[160]。GATT第28条は、すでに譲許した協定税率の引上げ・撤回を行うためには、譲許品目の原交渉国、主要供給国（第1位の輸出国）、実質的な利害関係国と再交渉を行い、協定税率の変更に見合う代償を、関税譲許により提供することを定めていた[161]。

交渉の主要な相手国はアメリカであり、対象品目には大豆、ラード、乗用車、レコードなど重要な品目が含まれていた。交渉に先立って日本政府が、1960年7月末、修正品目のリストを関係国に提示したところ、アメリカ政府から強い反発があった。8月22日、ディロン国務次官は朝海浩一郎駐米大使に不満の意を伝え、9月8日には、マッカーサー大使が山田久就外務次官に以下の内容のメモランダムを手渡した[162]。

① GATT関税交渉において、日本が対米譲許品目のうち相当数の品目について税率の修正・撤回を行おうとしていることに米国政府は憂慮の念を抱いている。

② 米国は、例外的な場合を除いて、GATT第28条を適用したことはない。

③ 日本の輸入自由化が遅れているにもかかわらず、米国政府は日本からの輸入について、これまで他の国々よりも好意的に扱ってきた。

④ 日本政府は、為替制限を撤廃する代わりに関税保護を実施する意向のようだが、これは米国が取り組んでいる自由貿易政策を阻害するものである。

9月16日、米国訪問中の小坂善太郎外相と米国商務省・国務省担当者との会談で米国側は、GATT第28条にもとづいて日本が譲許の修正・撤回を行おうとしていることについて不満を表明した。これに対して小坂外相は、日本政府は銑鉄、大豆の自由化を近い将来に行おうとしており、決して自由化計画の後退を意味するものではないと釈明した[163]。

また、9月30日の水田蔵相とディロン国務次官との会談では、第28条はきわめて強力でかつ危険な武器であり、慎重に用いるべきだと述べ、日本がGATT加盟を実現するために対米関税譲許を行った経緯に鑑みれば、関税率引上げは米国内の対日感情を悪化させかねないと指摘した[164]。

米国がとくに問題にしたのは年間輸入実績1億ドルに達する大豆関税の引上げであり、大豆関税をめぐって交渉は難航した[165]。結局、代償提供を増やすことで、1961年2月24日に対米交渉が妥結し[166]、大豆関税は10%から13%に引上げられた[167]。

第８章　自由化の繰上げと外貨危機

1　海外短期資金の流入

（1）為替自由化と短資流入

為替自由化と短資流入　貿易・為替自由化措置が短期資本の移動の途を開いたために、1960年代初めには大量の短資が流入した[1)]。

IMFがめざす為替自由化は経常取引面に限られ、資本取引の規制は各国の自由に委ねられていた。しかし、貿易取引にはユーザンス等の信用が伴うので、経常取引と資本取引とを切り離すことはできない。為替自由化が進み、貿易取引・貿易外取引が拡大すれば、おのずから海外短資移動は活発化する。また、為替自由化の一環として非居住者が保有する通貨に交換性が与えられることにより、短期資金の流入も容易になる。

日本においてもユーザンスの拡大や非居住者自由円勘定の設定等の為替自由化措置は、短資移動を誘発した。政府や日銀が意図的に短資流入を促進したわけではなく、当初、政府・日銀は短資移動がもたらす効果や問題を明確には認識していなかった。しかし、「所得倍増計画」の高度成長政策を進める政府は、短資の流入が「国際収支の天井」を高める効果を持つことを奇貨として、短期資金流入を積極的に促す姿勢に転じていった。

輸入ユーザンスの拡大　貿易取引では、輸入業者の代金支払を猶予する期限付為替手形（ユーザンス・ビル）が伝統的に広く用いられてきた。ユーザンス期間の信用は、輸出業者が供与することもあるが（シッパーズ・ユーザンス）、金融機関が為替手形の引受などの形で供与する場合が多い（銀行ユーザンス）。輸入ユーザンス制度という場合には、通常、銀行ユーザンスを指す。

本邦為銀の外貨資金が限られていたため、銀行ユーザンスは主として外国銀行が供与した。代表的なアクセプタンス方式を例にとれば、海外輸出商が振り出した為替手形を、輸出地の為替銀行（外国銀行）が買い取ることによって信用が供給される[2)]。この銀行引受手形を為替銀行が資金化する金融市場をバンク・アクセプタンス市場と呼び、世界的なバンク・アクセプタンス市場はニューヨークとロンドンに存在した。

輸入ユーザンスは、外国の輸出商・銀行の日本の輸入商に対する外貨による短期貸付であり、国際貸借上は短期資金の日本への流入になる。戦後、外国銀行からの輸入ユーザンス資金の供与（外銀ユーザンス）は、1953年5月からポンドについて、54年11月からドルについて認められ、現金決済からユーザンス決済への移行が始まった[3)]。ただし、ユーザンス信用が拡大すれば日銀の信用規制が弱まる、あるいは、輸入拡大を刺激して国際収支に悪影響を与えるといった危惧から、為替当局は外銀ユーザンスの拡大に消極的であり、ドル・ユーザンスの期間は3ヵ月以内と短く設定され、適用品目は主として原材料だけが認められていた（**表8－1**）[4)]。

1959年以降、貿易・為替自由化促進への政策転換がなされると、輸入ユーザンスも大幅に自由化された。59年4月には、適用品目は34品目から60品目に、60年2月には不要不急品を除く全品目に拡大され、同年8月には品目制限は撤廃された[5)]。ユーザンス期間も、60年11月からは、それまでの3ヵ月以内から4ヵ月以内に延長された。

正常な貿易が回復していなかった第二次世界大戦直後には、世界的に一覧払手形による貿易決済が主流であったが、1950年代にはユーザンス手形が盛んに用いられるようになっていた。アメリカのバンク・アクセプタンス市場も50年代半ば頃までには復活し、FRBも連銀の自己勘定での銀行引受手形の買入れを認めて、穏やかな形ではあるがバンク・アクセプタンス市場の発展を支援した[6)]。

日本の為替自由化とアメリカのバンク・アクセプタンス市場の復活の時期が一致したことは、相乗効果を通じて両者の発展を促すことになった。従来、日本の輸入金融は日銀信用（輸入貿易手形制度等）に依存していたが、輸入ユーザンスの自由化により、船積み後輸入金融の外国銀行依存度は、1958年末の

表8－1　輸入ユーザンス制度の変遷（1953～60年）

年月	事項	摘要
1953. 5	ポンド・ユーザンスの復活	外銀ユーザンスのみ。適用品目制限なし。 期間：船積書類到着後90日以内。
8	ポンド・ユーザンスの期間延長	船積書類到着後90日以内⇒120日以内。
54.11	ドル・ユーザンスの復活	船積書類到着後90日以内。 適用品目：鉄鋼原材料（鉄鉱石、石炭、鉄鋼屑等）及び加工貿易原材料。 ドル地域輸入の約10％がユーザンス適用対象となる。
12	ドル・ユーザンスの適用範囲拡大	運賃・保険料についても適用。
55. 4	ドル・ユーザンスの適用品目拡大等	原毛・原綿等14品目を追加し、計16品目に。 この措置により、米ドル外貨予算の4割がユーザンス適用対象となる。 ポンド・ユーザンスに邦銀ユーザンスを認めた。
57. 5	国際収支対策としてポンド・ユーザンスを制限	ポンド・ユーザンスの期間を120日以内⇒90日以内に縮小。 適用品目も縮小。
59. 4	貿易・為替措置の一環としてユーザンスの大幅自由化	ドル、ポンド等の通貨別差別を撤廃。 適用品目を60品目に拡大(輸入総額の約50％に相当)。 期間：船積書類到着後90日以内。 B/Cベーシスによるユーザンスを新たに承認。
60. 2	適用品目制限の緩和	不要不急品以外の全品目に拡大。 輸入総額の95％がユーザンス適用品目となる。
60. 8	適用品目制限の撤廃	輸入全品目に適用を拡大。
60.11	ユーザンス期間の延長	船積書類到着後90日以内⇒120日以内。

［出所］日本銀行編『日本銀行沿革史』第5集第19巻、pp.372–472より作成。

35.4％から、60年末には一挙に85.6％に上昇した（**表8－2**）。一方、アメリカ短期資金市場においては、日本が一躍、諸外国をしのぐ最大の資金の取り手として登場した。1958年には、日本はアメリカのバンク・アクセプタンス市場において、アメリカが外国に供与したアクセプタンス信用の13.6％を占めるにすぎなかったが、59年末30.9％、60年末46.5％、61年末55.8％とその割合は拡大し、日本一国で半ば以上を占めるに至った[7)]（**表8－3**）。日本は、対米貿易に要する資金のみならず、アメリカ以外からの輸入にかかわる貿易資金も、大部分アメリカ市場から調達した。アメリカの外国向短期資金市場全体で見ても、日本のシェアは急拡大し、60年には22.0％、61年には30.7％を占めるに至った。こうしたアメリカ短期市場での日本の突出したシェアは、高度成長が終わる74年まで続くことになる。

表8-2　輸入金融（船積後）の外銀依存度

（単位：億円、[100万ドル]、%）

暦年末	輸入ユーザンス		輸入手形決済資金貸	輸入金融合計(A)	外銀ユーザンス(B)		外銀依存度(B)/(A)
1954	245	[68]	685	930	234	[65]	25.2
55	886	[246]	522	1,408	418	[116]	29.7
56	1,436	[399]	643	2,079	860	[239]	41.4
57	803	[223]	691	1,494	565	[157]	37.8
58	752	[209]	559	1,311	464	[129]	35.4
59	1,699	[472]	515	2,214	1,364	[379]	61.6
60	2,671	[742]	179	2,350	2,441	[678]	85.6
61	4,828	[1,341]	75	4,903	4,324	[1,201]	88.2
62	4,457	[1,238]	29	4,486	3,931	[1,092]	87.6
63	6,311	[1,753]	41	6,352	5,566	[1,546]	87.6

［出所］「わが国の対外短期債務について」昭和39年6月27日、外国局［大蔵「短資規制（その1)」］。

表8-3　米国市場における日本の短資借入残高（1956～70年）

（単位　100万ドル、%）

暦年末	短資総額			バンク・アクセプタンス		
	日本	合計	割合	日本	合計	割合
1956	193	1,944	9.9	35	436	8.0
57	145	2,244	6.5	97	714	13.6
58	178	2,538	7.0	89	655	13.6
59	323	2,637	12.2	180	582	30.9
60	780	3,553	22.0	554	1,192	46.5
61	1,444	4,711	30.7	999	1,789	55.8
62	1,731	5,100	33.9	945	1,857	50.9
63	2,136	5,904	36.2	1,400	2,193	63.8
64	2,652	7,415	35.8	1,607	2,599	61.8
65	2,746	7,641	35.9	1,571	2,563	61.3
66	2,502	7,776	32.2	1,306	2,441	53.5
67	3,147	8,592	36.6	1,829	3,015	60.7
68	3,113	8,705	35.8	1,720	2,854	60.3
69	3,112	9,040	34.4	1,571	2,922	53.8
70	3,890	10,751	36.2	2,140	3,966	54.0

［注］アメリカが海外に供与した短期信用およびバンク・アクセプタンス総額と日本の金額、割合を示す。

［出所］United States Treasury Department, *Treasury Bulletin*, various issues より作成。

非居住者自由円勘定の創設と円為替の導入　1958年12月の西欧通貨の交換性回復は、非居住者が保有する自国通貨にのみ交換性を付与する措置であり、全面的な交換性回復（8条国）にいたる中間段階である。日本では、60年7月1日に実施された円為替の導入（円建て輸出入の解禁）と非居住者自由円勘定の創設がこれに相当する。

西欧主要通貨の交換性回復後、近い将来に円の交換性が求められる事態を想定して、1959年初めから大蔵省は円為替導入の検討を開始した[8)]。円為替の導入とは、指定通貨に円を加えること[9)]、自由円による輸出入決済を標準決済として認めることなどの措置を指す。その後、59年度コンサルテーションにおいて、IMFが円の交換性回復を図るよう示唆したことを機に、大蔵省は11月に非居住者自由円勘定創設の方針を固めた[10)]。

1960年6月25日の「貿易・為替自由化計画大綱」に、非居住者自由円勘定の創設と円為替導入の7月1日実施が盛り込まれた。政府が非居住者自由円勘定の創設と円為替導入に比較的容易に踏み切ることができたのは、非居住者の円に交換性を認めることは、国内の諸利害が対立する問題でもなく、また大きな経済的混乱が生じうる事柄でもなかったからである。当時存在した非居住者円勘定は200億円程度であり[11)]、戦後イギリスが抱えた累積ポンドのような問題を引き起こす懸念はなかった。また、円に交換性を付与しても、外貨準備の大幅な流出を招く危険もなかった。さらに、円建て貿易決済を認めた場合、ただちに円建て貿易が日本の貿易において大きな割合を占める事態も考えられなかった。60年7月に実施された非居住者に対する円の交換性回復措置は、政策自体の大きなプラス効果を期待したというよりも、日本が為替自由化を推進している姿勢を国際的にアピールすることに主な狙いがあった。

非居住者自由円勘定は、個人、商社、本邦為銀在外支店等の非居住者が、日本所在の外国為替公認銀行に置く預金勘定（当座・普通・定期預金）である。非居住者自由円勘定の利用には3つのケースがあった。

① 海外のコルレス先銀行の預金：円為替取引の決済資金等としてコルレス先銀行が預け入れる預金が主であるが、コルレス先銀行が資金運用目的で預金する場合もある。

② 海外非居住者の一般預金：海外の法人及び個人の預金。日本商社の支店が

円建て貿易で取得した資金を預け入れる場合も含まれる。

③ 為銀海外店舗名義の円建て本支店勘定残高：本邦為銀ロンドン支店が受け入れたユーロ預金を内地店舗に売却した対価としての円が本支店勘定に計上される場合である。

このうち、③がもっとも多額であり、自由円勘定残高の3分の2ないし70％までを占めた。

非居住者自由円勘定は、円建ての対外経常取引を実施するために設けられた預金勘定であり、短期資金の導入を意図したものではなかった。しかし、自由円勘定が開設されると、本邦為銀の自由円口座を通じて、予想を上回る大量の短期資金がユーロ市場から流入し始めた。その後、海外店舗を持たない為銀に対しても、為替売り持ち制限の撤廃（1960年9月1日から）、外国銀行からの無担保借入制限の廃止（60年8月31日から）の措置を講じて、短資導入に道を開いた結果、短資移動に対する為銀規制は事実上、存在しなくなった[12)]。

海外短期資金流入の活発化　輸入ユーザンスの自由化と自由円勘定の開設の結果、1960年代前半に日本には大量の海外短期資金が流入した（**表8－4**）。海外短資の大部分を占めたのは、外銀ユーザンスとユーロマネーである。外銀ユーザンスは主としてアメリカ市場で、ユーロマネーは主としてロンドンで調達された。アメリカ市場からの調達の方が、ユーロ市場からの調達よりも大きかった。外銀ユーザンスの規模は、60年3月には5億ドルに満たなかったが、1年後の61年3月には10億ドル弱に、64年3月には16億7,000万ドルに増大した。ユーロマネーは60年3月のほぼゼロの状態から出発し、64年3月には約11億ドルに達した。60年代前半の外貨準備の水準約20億ドルと対比すれば、日本にとって海外短資流入がいかに大規模であったかがわかる。

海外短資流入については警戒感よりも期待の方が大きかった。外銀ユーザンスは貿易の実需をともなう信用であり、投機的性格は弱いとみなされた。非居住者自由円勘定に関しては、当初は大蔵省や日銀のホット・マネー流入に対する警戒心は強く、1959年初めから1年半をかけて検討が行われた[13)]。しかし、60年に政府が一丸となって貿易・為替自由化に取り組むようになると、当初は慎重であった大蔵省・日銀の姿勢は、海外短期資本の流入を容認する方向に

表8-4　海外短資流入の推移（1960～64年）

（単位：100万ドル）

月末	ユーロマネーおよび自由円					輸入ユーザンス	一般無担保借入	短期インパクト・ローン	合計
	ユーロダラー	自由円（除本支店分）	その他外貨預金	ユーロ系無担保借入	小計				
1960年 3月	23	0	n.a.	1	24	494	49	0	567
6月	114	0	n.a.	6	120	588	42	0	750
9月	226	58	11	8	303	604	77	0	984
12月	193	86	31	18	328	678	117	4	1,127
1961年 3月	285	101	71	27	484	957	114	10	1,565
6月	313	125	72	36	546	1,177	115	9	1,847
9月	314	147	50	42	553	1,228	141	9	1,931
12月	199	174	53	68	494	1,201	178	15	1,888
1962年 3月	264	234	60	86	644	1,205	174	26	2,049
6月	329	243	95	94	761	1,136	163	30	2,090
9月	332	261	122	86	801	1,044	170	48	2,063
12月	392	245	109	99	845	1,092	180	63	2,180
1963年 3月	427	278	147	105	957	1,208	161	88	2,414
6月	369	284	166	102	921	1,352	185	74	2,532
9月	396	308	182	116	1,002	1,373	209	90	2,674
12月	357	352	158	77	944	1,546	266	106	2,862
1964年 3月	412	424	213	74	1,123	1,670	264	131	3,188
6月	414	470	180	86	1,150	1,713	296	140	3,299

［出所］「わが国の短資対策について」昭和39年9月1日　短期資金［大蔵「短資規制（その1）」］より作成。

変化した。

大蔵省は、非居住者自由円勘定が国内金融市場に与える影響は少ないと、つぎのように予想した14)。海外短資は「国内金融に悪影響をもたらす程流入することは先ずないと思われる。」為替リスクを負担してまで大量の外資が流入するとは思われず、本邦商社・銀行の海外での借入能力が急激に増大することも考えられない。自由円勘定を通じる短資取引は直先総合売持規制によってある程度制限できる。一方で大蔵省は、短資流入が国内金利水準の引下げに効果を発揮することを期待し、「国内経済の資金の著しい需要超過は、わが国経済が先進諸国と比較してもつ独特の体質であるが、自由円勘定の創設は、そのある部分を解決していく一つの刺激ともなるであろう」とも述べている15)。

外為銀行は短資導入に積極的であった。1960年3月に東京為替会（為銀の組織）に設けられた「円為替導入研究小委員会」においては、「金利差によって移動する短期資本のすべてが好ましくないとは断定できない」、「安定的な短期資本流入」は歓迎すべきであるという短資流入に肯定的な意見が支配的であり、当面、短資流入に対して持高規制、先物為替規制は設けるべきではないという提案がなされた[16)]。

非居住者自由円勘定を通じて流入する短資は、当局の予想をはるかに上回る規模で増大した。1950年代後半に生まれたユーロカレンシー市場は、60年代に拡大期に入っていたが、本邦為銀は、外国銀行よりも高い金利（ジャパン・プレミアム）を提示して、積極的にユーロ資金の導入を図った[17)]。ユーロダラー市場の規模は、欧州8ヵ国の銀行だけで62年6月末に約40億ドルであったが[18)]、日本のユーロマネー取入れ額は7億6,000万ドルに達しており、イギリス（21億5,000万ドル）に次ぐ規模となっている。

渡辺誠は、1960年度の対外金融面におけるもっとも著しい特徴として、短期資金がはじめて急速に流入したことを挙げ、大蔵省為替局が「経済成長にひきずられながら、しかし経済成長を対外面において支持し、かつ促進する」役割を果たしたと述べている[19)]。海外短資導入が「国際収支の天井」を高め、高度経済成長政策に寄与することが期待されたのである。

2　1961年度コンサルテーション

（1）貿易自由化の第1段階

1961年4月の貿易自由化　1961年度の上期予算において、60年6月の「貿易・為替自由化計画大綱」で打ち出した自由化計画の第1段階がほぼ実現した。すなわち、1961年4月から、原綿、原毛、ラジオ、小型オートバイなど約530品目がAA品目に加えられ、自由化率は前期の44%から62%へと大幅に上昇した。さらに上期中に普通鋼、アルミ地金、大豆の自由化も予定され、これらも加えると自由化率は65%に達した（普通鋼、アルミ地金は6月、大豆は7月に自由化された）。4月の自由化措置により、原材料のほとんどが自由化された[20)]。

すでに1961年3月に貿易収支悪化の兆候が現れていたにもかかわらず、大規模な予算を組んだという意味では、上期外貨予算は経済成長に目標を置いた予算であった。輸入貨物予算の規模は、前年同期比20.1%増であった（総額39億9,100万ドル、輸入貨物予算31億7,200万ドル、貿易外支払予算8億1,900万ドル）。予算編成の基礎となった「国際収支見込」は、上期に経常収支9,000万ドル（貿易収支5,000万ドル、貿易外収支4,000万ドル）の赤字を見込んだが、「国際収支を理由とする外貨予算削減論を持ち出すのは早計」であるという理由で、予算を縮小することはなかった[21]。産業界の生産計画をそのまま受け入れた結果、鉄鉱石、石油等の主要原材料は前期予算を11%、機械類は18%も上回った。原材料、機械類の輸入については、基本的に制約を課さないという方針が取られた[22]。このように61年度上期予算は「旺盛な生産活動と自由化を反映する」[23]、まさに「所得倍増計画」を体現する外貨予算であった[24]。

原綿・原毛の輸入自由化　1961年4月の貿易自由化の中心は、原綿と原毛であった。前年度同期（60年度上期）で見ると、外貨貨物予算（予備費を除く）において原綿は7.5%、原毛は4.8%、この両者を合わせて12.3%を占める主力輸入品であった[25]。

原綿・原毛の外貨割当には、外貨を節約するという一般的な理由に加えて、「業界の秩序」の維持という産業政策上の理由が存在した。綿業や毛織物業は輸入原料に依存しているので、綿花や原毛の輸入自由化を歓迎しても良いはずだが、実際は自由化に積極的ではなかった。業界は、外貨割当制により支えられてきた「業界の秩序」を維持できなくなることを恐れた[26]。原料の外貨割当は過剰生産防止・過当競争防止の手段として有効であり、勧告操短に違反した業者に対し、通産省が罰則として外貨割当を削減することにより、勧告操短の実効性が保たれると考えられていた[27]。原料輸入が自由になれば、無登録のヤミ精紡機が横行して、競争が激化し、過剰生産に陥ることを業界は懸念したのである。

一方、国内原料への依存度が高い化学繊維産業・合成繊維産業は、原綿・原毛の輸入が自由化されれば、綿織物業・毛織物業の製品価格が下落して、価格競争上、不利な立場に陥ることから、自由化には反対であった[28]。化繊業界は原綿・原毛だけが輸入自由化され、化繊の原料であるパルプや合成繊維原料が非自由化品目に残ることに難色を示した[29]。

原綿・原毛の外貨割当には日本の外貨割当制度の実態が現れている。以下、原綿を取り上げ、山田正次[30]、是永隆文[31]の先行研究に依拠しつつ、原綿外貨割当の実態と原綿輸入自由化の経緯を見ておきたい。

紡績企業に対する原綿割当には、輸出実績に応じて割り当てる輸出割当方式と、設備に対して割り当てる設備割当方式があった[32]。輸出割当（リンク）制は、綿製品の輸出促進を目的に1953年7月から本格的に実施されたが、海外からの批判を受け、55年以降、輸出リンク率は次第に引き下げられ、輸出リンク枠は抑制された（**表8－5**）。

紡績設備は、朝鮮特需による「糸偏ブーム」の1951年に大増設された（51年末636万錘）。その結果、慢性的な設備過剰が早くも52年から生じた。52年3月～53年5月には第1次勧告操短が、55年5月～56年6月には第2次勧告操短が、神武景気の後には第3次勧告操短（58年4月～60年7月）が実施された（60年8月以降も、繊維工業設備臨時措置法改正にもとづく、業界の共同行為による減産に切替えられ、実質的に操短は続いた）。操業短縮が繰り返されたのは、

表8－5　紡績用原綿資金の割当実績

（単位：俵）

年度	設備割当	輸出リンク割当	雑綿リンク割当	消費実績割当	商社割当	織布専業者割当	その他	合計
1950	785,424	－	－	－	－	－	57,157	842,581
51	1,023,088	6,148	－	－	－	－	60,423	1,089,659
52	278,141	206,828	609,471	195,733	－	－	724	1,290,897
53	960,570	1,868,284	－	275,058	－	－	392,163	3,496,075
54	778,894	902,101	－	－	21,214	－	26,751	1,728,960
55	1,111,342	830,184	－	－	76,841	－	－	2,018,367
56	1,398,056	807,090	－	－	72,160	－	51,070	2,328,376
57	1,018,968	678,677	－	－	166,958	31,217	13,722	1,909,542
58	878,330	772,556	－	－	146,999	28,586	2,556	1,829,027
59	1,167,843	895,279	－	－	212,524	35,288	32,731	2,343,665
60	1,239,791	780,177	－	－	178,724	32,869	111,878	2,343,138

［注］1俵＝478封度
［出所］是永隆文「戦後日本の外貨予算制度と綿紡績業」東京大学『経済学論集』第66巻第1号（2000年4月）第2表に拠る。原資料は、『日本紡績月報』。

通産省が試みた設備投資抑制が成功しなかったためであった。

1952 年 10 月に外貨割当制にもとづく行政措置を実施した時には、設備はかえって増大した（紡錘数は 52 年末の 745 万錘から 55 年末には 817 万錘に増加）[33]。行政措置には限界があることから繊維工業設備臨時措置法が施行（56 年 10 月 1 日）されたが、法律施行前に行われた駆け込み増設設備に対して通産省は輸入綿花を割り当て、増設を黙認した（57 年末には紡錘数は 901 万錘に増加）[34]。是永論文は、外貨割当は設備投資を抑制するどころか、逆に促進したと指摘している。

業界にとっての外貨割当のメリットは、輸入綿花の割当を受けた業者が綿花を高値で転売してレントを獲得できた点と、「業界秩序の維持」の名の下に中小業者が温存された点にあった。しかし、レントを紡績企業が独占することが、無条件に正当とみなされたわけではない。原綿割当が過剰設備の抑制効果を発揮せず、他方では対米繊維摩擦が生じて輸出促進政策が行き詰まるなかで、紡績企業だけがレントを享受することに対する不満が表面化し、商社を巻き込んだ争いが起きた。1959 年度下期外貨予算編成の際には、商社が輸入割当量の拡大を強く要請したのに対し、通産省は商社割当を一挙に総枠の 50% に拡大する意向を示し、原綿輸入自由化に抵抗する紡績業界に揺さぶりをかけようとした[35]。

原綿・原毛は輸入貨物予算の中で最大の割合を占める物資であり、通産省は 1959 年秋には、早期の自由化を検討していた[36]。59 年 10 月 9 日、加藤通産省通商局予算課長は、綿業界の首脳に対して、原毛 60 年 7 月、原綿 61 年 1 月の自由化時期の目標を示した[37]。59 年 11 月から 60 年 1 月にかけて、通産省は繊維総合対策懇談会を開き、業界代表と協議した。その結果、59 年 12 月初め、通産省は、繊維原料（原綿・原毛・パルプなど）の輸入自由化を決断し[38]、12 月 26 日の経済閣僚懇談会において、①原綿・原毛を 61 年 4 月から AA 制に移行すること、②化学繊維原料もその後できるだけ早い時期に AA 制に移行すること、③自由化対策として繊維工業設備臨時措置法の改正法案を次期通常国会に提出することが決まった[39]（60 年 3 月 8 日、「繊維工業設備臨時措置法の一部改正案」閣議決定）。

紡績業界内部では、綿業の体質改善と原綿コストの引下げにより国際競争力を培うべきだとして、原綿輸入自由化を支持する大手メーカーと、原料を自由化して設備だけを縛れば中小メーカーは行き詰まるとして、自由化に強く反対する中小メーカーとの対立が激化した。自由化論をリードしたのは大日本紡績社長原吉平であり、原は、過剰生産を招いた根本原因は需要を無視して行われた無計画な設備増設であり、それを助長したのが不合理な原綿割当制度であると主張した[40]。原の主張に沿って日本紡績協会は1959年11月4日に、「十分なる猶予期間」を置くことを条件に原綿輸入自由化を認める意見書を決定した[41]。大手企業には、「戦後中小紡は、外割制をウマく利用して異常な拡大発展した、このままでいけば次第に十社の地位が、賃金格差なども加わってますます中小紡に押されがちで、ゆすぶられていく。この際いっそのこと原料輸入などを自由化して真正面から中小紡に自由競争をいどんで対決してみたらどうか」との判断があったとされる[42]。これに対し中小業者からなる新紡の代表は、11月9日、原紡績協会委員長に対し、原綿AA制移行に絶対反対の態度を貫いてほしいと申し入れた[43]。

原綿輸入自由化は1959年12月に決定し、61年4月から実施された。原綿の輸入割当が果たしていた短期の需給調整機能をカバーするため、60年7月に繊維工業設備臨時措置法（通称「繊維旧法」）が改正された[44]。しかし、過剰設備の慢性化は解消されず、64年6月に繊維工業設備等臨時措置法（通称「繊維新法」）が制定されたが、意図とは逆に、「繊維新法」施行直後から稼動錘数は増加に転じ、繊維不況はいっそう深刻になった[45]。すでに触れたように、原綿割当は過剰設備の抑制に役立たなかったが、原綿輸入自由化もまた過剰設備問題解決には貢献しなかったことになる。

原綿輸入が自由化される際に懸念された思惑的な輸入は、実際にはほとんど生じなかった。自由化された1961年には綿花輸入量の顕著な増加が見られたものの、62年度以降の輸入量は、ほぼ需要量に見合う安定的な輸入量に戻った[46]。他方で輸入自由化は綿花輸入商社間の競争を激化させ、大手・中堅商社への取扱高の集中[47]、三綿と呼ばれた専門商社の1つ江商の経営悪化と兼松への合併、関西五綿の総合商社化をもたらした[48]。

(2) アメリカからの圧力

アメリカ政府の16品目自由化要求（1961年4月）　アメリカの国際収支（総合収支）は1958年以降悪化し、59年には経常収支も赤字となり、多額の金流出が起きた。ロンドン金相場は1960年10月20日に、1オンス41ドルまで暴騰した。11月16日、アイゼンハワー（Dwight D. Eisenhower）米大統領はドル防衛対策を発表し、海外駐留米軍の縮小、対外軍事援助支出の削減、援助物資のアメリカ国内からの調達などの措置を指令するとともに、外国に対して最大限の関税引下げを求め、米国物資に対する輸入制限を撤廃するよう働きかけることを表明した。

この頃から日本に対するアメリカの自由化要請は強まった。1960年11月8日、GATT総会の際に行われた日米両代表団の会談において、アメリカは、日本が1ヵ年以内に自由化を予定している品目に最終製品がほとんど含まれていないことに不満を表明し、GATTを通じて自由化プランを明示するよう求めた[49)]。

1961年4月6日、アメリカ政府は東京の米大使館を通じて、貿易自由化の促進を要請してきた。その内容は、以下のとおりであった[50)]。

① 日本の最近の経済発展と外貨保有の増加からすれば、3年間で自由化率を80%まで高めるという日本側の自由化計画はすでに時代遅れになっており、1962年度の初めまでにほぼ完全な自由化ができるよう計画を早めるべきである。

② 日本が米国商品について広範な輸入制限を行っていることは、米国政府の日本に対する自由貿易政策の維持を困難にしている。

③ 日本が輸入制限を続ければ、日本のGATT第35条援用撤回交渉において米国政府が日本を支持することが困難になる。

④ 米国政府は、16品目を1961年10月1日までにAA制に組み入れるよう求める（**表8-6**）。

ボール（George W. Ball）国務次官の求めに応じて、4月14日、朝海浩一郎大使とボール次官との会談が行われた[51)]。ボール次官は、つぎのように述べた。アメリカ政府は最近の国際収支の状況から、日本の輸入自由化に大きな関

表8－6　米国の自由化要求16品目と自由化時期

品目	特記事項	貿易自由化年月
1　レモン		1964年5月生鮮レモン
2　金属工作機械		1962年11月ならい旋盤、ならいフライス盤、万能工具フライス盤、単軸自動旋盤
3　トラクター	とくにクローラー型	1964年10月トラクター
4　鉱業・建設・その他産業機械	とくに、能力の大きいポンプ、浚渫機械および土砂運搬設備、採鉱設備、紙・パルプ機械	1962年4月コールカッター 1962年11月パワーショベル 1964年10月ブルドーザー
5　電気機械	とくに、20万kW以上の発電機、二極真空管および整流器	1964年4月発電機（出力20万～40万kW） 1970年4月発電機（出力40万kW超）
6　自動車		1965年10月乗用車 1970年2月中古自動車 1971年6月自動車エンジン
7　事務機械・統計設備		1970年9月タイプライター
8　工業化学試験設備		
9　スポーツ用編み物		
10　食料品		
11　写真機とテープレコーダー		1964年4月ビデオテープレコーダー
12　写真フィルム	とくに35ミリカラーフィルム、業務用映画フィルム	1962年4月写真用白黒ロールフィルム 1964年10月カットフィルム、フィルムパック 1971年1月カラーフィルム
13　家庭電気器具	19インチ以上のテレビセット、9立法フィート以上の容量をもつ冷蔵庫および洗濯機およびドライヤーを含む	1964年4月カラーテレビ
14　工業用ミシン		1969年10月工業用ミシン
15　冷房装置		1963年9月エアコンディショナー
16　薬品	とくに抗生物質、生化学的薬剤およびインシュリン	1964年1月エリスロマイシン、グルセオフルビン 1964年4月ペニシリン、クロラムフェニコール、テトラサイクリン、インシュリン 1966年4月ストレプトマイシン

［注］貿易自由化時期は判明した品目のみ掲げた。

［出所］「1961年度IMF対日コンサルテーション関係資料」昭和36年（大蔵省財政史室編『昭和財政史——昭和27～48年度』第18巻、東洋経済新報社、1998年、p.40）、『貿易年鑑』各年度版、大蔵省関税局国際課『国際課必携』（1973年2月）より作成。

心を持っている。日本の国際収支は改善し、外貨準備もかなりの額に達しており、もはや国際収支上の理由にもとづいて輸入制限を行う根拠は失われている。IMF も遠からずそうした決定をするであろう。アメリカ政府としては、日本が自由化計画を一層促進し、より速やかに実施することを希望している。朝海大使は、ボールの要望を本国に伝えることを約束した。

アメリカ政府は、1961（昭和 36）年度上期の外貨予算では、表面上は自由化が進展したように見えるが、「日本政府は本気になって自由化計画に取り組むに至っていない」と、日本政府の姿勢に疑念を抱いていた[52)]。6 月に渡米した池田首相に対しても、アメリカ側（ラスク（Dean Rusk）国務長官、ボール国務次官）は貿易為替の自由化を要請した[53)]。

米側要求に対する日本の反応　アメリカが 10 月までに自由化を求めた 16 品目は、「重要機械を網羅」しており、農産物については「自由化極めて困難な品目が多」く、日本政府は、アメリカの突然の要求に困惑した[54)]。しかし、「貿易・為替自由化計画大綱」の決定以来 1 年間に情勢が大きく変化したこと、1961 年度の IMF コンサルテーションにおいて、国際収支上の理由による貿易制限を行う資格なしとの判定が下される可能性が大であるという現実は認めざるを得なかった[55)]。

IMF 8 条国移行勧告が 1961 年秋に下される場合には、10 月の GATT 総会で日本が非自由化品目のリストを提示して、暫定的に輸入制限の継続の承認を得たうえで、1 年後にハード・コア・ウェーバーを得る手続きに入ることになる。しかし、農業・鉱業・衰退産業以外の産業がウェーバーを得ることは難しい。ウェーバーの取得が思うようにいかない場合には、63 年 4 月以降に自由化を予定している品目の自由化時期が繰り上げられることになる。

日本政府はアメリカの 16 品目自由化要求に対してただちに回答は行わなかったが、アメリカの要請は、日本が当初計画を繰り上げざるをえない状況に置かれていることを政府に明瞭に認識させた。この問題への対処策は、来るべき 1961 年度コンサルテーションの準備のなかで論議されることになる。

（3）1961年度コンサルテーション

コンサルテーション対策　1961年度コンサルテーションでは、IMFが日本に対してBPリーズンなしの判定を下すことが予想された。6月8日に鈴木源吾IMF理事は、IMF内の空気についてつぎのように伝えた[56)]。「IMFの各国理事及びヤコブソンをはじめとするIMF首脳部」は、「日本は最早為替制限を行うBPリーズンはないと云う結論が殆んど当然であるという感触」である。外国は日本経済の実力を過去の実績から高く評価しているから、たとえIMFのフリードマン（Irving Friedman）の訪日使節団がBPリーズンがあるという報告を出したとしても、理事会は簡単に承知しないであろう。

大蔵省を中心にコンサルテーション対策が練られたが、各省庁の間には見解の相違が見られた[57)]。

原材料の輸入自由化を実施した後の最大の問題は、重化学工業製品の輸入自由化であった。自由化をできるだけ遅らせ、その間に重化学工業の強化を図ろうとしていた通産省は、日本が先進国並みの所得水準に達するためには「立ち遅れた重化学工業を育成する以外に道はないことを強く訴え」て、もう1年、判定の延期をIMFに強く要望すべきだと主張した。1年の延期を要請する理由として通産省が挙げたのは以下の点である。

① BPリーズンなしの判定を受けると、貿易自由化計画の大幅な繰上げを余儀なくされ（1962年秋までに輸入制限を撤廃)、「発展段階にある重化学工業、機械工業等の成長が阻まれ、引いては、『所得倍増計画』の達成は困難となる」。63年4月頃に全面自由化ということになれば、自動車、工作機械、大型トラクター、電子機器、大型重電機（20万kW以上）等の機械類は国内市場を席巻され、外貨流出と雇用機会の喪失を招き、重機械類、自動車等を将来の輸出産業として育成することはあきらめざるをえない[58)]。

② IMFの判定が下るとGATTの場に問題が移るが、GATTにおける日本の力は弱く、日本は自由化計画を大幅に繰り上げなければならなくなる。IMFでは出資額がものをいうので、アメリカの発言力が大きいが、GATTの場では一国一票の原理なので、日本に対してGATT第35条を援用して輸入制限を行っているヨーロッパ諸国の意見が通りやすく、GATTでウェーバー

を得るのは困難である。

③　「所得倍増計画」を達成するためには、合理化・近代化投資を継続せざるを得ず、経常収支の赤字は相当長期間続く可能性がある。

④　IMFに対して抵抗しておくことは、日本にとって有利な布石となる[59]。

それに対し、外務省は判定の延期を求めるべきではないとする立場を取り、①国際収支の赤字傾向が今後1〜2年続くことがはっきりしているならば、BPリーズンありと主張すべきであるが、それが言えないならば、あまり抵抗するのは筋が通らない、②IMFに抵抗しておけば、GATTの場で有利になるという考え方は国際的に通らない、③IMFの判定があっても、GATTの場で時間稼ぎをしたり、ハード・コア・ウェーバーの申請をすればよい、と主張した。

経済企画庁は、①「所得倍増計画」との関係もあり、明年度も国際収支赤字が継続するような見通しを立てることはできない、②「日本は重化学工業によって所得水準を高め、雇用を増し、輸出も増大させねばならない」ので、相当の猶予期間は必要であり、自由化を大幅に早めることは困難であるとの意見を述べた[60]。

大蔵省は、これらの意見を踏まえて、①国際収支が悪化している状況でBPリーズンなしの判定を受けるのは適当でない、②自由化のテンポを速めれば、重化学工業を中心とする産業構造の高度化が妨げられる等の事情を、「IMFに対し、率直に説明し、なるべくBPリーズンなしの判定を受けないように努める」方針を決めた[61]。

コンサルテーションの討議　1961年度のコンサルテーションは、6月21日〜7月7日に、昨年と同様、東京で行われた。このコンサルテーションは、フリードマン為替制限局長がみずからIMFスタッフ・チームを率いて来日し、8条国移行交渉の山場となった。

日本側はコンサルテーションの最大の課題を、貿易の自由化促進の回避に置いた。6月21日、コンサルテーション冒頭の挨拶で、福田久男為替局長が、日本は自由化の「テンポを速めるため努力しているが、本年に入って国際収支の悪化が目立ち、政府は目下これが対策を検討中である。日本としては勿論事情が許せばさらに自由化を推進するにやぶさかではないが、国際収支が不安定な時に計画以上に自由化を促進すべきかどうかについては確信はない」と述べたことに、日本側の姿勢は端的に示されている[62)]。

IMF側は、日本のIMF 8条国移行にともなう諸問題について、事前に検討を行っていた。問題の1つは、外国為替予算制度であった。外貨予算制度を実施している国は稀であり、IMFにとって、8条国移行との関連でこの問題を扱うのは初めての経験であった。IMFは、外貨予算制度が直接的為替規制の手段であることは明瞭であり、8条国移行前に廃止すべきと判断した。もう1つは、国内産業保護のための輸入規制についてであり、IMFは農産物の一部に非自由化品目が残るのはやむを得ないが、「幼稚産業」はGATTの場に移して、関税によって保護すべきであるとした[63)]。

コンサルテーションで議論の焦点になったのは、日本の国際収支の悪化傾向と、貿易自由化の促進であった[64)]。

まず、国際収支ポジションについて、日本とIMFとの間に意見の相違があった。すなわち日本側が、日本の国際収支ポジションは脆弱であり、短期資本の流入によってかろうじて支えられていると説明したのに対して、IMF側は、日本の国際収支ポジションはどう見ても弱いとは見えない、国際収支悪化は国内需要の超過によって引き起こされた一時的なものだという見解を示した。

投資抑制措置についても、日本側とIMF側の見解とは対照的であった。日本側は、日本はこれから成長を進める貧乏国であり、成長に必要なだけの輸入需要を満たす輸出能力を持っていないので、自由化を完了するまで国際収支のバランスを維持できるかどうかを非常に懸念しており、自由化を繰り上げることは困難だと述べた。日本政府は「所得倍増計画」の遂行を優先課題としていたので、設備投資を進んで抑制する意思はなかった。これに対してIMF側は、自由化を行うと同時に、「所得倍増計画」も達成することには無理があり、高度成長への日本の願望は理解できるが、国際収支改善のための投資抑制等の緊急対策が講じられるべきだと主張した。

経済政策については、つぎのようなやり取りがなされた。日本は財政政策を景気調整の手段として用いず、経済成長の道具にしているのではないかというIMF側の質問に日本側は、そのとおりである、労働力の吸収、国民所得増加のために経済成長が必要だからだと答えた。金融政策については、日銀は4月から窓口指導を実施し、金融引締めを図っていると説明した。これに対してIMF側は、窓口指導だけでは不十分であり、金利政策の変更等の明確な措置をとるべきと指摘した。通産省は、政策の転換は内閣の命取りになるので、転換という印象を与えないために、窓口指導を行っているのだと説明を加えた。IMF側から、海外短資の流入についての評価を尋ねられたのに対して、日銀は、日本は短期・長期の資金の不足を外資で補おうとしているので、短資を制限するつもりはない、コール・ローン市場の規模と比べて海外短資の規模は小さく、攪乱要因にはなっていないという見解を示した。

以上のように、IMFは国際収支の悪化に対処するために、総需要抑制策を講じるよう要請したのに対して、日本側はドラスチックな内需抑制は経済的にも政治的にも困難であるとして、総需要抑制には難色を示した。

つぎに、貿易・為替自由化をめぐる討議に目を転じたい。

日本側は、自由化は前年度にかなり推進したものの、まだ国際収支上の理由による為替制限を撤廃できる状態には至っていないと述べた。自由化のスケジュールに関しては、1963年4月までに90%自由化を達成する計画であるが、残り10%については早期に自由化することは困難であるとした。その理由について日本側は、「所得倍増計画」において、輸出における重化学工業製品比率を基準年（56～58年度）の38%から70年には54%へ高める計画となっており、競争力が弱く技術水準が低い現在の重化学工業に対して、自由化までの準備期間を与える必要があるからだと説明した。

1963年4月以降も非自由化品目として残る約10%の内訳は、食料4.66%（うち、砂糖3.00%）、乗用車0.25%、重電機0.88%、工作機械および金属加工機械0.95%、マンガン0.29%、石炭2.64%、皮革0.06%、合計9.73%（うち石炭・砂糖で5.67%）であることを通産省は明らかにした[65]。そのうち、乗用車については、現在の1社月産4,000台を1万台にしなければ、国際競争力を保持できない、63年4月以前に自由化すれば、15万台の輸入が見込まれ、国内需要の3分の1を輸入車が占めることになると述べた。また重電機が自由化された場合には、電源開発計画の63年度分253万kWのうち、180万kW分の機械が輸入され、1億8,000万ドルの外貨が必要になると説明した。電子計算機については、現在90%が輸入されているので、電子工業の技術革新を進め、国産化を図りたいという考えを表明した。

IMF側は、日本の非自由化品目は国際収支上の理由で正当化することはできないと批判した。日本側は、これらの品目が自由化されると、国際収支に甚大な影響を与え、日本経済は混乱に陥ると返答したが、IMF側は、他の国々の経験では、貿易自由化しても、輸入品が国内市場を席巻することはなかったし、むしろ、国内生産増、雇用増、物価安定をもたらしたと反論した。IMF側は、現在の65%という自由化率は著しく低く、90%の自由化の時期も1963年4月では遅すぎると指摘し、自由化の時期の繰上げを図るべきだと主張した。

政治折衝による1年延期　7月4日の大蔵大臣等との会談において示されたIMFスタッフ・チームの講評案は、つぎのような内容であった。

① 日本の国際収支の赤字は一時的なものであって、基本的には日本の国際収支は強く、経済政策が適切に実施されれば、自由化の推進には支障はない。

② 日本の自由化努力は多とするが、自由化の程度は西欧諸国と比べて、きわめて遅れており、今後1年間で自由化率を95%まで引上げるべきである。

農産物だけで非自由化品目10%のうち約5%を占めるので、95%の自由化率は工業製品を非自由化品目として残すことを一切認めないことを意味する。日本側は、講評案がドラスチックであることに驚き、日本側は政治折衝により、BPリーズンなしの判定を回避する道を探った。7月4〜6日に、フリードマン団長と、水田三喜男蔵相、椎名悦三郎通産相、迫水久常経済企画庁長官との間で会談がもたれた[66]。この会談で、自由化目標90%の半年繰上げを条件にして、BPリーズンなしの判定を1年間延期するという妥協案が成立した[67]。

この妥協案を反映して、7月7日に行われたフリードマン為替制限局長のコンサルテーション講評は、日本が自由化時期を半年繰上げて1962年9月に90%自由化する意向を持っていることを明記したが、8条国移行についてはなんら触れていない[68]。

日本政府は7月18日の閣議において、貿易為替自由化計画を予定より半年繰上げ、1962年9月末までに自由化率90%への引上げを目標に努力することを決めた(「貿易為替の自由化促進について」)[69]。

フリードマンは、日本との交渉に当たった際のみずからの意図を、ヤコブソン（Per Jacobsson）専務理事につぎのように報告している[70]。IMF使節団が日本に到着したとき、日本の新聞は8条国移行の影響について書き立て、政府もBPリーズンなしの判定を避けたいという意向であった。しかし、コンサルテーションを始めると、より重要な問題は日本の国際収支の悪化であることが明らかになった。政府内の多数意見は、経済成長政策の妨げにならないように、少なくとも当面は、何もすべきでないというものであった。IMF使節団は、国際収支の急激な悪化に対して、ただちに対策をとる必要があることを強調した。われわれは、日本の国際収支ポジションは基本的には強いので、対策を講じれば、62年には均衡を回復できると見ている。日本に対して8条国移行を強要しているという印象を与えないように注意しつつ、62年半ば、おそくとも9月までに少なくとも90%の水準を達成することで日本政府と合意を見るに至った。

このように、コンサルテーションを通じてフリードマンは、8条国移行よりも、日本側に緊縮政策を取らせて、国際収支均衡を回復させることを重視した。

アメリカ政府への働きかけ　7月26日、IMF理事会は、オーストリアに対してBPリーズンなしの判定を下した[71]。日本以上に国際収支情況が悪いオーストリアに8条国移行勧告が出たことは、日本政府に衝撃を与えた。フリードマンが果たしてIMF理事会を説得できるのかという不安が強まった[72]。1959年10月7日にイタリアの8条国移行が審議された際には、アメリカが提出した修正提案が可決されたことがあり、IMF事務局原案が承認されるとは限らなかったからである[73]。

日本政府は、勧告の1年延期がIMF理事会で承認されるためには、アメリカ政府の協力が不可欠と考え、米国の理事のサザードに対して鈴木源吾理事から働きかけを行った。

7月31日、鈴木理事は、アメリカ政府内に、「BPリーズンなしとの結論を出さぬことには簡単に同意できない」という厳しい雰囲気があることを日本政府に伝えた。鈴木は、アメリカの協力を得るためには、①1962年9月の自由化率を90%よりもさらに高めること、②61年度下期外貨予算で自由化を促進し、アメリカの16品目の自由化要請（61年4月6日）に配慮を示すことが必要であると述べた[74]。

サザード理事は、8月1日に鈴木理事に対して、以下の非公式回答を行った[75]。

① 日本経済の実力に鑑みて、BPリーズンなしの結論を出さないことに、アメリカとしては簡単には同意しがたい。

② 1962年の10月以降に残る非自由化品目は、ハード・コア等に限定されるべきであり、したがって、自由化率は90%より高くなるべきである。

③ 米国が日本に協力する前提として、少なくとも以下の2項目が満たされていなければならない。

(イ) 1961年度下期外貨予算において、自由化率を高めて、日本側が誠意を示すこと。

(ロ) 1961年4月に米国側が日本政府に渡した16品目の覚書について、日本政府が誠意ある解決を図ること。

サザード理事の申出について日本政府、とりわけ通産省からは、アメリカ側がBPリーズンなしの判定延期の条件として、16品目だけでなく、さらに新たな自由化要求を突き付けてくるのは理解に苦しむ、8条国判定を甘受しても、すでに決定済みの62年10月90%自由化の既定路線を貫くべきという声があがった[76]。自由化が困難な農水産物（砂糖約3%、チーズ、バター、沿岸水産物等の合計約2%）だけで5%程度になるので、90%から95%へ引上げることは、全工業製品の自由化を意味する。そこでアメリカ側が、重電機、乗用車、大型工作機械などの重工業製品を自由化させようと目論んでいるという推測がなされた[77]。

これを受けて、8月4日の関係閣僚会議[78]では、①自由化率90%の目標（7月18日閣議決定）は変更しない、②ただし、付け加えられる自由化品目があれば、アメリカに誠意を示す、③IMFがBPリーズンなしの勧告を1年延期してくれるよう外交ルートでIMFと米国に対して働きかけることで、意見の一致をみた。

8月7日、西山駐米公使はボール国務省経済担当次官と会談を行い、アメリカ側の「好意的考慮」を求めた。ボール次官は、1962年秋の自由化率をさらに高めることを希望すると述べたうえで、「結論的には、米政府はIMFが日本に対してBPリーズンなしとの勧告を下すことを１年延期することには反対しない」と述べた[79]。

８月７日、小坂善太郎外相は、外務省にライシャワー（Edwin O. Reischauer）大使を招き、会談を行った。小坂外相は、IMF理事会の勧告１年延期への米国政府の「政治的配慮」を強く要請するとともに、日本の国際収支が悪化し、対米貿易も米国の大幅出超のなかで、さらに16品目の自由化を迫り、「米国が対日自由化の圧力をかけてくることは両国の関係の緊密化にとって好ましくない影響を与える」と訴えた[80]。８月８日、小坂外相はライシャワー大使宛に親書を送り、「IMFに強い影響力を持つアメリカ政府が、現在日本が直面している困難を理解し、IMFのアメリカ代表に対し、当該問題〔８条国移行勧告〕が理事会で取り上げられた際には、日本の立場を支持するよう指図して下さることを強く希望します」と述べた。

IMFスタッフ・レポートと対日勧告　1961年８月７日に、対日コンサルテーションのスタッフ・レポートが、理事会で配布された[81]。レポートは、以下のように述べていた。

日本のブームは超過需要の段階に達しており、輸入増加により国際収支の悪化が急激に進んでいる。国内経済の均衡と国際収支の改善のために、適切な措置がとられなければならない。日銀はこれまでの窓口指導に依存してきたが、公定歩合政策、預金準備率操作を活用すべきである。国際収支の赤字による外貨準備の大幅な減少が予想されているなかで、為替制限を全廃すれば赤字はさらに拡大する恐れがある。日本は、まだ貿易および支払に関する制限をすべて廃止できる段階にはないと思われる。しかし、大部分の為替制限は国際収支以外の目的で維持されており、近い将来、これらの制限を廃止しても国際収支に及ぼす影響は僅少であろう。日本政府は、自由化計画を推進することに同意しており、1961年７月、遅くとも62年９月には、自由化率（59年ベース）を90％に高める目標を設定している。スタッフは、日本政府がさらに高い自由化率を目標にすべきだと考える。

このように、スタッフ・レポートは、国際収支が悪化している今は、為替制限を全廃するのに適切な時期ではないという結論を下した。日本政府が、米国政府と鈴木IMF理事を通じて、主要各国理事に働きかけた結果、9月5日までに米、英、西ドイツ、フランス等主要国理事から非公式に勧告案への支持を得ることができた[82]。

9月6日のIMF理事会では、鈴木理事が冒頭で追加説明を行い、「日本政府が、自由化率を、遅くとも明年9月までに一躍90%まで引き上げることを目標に、輸入自由化を促進すること」、「明年9月以降は残存制限に対してBPリーズンを主張しないことを明らかにした」旨の発言がなされた。これに続いて、IMFの勧告書案の審議が行われたが、あらかじめ根回しが済んでいたため、決議案は満場一致で採択された[83]。決議には、1962年9月以降、日本は「国際収支を理由として為替制限を存続させる意向は有していない」ことが明記された。

理事会では、「所得倍増計画」や日本の高度成長を高く評価する発言が相次いだ。「日本は東洋のドイツである」(アンジャリア(J. J. Anjaria)理事[インド])、「倍増計画」は「日本の政府の日本経済のダイナミックな復興に対する確信を示すもの」(サン(I-Shuan Sun)理事代理[中華民国])、「日本はアジアでかつて見られなかった繁栄のレベルに達した」(コインツァー(Helmut Koinzer)理事代理[ドイツ])、「この数年間の日本経済はたしかに真のサクセス・ストーリーであった」(カラニカス(Costa P. Caranicas)理事代理[ギリシア])などである。

他方で、リーフティンク(Pieter Lieftinck)理事(オランダ)は、日本の政策運営をつぎのように批判した[84]。「IMFスタッフが逐一日本の状況を明らかにしたおかげで、日本の当局者は危険な状態に陥っていることに気づき、矯正策の必要性を理解できた。」日本の景気変動が欧米と比べて変動が大きいのは、「どんな拡大のチャンスでも物にしようとする異様にエネルギッシュな民間部門」のためである。日本の当局者は「民間部門の自己規制に大きな信頼を寄せている」が、IMFスタッフがその信頼性に疑問を投げかけ、より厳しい政策を取るように勧告したことは評価できる。

90%自由化繰上げに対する批判　自由化計画の半年繰上げと引換えにIMF勧告の1年間延期を得たことを、新聞等は、日本側が「名をとって実を捨てた」ものであり、妥協は却って日本に厳しい結果をもたらしたと批判した[85)]。

IMFとの妥協は通産省のイニシアティブによるものであり、政府内部でも、大蔵省や外務省は納得していなかった。大蔵省の渡辺誠（大臣官房財務調査官、為替局担当）は、『外国為替』誌上で、公然と批判を加えた[86)]。判定の1年延期で、貿易自由化を急迫されないで済んだように見えるが、BPリーズンなしの判定を受けても、ただちに全面的に自由化を迫られるわけではなく、日本が「来年9月までに90%を下らない輸入自由化を達成する責任を負うならば、実質的には五十歩、百歩」である。「IMFは名を捨てて実を取り、日本はいよいよ自由化の土壇場に追いつめられた。」「関係者の努力は若干見当ちがいの感なきにしも非ず」である。外務省は、日本のようにコンサルテーションにおいて閣僚が勧告延期の政治工作をした例はないと閣僚の介入を暗に批判し、GATT第35条援用撤回を実現するためには、むしろ日本が率先して自由化に踏み切る必要があると主張していた[87)]。

90%自由化の繰上げが通産省の「失策」であったかどうかを判断するためには、IMFやアメリカがどの程度本気で95%自由化を要求していたのかを吟味する必要がある。なぜなら、交渉によって95%要求を抑えることができたのであれば、日本側にとって大きな成果と言えるからである。IMFは、すでに見た通り1961年度のコンサルテーションで8条国移行勧告へ持ってゆく方針は持っていなかった。従って、IMFとの関係では自由化繰上げは不必要な「妥協」であったと言える。一方でアメリカ政府は強硬であり、4月の16品目の自由化要求を、8月には90%以上の自由化要求へとエスカレートさせる構えを示していた。

アメリカ政府の真意は明らかではないが、8月25日のアメリカのエドワード・ドハティー（Edward W. Doherty）米国大使館経済問題担当参事官のつぎの発言は注目に値する[88)]。ドハティーは、ボール次官をはじめ米側がもっとも苦慮しているのは、繊維問題、なかんずく対日交渉の問題である、日本側がリーズナブルな解決を促進してくれるならば、IMF判定問題、自由化問題に好影響を与えるであろうと述べた。

ここで、IMFコンサルテーションと並行して進んでいた、国際繊維協定締結交渉、日米繊維交渉について簡単に触れておきたい。

ケネディ（John F. Kennedy）大統領は、1961年5月2日、米国繊維業界救済のための7項目の計画を発表し、主要繊維輸出入国による国際会議の開催を提唱した。その意図は、2国間の繊維交渉を多国間交渉の場に移すことにより、西欧の市場を開放させて、アメリカの負担を西欧諸国に転嫁するとともに、香港などの新興国の対米輸出を抑制することにあった。ケネディは、伝統的な繊維産業の地であるマサチューセッツ州選出の上院議員をつとめ、また民主党の地盤が繊維産業の盛んな南部にあったことから、繊維問題の解決を重視していた。

日本は1956年12月の取決めに基づいて、57年以降、綿製品の対米輸出自主規制措置を実施していた[89)]。その間に、香港等の新興工業国が米国市場に進出して日本のシェアを食った結果、米国の綿製品輸入に占める日本のシェアは、57年の70%から60年には19%にまで落ち込んでいた。そのような折にアメリカから提案された国際繊維協定は、日本の対米・対ヨーロッパ輸出の拡大や、香港やインド等の対米・対欧輸出の抑制につながるものと、繊維業者は期待を抱いた。

国際繊維会議は、GATTの招集により、主要綿業国17ヵ国が参加して1961年7月17～21日に開催され（ジュネーブ）[90)]、「短期取決め」（62年の綿製品輸入に関する協定）が成立した。交渉はアメリカのペースで進められ、日本の意見は反映されず、協定は日本の期待を裏切る内容となった。日本は協定への参加を留保し、交渉の場は日米交渉に移った。

1962年枠をめぐる日米繊維交渉は、61年8月22日から東京で開催された（～9月9日）[91)]。日本側は、過去5年間の自主規制によって蒙った不公正の是正をめざして交渉に臨み、60年枠に比し平均約30%の増枠を要求した。アメリカ側は、「繊維問題は米国のpolitical realityに基づく政治問題であるとし、日本側の不公正是正を1年間で行うことはできない」と強硬な姿勢を示し、結局、60年輸出枠に比して11.2%増（2億2,500万平方ヤード）という日本側に不満足な内容で妥結した。

その後、1962年2月9日には、国際繊維会議で、「綿製品貿易に関する長期取決め」（LTA、62年10月以降5年間）が決まった（同年10月1日発効）[92)]。これを契機に、日本の綿布輸出は62年の14億4,800万平方ヤードをピークに急速に減少、70年には5億1,280万ヤードにまで落ち込むことになった[93]。

以上の経緯から見ても、当時のアメリカの主たる関心は繊維問題にあり、アメリカの重化学工業のために日本の市場を開放させることが優先課題であったわけではなさそうである。それに対して日本の通産省は、繊維産業に代わる輸出産業として重工業を育成することを至上命題としていた。以上から、90%自由化の繰上げは、通産省が95%自由化要求に過敏に反応しすぎた結果と見ることができる[94]。

「貿易・為替自由化促進計画」(1961年9月26日　閣議了解)　「貿易・為替自由化促進計画」が1961年9月26日の貿易・為替自由化促進閣僚会議で決定された[95]。「促進計画」は、60年6月に発表された「貿易・為替自由化計画大綱」の改訂版であり、61年7月のIMFとの間の約束を成文化したものである。

「促進計画」は、1962年10月1日までに貿易自由化率を90%に引き上げ、為替の自由化もできるだけ促進するという基本方針を掲げた。自由化は、61年10月1日、12月1日、62年4月1日、10月1日の4段階に分けて実施することとした。また62年4月1日から、自由化品目リストはネガティブ・リスト方式(非自由化品目を掲げる方式)に切り替えられることになった。

この「促進計画」によれば、自由化率は1961年10月68%、12月70%、62年4月74〜75%、10月90%に上昇することになる。62年10月に非自由化品目として残される約120品目の中には、乗用車、大型発電機、大型工作機械、電子計算機、銅、石炭、鉛、亜鉛、硫安、米、麦、砂糖、酪農製品等の「近い将来には自由化困難」とされていた品目がすべて含まれており、「計画大綱」をそのまま半年繰上げた形になっている[96]。

ただし、「計画大綱」において、最終段階である1963年4月に「石油、石炭の自由化が実施された時は90%」と、石油、石炭の自由化について含みを持たせていたのが、「促進計画」では62年10月の石油自由化が明記された点は大きな変更であった。この自由化繰上げで、もっとも大きな影響を受けるのは石炭、石油のエネルギー産業であった。機械産業は、重要な品目は自由化リストから外れ、63年4月以降の自由化品目に残ったので、影響は小さいと見ら

表8－7　70％ 自由化の品目別試算

品　目		金額	構成比
		百万円	%
原　料		603,721	50.22
	綿花	125,432	10.44
	原毛	89,825	7.47
	鉄くず	73,191	6.09
	鉄鉱石	52,632	4.38
	木材	48,184	4.01
	生ゴム	35,261	2.93
	大豆	34,645	2.88
	とうもろこし	17,819	1.48
	銅鉱石	17,322	1.44
	原皮	14,243	1.18
	加工用金属	11,812	0.98
	真鍮・青銅くず	11,407	0.95
	牛脂・ラード	11,243	0.94
	カリ肥料	11,188	0.93
	燐灰石	9,424	0.78
	スクラップ用船舶	7,909	0.66
	すず	7,848	0.65
	染料	5,392	0.45
	銑鉄	5,259	0.44
	アスベスト	3,795	0.32
	ボーキサイト	3,124	0.26
	アルミニウム	2,562	0.21
	I型鋼	1,905	0.16
	白金	1,818	0.15
	銀	481	0.04
工業製品		3,762	0.31
	事務用機器	1,881	0.16
	発電機	836	0.07
	船舶	530	0.04
	手動工具	282	0.02
	ロープ	233	0.02
上記以外の自由化品目			19.47
自由化品目合計			70.00

［出所］"Computation and Composition of the Japan's Percentage of Liberalization," Andrew B. Wardlaw, Commercial Attache, December 26, 1961 [NARA RG 59, Mf. C 50-63, R 13].

れた[97]。また、米、麦、酪農製品などの農産物が非自由化品目として残ることは、当然と受け止められたが、61年4月からの自由化予定が延期されていた砂糖が、自由化リストからも外されたことには、強い批判があった[98]。

アメリカ政府の16項目要求は、1961年10月の自由化にはほとんど反映されなかった[99]。アメリカ政府は10月自由化において、日本はまだ工業製品の自由化に本気に取り組もうとはしていないと受け止めた。東京のアメリカ大使館が、61年12月26日に本国に送った報告は、①現水準の70％自由化は原料が中心であり、工業製品がほとんど含まれていない、②62年に予定されている90％自由化措置においても、石油だけで13％自由化率がアップするので、重要な工業製品が含まれる保証はないと分析していた（表8－7）。

3　1961年の外貨危機

（1）輸入激増と外貨危機の発生

外貨準備の急減　1960年末に「国民所得倍増計画」がスタートした時には、楽観的な国際収支見通しが支配的であった。12月17日に通産省がまとめた61年度の「貿易見通し」は、アメリカのドル防衛と世界的な景気後退により、「所得倍増計画」が掲げる10％の輸出成長は達成し、経常収支の黒字を実現するのは無理としても、総合収支の黒字基調は維持できると見ていた[100)]。

日銀は1961年1月26日から公定歩合を1厘下げた（日歩1銭8厘、年6.57％）[101)]。「所得倍増計画」は、民間企業を貿易自由化に対処できるよう強化するためには、先進諸国と比べて高い金利水準を引き下げる必要があると指摘していた。1月の公定歩合引下げは、金利の国際水準へのサヤ寄せを目的に実施された利下げであった。公定歩合引下げと同時に、戦後初の預金金利の引下げが実施され、低金利時代の開始を印象付けた[102)]。

ところが政府の予想に反して、1961年1月、2月と連続して経常収支（外国為替収支）は、9,000万ドルを越える大幅な支払超過に陥った。政府は強気の姿勢を維持し、2月24日の閣議では、国際収支の黒字基調は変わらず、総合収支尻は年間6億ドルの黒字になるとの見通しを示した[103)]。3月24日においても、迫水経済企画庁長官は、「国際収支の先行きにはなんら不安はなく、基調は変わっていない」と述べた[104)]。

このような楽観論を支えていたのは、外銀ユーザンスを中心とした短期資本の流入であった。外貨準備は4月まで増加を続け、4月末には戦後最高の20億3,500万ドルを記録した。政府内で、設備投資の行き過ぎが、輸入増加、経常収支赤字をもたらしているという指摘もあったが[105)]、4月27日の経済閣僚懇談会では、設備投資を抑える行政指導は行わない方針で一致した[106)]。

しかし、1961年4月の輸出入信用状収支が1億200万ドルの赤字になると、一挙に、国際収支の先行きへの警戒感が強まった（4月の経常赤字は8,300万ドル）[107)]。61年の国際収支悪化の主たる原因は設備投資の急拡大にあった。機

表8-8　外国為替収支

暦年		経常取引				
		受取			支払	
		計	輸出	貿易外	計	輸入
1960	I	1,034	877	157	1,101	924
	II	1,078	903	175	1,111	930
	III	1,200	1,016	184	1,106	918
	IV	1,276	1,079	197	1,157	953
1961	I	1,089	922	167	1,338	1,114
	II	1,155	953	202	1,515	1,282
	III	1,207	1,012	194	1,510	1,281
	IV	1,326	1,106	220	1,498	1,247
1962	I	1,239	1,052	187	1,406	1,177
	II	1,359	1,158	201	1,452	1,192
	III	1,443	1,232	211	1,315	1,064
	IV	1,558	1,345	213	1,389	1,112
1963	I	1,339	1,139	200	1,477	1,213
	II	1,508	1,286	222	1,662	1,349
	III	1,611	1,384	227	1,738	1,414
	IV	1,784	1,549	235	1,936	1,588
1964	I	1,590	1,349	241	1,978	1,629
	II	1,796	1,535	261	2,018	1,647
	III	2,001	1,735	266	1,904	1,522
	IV	2,253	1,960	293	2,099	1,679

［出所］大蔵省『財政金融統計月報』より作成。

械類の輸入額は対前年比で49％も増した。鉄鋼原材料輸入も対前年比28％拡大した[108]。5月8日に日本開発銀行が発表した60、61年度の設備投資計画調査結果では、60年度の実績見込みは1兆4,484億円で前年度比44％増、61年度の計画は1兆9,581億円で前年度比35％増という高水準であった[109]。

企業は設備投資の抑制に消極的であった。石坂泰三経団連会長は、5月8日、池田首相に対し、「合理化投資はなお続けるべきであり、いたずらに萎縮して経済政策の基調を変えるべき段階ではない」と進言した[110]。経団連は、経常収支の赤字は、企業の合理化投資に伴う機械類・原料の輸入が増えたためで不健全な状態ではない、国際収支の是正は輸出振興策に重点を置いて考えるべきだと提言した[111]。

「所得倍増計画」を推進する政府も、設備投資の抑制に及び腰であった。5

（四半期別）

（単位：100万ドル）

		資本取引			総合収支
貿易外	経常収支尻	長期収支	短期収支	資本取引尻	
177	△ 69	22	117	139	70
181	△ 33	△ 4	128	124	91
188	94	△ 4	111	107	201
204	119	△ 12	53	41	160
224	△ 249	21	383	403	173
233	△ 360	61	226	287	△ 85
229	△ 304	28	△ 7	21	△ 302
252	△ 173	52	9	61	△ 124
229	△ 167	31	229	260	75
260	△ 92	62	146	208	62
251	128	101	△ 126	△ 25	97
277	169	68	△ 77	△ 9	121
264	△ 138	66	85	151	22
313	△ 155	177	7	184	39
324	△ 127	124	29	153	4
347	△ 152	103	62	166	△ 28
349	△ 388	69	298	367	△ 62
371	△ 222	126	127	253	△ 59
382	98	83	△ 162	△ 79	2
420	154	99	△ 164	△ 65	40

月18日、池田首相は、「国際収支の本年度の赤字は4、5億ドル程度までならば心配ない。設備投資は全体としては健全なもので押える必要はない」と述べた[112)]。5月29日の経済閣僚懇談会も、今の段階では政策転換の必要はないという点で一致した[113)]。

金融引締め（1961年7月）　1960年第4四半期以降の輸出の停滞と輸入の増加により国際収支は急激に悪化した（**表8−8**）。主たる原因は設備投資の過熱にあり、輸出停滞も旺盛な国内需要が輸出意欲を減退させたことに原因の一端があった[114)]。外貨準備は、1961年4月末の20億3,500万ドルをピークに減少に転じ、6月末には19億1,200万ドル、9月末16億1,000万ドルになった（**図8−1**）。

図8-1　外貨準備の推移（1960～64年）

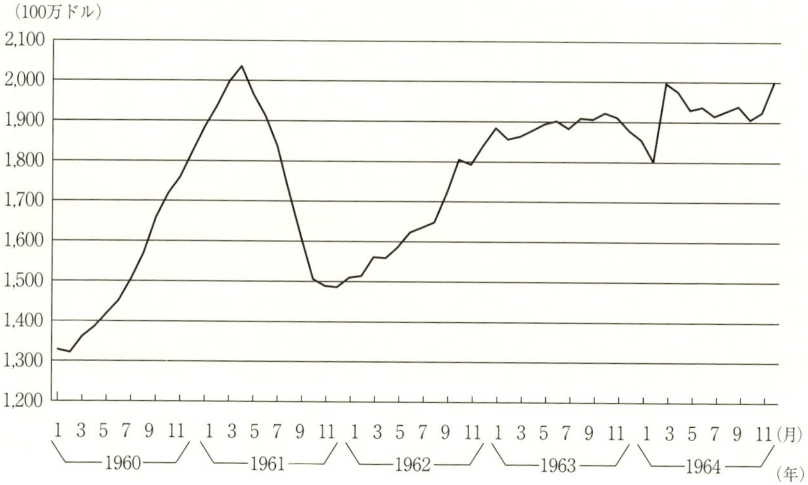

［出所］大蔵省財政史室編『昭和財政史――昭和27～48年度』第19巻、東洋経済新報社、1999年、p.523より作成。

国際収支の悪化傾向は1961年1月から現れ始めていたが、政府・日銀の引締め政策への転換には時間がかかった。日銀は4、5月から窓口指導を強化したものの、引締め政策に明確に転じたのは、7月と9月の2度の公定歩合引上げによってであった。政府が総合対策を発表したのは9月末である[115]（表8-9）。その間の事情を、詳しく述べれば以下の通りである。

第1に、日銀の金融引締めが遅れたのは、政府の経済成長政策との折り合いをつけるためであった。1961年1月に公定歩合引下げが実施され、公定歩合は55年8月以来の低水準になった。池田首相としては、その直後に公定歩合を引き上げ、スタートしたばかりの「所得倍増計画」に水を差すことには抵抗があった。日銀は、6月初め頃までに、公定歩合の引上げの意向を固めていたが[116]、水田三喜男蔵相、迫水久常経済企画庁長官をはじめ、閣内には反対論が強かった[117]。内閣改造（7月18日）後の7月22日、日銀は公定歩合引上げに踏み切った（1銭8厘［6.57%］→1銭9厘［6.94%］）[118]。引上げ幅が、2厘でなく1厘であったのは、山際正道日銀総裁が池田首相に配慮したためとされる[119]。また、輸出促進の観点から、輸出貿易手形の割引率は、逆に1厘引き

表8-9　1961～62年の引締めと緩和措置

	実施年月日	措　　置
	1961年　4月~5月	日銀窓口指導強化
	7月22日	公定歩合1厘引上げ（6.57%⇒6.94%）
	7月　5日	大蔵省、日銀、市銀間で設備投資1割削減申し合わせ
引	9月13日	本邦為銀の現地貸付の抑制
	9月15日	官公庁建設支出の1部繰り延べ決定
締	9月16日	輸入担保率引上げ
	9月26日	政府、「国際収支改善対策」を決定
め	9月29日	公定歩合1厘引上げ（6.94%⇒7.30%）、高率適用制度強化
	10月　1日	預金準備率引上げ
	10月13日	財政支出711億円の繰り延べ決定
	10月	日銀窓口指導強化
	1962年　9月	日銀窓口指導緩和
	10月24日	電力、中小企業に財政資金追加決定
	10月27日	公定歩合1厘引下げ（7.30%⇒6.94%）
緩	11月　1日	預金準備率引下げ
	11月　1日	新金融調節方式実施
	11月27日	公定歩合1厘引下げ（6.94%⇒6.57%）
	12月23日	輸入担保率全面引下げ
和	1963年　2月　1日	中小企業金融対策として財政資金追加決定
	3月20日	公定歩合1厘引下げ（6.57%⇒6.21%）
	4月20日	公定歩合1厘引下げ（6.21%⇒5.84%）
	5月　7日	日銀窓口指導を廃止

［出所］日本銀行金融研究所編『日本金融年表』1993年、経済企画庁編『現代日本経済の展開——経済企画庁30年史』1976年 p.155、等を参考に作成。

下げられた（年4.75%→4.38%）[120]。

第2に、設備投資抑制策との調整がスムーズにいかなかったことが挙げられる。輸入拡大の原因が、1957年の場合は大量の原材料の輸入→在庫過剰であったのに対して、61年の場合は設備投資の過熱であり、61年の国際収支対策の力点は、設備投資抑制に置かれた。しかし多くの大企業は、金利が上昇しても、設備投資を進め、企業規模を拡大しようという意欲をもっており、公定歩合引上げの効果には限界があった[121]。

そこで大蔵省、日銀が、本来通産省の管轄領域である設備投資抑制の行政指導に直接乗り出した[122]。大蔵省と日銀は、6月に大企業150社（17業種）の1961（昭和36）年度設備投資計画に関する特別調査を実施した。その結果、150社の設備投資計画が前年を49%も上回っていることが判明した。7月5日、大蔵省は谷口孟日銀副総裁、柳満珠雄全銀協会長らを招いて、銀行に対して調査対象企業の設備投資計画に対する融資を10%以上削減するよう求め、銀行側はこれを了承した[123]。7月19日に全銀協は、取引先企業に対して設備投資計画実施の1割以上のスローダウンを要請する「設備融資削減方針」を内定した[124]。

「設備投資削減方針」については、政府が財政投融資計画の削減も、政府金融機関貸出の縮小も行わずに、民間金融機関を通じて企業に設備投資抑制を要請してもその効果は少ないと見られた[125]。経団連は政府・日銀が進める設備投資調整に異議を唱え[126]、7月10日、石坂経団連会長は、「設備投資を押えるのなら公定歩合を引き上げるのが常道だと思う。こんどの措置は根本的に間違っている」と政府・日銀を批判した[127]。

このように、設備投資自主規制の限界が指摘されるなかで、内閣改造を契機に、7月の公定歩合引上げが実施された。

（2）IMF等からの借入

水田・ヤコブソン会談（1961年9月）　8月の総合収支赤字は1億300万ドルと戦後最大を記録した。外貨準備は、4月末の20億3,600万ドルから、8月末には17億2,200万ドルへと3億ドル以上の大幅な減少を見た。

大蔵省は、①アメリカの市中銀行からの短期借款、②EXIM（ワシントン輸出入銀行）からの借款、③IMF資金引出しの3つの手段で外貨資金繰に対処することとし、市中銀行借款を優先し、IMF引出しを最後の手段とする方針を固めた。

大蔵省為替局が9月4日に作成した案では、米国の市中銀行（在日米系3行）からのクレジットライン3億ドル（半額の1億5,000万ドルは米銀へ定期預金とし、実質的な引出額は1億5,000万ドル）の獲得を優先して実施することが検討された。実質1億5,000万ドルの市銀借款で1962年3月に予想される外貨危機（外貨準備の14億ドル水準割り込み）を2〜3ヵ月引き伸ばし、62年度に見込まれる総合収支赤字5〜6億ドルは、62年7月〜9月に実施する約3億ドルのIMF引出しと約1億ドルのEXIM短期借款によりカバーしようという案である[128]。市中銀行借款を優先させた理由は、IMFとスタンドバイ取決めを行えば、「外貨危機を内外に公認することになるので、この時期は多少でも延ばしたい」ためであった[129]。井上四郎日銀参事（ニューヨーク支店）もニューヨーク連銀関係者に対して、日本の経済情勢がIMFの場で論議の対象となり、高度成長政策が批判されることになれば、池田にとって政治的な脅威となると考えたためであろうと説明している[130]。

IMF・世銀の年次総会のため1961年9月にウィーンを訪問した水田蔵相は、現地でヤコブソン（Per Jacobsson）IMF専務理事、リンダー（Harold F. Linder）EXIM総裁に対して、国際収支対策への協力を申入れた。

9月18日に行われた水田・ヤコブソン会談で、水田は翌年（1962年）3月頃に外貨準備が14億ドルを割り込む懸念があると伝え、ヤコブソンにIMF借入を打診した[131]。ヤコブソンは、「日本の借り手としての信用は極めて良いが、IMFへ申し込む前に、包括的な対策を樹立していることが是非必要」であると述べ、①不要不急の民間投資の抑制（とくに建築の抑制）、②政府支出の圧縮、③国内消費の抑制の必要を強調した。ヤコブソンは、「英国の従来の失敗は、公定歩合等の金融政策のみに頼り、政府支出の抑制をしなかった点にある」と、英国を例に挙げて、財政支出の抑制を強調した。

9月19日に、水田蔵相は、リンダーEXIM総裁と会談し、1億5,000万ドルの短期借款を10月に実現したいと要請した[132]。リンダーは、自分の一存では決められないが、可能性はあると返答した。水田蔵相が、EXIM借款をIMF借款に先行させたいとの意向を示したのに対し、リンダーは、IMFとの協調融資がEXIMの原則だと述べ、EXIMが「友好国の国内政策につきコメントを行うことを避け得る」からだと、その理由を説明した。

国際収支改善対策（1961年9月）　コンサルテーションにもとづくIMF勧告（9月6日）において国際収支改善対策を促され、さらに9月18日にはヤコブソン専務理事から総合対策の実施を求められ、総合対策の樹立は待ったなしの状態となった。

政府は、9月11日の閣僚懇談会で総合対策の立案を決め[133]、9月26日に「国際収支改善対策」を閣議で決定した[134]。その内容は、①税制面の特別措置、輸出金融の優遇強化など輸出振興策、②財政投融資および公共事業の一部繰延べなど財政面の措置、③金融引締めの一段の強化、④ビル建設など生産に直結しない投資の抑制、⑤中小企業への配慮、⑥国産品の愛用など消費の抑制の6項目からなっていた[135]。引締め政策よりも輸出の振興に重点を置いていること、財政面で具体的な措置が乏しいことなど、国際収支改善のための総合対策としては中途半端な内容であったのは、公約の9％成長達成を維持したいという池田首相の意思の反映と見られる[136]。

政府が総合対策決定に至った要因としては、IMFからの圧力のほかに、経済界が国際収支の悪化に強い懸念を持ち、政府に対して総合対策の決定を要請したことが挙げられる。9月5日、経済同友会は「日本経済の現状認識とその対策」を発表し、政府は消費抑制・輸出促進に力を注ぎ、経済界は投資を抑制することにより、力を合わせて国際収支改善に取り組むべきだと訴えた[137]。9月12日、経団連常任理事会は、設備投資抑制に財界も協力する姿勢を示し、それまで投資抑制反対論であった経団連も、同友会の景気行過ぎ論に同調することになった[138]。経団連は、9月20日、自民党に対し、来年度成長率を7％程度に落とすため、予算規模を縮小し、総合政策を実施することを要請した[139]。

総合対策に沿って、ただちに実施されたのは、輸入担保率の引上げ、公定歩合の引上げ、設備投資抑制の要請であった。

政府は9月16日、輸入担保率の引上げを決定した（18日実施）[140]。1957年6月以来4年ぶりの発動であった。57年の措置に匹敵する厳しい内容であったが[141]、その効果は疑問視された[142]。57年のように、原料の思惑的輸入が外貨危機の原因であるならば輸入担保率引上げは効果的だが、今回は設備投資が活発で機械類の輸入が激増したことに主たる原因があったので、直ちに効果は現れないと見られた。

日銀は、9月28日、①公定歩合の1厘引上げ（日歩1.9銭、年6.94％→2.0銭、年7.30％）、②高率適用制度の強化、③預金準備率の引上げの3本立ての金融引締め策を決定した（29日実施）。日銀は2厘引上げを企図したが、低金利政策を維持したいという政府の意向を汲んで1厘引上げにとどめ、その代わりに、高率適用制度強化と預金準備率の強化との組み合わせで金融引締めを実施することにした[143]。

設備投資の抑制に関しては、つぎの措置が取られた。通産省は9月18日、設備投資抑制に乗り出すことを決め[144]、10月上旬に、電力を除く主要6業種（鉄鋼・石油精製・石油化学・合成繊維・自動車・電気機械）に対して投資計画の5～10%の削減を要請した[145]。11月29日、産業合理化審議会産業資金部会は、6月決定の1961年度投資計画（通産省所管分）1兆6,579億円を1兆5,982億円（3.6%減）に削減した[146]。また大蔵省は、7月に実施した設備投資1割以上削減措置が十分効果を挙げていないと見て、10月4～6日に再度、市銀9行を対象に150社の実情調査を実施した[147]。その結果、61年度の設備投資計画は、前回調査の時よりも7.9%削減されたという結果が出た（10月17日公表）[148]。依然、企業の設備投資意欲は沈静化していないと見られたが、予想以上の削減額であったので、大蔵省は追加措置をとらないことにした[149]。

7月18日に1,829円を付けた東証ダウは、7月の金融引締め、9月の第2次引締めで、急速に下落に転じ、12月19日には1,258円の底値を付けた[150]。金融引締めにより、企業が資金調達方法を金融機関借入から増資に切り替えた結果、空前の増資ラッシュが起き、株価下落を招いたのである[151]。財界は株価下落を深刻に受け止め、増資調整に向けて動き出すとともに、設備投資抑制にも真剣に取り組み始めた[152]。

引締め政策と外貨予算　1961（昭和36）年度下期と62年度上期の外貨予算は、61年9月の「自由化促進計画」に謳われた貿易自由化と、「国際収支改善対策」に表明された引締めの双方の目標を睨みつつ編成された。

自由化の面から見れば、1961年下期には予定通り70%の自由化を達成し、61年上期よりも5%上昇したが、62年度上期は予定の75%を下回る73%で、3%の上昇にとどまった[153]。また、62年度上期予算からは、非自由化品目を表示するネガティブ・リスト方式が採用された[154]。石油をはじめとする問題品目については、すでに62年10月自由化の予定が決まっていたため、貿易自由化に関してはとくに摩擦は生じなかった[155]。

一方で、引締め政策の面から見ると、外貨予算の規模縮小は、一定の効果を発揮した。1961年度下期外貨予算は、総額43億9,900万ドル（輸入貨物予算35億2,600万ドル、貿易外支払予算8億7,300万ドル）で、上期最終予算と比べ6.3%

の増加であったが、輸入貨物予算はほぼ横ばい（1.2% 増）に抑えられ、57 年以来の縮小型外貨予算となった。また 62 年度上期外貨予算は、総額 39 億 5,900 万ドル（輸入貨物予算 31 億 1,400 万ドル、貿易外支払予算 8 億 4,500 万ドル）で、輸入貨物予算は前期より 11.7% 縮小された[156)]。

設備投資抑制と関係するのは、機械類の輸入枠であり、政府は輸入枠を設備投資抑制の手段として積極的に用いて、かなりの効果を発揮した。

1961 年度下期予算では、機械（FA 品目）には上期より 3,000 万ドル減の 4 億 5,000 万ドルが割り当てられた[157)]。機械の外貨予算が前期より縮小されたのは、58 年度上期以来であった[158)]。さらに 61 年 11 月 27 日、通産省は機械に対する外貨割当を当初予算の 4 億 5,000 万ドルから 1 億ドル減らす方向を決めた[159)]。通産省は、従来から存在する同省の機械類外貨資金割当審査会のほかに、特別審査会を設けて機械類の輸入を極力制限した[160)]。61 年 12 月 22 日、経済同友会懇談会において池田首相は、「石にかじりついても、来年秋には国際収支を黒字にする」決意を示し、機械輸入の抑制を言明した[161)]。通産省は、池田首相の機械外貨割当の削減要請に応え、通産省は下期の一般機械割当枠を 3 億ドルに削減することにした。62 年初めに、池田首相がさらなる削減を求めたため、通産省は 2 月 5 日以降の輸入申請を次期に繰り越すことにした[162)]。その結果、61 年度下期の輸入確認額は、3 億 2,000 万ドルにとどまった[163)]。62 年度上期予算でも、設備投資抑制の効果を狙って、機械輸入割当額は 3 億 5,000 万ドルに抑えられた[164)]。

3 行借款の実現（1961 年 11 月）　先に述べたように、政府は外貨資金繰り対策として、市中銀行借款を優先させる方針を取った。

1961 年 9 月の IMF・世銀総会の際に、日本政府は在日米系 3 行（チェース・マンハッタン・バンク、ファースト・ナショナル・シティ・バンク、バンク・オブ・アメリカ）に対して融資を要請した。この 3 行は、占領期から日本に支店を置き、日本の支店に SCAP 勘定が設けられていた銀行である。占領後も、大蔵省・日銀の外貨預金（外貨準備の一部）は主としてこの 3 行に預けられていた。

3 行との交渉は、担保条件と国際収支の見通しの 2 点で難航した。

担保については、当初大蔵省は、法定限度内は担保なし、法定限度超過額については定期預金を担保とする方針であった[165]。法定限度とは、無担保貸出は資本金と剰余金の合計額の 10% を越えてはならないと規定した米国の銀行法の限度のことである。ウィーンの IMF・世銀総会の折に、日本の関係者がチェースおよびバンク・オブ・アメリカと接触した際には、先方から法定限度内までの無担保貸付に前向きな感触を得ていたので、日本政府は借款交渉について楽観的に見ていた。

ところが、9 月 28 日に鈴木源吾 IMF 理事らがチェース・バンク側と会談した際に、チェース・バンクのケイン（Cain）は、「自分としては法定限度までは無担保にしたいと考えるが、そのためには日本のとる引締め措置、日本の対外債務その他に関する information を検討した上でないと、無担保でよいか否かは決定できない」と述べた[166]。

10 月 12 日午前、鈴木秀雄在ニューヨーク領事は井上日銀参事とともに、チェース・バンクのヤコブソン（Jacobson）と会い、米市銀が求めた資料として、日本側は 1962（昭和 37）年度の国際収支見通しを用意した（**表 8－10**）[167]。日本側の説明を聞いてヤコブソンは、「自分としてはこの表を見て上役に説明することが昨日よりはずっとむずかしくなった」と強い不満を示した。国際収支改善策をとると言いながら、輸入見込み額を 61（昭和 36）年度より増やし、それを非現実的な 17% の輸出増でつじつまを合わせており、本当に引締め政策を真剣に考えているのか疑わざるを得ないと述べ、さらに、短期資本の更なる流入を見込んでいるのも「極めて不健全」だと指摘した[168]。

同日の午後、鈴木秀雄領事はヤコブソンと再度会見した。ヤコブソンは、強い口調で次のように述べた[169]。「本日の説明では、我々が担保なしで貸付したいと思ってもこれをすすめることは、できなくなった。私としては今後、どうしたらよいかもわからず、また日本に対し、どうしてくれと云うつもりはない。しかし私の素直な感じは、輸入が少しも減らず、それを輸出の非現実的な伸びで尻をまかなうというのでは、また今年と同じような赤字がでるし、さらにユーロダラー、自由円の如きものは、もしこのような赤字が続けば風の如く去ることも多いのに、短期資金の黒字を見込んでいる。この見込みでは国際収支の改善対策が全然利かないと考えているのか、或いは国際収支の改善対策が間

表8-10　国際収支見通し

（単位：100万ドル）

	1961（昭和36）年度			1962（昭和37）年度				
	上期	下期	年度計	上期	下期	年度計	企画庁案	実績
輸出	2,000	2,260	4,260	2,340	2,640	4,980	5,030	4,874
輸入	2,570	2,390	4,960	2,570	2,640	5,210	5,300	4,582
貿易収支	△ 570	△ 130	△ 700	△ 230	0	△ 230	△ 270	292
貿易外受取	390	380	770	−	−	−	790	826
貿易外支払	470	480	950	−	−	−	1,010	1,051
貿易外収支	△ 80	△ 100	△ 180	△ 120	△ 140	△ 260	△ 220	△ 225
経常収支	△ 650	△ 230	△ 880	△ 350	△ 140	△ 490	△ 490	67
長期資本受取	155	215	370	−	−	−	−	467
長期資本支払	85	135	220	−	−	−	−	179
長期資本収支	70	80	150	80	80	160	160	297
短期資本収支	220	△ 20	200	50	70	120	200	29
資本取引収支	290	60	350	130	150	280	360	326
総合収支	△ 360	△ 170	△ 530	△ 220	10	△ 210	△ 130	302

［出所］「37年度国際収支見込の説明」〔大蔵省〕［大蔵「三行借款」］。実績欄は、『経済白書』昭和38年度版、p.54により補った。

違っているのかどちらかである。私としては、これは単なる数字の問題でなく、この数字の背後にある考え方の問題であると思っている。」

米商業銀行側が返済の確実性にこだわったために、日本側は3行の要求を受け入れることにした。2億ドルのうち法定限度[170]までは消極的担保（negative pledge）で、それを越える部分はTB（米財務省短期証券）を担保にすることで交渉は決着した[171]。

条件が不満であったにもかかわらず、政府が交渉をまとめた理由は、国際収支見通しの変更が困難な点にあった。昭和37年度見通しを再検討する場合には、「本年度の生長《ママ》率を極度に低めに抑える必要があり、生長《ママ》政策の転換を覚悟せねばならないから簡単に踏み切れず、相当の時間を要し、しかも実現性に乏しい」からである[172]。もし、便宜的に3行が満足するような国際収支見通しに変更したとしても、経済企画庁が年末ないし来年早々に発表する国際収支見通しと食い違うことになり、結局問題が生じてしまう[173]。また、10月14日の『日本経済新聞』に、3行との2億ドル借款交渉の詳細な記事が掲載されたことも、交渉妥結を急ぐことになった理由の1つであった。

表8－11　三行借款の引出し

（単位：100万ドル）

	金額	引出日	満期日
第1回引出し	50.1（各行16.7）	1961年11月29日	1962年11月24日
第2回引出し	50.1（各行16.7）	1961年12月18日	1962年12月13日
第3回引出し	50.1（各行16.7）	1962年 1月29日	1963年 1月24日
第4回引出し	44.8（各行16.6）	1962年 2月26日	1963年 2月21日

［出所］日本銀行編『日本銀行沿革史』第5集第15巻、p.337。

11月1日、大蔵省は在日米系3行からの総額2億10万ドル（各行6,670万ドル）借款を発表し[174]、11月24日に在日米系3行との借款契約が調印された。借入資金の引出しの経過は**表8－11**の通りであるが、借入主体は日銀、金利は4½％（プライム・レート）、約定手数料は未引出残高に対して年¼％、担保条件は①それぞれ5,500万ドルまで定期預金をnegative pledgeとする、②5,500万ドルを越える部分についてはTBまたは世銀債を担保とする、であった[175]。

結局、市中銀行からの借款により、引締め政策を回避するという大蔵省の目論見は失敗に終わった。大蔵省にとって、3行借款は苦い経験となった。1967年に、為替局は、「かつて有力3行から日本銀行が借款を受けたことがあるが、金利、担保、その他の条件はまことに苛酷なもの（金額歩積等）であり、かつ爾後、直接間接にわが国金融政策に対する容喙の余地を開くことともなった」と総括している[176]。

なお、3行借款は期限通りに返済された（最終返済日1963年2月21日）。

IMFへのスタンドバイ・クレジット申請（1962年1月）　政府は市銀借款交渉を優先して進めていたが、3行との契約が済んだ後の1961年12月7日、日本政府はIMFに借款を申し込んだ[177]。

12月12日の閣議で了承された「昭和37年度の経済見通しと経済運営の基本的態度」では、5.4％（名目・実質とも）の成長率が示された。これは、成長率を1961年度の実質10.0％（名目14.1％）の半分に引き下げる結果、政府の公約である「所得倍増計画」の最初の3ヵ年間平均9％成長が困難になることを意味する（結果的には、61、63年度の成長率が高かったため、平均約10％を達成した)。大蔵省が、鈴木IMF理事の意見を聞いて、翌年度の「経済見通し」を厳しく見積もらなければ、IMF借款の実現は無理だと判断し、経済企画庁を説得した結果の数字だとされる[178)]。国際収支に関しては、経常収支は年間2億8,000万ドル、総合収支は1億ドルの赤字を見込んだが、下期に総合収支は均衡するとして、従来の池田首相の言明とつじつまを合わせた。

1962年1月9日、日本政府はIMFに3億500万ドルのスタンドバイ取決めを要請した[179)]。3億500万ドルという金額は、ゴールド・トランシュと第1クレジット・トランシュの合計2億5,000万ドルと、イギリス、インド両国のIMFからの円引出額5,500万ドルを合計した金額である。即時借入ではなく、スタンドバイとした理由を大蔵省は、「現在外貨準備高は15億ドル近い額を保有しており、当面の資金繰りについては、米銀からの借入れおよび近く実現が見込まれるEXIM保証借入れによって支障ないと考えており、今直ちにIMF資金を引き出す必要はないから」と説明した[180)]。

IMFに対する「スタンドバイ取決め申請書」[181)]は、1962年度の成長率について、「より控え目な態度をとり」、5.4%程度に抑えると言明した。マネー・サプライは、「5.4%の成長率と1962年度下半期における国際収支の均衡回復との矛盾しない水準にとどめ」、金融引締め政策を継続することを約束した。また、62年度予算案は、国内需要増大を抑えつつ、長期的な国際収支ポジションの強化を目指して編成すると述べた[182)]。申請書の最後のパラグラフには、スタンドバイ取決めの有効期間中に、経済政策になんらかの変更が必要となった場合には日本政府はIMFと協議を行うこと、スタンドバイ取決めにもとづいて資金を引き出す際には、必要であれば、IMFとの間に新たな合意を取り決めることが、明記された。

ここに述べられた措置を、日本政府はIMFに対する約束（コンディショナリティ）とは述べていない。政府の公式見解は、「今回のスタンドバイ取決はゴールド・トランシェと第1トランシェの範囲内であるし、IMFはわが国が現在迄に行っている国際収支改善対策に満足しているので、今後新しい施策をとるようコミットしたということはない。ただし、ご承知の通り政府は国際収支改善を〔昭和〕37年度経済運営の基本目標とすると同時に、昨年9月に定めた自由化促進計画については最善の努力を払ってこれを予定通り実行する所存であり、こうした事情がスタンドバイ取決承認の際の前提条件となっていることは申す迄もない」というものであった[183]。

たしかに、申請書には新たな政策が盛り込まれているわけではないが、前述のように、「昭和37年度の経済見通しと経済運営の基本的態度」はIMFの意向を汲んで、従来の政策の軌道修正を行っていた。また、申請書においては、スタンドバイ取決めにもとづいて資金を引き出す際にはIMFの求めに応じて追加経済措置を実施することも約束していた。申請書は、事前にIMFと協議して作成され、その草案はIMF側が準備した。その際にIMF事務局内では、フリードマンとサブカーの草案に対して、法律局長のゴールド（Joseph Gold）から、パーフォーマンス・クライテリアを設けないのであれば、少なくともイギリスやオーストラリアの場合に記されたような、今後の経済政策の変更に関する条項を設けるべきだという注文が付き、申請書の最後のパラグラフが追加されたのであった[184]。

スタンドバイ取決めは1962年1月19日の理事会で審議され、原案通り可決された[185]。

鈴木理事は、理事会において日本の状況をつぎのように説明した。

1961年度の総合収支赤字は、60年度のコンサルテーションの際の予想（61年度の総合収支赤字1億5,000万ドル～2億7,000万ドル）を上回り約6億ドルに達する見込みである。日銀の窓口指導中心の金融政策の有効性に対するIMF理事会の疑念を受け止めて、9月には池田首相の下で日本政府は新たな国際収支改善対策を講じた。国際収支対策と米銀行からの応急融資によって、62年度上期中、外貨準備は14億9,000万ドルを維持する見込みである。国際収支を62年度下期に均衡させるために経済成長率は5.4%にダウンさせることを政府は決断した。すでに卸売物価は下がり始めており、1月前半に輸出信用状は輸入信用状を上回って改善の兆しが見えている。それにもかかわらず、IMFにスタンドバイ取決めを要請するのは、日本経済のポジションを強化するため、とりわけ、予測できない短期債務への対処のためである。

理事からの意見でもっとも多かったのは、14.6%の輸出拡大が本当に可能かという指摘であった[186]。また、海外短資の不安定性についての指摘も何人かの理事から出された。これについて、鈴木理事は、ユーロダラーは1961年8

月末に5億ドルに達したが、政府・日銀が慎重な態度に転じたために、9月以降は減少傾向にあると答えた。62年度目標値5.4%成長率については、サザード米理事は、日本はこの数年、世界中で匹敵する国がないほどの驚異的な高い成長を遂げており、5.4%でも十分に高い数値であるとコメントした[187]。

スタンドバイ取決めの概要は以下のとおりである[188]。

取決め期間　IMF承認から1年間

取決め金額　3億500万ドル

返済　買入れ後3年以内に交換可能通貨をもって返済する

手数料　年¼%の前払い（ゴールド・トランシュ部分については不要なので、31万2,500ドルになる）

1963年3月末に外貨準備17億ドルを維持できる見込みがついた62年12月の時点で政府はスタンドバイ取決めを更新しない方針を決定し、このことは63年2月6日の理事会で鈴木理事から伝えられた[189]。

EXIM保証借款（1962年1月）　政府は、1957年と同様にEXIMから農産物借款を行う計画であった。

1961年9月19日、世銀総会に出席した水田蔵相らは、EXIMリンダー総裁と会見し、62年3月頃の国際収支危機回避を目的とする短期借款確保に協力を求め、外貨準備の減少幅をできるだけ小幅にするために、できれば10月からEXIM借款を利用したいと希望した[190]。これに対してリンダー総裁は、即答はできないが融資の可能性はあると思うと答えた。リンダー総裁は、EXIM短期借款を受ける場合、現在予定しているEXIM長期借款計6,000万ドル（電力・鉄鋼等）はスローダウンさせるつもりかと水田蔵相に質した。これに対して水田蔵相は、いずれも経済成長に必要な基幹的投資であるので、スローダウンさせることは好ましくないと考えていると返答した。9月26日に、サウアー（Walter C. Sauer）EXIM副総裁から鈴木IMF理事に対して、57年と同じ方式で融資を行う用意があること、融資金額は1億〜1億5,000万ドルを検討するという返答があった[191]。

しかし、その後、EXIMの手持ち資金が十分でないために、市中ベースの借款にEXIMが保証を与えるという形態で融資が行われることになった。12月

表 8－12　EXIM 保証借款の概要

（単位：万ドル）

借入先	ファースト・ナショナル・シティバンク （The First National City Bank of New York）	500
	バンク・オブ・アメリカ （Bank of America National Trust and Savings Association）	500
	チェース・マンハッタン・バンク （The Chase Manhattan Bank）	500
	ケミカルバンク （Chemical Bank New York Trust Company）	4,000
	マニュファクチャラーズ・ハノーバー （Manufacturers Hanover Trust Company）	4,000
	アーヴィング （Irving Trust Company）	2,000
	モルガン（Morgan Guaranty Trust Company of New York）	1,000
借款主体	日本銀行	
借款対象農産物	綿花、小麦、大豆、とうもろこし、葉煙草、原皮、牛脂、ふすま、石炭、木材	
借入金利	年　4½%	
借款約定料	借款約定額の未使用残高に対し年¼%	
引出期間	1962 年 1 月 31 日～7 月 2 日	
借款期間	借入実行から 1 年	
約定手数料	未使用残高に対し年¼%	
担保	無担保（ただし日銀は各米国銀行に少なくとも借款相当額の定期預金を保持する）	

［出所］日本銀行編『日本銀行沿革史』第 5 集第 15 巻、pp.338–340、「EXIM 保証借款について」〔大蔵省〕より作成。

18 日に、日本側とアメリカの市銀 7 行との間で話がまとまり[192)]、1962 年 1 月 31 日に総額 1 億 2,500 万ドルの借款契約が調印された。内容は**表 8－12** の通りである[193)]。

なお、借入は期限通り 1963 年 7 月 2 日に完済された。

（3）輸出促進政策の強化

「輸出第一主義」　貿易・為替自由化政策の発足当初の 1960 年初めには、政府は輸出促進政策に積極的ではなかった。60 年の通常国会に提出された自由化対策法案が、「輸出入取引法改正案」など、わずか 3 法案にすぎなかったことにも、政府の熱意のなさが示されていた[194)]。

財界は、1960 年末に閣議決定された「所得倍増計画」が内需拡大を優先し、輸出振興を二の次にしていることに批判的であった。関西経済連合会（関経連）は、60年12月8日の「意見書」で「所得倍増計画」に触れ、「過去の数字だけにたよって9％成長を無理なく実現できると考えるのは警戒を要する。（中略）自由化という大きな課題をかかえている現在、輸出振興策を第一に考えるべきである」と注意を喚起した[195]。経団連の「高度成長に関する決議」（60年12月23日）も、「加工貿易に依存するわが国経済では高度成長政策を推進するうえで国際収支の均衡を確保することが最も重要で、このためには輸出振興や対外経済協力の施策を一段と積極化する必要がある」と指摘した[196]。経団連のなかからは、池田内閣は輸出振興に真剣に取り組んでいないという批判も出始めた[197]。

1961年に入り、輸出不振の傾向が濃厚になるにつれ、財界からは池田首相の内需優先路線を批判し、輸出促進策を求める声が強まった[198]。経団連の「輸出振興をめぐる問題点」と題する座談会（61年6月12日開催）では、池田首相の「輸出軽視」を非難する発言が相次いだ[199]。山県勝見（経団連海運委員長、新日本汽船社長）は、総選挙（1960年11月20日）の際の「池田さんの演説の調子というものは、要するに、国際収支とか、輸出などということはあまりいわなくて、所得倍増を強調するあまり、なにか内需に重点をおいて日本の経済を成長させていくのだというような感じだった」と批判した。堀江薫雄（経団連国際金融委員長、東京銀行頭取）は、「池田さんは、日本の国内生産の8割以上は内需である。日本には大きな購買力を持った9千万の人口があるのだから、経済規模を拡大して生産をふやしてゆけば、国民の所得はふえ、生活水準は上がる、といったのです。ところが、所得倍増政策で高度成長を遂げるということになると、内需である8割分は非常なブームになった。その結果、2割以下でしかない輸出分まで内需に食われてしまって、結果としては輸出はどうでもいいということになってしまった」と述べた。また、安西正夫（昭和電工社長）は、「池田新政策のウィーク・ポイントはやはり輸出マインドを刺激するような政策をとろうとしなかったことですね」と不満を漏らした。

こうした批判を受けて、政府は輸出振興に積極的に取り組み始めた。1961年4月18日、迫水久常経済企画庁長官は、各省に対して輸出振興、経済協力の具体策を出すよう要請し、政府をあげて輸出振興に取り組む姿勢を示した[200]。6月9日に開催された61年度の最高輸出会議では、池田首相は、「今日の討議で各省が約束した施策は必ず実施する」と、輸出振興について全面協力を惜しまないと言明した[201]。

6月16日、政府は輸出振興策を決定した。その内容は、①日本輸出入銀行の必要資金の確保、融資対象の拡大、②短期輸出金融の拡充・改善（日銀の貿易金融の強化等）、③輸出保険制度の充実などであった[202]。9月26日の「国際収支改善対策」（閣議了解）は、「輸出短期金融の優遇の強化」を謳い、①輸出貿易手形に対する日銀の優遇度の強化、②日銀の市中銀行貸出枠査定の際の輸出金融の優先的配慮、③日本輸出入銀行資金の確保などを約束した[203]。

『経団連月報』1962年1月号は、石坂泰三経団連会長の「輸出振興を本年の課題に」と題する文章を掲載した。石坂は、「本年の課題としては、まず一日も早く国際収支の均衡を回復することであるが、ただ収支の均衡を急ぐあまり、輸出の増進よりも輸入の抑制に力を注ぎ、経済活動の萎靡沈滞せしめて、縮小均衡に追いやるようなことは、絶対に避けるべきであると思う。この際としては、なにをおいても、まず輸出の振興を中心に貿易の拡大をはかり、国際収支の改善に努力する必要があると考える。政府においても、諸施策の目標をここにおき、積極的な手を打たれることを強く望むものである」と述べた。

政府の輸出振興策がスピーディでなく、手ぬるいといった批判はその後も繰り返し、産業界から挙がり[204]、「輸出第一主義」は、1961～62年外貨危機を乗り切った後、ますます強調されるようになった。63年8月16日に経済同友会が発表した「国際収支に関する見解」は、「輸出第一主義はいまや新しい目をもってみなおされねばならない。この意味においてわれわれは、この際多少問題はあっても、輸出振興対策はこれを果敢に実行してゆくことが必要だ」と訴えた[205]。こうした要求にこたえて、64年度上期輸出会議（5月26日）は、「輸出第一主義の経済体制の確立」を掲げ、税制、金融、対外経済協力、輸出秩序の各面で体制を強化することを申し合わせた[206]。

以上見てきたように、1961年の外貨危機を契機にして「輸出第一主義」が台頭し、輸出会議などで種々の輸出増強策が論議され、結局、「輸出増強に一番効果的なのは、輸出に関する税制上並びに金融上の優遇である」という結論に達した[207]。

輸出所得控除制度の廃止問題　輸出所得控除制度は、租税特別措置の1つであり、1953年以来、輸出促進税制の要の位置を占めてきた。この制度は、輸出実績の一定割合（商社の場合は1%、メーカーの場合は3%）に相当する金額を課税所得から控除する制度であり、一種の輸出補助金である。年間の減税規模は、60年度に約115億円であった。

1955年に西ドイツが輸出所得控除制度を廃止して以降、この制度を実施している国は日本だけになっていた。しかし、日本国内では、自由化対策として同制度を残すべきとの意見が強かった[208)]。

GATTは、輸出補助金の即時廃止は求めず、工業製品に対する輸出補助金（1955年現在において存在したもの）は、GATT総会の決議により、毎年延長が認められてきた。ところが、60年10〜11月のGATT第17回総会（10月31日〜11月19日）において、保護貿易主義の国と目されていたフランスから、工業製品に対する輸出補助金の全廃提案が出され[209)]、その提案には輸出所得控除も含まれていた[210)]。延長を前提に輸出所得控除の存続を予定していた日本政府は、新たな判断を迫られることになった。しかし第17回総会では、GATT事務局は日本の強い反対を懸念して、フランスの提案を大幅に緩和する穏便な方法を選んだ。すなわち、即時廃止宣言（A）と現状維持宣言（B）（＝現状以上には拡大しないことを約束する案）の2つを提出し、(A)(B)の両方に加わるか、(B)のみに加わるかは、加盟国の自由に任せることで妥協が図られた[211)]。

日本は現状維持宣言のみに加わったが[212)]、即時廃止宣言（A）を受諾しなかったのは主要工業国14ヵ国中、日本だけであった（A宣言は1962年11月発効）。こうしてGATT当局の計らいにより、輸出所得控除制度の即時廃止は免れたが[213)]、この制度は、日本の「激しい輸出競争を象徴するものとして非難の的」となっており、なんらかの対応を取らざるを得なかった。61年11月に日本政府はGATT事務局に対し、ただちにA宣言を受諾できないが、64年3月末に期限が切れる輸出所得控除制度を継続する意志はないと伝えた[214)]。実際に、64年3月31日に、輸出所得の特別控除制度は廃止された。

しかし、日本政府は、GATT規定に反さない形で、この制度を引き継ぐ方法を編み出した。それが、1962年度から設けられた輸出割増償却制度と、64年度に設けられた海外市場開拓準備金、中小企業海外市場開拓準備金、海外投資損失準備金である[215]。輸出割増特別償却は、企業に対して、普通償却のほかに、輸出金額に応じた特別償却を認める制度であり、主としてメーカーを対象とした[216]。

これらの措置は、外国の批判を避けるために、目立たない形で実施された。しかし、1960年代後半には、輸出振興税制措置による減税額は60年代前半と比べ、目立って増えている。輸出割増償却、海外所得の特別控除、海外市場開拓準備金の合計額は、60年度の1,011億円から、65年度には2,208億円、70年度には3,747億円に増えた（**表8－13**）。この事実は、「輸出補助金全廃宣言にもかかわらず、その当時いかに輸出振興がわが国で真剣に図られていたか」を物語っている[217]。

貿易金融の拡大　輸出振興策のもう1つの要は、貿易金融の拡大であった。輸出貿易金融は短期と長期に区分され、日銀が短期貿易金融を、日本輸出入

表8－13　輸出振興措置による減収額

（単位：億円、%）

年　度	輸出割増償却 (A)	海外所得の特別控除 (B)	海外市場開拓準備金 (C)	合　計 (A)+(B)+(C)=(D)	租税特別措置による減収額合計 (E)	D/E
1958（昭33）	－	125	－	125	711	17.6
59（　34）	－	100	－	100	827	12.1
60（　35）	－	115	－	115	1,011	11.4
61（　36）	－	110	－	110	1,025	10.7
62（　37）	20	195	－	215	1,258	17.1
63（　38）	10	225	－	235	1,696	13.9
64（　39）	117	7	114	238	2,148	11.1
65（　40）	115	11	120	246	2,208	11.1
66（　41）	156	26	79	261	2,341	11.1
67（　42）	165	28	65	258	2,289	11.3
68（　43）	252	43	80	375	2,595	14.5
69（　44）	362	40	101	503	3,165	15.9
70（　45）	548	61	150	759	3,747	20.3
71（　46）	515	57	138	710	4,394	16.2

［注］数値はいずれも平年度ベースの予算額。
［出所］和田八束『租税特別措置』有斐閣、1992年、p.83。原資料は、『税制調査会関係資料集』（昭和47年5月）。

銀行が長期貿易金融（延払輸出金融）を担当する分業が存在した。

まず、短期輸出金融から見ていきたい。短期輸出金融は、輸出契約の成立後、生産から船積みまでの間の資金を融通する輸出前貸金融と、船積み後から輸出代金の回収までの外国為替金融に分かれる。日銀は、前者については輸出貿易手形制度により、後者については外国為替資金貸付制度により優遇措置を講じていた。このような産業・貿易振興のために、貿易手形や特定の産業の手形を優遇金利で再割引する制度を日銀の優遇手形制度と呼ぶ。この制度は、いわば日銀が行う産業政策であり、「制度金融」とも呼ばれる。

1960年代初めに、貿易金融に対する優遇拡大を求める通産省・産業界と、日銀との間で船積み前金融の輸出貿易手形制度が争点となった。

貿易・為替自由化が開始した1960年頃には、自由化の一環として、貿易優遇金融の縮小・廃止さえ唱えられたが[218)]、すでに述べたように、61年の外貨危機を契機に、輸出振興が「国是」となり、一転して輸出金融の拡大・強化が求められるようになった。輸出金融の優遇強化は、61年6月16日の輸出振興策（経済閣僚懇談会決定）に盛り込まれ[219)]、9月26日の国際収支改善対策でも取り上げられた。

日銀は、1961年8月15日、外国為替引当貸付制度を外国為替資金貸付制度に改め、船積み後の輸出金融の円滑化を図るとともに[220)]、輸出貿易手形の優遇も強化した。すなわち、7月22日の公定歩合引上げの際に、輸出貿易手形貸出金利は逆に1厘引き下げられ、9月29日の再引上げの折にも、年利4.38%に据え置かれた。その結果、商業手形割引利率より2.9%低くなり、国際的金利水準から見ても高くはない水準になった。

経済界や通産省は、金利だけでなく資金量の面でも輸出金融を優遇し、金融引締めの対象外とするように要請した。1961年11月2日、日本貿易会は「輸出金融の円滑化に関する要望」を決定、政府が進めている輸出金融優遇措置は、「輸出の急激な増加を期待するためには微温的かつ不徹底の感がある」と批判し、輸出貿易手形を日銀の窓口規制の枠外（「別枠扱い」）とするよう求めた[221)]。通産省は、日銀の輸出金融の優遇度は高まったものの、日銀の輸出貿易手形貸付残高は57年から増えていないと指摘した[222)]。

1961年11月9日に開かれた輸出振興対策懇談会では、経済界は輸出金融を

「別枠扱い」にすることを強く要望し、池田首相、佐藤栄作通産相は要望に応えることを約束した[223]。日銀・大蔵省は61年12月に輸出金融の実態調査を実施した。日銀は、適格貿手（日銀再割引の適格要件を満たしている貿易手形）についてはすでに実質的に「別枠扱い」しており、また、実態調査（61年12月実施）によれば、市中銀行は輸出貿易手形およびその他輸出金融を一般貸付より優遇しているので、「別枠扱い」の必要はないと主張した[224]。他方で通産省も、独自に輸出金融の実態調査を行い、12月14日、「輸出金融の優遇強化について」を発表し、優遇期間の弾力化、適格要件の拡大、輸出金融別枠は不可欠だとする対立的な見解を示した[225]。

船積み前金融は、本来の貿易金融（外国との間の為替取引にかかわる金融）ではなく、国内の生産・流通に対する国内金融である。日銀は、輸出貿易手形制度が金融引締めの抜け道になることを警戒した。日銀は、輸出金融を「別枠扱い」にできないとの建前を崩さなかったが[226]、実際には、経済界の要求をほぼ全面的に受け入れ、輸出金融優遇の拡大が実現した。日銀の輸出貿易手形貸出残高は、1961年末の335億円から、62年末には432億円、64年末には747億円へ、外国為替資金貸付も61年末の803億円から、62年末には1,522億円、64年末には2,889億円に激増した（**図8－2**）。日銀は、船積み後金融（＝輸出ユーザンス）と船積み前金融（＝輸出前貸金融）とは性格が異なり、前者が外国の買い手に対する代金支払い繰延べであるのに対して、後者は国内の生産者・集荷業者への融資であり国内金融にほかならず、輸出前貸金融に対して「すぎたる優遇を行えば、いたずらに国内金融を緩和する結果」になりかねないと優遇拡大に否定的であったが[227]、経済界を中心とした輸出振興論に押し切られた[228]。

その後も経済界は輸出金融の強化を要望し続けた。1964年5月26日の最高輸出会議においても、輸出金融の優遇強化が最大の問題となった。日銀は、「別枠扱い」を認めないとする従来の見解は変えなかったものの、山際日銀総裁は記者会見で、イギリスのマクミラン（H. Harold Macmillan）前首相の「輸出か死か」という言葉を引用し、輸出金融強化に積極的に取り組む姿勢を示した[229]。こうした要望に応える形で、日銀の輸出金融はさらに拡大し、70年末に日銀の輸出金融はピークに達した。このことは、60年代後半の日本がいか

図8-2　日銀の輸出優遇金融

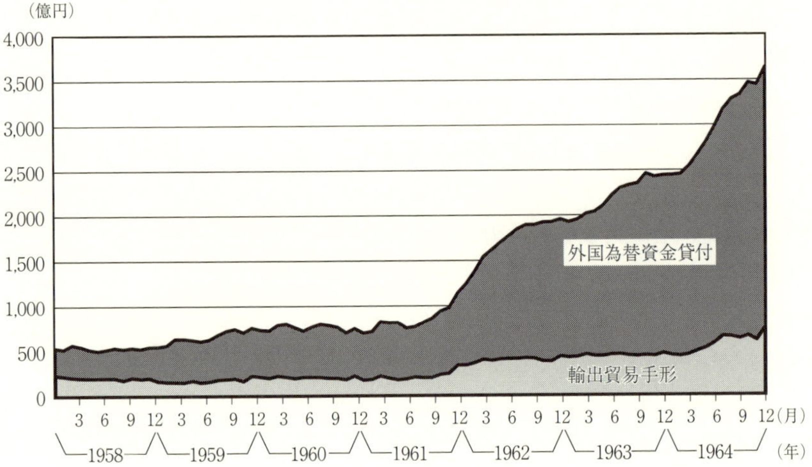

［出所］日本銀行資料より作成。

に「輸出第一主義」に傾斜していったかを物語っている。

つぎに、長期貿易金融（延払い金融）の充実について見てみよう。

1960年代に入ると、輸出構造を重化学工業中心の形に再編するために、なかでも機械産業が注目され、機械・プラント輸出促進のために延払輸出金融の強化の重要性が強調されるようになった[230]。62年初めに日銀の輸出金融の優遇問題が一応の決着を見た後は、中長期貿易金融の充実に焦点が移った。その結果、以下の措置が設けられることになった。

第1は、日本輸出入銀行の資金の増強である[231]。資金需要増への対応のため、1962年4月の法改正で、輸銀の借入限度額は、それまでの自己資本の2倍から3倍に引き上げられた。輸銀の貸付金残高は、60年度末の1,403億円から、64年度末には4,435億円へと約3倍に増加した[232]。

第2は、中期輸出金融の優遇である。これは、大型機械・船舶への長期輸出金融に限定されていた輸銀の延払金融の対象を、耐久消費財等に拡大する措置である[233]。通産省は、1962年1月に大手商社に対して行った実態調査の結果をもとに、耐久消費財、機械部品、鉄鋼製品、肥料、セメント等に対して中期延払金融を認めることを提案した結果[234]、輸銀は、7月から新たに耐久消費財等の中期（3年程度）の延払を認めることになった[235]。

第3は、日本開発銀行による国内延払金融制度の創設である。これは、重電機業界が強く求めた措置であった。国内重電機メーカーは、有利な延払条件で電力企業に売り込み攻勢をかける海外メーカーに脅威を感じていた[236]。従来、重電機について通産省は、需要者である電力企業等に一号機の輸入だけを認め、二号機以降は国産品を採用させる政策を実施してきたが、貿易自由化により、輸入制限はできなくなる[237]。そこで国内メーカーは海外企業と対等の条件で競争ができるよう、政府に対して国内延払融資制度の新設を求め[238]、経団連も重電機業界の要望を取り上げ、1961年12月21日に政府に建議を行った[239]。こうした働きかけの結果、開銀に62年度から重電機延払融資制度を設けられることになった[240]。63年度には、この制度は一般機械にも拡大され、資金運用部資金が日本興業銀行・日本長期信用銀行経由で企業に貸し出された[241]。

第9章　8条国への移行とOECD加盟

1　国際収支の改善と88%自由化

（1）国際収支の改善

輸出主導の国際収支改善　1961年の外貨危機からの脱却は迅速であった。外国為替収支では、62年6月には貿易収支は1年6ヵ月ぶりに黒字に転じ、7月には経常収支も黒字となり、政府の努力目標である62年度下期を待たずに、上期中に国際収支の改善が実現した[1)]。通関統計でも6月以降の貿易収支の顕著な改善が見られる（図9－1）[2)]。

年間の貿易収支（外国為替収支）は、1961年の9億3,200万ドルの赤字から、62年には2億4,100万ドルの黒字になった。その主たる要因は輸出の顕著な増大であった（輸出（通関）16%増）。好調な輸出の原因としては、アメリカ、ヨーロッパの景気拡大が追い風となったこと、国内の引締め政策によって輸出圧力が作用したことに加えて、重化学工業の輸出競争力が増したことが挙げられる。62年に、鉄鋼は39.8%、化学品は29.0%、船舶を除く機械機器は21.0%増大した[3)]。輸入の減少率は、54年、57年と比べると小幅であったが、輸出の大幅な伸びによって国際収支の均衡が短期間に達成された。

1960年代前半には、ヨーロッパ諸国の対日輸入制限が緩和され対欧州貿易のシェアが拡大した。一方で、東南アジアの国々の外貨事情が、一次産品の市況低迷のために50年代末から悪化したこと、アメリカの援助物資調達においてバイ・アメリカン政策が強化されたことから、対東南アジア貿易は伸び悩んだ[4)]（図9－2）。

1962年の貿易はきわめて順調であったが、先行きについては楽観的には見られていなかった。輸入の減少幅が小さかったことは、輸入の下方硬直化と解

図９－１　輸出入月別推移（1959 年１月～64 年 12 月）

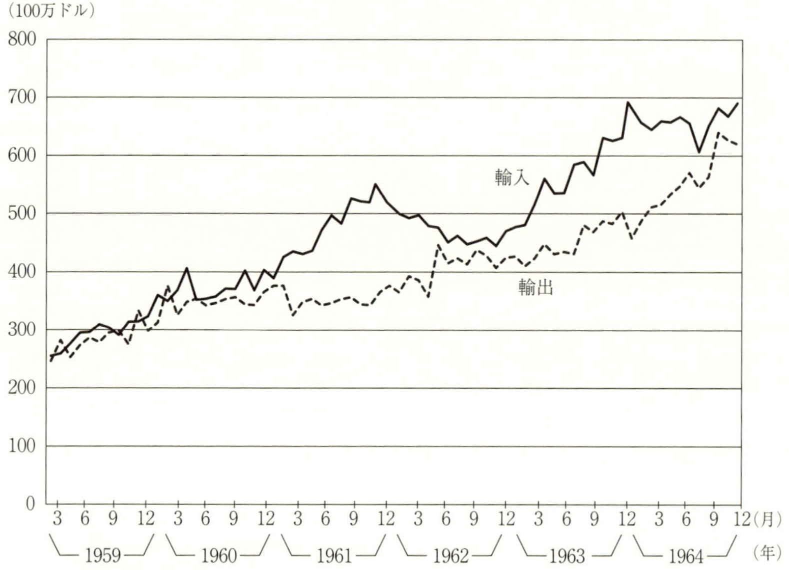

［注］通関統計。季節調整値。
［出所］東洋経済新報社編『経済変動指標総覧』東洋経済新報社、1983 年、p.407、p.432 より作成（原資料は大蔵省『外国貿易概況』）。

釈され、いっそうの輸出努力をしない限り、貿易収支の黒字は保てないと指摘された5)。実際に、経常収支黒字は半年しか続かず、1963 年１月には早くも赤字に転じたのである。

また、国内の景気循環においては、1955 年に始まり 61 年にピークに達した設備投資が調整局面に入った。62（昭和 37）年度の『経済白書』は、設備投資だけが増え続ける不均衡成長は転換点を迎えたと分析し、「日本経済の転型期」と呼んだ。設備投資の調整局面は「昭和 40 年不況」まで続いた（**図９－３**）。

引締め政策の解除と「金融正常化論」　国際収支の改善にともない、1962年中ごろから金融緩和論が出てきた。植村甲午郎経団連副会長は、６月６日、「当面の国際収支の均衡も重要だが、それよりもことしの暮れから来年にかけて具体化してくる自由化と米国の通商拡大法の影響の方を重視すべき」であり、そのためには「金融の正常化」を図らなければならないと述べ、金融緩和を求

図９－２Ａ　地域別輸出の推移

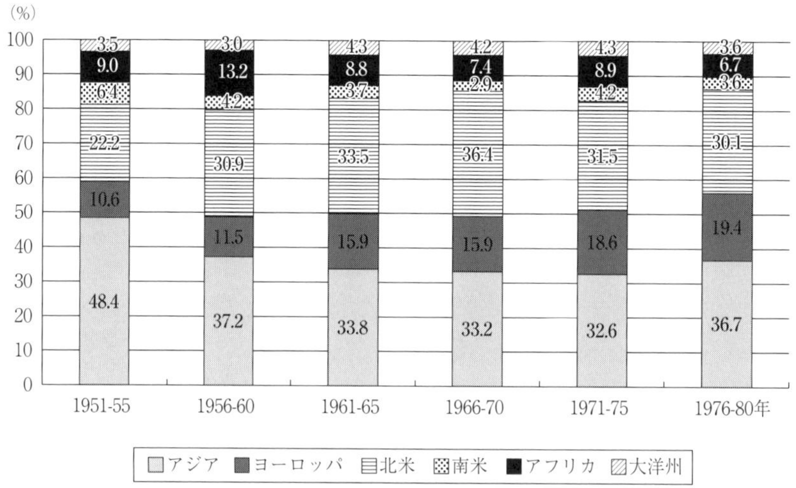

図９－２Ｂ　地域別輸入の推移

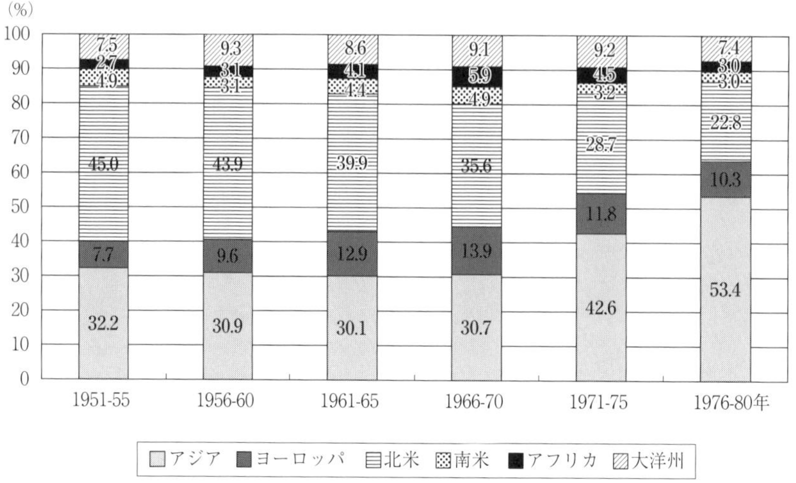

［出所］通商産業省編『通商産業政策史』第16巻、通商産業調査会、1992年、pp.250−253より作成。

図 9－3　民間設備投資／GDP 比率

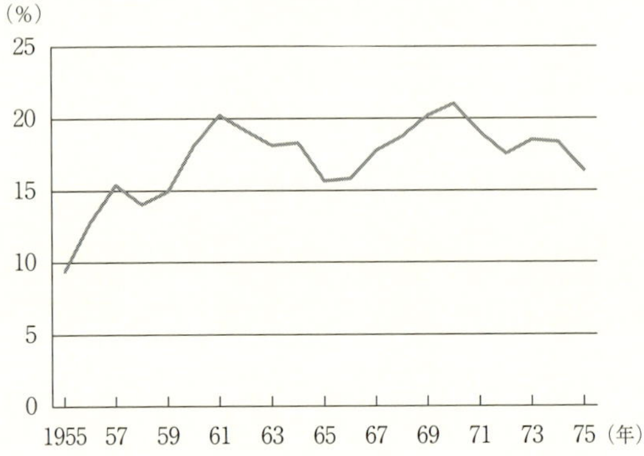

［注］暦年。
［出所］経済企画庁編『戦後日本経済の軌跡――経済企画庁 50 年史』大蔵省印刷局、1997 年、pp.782–785 より作成。

めた[6)]。政府・日本銀行のなかにも緩和論があったが[7)]、政府・日銀は公式には 8 月まで、金融政策を転換する必要はないという立場を堅持した[8)]。

1962 年 9 月の経常収支は 6,100 万ドルの黒字で、60 年 9 月以来の大幅黒字を記録し、9 月末の外貨準備は 1 年 1 ヵ月ぶりに 17 億ドル台を回復した[9)]。こうした情勢を受けて、9 月 19 日に開かれた経済審議会では、国際収支改善の目標が達成された以上、引締め政策の転換を図るべきとの強い意見が出た[10)]。

日銀は 9 月から金融緩和政策に転じた（窓口指導の緩和)[11)]。10 月 8 日からは、主要産業の原材料について輸入担保率が引き下げられた[12)]。10 月 26 日、日銀は、公定歩合の 1 厘引下げ（7.3%→6.93%、27 日実施)、預金準備率の引下げ（11 月 1 日実施）の金融緩和政策を決定した。そのほか、10 月末に、通産省は 1961 年秋から実施していた、外貨割当による機械輸入に対する厳しい選別措置を打ち切った[13)]。また、金融引締めの過程で生じた企業間信用の膨張の結果、一部企業で生じていた経営不安を解消するため、鉄鋼、肥料、石炭、証券、中小企業などに対して、信用供与（日本開発銀行等からの）や規制緩和（設備投資規制、信用状規制など）といった個別対策を実施した[14)]。

11 月 26 日、日銀は第 2 次公定歩合引下げを決定した（1 厘引下げ、6.93%→6.57%、27 日実施)。IMF コンサルテーションの終了を待って引下げが実施されたことは、政府・日銀が IMF を意識していたことを窺わせる[15)]。これにより、公定歩合は引下げ前の水準にもどり、引締め体制は解除された[16)]。さらに 12 月 13 日、輸入担保率の引下げが全品目に拡大された[17)]。

1963 年に入ると、「金融正常化」の掛け声の下に、池田勇人首相の低金利政策路線がふたたび前面に掲げられるようになった。1 月 23 日の国会財政演説で、田中角栄蔵相は、自由化時代を迎え、日本の高金利は国際水準にサヤ寄せされるべきだと、金利引下げを積極的に主張した[18]。

1963年3月20日に、公定歩合はさらに1厘引き下げられた（6.57%→6.21%）[19]。貿易手形の日銀割引利率も1厘引き下げられ、国際水準になった（4.38%）。池田首相は田中蔵相に対し、公定歩合の2厘引下げを指示したが、日銀との意見調整の結果、1厘引下げにとどめることになった[20]。その時に、池田首相と田中蔵相との間で、4月中にさらに1厘引き下げるという了解が成立したとされる[21]。4月20日、公定歩合の1厘の引下げが実施された（6.20%→5.84%）[22]。7月1日には、すでに象徴的なものになっていた日銀の高率適用制度が廃止された[23]。63年3月、4月の2回の公定歩合引下げは、池田内閣の「低金利政策」を実現することが目的であった。

（2）88%自由化

90%自由化の未達成（1962年10月）　1961年度コンサルテーションでIMFに約束した62年10月の90%自由化の時期が近付くと、通産省は慎重論を唱え始めた。62年8月9日、松村敬一通産省通商局長は池田首相に対して、「予定通り輸入の自由化率を現行の73%から90%にするのを目標にしているが、自由化がむずかしい品目も少なくないので、場合によっては90%を少し割るかもしれない」との見通しを示した[24]。松村局長は、非自由化493品目のうち、10月にかならず自由化ができるのは原油など約250品目、到底不可能なのは乗用車、農産物の大部分など200品目弱、残りの非鉄金属、紙パルプ、一部の工作機械、化粧用クリーム、一部の農産物など約50品目については、まだ扱いを決めていないと説明した。

9月初めには、検討中の約30品目を加えても自由化率は89%にとどまり、90%に達しないことが判明した[25]。検討中の品目は、タングステン鉱石、マンガン鉱石、水銀、石綿、アンチモニー地金、化粧用クリーム、ごま油、ひまわり油、バナナ、ジャムなどであった[26]。

9月11日の自由化関係閣僚懇談会では、90%自由化達成についての基本的態度が討議され、以下の「貿易自由化促進に関する政府統一見解案」が了承された[27]。

① 本年10月、当初の目標通りの90%自由化率を達成するため、よりいっそうの努力を傾けるものとし、自由化につき現在なお検討中の品目は緊急関税発動の態勢を整備するなど所要の対策を至急に進めて、極力これを10月から自由化するものとする。

② 今回の自由化に当たっては、わが国に対する差別的輸入制限のきびしい国に対して、差別撤廃のための交渉をさらに強力に行うものとする。

この見解は、10月のIMF総会向けに出された日本政府の90%自由化の決意表明であったが[28]、そこには自由化を1963年3月末まで半年繰り延べるニュアンスも含ませていた[29]。

貿易自由化措置は、9月29日の閣僚審議会で決定された[30]。この自由化により、原油、工作機械および金属加工機械の相当部分、製紙用パルプ、毛製品、雑貨等が自由化され、非自由化品目は230品目減少して、262品目になった。自由化率は、1962年度上期より15%上昇して88%に達したものの、IMFに約束した90%は達成できなかった。上昇率15%のうち12%は原油の自由化によるものであった。

その結果、1962年10月までにネガティブ品目を150品目に絞り込むとする「貿易・為替自由化促進計画」の目標を大幅に下回った[31]。石油製品、非鉄金属地金（銅・鉛・亜鉛等）、砂糖の自由化見送りがすでに早い時期から決まっており、最後まで未決定であったバナナ、とうもろこし、ビスケット、大豆油、コーヒー、はちみつ等の農業品目も自由化されなかったためである[32]。9月29日の閣僚審議会では、自由化率が90%に達しなかったのは、重油の自由化が実現しなかったためであり、所期の目的は実質的に達成されたと説明した[33]。

しかし、より大きな意味を持ったのは、以下のセンシティブな諸品目を当分の間、自由化しないことを確認した点であった[34]。

① 産業高度化の中核的産業として当分の間保護育成すべきもの（乗用車、大型重電機、電子計算機等）[35]

② 自由化によって重大な社会的、経済的混乱をきたすもの（石炭、銅、皮革、酪農製品等）

③ 合理化などの途上にあり、短期間の自由化猶予を必要とするもの（カラーテレビ、ブルドーザー、電動タイプライター等）

④　特別の例外的事情によるもの（毛織物、化粧品、バナナ、砂糖など）

以下、経済的・社会的影響がもっとも大きかったエネルギー産業、機械産業、製糖業の3つの産業について、具体的に触れておきたい。

「エネルギー革命」と石油・石炭の自由化　高度成長期の「エネルギー革命」（第一次エネルギーにおける石油の優位化）は、石炭・石油の自由化政策と密接に関連していた。

1950年代のエネルギー政策は、基本的に国産石炭の保護・育成を目指すものであった[36)]。価格面で石炭に対する重油の優位が確定的になるのは58年であるが、すでに50年代前半には、価格面で重油が石炭よりも安価な状況が生じていた。政府は、合理化を通じた国内石炭産業の強化と、石油輸入・消費の抑制を柱とする政策を50年代半ばに樹立し、高炭価問題に対処しようとした。石炭産業の合理化については、55年8月公布の石炭鉱業合理化臨時措置法により、中小の非能率炭鉱の閉鎖と立坑開発による大手炭鉱の合理化を通じて石炭鉱業の体質改善と59年度4,950万トンの生産確保をめざした。一方で、石油輸入および消費の面では、54年3月に政府は重油消費を抑制する政策を打ち出し（「石炭と重油の調整について」）、55年8月に重油ボイラーの規制を実施し（重油ボイラー設置制限等臨時措置法公布）、原油・重油関税を復活した。

スエズ危機（1956年）の後、安価な中東原油が流入し、石炭と石油の競争力の格差が決定的になり、また、近い将来の貿易自由化も意識され始めると、政府は59年12月の石炭鉱業審議会の答申にもとづき、60年9月に石炭合理化臨時措置法を改正し、新たな石炭産業の合理化方針を打ち出した[37)]。答申は、63年度に主要揚地の石炭販売価格をトン当たり1,200円に引き下げること、5,000～5,500万トンの石炭生産を維持すること[38)]、近代化・合理化資金の貸付を行うこと等を提言していた。この段階ではまだ石炭産業を保護し、強化する路線は引き継がれており、重油ボイラー規制の3年間延長や関税引上げも実施された。こうして61年度には、出炭量は戦後最高の5,540万トンを記録した[39)]。

石油に目を転じるならば、石油の外貨割当は、占領期の1949年に成立した消費地精製方式と、石炭鉱業保護の方針に沿って編成されていた[40)]。具体的

図9-4　石油外貨予算の推移

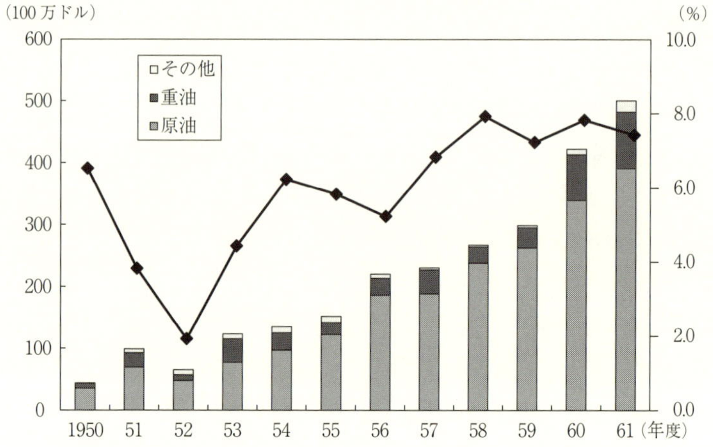

［注］折れ線グラフは輸入貨物予算に占める石油予算の比率（右側スケール）。
［出所］石油連盟編『戦後石油産業史』1985年、p.63より作成。

には、①石炭産業保護の観点から石油に対する外貨資金割当を抑制し、②消費地精製主義に立って、石油への外貨割当額においては原油を優遇する（原油が70〜80%程度を占めた）方針がとられた（**図9-4**）。石炭価格へのリンクによって重油の高価格が維持された結果、石油企業は高利潤を確保することができた。また、原油処理実績（53〜54年度）・輸入実績（55年度以降）にもとづく外貨割当方式は、民族系石油企業、中小業者のシェア拡大に貢献した[41]。

1961年9月に、原油輸入自由化の時期が62年10月に決定したことは、「エネルギー革命」の流れを一挙に加速させ、エネルギー政策を根本的に転換させた。

1962年5月、産業構造調査会にエネルギー部会が設置され、総合エネルギー政策の検討が始まった。62年10月13日、石炭鉱業調査団が池田首相に石炭鉱業の安定についての答申大綱を提出した[42]。①合理化計画最終年度の67年度の出炭規模を5,500万トンとする、②67年度までに非能率炭鉱1,200万トンを閉山する、③67年度の炭鉱労働者は12万人台（約6万人の減少）とする、という内容であった。62年11月29日、政府は、石炭鉱業調査団の答申にもとづき、「石炭対策大綱」を閣議決定した。これは、石炭がもはや重油に対抗できなくなったことを政策当局が認め、政策の重点が失業対策、地域振興など、社会的摩擦の回避に移ったことを意味した。

石油産業も、原油輸入自由化により大きな影響を受けることになった。通産省は、大量の輸入原油の流入による過当競争を防ぎ、業界秩序を維持するために、外貨割当制度に代わる新たな枠組みの立案に取り掛かった。1961年12月のエネルギー懇談会（有沢広巳議長）「石油政策に関する中間報告」を受け、通産省は石油業法案の策定を開始した。業界内の利害は錯綜していたが、62年1月に通産省は業界の承認を取り付け[43]、石油業法は、62年5月11日に成立した（7月10日施行）[44]。これにより通産省は、事業許可（石油精製業輸入業に対する許可）と設備許可の権限を持ち、石油供給計画にもとづいて、各石油会社に対して生産・輸入計画の変更を勧告できるほか、販売価格についても石油会社に勧告できることとなった。

1962年10月の原油の輸入自由化を前に、石油企業は大混乱に陥った。石油業法の制定を予想して、設備の駆け込み新増設が行われ、61～62年に製油所が相次いで完成しつつあった。過剰生産能力を抱えた石油企業の間では、激しいシェア獲得競争が展開された。輸入規制の弛緩による原油価格の下落で、中小メーカーを中心に価格引下げ競争が始まった[45]。石油産業の純利益は、62年から64年にかけて急減し、64年上期には業界全体の業績が赤字に陥った。63年11月には、石油連盟の行政指導による生産調整の内容を不満として、出光興産が連盟を脱退する事件が起きた[46]。

輸入自由化の面では、1962年10月の原油に続いて、63年8月に航空ガソリンが、64年7月に、ガソリン、ナフサ、ジェット燃料、灯油、LPGが自由化された。重油と軽油は、過当競争の防止、石炭産業への悪影響を考慮して自由化は行われず、重油・軽油の数量割当制は71年度末まで継続され、72年4月に自由化された[47]。この時に、重油に対しては関税割当制度を適用する措置がとられた[48]。

石炭は、IMF8条国移行後も非自由化品目として残った。しかし、1963～64年には、炭鉱の閉山・離職が相次ぎ、石炭生産は漸減しはじめ、66年7月の石炭鉱業審議会第3次答申では、年産5,500万トン目標は放棄された。石炭生産は67年以降、急激に縮小に向かった。石炭は非自由化品目ではあったが、国内ではコークス用強粘結炭がほとんど産出されないため、鉄鋼業用に大量の強粘結炭が海外から輸入された[49]。60年代初期において、輸入炭の90%は原料炭であり、さらにその90%以上が鉄鋼部門に向けられていた[50]。国内炭保護との兼ね合いを図るため、国内弱粘結炭との混合使用が推進されたため、71年9月まで原料炭の輸入は自由化されなかった。

機械産業　「乗用車は機械産業のなかでも自由化に最も弱い業種」とされていた自動車産業は[51]、通産省が日本の経済を担うべき中核産業として位置付けていた産業であり、自動車業界も貿易自由化に消極的であった[52]。

1950年代には、乗用車輸入は外貨割当によって極度に制限され、観光用・報道用のみ、わずかの台数に限り輸入が認められていた[53]。貿易自由化措置の一環として、60年度下期外貨予算から、一般用の乗用車の輸入が可能となったが、外貨割当額は168万ドル（1,000台分）にすぎなかった（61年度の乗用車輸入実績は一般用以外も含め全部で3,749台）[54]。乗用車以外は、比較的早期に自由化され、60年10月に三輪トラック、自動車タイヤが、61年4月にトラック、バス、二輪車（250 cc未満）が自由化された。

通産省は、産業体制を整備して日本企業の競争力を強めたうえで、乗用車自由化に踏み切る政策をとり、1961年8月、①62年10月の90%自由化の対象とはしない、②64年度末の自由化は避けがたいので、それまでに企業の再編を行って競争力を強化する[55]、③自由化対策としてノック・ダウンによる輸入を防ぐために、エンジンとその中核的部分についてGATTに対しウェーバーを求める[56]、という政策を打ち出した。

その後通産省の産業構造調査会は、1962年に乗用車政策小委員会を設けて自由化対策を検討し、同委員会は同年12月18日に、65年3月の自由化を前提に乗用車工業の生産体制を早急に整備すべきとする「乗用車政策の基本方向についての答申」をまとめた[57]。この答申にもとづき、自動車企業の提携・合併、下請け部品企業の育成、価格の引下げが図られた。当時、内需が好調であったため、自動車企業の業績は良好であり、大手各社は1割5分の高配当を続けていた[58]。企業業績が好調であったため、価格の引下げは順調に進み63〜64年に約10%の価格引下げを実現できたが、反面、好調であったがゆえに、企業は積極的に合併を図ろうとしなかった。そこで自由化繰上げにより、合併促進の刺激を与えようという意見も唱えられたものの、結局、それは立ち消えとなった。

1965年3月乗用車自由化が決まった時点で、通産省の政策の重点は資本自由化に移り、貿易自由化を段階的に実施しながら、資本自由化をできるだけ延期する政策がとられることになる[59]。

1964年4月のIMF 8条国移行の時に、乗用車、乗用車用原動機付シャシー、エンジンとその主要部品、中古車は自由化されておらず、残存品目のリストに入っていた[60]。当初の予定よりも半年遅れで、65年10月、乗用車の輸入が自由化された[61]。自動車エンジンの輸入自由化は、資本自由化と歩調を合わせて、71年6月に実施された。

つぎに、自動車以外の機械工業について見たい。

造船や家電は1950年代に順調な発展を遂げたが、産業機械、工作機械、重電機など一般機械は、60年に「貿易・為替自由化計画大綱」が発表された時点では、一部を除いては国際水準に達していなかった。通産省は、60年1月、機械工業自由化対策会議を設置して検討を行い、4月半ばに、第一次自由化プログラムに載せることができるのは十数種にとどまるという見通しを立てた[62]。それによれば、競争力があるのは造船、軽機械（カメラ、トランジスター、家庭用ミシンなど）、家庭電気製品であり、乗用車、内燃機関、冷凍機などは生産規模が小さく、電子計算機、大型工作機械、大型火力発電機、化学プラント、油圧ポンプ、航空機などは技術的に立ち遅れており、国際競争力がない状態であった。

以下、貿易自由化の過程を、産業機械、工作機械、重電機について検討する。

産業機械は、外貨割当により輸入が制限されており、輸入依存度は10〜15%にすぎなかったが、重要工程にかかわる機種は輸入依存度が高く、自由化されれば輸入は激増すると予想された[63]。通産省は、産業機械の90%以上を1962年4月以降に自由化する方針であった[64]。60年12月7日、通産省は機械工業界の代表に対し、関税改正答申が提出され、機械工業振興臨時措置法改正案も次期国会に上程され、自由化対策は整うので、工作機械・産業機械の自由化を1年間早めると通告した（改正法は61年4月1日に施行された）[65]。これに対し

12 月 14 日、日本産業機械工業会は、産業機械は「所得倍増計画」が「戦略的産業」として重視する産業であり、単純な国際分業論で自由化に踏み切ることには絶対反対という見解を発表した[66)]。

工作機械工業は企業規模も小さく[67)]、1950 年代には、賠償指定中古機械の放出、機械の輸入再開・増大の影響を受けて、困難な状況に置かれていた[68)]。工作機械の輸入については、輸入促進を望む自動車工業などのユーザー側と、輸入防遏を求める工作機械工業との利害対立があり、輸入促進政策（重要機械類輸入税減免制度〈51 年度から実施〉）と工作機械国産振興政策（工作機械輸入補助金制度〈52 年度から実施〉、機械工業振興臨時措置法〈56 年公布〉、「工作機械試作補助金制度〈53～55 年度〉）の両方の政策が実施された[69)]。58 年において、工作機械の国内需要の 42% が輸入品によって満たされており、ユーザーの意向は無視できなかった[70)]。自由化政策開始の 60 年の時点で、汎用機種は国際競争力を持つに至っていたが、大型工作機械、特殊目的の工作機械はまだ競争力が弱く、自由化されれば、影響は甚大と見られていた[71)]。しかし、当時状況は大きく変化しつつあり、岩戸景気の設備投資に支えられて、工作機械工業は 61 年までの 5 年間に生産を約 10 倍に伸ばし、国内生産が需要に追い付けない状況が生じていた。自由化の条件は整いつつあったと言えよう[72)]。

重電機は、1950 年代の電力産業（とくに火力発電）の急成長に、日本のメーカーは大型化についてゆけず、大容量機器は米国からの輸入依存の状態から脱せなかった（1 号機輸入・2 号機国産方式)。ようやく 60 年頃までには、国内メーカーの技術水準は国際水準に近づいたが、自由化されれば、国内の電力企業は支払い条件等の有利な輸入機械を購入することが予想され、従来の 1 号機輸入・2 号機国産方式の国内企業育成策が維持できないと懸念された[73)]。さらに、61 年の引締め政策により、設備投資が沈静化し、電源開発計画が縮小されたため、重電機の需要は急減し、業界は不況に陥った[74)]。

機械類の自由化は、競争力のあるものから順次実施され、自由化率は 1961 年 6 月の 4% から、同年 7 月 24%、12 月 47%、62 年 4 月 57% と上昇し、62 年 10 月の「88% 自由化」の際には 85% に達した（63 年 9 月には 90% となる)[75)]。「88% 自由化」の際には、産業機械では高温高圧のボイラー、高温高圧コンプレッサー、大型ブルドーザー、電気機械のうち 20 万 kW を超える大型火力発電機、揚水式発電機、原子炉およびその部品、電子計算機などが自由化延期を認められた[76]。64年の8条国移行の時点で残った非自由化品目は、電子計算機、乗用車、大型火力発電機、大型工作機械である。

粗糖の自由化（1963年8月）　自由化がとくに難航した品目として粗糖が挙げられる。難航した理由は、精糖業界と農業の双方から、自由化に対する強い抵抗があったためである。

日本は甘味資源の主たる栽培地であった台湾、南洋諸島、沖縄、樺太を失い、戦後、砂糖の自給率は100%から5%に下落した。外貨を節約するために、政府は1951年に精製糖輸入の禁止と[77]、精糖工業育成の方針を決定した[78]。

精糖業に参入する企業が相次いだにもかかわらず、製糖メーカーは粗糖の内外価格差から生じる巨額の輸入差益の恩恵で、過剰設備を抱えながらも、高利潤を確保できた[79]。政府は粗糖の輸入差益に着目し[80]、1953～54年に、造船、プラント・メーカーに対して粗糖の輸入権を与える出血補償制度を実施した。また、閣議了解にもとづき55、59、60、62の各年度には、政府が精糖企業から差益を徴収した。精糖メーカーは、差益を徴収されても、十分なレントを確保することができた[81]。

外貨割当の方式は、精糖企業に対する割当を主とし、商社割当と実需者割当[82]も副次的に実施された（**表9－1**）。各企業に割り当てる際の基準は、当初は設備能力重視（1952年度上半期には、設備能力70%、精糖実績30%の比率）であったが、設備過剰を抑制するために53年度下半期から精糖実績重視に変更され、58年度上半期からは、計画的な生産を維持した精糖企業が有利になる在庫スリッページ方式に変わった[83]。

一方で、農業政策面で、原料の自給率向上政策が追求され、甜菜糖などの栽培が奨励された。1953年、寒冷地農業経営の安定策の一環として、甜菜糖栽培の保護政策が導入され（53年1月、甜菜生産振興臨時措置法制定）[84]、政府による北海道の甜菜糖の買上げが始まった[85]。59年には、甘味資源栽培の拡大政策は、北海道だけでなく国内諸地域にまで拡大された。59年2月農林省は、国内甘味資源を育成し、10年後（68年度）までに砂糖国内自給率を5割に高める方針を策定した（「甘味資源の自給力強化の総合政策」）[86]。自給目標量75万

表９－１　粗糖の外貨輸入割当

（単位：千トン）

年度	割当数量	内訳			
		精糖会社	商社割当	実需者割当	その他
1952	892	361	525	－	7
53	697	501	183	－	13
54	785	387	366	－	31
55	1,050	785	217	－	48
56	1,405	1,030	284	25	66
57	937	683	182	25	47
58	1,157	824	227	24	82
59	1,000	709	196	24	72
60	1,127	758	274	24	71
61	1,223	807	315	24	77
62	1,190	762	313	29	87
63	752	489	192	19	51

［注］1. 1963年は4～9月分。
2. その他の、1952～57年は再製糖。
［出所］『砂糖統計年鑑』（日本精糖工業会）、1962、1964年版より作成。

トンの内訳は、甘蔗糖（西南諸島・沖縄[87]）20万トン、甜菜糖（北海道・東北の寒冷地ビートと、宮崎などの暖地ビート）40万トン、ぶどう糖（いも澱粉を原料とするぶどう糖）[88]15万トンであった。甘味資源栽培農家と砂糖メーカーに対する保護の結果[89]、国内価格は高水準に維持され、消費者にとっては「世界一高い砂糖」[90]になった[91]。1962年当時、白砂糖の小売価格は１キロ当たり145円（卸売価格122円）であり、そのうち消費税と関税が価格の40%以上を占めた[92]。

粗糖の輸入自由化は、1960年８月から検討が開始されたが、農業団体や精糖企業の反対が強く、最終的に、63年８月に池田首相が不意打ちの自由化を断行するまで３年かかった。

まず、1960年８月農林省は、国内の甘味資源を保護できる糖価水準まで輸入粗糖の関税を引き上げることを条件に、1～2年後に砂糖輸入を自由化する方針を固め[93]、11月には、南条徳男農相、水田三喜男蔵相、迫水久常経済企画庁長官の間で早期自由化の合意が成立した[94]。ところが、自民党内から強い反対が起きたために[95]、２月７日、政府は砂糖の自由化を見送ることにした[96]。

その後、1961年6月のIMFコンサルテーションでは、IMFから粗糖の自由化を迫られ、62年10月の自由化は必至と目された。しかし、農林議員や精糖業者からの強い反対で、またも自由化は見送られた。池田首相は砂糖の自由化に意欲を示し、63年4月の自由化実施を、62年9月28日に閣議了解に持ち込んだ。63年1月18日、首相の裁断により、関税割当制度、緊急関税制度の適用を内容とする砂糖自由化対策が決定した[97]。これを受けて、63年1月に甘味資源特別措置法案が国会に提出されたが[98]、同法案は7月に参議院で審議未了となった[99]。

法案未成立で、自由化は先送りされると思われていたところ、池田首相の指示により、突如、1963年8月30日の閣僚審議会で粗糖自由化が決定、31日から実施された[100]。この措置は、外貨予算の編成と時期を合わせて半年ごとに実施された輸入自由化措置の一環であった。貿易自由化措置は10月初めに行われるのが通例であったが、10月90%自由化達成に向けて、この時は8月末に実施された。粗糖を含む「8月自由化」により、自由化率は89%から92.2%に高まり、90%目標が達成された[101]。粗糖の自由化が突如実施されたのは、農林議員の反対を避けるためであった[102]。当時農林省で粗糖自由化問題を担当した大山一生は、「国際会議に顔を出すには自由化率を90%台にしなければならないというのが池田首相や外務省の考えでした。そこで90%を確保するには砂糖か自動車かとなった。」「農林省は最後まで抵抗したが、押し切られた」と回顧している[103]。

粗糖の自由化対策として、1964年3月31日、甘味資源特別措置法および「沖縄産糖の政府買入れに関する特別措置法」（沖縄産糖買入法）が公布・施行された[104]。砂糖の価格が国内産糖の政府買入価格（＝甘味資源作物の最低生産者価格＋標準的な生産・販売費用）を下回った場合は、政府が生産振興地域内の国内産糖製造事業者から買い入れることができるという甜菜および甘蔗の価格支持政策である[105]。

ところが、1963年11月に1ポンド当たり12セントまで高騰した国際糖価は、その後下落に転じ、65年9月には2セント⅙まで下落する事態が生じた。糖価高騰の時に制定された上記の保護政策では、このような大幅な国際価格の下落に対応できなくなった。そこで、65年6月、新たに、「砂糖の価格安定等に関する法律」が制定され[106]、輸入糖から徴収した輸入課徴金により、国内甘味資源の価格支持を行う方式が導入された[107]。糖価安定事業団を設立し、輸入価格が低い場合には糖価安定資金を積み立て、高い場合には糖価安定資金を取り崩して価格の安定を図る制度である。

精糖メーカーは、自由化に備えて高値の時に粗糖を購入し、争って設備拡張を計画したために、1964年7月の原糖価格暴落により大打撃を受けた。63年8月の自由化の際に設備能力はすでに過剰であったが（日産1万864トン）、66年末には設備能力は2万2,271トン（計画中のものを含む）に達し、じつに全体の約3分の2の1万5,000トンが過剰設備となった[108]。精糖メーカーは収益悪化から、商社への依存を強め、約70社が犇《ひし》めいていた精糖業界の再編が60年代後半に始まった[109]。

（3）1962年度コンサルテーションと8条国移行決議

日本側の準備　日本の国際収支改善の成否の見通しがつくのを待つという理由で、IMFは62年度コンサルテーションを、例年とは異なり、10月に実施することにした[110]。

今回はBPリーズンなしの勧告を受け入れることで政府・日銀は一致した。1962年9月5日、山際正道日銀総裁は、「勧告をことさら避けようとするよりも、わが国の実情を率直に説明すべきである」と述べ[111]、また池田首相と宮沢喜一経済企画庁長官も、「いまさら移行勧告の延期をムリヤリ頼みこむことは、従来のいきさつ、世界の大勢などからいっても不見識であり、いさぎよい態度をとった方がよい」という考えを示した[112]。

10月24日、政府は関係各省打ち合わせ会議において、「IMF年次協議に臨む基本方針」を決定した[113]。IMFの考え方・態度を見究めつつ、適切に決定することという一般的方針に立って、自由化に関して、以下の具体的態度をとることとした。

① 貿易自由化について：残存12%の自由化スケジュールについてはコミットしない（コンサルテーションの場では議論しない）。残存制限については「無理な説明にならない範囲で」BPリーズンを主張する。

② 貿易外取引については、早急の自由化は困難であるが、今後、逐次自由化してゆく方針であることを示す。

政府は、11月2日の閣議において、「かりに8条国移行勧告がでる見通しが強まったとしても、わが国としてはこれを無理に回避するようなことはしない」、「10月からの88%の輸入自由化で残された12%の自由化期限は明示しない」ことを意思統一した[114)]。

コンサルテーションの経過　1962年度のコンサルテーションは、11月5日から17日まで東京で開催された。IMFスタッフ・チームは、フリードマン（Irving Friedman）為替制限局長ほか2名であった[115)]。

冒頭で村上為替局長は、政府はいっそうの貿易・為替自由化に向けて努力するが、日本経済に内在する種々の問題を考慮しながら自由化を進めねばならない、日本の現在の経済状態は安定的で健全な状態とは言えないと述べた。

まず、最初にマクロ経済状況が議論の対象となった。フリードマンは、議論の前提として、すでに日本経済が戦後の復興段階を終えたと認識しているかどうかを質問したいと述べた。この点については、日本側に意見の相違が見られ、経済企画庁の担当者は、もはや復興段階ではないという考えを示したが、通産省の担当者は、公共投資の低さ、賠償問題の未解決などを挙げ、戦後過渡期はまだ終わっていないと答えた。

経済成長率についてIMF側が、完全雇用がほぼ実現できているので、5.4%（1962年度下期予想）は満足できる成長率だと指摘したのに対して、日本側は、少なくとも7.0%成長までは戻したいと述べた[116)]。また、IMF側は、日本側は国際収支がまだ強固ではないと主張するが、それはあまりにも高い経済成長を望みすぎているためだと批判した。

金融政策についてIMF側は、1961年夏以降に取られた金融引締め政策を歓迎し、この政策により国際収支の改善が図られたことを評価した。その上で、現在の金融政策は、景気回復を促進する意図で行われているのか、それとも中立的政策なのかと質した。日本側は景気促進的ではないと返答し、今後、財政・金融政策は国際収支への影響を考慮して決定することをIMF側に約束した。またIMF側は日本企業が銀行融資に過度に依存している点を指摘し、景気が沈静化している今こそ、資本市場の育成に取り組むべきではないかと指摘した。

日本側は、財政政策を景気調節政策としては用いておらず、景気調節はもっぱら金融政策に委ねている、ただし、「所得倍増計画」では公共投資は重要な役割を果たすことになっており、民間投資に対する公共投資の規模は大きくなってきていると説明した。

国際収支の状況について日本側は、貿易収支は変動が大きく、貿易外収支が慢性的に赤字なので、経常収支の赤字を長期資本の導入によりカバーする形になっていると、安定的な長期資本の流入の必要性を強調した。外貨準備の水準について日本側は、1961年末と比べて外貨準備が実質的に増加していない点、年間輸入額に対する外貨準備の割合が29.5%と低い点を挙げ、日本の外貨準備はまだ不十分だと述べた。IMF側は、健全な財政・金融政策がとられているかどうかが重要であり、外貨準備の絶対量を論じることはあまり意味がないと指摘した。

6日目の11月13日の協議において、核心の貿易自由化が議論の対象になった。通産省が説明に立ち、石油製品を除けば昨年度のコンサルテーションの目標は達したと総括し、①国際収支の状況が不安定であること、②経済構造高度化のために特定の産業を育成する必要があること、③先進工業国が依然として厳しい対日輸入制限を課していることを挙げ、これらの問題が解決されなければ、さらなる自由化は困難だと主張した。フリードマンは、90%自由化は最終目標ではないと述べ、①貿易自由化の具体的計画、②遅れている貿易外自由化の計画を示すことを求めた。

通産省の貿易自由化に対する消極的姿勢に、フリードマンは強く反発した[117)]。そこで日本側は調整のために[118)]、翌14日に通産省・農林省を外して大蔵省、日銀が非公式にIMF側と会談を実施した[119)]。討議は、フリードマンが用意した下記の質問事項に沿って行われた[120)]。

1　以下の諸点に合意できるか

(a) 今後数ヵ月以内に90%以上の自由化を目指すこと。

(b) 国際収支の堅調を維持し、外貨準備を取り崩さず、米市銀特別借款を返済できるような金融財政政策を遂行する確固たる意志を持つこと。

(c) ただちに、あるいは、数ヵ月以内に貿易外経常取引に関する制限を廃止することを目指すこと。残存管理（および規制）は、望ましくない外資流出を防止することを企図するものとなろう。

(d) 8条移行の手続きを履行するために必要な協議を、IMFとの間で開始すること。

2　もし、答えがyesであれば、

(a) IMFチームは、日本はすでに政策の遂行に当って、国際収支上の理由による制限を必要としない状態になっており、残された制限は国際収支上の理由によるものではないことを宣言できる。

(b) 日本がスタンドバイを更新する場合には、上記の日本の意図の表明が趣意書の内容となる。

(c) 日本は8条国移行の手続きを始めることになる。

第1の自由化率について日本側は、90%以上の自由化を約束する文言を入れるのは無理だと主張した。その理由として、①石炭問題の重要性から、重油・石炭の自由化の見通しが立てられないこと、②砂糖はなんらかの保護政策が必要であるが、自由化と引換えに保護政策を導入する形を取りたくないことを挙げた。日本側が数値を明示すれば諸外国やGATTとの交渉に不利になると訴えたのに対して、フリードマンは、「95%とか98%といった数値を示してもらえれば嬉しいが、日本の立場が弱くなるというのなら固執はしない」と述べて、「農業および工業製品を含め、輸入を更に実質的に自由化する」ことを日本側が約束することで妥協した。

第2の点について、日本側が、「国際収支の堅調」(strong balance of payments position）とは、経常収支と長期資本収支の合計（=基礎収支）が黒字という意味かと尋ねたのに対して、フリードマンは、厳密な意味で用いたのではなく、今後は為替制限には訴えず、国際収支調整の手段としては財政・金融政策を用いる旨の決意表明してもらえればよいと答えた。

第3の貿易外取引の自由化について、フリードマンは、対外投資と海外観光旅行の自由化を強く求め、海外観光旅行を自由化しなければ、外国からの圧力はさらに増すだろうと警告した。しかし、日本側はそれでもやむを得ないとして、観光旅行については、今後の自由化計画を示さない方針を貫くことにした。

11月17日にフリードマンからIMF使節団の講評が行われた。講評は、残存輸入制限は国際収支以外の理由で維持されており、貿易外取引の制限についても国際収支上の理由は存在しないので、日本が8条国への移行に向けて準備を開始するよう勧めると述べた。

田中蔵相は、17日の記者会見において、IMFの判断に異論はないが、日本は国際収支状況を見極めたうえで、IMFの判定が出た後に、8条国移行の時期を決定したいと述べた[121]。

貿易自由化とアメリカ　IMFコンサルテーションに先立って、10月2日に開催されたGATT対日輸入制限協議会において[122]、アメリカは、日本が自由化と同時に関税引上げ措置をとったことに不満を表明した。しかし、日本の自由化が88%にとどまった理由を深く追及することはなかった。

アメリカ国務省の対日自由化に関する見解は、非公式にIMFにも伝えられた[123]。それは、①国務省は12%の非自由化品目に工業製品が多数含まれていることを懸念するとともに、さらなる自由化を希望しており、とりわけ精銅の輸入制限に関心がある、②日本が海外旅行の自由化をまったく検討していないのは問題である、③外資法が一企業に対する外国人の投資割合に厳しい制限を設けることを懸念している、という内容であった。

コンサルテーション後の12月3〜5日に開催された第2回日米貿易経済合同委員会においても、自由化の要請はなされた。グードマン商務長官代理は、「自由化率88%は一見相当な数字に見えるが、これは輸入が過度に制限されていた1959年基準である上に、大部分原料品・半製品又は日本品と競合しない完成品が対象で、米国が対日輸出を希望する大部分の商品は依然自由化されていない」と不満を口にした[124]。

8条国移行勧告決議（1963年2月6日）　1963年2月6日のIMF理事会は、事務局が提出したスタッフ・ペーパーと勧告案を原案通り異議なく承認した。勧告は、「基金は、残存輸入制限は国際収支上の理由からは不必要だと信ずる。

基金は、また経常貿易外支払に対する制限も撤廃するよう要請する。基金は、日本が基金協定第8条の義務を受諾するために準備過程に入ったことに注目し、かかる準備過程およびそれに関連する事項について、日本政府とのさらに協議をつづけることになろう」と述べ、BPリーズンはもはや存在しないことを宣言した（8条国移行勧告）[125]。

鈴木源吾理事は、1962年半ばから日本の国際収支は改善に向かい、アメリカの銀行からの借入を返済しても外貨準備は増加し、3月末に18億5,000万ドルに達する見込みであり、日本政府はIMFとのスタンドバイ取決めを継続しないと述べた。

理事会では、いずれの理事も、日本政府の国際収支回復策を高く評価し、8条国への早期移行を期待すると述べた[126]。また、フランス、イタリア以外の理事が、対日貿易差別撤廃の重要性に言及したことは、日本側を喜ばせた[127]。

決議の修正を求めなかったものの、若干の理事は、スタッフ・ペーパーと勧告案に異論を唱えた。リーフティンク（Pieter Lieftinck）理事（オランダ）は、スタッフ・ペーパーに関して、第1に、国際収支の均衡回復をもっぱら金融政策の効果だと分析した点を批判し、実際には財政政策が大きな役割を果たしたのではないかと疑問を提起した[128]。その根拠として、1961年度に約5,000億円の揚超であった事実を示した[129]。第2に、日本のように活力ある企業が急成長を担っている場合には、景気の波が大きくなるので、外貨準備に余裕があるのが望ましいと述べ、日本政府の外貨準備積み増し志向に批判的なIMFスタッフとは異なる見解を示した。シリエンティ（Sergio Siglienti）理事（イタリア）とガーランド（J. M. Garland）理事（オーストラリア）は、勧告案が、「今後の景気動向にはっきりした見通しがつくまで、金融当局が政策をこれ以上緩和しないよう提言する」と述べた点について、経済政策の実施のタイミングをIMFが加盟国政府に対して勧告するのは行き過ぎではないかとの感想を漏らした[130]。

8条国移行勧告を受けて、2月7日、日本政府は、「最近のわが国の国際経済社会における地位の重要性にかんがみ、また、貿易及び為替の自由化が究極的にわが国経済の正常な発展のため望ましいことを考慮し、この決議を受け入れることとした」との大蔵大臣談話を発表した[131]。

2　8条国移行への準備

（1）貿易自由化の推進

1963年の貿易自由化　1962年11月のIMFコンサルテーションでは、日本はIMF側から90%以上の自由化の早期達成を求められた。しかし実際には、63年4月の自由化は、自由化対策がまだ進んでいないという理由で、62年10月に自由化を見送った品目を中心に行われ、自由化品目は25品目にとどまった（残存229品目）。主要な自由化品目は、非鉄金属（銅地金、モリブデンなど）とバナナであった。銅は、関税割当制の導入等の自由化措置が講じられたので、自由化の準備が整ったと判断された。63年4月の自由化で、焦点の砂糖が自由化されなかったため、自由化率は62年下期の88%から63年4月には89%へと1%上昇しただけであった[132]。

1963年秋の貿易自由化は、通例の10月初めよりも1ヵ月早く9月初めに実施される予定であった（6月閣議了承）。8月27日の各省連絡会では、粗糖、鉛、亜鉛などの焦点の品目が自由化から外され、「内容的には極めて特徴のない」自由化が閣僚審議会において決定する運びとなっていた[133]。しかし、IMF総会の開催、GATTへの残存輸入制限品目リストの提出を控えて、池田首相は自由化率を引き上げる決意を固め、8月30日の閣議で突然、粗糖を含む35品目の自由化を決定し、31日から実施した。これにより、残存輸入制限品目は192品目になり、200品目を下回った。粗糖の自由化により、自由化率も92.4%と、90%を超えた[134]。

ちなみに、8条国移行時の西欧主要国の輸入自由化率は、対OEEC（欧州経済協力機構）諸国についてはイギリス99%、フランス95.5%、西ドイツ92.2%、イタリア99%、対ドル地域についてはイギリス98%、フランス98.9%、西ドイツ87.1%、イタリア97%であり[135]、90%は日本にとってどうしても到達しなければならない数字であった。

GATT 11条国への移行　IMF 8条国への移行勧告が出た場合、その国は自動的にGATT 12条国（国際収支上の理由で輸入制限ができる国）から11条国（国際収支上の理由で輸入制限できない国）に移行する。この移行は加盟国の意思表示によって行われるのが慣例であり[136)]、1963年2月20日、GATT理事会において青木大使は、日本はもはやGATT第12条を援用しない旨の意思表明をした[137)]。

8条国移行にともなう最大の問題は、8条国移行勧告を受け入れた段階で残っている非自由化品目の取扱いであった。GATT 11条国が輸入制限を例外的に継続する方法としては、ウェーバー（義務免除）を得る道があり、ウェーバーには通常のウェーバーと、ハード・コア・ウェーバーの2種類が存在した。ハード・コア・ウェーバーとは、BPリーズンが消滅した国が一挙に制限を廃止した場合に起きる困難を回避するため、5年間の猶予期間を設ける制度である。この制度は1955年3月5日にGATT第9回総会で採択され、57年末の期限後も1年ずつ延長されてきた。しかし62年秋のGATT総会において、オーストリアからの延長提案が認められなかった結果、62年度末で期限切れとなった[138)]。

したがって1963年2月に日本がBPリーズンなしの判定を受けた時に存在したのは、通常のウェーバーのみであった。ウェーバーを得るには、決議参加国の3分の2、GATT加盟国の過半数の賛成が必要であった。通常のウェーバーが認められるケースは、国内農業の規制にかかわる場合、経済開発のため特定産業を確立する必要がある場合、GATT上の利益が無効化・侵害された場合などに限定されていた。

BPリーズンなしの判定が下され、貿易自由化の協議の場がIMFからGATTへと移行する際に、ウェーバーをめぐって問題が生じたのはドイツであった[139)]。ドイツは、1957年3月にIMFからBPリーズンなしの判定を受け、残存輸入制限品目の取扱いがGATTの場に移ったが、議論は約2年間にわたって紛糾した。ドイツは残存輸入制限品目の自由化は自主的に段階を追って行うと主張して、ウェーバーの手続きをとることを拒否した。フランスなど西欧諸国がドイツに同情的態度を示したのに対して、アメリカ、カナダ、オーストラリア、日本などが輸入制限の早期廃止を強く求め、意見が対立した。最終的に、59年5月の第14回GATT総会において、GATT第25条のウェーバーの形式をとった決定がなされ、事態は収拾された[140]。

また、他の先進国と比べた日本の残存輸入制限品目の特徴は、農業や衰退産業にかかわる品目だけでなく、乗用車をはじめ政府が保護育成を図っている品目が重要な位置を占めていた点にある。ドイツが輸入制限を求めたのは、農産物と低価格品（日本・インド等から輸入する繊維製品、陶磁器、玩具など）であり、成長産業の製品は含まれていない。工業製品のウェーバーは低開発国のみに認められていたので、日本の場合、ウェーバーが認められる可能性があったのは、農産物などの一部の品目だけであった。

このように先進国にとって、ウェーバーを得るのは困難であった。そのため、ドイツの問題が発生した後、先進国の多くはウェーバーを申請せず、「残存輸入制限取扱い手続き」をとった。この手続きは、GATT協定違反の輸入制限を継続している国が、GATTに対して残存輸入制限を申告する制度である。BPリーズンなしのIMF判定が下った後に、輸入制限撤廃についてGATTとの協議が難航する国々が続出したことから、現状追認の措置として設けられたものである（1960年秋のGATT第17回総会において決定）。この手続きをとった後は、制限によって影響を受ける国は、制限を実施している国に対して二国間協議を要請できる。協議が不調に終わった場合には、関係国はGATT第23条に基づき、GATT総会に問題提起をすることができ、GATT総会は調査・勧告を行わなければならない。すなわち、8条国移行後もウェーバーを得ないで残存輸入制限を続けることも可能ではあるが、無限に制限を続けられるわけではなく、いわば自由化までの時間稼ぎということになる[141]。

日本政府は、1963年10月末、「残存輸入制限取扱い手続き」に基づいて、GATTに対して残存輸入制限品目を通告した。通告品目は、ネガティブ・リスト192品目のうち、武器、弾薬、麻薬などGATTが輸入制限を認めている38品目を除いた154品目であった[142]。

（2）IMFと貿易外取引の自由化

貿易外取引とIMF　IMF協定第8条が定めている経常的支払に対する制限の撤廃には、貿易のほかに経常的貿易外取引も含まれる。経常的貿易外取引の主要項目としては、運輸、保険、海外渡航、投資収益、技術輸入の一部、映画上映権が挙げられる。

IMFは、経常的支払に対する制限を、「為替の入手および使用に関する直接的制限」と定義している（1960年6月1日　理事会決議）。この定義にしたがいIMF事務局は、IMFの権限は為替の直接的制限（支払制限）にかかわる問題のみであり、たとえ経常取引であっても取引・契約にかかわる制限は、IMFの権限外であるという解釈をとっていた[143]。コンサルテーションにおいても、IMFは支払と契約をきわめて厳格に区別する姿勢をとった。

その結果、貿易取引と異なり、貿易外取引については、IMFから自由化を強く迫られた項目と、問題にならなかった項目とに分かれた。IMFが自由化を迫ったのは、投資収益の送金、海外渡航である。あまり問題にしなかったのは、運輸（運賃・用船料）、保険、映画上映権料、技術援助契約である。運輸、保険、映画上映権料、技術援助契約は、IMF 8条国移行後も、契約面から規制し、国内産業を保護することは可能であった。

8条国移行に伴う貿易外支払規制自由化により見込まれる貿易外支払額の増加は1億ドル程度（海外渡航費6,000〜7,000万ドル、外国法人在日支店利潤送金1,000〜1,500万ドルなど）にすぎないと予想された[144]。

しかし、OECD（経済協力開発機構）は貿易外取引・資本取引の自由化を掲げており、OECDの貿易外コードは、IMFの自由化を補足する役割を果たしていた。日本はOECDへの加盟にともない、貿易外取引の自由化を要請されることになった。この点については後に述べることにし、ここでは、IMFの自由化の対象であった海外旅行の自由化と投資収益の送金に触れておきたい。

海外観光旅行の自由化　海外観光旅行は、日本では第二次大戦後は禁止されていた[145]。海外観光渡航、映画・テレビ関係、芸能・スポーツの興行は、「自由化の順序としては、一番後廻しにすべきもの」とされ、これらの分野の自由化に政府は強い抵抗感を持っていた[146]。

IMFが、はじめて海外観光旅行の自由化を取上げたのは、1962年度コンサルテーションの時であった。IMF側は、日本政府が海外渡航を厳しく制限し、とくに観光のための海外旅行をまったく認めていない点を問題にした[147]。翌63年度コンサルテーションでは、海外観光旅行が論議の焦点の1つになった。

1963年度のコンサルテーションにおいてIMF側は、海外観光渡航を1人年1回500ドルに限るのは制限的過ぎると批判した。IMF側は、海外渡航は自由であるべきであり、海外渡航の支払に関しては、資本逃避の危険性だけを為銀段階でチェックすれば十分だとした。これに対して、渡辺誠大蔵省為替局長は、日本政府は「社会正義」(social justice)の観点から制限をしていると答え、あくまでも1人1回500ドルの制限を設ける意思を示した。

コンサルテーション最終段階で行われた田中角栄大蔵大臣とフリードマンとの会談において、フリードマンは、8条国移行の際に観光旅行問題で特別承認をとった国はないと指摘し、日本側の再考を促した[148)]。しかし、日本側は8条国移行の際にIMF側が特別承認事項にするよう求めるならば、それもやむをえないという態度をとり[149)]、8条国移行の際には、海外観光旅行制限と日韓オープン勘定だけが特認事項として残されることになった。

西欧諸国等においては海外旅行に関する為替規制は緩かったので、日本側の頑なな姿勢はIMF当局には不可解に映ったようである。海外旅行は一般国民の生活とかけ離れた贅沢であり、自由化は社会的コンセンサスを得られないと考える日本政府との間に大きなズレがあった[150)]。

1963年5月に始まったOECD加盟交渉においても、OECD貿易外取引コードに関連して、海外観光旅行の自由化が取上げられた。日本政府はOECDから、海外観光旅行に関して、64年6月までの自由化義務留保の承認を得た[151)]。

政府はIMF8条国移行の時期に合わせて、1964年4月1日から、1人年1回500ドル以内という厳しい制限を付けたうえで海外観光旅行の自由化に踏み切った[152)]。その後、国際収支が黒字化するにつれ、制限も次第に緩和されていった[153)]。500ドル枠は、69年4月に700ドル、70年3月に1,000ドル、71年6月に3,000ドルに引上げられ、72年11月に限度額が撤廃された[154)]。

1965年4月にはジャルパックも登場したものの、60年代には、海外観光旅行はまだ爆発的に伸びてはいない(**図9-5**)。500ドルの持ち出し制限も阻害要因であったが、根本的な原因は、海外旅行価格の高さにあった。JTBのパック旅行は、65年には28万2,000円(女子高卒初任給の18ヵ月分)という高値の花であり、73年に、ようやく14万円(同、3ヵ月分)にまで下がった。ジャンボジェット機の就航による割引運賃(バルク運賃)の導入、円の切上げ

図9－5　海外旅行者数の推移（1965〜77年）

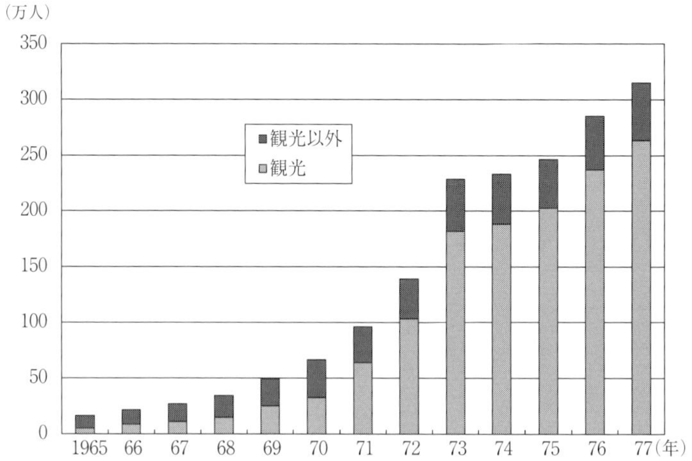

［出所］日本交通公社編『観光の現状と課題』1979年、p.50より作成。

（71年12月、73年2月）がもたらした急激な価格下落の結果、70年代前半に海外観光旅行は飛躍的に伸びた[155]。70年代初頭には、海外観光旅行はもはや奢侈品ではなくなった。

投資収益の送金　IMF協定は資本移動規制を加盟各国の自由に委ねていたが、投資収益の送金は経常取引に区分されており、IMFが求める為替自由化の範囲に含まれていた。

1950年の外資法制定以来、主として国内産業・国内企業保護の目的から、日本政府は外国人の日本への投資（対内投資）を厳しく制限した。外資法は、外国人の投資を厳しく審査し、入り口で制限する代わりに、元本および果実（収益）の送金は保証するという原則に立っていた。外資法の対象となる対内投資は、株式、債券、長期の貸付、長期の技術契約などである。60年代の初めにおける外国人の日本への投資は、海外短資（外資法ではなく外為法の管理対象）、公的長期借款（世銀借款、EXIM借款）を除けば、微々たるものであり、元本・果実の送金を自由化しても、大きな問題は起こりえなかった。

従来、対内投資の元本・果実の送金は保証されてはいたものの、株式元本に対しては、7年（2年据置5年分割）という厳しい制限が設けられていた。為替自由化措置の一環としてこの期限は、1960年6月に5年（2年据置3年分割）、61年5月に2年（2年分割）、62年8月から6ヵ月に短縮され、最終的に63年4月からは元本の送金制限は撤廃されて、完全に自由化された[156]。

元本および収益の送金制限の緩和が進むなかで問題になったのが円ベース投資であった。円ベース投資とは、元本・配当の送金を認めない代わりに、政府の審査なしに対日投資を認める制度である。この制度は、1953年に日米友好通商条約が制定された際に、事業活動の内国民待遇の規定を満たすために設けられた制度であった。円ベース投資制度を利用すれば100%外資企業の設立も可能であったが、元本・収益の送金ができなければ投資する側のメリットは少なく、円ベース投資の総額は63年度に約1億4,000万ドル程度にすぎなかった[157]。8条国移行にともない、元本・収益の送金が自由化された場合に、円ベース投資が外資法の規制を回避する迂回路になることを当局は警戒した。そのため、63年7月に円ベース投資制度は廃止され、株式投資はすべて取得段階での規制がかけられることになった[158]。

（3）OECD加盟

OECDの設立　1960年12月14日にOECD（経済協力開発機構）条約が調印され、61年9月30日に20ヵ国が参加して、OECDが発足した[159]。

OECDの前身は、マーシャル援助の受入機関として1948年4月に発足したOEEC（欧州経済協力機構）である。OEEC諸国間の貿易自由化がほぼ達成され、EPU（欧州決済同盟）が西欧通貨の交換性回復（1958年）によってその役割を終えると、OEECの新たな役割を定めることが課題となった。60年1月に開催された13ヵ国よりなる「特別経済委員会」（パリ会議）においてOEECの改組が決定され、その後の調整を経て、61年9月のOECD条約発効に至った。OECDには、欧州の国々の外に米国、カナダが正式メンバーとして加わり、OEECの欧州の地域機関的な性格を払拭し、国際的な機関に脱皮した。

OECDの目的は、経済成長の促進、低開発国援助、貿易の拡大の3つである。

OECDの目的の筆頭には経済成長が掲げられ、1961〜70年の10年間にGDP

の50％拡大を達成することが目標として設定された。OECDの経済政策委員会には、経済成長の問題を扱う第2作業部会が設けられた。しかし、60年代に国際金融調整における先進10ヵ国蔵相・中央銀行総裁会議（G 10）の役割が大きくなると、G 10、国際決済銀行（BIS）と連携して国際通貨問題の先進国間の調整を行っていた第3作業部会（WP 3）が第2作業部会より重きをなすようになった。

第2の目的である低開発国援助に大きな関心を持っていたのはアメリカである。アメリカは、自国の低開発国援助負担を軽減するため、OECDに先進諸国間で低開発国援助を分担・調整する役割を期待した。アメリカのイニシアティブで、OECD発足に先立って1960年3月、DAG（開発援助グループ）が組織され、DAGはOECD発足にともない、DAC（開発援助委員会）に名称を変更した。

第3の目的、貿易の拡大については、アメリカはGATT中心主義を堅持しており、また欧州内では欧州経済共同体（EEC）の重みが増しつつあったので、実際にはOECDが活躍する余地は少なかった。むしろ、1960年代にOECDが貿易外取引や資本取引において果たした役割の方が注目に値する。61年12月にOECDは「経常的貿易外取引の自由化に関する規約」（貿易外コード）および「資本移動の自由化に関する規約」（資本コード）を採用し[160)]、OECDは、IMFがカバーしない、運輸・保険・映画などの貿易外取引の自由化と、直接投資の自由化を推進した。

もともとOEECは欧州の機関であったので先進国グループの色彩が強かったが、OECDに移行してからは、低開発国援助の調整機関としての役割、主要な先進国による国際金融協調の役割といった側面が強調されることで、いっそう先進国グループの性格が濃厚になった。

日本のOECD加盟　日本政府は、OECD加盟を目指して、早い時期からOECD当局、米国、西欧諸国に対し、積極的な働きかけを行った[161)]。

政府はOECDへの加盟を、「中進国」から先進国へステップアップするための不可欠の条件とみなしていた。また国内には、EECの地域的統合が進めば、日本が孤立してしまうという懸念から、それを避けるためにOECD加盟を求める声も強かった[162)]。OECD 加盟の具体的な利点としては、① OECD に日本が加わることで西欧諸国の対日貿易差別が解消すること、② WP 3にも参加できれば、国際金融問題への発言権を得られること、③海運委員会に加わることで、米国の海運政策に効果的に対抗できることなど、が想定された[163)]。

日本の OECD 加盟交渉は、非公式レベルでは、OECD 発足直後の 1961 年から始まる。交渉ルートの1つは、日本がすでにメンバーになっていた DAC を通じての打診である。61 年 7 月に東京で DAC 会議が開催された際に、日本側は OECD ソーキル・クリステンセン（Thorkil Kristensen，デンマーク人）事務総長に対して、加盟の打診を行った。この時、クリステンセンは、欧州各国の対日認識不足などを挙げて、早期の実現は困難との見通しを示した。

もう1つのルートは、アメリカに対する働きかけである。OEEC を大西洋地域（西欧諸国・北アメリカ）だけでなく、日本にも開かれた組織にする案は、アメリカ国務省内部では、すでに 1956 年から存在していた[164)]。ディロン（Douglas Dillon）米財務長官は、61 年 2 月 14 日、上院外交委員会で、日本が OECD に完全加盟することを望むと証言し、日本の加盟に積極的なケネディ政権の姿勢が明らかとなった[165)]。同年 6 月の池田首相訪米の際には、ケネディ（John F. Kennedy）大統領との会談で、この問題が取上げられた[166)]。ただしケネディは、日本が加わることになれば、大西洋地域の機関という OECD の性格が根本的に変わることになり、西欧諸国にはこの点に抵抗感を持つので、「今は加盟の好機ではない」と慎重な姿勢も示した。

こうした状況を大きく転換させたのは、1962 年 11 月の池田首相の訪欧であった。池田首相は、各国に OECD 正式加盟への協力を要請し、その反応はおおむね良好であった[167)]。11 月 27〜28 日の OECD 閣僚理事会では、米代表のボール（George W. Ball）国務次官が日本の OECD 加盟が必要であるとの意見表明を行い、イギリスがこれを支持した[168)]。

1962 年 1 月 14 日、ライシャワー（Edwin O. Reischaur）米駐日大使は武内龍次外務次官に対し、日本政府から正式に加盟申請を出す時期が来たと示唆し[169)]、これを受けて、2 月 11 日、池田首相は 3、4 月頃に OECD 加盟を正式に申し込むことを言明した[170)]。3 月 28 日に OECD 事務局は、OECD 首席代表会議が、日本の加盟に対して原則的支持を与え、日本との話し合いに入るよう要請した旨のプレス・リリースを行った[171]。

これ以降、事前調査と加入審査の段階に入った。日本政府は1963年5月9〜14日に、予備調査団をパリに派遣し、OECD事務当局から加盟の具体的要件等を調査した。次いでアデア調査団（アデア［C. W. Adair，米国人］OECD事務局次長を団長とする調査団）が来日して、6月3日から2週間にわたり自由化コードに関する調査が実施された。調査の後、7月8〜12日に、日本の代表も参加して、貿易外取引委員会で審査が行われ、海運問題については、別途7月9〜10日に海運委員会で審議され[172]、最終的に7月26日の理事会において、日本の加盟が承認された。

当初予定された1963年11月加盟は[173]、国会の解散（10月23日）により不可能となり、日本のOECD正式加盟は、IMF8条国移行後の64年4月28日になった。日本は加盟に当たって、両規約に定められた82項目のうち、17項目（経常的貿易外取引9項目、資本取引8項目）について留保を行った[174]。

OECD加盟と海運業　日本のOECD加盟交渉は、最終段階では、ほとんど海運自由化の問題に絞られた。当時、日本政府は国内の海運業保護のために、1年以上の長期の外国船用船契約を外為法にもとづく許可制のもとに置いていた。

海運業は、高度成長期の代表的な構造不況業種であった。造船業が1950年代に目覚しい発展を遂げたのとは対照的に、海運業の経営は不安定であった。海運企業は第二次大戦で保有船舶の大部分を失った上に、戦時補償を打ち切られ、多額の負債を抱えながらの再出発を余儀なくされた。それに加え、朝鮮戦争、スエズ危機の「2度の飛躍の機会」を活かせなかった経営側にも問題があった[175]。敗戦時に134万総トンにまで激減した日本の保有船舶量は、61年に687万総トンにまで回復し、戦前のピーク時（41年の690万総トン）とほぼ並び、船舶量の点では海運王国であった戦前水準に達したものの、弱体な経営基盤、低い邦船積取比率という肝心の問題は解決していなかった。

海運業の強化政策の開始は遅く、本格的政策が講じられたのは1963年であった。62年12月、海運企業の集約を柱とする再建整備案（脇村小委員会案）がまとまり、これにもとづいて、海運業の体制整備の政府方針が決定し、63

年7月1日に、「海運再建2法」が成立した。その骨子は、①外航船腹量100万重量トン以上の海運企業への集約化、②開銀利子の5年間徴収猶予および新造船に対する利子補給の引上げである[176]。64年4月までに、6グループへの海運企業の集約化が完了し[177]、ようやく海運企業体制の強化が実現した。

貿易・為替自由化の一環として、1960年10月5日から6ヵ月以内の用船契約、63年4月20日から1年以内の用船契約が自由化された。しかし海運業保護のために、①1年を超える期間にわたる用船契約、②石炭・重油および無為替物資の輸入に関する契約は自由化されなかった。

1963年5〜7月のOECD加盟交渉において、海運の自由化が焦点となった。OECDコードは、海運の自由を基本原則として掲げ、海上運送に関する取引および送金の自由が国内措置によって妨げられてはならないと規定していた[178]。OECD「東京交渉はIMFも大目にみかけた海運自由化へのアクセルを強く踏んだ」と言われたように[179]、IMFコンサルテーションの対象外であった海運自由化にOECDが踏み込むことになった。

海運再建整備計画が完了するまでは自由化は困難であり、「完全自由化までには少なくとも5年は要する」という運輸省、船主協会の意見にもとづき、日本政府はOECDに5年間の留保を求める方針を決めた。日本側の関心は2つあった。1つは、再建整備により海運業が競争力を強める以前に、荷主と外国船主との間で長期の契約が締結される事態を防ぐことであった。もう1つは、石炭・鉄鉱石の長期にわたる安定的輸送を確保するために、石炭・鉄鉱石の輸送を邦船が確保することであった[180]。

1963年6月のアデア調査団との交渉において、日本側は、1年超の用船契約について、海運業の再建整備が終わるまで5年間の留保を求めた。これに対してOECDのアデア調査団長は、「海運自由化はOECDとして非常に力を入れ、かつ成果を挙げている問題でもあるので、海運国である日本としては本項目に留保を付することは避けるべきであろう」と、留保は困難という見通しを示すとともに、日本の状況に配慮して、「現在直ちに完全自由化を行うことが困難であれば、orthodoxな方法ではないが日本側から2〜3年内に完全自由化をはかる旨の覚え書をOECDに提出、これを理事会の議事録にentryすることにより表面的に留保をつけないこととしてはどうか」と、覚え書方式により実質的に留保を得る方法を示唆した[181]。

これを受けて日本側は、石油、石炭および鉄鉱石にかかる1年を超える運送または用船契約については、覚え書により5年間を限って過渡的に許可制度を残す方針で、7月のOECD貿易外取引委員会、海運委員会に臨むことにした。ところが、海運委員会では、覚え書方式は悪い先例を残すことになるとして北欧諸国が反対するなど、予想以上に反対が強く、日本側が5年留保を3年まで譲歩したが容れられなかった[182]。7月16日の理事会でも結論は出ず、OECD事務総長が加盟国と日本との調整を行い、7月26日の理事会において、事務総長が提示した石油については2年間、鉄鉱石・石炭については1年間の猶予という案でようやく妥協が成立した[183]。

西欧諸国の強硬姿勢の背後には、アメリカ海運業の保護主義（シップ・アメリカン政策）が拡大することへの西欧諸国（とくに海運国であるノルウェーやイギリス）の強い警戒感が存在した[184]。アメリカ海運業は、1950年代初めから世界市場において、シェアを大幅に減らしつつあり、減少に歯止めをかけるために自国船主義を推進していた。

このように、OECD加盟交渉で、日本側は海運自由化留保について全面譲歩を余儀なくされた[185]。海運業以外の産業は、OECD加盟による影響をほとんど受けなかったので、「海運業を“いけにえ”にした」との不満が海運業界に強く残った[186]。同年11月からは、1年以上の長期用船契約が自由化され、石炭、鉄鉱石、原油・重油に関する制限だけが暫定的に残った。

政府は自由化の代償として、1963～64年度の開銀の融資比率を建造費の80%にまで引き上げることを決定した。この措置は、業界側からも、「再建整備計画を推進中である海運企業にとっては、それらの新造船の国際競争力を強化するうえで、裨益するところ大なるもの」と評価された[187]。

映画輸入の自由化　外国映画の輸入に関しては、国際収支上の理由、および国産映画保護の目的で、外貨割当による輸入制限が実施されていた[188]。外貨割当は、輸入資格者（1963年3月時点で外国系9社、邦人系9社の18社）に対して、1社につき何本という形で行われていていた[189]。

映画の輸入自由化は、① 1963年4月の為替制限の緩和、② 64年4月の一部輸入自由化、③同年7月の全面自由化の3段階を経て、約1年3ヵ月で完了した。

まず第1の、1963年4月の輸入映画についての規制緩和措置は、IMF8条国移行準備のための貿易外経常取引自由化の一環として実施されたものである[190)]。これにより、長編映画の対価の送金が自由化され、あわせて、外国映画蓄積円も解除された。それまでは非居住者が取得する映画上映権料の送金は制限されており、海外に送金できずに非居住者の預金勘定に貯まった上映権料は外国映画蓄積円と呼ばれていた。外国映画蓄積円は、もっとも多かった56年末には約30億円にのぼったが[191)]、自由化による送金規制の緩和により、62年6月末現在、6億7,700万円（約188万ドル）に減少していた[192)]。

外国映画の輸入は契約面で規制できるので、IMFの自由化は回避可能であったが、OECDの自由化は契約面にも及ぶために、避けるのは困難であった。1963年のOECD加盟交渉においては、外国映画輸入自由化も対象として取上げられた。64年6月までの留保が認められ、64年6月末が自由化のデッドラインとなった。

このような経緯で、1964年4月1日から、長編映画について、①フィルム買取の定額制（＝輸入映画の単価の上限基準）、②日本映画の輸出奨励のために設けられていた輸出ボーナス制度[193)]、③国内の輸入業者を保護するために設けられていた非居住者取り分規制[194)]、の3つの規制が廃止された[195)]。同年7月1日には、残された規制である、④輸入本数割当（＝国際収支の状況に応じて毎年度輸入本数を決定する制度）、⑤配給業者の資格制限（＝配給組織を持たない業者がプレミアム獲得を目的として参入することを防ぐ制度）が撤廃された[196)]。こうして、外国映画輸入は全面的に自由化された。

映画輸入に対する規制は、もともとは外貨の流出を防ぐことに主たる目的があった。しかし、1960年代初めに外貨準備は約20億ドルに達しており、年間1,400万ドル程度の外国映画輸入が規制緩和によって増大しても、外貨面で懸念する必要はなかった。当時、テレビの普及により映画の観客数が激減するなかで、映画産業は国産映画と外国映画とで観客を奪い合う状況が生じ、国産映画の保護に政策の重点は移っていた。輸入自由化対策として、上映館に対して国産映画を一定割合で上映することを義務付けるスクリーン・クオータ制の導入も検討されたが、60年代には映画産業自体が急速に斜陽化したために実現しなかった[197]。

以上は、映画館での上映用の映画の輸入であるが、テレビ用外国映画の輸入についても触れておきたい。

テレビ用外国映画の輸入自由化には、国内映画産業の強い抵抗があった[198]。映画の観客動員数は、テレビ受像機の普及の影響を受けて、1958年から減少に転じた。危機感を抱いた映画界は、60年2月にテレビ対策委員会を設置し、映画俳優のテレビ出演を規制するとともに、テレビ用映画の輸入を規制し、テレビに観客を奪われるのを抑えようとした[199]。そこで、テレビ用長編劇映画の輸入については、単独申請は認めず全国ネットワークの申請のみ、単価は1本2,500ドルまでという制限が設けられた[200]。しかし、この国内映画業者を保護するための障壁を、テレビは軽々と乗り越えた。制作費償却済みの古く、安価な輸入コンテンツでも、日本の視聴者には歓迎されたので、単価規制は国内映画産業保護には役立たなかった。そもそも映画入場者数は、外国映画輸入の自由化以前にすでに激減していたのである（58年11億2,745万人→62年6億6,200万人）。テレビ用外国映画の外貨割当は63年4月に、長編劇映画の単価制限は64年7月1日に廃止され、テレビ用外国映画の輸入は完全に自由化された[201]。

第3作業部会（WP3）への参加　OECD第3作業部会（WP3）はOECD経済政策委員会の下部組織であり、1961年4月19日に設置された[202]。正式名称は「国際収支均衡促進のための政策に関する第3作業部会」であり、国際収支の多角的サーベイランス機構の役割を担った。OECDのなかでは、事実上唯一の参加国に制限を設けた組織である。最初のメンバーは、アメリカ、イギリス、フランス、西ドイツ、イタリア、オランダ、スウェーデン、スイス、カナダの9ヵ国であった。

WP3は、1960年代にG10と緊密な連携を取りつつ、国際通貨問題においてイニシアティブを発揮することになる。WP3、G10はブレトンウッズ体制の崩壊を防ぐために有効に機能しなかったという評価もなされるが[203]、70年代以降の先進5ヵ国蔵相・中央銀行総裁会議（G5）中心の国際通貨調整の枠組みを準備する点では大きな役割を果たした。

ちなみに、G 10 は 1962 年 1 月に発足した GAB（一般借入協定）のメンバーによって作られた非公式の国際組織である。当初の参加国は、アメリカ、イギリス、フランス、西ドイツ、イタリア、ベルギー、オランダ、スウェーデン、カナダ、日本の 10 ヵ国である。GAB への日本の参加は、G 10、WP 3 への参加の道を開いたという点で、重要な意味を持った[204)]。

大蔵省は WP 3 への加入を重視し、OECD 加盟交渉と並行して WP 3 加入交渉を進めた[205)]。1963 年 7 月頃、OECD 米国代表レディ（John M. Leddy）は、WP 3 を GAB の事実上の運営機関としたいと考えているので、日本も当然参加すべきだという見解を示した。また、同じ頃にクリステンセン OECD 事務総長は、「limited member の部会は、それに入れてもらえない国の強い jealousy があり、また参加国が増せば、秘密裡に真剣な討議ができなくなるので、いつも頭を悩まされる問題である」と、WP 3 新規加入国追加が微妙な問題であることを日本側に伝えた[206)]。クリステンセン事務総長、ハンキー（Lord Hankey）経済政策委員会部長は、日本の WP 3 参加に前向きであったが[207)]、GAB 参加国が自動的に WP 3 に参加できることになれば、「将来いずれかの小国が僅少な分担金をもって」GAB に参加して、WP 3 に入ろうとするのではないかと懸念した[208)]。

その後の交渉の経緯は明らかではないが、日本は OECD 加盟後の 1964 年 7 月に WP 3 に参加した[209)]。

3　8 条国への移行とスタンドバイ取決め

（1）1963 年度コンサルテーション

最後の 14 条コンサルテーション　最後の対日 14 条コンサルテーションとなった 1963 年度コンサルテーションは、11 月 11 日から 22 日まで東京で開催された。すでに 8 条国移行が決定していたので、63 年度コンサルテーションは、8 条国移行のための準備協議を兼ねる会議となった[210)]。

コンサルテーションの最大の目的は、8 条国移行までに経常取引にかかわる為替制限を日本が全廃できることの確認であった。63年11月の時点で残存していた為替制限である、外貨予算制度、残存輸入制限品目、観光渡航、日韓双務支払協定がコンサルテーションでは取上げられた。それ以外に、日本の国際収支赤字、短資規制等が論議の対象となった[211]。観光渡航、日韓双務支払協定に関してはすでに述べたので、ここではそれ以外の点について触れる。

外貨予算の廃止　1963年度コンサルテーションで、IMF側は外貨予算制度の廃止を強く求めた。外貨予算制度は為替制限の直截的な表現であり、IMF協定第8条の義務と調和しないというのが、従来からのIMFの見解であった。また1960年代初めにおいて、外貨予算制度を実施していた国はイラク、エジプト、ブラジルなど少数であり、いずれも14条国であった[212]。

日本側では、11月12日、首相、蔵相、通産相、経済企画庁長官の間で、1964年春のIMF8条国移行と同時に外貨予算制度を廃止することで合意が成立していた[213]。改めてコンサルテーションの場では、11月21日に行天豊雄為替局総務課長補佐から、①外貨予算制度は8条国に移行するまでに廃止する、②8条国移行までに、外貨割当制度を数量ベースの輸入承認制度に改めるという政府側の統一見解が示された。

コンサルテーション後の1964年2月4日、政府は外貨予算制度の廃止を正式に決定し、4月1日から同制度は廃止された[214]。これにともない、外貨資金割当制度（FA制）により実施されてきた輸入制限は、輸入割当制度（IQ制、Import Quota System）に移行した[215]。IQ制とFA制との違いは、金額でなく数量で輸入割当を行う点であり、通産省が、輸入制限品目の「輸入見積もり」を半年毎に作成することになった。またAA品目については、日銀の予算残高確認は不要になり、為銀の輸入承認だけで済むこととなった[216]。外貨予算の作成を主要任務としてきた閣僚審議会は廃止された[217]。

残存輸入制限品目　残存輸入制限品目の自由化について、IMF側は、具体的スケジュールの提示を求めた。大慈弥嘉久通商局次長は、具体的予定は立てていないが、1964年10月までには、大部分の工業製品は自由化されるだろうと答えた。また、非自由化品目約7%のうち、4%は自由化が困難な重油と石炭、2% が農業品目であり、工業製品は 1% 程度にすぎないので、自由化率を論じるのは無意味だと述べた。これに対してフリードマンは、小さなパーセンテージであっても、そのなかには国際的に取引される重要な工業製品が含まれており、できるだけ自由化をすべきだと反論した。結局、具体的な数字は示さず、64 年 10 月に大部分の工業製品を自由化するという意思表明で IMF 側は納得した[218)]。

8 条国移行の時期の決定　BP リーズンなしの判定が出た直後、政府は 8 条国移行を、1964 年夏か秋に予定していた。その後、OECD 加盟が予想よりも早まる可能性が強まったため、政府は、加盟交渉を有利に進めるためにも、IMF 8 条国移行の時期を早めた方がよいとの判断に傾いた[219)]。IMF 側も異存はなく、63 年 5 月初め、フリードマン IMF 為替制限局長は、渡米中の渡辺誠大蔵省為替局長に対し、早期移行が望ましいと伝えた[220)]。5 月 14 日の閣議において、池田首相は、8 条国移行は 64 年 5 月か 6 月を目途とすると発言した[221)]。

1963 年 8 月 5 日、フリードマン局長は大蔵省担当者に対し、11 月コンサルテーション、翌年 1 月移行が好ましいが、時期は日本が決める問題なので、それに拘泥しないと述べた[222)]。BP リーズンなしの判定から 8 条国移行までの期間は、西ドイツが 3 年 8 ヵ月、オランダ 1 年 9 ヵ月、イタリア 1 年 4 ヵ月、イギリス 1 年 2 ヵ月、フランス 8 ヵ月であり、IMF 側としては、西ドイツのように引き延ばすのは問題であり、迅速な移行が望ましいという姿勢であった。

11 月 12 日の閣議で政府は、1964 年 4 月 1 日に 8 条国に移行する方針を決定し[223)]、63 年度コンサルテーションに臨んだ。ところが、フリードマン局長は、田中角栄蔵相に、2 月 1 日に繰上げるよう要請した。フリードマンが、繰上げを要請したのは、日本の国際収支が悪化しつつあったためであった。8 条国移行の時期と外貨危機とが重なる事態になれば、フリードマンの為替制限局長としての手腕が問われかねない。フリードマンは、「もし 8 条国移行の時期に日本の外貨準備が減少し、国際的に日本経済の前途についての不安がささやかれるようなことであると、折角の 8 条国移行の意義をスポイルすることになってしまう」と田中蔵相を説得した。しかし、田中は、「政府としては、戦後 3 回の危機を乗りこえて来たことでもあり、8条国移行やOECD加盟の後に外貨危機に陥るようなことはないと考えている」と、この提案を退けた[224]。

貿易外収支の赤字　コンサルテーションの際には、日本の貿易外収支の赤字問題も取上げられた。IMF側は、先進工業国の中で貿易外収支が赤字の国は例外的であり、戦前に有数の海運国であった日本がなぜ貿易外収支の赤字になるのかと質した[225]。

貿易外収支は、1950年代には黒字であったが、60年に赤字に転じて以来、赤字幅は拡大傾向を辿っていた。貿易外収支の赤字が生じたのは、貿易が急伸し、付帯経費が増大したためであった。貨物運賃、港湾経費、貿易保険、手数料などの貿易付帯経費の支払額は、58年の4億6,700万ドルから、61年には9億3,700万ドル、65年には14億5,300万ドルに膨れた（**表9－2**）。日本の海運業は不振であり、貿易外収入を稼ぐ力は弱かった。また、それまで海運等の赤字を相殺していた特需収入（軍関係）は、アメリカのドル防衛策（60年）を契機に減少した。加えて、特許使用料や投資収益の支払も増加しつつあった。

貿易外収支の構造的赤字は、1963年頃には日本でも注目されるようになっており、8条国移行の時期を間近に控えた政府にとっては不安材料であった。

1963年5月田中蔵相は、8条国移行後の国際収支の安定を図るためには、長期的な安定策を確立する必要があると述べ[226]、5月30日の経済閣僚懇談会において国際収支長期安定策が検討された[227]。「現状のまま放置すれば、貿易量の増大に伴い運賃収支は一層悪化する」という懸念から、海運業の国際競争力の強化、邦船積取量の向上、原材料輸入のための専用船建造などの海運対策をはじめとする貿易外収支の改善策が提案された[228]。次いで池田首相は、7月3日の経済関係閣僚懇談会において、海運など貿易外収支の改善対策を真剣に検討するように指示した[229]。

貿易外収支の赤字の中心を占めたのは海運収支の赤字である[230]。邦船の積取比率は、第二次大戦後は戦前と比べ大幅に低下した。1935～36年の邦船の積取比率は、輸出67％、輸入57％であったが、63年には輸出49.6％、輸入46.9％と、50％を割り込んだ。高度成長期には、重量があり嵩も大きな鉄鉱石や石油などの原材料・燃料の輸入が激増した。戦前に盛んであった中国や

表9−2　貿易外収支および

項目＼暦年	1958			1959			1960			1961		
	受取	支払	収支尻	受取	支払	収支尻	受取	支払	収支尻	受取	支払	収支尻
貿易付帯経費	260	467	△207	311	545	△234	347	693	△346	390	937	△547
運輸	240	406	△166	288	467	△179	319	587	△268	355	830	△475
貨物運賃	178	187	△9	199	223	△24	218	294	△76	218	489	△271
港湾経費	27	161	△134	41	174	△133	47	188	△141	64	200	△136
手数料	16	51	△35	18	63	△45	22	85	△63	27	79	△52
その他	4	10	△6	5	15	△10	6	21	△15	8	28	△20
投資収益	28	112	△84	49	141	△92	82	195	△113	99	265	△166
特許権使用料	0	45	△45	1	56	△55	2	81	△79	3	121	△118
軍関係受取	404	0	404	378	0	378	413	0	413	389	0	379
その他	151	370	△219	154	206	△52	169	248	△79	210	311	△101
海外旅行	24	16	8	33	20	13	40	41	△1	47	52	△5
贈与	54	257	△203	52	84	△32	62	87	△25	71	113	△42
その他	73	97	△24	69	102	△33	67	120	△53	92	146	△54
合計	843	949	△106	892	892	0	1,011	1,136	△125	1,088	1,513	△425

［注］1．IMF 方式。2．貿易付帯経費のその他は貨物保険、投資収益は投資収益と特許権使用料の合計。
［出所］下條進一郎（大蔵省為替局資金課長）「貿易外収支対策」『外国為替』第 317 号（1964 年 3 月）p 3、

「満州」からの輸入が事実上途絶えたため、原材料の運搬距離は必然的に長くなった。脆弱な日本の海運業は、こうした急激な需要増に対応できなかった。

港湾経費の慢性的赤字も海運収支を圧迫した。「港湾経費等」は、1961 年以降毎年 2 億ドル以上の赤字を計上していた。その原因は、日本の港湾使用料が外国と比べて低いこと、船用重油が支払超過であることにあった[231)]。

このような海運収支の問題点が短期間で解決できないことは、明らかであった。大蔵省は、「海運収支改善といっても外航船舶を補強するだけでは海運収支の赤字幅拡大を阻止するのがせいぜいであり、国際収支を長期安定的に改善するためには結局輸出を大いに伸ばすほかはない」という意見を持っていた[232)]。経済同友会が、1963 年 8 月 16 日に発表した「国際収支に関する見解（中間報告）」[233)]も、貿易外収支の赤字を短期間で解消することは困難であり、基本的には輸出の拡大が中心的な役割を果たすべきだと論じた。

海外短資規制と基礎収支均衡の目標　成長優先の池田内閣は、国際収支の

移転収支（1958〜65年）

（単位：100万ドル）

1962			1963			1964			1965		
受取	支払	収支尻	受取	支払	収支尻	受取	支払	収支尻	受取	支払	収支尻
440	937	△497	497	1,029	△532	673	1,259	△586	773	1,453	△680
388	800	△412	440	856	△416	590	1,039	△449	678	1,202	△524
241	436	△195	248	448	△200	304	535	△231	354	644	△290
62	232	△170	112	262	△150	190	303	△113	244	323	△79
43	113	△70	47	145	△98	70	183	△113	79	208	△129
9	24	△15	10	28	△18	13	37	△24	16	43	△27
113	314	△201	134	377	△243	150	480	△330	213	553	△340
6	115	△109	8	132	△124	13	148	△135	16	166	△150
377	0	377	356	0	356	329	0	329	345	0	345
224	354	△130	215	409	△194	244	513	△269	296	591	△295
48	48	0	54	65	△11	62	78	△16	71	88	△17
66	96	△30	67	113	△46	73	145	△72	63	149	△86
110	210	△100	94	231	△137	109	290	△181	162	354	△192
1,154	1,605	△451	1,202	1,815	△613	1,396	2,252	△856	1,627	2,597	△970

第3表。日本銀行『国際収支統計年報』第29号（1968年12月）により、1963〜65年のデータを追加。

赤字を外資導入で補填する方策を取ってきたが、1963〜64年に短期資金流入抑制に転換する。こうした政策転換にIMFが一定の影響力を発揮したと考えられる。

IMFは、日本が巨額の経常収支の赤字を資本流入、とりわけ短期資本の流入によってカバーするのは賢明でないと批判的であった。

1962年度のコンサルテーションでは、日本側からフリードマンに対して、短資規制について意見を聴いた。ユーロダラーについてフリードマンは、「IMF特にJacobsson氏はnot unfriendly」であり、自分は「寧ろもう少しfriendly」だと述べた。短資対策に関しては、まず必要なのは「流入自体に対するpenaltyを伴ったcounter measure」、つぎに必要なのは「流入をdiscourageする何等かの手段」、現在採られているような「残高の自主要請の如きは上記の如き手段のあと最後に採らるべき手段である」という意見を開陳した。また、交換性を回復すれば短資移動は激しくなるので、中央銀行が力を強めなければ対処できないだろうと示唆した[234]。

翌1963年度のコンサルテーションにおけるIMF側の姿勢は、かなり厳しいものであった。IMF側は、「浮動的短資で対外準備を構成することは、一種の粉飾」であり、安易な成長政策を促すことになると指摘し[235)]、短期資本対策は日本にとって緊急の課題であり、短資移動の影響を相殺するためにいかなる金融政策の工夫を検討しているのかと質問した[236)]。IMF側がとくに関心を寄せたのはユーロダラーであった[237)]。IMF側の質問に対して日本側は、短期資本については積極的に流出を促進しないが、これ以上の流入は防止したいと考えると答え、海外短資の国内金融へのインパクトは日銀のオペレーションによって調節する、短資流入規制については現行の対策は効果が少ないので今後検討すると返答した[238)]。

海外短資に対する規制は、1962年半ば頃から2種類の行政指導が実施されていたが、その効果は限定的であった。第1は短資取入れ金利の指導であり、為銀がロンドン市場のユーロダラーや、ニューヨーク市場のクリーン・ローンを取り入れる際の指導金利に上限を設けるものである[239)]。第2は、62年6月に導入された外貨準備金制度であり、為銀が受け入れる海外短資の一定割合を流動性の高い外貨資産で保有することを義務付け、採算面から為銀の短資取入れをディスカレッジする仕組みである。

これらの措置は流入自体を制限する措置ではなかったために功を奏さず、1962年末にユーロマネーの流入が急増した。そのため、63年1～2月には、取入れ金利指導が3回にわたって引き下げられ、1月に外貨準備率が20%から35%引き上げられた[240)]。こうした措置と、海外市場での金利上昇によって、63年にはユーロマネーの伸びは鈍り、約10億ドルの安定残高に落ち着くと目された[241)]。

1964年に、短資流入量を直接規制する措置が導入された。64年7月に、日銀は甲種為銀12行の海外短資残高に対するガイド・ラインを設けた。この制度は、為銀各行の海外短資の残高を、総外貨運用資産の一定比率（30%）以内に制限するものである。ガイド・ラインは効果を発揮し、海外短資は60年代を通じて日銀のガイド・ラインの枠内に収まった[242)]。ちなみに、これらの短資規制はユーロ資金とそれと類似の短資を対象としたものであり、輸入ユーザンス借入は規制の対象とはならなかった。ユーザンス借入が投機的資金ではなく、輸入物資によって裏付けられている安定的な資金であることがその理由であった。

海外短資規制の強化は、IMFの要請に応えるためになされたと考えられるが、日本政府や日銀の海外短資に関する姿勢も、1963年を境に変化しつつあった。1963、64年頃には政府・日銀は、経常収支の赤字をこれ以上海外短資で補うことは好ましくないという判断に落ち着いた。そのことは、国際収支の変化を見る際に、総合収支よりも基礎収支が重視されるようになった点に現れている。63年以前には、国際収支の均衡とは総合収支（経常収支＋資本収支）の均衡であると考えられていた[243]。当時の短期資本収支には為銀勘定も含まれていたので、総合収支には為銀の短期資金の取入れも含まれる。すなわち、為銀の短資取入れも合わせて国際収支が均衡すればよいという考え方が反映されている。62年頃から短期資金の不安定性について懸念が抱かれ、総合収支に代わって基礎収支（経常収支＋長期資本収支）が重視されるようになった[244]。長期資本のみを安定した外資とみなし、経常収支と長期資本収支の合計で国際収支の均衡を判断する見方である。このような考え方が確立したのは64年であった。この年に68年度を目標に経常収支の均衡確保を目指し、その間は基礎収支の均衡を保持する方針、すなわち経常収支の均衡が達成されるまで長期資本輸入で赤字を補填する方針が明示されたのである[245]。

経済成長とインフレ　コンサルテーションにおいては、高度成長政策の評価について日本側とIMF側とで食い違いが見られた。

日本側は、現在の経済成長は個人消費と財政支出によって支えられた安定成長であり、物価上昇、国際収支悪化を引き起こさずに7%成長が持続可能だと主張した。これに対してIMF側は、7%成長率は外国と比べて高過ぎ、安定と両立できるかどうか疑問だとした。田中蔵相は、「戦後三回の危機を乗り越えて来たことでもあり、8条国移行やOECD加盟の後に外貨危機に陥るようなことはない」と述べ[246]、池田首相は「私が心配するのはインフレではなくデフレである」、「現在の日本経済はいわば産業革命を経験しているのだからもっと積極的な政策を考えなければいけない」と、経済運営に対する自信の程を示した[247]。

高度成長政策についてフリードマンは、「IMFとしては、日本が出来るだけ経済を成長させるべく払っている努力を高くappreciateするが、やはり現在の人的・物的資源の利用状況からみて、政府の目標とする成長率がmargin of safetyを有するか不安な点もあり、今後の検討を希望する」と述べ、疑念を表明した[248]。こうした疑念は以前から繰り返し表明されてきていたが、1963年度のコンサルテーションでは、日本は西欧諸国のように労働市場が逼迫し、賃金・物価の悪循環が発生する状態に移行しつつあるというIMFの判断を初めて示し、賃金・所得政策の導入を示唆した。これに対して労働省は、若年労働者は不足しているが、中高年層は余っているので、指摘は当たらないと答えた[249]。

（2）IMFスタンドバイ取決め

国際収支の悪化　1963年の景気回復は微弱であり、民間設備投資は盛り上がりを欠いた。経常収支は、原材料・食料品輸入の急増、貿易外支払の拡大のために、63年1月から赤字に転じ、64年1～3月には月平均1億ドルに達した[250]。輸出の好調にもかかわらず、原材料を中心とする輸入増、海運等の貿易外収支の赤字拡大により、63年の総合収支は5億7,200万ドルの赤字となった。63～64年の「国際収支の天井」が低かったのは、岩戸景気の際に20%にも達した設備投資比率（民間設備投資／GNP）の下方修正が十分でなかったためであった[251]。

1962年10月の引締め解除後、わずか1年余りで日銀は引締め政策に転換した。63年12月10日、預金準備率を引上げて、「引締めの方向を明らかに」し、64年1月10日に窓口指導を復活させ、3月18日には公定歩合の引上げに踏み切った。

IMFスタンドバイ取決めの検討　大蔵省為替局は、国際収支の悪化から外貨危機が起きる危険があるとして、1964年1月初めに、IMFへのスタンドバイ・クレジット要請の検討に入った。1月9日に為替局が固めた方針は以下の通りである[252]。

①　1964年4月1日の8条国移行までの適当な時期に、IMFとのスタンドバ

イ取決めないし資金引出しを実施する。総額は61年とほぼ同額とする。

② 万全を期すため、IMFスタンドバイ取決めの締結に引続き、米国市銀からの借入予約の取決めを考慮する（金額は1961年と同程度）。

大蔵省が1961年の時とは異なりIMFスタンドバイ・クレジットを優先させようとした理由は、国内の政治情勢にあった。為替局は、「現在国内的にみて外貨危機を公認することに対する政治的考慮の必要性も特になく、むしろ引締めムードの浸透をはかるべき時期でも」あると考えたのである[253]。

しかし、その後政府は、国際収支対策として外貨資金繰りを実施していることを表に出さずに、6月末まで18億ドルの外貨準備を維持する方針に転じた[254]。そのために、まずIMFへのスタンドバイ取決めの申請に際しては、国際収支対策を理由に掲げないことにした。つぎに、市中銀行借款とIMF資金のいずれを先に引き出すかという点が問題になった。IMFのフリードマンは、「短資流出が起こった場合に、最後の資金調達の手段が、ほかにないので、その準備にできるだけ温存すべき」として、米市銀借款の引出しを先にし、IMF資金引出しを後にすべきだと主張し、鈴木IMF理事も同意見であった[255]。しかし、池田首相は政府が外貨資金繰りを行っていることが表に出て、民間外資導入がスムーズにいかなくなることを懸念し、日銀の米市銀からの借入れに強い難色を示した[256]。そこで、日本企業が米市銀からインパクトローンを取り入れる形を取って、外貨資金繰りを密かに行う方法も検討されたが、種々の難点があり、行き詰まってしまった。最後に、代案として浮上したのが日銀とニューヨーク連銀とのスワップ協定の利用であった。

ニューヨーク連銀は、1962年3月以降、ドル安定策の一環として、西欧主要中央銀行との間にスワップ協定を締結した。ドル防衛のために連銀が為替市場に介入するための資金を調達することが目的であった。日銀とのスワップ協定締結はその一環であり、63年10月29日、1億5,000万ドルの円ドル・スワップ協定（有効期限3か月、更新可）を締結した[257]。日本側は、必ずしも将来の外貨危機対策を意識してスワップ協定を締結したわけではなかったが、8条国移行の時期に問題なく調達できる資金として、スワップが着目されることになったのである。

アメリカ側も、みずからの思惑から、日本がスワップを利用することに積極的であった。1964年2月28日、ニューヨーク連銀副総裁のクームズ（Charles A. Coombs）は日銀の井上四郎参事に対して、短期資金であるスワップを中期資金のIMFスタンドバイよりも優先すべきだと示唆し、「自分としてはSwapは一般に考えられている以上に活用の途があり、いろいろの機会にこれをactivateすることは意味のあること」だと述べた[258]。クームズがスワップを推奨したのは、国際収支悪化に直面していたアメリカにとって、国際収支統計上、赤字要因になる日本の米市銀借款よりも、赤字に計上されないスワップの方が好ましかったからであった。

鈴木源吾理事は7月までは連銀スワップにより対処するという考えを固め[259]、3月5日に米財務省のローザ（Robert V. Roosa）と話し合った。ローザは鈴木の考えに同意し、6月までにスワップ資金だけでは対応できなくなった場合には、財務省の為替平衡資金から5,000万ドル程度を融資することも可能だと申し出た[260]。3月10日、大蔵省から鈴木理事に、①第一次的に連銀・日銀スワップを用いる、②市中銀行借款は差当たり行わない旨の訓令が伝えられた[261]。

ニューヨーク連銀と日銀とのスワップ取引は、4月以降、2回にわたって実施された。第1回目は4月30日で5,000万ドル（期限3ヵ月、6月末に更新）、第2回目は7月31日で3,000万ドルであった。国際収支が好転してきたため、11月2日までに全額返済された[262]。

以上のように、日本政府とアメリカ政府の両者の思惑が合致して、連銀スワップの利用が選択された。日本の国際収支悪化は長期的・構造的だと一般に考えられているが、短期に収束するかもしれないのでスワップの利用が最適だとしたクームズの判断が、結果的には当たっていたことになる[263]。

IMF理事会の決定とスタンドバイ取決め（1964年3月11日）　1964年2月17日、田中蔵相はシュヴァイツァー（Pierre-Paul Schweitzer）IMF専務理事に対して、4月1日から8条国へ移行すると通告した[264]。

これを受けて、3月11日のIMF理事会は、日本のIMF8条国への移行と、2月28日に日本政府から申し込みのあった3億500万ドルのスタンドバイ・クレジットを承認した[265]。特認事項（8条国移行に際してIMFの許可を得るべき為替制限）は、日韓オープン勘定と観光渡航の2点であった。

会議の冒頭で鈴木源吾理事は、最初に現在に至るまでの自由化の経緯を簡単に振り返ったのち、つぎのようにスタンドバイ・クレジットの必要性に言及した[266]。

IMF加盟以来12年間に日本は3回の景気循環を経験した。最初の2回の国際収支悪化は金融・財政政策と輸入および為替制限措置の両方を発動したが、3回目（1961年）は主として金融・財政政策で対処した。経常収支が黒字に転じるまでに、最初の2回の場合には5ヵ月しかかからなかったが、3回目は9ヵ月もかかった。8条国に移行後は、為替制限に依拠することはできなくなる。貿易外収支の構造的赤字は、短期間には改善不可能なので、経常収支赤字は外資によって補填せざるを得ない。現在は長期資本の十分な流入は期待できない状況であるが、短資に依存することは危険である。そこで、日本政府は8条国移行に際して、円の信用を支えるためにスタンドバイ取決めを要請することにした。

鈴木理事は、IMF専務理事宛の蔵相の書簡（趣意書、letter of intent：LOI）を引用して、「現在取っている政策が、インフレと国際収支不均衡を招かずに経済成長を達成するという所期の効果を収めない場合には、日本当局はさらなる必要な金融・財政措置をとる決意を表明する」と述べた。これが、1964年のスタンドバイ取決めのコンディショナリティであった[267]。

IMF理事会は異論なく、日本の8条国移行とスタンドバイ取決めを承認した。その後、スタンドバイ借入の実施には至らないままに、取決めは1965年3月10日に終了した。

IMF8条国移行は、予定通り1964年4月1日に実施された。同年9月7～11日には東京でIMF・世銀第19回総会が開催され、日本の8条国移行を飾った。

（3）8条国移行後

8条国移行後の貿易自由化　8条国移行時の非自由化品目（ネガティブ品目）数は175品目、残存制限品目数は137品目、自由化率は93%弱であった[268]。非自由化品目のおもなものは、乗用車、石炭、各種工作機械、牛・豚肉、バター、チーズ、小麦、配合飼料であった。1964年5月8日にはレモン

表9－3　非自由化品目一覧（1965年4月1日現在）

品　　目	品目数	主　　要　　品　　目
総　　数	162	
農林水産物	75	牛、馬および豚、牛肉および豚肉、バター・チーズなどの酪農製品、沿岸水産物（いわし、ぶり、さんま、たら、にしん、のり、こんぶ、貝など）、米、小麦、小麦粉、麦芽、でん粉、雑豆、落花生、なたね、糖蜜、オレンジ、グレープフルーツ、こんにゃくいも、紅茶、大豆油、マーガリン、砂糖菓子、ケーキミックス、ビスケット、クラッカー、マカロニ、スパゲッティ、パイナップル缶詰、トマトジュース、トマトケチャップ、果汁、はっか製品、魚粉、配合飼料など
鉱 産 品	7	塩、硫化鉄鉱、硫黄、タングステン鉱など
石油・石炭	5	石炭、亜炭、コークス、軽油、重油など
化学製品	26	グルタミン酸ソーダ、尿素、麻薬、ブドウ糖、ペニシリンなどの抗生物質、ワクチン、りん酸肥料、火薬、感光性のプレートおよびシートフィルム、化粧品（香水、オーデコロン、おしろい、クリーム、口紅、化粧品など）など
繊維製品	7	毛織物、ししゅう布およびししゅう品など
機 械 類	16	ボイラー、タービン、内燃機関、原動機、各種工作機械（旋盤、中ぐり盤、フライス盤、プラノミラー、平削盤、その他）。タイプライター、計数型電子計算機、原子炉、レーダー、電話交換機など
輸送用機械	10	乗用自動車、原動機つきシャシ、航空機など
武 器 類	7	携帯武器、けん銃、火器、鉄砲弾など
そ の 他	9	たばこ、牛革および馬革、革製履物、模造貴石など

［出所］日本関税協会編『貿易年鑑』1965、p.120。

が[269)]、10月からは、ジン、天然ソーダ、尿素、硫安、ブルドーザーなど12品目が、65年10月1日には、懸案であった完成乗用車の自由化が実現した。65年末の残存輸入制限品目は122品目、自由化率は93%強となった[270)]。8条国移行から1年後の65年4月1日現在の非自由化品目は**表9－3**の通りである。

乗用車を自由化した段階で、政府は貿易自由化が先進国水準に達したと判断し、日本のペースで徐々に拡大する方針に転じた[271)]。その結果、1968年までの貿易自由化の進展はきわめて緩慢であり、68年末の自由化率は、依然として93%強にとどまっていた。その間、エンジンの自由化は先送りされた（71年6月30日自由化）。日本はGATTからもアメリカからも強い自由化圧力を受けずに、8条国移行後68年秋まで4年間余り時間稼ぎをすることができた[272)]。

1960年代前半の自由化の次の自由化の波は、68～71年に、円切上げの外圧のなかでやってきた[273)]。68年11月20日、残存輸入制限に関する日米交渉が開始され、12月17日、政府は残存輸入制限品目の自由化基本方針を決定した

(55品目)。さらに69年7月12日に、残存輸入制限品目120品目を、71年末までに半分以下に減らすことが決まった。69年9月9日、日米残存輸入制限会議で、グレープフルーツなどの自由化が決定した。70年には、毛織物、ぶどう酒、工作機械、ボイラー、発電機（40万kW超)、タイプライターなどが自由化され、71年には、円対策8項目により、グレープフルーツなど50品目の自由化が実施され、71年末には残存輸入制限品目40品目、自由化率95％弱と、ドイツの水準に達した[274)]。

ちなみに、自由化の第3の波は1977～78年であり、この時は対米貿易協議において牛肉・オレンジが焦点となった。牛肉・オレンジは自由化されず、輸入割当数量を増大することで決着した。第4の波は、86年にアメリカ政府がガットに対して農産物12品目の輸入自由化を提訴したことが契機となって起き、88年6月に、牛肉、生鮮オレンジの91年度自由化、オレンジ果汁の92年度自由化が決定に至った。

国際収支の黒字化　1964年3月にスタンドバイ取決めを締結したのち、日本はIMFから借入を行っていない。国際収支の悪化を契機に引締め政策が発動されるという50年代以来の景気パターンが最後に現れたのは67年であった。この時には、外貨準備が18億ドルを割り込むことが懸念され、68年初めに日本政府はIMF借入の検討に入ったが、実施はされなかった[275)]。60年代後半には日本の経常収支の黒字は定着しつつあったので、67年の国際収支悪化は軽微であった。

1968年を機に、経常収支の黒字幅が急激に拡大し、「国際収支の天井」は消滅した。外貨準備が急増し、円切上げの圧力がアメリカ等から加わるという新たな事態に日本は直面することになる。

終　章　本書の総括

ブレトンウッズ体制は、各国の自律的な経済政策を容認しつつ、自由貿易の実現を目指す国際通貨システムである。自由貿易を維持するためには固定相場制にもとづく為替安定と、為替制限を設けない多角的決済が不可欠とされ、それを制度的に担保する機関としてIMFが設けられた。しかし、為替安定と各国経済政策の自律性との間には矛盾が内在する。14条コンサルテーションとIMF借入をめぐるIMFと加盟国との間の交渉に、そうした矛盾が凝縮して現れた。また、IMFと加盟国との交渉の前提となるIMF協定や決議もまた、ブレトンウッズ会議や理事会等を舞台とした、対外均衡と国内均衡をめぐるせめぎあいのなかから生まれたものであった。

本書では、日本を対象にして国内均衡と対外均衡との相克を見てきたが、最後に全体をまとめておきたい。

1　ブレトンウッズ体制への包摂——1949～52年

1948年10月にアメリカは、占領下にあった日本の経済復興を図る政策を決定し、対日援助の前提として経済安定策の実施をSCAPに指示した。経済安定策は単一為替レートを設定して、日本をブレトンウッズ体制に組み込むことを柱とし、49年のドッジ・ラインで実現した。単一為替レートの設定をめぐっては、日本の生活水準の維持を重視するSCAPの「中間安定論」(国内均衡論）と、国際収支の均衡を重視するアメリカ政府（NAC,財務省）の「一挙安定論」(対外均衡論）とが鋭く対立した。両者の対立は、まず最初に48年6月のヤング・レポートの単一レート早期導入方針に、SCAPが複数レートから漸次的に単一レートへ移行する案を対置するという形で現れた（第1段階)。48年12月にアメリカ政府が「経済安定9原則」(＝単一レート早期導入論）をSCAPに指示したことにより、対立は一応終息したが、平価水準の決定をめぐって、翌年2〜3月に再燃した（第2段階）。この対立は49年4月の平価決定後も燻り続け、同年9月の英ポンド切下げへの対応をめぐってアメリカ政府とSCAPとの見解の相違が表面化した（第3段階）。本書では、先行研究によってすでに十分に明らかにされている第1段階を除き、まだ解明の余地がある第2段階および、これまでほとんど研究されていない第3段階について検討した。

360円レートは、ドッジの承認を得てSCAPが提案した330円レートを、NACがやや円安の360円に修正することによって決定された。輸出促進に有利な円安レートを望むアメリカ政府と、安価な輸入物資の確保に関心があるSCAPとの間にはギャップがあった。360円と330円との差は、日本経済全体に決定的な影響を与えるほど大きな為替レートの開きではない。問題の焦点は、為替レートの水準によって、日本政府の貿易補助金の支出額が大きく変動し、ドッジ・ラインの財政均衡方針に影響が及ぶ点にあった。ドッジ・ラインは、国内物価統制を解除し、補助金（価格差補給金と貿易に対する「隠れた補助金」）を廃止して、均衡財政を達成することを目指していた。ドッジは、見返資金（援助物資の積立金）を補助金に用いる道を封じ、「隠れた補助金」を廃止した。ただし一般会計からの輸入補助金支出は暫定的に認め、また輸入価格の高騰に配慮して、円高の330円レートを受け入れるという妥協をSCAPに対して行った。しかし、NACは輸出促進の観点から、円安の360円への変更を強く求め、最終的にマッカーサーは360円レートを受諾した。

1949年9月、英ポンドの約30%の大幅な切下げが実施され、西欧主要通貨がそれに追随する事態が生じた。この時にSCAPは360円レートを維持する決定を行った。アメリカ政府は円レート切下げを不可避と考えたが、SCAPが、切下げの輸出促進効果は少なく、生活費の上昇を招くだけだと強く反発したため、結局、平価は変更されなかった。スターリング地域貿易が当時の日本の輸出において大きな比重を占めていたことを考えると、英ポンドの大幅切下げにもかかわらずSCAPが360円レート維持を貫いたことは注目に値する。

日本政府の姿勢は一貫して360円レート維持であった。朝鮮戦争期の日本の物価上昇は、他国と比べて著しく、1950年代初めに360円レートは円高レート（円の過大評価）になっていたと推定される。53〜54年に日本が外貨危機に陥った際には、アメリカ政府もIMFも、日本は基礎的不均衡に陥っているとみなし、円の切下げも可能な状況であったが、日本政府は切下げを選択しなかった。

1949年から54年頃までに見られたSCAPと日本政府の円高レート志向は、この時期に固有の事情によるものであった。当時、日本経済は絶対的な供給不足の状態にあり、為替を切り下げても、経常収支の大幅な改善は見込めなかった。一方で、米国の経済援助や特需による経常収支赤字の補填に期待を寄せる余地が存在した。こうした、戦後復興期の特殊な状況においては、円切り下げのインセンティブは働かなかったと考えられる[1)]。

360円レートの設定と戦後為替管理の確立が、同時に進められたことに、初期のブレトンウッズ体制の特徴が現れている。1949年12月に「外国為替及び外国貿易管理法」(外為法)、翌50年には「外資に関する法律」(外資法) が制定され、世界的に冠たるとも評される厳格な為替管理制度が作られた。外為法制定に中心的な役割を果たしたのは、SCAPの要請により来日したIMFのムラデクであった。為替自由化を理念とするIMFの助言によって厳格な為替管理が敷かれたことは一つのパラドックスである。

日本の戦後為替管理制度は、外貨集中制と外貨予算制度を柱として、為替と貿易との一体的な管理を目指すものであった。戦前の為替管理が短期資本移動の攪乱的作用を防止することを主たる目的としたのに対して、戦後の為替管理の重点は、輸入抑制による外貨節約にあった。為替と貿易の一体管理の発想は、第二次大戦後の「ドル不足」の産物であり、IMFも、供給不足の経済状態においては、為替・貿易を直接に管理し、強力な輸入規制を実施することによってしか、固定レートを維持できないと判断していた。

日本がIMF・世界銀行に加盟したのは、360円レートの設定から3年あまり後の、1952年8月であった。日本国内では第二次大戦終結前後から、ブレトンウッズ協定の検討が行われ、国際経済への復帰の重要なステップとしてIMFへの加盟を望む声は強かった。また、経済再建のために、世銀からの外資導入に対する期待も大きかった。日本の早期加盟が実現しなかったのは、為替管理権がSCAPに属していたためであった。51年4月にSCAPが日本への為替管理権の全面移管を表明したのち、同年8月に、日本はIMF・世銀に加盟申請を行った。加盟審査の過程では、日本がIMFにおいて理事に選任されるだけのクオータを有し、発言権を持つことを望むアメリカと、それに消極的なイギリスとの対立が見られたが、アメリカの支持により日本は、2億5,000万ドルのクオータを確保し、加盟時から引き続き選出理事を出すことができた。

2　分断された為替圏と外貨危機――1952〜58年

1952年に占領が終了した時、日本経済は対外面で2つの弱点を抱えていた。1つは、日本の経常収支赤字が、アメリカの日本における軍事支出（特需）によって補われていたことである。朝鮮戦争が終われば、特需の大幅な縮小は必至であったので、特需が減少するまでに経常収支の均衡を達成することが課題となった（「経済自立」）。もう1つの弱点は、東アジア経済圏のなかでの日本の孤立である。「円ブロック」は敗戦によって崩壊し、朝鮮戦争の勃発にともない、戦前の主要な貿易相手であった中国との貿易も事実上途絶した。中国市場に代替する市場として東南アジアが着目されたが、東南アジア地域の大半がスターリング圏に属し、英ポンドの交換性が回復していないことが、この地域との貿易拡大の障害となった。

対外面のこの2つの弱点は、1953〜54年に起きた戦後最初の外貨危機の際に顕在化した。外貨危機は最初に、ポンド準備の枯渇という形で現れた。スターリング地域の国際収支は、49年9月の英ポンド切下げで一時的に改善したが、51年に再び大幅な貿易赤字に陥り、スターリング地域諸国は52年春からいっせいに輸入制限を実施した。その影響を受けて、日本のスターリング地域向けの輸出は52〜53年に大幅に落ち込み、ポンド準備は貿易決済に支障が出る水準まで激減した。日本政府はイギリス政府の承認の下に、53年5月以降イングランド銀行の保証でロンドンの民間銀行から3,000万ポンド（8,400万ドル）のスワップ資金借入を行ったが、ポンド不足は解消せず、9〜12月にIMFからゴールド・トランシュに相当するポンド資金（2,230万ポンド）を借り入れた。

1954年に入ると、朝鮮戦争休戦（53年7月）の影響で特需が急減し、今度はドル収支が大幅に悪化する事態に陥った。日本政府はアメリカに対して特需の継続を求めたが、アメリカ政府は日本の経済政策がインフレ的であるとして、自力での国際収支改善を強く求めた。IMFも、アメリカと歩調を合わせて、日本に対して緊縮的財政・金融政策の実施を要求し、その結果、輸入金融優遇制度の縮小・廃止、「1兆円予算」(54年度) の実施などの引締め措置が実施された。とりわけ、54年度に前年度を下回る緊縮予算が組まれ、55年度にも同規模の緊縮型財政が維持されたことは特筆に値する。53～54年の外貨危機においては、IMFから借入可能な資金よりも特需収入の方が圧倒的に大きかったので、外貨危機に対処するための交渉の主たる相手方はアメリカであり、IMFの影は薄かった。

1957年に、戦後2回目の外貨危機が起きた。「神武景気」とスエズ危機 (56年秋) による輸入の急増が国際収支の悪化をもたらした。57年6月に日本はIMFに対して第1クレジット・トランシュまでに相当する1億2,500万ドルの借入を要請した。IMFの意向を汲んで、財政投融資の繰り延べ等の追加の引締め政策を実施した。当時IMFは、経常収支赤字国に対して、直接的な為替管理に依存せずに、金融政策を主体とする緊縮政策によって国際収支均衡を回復させることを勧奨していた (マネタリー・アプローチ)。IMFは日本に対しても、金利政策等の間接的な経済政策の採用を促した。57年の外貨危機に際しては、金利政策が用いられた点で、IMFが推奨するオーソドックスな緊縮政策に近づいたが、為替管理の強化に依存する部分も依然として大きかった。一方、50年代後半には、日本は「経済自立」を達成し、特需依存から脱出したために、経済政策に関するアメリカの直接的な介入は影をひそめた。

1950年代は、米ドル、英ポンド、各オープン勘定に分断された決済圏が日本の貿易拡大の障害として立ちはだかっていた時期である。

1947年にポンドの交換性回復に失敗して後、イギリスが為替管理を強化した結果、50年代初めにはスターリング地域の貿易障壁の高さは、32年のオタワ会議で築かれた特恵関税障壁を凌ぐまでになった。しかし、その後スターリング地域の国際収支が改善に向かったことにより、52年をピークにしてスターリング地域の輸入規制は緩和に向かった。54年には日本のスターリング地域輸出は回復したが、スターリング圏との貿易は不安定な状態を脱することはできなかった。その根本的原因は、スターリング地域諸国との間の通商協定が未締結であり、1年期限の日英支払協定・貿易取決めにもとづいて貿易が行われていたことにあった。イギリス政府は、国際通貨としてのポンドの地位を維持するという観点に立って、日本との貿易にも積極的な姿勢を示した。しかし、ランカシャー綿業は昔日の力を失ってはいたとはいえ、日本への貿易面での譲歩はイギリス国内の強い反発を引き起こした。また、日本のスターリング地域への綿製品輸出も、アジア諸国（インド、パキスタン等）が輸入代替工業化を進めるにつれて、先細りしていった。

ドル地域への輸出は、日本側に有力な輸出品が欠けているために、大幅な赤字であった。ドル地域への輸出不振とスターリング地域貿易の不安定さを補完する役割を期待されたのがオープン勘定貿易である。双務支払協定の一種であるオープン勘定協定は、多角的決済というIMFの理念とは真っ向から対立する決済方式であった。「ドル不足」が深刻な時期には、IMFは双務支払協定を黙認していたが、1950年代半ばに廃止に取り組み始めた。日本のオープン勘定貿易への依存度は、世界の中でも高く、54年には日本の貿易総額の約30%も占めていた。オープン勘定貿易は、インドネシアへの綿布輸出、アルゼンチンへの鉄鋼輸出、台湾への硫安輸出など、日本の主要な輸出品の販路を確保するために推進された。しかし、二国間の支払協定には貿易を縮小させる傾向があり、貿易拡大の効果は一時的にとどまった。鉄鋼のように競争力を備えつつある産業の場合には、当面の不況を凌ぐ猶予を与える効果もあったが、競争力を欠いた産業の衰退を食い止める力はなかった。50年代半ばに焦げ付き債権の累積が問題化すると、日本もIMFの勧告に従って、オープン勘定貿易を廃止する方針をとった。

決済圏の分断という障害を乗り越えるべく、1950年代に、日本ではAPU（アジア決済同盟）構想が唱えられた。しかし、アジアでは植民地独立後も旧宗主国の決済圏に属する国が多かったために、アジア諸国の積極的な賛同を得られずに、大きな動きにはならなかった。日本やインドには、決済資金のためのファンドを提供するだけの資力がなく、アメリカがAPUに消極的であったこともその実現を妨げた。

1950年代の後半には、日本を取り巻く状況は大きく変化し始めた。アメリカとの貿易赤字は縮小し、スターリング地域との通商関係も改善された。50年代半ばからポンドの交換性回復が実質的に進展し、58年末に非居住者勘定が全面的に自由化されると、通貨圏の分断の問題は解消した。また、スターリング地域の国々が独自の利害に基づいて行動する傾向が強まり、地域の一体性が弱まった結果、オーストラリア等と日本との通商関係は急速に正常化に向った。一方でこの時期には多くの開発途上国が国際収支危機に陥り、経済状況が悪化したので、東南アジアをはじめとする途上国への日本の輸出拡大の余地が狭まり、日本の先進国市場への関心が高まった。

3　貿易・為替自由化――1959～64年

1959年に外圧が強まったことを契機に貿易・為替自由化が始まった。60～64年の約4年間で自由化は一応の完成の域に達し、64年4月に日本はIMF 8条国に移行した。外圧が強まった原因は、第一に、58年末に西欧主要通貨の交換性が回復し、先進国の貿易・為替自由化が一挙に加速したこと、第二には、アメリカの国際収支が58年以降悪化し、59年に大量の金の流出が起きたことにあった。アメリカは対日政策を見直し、ドル差別撤廃を始めとする貿易・為替自由化の圧力を強めた。

1960年1月に政府は、貿易・為替自由化促進閣僚会議を設置し、6月に「貿易・為替自由化計画大綱」を発表して、3年後の63年4月までに貿易自由化率を80%ないし90%に引き上げる方針を示した。しかし、この自由化方針は具体的な貿易自由化のスケジュールを立てる暇もないほど性急に決定され、国内の調整は後回しにされた。

政府は、対外関係、とりわけ対米関係を良好に保つことを重視して、自由化へ大きく舵を切った。ドル差別の撤廃に続き、原料の輸入自由化が行われた。外貨割当制度の下で原料輸入の許認可権を用いて産業調整が行われてきたが、通産省はこうした政策を断念し、原料輸入の自由化に踏み切った。原料の輸入自由化は国内産業との摩擦が少ないものから順次実施された。自由化は綿花や大豆から始まり、国内産業との調整に時間がかかった石油や非鉄金属は1962～63年にずれ込んだ。

最大の問題は重化学工業製品の自由化であった。当時の日本は、輸出産業の軽工業から重化学工業への転換を目指しており、重化学工業を保護育成すべき幼稚産業と位置づけていた。造船は1950年代にすでに世界水準に達し、鉄鋼も60年頃までには国際競争力を得ていた。しかし、通産省が将来の産業の中核と位置づける機械工業はまだ十分な競争力を備えていなかった。こうしたなかで、61年4月にアメリカ政府が日本に対して、機械工業を含む工業製品の自由化を求め、IMFもこれに同調したことは通産省に衝撃を与えた。61年度のIMFコンサルテーションにおいて、日本政府は8条国移行勧告の延期を申し入れ、勧告の1年間延期と引き換えに、自由化を半年繰り上げること（62年10月までに貿易自由化率90％達成）で、IMFとの間に妥協が成立した。自由化半年繰上げの計画である「貿易・為替自由化促進計画」（61年9月）には、石油は盛り込まれたが、乗用車、大型発電機など通産省が重視する品目は非自由化品目として残された。62年10月の原油の自由化は、石炭保護政策の終焉と「エネルギー革命」の完成をもたらした。

貿易自由化の交渉は1962、63年度コンサルテーションに持ち越され、最終的にIMF8条国移行の時に、乗用車、自動車エンジン、大型工作機械、大型発電機などを含む、137の輸入制限品目が残った。重化学工業製品の自由化を求めるアメリカの圧力は、61年をピークに、その後はむしろ弱まった。60年代初めにアメリカが対日貿易において強い関心を寄せたのは、重工業製品よりも、繊維製品や大豆・綿花であった。このように、輸入自由化は、原料輸入の自由化を優先する形で進められ、いくつかのコアの品目（農産物、機械等の重化学製品の一部、石油製品など）は8条国移行後まで自由化されなかった。

1960年頃までに国際金融・資本市場が復活し、海外から短期資金を取り入れて「国際収支の天井」を高めることが可能となった。短資流入を促進した要因は、外的条件の変化だけではない。日本政府が進めたユーザンスに対する規制緩和の結果、日本の外国為替銀行はアメリカ金融市場から大量のユーザンス資金を調達するようになった。高度成長と自由化にともなう貿易取引の拡大は、短期外貨資金の需要を急激に増大させた。ユーロ市場からの資金取入れも、非居住者に対する為替自由化措置（自由円勘定の設定）を契機に始まった。非居住者自由円勘定を通じて、日本の外国為替銀行はロンドン市場から積極的に短期資金を取り入れた。「国民所得倍増計画」を掲げる池田首相は、長期・短期にかかわらず、経済成長のために外資を積極的に導入する政策を推し進めた。64

年3月末には、外貨準備約20億ドルに対して、海外短資残高は約32億ドル（うちユーロ資金約11億ドル）に達した。海外短資の流入は国際収支制約を緩和し、経済政策の自由度を拡大して、成長政策の追求を可能にした。

1961年には、設備投資の行き過ぎから、戦後3度目の外貨危機が起きた。池田内閣は、IMFの介入を避けるため、アメリカの市中銀行からの借入によって外貨危機を克服しようとした。政府は62年1月にはIMFとの間にスタンドバイ取決め(3億500万ドル)を締結したが、市中銀行借入を優先させ、IMFからの借入は実施されなかった。ただし、米市中銀行からは予期に反して国際収支改善について厳しい注文を受けることになり、また、IMFとのスタンドバイ取決め締結に当たっては、62年度の成長率を5.4%に引き下げる旨の約束を余儀なくされた。このように、経済政策は一定の拘束を受け、61年には金融引締め、財政投融資・公共事業の一部繰延べ等の緊縮措置が実施された。しかし、全体として見れば、財政規模は圧縮されず、低金利政策を維持しつつ、政府は成長政策を貫いたと見ることができる。

1964年4月のIMF8条国移行とOECD加盟の結果、日本は先進国の地位を固めた。それにより、60年代初めに形成された先進国グループ間のネットワークに加わることができた。50年代のアメリカ一国が突出した国際経済関係が60年代には変質し始め、それと並行して、発展途上国グループと先進国グループとの分化が明瞭になっていった。61年に発足したOECDは、先進国のネットワークの核に位置し、OECDのWP3はG10、BISと密接な関係を持ちつつ、国際金融において先進諸国間の協調を図った。それとともに、60年代には、IMFの力は相対的に後退していくことになる。

4　論点と課題

最後に、本書の主要な論点をあらためて提示し、併せて、課題として残された点についても触れておきたい。

第1は、ドッジ・ラインと360円レートの理解についてである。

ドッジ・ラインに関しては、財政・金融面の緊縮政策と円高レートの政策パッケージという理解が広く存在する[2)]。しかし、ドッジ・ラインはアメリカの対外援助のコンディショナリティであり、財政緊縮策と円安レートのパッケージと見るべきというのが本書の見解である[3)]。360円レートが発足当初、円安レート（円の過小評価）であったか、円高レート（円の過大評価）であったかの判定は難しい。しかし、アメリカ政府の利害が、日本の輸出を拡大し、経済援助から脱却させることにあり、ヤング報告書が示した、大部分の商品の輸出が可能な相対的に円安の平価がアメリカにとって望ましかったことは明らかである。

もう1つの重要な論点は、ドッジ・ラインが国内の物価統制を解除した一方で、厳格な為替管理を導入した点にかかわる。1980年代以降のグローバル化と異なり、ドッジ・ラインはブレトンウッズ体制の枠組みを前提としていた。すべての資本取引に規制の網をかけたことは、それを示している。それだけにとどまらず、輸入防遏を目的とした外貨予算制度を導入し、経常取引も厳しく規制した。戦後復興期の構造的な供給不足のなかで経常収支の赤字拡大を防ぐためには、多角的取引の実現というIMFの理念を棚上げにせざるを得なかったのである。

第2は、ブレトンウッズ体制下の日本はIMFの「優等生」であったという評価についてである。

日本は固定為替レートを維持しつつ、3回の外貨危機を短期間に乗り越え、「優等生」と評価される。しかし日本は必ずしも、IMFが推奨するマクロ経済政策のみを用いて国際収支の均衡を回復させたわけではない。日本がマクロ経済政策によって外貨危機を克服した側面を強調するIMFの評価は、為替規制強化などの直接的な輸入抑制措置が果たした役割を過小評価しているように思われる[4)]。

どのような直接的措置が効果を発揮したのか？　外貨予算の縮小は、もっとも典型的な為替面からの規制措置であるが、政府が外貨予算を積極的に縮小したことはほとんどなかった。そもそも外貨予算の目的は、乏しい外貨を有効に配分し、輸入原材料や食糧の輸入を最大限確保することにある。そのために政府は、産業活動を抑制しないように、つねに原材料輸入に対しては十分な外貨を確保し、国際収支悪化の際にも、外貨予算を削減しようとしなかった。輸入を削減すれば、国内物価の上昇をもたらし、輸出拡大による国際収支均衡回復を困難にするというのがその論拠であった。このように外貨予算の厳しい査定は、産業政策と矛盾するために、実施されなかった[5]。

外貨危機の際に有効であったと考えられるのは、輸入ユーザンスの制限、輸入担保率の引上げ、輸入信用状の開設抑制、外国為替銀行への預託外貨の引き揚げ、為銀の現地貸出枠の縮小、日銀の輸入金融優遇の縮小などの政策手段である。外為法の下では、外国為替銀行が輸入手続・為替手続の窓口になっており、外為銀行に対する行政指導によって、大蔵省は為替管理の強化を対外的に目立たない形で実施できた。為替管理において為銀主義が果たした役割は大きかったと言えよう。

1953～54年、57年の2回の外貨危機の際に効果的だったとされるのが、輸入担保率の引上げである。輸入担保制度は、思惑輸入を防止するために、輸入者に対して輸入申請額の一定割合（輸入担保率）の担保を求める制度である[6]。しかし、60年代に入ると、国際収支悪化の主因は思惑輸入の急増から、設備投資過熱に変化したので、その効果は相対的に低下した。57年大蔵省が行った、為銀に対して信用状の開設抑制を指示した行政指導も、大きな効果を発揮した。種々の政策の効果を計測し、比較検討する作業は本書では行っていないので、この点は今後の課題として残されている。

第3に日本の高度成長政策との関連を取り上げたい。高度成長期に日本は外貨準備を最低限に抑えて成長政策を追求したという通説的な理解が存在する[7]。この理解は誤りではないが、後の時点から振り返った見方である点に注意しなければならない。実際に外貨準備を最低限に抑える政策が意図的にとられていたわけではない。1950年代以降69年初めまで、政府は一貫して外貨準備積み増しの方針をとっていた[8]。「20億ドルの外貨準備は本当に今日から考えたら薄氷を踏む思い」であったと政策当局者も回顧している[9]。60年代前半の池田内閣は、外資導入（とくに長期外資）によって経常収支の赤字をカバーすることを方針としており、外貨準備を切り詰めようとしたことはない[10]。アメリカが利子平衡税を導入した結果、外資導入が予定した通りには進まず、結果的に外貨準備が薄くなったと解釈するのが妥当であろう。

この問題と関連して触れておかねばならないのは、国内均衡優先の拡張的な経済政策が、占領終結後一貫して追求されたわけではなかったことである。

1950年代には、石橋湛山・池田勇人に代表される積極政策と一万田尚登に代表される安定政策とが拮抗していた。積極政策が優位に立ったのは池田内閣期である。その点で、池田が蔵相が退き一万田に交替した57年外貨危機と、池田首相が「所得倍増計画」路線を突き進んだ61年の外貨危機とは対照的であった。池田は57年にはIMFに屈する結果となり、61年にはIMFの意向に対抗して、みずからの意思を貫いた。

第4に、貿易自由化と機械工業の保護との関連について触れる。

貿易自由化は、日本の産業にとってどれほどの脅威だったのだろうか？　重油輸入の自由化は、明治以来の重要な産業であった石炭産業を崩壊させるという大きな経済的・社会的影響を及ぼした。一方で、将来の日本の産業の中核を担う産業として通産省が重視した機械工業に対する貿易自由化の影響は、大きくなかった。対外的な自由化公約の枠内で、どの産業を優先するかという選択は、産業政策と密接にかかわっていた。1961年の自由化繰上げ計画で石油が、63年8月の自由化で粗糖が対象となり、機械の自由化が後延ばしにされたことはその顕著な事例である。

しかし、機械の自由化の遷延が可能であったのは、アメリカの自由化圧力が予想ほど強くなかったためでもあった。通産省は、アメリカ政府が機械工業をターゲットに自由化圧力をかけてくることを恐れたが、実際には機械工業への自由化圧力は中途半端な形に終わった。当時のアメリカの関心は、むしろ大豆や繊維製品などに向いていた。そのために、日本は8条国移行後も重工業製品の輸入制限の一部を継続し、さらには「資本自由化」の実施も引き延ばすことにより、重化学工業の保護を高度成長末まで継続した。なお1960年代のアメリカの自由化圧力については詳細が不明な点も多く、アメリカ側の史料に基づいて検討する余地が残されている。

第5に、輸出促進政策に触れておきたい。

戦後復興期から高度成長期にかけて、日本政府が輸出促進政策を展開したことはよく知られている。しかし、ドッジ・ライン以降一貫して輸出促進政策を追求したわけではなく、政策の内容も時代とともに大きく変化した。

戦後の輸出促進政策はドッジ・ラインの時に始まったが、本格的な実施には至らなかった。間もなく朝鮮戦争が勃発し、世界的な原料の不足と価格高騰が起きたため、輸入優先政策が輸出促進政策にとって代わった。1953〜54年の外貨危機の際に、輸出促進政策が改めて取り上げられ、輸出入リンク制やオープン勘定貿易の拡大などの輸出促進政策が実施された。この時に採用された輸出促進政策は、差別的為替取引の廃止などのIMFの政策と相容れない内容であり、IMFからの批判を受けて一時的な措置で終わった。これらの措置は、外貨危機への緊急対策という側面が強かった。ついで57年の外貨危機の際に、輸出振興政策を求める声が高まり、延払輸出の拡大等の重化学工業製品輸出に重点を置いた輸出促進政策が講じられた。しかし、「岩戸景気」のなかで内需拡大が重視され、輸出促進は後景に退いた。61年に外貨危機が発生すると、経済界は輸出促進政策の強化を求め、輸出優遇税制と輸出金融優遇を柱とする輸出促進政策が講じられた。

このように、外貨危機のたびに新たな輸出促進政策が講じられ、危機が過ぎると政策の推進力が弱まるという循環が繰り返された。本書は、1961年の外貨危機を契機に、IMFの政策と矛盾しない政策が導入され、高度成長末期までそれが維持されたという点から、61年に輸出促進政策が確立したと見る。

第6に、為替自由化と資本自由化との関係について述べたい。

8条国移行による為替自由化は経常取引に限定されており、資本取引はカバーしていない。ブレトンウッズ体制は、資本規制を原則とするシステムであり、IMF協定は加盟各国が任意に資本規制を実施できると規定している[11)]。アメリカやカナダのように資本規制を行わなかった国も存在するが、それは例外であり、アメリカも1964〜74年には資本規制を実施した。対外資本規制は、国内金融市場を国際市場から隔離して、自国の経済政策の自由度を高める。また、資本規制のもとで国内の銀行に対する強い規制が敷かれ、預貯金を通じて零細な貯蓄が産業に動員された[12)]。

しかし、経常取引と資本取引とを完全に分離することは不可能であり、貿易取引にはユーザンス等の短期信用がともなう。経常取引にかかわる為替取引の自由化とともに、必然的に、国際的な短期資本移動は活発になり、資本規制を侵食した。当初、日本政府は、短期資本流入によって「国際収支の天井」が高まることを歓迎したが、1964年頃になると、短資の移動が国内経済政策を攪乱することへの懸念から、抑制政策に転じ、海外短資は規制された。

1967年に始まったいわゆる「資本自由化」は、直接投資に限定した資本取引の自由化であり、経済政策には影響を及ぼさなかった。直接投資の自由化は、外国企業の進出という産業政策の問題であった。日本はOECD加盟に伴い、直接投資の自由化の義務を負うことになり、対内直接投資の自由化は76年まで10年間をかけて段階的に実施された。

このように、1960年代には資本取引の自由化は、ブレトンウッズの枠組みと矛盾しない範囲で、限定的に実施された。資本取引が全面的に自由化されたのは、80年代以降である。

ブレトンウッズ体制は、グローバルなシステムというよりも、主権国家の強固な枠組みを前提とした国際的なシステムであるという点において、第二次大戦後の国民経済の再興期に適合した国際通貨システムであった。ブレトンウッズ体制に内在する国内均衡と対外均衡との緊張関係は、アメリカ以外のIMF加盟国の場合には、IMFのシステム内で調整が可能であったが、アメリカ自身が抱える緊張関係はブレトンウッズ体制を破壊することによってしか解決できなかった[13)]。1970年代の変動相場制への移行、国際的資本移動の急激な拡大により、80年代前半には各国の資本規制の壁が崩壊した。金融のグローバル化は、幾多の債務危機、金融危機を招きつつも、アジアをはじめとする新興工業国の台頭というダイナミックな地殻変動をもたらした。こうしたグローバル化の衝撃を受けて、先進国において種々の形態で実施されていた一国的な福祉国家モデルは行き詰まりを見せた。グローバル化のもとで金融システムが不安定さを増すなかで、国内の経済発展・社会安定の確保と国際金融の安定を実現する新たな国際システムの構築への動きは、いまだに模索段階にとどまっている。

注

序章

1）ただしIMFにとって、完全雇用よりも多角的自由貿易の実現の方が優先目標であるというのが、設立後に表明されたIMFの基本的立場である（浅井良夫［2014 b］p.71）。なお、谷岡慎一［2000］pp.343–348も参照。

2）Borio and Toniolo［2008］.

3）Ruggie［1982］.

4）Andrews［2008］. なお、浅井良夫［2014 a］も参照。

5）ブレトンウッズ協定の成立については、おびただしい数の文献が存在するが、伊藤正直［2014］が論点を整理して示している。

6）浅井良夫［2014 b］参照。

7）Helleiner［1994］Chap.2.

8）ただし、アメリカが資本規制を行わなければ、他の国の資本規制にも限界が生じる点は指摘しておく必要がある。

9）Schenk［2010］p.22.

10）山本栄治［1997］p.87。

11）Reinhart and Rogoff［2009］（邦訳）、pp.129–130。

12）ユーゴスラヴィアは、IMF加盟国としてとどまった。

13）Van der Wee［1986］pp.390–400.

14）海外短資が金融政策の自由度を高めたことは、一ノ瀬篤［1995］などで指摘されている。

15）Boughton［2001］pp.120–123.

16）de Vries［1986］pp.21–29.

17）須藤功［2008］第6章。

18）de Vries and Horsefield［1969］pp.266–274.

19）IMF事務局は加盟国に、事前に議題と質問事項を示し、加盟国は、コンサルテーションの開催までに、質問書への回答をIMFに提出する。

20）理事会がスタッフ・チームの原案を大幅に書き換えることはないが、しばしば部分的な修正は加えられる。

21）西川輝［2014］pp.52–55, pp.122–125。

22）IMF発足当初は、コンサルテーションは14条国に対してのみ実施されるものとの了解があったが、1960年以降は、8条国に対してもコンサルテーションが行われるようになった（谷岡慎一［2000］p.97）。

23）ワシントンで開催されたのは、1955、1957、1959年の3回。あとの8回は東京で開催された。ワシントンで開催される場合は、日本側は大蔵省を中心に少人数で編成された。

24）大蔵省為替局は、IMF 8条国移行後の1964年6月に国際金融局に編成替えされた。

25) James［1996］p.602.

26) 数ヵ国をまとめて一時期に協議を行う方式がとられた（内田宏・堀太郎［1959］pp.59–60）。

27) IMF協定上の正式名称は買入れ（purchase）である。本書では、融資、貸出、借入などの用語を適宜用いる。

28) 1946〜60年について見れば、IMFから加盟国が借り入れた通貨の87％までは米ドルであり、英ポンドの8％がそれに次いだ。当時IMF借入とはドルの引出しとほぼ同義であった（de Vries and Horsefield［1969］p.449）。

29) ゴールド・トランシュが無条件で引き出せるという原則は、1952年の理事会で決まった（谷岡慎一［2000］p.76）。

30) IMF協定では、IMFは各加盟国のクオータの200％まで、当該加盟国の通貨を保有できる。加盟国は割当額の75％をすでに自国通貨で出資しているので、自国通貨と引き換えにIMFから引き出せる外貨は125％相当額ということになる。他の加盟国が自国通貨を引き出した場合には、借入限度額はその分だけ拡大する。この部分を、スーパー・ゴールド・トランシュと呼ぶ。

31) Southard［1979］p.19.

32) 期限は、当初、6ヵ月以内であったが、53年に例外的に6ヵ月以上も認められることになり、その後期限1年が一般的になった（藤岡真佐夫［1976］p.149）。

33) コンディショナリティの遵守状況を監視しながら、何段階かに分けて融資を実施することをフェージングと呼ぶ。

34) *IMF Annual Report, 1963,* pp.24–25.

35) de Vries and Horsefield［1969］pp.460–463.

36) Gould［2006］は、第1次オイルショック以降、途上国への融資を積極的に進めた民間金融機関の要求で、コンディショナリティが肥大化していったと指摘している。

37) 1954年のペルーの趣意書はきわめて簡単なもので、具体的基準は記されていなかった（Southard［1979］p.19）. 趣意書は国際法上の国際協定ではないので、議会における承認は必要としない（Vreeland［2007］p.32）. なお、大隈宏［1988］および谷岡慎一［2000］第6章第2節も参照。

38) de Vries and Horsefield［1969］pp.378–380.

39) 本書が扱う時期（1949〜64年）の国際収支統計には、IMF方式、外国為替統計（日銀作成）、通関統計（大蔵省作成）が存在する。主として用いられたのは、月次ベースで統計が公表されていた外国為替統計と通関統計である。それぞれ、作成方法が異なるので、数値も異なる。外国為替統計は、外国為替公認銀行から日本銀行への報告をもとに作成された、為替取引をベースに作成された統計である（『外国為替統計月報』として公表）。通関統計は、大蔵省関税局が作成し、『外国貿易概況』として公表した輸出入のみの統計である。外国為替統計は、66（昭和41）年度からIMF方式の国際収支統計（月次）に切り替えられた（『国際収支統計月報』として公表）。それ以前にも、60（昭和35）年度以降、IMF方式の国際収支統計は公表されていたが、四半期ごとであったために利用度は低かった。なお、60年度以前についてはIMF方式の統計は公表されておらず、IMF提出用の資料のみが存在する。統計の推移および統計間の異同については、大塚武［1965］、東洋経済新報社編［1991 b］pp.553–554参照。

40）日銀史料により、1952年3月以降の外貨準備高の月次データを得ることができる［日銀13528］。

41）大蔵省財政史室編［1999 a］pp.495–497。

42）Eichengreen［2007 a］（邦訳）pp.104–109. 図0–2は、第3章の執筆者のEichengreen氏と畑瀬真理子氏からデータの提供を受けた。データの使用を許可された両氏のご厚意に謝意を表したい。

43）Eichengreen［2007 a］（邦訳）pp.107–109. なお、この点は石見徹［1995］がすでに指摘している。

44）日本経済調査協議会編［1965］pp.197–209。

45）大蔵省財政史室編［1992］pp.61–65。

46）外為法上の居住者は、「本邦内に住所又は居所を有する自然人及び本邦内に主たる事務所を有する法人」（第6条）である。

47）外国為替等集中規則によって運用された。

48）外国為替の買取額と売却額の差額を持高という。

49）外国為替公認銀行が正式の名称であるが、本書では外国為替銀行ないし為銀を用いる。1964年3月1日現在の外国為替公認銀行数は、甲種為銀12行、甲種外銀15行、乙種為銀49行の計66行（『外為年鑑』1964年版による）。甲種為銀は外国の銀行とコルレス契約を締結することが認められている銀行である。乙種為銀は甲種為銀の取次ぎ役を果たすにすぎなかったので、実質的には甲種為銀のみが外国為替銀行であった。

50）大蔵省財政史室編［1976 b］pp.113–145。

51）大蔵省財政史室編［1999 a］pp.537–541, pp.635–642。

52）通商産業省編［1990 a］pp.317–318。

53）上期：4～9月、下期：10～3月。以下、外貨予算制度については、東京銀行調査部［1958 a］、犬田章［2000］pp.38–82を参照した。

54）1952年1～3月期までは、外貨予算の編成には、SCAPの承認を必要とした。

55）占領期は、経済安定本部貿易局が事務局であった。

56）1957年下期まではドル・ポンド・オープン勘定の通貨別外貨割当も存在した。通貨の指定を行っていない外貨予算はグローバル予算と呼ばれ、1954年度上期から導入された。なお、通貨別外貨割当は57年度下期まで実施され、58年上期以降は通貨の区別はなくなった。

57）自動承認制品目の場合は、為銀の外貨予算額使用の確認申請書にもとづいて行われる。

第1章

1）篠原論文は、篠原三代平［1961］第14章に採録。篠原が論争を回顧した論文に、篠原三代平［1974］がある。

2）小島清［1959］。なお小島清［1980］において、小島はこの論争にふたたび触れている。

3）藤野正三郎［1990］「第12章　国際収支(1)：360円レート割高論」（この論文の初出は1987年）。篠原の反論は、篠原三代平［1989］。ただし、篠原はこの論文で、70年までの円安化は「きわめてスロー・テンポ」のものであり、自分の論文が著しく円安であったという誤解を与えたとすれば訂正したいと、従来の自説を修正している（p.200）。

4）石見徹［1995］pp.78-84。

5）Eichengreen［2007 a］（邦訳）pp.102-109.

6）須田美矢子［2003］pp.137-140。ただし、須田は小宮隆太郎のように、大幅な円高レートとは考えていない。小宮隆太郎［1988］は、「1949年に設定された1ドル360円の固定為替レート（平価）は、輸入制限や輸出振興なしに国際収支を均衡させる『均衡為替レート』に比べて大幅に円高のレートであった」と述べている（p.160）。なお、吉野俊彦［1996］p.157、中北徹［1993］p.282も円高レート説を採っている。

7）香西泰［1989］p.265、注(7)。都留重人［1995］も円安レート説を採っている（p.86, p.128）。

8）篠原三代平［1989］p.201。

9）藤野正三郎［1990］p.430（論文の初出は1987年）。篠原は、自分は藤野が基準とする1938年ではなく、円が約20%の過小評価であった34～36年を根拠にしており、自説修正の必要はないと反論した（篠原三代平［1989］）。

10）山口健次郎［1996］。

11）中釜由美子［1998］。

12）伊藤正直［1989］p.278。三和良一［2003］pp.281-284。

13）鎮目雅人［2009］p.214。

14）伊藤正直は、360円レートが設定時に円安であったという篠原説を支持する者はいないと述べているが（伊藤正直［2009］p.8）、篠原説を実証的に批判したのは藤野だけであり、この評価は当たらない。また私自身も、「レート設定当初の1949年から円安であったという主張には無理がある」と述べたが、この主張を撤回したい（浅井良夫［2010］p.155）。

15）「単一為替レート設定の賃金、物価、生産及び貿易資金に与える影響」昭和24年1月10日、〔大蔵省〕調査部［大蔵 Z 511-354］。

16）伊藤正直［2009］第1章「360円レートの成立」。この章は、伊藤が執筆した通商産業省編［1990 a］第5章第3節をもとにして書かれている。

17）この点については多くの研究が存在するが、私の見解は、浅井良夫［2001 a］第4章および第5章に述べた。

18）“Telegram from MacArthur to Dept of Army EYES ONLY for Draper SAOUS,” April 21, 1948［NARA RG 59, Mf. I 45-49 R 27］.

19）“Draft (For SANACC Minutes),” May 10, 1948［NARA RG 59, Mf. I 45-49 R 27］. SCAPは軍用レートは一般商業レートに影響を与えないので、軍用レートだけ変更することは可能だとしたが、国務省、財務省は、軍用レートは一般商業用レートにも影響を与えると反論した。財務省のサザードは、その根拠としてイタリアの事例を挙げた（“Letter from Frank A. Southard Jr. to Draper,” May 5, 1948［NARA RG 59, Mf. I 45–49 R 27］).

20）伊藤正直［2009］はコーエン［1983］にもとづいて、ヤング使節団は最初から結論を持って来日したと述べている（pp.64–65）。ただし、使節団には一般レート実施の可能性がない場合に、一時的に軍用レートを改定するという選択肢も与えられていた（吉野俊彦［1972］が引用する1948年5月14日付ドレーパー陸軍次官のヤング宛書簡、参照）。

21）1948年7月1日までにアメリカ政府が結論を出すため、ヤング使節団の報告の期限は6月16日と決められた（“Letter to Young（Draft),” May 15, 1948［NARA RG 59, Mf. I 45–49, R 27］.

22）“Report of the Special Mission on Yen Foreign Exchange Policy,” June 12, 1948（日本銀行金融研究所編［1996］pp.665–697）。邦訳は『エコノミスト』1972年3月7日号に掲載。

23）“Yen–Dollar Exchange Rate Problem,” Young Yen Foreign Exchange Mission, August 16, 1948（日本銀行金融研究所編［1996］pp.665–697）。邦訳は「追加報告」と題して、『エコノミスト』1972年3月7日号に掲載。中釜由美子［1998］は「ヤング追加報告」を検討し、300円レート提案の根拠を明らかにしている。

24）「微温的」は、吉野俊彦［1996］の表現（p.140）。国務省のヒリアード（C. C. Hilliard）は、再度の切下げを行わないために、円安レートが好ましいと述べている（“Office Memorandum : Exchange Rate for Japanese Yen,” From C. C. Hilliard to Saltsman, May 5, 1948［NARA RG 59, Mf. I 45–49 R 27］).

25）“Telegram from MacArthur to Dept of Army EYES ONLY for Draper SAOUS,” April 21, 1948［NARA RG 59, Mf. I 45–49 R 27］).

26）三和良一［2002］p.62。

27）“Office Memorandum : Exchange Rate for Japanese Yen,” From C. C. Hilliard to Saltsman, May 5, 1948［NARA RG 59, Mf. I 45–49 R 27］.

28）大蔵省財政史室編［1976 a］、通商産業省編［1990 a］、通商産業省編［1991 a］、三和良一［2002］、伊藤正直［2009］による。

29）「中間指令」（Interim Directive）とは、緊急の場合に、アメリカ政府が極東委員会（連合国11ヵ国によって構成、のち13ヵ国になる）の承認を得ずに、SCAPに対して行う指令のことである。他の連合国との協議を回避し、アメリカが単独で対日政策を実施するための手段としてしばしば用いられた（大蔵省財政史室［1976 a］pp.155–156）。

30）“Telegram from SCAP to Department of Army（C 68737),” March 23, 1949［NARA RG 56, OASIA R 24］.

31）コーエン［1983］pp.311–312。

32）“Exchange Rate,” W. F. Marquat, January 11, 1949（日本銀行金融研究所編［1996］pp. 724–734).

33）この案は、国内物価調整のための補助金は一般会計から支出するものとし、その金額は1949年度1,160億円になると見込んだ。なお、1月14日の文書では、輸入補助金1,235億円、輸出補助金85億円と、若干の修正が行われている（"Exchange Rate (Draft)," William F. Marquat, Chief ESS, January 14, 1949（日本銀行金融研究所編［1996］pp.734–736））.

34）"Application of Exchange Rate Proposals," W. F. Marquat, Chief ESS, February 19, 1949（大蔵省財政史室編［1982 c］pp.617–621）。SCAPの意見が一致していたわけではない。たとえば、外国貿易課のジェイノー（Seimour J. Janow）は330円よりも円安のレートを主張していた（"Comments on the Exchange Rate Paper of 11 January, 1949," Seimour J. Janow, Foreign Trade and Commerce Division, ESS, undated（日本銀行金融研究所編［1996］pp.736–742））.

35）"ESS Exchange Rate Proposal : Memorandum of Conversation（Theodore Cohen and Orville J. McDiarmid)," February. 24, 1949（日本銀行金融研究所編［1996］pp.754–756).

36）三和良一［2012］pp.209–210。「大きな輸入があり、外国からの借款と海外からの贈与によってまかなわれている経済は、総生産の増加と国内の消費水準を低めることを通じて輸入を減らし、あるいは輸出を増大させることによって国際収支を改善しようとすべきである」とするヤング・レポートの主張と、ドッジの見解は一致する。

37）コーエン［1983］p.316。

38）見返資金については、浅井良夫［2001］第5章参照。

39）2月23日の経済科学局長定例会見の席上でドッジは、「単一レートは予算より前には決まらない」と述べている（「マーカット少将との定例会見記録」昭和24年2月23日［大蔵Z 508–8］）。

40）"Exchange Rate and Subsidy Program," O. J. McDiarmid, March. 7, 1949［NARA RG 331, SCAP TS Vol.7, pp.127–134］.

41）大蔵省財政史室編［1982 a］p.406。

42）河野一之講述「昭和24年度と25年度の予算編成」昭和30年11月17日、p.24。

43）「昭和24年度予算編成案要領（試案）」昭和24年1月30日〔大蔵省〕主計局（大蔵省財政史室編［1982 b］p.23）。

44）ドッジは、渋々、2,000億円の補助金を認めた（"Excahge Rate for Japan," March 25, 1949［NARA RG 56, OASIA R 26］。なお、4月2日のドッジとの会談において、池田蔵相が2,000億円の補助金は「温室経済」を維持するものだと述べたのに対して、ドッジは、「補助金の減額には賛成であるが、今直ちに実行せんとするのは肺病患者から酸素吸入をとって了ふやうなもので、完全な自由経済をすぐにやるわけには行かぬ」と答えている（大蔵省財政史室編［1983 a］pp.339–340）。

45）"Counterpart Fund reported pact（C 68699)," from SCAP personal from Dodge to Dept. of Army for Voorhees, March 22, 1949［NARA RG 56, OASIA R 26］. 3月22日付ドッジの財政に関するメモでは、見返資金（1,750億円）の使途として挙げた①債務償還、②資本投資、③最小限の輸入補助金の3つの項目のうち、③をドッジみずから削除した跡が認められる。ドッジ自身も、この時点までは判断に迷っていたものと思われる（"Supplementary Budget Policy Recommendations（Revised Draft），" JMD, March 22, 1949［Dodge, Japan 1949 Box 2］）。この削除については、大蔵省財政史室編［1983 b］（柴田善雅執筆）も指摘している（p.934）。

46）"Counterpart and Credit Policy," Orville McDiarmid, April 7, 1949（日本銀行金融研究所編［1996］pp.277–281）.

47）"Dodge's Statement on the Japanese Budget," Joseph M. Dodge, April 15, 1949（大蔵省財政史室編［1982 c］p.772）.

48）なお、330円か360円かをめぐっては、ドッジ使節団内部でも、330円支持のマクダイアミッド（財務省）と、360円支持のディール（W. W. Diehl 国務省）とで意見が分かれた（"Excahge Rate for Japan," March 25, 1949［NARA RG 56, OASIA R 26］）。為替レートに関して、ドッジは終始、自分の意見を明らかにしていない。

49）"Japanese Exchange Rate", March 24, 1949［NARA RG 56, OASIA, R 24］.

50）"List of Conference at Telecon 29 March 1949,"［NARA RG 331, SCAP TS Vol.7, pp. 117–120］. SCAPとドッジ使節団側は、360円レートを採用した場合、物価上昇を招くこと、物価上昇を補助金増加によって吸収しようとすれば、均衡財政を維持できないことなどを主張した。

51）NAC Minutes No.122, March 29, 1949［NARA RG 56］. 伊藤正直［2009］は、330円レートが360円に変更された経緯は史料的に確定できないと述べているが、3月29日のNAC本会議の議事録を参照すれば、経緯は明らかになる。なお、大蔵省財政史室編［1982 c］には、3月25日のStaff Committee議事録とNAC決定だけが掲載されており、3月29日の本会議議事録は収録されていない。

52）秦郁彦は、アリソン（John R. Allison, SCAP経済科学局財政金融課）の回顧にもとづいて、NACがポンド切下げを見越して360円レートへの変更を勧告したことは間違いないと述べている（大蔵省財政史室編［1976 a］p.442、ジョン・R・アリソン「占領期金融行政の思い出」『財政史ニュース』特別第18号（1974年1月）pp.19–20）。しかし、この証言を裏付ける史料は、SCAP文書にもNAC文書にも見出せない。ただし、ポンド切下げの憶測は海外では早い時期から流れていた。したがって、明確な証拠はないが、NACがこうした点を考慮した可能性もあるというのが、本書の立場である。

53）"Reply to Radio W 86348," from CofS to Chief ESS, March 30, 1949［NARA RG 331, SCAP TS Vol.7, p.108］. この文書は、これはCinCからの指示であると述べているが、CicCとはCommander in Chief（司令官）の略であり、太平洋陸軍司令官（すなわちマッカーサー）を意味する（竹前栄治［1983］p.89）。CofSは、Chief of Staffの略称。この文書のサインE.M.Aは、参謀長のエドワード・M・アーモンド少将（Maj. Gen. Edward M. Almond）と推定される。

54）"Radio W–846348, 30 March, Subject : Foreign Exchange Rate," Joseph M. Dodge, undated（日本銀行金融研究所編［1996］pp.756–760）。伊藤正直は、この文書をドッジがワシントンに送った3月30日付提案だとし、これによって360円レートが決定したと述べているが、これは伊藤の誤認である。為替レートの決定権はSCAPにあり、財政顧問のドッジにはないので、ドッジはワシントンに回答する権限は持たない。また、この文書はドッジのメモであり、電文ではない。誤認の原因は、依拠した大蔵省財政史室編［1982 c］収録のテキストの表示が誤っていることにある。なお、この点は三和良一［2012］p.233 も指摘している。

55）"Memorandum for General MacArthur," April 2, 1949［NARA RG 331, SCAP TS Vol.7, p.106］.

56）"Telegram from SCAP to Dept. of Army," April 3, 1949［NARA RG 331, SCAP TS Vol.7, p.105］.

57）ドッジは、4月30日（土曜）公表、5月1日（日曜）実施を考えていたが、なぜ、実施が約1週間早くなったのかは明らかではない（"Special Memorandum," April 19, 1949［NARA RG 331, SCAP TS Vol.7, p.107］）。

58）IMF EBM/426, April 22, 1949.

59）1949年のポンド切下げの政策決定過程は、Cairncross and Eichengreen［1983, 2007］, Chap.4 が詳細に解明している。

60）Eichengreen［2007 b］p.77.

61）『朝日新聞』1949年9月20日。

62）大蔵省財政史室編［1983 a］p.383。SCAPの中では、ファインが日本政府の申し出を積極的に支持した。

63）『朝日新聞』1949年9月21日。

64）"Brief of Actions re Sterling Devalutation," Memorandum from W.T. Ryder, Lt. Colonel Executive Office, ESS, to Calvin Verity, Acting Chief, ESS, September 20, 1949（日本銀行金融研究所編［1996］pp.781–784）.

65）"Devaluation of the Yen," Sherwood M. Fine, Director, Economics and Plannning, ESS, Sepember 24, 1949（日本銀行金融研究所編［1996］pp.767–769）.

66）正確にはチェック・プライス。フロア・プライス（最低輸出価格）制は、外国貿易商によって輸出商品が買いたたかれることを防止する目的で1948年9月に設けられた。49年3月に、ダンピング輸出の防止に目的が変化し、名称もチェック・プライスに変更された（日本紡績協会編［1962］p.279, pp.281–282）。ただし、フロア・プライスは通称として引き続き用いられた。49年10月25日のSCAPメモランダムによって廃止された（10月26日実施）（通商産業省編［1990 a］pp.206–207）。

67）SCAP内でも、切下げ反対論一色であったわけではなく、計画統計課のケネス・モロー（Kenneth D. Morrow）は西欧諸国と競争できるようにするため、395円への切下げを提案していた（"Memorandum," from Kenneth D. Morrow, Chief, Program and Statistic Division, ESS to Calvin Verity, Acting Chief, ESS, Sepember 21, 1949（日本銀行金融研究所編［1996］pp.769–771）.

68）"Devaluation of Yen," Memorandum from R. Feary, NA to Marchant, FE, October 3, 1949［NARA RG 59, Mf. I 45–49 R 26］.

69）"Devaluation of Yen," outgoing message from Department of Army to SCAP, October

3, 1949［NARA RG 59, Mf. I 45-49 R 26］.

70）“Devaluation of Yen（C 52957）,” from SCAP to DA, October 10, 1949［NARA RG 311, SCAP TS Vol.2］.

71）“Outgoing message from SCAP to Department of Army（personal for Voorheers）”, October 15, 1949（日本銀行金融研究所編［1996］p.796）.

72）“Devaluation of the Yen,” Memorandum from Hemmendinger, NA to Allison, NA, October 14, 1949［NARA RG 59, Mf. I 45-49 R 27］.

73）“Proposed Cable to SCAP,” undated［Dodge, Japan 1949 Box 7］.

74）ドッジは財務省のディール（William W. Diehl）を通じて、様々な議論はあってしかるべきだが、この問題は直接責任を負っている陸軍省とSCAPに委ねるべきだと、国務省、財務省による過剰介入を戒めた（“Letter of Joseph Dodge to William W. Diehl,” October 20, 1949［Dodge, Japan 1949 Box 7］）.

75）“Incoming Message from DA to SCAP（W 95745）,” October 22, 1949［NARA RG 331, SCAP TS Vol.8, p.824］.

76）ただし、国務省、財務省、FRBは、当面為替レートを変更しないことには同意したが、切下げを行わないという最終決定については意見を留保した（“Incoming Message from DA to SCAP（W 95745）,” October 22, 1949［NARA RG 331, SCAP TS Vol.8, p.824］）。

77）宮澤喜一［1999］pp.35-37.

78）「経済科学局との定例会談記録　大蔵省渉外特報（第145号）」昭和24年10月5日［大蔵Z 522-9］。なお、渡辺武日記には、この会見における池田・マーカットの遣り取りは以下のように記録されている。「為替レート再改訂は池田蔵相より反対意見を表示したるに、MarquatはDodgeの計画後に世界不況とポンド切下げの二つの予想外の事態がおきたから相当考へねばならぬ。勿論円切下げのみが効果を生ずることではない、国内と国外との影響を考へてきめなければならぬ、とて切下げも場合により必要なる様な口吻なり。」（大蔵省財政史室編［1983 a］p.389）マーカット経済科学局長は、ファインのように、明確に切下げ不可という意見を持っていたわけではなかったようだ。

79）『朝日新聞』1949年10月9日。

80）『朝日新聞』1949年10月17日。

81）「円切り下げの問題」昭和24年10月28日、〔大蔵省〕調査部［大蔵Z 511-354］。

82）『朝日新聞』1949年10月1日。

83）“Letter of Opinion,” from Hisato Ichimada, Governor, the Bank of Japan to Major General, William F. Marquat, Chief, ESS, October 8, 1949（日本銀行金融研究所編［1996］pp.793-796）. なお、日本銀行百年史編纂委員会編［1985］pp.259-260も参照。

84）経済同友会編［1951］p.25。

85）日本貿易会関西本部「磅為替切下に関する意見」昭和24年10月11日［大蔵Z 526-30-1］。

86）関西経済同友会「国際収支改善に関する意見」昭和24年10月15日［経本、昭和24

年、貿易3]。

87)『経済連合』1949年11月号。

88) 大野健一・大野泉［1993］pp.34–35。為替切下げの政治力学については、Denoon［1986］を参照されたい。

89) 一例として、1948年12月30日のワシントン発の報道が労働運動を高揚させることを危惧した、マッカーサーの陸軍省あて電信を挙げておきたい（“Associated Press dispatch from Washington dated 30 December,” from MacArthur to Dept of Army, undated［NARA RG 331, SCAP TS Vol.8, pp.92–95］.

第2章

1) 外資法は1979年に廃止され、外為法に吸収された。

2) 戦後為替管理の成立に関しては、犬田章執筆による大蔵省財政史室編［1976 b］にまとまった記述があるが、為替管理法制の立案過程にまで踏み込んだ分析は行われていない。

3) 外国為替管理法は、法文上は貿易管理まで包摂しうる法律として策定された（伊藤正直［1989］p.275、柴田善雅［2011］p.75）。伊藤は、外国為替管理法制定の時点で大蔵省は、将来的に為替統制が貿易統制にまで進むことを認識していたと指摘している。また柴田も、大蔵省は先を見越して、貿易管理の権限を確保したと述べている。

4) 大蔵省令にもとづき、1937年1月から3万円を超える輸入為替取引が許可制となり、範囲はその後、次第に拡大された（大蔵省昭和財政史編集室編［1963］pp.151–152, pp.260–262）。

5) 柴田善雅［2011］第2章参照。

6) 日本銀行百年史編纂委員会編［1984］pp.381–386。1941年以降は、外国為替を伴わない物資移動がほとんどを占めたために、物資輸入に携わる商工省の（43年11月以降は大東亜省）の権限が拡大した。

7)「第4部　経済」の「6　国際通商及金融関係」は、輸出入、外国為替、金融取引の政策と運営は最高司令官の承認・監督の下に置かれる、としている（大蔵省財政史室編［1981］p.23）。

8)「金、銀、証券および金融証書の輸出入の統制に関する件」1945年9月22日、「金融取引の統制に関する件」45年9月22日、「日本国内居住者の外国商社との契約に関する件」45年10月30日の3件の指令にもとづいて、為替管理が原則禁止された。

9) 大蔵省財政史室編［1976 b］pp.7–9。

10) 目的は、賠償や資産返還のための物資が輸出に回されることの防止、生活必需物資が輸出されて国民の生活に支障が生じないための措置など。

11) 経済援助は当時の統計では輸入に計上されていた。なお、占領期の貿易については、西川博史［1995］の説明を参照されたい。

12) 通商産業省編［1990 a］pp.172–175。

13) 賠償物件として連合国の管理下に置かれた金および貴金属は約1億3,700万ドルであった（伊藤正直［2009］p.40）。

14）二国間の双務勘定の場合も、勘定尻はSCAP勘定で決済された。

15）輸出品が海外で、輸入品が国内で売却されれば、個々の商品の取引ごとに事後的に外貨との交換比率は成立する。ただし、当時は日本国内では価格統制が実施されており、輸出品は公定価格で買い上げられ、輸入品は公定価格で売却された。

16）第6項は、「外国為替管理の操作を改善し、かつ現行外国為替管理を強化すること、これらの措置を適切に日本側機関に委譲できる程度にまで行うこと」を指示している。

17）「9原則」はSCAPのニューディーラーと自由主義経済論に立つアメリカ本国政府両者の思想の混合物だとする中村隆英の解釈は誤りである（中村隆英［1986］p.194）。「9原則」はアメリカ政府（NAC）が一方的に決めた政策であり、SCAPとの妥協の産物ではなかった。

18）大蔵省財政史室編［1976 b］pp.37–40。

19）「大蔵省渉外特報（第121号）ライダー中佐との会談記録」昭和24年2月2日［大蔵Z 522–8］。

20）外為委の組織は小さく、事務の大部分は日銀が受け持った。

21）マーカット経済科学局長は、「安定本部は一時的な機関であり、政策を取り扱う処であって実務は恒久的な他の政府機関において行う事が適当と思う」と発言している（「大蔵省渉外特報（第118号）」昭和24年1月19日［大蔵Z 522–8］）。

22）通商産業省編［1990 a］pp.416–417。実際には、商工省が貿易庁を吸収する形で、1949年5月25日に通商産業省が発足することになる。

23）三浦道義（当時、外国為替管理委員会職員）は、「外為委は司令部の申し子であり、既存の各官庁のいずれにも権限を譲渡しようとしなかった不信感のあらわれ」であったと述べている（三浦道義［1974］p.81）。

24）渡辺武（財務官）は、SCAP/ESS金融財政課のアリソンから、外為委員会設置の真意が、「司令部の意に合するpuppetを日本側に作る」ことにあったということを聞き、これをSCAPの「本音」として「日記」に記録している（1949年11月2日の項、大蔵省財政史室編［1983 a］p.402）。

25）木内は、自分が委員長に就任する際、アリソンが「首実検した」と述べている（木内信胤［1971］p.29）。なお、外為委員会新設の構想はSCAP財政金融課の提案であり、SCAP全体が支持していたわけではない（“Foreign Exchange Controls,” memorandum from W. K. Le Count, Chief, Finance Division to Major General William F. Marquat, Chief ESS, June 7, 1949（日本銀行金融研究所編［1996］pp.798–799所収）。外為委員会の設置が決まった後に、ESS（経済科学局）貿易通商課などから外為委員会の権限が大きすぎるとのクレームが付き、調整が行われた。

26）大蔵省財政史室編［1981］p.73。

27）大蔵省財政史室編［1983 a］p.242。

28）外国為替事務準備調査会の設置は1948年7月と推定できる。

29）「為替管理及び導入外資審査機構に関する意見」昭和23年10月6日、大蔵省［大蔵

Z 511-325]。

30）大蔵省財政史室編［1983 a］p.271。

31）1947年12月に、大蔵省と貿易庁との間で為替管理の所管についての覚書が取り交わされ、貿易は貿易庁、貿易外は大蔵省が取り扱うことが決まったが、大蔵省はこの覚書の見直しを求めたのである。

32）「外国為替管理の沿革」昭和23年8月25日［大蔵Z 511-325]、「外国為替管理の実施と税関」昭和24年1月11日、税関部［大蔵Z 605]。

33）1949年2月に第1次予備草案が作成されたことは、大蔵省財政史室編［1976 b］p.47や渡辺誠［1963］p.75に示されているが、第1次予備草案の所在は確認できなかった。ただし、理財局外資部「外国為替管理法（第3次予備草案）」（昭和22年2月25日）［大蔵Z 526-30-11］と題する、全10章、94条から成る草案を発見できた。問題は、「昭和22年2月25日」という記載であり、この草案が「第1次予備草案」の第3次改訂版であると断定するためには、「昭和22年2月25日」の記載が誤記であることを証明しなければならない。筆者は、以下の理由から「昭和22年」は「昭和24年」の誤記であると判断した。①理財局外資部の設置は昭和23（1948）年7月であり、昭和22年には外資部は存在しなかった。②この草案は愛知揆一銀行局長（任期：昭和22年9月～25年2月）に提出されており、昭和22年2月には愛知はまだ銀行局長ではなかった。③附則には昭和22年2月以降に出された昭和22年10月の大蔵省告示が示されている。④昭和22年2月という早い時期に、このように詳細な草案がすでに準備されていたとは考えにくい。

34）「外国為替管理制度の確立に関する件」（理・外・為、昭和24年2月1日）［大蔵Z 511-325]。

35）ポンドはドルとの交換はできなかったので、ハード・カレンシーとは言えないが、原史料の通りに記載する。

36）「為替管理の基本的考え方」昭和24年4月22日［木内382-32]。

37）「渉外取引取締法」昭和24年8月1日［木内387-8]。

38）「渉外取引統制法（仮称）要綱案（第一次法案）」〔昭和24年〕8月9日［木内387-12]。「渉外取引統制法（第一次草案）」昭和24年8月27日［木内407]。

39）「国際取引統制法（案）」外為委　昭和24年9月24日［木内396]。「九月二十四日会議　大蔵省・外務省・通産省」［木内399]。『朝日新聞』1949年9月30日。

40）「国際取引統制法（第三次案）」外為委、〔昭和24年〕9月28日［木内408]。

41）「外国為替及び外国貿易の管理に関する法律」（第4次案）日付なし［木内414-1]。渡辺誠［1963］p.75。

42）11月6日付の「外国為替の管理及び外国貿易の規則の臨時措置に関する法律案」は、外為法の制定を見送る代わりに、貿易関係部分を切り離した法律を制定するために準備された法案と推定できる［木内402-17]。

43）"Law Concerning Foreign Exchange and Foreign Control (5 th Draft)," November 6［木内402-12]。

44）“Mission to review trade and business procedures（C-69921),” from W. F. Marquat to Voorhees, 10 May, 1949［NARA RG 331, Box 5978］.

45）“Recommendations and Findings of the Advisory Mission for International Trade,” October 24, 1949（日本銀行金融研究所編［1996］pp.807-844）。

46）フロア・プライス制については、第1章注66）参照。

47）優先外貨制度は、輸出によって獲得した外貨の一部を貿易業者が輸入や商用の海外渡航に用いることを認める輸出報奨制度。1949年7月にすでに制定・実施されていたが、49年中はこの制度の利用は低調であった。第4章5（2）参照。

48）『朝日新聞』1949年11月3日。

49）「政経懇話会概要」昭和25年5月13日〔大蔵省〕調査部［Z 511-327］。

50）SCAP/ESSの外国貿易課長であったラッセル・W・ヘイル（Russel W. Hale）は、ローガンはSCAPとあまり接触せずに、日本人に対して売名的な行為を行った、ローガン構想は「一時はもてはやされた」が、実行可能な案ではなく、「あだ花」に終わったと、きわめてネガティブな評価を与えている（ラッセル・W・ヘイル「占領下の貿易・為替問題（要旨）」1973年7月11日『財政史ニュース』第18-2号)。

51）日本銀行編［1970］第12巻、pp.788-789。この時に締結された貿易協定は貿易総額2,000万ドル。なお、スウィング付支払協定は、日独協定が最初ではなく、それ以前にも、フィンランド（1949年7月)、アルゼンチン（49年6月）との協定に設けられていた。

52）堀越禎三（経団連常務理事）は、ローガンと面会した印象として、「徹底した自由主義者」であるが、「自国の流儀を他国に押しつける」傾向があると、その独善的な姿勢への批判を漏らしている（堀越禎三「ローガン構想と同氏の印象」『経済連合』1949年11月号、p.304）。

53）ドッジの「輸出優先主義」は、1949年3月7日の「ドッジ声明」に端的に示されている（大蔵省財政史室編［1982 c］pp.38-40)。

54）“Expert and Consultants for Year Ending June 30, 1950,” from ESS/FIN to ESS/ADM /DC, 16 May 1949［NARA RG 331, Box 6374］. SCAPは、大蔵省の案は不十分だとみなし、IMFから専門家を招いたものと見られる（大蔵省財政史室編［1983 a］p.381, p.390)。

55）“Meeting with U. S. Army Officials Regarding the Establishment of an Exchange Control System in Japan,” August 29, 1949［IMF C/Japan/830］.

56）“Mr. Mladek's assignment with SCAP,” Junuary 15, 1955［IMF C/Japan/830］. この文書が1955年に作成されたのは、ムラデクの沖縄派遣に際して、1949年の経緯を調べる必要が生じたためである。この文書は、ムラデクとウィチンを選んだのが、陸軍省かIMFかは不明だと述べている。なお、ムラデクは、任務を終えて帰国した後の50年1月13日に、IMF理事会に出席を求められ、日本の経済・為替の現状と為替管理の方法について報告を行い、日本については、複数レートよりも、単一レートおよび量的為替制限が望ましいと述べた［IMF EBM/520, January 13, 1950］.

57）ムラデクは、10月10日から11月20日まで、ウィチンは10月17日から11月20日まで日本に滞在した（"Message from SCAP to DA," November 27, 1949［NARA RG 331, Box 6374]）。

58）"Report on Exchange and Trade Controls in Japan," November 18, 1949（日本銀行金融研究所編［1996］pp.846–870）。

59）ジャン・V. ムラデック、アーネスト・A. ウィチン「日本の外国為替及び外国貿易管理に関する報告書」『外国為替』創刊号（1950年4月）、第2号（1950年5月）。

60）"Confidential Supplement to the Report on Exchange and Trade Controls," November 18, 1949［NARA RG 331, Box 7654].

61）公表された報告書も、閣僚会議の議長は蔵相がふさわしいと述べていた。しかし、外為法では会長は総理大臣となった。蔵相でなく総理大臣になった経緯は明らかではない。

62）なお、ヤング・レポートは、為替管理は日本銀行に移管されるべきだと述べている（「円外国為替政策に関する特別使節団の報告」1948年6月12日（『エコノミスト』編集部訳）『エコノミスト』1972年3月7日号、p.146）。

63）外為委廃止の経緯については、浅井良夫［2012］pp.129–131参照。

64）花村信平（通産省企業局産業資金課）「外資導入二ヵ年間の実績と今後の方向――外資委員会の設立から廃止まで」『金融財政事情』1952年8月25日号、9月1日号。

65）通産省通商局為替課「通商局の新機構とその業務」『外国為替』第56号（1952年9月）pp.3–5。

66）渡辺誠［1976］p.1。渡辺誠は、当時、外為委為替課長であった。

67）「外国為替及び貿易統制一般法に関する増田官房長官及びライダー中佐会談（昭和24年11月10日）」［木内402–9]。

68）"Outline of a General Law for Foreign Exchange and Trade Control," undated［木内403–1]。文書には日付はないが、通商産業省通商局・外国為替管理委員会貿易課共編［1950］には、ムラデクの基本方針は11月15日に示されたと記されている（p.13）。

69）"Foreign Exchange and Foreign Trade Control Law (6 th Draft)," undated［木内403–2]。「Nov 16–18 Ryder 会議に使った原稿」と鉛筆で書き込みがある。

70）川口嘉一［1976］p.6。

71）"Final Draft Foreign Exchange and Foreign Trade Control Law," undated［木内403–3]。

72）1941年改正の外国為替管理法は、貿易も含めてすべての為替取引を管理の対象としたが、管理の対象は貿易為替であり、貿易自体は対象ではなかった。この点で、外国為替管理法と戦後の外為法とは異なる（福井博夫［1981］pp.7–11）。

73）渡辺誠［1949］は、「政令への委任事項が極めて多く、政令を見なければ実は具体的内容が更にわからないという非難が当然生ずる」と述べている（p.35）。

74）木内信胤「外国為替管理委員会の思い出」昭和27年12月16日、p.11。

75）渡辺誠も外為委案の基本線は貫かれたと評価している（渡辺誠［1963］pp.76–77）。

76）木内信胤「外国為替管理委員会の思い出」昭和27年12月16日、p.12。

77）「為替管理に関し英国大蔵省 G. C. Thorley 氏・英国ミッション C. C. Thomas 氏との会談要旨」［木内 414-17］。

78）大蔵省財政史室編［1976 b］p.57。ライダーは以下の報告書をまとめた。"Report on Exchange Controls in U. K. & Germany," William T. Ryder, undated［NARA RG 331 Box 6667］.

79）渡辺誠［1976］p.2。

80）外資法は、一般法である外為法に対して特別法の位置にあり、外為法よりも外資法の規定が優先される（吉田富士雄［1967］pp.71-72）。外資を管理したのは、当初は、経済安定本部の外局として 1949 年 3 月 15 日に設けられた外資委員会である（その後外資法公布と同時に 50 年 5 月「外資委員会設置法」が公布された）。外資委員会は、経済安定本部の外局であったが、52 年 8 月に大蔵省の管轄に移行した。

81）外資法の対象となる外資は、①株式、持分、②受益証券、③社債、④貸付金債権の取得、⑤技術援助契約の締結および変更の 5 種類である。なお、元本償還までの期間が 1 年以下の社債・貸付金債権・技術援助契約および外貨債は外資法の対象外であるが、それらは外為法によって規制されたので、すべての外資導入が外資法および外為法の規制の対象となった。なお、当初日本政府が作成した外資法案では社債・貸付金債権取得は届出であったが、SCAP の指示により認可に変更された（浅井良夫［2012］pp.125-126）。

82）3 つの条件および国際収支条項の優先原則は、SCAP の指示によって設けられた（浅井良夫［2012］pp.125-126）。

第 3 章

1）横浜正金銀行調査部「米国の夢想する同盟及聯合国平衡基金制案（ホワイト案）全訳」1943 年 11 月。大蔵省外資局『調査月報』第 34 巻特別第 2 号（国際通貨基金案附復興開発銀行案）（1944 年 10 月）。なお、戦時下に刊行されたブレトンウッズ協定関係の調査・研究文献のリストは、日本銀行（調査局）「ブレトンウツヅ通貨協定と日本参加の方途」昭和 21 年 1 月（日本銀行金融研究所編［1983 b］）pp.15-16 に掲載されている。

2）大内兵衛［1947］。引用は大内兵衛［1975］による。

3）なお、本書の骨格は鬼頭仁三郎［1946］にすでに示されている。

4）大蔵 Z 511-347。

5）日本銀行金融研究所編［1983 b］pp.1-16。

6）大蔵省理財局『調査月報』第 36 巻特別第 6 号「わが国の為替問題について」（1947 年 12 月）pp.96-108。

7）日本銀行金融研究所編［1983 b］pp.72-77。

8）戦後通貨物価対策委員会は、1945 年 9 月 1 日に設置された大蔵大臣の諮問機関。

9）大蔵省財政史室編［1985］pp.208-211。

10）中山伊知郎委員の、「通貨制度ノ根本ハ金本位制デナケレバナラヌトノ意見ガ相当ニ強イ」が、「『ブレトンウッヅ』体制ハ厳密ナ意味ノ金本位制デハナイト思フ」という発言から、金本位制的な理解が多数を占めていたことが窺われる（大蔵省財政史室編［1985］p.183）。

11）「戦後通貨物価対策委員会第二部会意見書」（大蔵省財政史室編［1985］p.179）。

12）『経済連合』第9号（1950年9月）。

13）『金融』1951年3月号、p.25。

14）随員として参加した大蔵省理財局の村井七郎が、IMFとの非公式の交渉に当たった（村井七郎（大蔵省為替局）「国際通貨基金に加盟するまで」『外国為替』第57号、1952年9月、p.1）。

15）宮澤喜一［1956・1999］第2章。

16）“Admission of Japan to International Monetary Fund and International Bank for Reconstruction and Development（From State and Treasury），” June 1, 1950［NARA RG 56, OASIA R 20］.

17）“Message from SAOOA to SCAP（Outgoing Classified Message to SCAP（WAR 83827），” June 6, 1950［NARA RG 56, OASIA R 20］.

18）“Message from SCAP to SAOOA”, June 8, 1950［NARA RG 56, OASIA R 20］. 6月2日、白洲次郎が、マーカットSCAP経済科学局（ESS）長、ファインESS顧問に対して、日本側のIMF加盟の希望を伝えた際に、ファインは、ワシントンと協議するまで待つようにと返答をした（大蔵省財政史室編［1983 a］p.512）。

19）“Preliminary Notes on IMF Membership for Japan,” John R. Allison, Director of Finance［NARA RG 331, Box 5999］.

20）敗戦国でも、イタリアの場合は、事情が異なった。ファシスト政権崩壊後に成立した政府が連合国の側に立ったため、イタリアは連合国の占領下に置かれることはなく、講和条約も早期に締結された。イタリアは講和条約締結（1947年2月10日、9月15日発効）直後の3月27日にIMFに加盟した。ただし、イタリアの加盟に際して、ユーゴスラヴィアから、講和条約締結までは加盟は認めるべきではないという反対意見が唱えられた。

21）“International Legal Status of Japan,” October 19, 1950［IMF C/Japan/710］.

22）“Inter-agency Meeting Concerning Japan's Admission to the International Monetary Fund,” R. W. E. Reid, Meredith F. Foster, January 10, 1951［Dodge, Japan 1951 Box 7］.

23）「国際通貨基金加入問題の件につき池田蔵相と総司令部外交局ディール氏との会談メモ」昭和26年5月14日（［大蔵Z 511-347］。大蔵省財政史室編［1976 b］pp.478-479）。

24）ポンド資金は10月2日に移管され、オープン勘定は、それぞれの相手国との交渉を経て、1951年8月から52年4月までに日本政府に移された。外貨資金の日本政府への移管については、伊藤正直が詳細に明らかにしている（通商産業省編［1990 a］第5章第3節3、伊藤正直［2009］pp.109-118）。

25）伊藤正直［2009］p.115。

26）浅井良夫［2001 b］pp.31-40参照。

27）『朝日新聞』1951年2月3日。

28）“Japan's Membership in the IMF,” L. D. Stinebower, Department of State to Frank Southard, July 10, 1951［NARA RG 56, OASIA R 20］.

29）“Japanese Membership in IMF（International Monetary Fund）,” Conrad. F. Snow, L/FE to McDiarmid, OFD : MN, July 2, 1951［NARA RG 56, OASIA R 20］.

30）“Message from DA to SCAP,” August 3, 1951［NARA RG 56, OASIA R 20］.

31）“Letter of Doyle O. Hickey, Lieutenant General, General Staff Corps Chief of Staff, GHQ/SCAP to Ivar Rooth, Managing Director and Chairman of the Board of Directors, IMF”, August 14, 1951［IMF C/Japan/710］.

32）“Memo for Record,” from SCAP to DA, July 24, 1951［NARA RG 331, Box 7502］. IMF EBM 695, July 20, 1951.

33）IMF EBM 699, August 30, 1951.

34）IMF EBM 701, September 18, 1951.

35）“Report No.1,” from L. Horne, Secretary to Members of the Committee on Members for Japan, April 22, 1952［IMF C/Japan/710］.

36）IMF EBM 52/24, April 24, 1952.

37）IMF EBM 52/30, June 2, 1952.

38）“Report on the Admission of Japan to Membership in the Fund,” from the Secretary to Members of the Committee on Membership for Japan, May 28, 1952［IMF C/Japan / 710］. 反対はチェコスロヴァキア、棄権はチリ、投票しなかった国はボリヴィア、ビルマ、コスタリカ、フィンランド、グアテマラ、イラク、パナマ、パラグアイ、フィリピン、ベネズエラである。

39）算式は以下の通りである（de Vries and Horsefield［1969］p.351）。

A　1940年の国民所得の2%

B　1943年7月1日の金・ドル準備の5%

C　1934–38年の輸出額の最大変化の10%

D　1934–38年の平均輸入額の10%

E=A+B+C+D

Quota=E×0.9×（1+［1934–38年の平均輸出額／1940年の国民所得］）

40）アメリカ27億5,000万ドル、英国および植民地13億ドル、ソ連12億ドル、中国5億5,000万ドル。以下、フランス4億5,000万ドル、インドおよびビルマ4億ドル、カナダ3億ドルと続く。基準算定式に、貿易額だけでなく国民所得も加えたのは、ソ連と中国を第3位、第4位の出資国にするためであった。それでも、計算値がその水準に達しなかったため、政治的な上積みを行う必要が生じた。その結果、原加盟国の中、フランスが不利な扱いを受けることになった。フランスは割当額について不服を訴え、1947年にIMFはフランスのクオータの5億2,500万ドルへの増額を認めた。ただし、フランスの割当額が自国を上回ることを恐れた中国のクレームにより、フランスが求めた50%の増額（6億2,500万ドル）は認められなかった。

41）“Preliminary Calculation of the Quota for Japan according to the pre-Bretton Woods

Quota," from the Secretary to Members of the Committee on Membership-Japan, October 9, 1951［IMF C/Japan/710］. その前にも、セイロン加盟のための参考資料として、1949年9月に、IMF事務局が日本のクオータを試算したことがあった。この試算は、米財務省の算式どおりに、40年の国民所得、34～38年の貿易額を基準として、日本のクオータを2億9,120万ドルと弾き出した（"Trial Calculations for Some Far East Countries,"（RD-949, Committee on Membership-Ceylon, Doc. No.2）, September 19, 1949［IMF C/Japan/710］）.

42）ドイツの場合には、IMF事務局は、同じ理由から1936-37年を採用した。なお、報告書は、日本の国民所得としては、国務省作成の数値を用いた（"National Income of Japan," Research and Intelligennce Branch, U. S. Department of State, 1945）.

43）Department of State, Division of Research for Far East, Office of Intelligence Research, "Estimates of Japan's Quota Requirements for Membership in the International Monetary Fund,"（DRF Information Paper No.332-A）, July 26, 1951［NARA RG 56, OASIA R 20］.

44）NAC Staff Committee, Minutes No.307, October 17, 1951［NARA RG 56］.

45）"Committee of Membership-Japan, Minutes of Meeting 1," October 19, 1951［IMF C/Japan/710］.

46）「国際通貨基金加入に関する件」昭和26年12月19日、竹内事務所長　外務大臣宛［外務B'2.3.1.2-1］。

47）「我国の国際通貨基金加入の審議に関する件」昭和26年11月19日、竹内龍次所長　吉田茂外務大臣宛［外務B'2.3.1.2-1］。

48）"International Monetary Fund, Committee on Membership-Japan, minutes on Meeting 52/1, January 14, 1952,"［IMF C/Japan/710］.

49）「国際通貨基金及び国際復興開発銀行に対する我が国の加入申請に関し現地において両機関と交渉する我が国代表任命に関する件」昭和26年9月20日、外務大臣決裁、「IMF交渉代表任命の件」昭和26年9月19日、外務大臣発　在ワシントン武内所長宛［外務B'2.3.1.2-1］。

50）「国際通貨基金に関する件」昭和27年1月23日、竹内事務所長発　外務大臣宛［外務B'2.3.1.2-1］。

51）大蔵Z 511-347。この史料は、内容から判断して1947年頃作成と推定される。

52）「国際通貨基金（未定稿）」昭和25年5月25日、〔大蔵省〕調査部［大蔵Z 511-347］。

53）「国際通貨基金及び国際復興開発銀行への加入について」昭和26年8月18日、主計局通産二係［大蔵Z 511-347］。

54）「国際通貨基金並びに国際復興開発銀行について」昭和26年9月6日、理、総［大蔵Z 511-347］。

55）「財報第28号（8月29日）」財務官［大蔵Z 522-209］。

56）"Japanese Admission to the Fund," Frank A. Southard, Jr., January 29, 1951［NARA RG 56, OASIA R 20］. なお、この試算は先にあげた、セイロン加盟の際の試算である。

57）“Japan's Gold and Dollar Holdings, from the Secretary to Members of the Committee on Membership-Japan,” January 14, 1952［IMF C/Japan/710］.

58）“Japan's Gold Subscription,” from R. W. Groenman to the Secretary, Committee on membership-Japan, January 22, 1952［IMF C/Japan/710］.

59）日本側は、1951年12月末の金ドル保有額は特需や貿易収支の季節性などの特殊事情によるものだと説明したが、IMFは払込額が金ドル保有額の10％以下になった前例はないとして受け入れなかった（「国際通貨基金加入委員会に関する件」昭和27年1月22日、武内事務所長発　外務大臣宛［外務B'2.3.1.2-1］）。

60）「国際通貨基金加盟に関する折衝の経緯」昭和27年2月13日、経二［外務B'2.3.1.2-1］。

61）IMFに払い込むだけの金が存在しなかったので、ドルで金を購入して払い込む必要があった（「国際通貨基金との交渉について」昭和27年1月17日、大蔵省、理、総［外務B'2.3.1.2-1］）。

62）「国際通貨基金加入に関する件」昭和27年1月24日、武内事務所長発　外務大臣宛［外務B'2.3.1.2-1］。

63）「国際通貨基金との折衝方針の件」昭和27年1月31日、〔外務省〕経済局第二課［外務B'2.3.1.2-1］。

64）「国際通貨基金加盟に関する件」昭和27年2月14日、経二［外務B'2.3.1.2-1］。

65）昭和27年度予算の衆議院可決は2月27日、参議院可決は3月27日であった。

66）「通貨基金に出資するための金地金に関する件」昭和27年5月17日、岡崎外務大臣発　武内臨時代理大使宛、「国際通貨基金へ出資のための金地金の現送に関する件」昭和27年6月18日、岡崎外務大臣発　新木駐米大使宛［外務B'2.3.1.2-1］。池中弘［1974］p.81も参照。

67）大蔵省財政史室編［1997］pp.44-47。

68）Horsefield［1969］p.197, p.336.

69）米州に対しては、とくに、2名の割当が定められていた。

70）日本、ビルマ、セイロン、タイが1つのグループに編成された（理事の任期は2年）。

71）IMF EBD 52/38, July 9, 1952.

72）湯本武雄（1895～1974）：1933年大蔵省理財局国庫課長、38年海外駐剳財務官、45年戦後対策企画室長を経て、45年10月辞職。52年11月～56年10月IMF・世銀理事、57年8月～66年8月日本銀行監事。

73）1969年10月のIMF増資の際に、日本は米・英・西独・フランスに次ぐ第5位の出資国となり、単独で理事を出す資格を得た。

74）de Vries and Horsefield［1969］pp.51-76.

75）「講和後における経済の問題点と政策」『金融財政事情』1951年9月10日号、pp.19-20。

76）「堀江東銀常務講演要旨摘録」昭和26年9月21日［大蔵Z 511-355］。『朝日新聞』1951年9月24日。

77）「購買力平価の算定」昭和27年8月頃と推定［大蔵Z 511-355］。能率報酬率平価説は、鬼頭仁三郎らが主張していた説。

78）「レート切り下げに伴う問題(1)」昭和26年11月19日、調査部［大蔵Z 511-355］。

79）「日本の為替相場」昭和27年8月29日［大蔵Z 511-355］。

80）「本邦為替平価決定審議に関する件」昭和27年12月24日、国際通貨基金理事湯本威雄［大蔵Z 522-164］。

81）上林英男（大蔵省為替局総務課）「国際通貨基金と円平価決定について」『金融財政事情』1953年6月1日号、pp.20-22。

82）"The Par Value of the Japanese Yen-Prepared by the Far East Division, Latin American, Middle Eastern Department, IMF," April 21, 1953［大蔵Z 522-164］。

83）IMF EBM 53/32, May 11, 1953. 1円＝純金2.46853 mg、1トロイオンス＝12, 600円、1ドル＝360円。

第4章

1）1949年12月末現在、外貨保有高は2億1, 860万ドル、その内訳は米ドル1億5, 610万ドル、英ポンド4, 440万ドル（1, 580万ポンド）、清算勘定1,810万ドル。52年3月末現在、外貨保有高は10億590万ドル、その内訳は米ドル6億4, 260万ドル、英ポンド2億7, 910万ドル（9, 970万ポンド）、清算勘定1億3, 740万ドル。

2）輸入滞貨の値下がり損は約180億円と見込まれた。中小商社だけでなく、有力繊維商社も軒並み打撃を受けた。日銀は融資斡旋制度を用いて、江商、高島屋飯田、兼松の三社に救済融資を行った（浅井良夫［2002 b］pp.261-263）。

3）経済企画庁戦後経済史編纂室編［1957］pp.431-432。

4）高田宗一（経本貿易政策課）「昭和27年度上半期　外貨予算の編成方針とその概要について」『金融財政事情』1952年4月14日号、p.31。

5）東京銀行調査部［1958 a］p.84。通商産業省通商局「下期輸入貨物予算について」『外国為替』第59号（1952年10月）p.2。

6）『毎日新聞』1953年2月14日。

7）『日本経済新聞』1953年5月1日。

8）『朝日新聞』1953年4月18日。この金額のほかに、外国為替銀行が保有するポンド約1, 100万ポンド、日本政府保有の英国大蔵省証券約1, 800万ポンドがあった。

9）Yokoi［2003］pp.70-71。『朝日新聞』1953年5月2日。

10）日本銀行編［1979］第16巻、pp.569-571。『日本経済新聞』1953年5月1日。

11）Schenk［1994］pp.8-10.

12）『朝日新聞』1953年5月5日。

13）『朝日新聞』1953年7月3日。『日本経済新聞』1953年7月8日。

14）『毎日新聞』1953年7月18日。「日英支払協定の件」昭和28年7月16日、岡崎大臣発　在英松本大使宛［外務E'5.2.0.J/B 2-4］。

15）「日英支払協定の件」昭和28年7月22日、松本大使発　岡崎大臣宛［外務E'5.2.0.J/

B 2–4]。

16)「日英支払協定に関する件」昭和28年7月24日、松本大使発　岡崎大臣宛［外務E'5.2.0.J/B 2–4]。

17) Yokoi［2003] p.86. 日本銀行編［1979］第16巻、p.574。「日英貿易会談に関する件」昭和28年7月31日、松本大使発　岡崎大臣宛［外務E'5.2.0.J/B 2–4]。

18) IMF借入が早期に実現したために、1,000万ポンドのうち500万ポンドのスワップは実行されず、スワップ実行額は3,000万ポンドにとどまった。銀行別内訳は、香港上海銀行750万ポンド、チャータード銀行675万ポンド、チェース・ナショナル銀行538万ポンド、ナショナル・シティ銀行416万ポンド、バンク・オブ・アメリカ316万ポンド、マーカンタイル銀行305万ポンドであった（日本銀行編［1979］第16巻、p.575)。

19) 14条コンサルテーションの目的は、報道関係者には充分に理解されておらず、IMFスタッフ・チームが為替レートの再検討のために来日したという観測も流れた（『時事通信（金融と財政版)』1953年6月13日)。また、IMF本部のコクラン副専務理事に宛てた1953年6月5日付の書簡においてムラデク（パリ駐在）は、小坂徳三郎（信越化学）がムラデクを訪ねてきて、「1950年以来の物価上昇により現行レートは輸出にとって不都合になっている」と訴えたことを記している。ムラデクは、「現行為替レートが設けられた当時、レートは物価水準に見合っていたが、その後の物価上昇まで見越して幅広にマージンをとっていなかったことは事実である。しかし、1950年以降どの地域でも物価は上昇しているのだから、小坂の議論は取り上げるに足りない。昔から、輸出メーカーは為替切下げを望むものだ」という自分の意見をIMFに書き送った（"Letter to H. Merle Cochran from J. V. Mladek," June 5, 1953［IMF C/Japan/810])。

20)『日本経済新聞』1953年6月29日。『金融財政事情』1953年6月22日号、p.8。

21)『日本経済新聞』1953年6月28日。

22) 1952年11月に大蔵省為替局は、「基金の為替制限除去に対する漸進的態度及び各国の先例等からみても、基金が今直ちに、わが国の為替管理を撤廃すべしとするが如き態度に出るものとは思われない」という見解を表明している（「〔第15国会〕重要想定問答」〔大蔵省〕為替局、昭和27年11月、p.52)。

23) "IMF 1953 Consultations—Japan, prepared by the Exchange Restrictions and the Asian Departments (Reviewed by the Commission on Article XIV Consultations), Approved by Irving S. Friedman and H. L. Dey," August 27, 1953［IMF SM 53/66]。

24)「5ヵ年計画」とは、経済審議庁が1953年2月に作成した「昭和32年度経済表」(1953–57年の5ヵ年計画）を指す。「昭和32年度経済表」については、林雄二郎編［1957, 1997] pp.168–175参照。

25)『日本経済新聞』1953年8月27日。

26)『日本経済新聞』1953年7月21日。

27)『日本経済新聞』1953年5月13日、日本銀行編［1979］第16巻、p.573。

28) 期限は借入時から5年間以内、手数料は取扱手数料½%、利子は6ヵ月以内は無利子、6ヵ月超1年以内は1.0%、1年超18ヵ月以内は1.5%、18ヵ月超2年以内は2.0%。

29）IMF EBM 53/66, September 4, 1953.

30）IMF EBM 53/69, September 23, 1953.

31）『日本経済新聞』1953年12月18日。日本銀行編［1979］第16巻、p.582。全額ではなく、IMFから買い入れた2,230万ポンドのうち2,200万ポンドを米ドルで買い戻した。

32）3,000万ポンドのスワップ全額の期限が、すべて1953年12月末に到来するわけではなかったが、日英支払協定の期限が12月末であったため、12月末までに全額を買い戻す必要があった。

33）日本銀行編［1979］第16巻、p.574。

34）IMFは、1954年初め、日英交渉の帰途ワシントンに立ち寄った東条大蔵省為替局長に、日本がIMFから追加のポンド借入を要請すれば、好意的に応じる意思があると言明した（"Minutes : Discussions with Mr. T. Tojo（February 3, 1954）"［IMF C/Japan / 820］）.

35）日本銀行編［1979］第16巻、p.575–576。

36）IMF EBM 55/60, December 2, 1955.

37）『金融財政事情』1955年11月28日号、p.8。"Conference with the International Monetary Fund Mission at the Bank of Japan," November 18, 1955［大蔵 Z 528-3-13］。

38）"Note by the Acting Executive Secretary（Gleason）to the National Security Council," June 29, 1953［*FRUS 1952–54 Vol.XIV*, pp.1448–1452］.

39）"The Ambassador in Japan（Allison）to the Department of State," September 7, 1953［*FRUS 1952–54 Vol.XIV*, pp.1497–1502］.

40）"Ways and Means of Strengthening the Japanese Economy,"〔October 14, 1953〕［大蔵 Z 522-93］、宮沢喜一［1999］p.238。

41）『東洋経済新報』1954年9月11日号、p.24。『金融財政事情』1953年7月13日号、pp.3–4。

42）『日本経済新聞』1954年10月24日。『朝日新聞』1953年10月21日（夕刊）。駒村資正（江商社長）「360円レートの堅持」『外国為替』第84号、1953年11月、pp.1–2。

43）スタンプ手形は、日銀が再割引保証のスタンプを捺した手形であるが、1950年以降は主として、メーカーが原材料代金を商社に支払う資金（いわゆる「はねかえり金融」）として利用された（通商産業省通商局編［1956］pp.562–563、大佐正之［1989］p.119）。

44）大佐正之［1989］pp.249–250、日本経済調査協議会編［1965］pp.73–74。輸入決済手形の優遇廃止は、1954年8月6日の輸入決済手形の金利引上げと、輸入決済手形への高率制度の適用（実施は10月1日から）の決定によって完了した（『金融財政事情』1954年8月9日・16日合併号、p.6、『日本経済新聞』1954年7月8日、8月4日）。なお、輸入決済手形制度は66年1月まで存続した。

45）「最近における信用膨張及び収縮過程の分析」日本銀行（調査局）、昭和30年12月（日本銀行調査局編［1980］p.407）。

46)「貿易逆調下における信用膨張事情の分析」日本銀行（調査局）昭和28年10月3日（日本銀行調査局編［1980］p.354）。

47) 輸入金融引締めの影響については、「昭和28～29年の金融引締めとその効果の浸透過程」昭和32年8月、日本銀行調査局（日本銀行調査局編［1981］）、経団連事務局「輸入金融引締めの影響と問題点」『経団連月報』1954年5月号、pp.42–45、参照。

48) 日本銀行百年史編纂委員会編［1985］pp.459–460。経団連事務局「輸入金融引締めの影響と問題点」『経団連月報』1954年5月号、pp.42–45。

49)「1兆円予算」の成立過程の政治史的側面については、中北浩爾［2002］第2章参照。

50) 澄田智、鈴木秀雄編［1957］p.231。

51) 財政投融資の削減は、6月29日の「昭和29年度財政投融資の削減について」により決定した（大蔵省財政史室編［2000］p.99）。

52) 経済企画庁戦後経済史編纂室編［1960］p.344。

53) 森永貞一郎「昭和29年度補正予算および昭和30年度予算について」昭和35年10月7日、p.7。

54) 石野信一「1兆円予算の経済的背景について」昭和35年10月18日、p.10。

55)『朝日新聞』1953年3月12日、3月13日（夕刊）。

56) 通産省通商局予算課・為替課「上期輸入外貨予算解説」『外国為替』第71号（1953年5月）pp.1–4。

57) 稲増繁（大蔵省為替局企画課長）「28年度上期外貨予算の内容と問題点」『経団連月報』1953年4月号、p.27。

58)『毎日新聞』1953年8月25日。

59) 1953年9月3日の経済閣僚審議会で、①不要不急品の購入削減、②価格値上りにより悪影響を及ぼすような原材料の大幅輸入、の方針が確認された（『朝日新聞』1953年9月3日、夕刊）。

60) 東京銀行調査部［1958 a］pp.85–88。

61)「インフレ防止狙う下期外貨予算」『エコノミスト』1953年10月17日号、pp.36–37。

62) 門奈正雄「裏からみた下期外貨予算」『外国為替』第82号（1953年10月）p.11。

63) 渡辺弥栄司（経済審議庁調整部貿易為替課長）「外貨予算実行上の諸問題」『金融財政事情』1954年6月21日号、p.21。

64)「昭和29年度上期外貨予算について」『外国為替』第93号（1954年4月）p.13。

65) 島田喜仁（通産省通商局予算課長）「29年度上期外貨予算の性格」『経団連月報』1954年5月号、p.40。「外国為替予算とその国内金融情勢との関係」日本銀行調査局、昭和29年8月19日（日本銀行金融研究所編［1983 a］pp.516–521）。

66) 外国為替銀行は、担保金を日銀に再預託する（再預託を免除される場合もある）。輸入承認額の80％以上に相当する貨物の輸入が行われなかった場合には、保証金等の担保は国庫に帰属する。なお、1970年5月輸入担保金預入れは廃止され、72年には規定そのものも廃止された。

67) 日本銀行編［1970］第16巻、pp.289–350。貿易実務講座刊行会編［1960］pp.194–197。

法的根拠は、「輸入貿易及び対外支払管理令」（1949年12月29日公布）第13条。

68）日本経済調査協議会編［1965］p.307。

69）日本銀行編［1979］第18巻、pp.462–464。

70）「昭和28～29年の金融引締めとその効果の浸透過程」昭和32年8月、日本銀行調査局（日本銀行調査局編［1981］p.151）。

71）「最近における特需契約高の激減について」昭和29年4月15日、〔外務省〕国際協力局第三課［外務E'2.3.1.10］。

72）「特需、特に日本における域外買付の現状」大蔵省、昭和29年5月12日［外務E'2.3.1.10］。

73）浅井良夫［2002 a］pp.146–148。

74）1954年6月22日のアイゼンハワー大統領の演説中の言葉（*FRUS 1952–54, Vol. XIV*, p.1663）。

75）特需交渉については、中北浩爾［2002］pp.133–155参照。

76）"An Economic Program for Japan," July 1954［NARA RG 469］. FOAはMSA（相互安全保障局）の改組により1953年に成立。55年には、ICA（国際協力局）に再編された。FOAと国務省との間には権限争いがあり、マイヤー調査団は米駐日大使館との緊密な連携のもとに調査を行うことを義務付けられた。FOAの東京事務所開設についても、国務省は強い警戒感を示した（「FOA東京事務所をのぞく」『エコノミスト』1955年1月15日号、pp.22–23）。マイヤー調査団については、中北浩爾［2008］pp.155–156参照。

77）外貨準備の内訳は、金1,965万ドル、ドル4億8,740万ドル、ポンド8,907万ドル（3,181万ポンド）（[日銀13528]）。

78）インドネシア債権約1億6,000万ドル、韓国債権約4,600万ドル、ポンド・ユーザンス約6,500万ドル。

79）『日本経済新聞』1954年4月22日。「円レートをめぐる海外論調」『金融財政事情』1954年5月10日号、pp.14–15。

80）円がヤミ市場（自由市場）に流れるルートは、「蓄積円」（映画の配給収入等）、外国が保有するオープン勘定のドル債権の売却（ブラジル政府は日本に対するドル債権を為替ブローカーに売却した）などであった（『日本経済新聞』1954年4月5日）。

81）「財報（A）第18号（昭和29、7、30在ワシントン渡辺公使発信）」［大蔵Z 522–175］。

82）「総理大臣訪米の件」昭和29年6月4日［外務E'4.1.0.2–1］。

83）"The Ambassador in Japan (Allison) to the Department of State," May 18, 1954 (*FRUS, 1952–54, Vo.XIV*, pp.1040–1042).

84）"Economic Consultation with Japan," McClurkin, June 28, 1954［NARA RG 59, Mf. I 50–54 R 25］.

85）"Brief for Consultation with Japan," Henry C. Murphy, July 7, 1954［IMF C/Japan/810］.

86）"Letter from Ivar Rooth, Managing Director to the Ministry of Finance, Japan," June 15, 1954［IMF C/Japan/810］.『日本経済新聞』1954年7月31日。

87）"Brief for Consultation with Japan," Henry C. Murphy, July 7, 1957［IMF C/Japan/810］.

88）"Comments on Japanese Briefing Paper," Irving S. Friedman, July 7, 1954［IMF C/Japan/810］.

89）"Notes of Meeting of Mr. Murphy with People in the State Department on Thursday, July 8, 1954 at 11 : 30 a.m.,"［IMF C/Japan/810］.

90）"Staff Report and Recommendations–1954 Consultations," November 5, 1954［IMF SM 54/114］. "Notes of Farewell Meeting of Mr. Yumoto and Mr. Murphy with Mr. Kiichi Aichi, Minister of International Trade and Industry, at 2 : 00 p.m. on Friday, August 13, 1954", "Notes of Farewell Meeting of Mr. Yumoto and Mr. Murphy with Mr. Sankuro Ogasawara, Minister of Finance, Mr. Kazuyuki Kono, the Vice Minister, and Mr. Gengo Suzuki, Financial Commissioner, at 9 : 30 a.m on Friday, August 13, 1954"［IMF C/Japan/420.1］.

91）『朝日新聞』1954年8月14日。

92）"Meeting Held at the State Department on Tuesday, September 7, 1954,"［IMF C/Japan/820］. "Japanese Economic Situation, Memorandum of Conversation, September 7, 1954"［NARA RG 59, Mf. I 50–54 R 26］.

93）"Japanese Economic Situation, Memorandum of Conversation, September 7, 1954,"［NARA RG 59, Mf. I 50–54 R 26］.

94）"Notes on Interview with Mr.Frank Waring, Commercial Counselor, American Embassy and Mr.William Diehl, U.S.Representative on Wednesday, August 4, 1954"［IMF C/Japan/420.1］.

95）"Japanese Developments, Office Memorandum from Henry C. Murphy to H. Merle Cochran," November 5, 1954［IMF C/Japan/820］.

96）IMF EBM 54/61, December 6, 1954.

97）IMF EBM 54/61, December 6, 1954.

98）カッコ内はポーツモアの提案により追加された部分である。なお、ド・ラルジャンタイは、対日勧告案のうち今後必要であればディスインフレ政策を強化するという部分について、失業者が存在する状態ではそれは無理であると不同意の意思を表明した。

99）河野康子［1993］は、輸出所得特別控除制度の導入過程の分析を通じて、「自由放任主義」と対立的な産業政策が、政党・官僚の提携を通じて形成された経緯を明らかにしている。

100）『日本経済新聞』1953年5月13日。

101）通商産業省編［1989］p.89。

102）通商産業省編［1990 b］pp.285–293。

103）1952年当時、オーストリア、デンマーク、フィンランド、フランス、西ドイツ、ギリシア、イタリア、日本、オランダ、ノルウェー、スウェーデンなどがこの制度を採用していた（de Vries and Horsefield［1969］p.264）.

104）日本銀行編［1979］第18巻、p.535、通商産業省編［1990 b］pp.133-138。

105）IMF EBM 53/38, May 27, 1953.

106）IMF EBM 53/62, August 28, 1953. EBM 53/63, September 1, 1953.

107）1949年6月24日のSCAPIN第2020号にもとづいて、同年7月15日に出された「輸出振興のための外貨資金の優先使用に関する政令」を根拠とする（大蔵省財政史室編［1976 b］pp.442-445）。

108）「優先外貨に関する陳情」昭和26年11月26日、日本製糸協会［木内668-2]、「新優先外貨制度実施促進要望書」昭和26年9月5日、神戸貿易協会［木内668-9］など。

109）IMFに加盟する際に障害になりかねないという大蔵省の反対もあった（「もつれた新優先外貨制度の決定問題」『金融財政事情』1951年9月10日号、pp.8-9）。

110）大蔵省財政史室編［1976 b］pp.453-455。通商産業省編［1990 b］pp.134-135。『金融財政事情』1951年11月2日号、pp.12-13。当初は、輸入権の転売は当初は認められておらず、52年7月の改正で、事実上、認められるようになった（今村昇（通産省通商局為替課長）「輸出振興外貨制度の改正について」『外国為替』第78号、1953年8月、pp.1-2）。

111）「輸出ボーナス制のゆくえ」『エコノミスト』1953年6月6日号、pp.34-36。

112）今村昇（通産省通商局為替課長）「輸出振興外貨制度の改正について」『外国為替』第78号（1953年8月）p.3。

113）「輸出振興外貨資金制度の改正案について」昭和28年7月8日　日本銀行為替管理局長（日本銀行編［1979］第18巻、p.586）。

114）通商産業省編［1990 b］p.136。

115）ドルだけでなく、英ポンドおよびオープン・アカウントにも適用されていたが、ポンドが累積したため、1952年7月からはドルのみへの適用に変更された（日本銀行編［1979］第18巻、pp.534-535）。

116）『金融財政事情』1953年5月11日号、p.10。『朝日新聞』1953年5月23日。

117）『金融財政事情』1953年8月10日・17日合併号、p.4。

118）"IMF 1953 Consultations-Japan, prepared by the Exchange Restrictions and the Asian Departments（Reviewed by the Commission on Article XIV Consultations）, Approved by Irving S. Friedman and H. L. Dey," August 27, 1953, p.55［IMF SM 53/66］.

119）日本銀行編［1979］第18巻、p.588。

120）「輸出振興外貨資金制度改正の方向」『エコノミスト』1953年3月23日、p.43。

121）実際には、日本側の説明通りには輸入権に対するプレミアムは縮小せず、1958年4月には過去最高の22%のプレミアムが付いた（大蔵省財政史室編［1992］p.51）。

122）『金融財政事情』1955年1月1日号、pp.19-20。

123）戦時の輸出リンク制は、綿工業・羊毛工業・人絹工業だけでリンク制適用貿易額の9割以上を占めた（中井省三［1957 a］p.4）。

124）尾上利治［1956］pp.344-345。

125）総合リンク制は1952、53年に検討されたが、実施には至らなかった。52年に通産省が検討した総合リンク制は、ドル地域からの輸入促進が狙いであった（『日本経済新聞』1952年1月4日、「輸出入総合リンク制度の構想」『エコノミスト』1952年3月11日号、pp.34–38）。外貨資金特別割当制度を、総合リンク制の一種と見ることもできる（中井省三［1957 a］p.5）。

126）「繊維産業における原料リンク制について」『三菱銀行調査』第6号（1954年2月）、pp.38–54。

127）日本綿花協会編［1969］p.493。

128）原綿割当については日本紡績協会編［1962］pp.226–255、通商産業省編［1990 b］第4章第4節「外貨割当制度の運用とその産業政策的意義」（宮田満執筆）を参照。

129）1953年7月に原綿リンク制が導入される以前にも、輸出実績と原綿割当をリンクさせる輸出報償割当制度が存在していた（日本紡績協会編［1962］pp.230–236）。輸出リンク制発足後も、設備割当と輸出リンク割当との調整は、原綿割当の争点となった。54年には輸出リンク割当実績は設備割当を凌駕したが、55年に再逆転した。

130）通商産業省編［1990 b］第5章第7節「繊維工業の安定化政策」（橋本寿朗執筆）pp.651–652。「再検討される綿製品リンク制」『東洋経済新報』1955年2月12日号、pp.64–65。

131）日本繊維協議会編［1958］pp.500–501。

132）西村敬介（大蔵省大臣官房調査課）「特殊貿易方式について（上）」『外国為替』第120号（1955年6月）pp.9–10。

133）西村敬介「特殊貿易方式について（上）」『外国為替』第120号（1955年6月）p.8–11。生糸と砂糖の補償リンク制も存在したが、1954年5月に停止された。

134）「リンク制廃止に悩む造船業界」『東洋経済新報』1955年1月29日号、p.52。

135）実質補償率は、第2次18.9%、第3次25.3%、第4次28.5%であった（「リンク制廃止に悩む造船業界」『東洋経済新報』1955年1月29日号、p.53）。「自由化を阻む特殊貿易」『エコノミスト』1955年2月12日号、p.24。

136）「コスト高に悩むプラント輸出」『東洋経済新報』1955年2月19日号、pp.60–61。

137）金子榮一編［1964］p.403。

138）中島常雄編［1967］p.229。「砂糖管理制度問題の行方」『エコノミスト』1955年2月5日号、pp.46–47。

139）1ドル＝5ペソの公定レートに対し、日本への羊毛輸出には1ドル＝6.25ペソのレートを適用する。

140）以下、鉄鋼関係の数値は日本鉄鋼連盟編［1959］各論第5章による。

141）「見通しは暗い鉄鋼輸出」『日本経済新聞』1953年5月5日。

142）石井晋［1995］。

143）「鉄鋼輸出急増の背景」『東洋経済新報』1955年2月5日号、pp.78–79。

144）「出血補償リンク制のウラ」『貿易と関税』1955年2月号、pp.26–27。「再検討される綿製品リンク制」『東洋経済新報』1955年2月12日号、pp.64–65。

145）前述のように、アメリカのマイヤー報告は、日本の国内消費抑制の観点から、原材料と輸出のリンクが外貨危機克服のために有益だと見ていた（本書第4章4（1）参照）。

146）尾上利治［1956］pp.355-356。
147）『朝日新聞』1954年8月14日。
148）『朝日新聞』1954年8月14日。
149）“Staff Report and Recommendations—1954 Consultations,” November 5, 1954［IMF SM 54/114］p.10.
150）通商産業省編［1990 b］p.141。
151）通商産業省編［1990 b］p.141。1956年3月の砂糖関税の大幅引上げ（粗糖は8割以上、精製糖は4割以上の引上げ）は、国内甜菜糖や甘藷に対する手厚い保護という側面を持った（岡茂男［1994］pp.234-236）。なお、バナナ、パイナップルなど、砂糖以外で輸入差益の大きい物資については、過剰利益を国庫（産業投資特別会計）に吸収する方式がとられた（特定物資輸入臨時措置法、1956年6月4日公布）。
152）「為替及び貿易の自由化に関連して」通産省通商局為替課、昭和29年12月10日（『金融財政事情』1955年1月24日号、p.38）。
153）「リンク制度について」為・総・資、昭和29年8月21日［大蔵Z 522-186］。
154）求償貿易では、輸入に対する見返りの輸出、あるいは、輸出に対する見返りの輸入を確保するために、特殊の信用状が用いられる。この種の信用状には、Back to Back L/C, Thomas L/C, Escrow L/Cがある。詳細については、中井省三［1957 b］pp.9-17参照。
155）外貨予算に求償取引物資予算が設けられたのは、1953年6月である。
156）日本銀行編［1979］第18巻、pp.493-494。
157）「34年度下期の求償貿易の受付発表について」『外国為替』第223号（1959年12月）p.24。
158）“Staff Report and Recommendations—1955 Consultations,” November 4, 1955［IMF SM 55/72］p.13.
159）石井晋［1995］［1997］。
160）「最近の輸出好転の安定性に関する検討」日本銀行調査局、昭和29年12月3日（日本銀行金融研究所編［1983 a］pp.124-129）。
161）『通商白書』昭和31年度版。
162）“Fund's 1955 Consultation with Japan,” April 29, 1955［日銀A 4862］. 以下、コンサルテーションの経過は、“Staff Report and Recommendations-1955 Consultations,” November 4, 1955［IMF SM 55/72］による。
163）IMF EBM 55/59,” November 23, 1955.
164）Navekar［1957］.
165）西川輝［2014］pp.52-54参照。
166）『経済白書』昭和30年度版、pp.1-35。
167）『経済白書』昭和31年度版、pp.6-7、p.13。
168）下村の見解は、「金融引締め政策——その正しい理解のために」『金融財政事情』1955年1月1日号、pp.50-61に集約されている。下村は、当時の悲観的な見方に対して、54

年度（会計年度）の外国為替収支約3億ドルの受取超過を予測し、この予測が当たったことで、一躍エコノミストとして注目を集める存在になった（上久保敏［2008］pp.71-84）。

169）中北浩爾［2002］pp.98-114。

170）『経済白書』昭和30年度版、p.217。

第5章

1）山本栄治［1997］p.87。

2）Schenk［1994］p.2.

3）Schenk［1994］pp.7-8.

4）「英国の為替管理（その1〜その4）」『東京銀行月報』第7巻第7号（1955年7月）、第7巻第8号（55年8月）、第7巻第9号（55年9月）、第7巻第10号（55年10月）。

5）ただし、戦時中に英連邦諸国に累積したいわゆる「蓄積ポンド」の解除には、イギリスとの特別協定が必要であった。

6）国際決済銀行編［1954］p.2。

7）振替勘定地域および双務勘定地域の国は1952年4月現在（Schenk［1994］p.9）。

8）集中の対象となる通貨を指定通貨（specified currency）と呼んだ。

9）1950年代の日英交渉を扱った研究には、Yokoi［2003］のほかに、内田勝敏［1976］「補論　戦後の日英貿易をめぐる諸問題——日英貿易会談の回顧を通じて」、秋田茂［2006］がある。

10）竹前栄治・中村隆英監修［1997］pp.202-204、通商産業省［1990 a］pp.166-169。

11）1946年2月には、早くもSCAP貿易調査団が東南アジア諸国に派遣されている（竹前栄治・中村隆英監修［1997］pp.156-161）。

12）「協定貿易の実体」『エコノミスト』1949年4月11日号、p.16。

13）香港との間の貿易は、「一般支払協定」ではなく、米ドルのオープン勘定協定にもとづいて実施された（1950年1月、香港・日本支払協定締結）（日本銀行編［1970］第12巻、pp.1109-1132）。

14）1947年5月8日極東委員会決定「日本の輸出仕向地」（「OPAに関する問題点」日付なし［木内612-66］）。「ドル・クローズ撤廃の意義とその影響」『JETRO調査研究資料』第1集、1951年、p.2。

15）竹前栄治・中村隆英監修［1997］pp.203-204。

16）「日本国と英国との間のスターリング支払協定の説明」［外務B'5.2.0.J/B 2］。しかし、この問題に関してSCAPが自らの意見を持っていなかったわけではない。SCAPおよびアメリカ政府は、日本はドル地域に属するべきだとし、「ドル条項」廃止に否定的であった（Yokoi［2003］pp.34-35, 石田正「日英支払交渉と外債処理問題」昭和28年2月19日、p.5）。日本の「ドル条項」廃止反対派は、SCAPが自分たちを支援してくれることをひそかに期待していた（木内信胤「外国為替管理委員会の思い出」（その二）昭和28年4月13日、p.4）。

17）日英支払協定の内容については、新原守（外為委事務局貿易課）「日英新支払協定について」『外国為替』第36号（1951年10月）pp.6–11参照。

18）Yokoi［2003］pp.32–34. 秋田［2006］pp.140–141。

19）「日英支払協定の改訂に関する大蔵大臣の意見」昭和26年4月30日、大蔵省［木内612–43］。

20）「我国スターリング政策の転換（改訂）案」昭和26年4月6日、〔通産省〕通商局［木内612–38］。

21）「OPA改訂に関する件」昭和26年4月26日、外国為替管理委員会［木内612–48］。

22）今村昇（外国為替管理委員会事務局外国為替予算課長）「外貨予算第二年の回顧（下）」『外国為替』第42号、1952年1月、p.15。木内信胤は、国際的なポンド価値の動向に関する情報に疎かったと、のちに反省の弁を述べている（「外国為替管理委員会の思い出（その二）」pp.8–9）。

23）正確には「ドル・クローズ」棚上げであるが、実質的には廃止を意味した。

24）日本のポンド累積限度の具体的数値を示すことに英国側は強い難色を示し、日本側が一方的に、日本が保有しても差し支えないと考えるポンドの額を示すにとどまった。この限度額については、1951年10月にロンドンを訪れた木内外為委委員長からイングランド銀行に対して、2月末7,000万ポンド、6月末3,000万ポンドという金額が伝えられた（木内信胤「外国為替管理委員会の思い出（その二）」、pp.10–11、“Letter from Kiuchi to the Governor, Bank of England,” October 4, 1951［外務B'5.2.0.J/B 2］）。ところが、日本政府内部から、この基準ではポンド累積の歯止めにならないという異論（大蔵省）が出て、正式決定には至らなかった（「日英支払協定に関する木内氏レターの追認に関する件」昭和26年11月28日、〔外務省〕経済局長［外務B'5.2.0.J/B 2］）。

25）「日英間スターリング支払協定に関する説明書」昭和26年8月24日［外務B'5.2.0.J/B 2］。行政振替措置は部分的にはそれ以前から実施されていたので、日英支払協定締結によって行政振替が初めて認められたわけでない。

26）「ポンド累積とオープンアカウント受取超過——その現状と課題」『通商産業月報』第15号（1952年3月）pp.41–63。

27）田坂仁郎「ポンド過剰の問題点」『レファレンス』第12号（1952年2月）pp.47–55。

28）「ドッジ氏来朝後の財政金融の諸問題」昭和26年12月6日、〔大蔵省〕［大蔵Z 506–10］。

29）「ドッジ声明とその問題点」昭和26年12月4日、〔大蔵省大臣官房〕調査部、「11月29日のドッジ声明批判（下村）」〔昭和26年、大蔵省〕［大蔵Z 506–13］。

30）「ドッジ氏来朝後の財政金融の諸問題」昭和26年12月6日、〔大蔵省〕［大蔵Z 506–10］。

31）『日本経済新聞』1952年2月17日。『金融財政事情』1952年2月25日号、pp.10–11。金融措置反対の急先鋒は繊維業界であり、鉄鋼業界はむしろ輸出制限措置により輸出契約をキャンセルせざるをえなくなることを懸念し、金融措置の方がましであるとした（岡村武（日本鉄鋼連盟専務理事）「ポンドと鉄鋼」『外国為替』第46号（1952年4月）

pp.7–10）。

32）業者は信用状到着までの約1ヵ月間、および為替予約期間後3ヵ月間の為替リスクを負うことになる（「磅措置の貿易への影響」『東洋経済新報』1952年3月8日号、pp.30–31）。経済界からの意見書は、「対ポンド新措置に関する意見」日本商工会議所、昭和27年2月18日、「為替予約期間の短縮等を中心とする新ポンド対策に関する意見」日本貿易会、昭和27年2月19日、「新ポンド対策の調整に関する再要望」日本貿易会、昭和27年2月23日など（『金融財政事情』昭和27年3月3日号、pp.31–32）。

33）ポンド先物為替の引下げ措置は、そのまま実施された。

34）『毎日新聞』1952年2月29日。この措置は、特定品目を対象に、スターリング地域向けの輸出を、1951年の輸出実績を上回らないように業者別に割り当てることを通じて、輸出を制限する措置である（通商産業省『日本貿易の現状』昭和27年版、p.144.「ポンド地域向け輸出調整に関する件」昭和27年3月12日、外務省［外務B'5.2.0.J/B 2］。柏村和男（通産省通商局輸出課）「ポンド地域に対する輸出調整措置について」『外国為替』第47号（1952年4月）。松尾泰一郎「ポンド貨の累積対策について」『日産協月報』1952年2月号、pp.2–4）。

35）この措置は、1952年5月8日に大幅緩和された。

36）「日本とスターリング地域との間のポンド収支状況のレヴュウに関する件」昭和27年3月25日［外務B'5.2.0.J/B 2］。

37）外為委事務局外国為替予算課「10月–12月外貨予算について」『外国為替』第37号（1951年11月）pp.6–8、同「1月–3月外貨予算について」『外国為替』第43号（1952年2月）pp.4–7。

38）高田宗一（経本貿易政策課）「昭和27年度上半期　外貨予算の編成方針とその概要について」『金融財政事情』1952年4月14日号、pp.30–32。通商産業省通商局「下期輸入貨物予算について」『外国為替』第59号（1952年10月15日）pp.1–5。

39）吉沢洸（日本銀行為替局業務課長）「外国為替貸付に関する新措置について」『金融財政事情』1952年3月3日号、pp.18–19。日本銀行百年史編纂委員会編［1985］pp.418–419。

40）大佐正之［1989］pp.245–249。

41）国際決済銀行［1954］pp.122–123。

42）Schenk［1994］pp.70–78.

43）「スターリング地域各国の輸入制限措置」昭和27年11月5日、〔外務省〕経済局第四課［外務E'3.4.0.1］。

44）日本繊維協議会編『繊維年鑑』1955年版、pp.94–95。

45）伊東義高（通商産業省市場第一課）「スターリング地域諸国における経済・貿易の動向について――パキスタン篇」『外国為替』第104号（1954年10月）pp.29–30。

46）「日英支払協定満期対策案」昭和27年5月29日、外務省経済局第四課、「日英支払協定の暫定延長に関する説明書」昭和27年8月15日、外務省［外務B'5.2.0.J/B 2］。

47）「日英支払協定の更新に関する件」昭和27年12月15日、「連合王国との支払協定の有効期間の延長に関する説明書」昭和27年12月25日、外務省［外務B'5.2.0.J/B 2］。

48)「日英支払協定に関する日英会談の件」昭和 28 年 2 月 9 日、岡崎外務大臣、「日英支払協定に関する日英会談議事覚（一)」[外務 B'5.2.0.J/B 2]。

49) 日本が、輸出目標を輸入と同額の 2 億ポンドではなく、2 億 3,000 万ポンドとしたのは、外債支払金および第三国向け支払相当額を加えたためである（「日英支払協定に関する会談の件」昭和 28 年 1 月 31 日、岡崎外務大臣［外務 B'5.2.0.J/B 2-4])。

50) "Memorandum," British Embassy, Tokyo, March 13, 1953, "Memorandum," Ministry of Foreign Affairs, March 19, 1953［B'5.2.0.J/B 2].「座談会　ポンドの交換性回復問題と日本の貿易」『経団連月報』1953 年 5 月号、pp.17-18。イギリス側の説明を具体的な数字に落とし込むと、53 年度の日本のポンド受取額は、輸出 1 億 6,800 万ポンド、貿易外収入 1,800 万ポンド、第三国との取引 1,100 万ポンドの計 1 億 9,700 万ポンド、日本のポンド支払額は、輸入 1 億 9,000 万ポンド、貿易外支払 2,200 万ポンド、第三国との取引 2,100 万ポンドの計 2 億 3,300 万ポンドになる。

51)「ポンド貿易は好転するか」『エコノミスト』1953 年 5 月 2 日号、p.43。

52)「日英支払協定交渉に関する件」昭和 28 年 11 月 25 日、〔外務省〕[外務 B'5.2.0.J/B 2-4]。

53)「日英支払協定に関する件」昭和 28 年 12 月 16 日、岡崎大臣発　松本代表宛［外務 B'5.2.0.J/B 2-4]。

54) Yokoi［2003］pp.91-92.

55)「12 月 17 日公式会談議事概要」[外務 B'5.2.0.J/B 2-4]。

56)「日英会談に関する件」昭和 29 年 1 月 7 日、松本大使［外務 B'5.2.0.J/B 2-4]。

57) "Agreed Minutes," p.2［外務 B'5.2.0.J/B 2-4]。

58)「12 月 17 日公式会談議事概要」[外務 B'5.2.0.J/B 2-4]。

59)「日英会談の成果とその問題点」『東京銀行月報』第 6 巻第 3 号（1954 年 3 月）p.5.『通商白書』昭和 30 年度版、p.187。

60) 森建資［2011］pp.103-104。

61) Yokoi［2003］p.93. 秋田茂［2006］pp.156-157。なお、イギリスは交渉の詰めの 1 月 23 日に英領東アフリカの輸入額 500 万ポンドを 250 万ポンドに削減する点の修正を求めてきたが、その見返りに日本に与えたのがイギリス本国へのグレー・クロス輸出額の増額であった（「日英会談に関し外務大臣より閣議へ報告の件」外務省経済局、昭和 29 年 2 月 2 日［外務 B'5.2.0.J/B 2-4])。

62) Yokoi［2003］p.92.

63)「日英会談に関する件」昭和 29 年 1 月 26 日、松本大使［外務 B'5.2.0.J/B 2-4]。

64) "Agreed Minutes,Annex C"［外務 B'5.2.0.J/B 2-4]。

65)「英国下院における日英支払協定質疑応答に関する件」1954 年 2 月 1 日、松本大使［外務 B'5.2.0.J/B 2-4]。

66)「日英支払協定をめぐる国会討論に関する件」昭和 29 年 2 月 13 日、松本大使［外務 B'5.2.0.J/B 2-4]。

67)「日英支払協定に関するバトラーの労働党議員団との会見等に関する件」松本大使、

昭和29年2月3日［外務B'5.2.0.J/B 2-4］。

68）森建資［2011］pp.103-104。

69）「日英取極に関する英議会の討論に関する件」昭和29年2月11日、松本大使［外務B'5.2.0.J/B 2-4］。

70）平山中三（通産省通商局市場第一課）「1954年度日英支払協定の効果及び見透しをめぐって」『外国為替』第110号（1955年1月）、第111号（1955年2月）。

71）Yokoi［2003］p.119.

72）「日英貿易会談に関する件」昭和30年6月30日、〔外務省〕経済局［外務B'5.2.0.J/B 2-5］。

73）「Mr. Oblisby-Webb及びMr. Phelps来訪会談要旨（8月2日為替局長室において）」〔大蔵省〕［外務B'5.2.0.J/B 2-5］。

74）「日英会談に関する件」昭和30年9月22日［外務B'5.2.0.J/B 2-5］。サケ・マス缶詰の対日輸入枠は、前年の200万ポンドから、472万ポンドに拡大された（「日英会談の妥結に関する件」昭和30年10月17日、外務省経済局［外務B'5.2.0.J/B 2-5］）。

75）1955年8月に約1ヵ月日英交渉が中断したのは、この点に関する英国政府内部の調整のためであった（Yokoi［2003］pp.120-121）。「日英会談の妥結に関する件」昭和30年10月17日、外務省経済局［外務B'5.2.0.J/B 2-5］。

76）「日英会談に関する印象報告の件」昭和30年10月17日、朝海［外務B'5.2.0.J/B 2-5］。

77）イギリスは、イギリス製の自動車および自動車部品の日本の輸入拡大を重視しており、パーシヴァル代表は「自動車の問題は政治問題であって、是非とも同意せられたく」と述べている（「パーシヴァル英代表と会談覚」昭和30年7月20日、朝海［外務B'5.2.0.J/B 2-5］。

78）柏木雄介（大蔵省為替局調査課長）「日英会談の背景と新協定の問題点」『財経詳報』第3号（1955年11月21日）pp.4-5。

79）「日英レビュー会談について」昭和31年4月16日、外務省経済局第四課［外務B'5.2.0.J/B 2-5-1］。

80）こうした懐疑は、外務省、大蔵省、通産省に共有された（「日英会談に関する印象報告の件」昭和30年10月17日、朝海［外務B'5.2.0.J/B 2-5］、柏木雄介〈大蔵省為替局調査課長〉「日英会談の背景と新協定の問題点」『財経詳報』第3号〈1955年11月21日〉、板垣修「日英貿易会談を終りて」『経団連月報』1955年11月号）。

81）『通商白書』昭和32年度版、p.46。スターリング勘定貿易にはドイツ・マルク、スウェーデン・クローネを含む。

82）1955年7月〜56年7月までの日本のポンド保有高減少には、日本がポンド保有高を減らすためにロンドン市場で調達した砂糖約2,000万ポンド（5,600万ドル）が含まれていた（「日英通商会談について」（昭和31年9月5日、為調）［大蔵Z 604-7］）。日本は、ポンドの先行きに不安を感じ、保有高を減らしたと見られる。したがって、日本のポンド保有高減少は日本にとっても好ましかった。

83)「日英貿易支払会談に関する件（その二)」9月15日、〔外務省〕経四課［外務B'5.2.0.J/B 2–6]。

84) 大蔵省は、1954年1月の日英支払協定改定の際に設けられた為替相場に関する規定により、ポンドが過大評価となっている点を問題視し、改定の必要性を説いていた。(「日英支払協定に関する問題点」昭和31年7月9日、〔外務省〕経済局第四課［外務B'5.2.0.J/B 2–6])。

85)「日英支払貿易会談交渉要領」昭和31年9月26日、〔外務省〕[外務B'5.2.0.J/B 2–6]。

86)「外務大臣説明資料」昭和31年12月、外務省［外務B'5.2.0.J/B 2–6]。

87)「〔今後の交渉方針について〕」昭和31年12月8日、〔外務省〕[外務B'5.2.0.J/B 2–6]（原史料には文書タイトルは付けられていないが、内容に即して補った)。

88)「日英支払及び貿易会談に関する件」昭和32年12月28日、西大使［外務B'5.2.0.J/B 2–6]。

89)『金融財政事情』1957年3月4日号、p.9。

90) Yokoi［2003］p.127.

91) 荒川健夫「難航した日英貿易会談」『貿易と関税』1957年4月号、p.49。

92) 吉野文六（外務省経済局第四課長)「日英支払協定の新展開」『経団連月報』1957年4月号、pp.36–37。

93) 吉野文六は、1951年の新協定になってからも、「依然として、スターリング地域と日本との貿易を全般的・包括的に規制するのは、日本と英国との間の貿易協定ないしはポンド支払協定であると信じていた」日本側の「根本的認識不足」であったと指摘している（吉野文六「日英支払協定の新展開」『経団連月報』1957年4月号、pp.36–37)。

94) 1955年の日英交渉において、過剰在庫を抱えるサケ・マス缶詰業界が対英輸出の拡大に強く固執した事例(『金融財政事情』1955年8月29日号、p.10、『日本経済新聞』1955年10月18日)、同じく55年の交渉で、自動車業界が「英国からランド・ローバーが一台でも輸入されれば日本の業者は倒産するという極端な主張」をしたため交渉が難航した事例を挙げることができる（朝海浩一郎〈外務省経済担当公使〉「日英会談を顧みて」『日本経済新聞』1955年10月18日)。

95) 桜井裕（通産省通商局市場第一課)「新日英貿易取極について」『外国為替』第161号（1957年4月）p.4。

96) 萩原徹監修［1972 a］pp.204–206。

97) Yokoi［2003]. 秋田茂［2006]。

98) 以下、とくに断りがない限り、成田勝四郎［1971］第3編第3章、Rix［1986]、遠山嘉博［2009］第5章、森建資［2011］による。

99) 谷頼孝（通産省通商局市場第一課)「オーストラリアの貿易制限とその背景（上)」『外国為替』第118号（1955年5月）p.2。

100)「清算協定について」『通商調査月報』第49号（1955年5月）p.8。「戦前における双務的為替清算制度」『東京銀行月報』第7巻第5号（1955年4月）も参照。

101) 安井孝治［1976］p.174。

102）Trued and Mikesell［1955］pp.1–8.

103）de Vries and Horsefield［1969］pp.298–300. この数字は狭義の双務支払協定に限定したものであり、振替性を持つポンド決済等は含まれていない。1951年において、非共産圏の全貿易中約50％が双務支払協定（EPUを含む）を通じて決済されたとされる（「清算勘定について」『通商調査月報』第49号（1955年5月）p.5）。

104）双務支払協定にもとづく決済のための勘定は、一定期間（1年の場合が多い）クローズされずに置かれたので、オープン勘定（open account）と呼ばれた。

105）貿易実務講座刊行会編［1959］pp.401–416。

106）森本清文・小川治男「双務主義貿易論（その1）」『外国為替』第124号（1955年8月）pp.19–20。

107）"Bilateralism and Convertibility," Exchange Restriction and the Research Departments, December 10, 1954［IMF C/ Economic Subject Files S 1150］.

108）"Staff Recommendations on Bilateralism and Convertibility," Exchange Restriction Department, May 11, 1955［IMF C/ Economic Subject Files S 1150］.

109）"Bilateralism and Convertibility（Board Decision No.433)," June 22, 1955.

110）IMF EBM 55/29, May 31, 1955.

111）de Vries and Horsefield［1969］pp.305–312.

112）アルゼンチン、ブラジル、フィンランド、フランス、インドネシア、韓国、西ドイツ、オランダ、フィリピン、スウェーデン、中華民国（台湾)、タイ。なお、そのほかに、占領期にオープン勘定協定が結ばれたが、占領終結までに廃止されたものもあった（日本銀行編［1979］第17巻、p.1)。

113）ただし、それ以前に46年からSCAPは、協定を結ばずに、オープン勘定を用いた政府間貿易を小規模に始めていた（竹前栄治・中村隆英監修［1997］p.202)。

114）通商産業省編［1990 a］pp.170–171。

115）竹前栄治・中村隆英監修［1997］pp.205–206。

116）1945年9月～52年4月の合計値。大蔵省財政史室編［1978］p.114より算出（原データは大蔵省『外国貿易概況』)。

117）オープン勘定の管理権は、1951年8月～52年4月にSCAPから日本政府に移管された（通商産業省編［1990 a］p.363)。

118）新協定に更新した際には、SCAPがアメリカ政府の力を背景に締結した協定と比べて、日本側に不利な内容になるケースが多かった（堀太郎〈大蔵省為替局調査課〉「最近のオープン勘定貿易を中心として」『外国為替』第63号（1953年1月）pp.17–21、「オープン勘定貿易の一年間」『エコノミスト』1953年3月7日号、pp.30–34)。

119）日本のオープン勘定はすべてドル建てであった。

120）「清算協定について」『通商調査月報』第49号（1955年5月）p.24。

121）データは大蔵省『外国貿易概況』に依る。

122）1958年3月1日の通産省関係首脳部会議で決定（『日本経済新聞』1958年3月2日)。『金融財政事情』1954年7月7日号、p.15も参照。

123)「輸出振興対策の考え方について」1958年7月7日、通産省［大蔵Z 538-478］。

124) 天谷直弘「貿易正常化とオープン勘定方式」『アナリスト』第5巻4号（1956年4月）。

125)「座談会　輸出目標とこれからの輸出振興策」『経団連月報』1958年10月号、pp.34-36参照。

126)「不利益だらけの清算勘定協定」『貿易と関税』1958年3月号、pp.37-40。

127) 工藤振作（大蔵省為替局調査課課長補佐）「インドネシア向輸出停止の背景」『財経詳報』第113号（1957年8月19日）p.6。

128) 日本銀行編［1979］第17巻、p.215。

129) 日本紡績協会編［1962］p.44。竹前栄治・中村隆英監修［1997］p.237。

130) 通商産業省『日本貿易の現状』昭和27年度版、p.35、p.93。

131) 日本銀行編［1979］第17巻、pp.216-217。中井甲子男（大蔵省為替局調査課）「日本・インドネシア新貿易支払協定」『外国為替』第56号（1952年9月）pp.19-21。

132) たとえば、インドネシアがインドネシアの物資をブラジルに輸出、その見返りとしてブラジルが同額の綿花を日本へ輸出し、代金決済は日本とインドネシアとのオープン勘定で支払うといった方式。その際に、日本はインドネシア政府に対して8%以上の手数料を支払うことになっていた。

133)「日イ貿易協定に関する件」武野事務所長発外務大臣宛電信、昭和27年7月5日［外務B'2.2.0.J/INI］。なお、交渉に当たった外務省の大野勝巳（外務省参事官）の「対インドネシア交渉素描」『経済連合』1952年9月号も参照。

134) 日本紡績協会編［1962］p.318。

135) 1953年1月、スダルソノは倭島公使に対して、個人的な意見として、貿易債権を中間賠償協定の対象とすることを提案した（「第一特別勘定決済の件」藤崎総領事代理発　岡崎大臣宛電信、昭和28年12月30日［外務B'2.2.0.J/INI］）。

136) 日本銀行編［1979］第17巻、pp.248-251。「対インドネシア経済断交の危機」『エコノミスト』1954年8月7日、pp.34-38。

137) 輸出権は、輸入業者が輸出業者に売却することが認められており、1955年4月以降は、インドネシア貿易協議会が、輸出権を10%のレートで一括して買い上げるシステムが導入された。しかし、輸出権制度へ移行する際に、輸出権なしの輸出が経過措置として認められたため、駆け込みの輸出により、貿易債権は1955年6月まで増加した。

138) 日本銀行編［1979］第17巻、p.250。

139)「インドネシアの清算勘定廃止通告について」『外国為替』第163号（1957年5月）p.24。

140) 倉沢愛子［2011］は、インドネシアがオランダ資産の国有化、オランダとの財政金融協定破棄などを実施し、脱植民地化を進めることを、日本の賠償が可能にしたと指摘している（pp.173-176）。

141)「対インドネシア賠償解決方針」日付なし［外務B'3.1.2.3］。

142) 賠償と焦げ付き債権を相殺する方式は、1954年にインドネシア側から提案された（ジュアンダ首相と倭島公使との会談の際、54年3月31日のジュアンダ・メモで示された）が、日本側は、賠償と貿易債権とは別個の問題であるとして、これを拒否した（「日本インドネシア賠償交渉の経緯」昭和30年3月、外務省アジア局第三課、p.56、pp.60–62、pp.73–77、付属文書9）。ただし、当初は債権放棄に反対していた大蔵省も、債務返済協定を結んでも債務返済が円滑に進まないことが予想されるという理由から、相殺方式賛成に傾いた（武藤謙二郎口述「アルゼンチン焦付処理・日英貿易支払交渉とエジプト・スイッチ問題について」昭和36年6月8日、pp.73–75）。

143）インドネシア賠償交渉についてはNishihara［1975］Chap.2がもっともまとまった記述を行っている。

144）「日亜通商交渉に関する件」昭和27年9月24日、高木臨時代理大使発外務大臣宛電信［外務B'5.2.0.J/A］。

145）「アルゼンティンとの貿易及び支払取極に関する説明書」1953年4月28日、外務省［外務B'5.2.0.J/A］。支払猶予のための一時的措置として、スウィング限度額は55年4月30日までは3,500万ドル、56年4月30日までは2,500万ドルと定められた。

146）中村俊夫（通産省通商局市場第二課）「日・亜新通商協定について」『外国為替』第73号、1953年6月。

147）各省間でまとめられた対亜貿易交渉の基本的態度として、第1に「長期払い機械類の輸出を中心とする恒常的市場として、亜国市場の開拓及び確保を図る」ことが挙げられている（「日亜貿易交渉に関する件」昭和27年10月11日、外務大臣発在アルゼンティン国臨時代理大使宛電信［外務B'5.2.0.J/A］）。

148）「昭和28年の日本鉄鋼業回顧」『鉄鋼界』1954年9月号、p.26。

149）中村俊夫（通産省通商局市場第二課）「日・亜新通商協定について」『外国為替』第73号（1953年6月）。

150）斎藤裕「小麦・羊毛コンビネーション協定」金子誠ほか編［1985］pp.163–165。

151）日本鉄鋼輸出組合編［1974］pp.184–185、および外務B'5.2.0.J/A。

152）「日亜貿易計画改訂交渉に関する件」昭和29年1月20日、在アルゼンチン大使大久保利貴　外務大臣岡崎勝男宛電信［外務B'5.2.0.J/A］。1954年3月の取引は鉄鋼と羊毛のコンビネーションであったが、アルゼンチン側の希望で小麦が加えられた。ただし、日本側の小麦購入は義務ではなかった。

153）吉田真次（日本鉄鋼連盟調査局）「鉄鋼輸出戦後十年の回顧」『鉄鋼界』1956年3月号、p.91。

154）荒川健夫（大蔵省為替局調査課）・水野政寿（大蔵省為替局調査課）「アルゼンチン貿易支払の問題点」『外国為替』第141号（1956年5月）p.2。

155）「日亜通商交渉に関する件」昭和27年12月1日、高木臨時代理大使　外務大臣宛電信［外務B'5.2.0.J/A］。

156）「亜国の対日申入れに関する件」昭31年3月17日、重光大臣発　在アルゼンチン井上大使宛電信［外務B'5.2.0.J/A］。

157）「新決済方式に関する亜国提案に基く日亜交渉の経緯」1956年3月31日［外務B'5.2.0.J/A］。

158）「対亜通商交渉に関する件」昭和31年8月3日、井上大使発　高碕大臣宛電信［外務B'5.2.0.J/A］。

159）「日亜通商交渉成立に関する件」〔昭和31年〕9月11日［外務B'5.2.0.J/A］。

160）この交渉の際に、追加輸入により、債務のうち500万ドルを1957年3月までに返済するという暫定取決めの条項を協定に盛り込むことをアルゼンチン側は躊躇した。パリクラブ加盟諸国から、日本が債務返済の一部を先取りすることになり、日本に有利になるとのクレームが付くことをアルゼンチン側が恐れたためである（「ア国の対日棚上債務第一回年賦償還金支払いに関する交渉」昭和32年5月8日、特命全権大使井上孝治　外務大臣岸信介宛手記［外務B'5.2.0.J/A］）。最終的には、56年9月の暫定取決めと同じ内容で正式調印され、500万ドルの追加輸入は、債務棚上げ以前になされた取決めであると説明することになった（「日ア間正式貿易取極交渉に関する件」昭和33年1月10日、井上大使発藤山大臣宛電信［外務B'5.2.0.J/A］）。

161）日本銀行編［1979］第17巻、p.91。大蔵省為替局調査課長としてアルゼンチン、インドネシア等の焦げ付き債権の処理に当たった武藤謙二郎は、「兎に角オープン債権というもののコゲ付を防止することが何よりも大事である、債権がコゲついてしまってからは、即時に外貨を払って貰えるような輸出品の代金を、数ヶ月かかって交渉して、そうして結局十年もの年賦で支払って貰うという程度のことしか出来ない非常に馬鹿らしいことになる」と述べている（武藤謙二郎口述「アルゼンチン焦付処理・日英貿易支払交渉とエジプト・スイッチ問題について」p.3）。

162）柏木雄介（大蔵省為替局調査課長）「貿易為替の正常化とオープン勘定の再検討」『外国為替』第132号（1956年1月）p.18。また、武藤謙二郎はつぎのように述べている。「アルゼンチンは、ペロン政権の末期で、ムチャクチャな輸入をして、到底これは代金を払えそうもない。そういう時に、オープンでやって、業者は国内よりも高く売れるので政府がコゲ付きをカブルにも拘らず、まとまった商談を政府が止めると、国際信用に関するという口実で、鉄鋼不足の日本から、アルゼンチンにコゲ付きで鉄鋼を輸出する、それも一度止めたものを政府に圧力を加えて輸出させてしまった。」（武藤謙二郎口述「アルゼンチン焦付処理・日英貿易支払交渉とエジプト・スイッチ問題について」p.65）。

163）それ以前においても、SCAPと在日中国ミッションとの間で交換された覚書にもとづくオープン勘定貿易は行われていた（竹本勲〈外国為替管理委員会事務局〉「日台通商協定について」『外国為替』第12号〈1950年10月〉p.19）。

164）外務省経済局第五課「日華貿易及び支払取極について」『経済と外交』第124号（1953年7月）pp.3–7。

165）圖左篤樹［2007］。

166）劉進慶［1975］p.385。

167）「政治色濃厚な日台貿易」『エコノミスト』1955年5月14日号、pp.26–30。

168）通商産業省通商局監修［1967］p.213。

169）嗜好の問題以外に、病変米（黄変米など）が1951年11月に発見され、53、54年度に大きな問題となったことの影響があった（食糧庁食糧管理史編集室［1957］pp.473-477）。

170）食糧庁食糧管理史編集室［1969］p.334。

171）山崎澄江［2008］。

172）日本硫安工業協会編［1968］pp.384-385。

173）「化学肥料輸出をめぐる諸問題」『東海銀行調査月報』第170号（1961年7月）。

174）日本硫安工業協会編［1968］p.778。

175）劉進慶［1975］p.146。

176）山崎隆造（通産省通商局経済協力課長）「日台貿易交渉について」『硫安協会月報』第66号（1956年8月）p.34。1958年度から価格・数量との決定は民間交渉に委ねられることとなった（外務B'5.2.0.J/C（N）1）。

177）川島利雄（通産省通商局市場第三課長）「日華貿易会議を顧みて」『硫安協会月報』第80号（1957年10月）p.7。

178）工藤振作（大蔵省為替局調査課）「対台湾オープン債権について」『外国為替』第185号（1958年4月）pp.31-34。

179）「食糧庁輸入計画課牟礼技官より連絡」昭和31年3月22日［外務B'5.2.0.J/C(N)1］。

180）「1957年度日華貿易会議交渉記録」〔外務省〕経済局第五課［外務B'5.2.0.J/C(N)1］、川島利雄「日華貿易会議を顧みて」『硫安協会月報』第80号（1957年10月）p.8。

181）「日台通商交渉の成立について」『外国為替』第189号（1958年6月）p.16。

182）「オープン勘定の廃止と新貿易支払取極の締結」『外国為替』第259号（1961年7月）p.20。

183）〔外務省〕経済局第五課「1957年度　日華貿易会議交渉記録」［外務B'5.2.0.J/C(N)1］。

184）「1958年度　日華貿易会議交渉記録」経済局アジア課［外務B'5.2.0.J/C(N)1］。外務省は、台湾の外貨準備が2,000万ドルしかない現状では、強硬な態度に出ることは、日台貿易を縮小させる結果になるとして、協定の遵守という穏やかな表現で交渉をまとめる方針をとった（「1958年度日華貿易会議に関する件」昭和33年2月4日、経済局第五課（［外務B'5.2.0.J/C(N)1］）。

185）「日華O/A制の廃止について（案）」昭和35年3月14日、経亜［外務B'5.2.0.J/C(N)1］

186）「日華貿易交渉に関する件」昭和35年4月13日、井口大使発　藤山大臣宛電信［外務B'5.2.0.J/C(N)1］。

187）「日華貿易計画の採択に関する説明資料」日付なし［外務B'5.2.0.J/C(N)1］。

188）「日華貿易会談に関する新聞論評の件」昭和35年4月1日、井口大使発　藤山大臣宛［外務B'5.2.0.J/C(N)1］。

189）北波道子［2003］pp.164-166。

190）「オープン勘定の廃止と新貿易支払取極の締結」『外国為替』第259号（1961年7月）。

191）外国為替管理委員会「日韓通商協定の更新について」『外国為替』第25号（1951年5月）pp.29–31。1950～51年の日韓協定貿易は、韓国の港から船積みしてくることが不可能になった結果、輸出入とも日本の保税倉庫渡しで行われた。

192）林采成［2005］第4章。

193）李正熙［2002］。

194）李正熙［2002］p.11。

195）宋炳巻［2004］。高石末吉［1970］。

196）韓国は、1954年2月に53年6月分のオープン勘定決済を行ったのを最後に、支払いを停止した（「対韓国輸出調整措置に関する件」〔外務省〕経済局第五課、昭和29年10月13日［外務E'2.1.5.2］）。

197）「日韓貿易・支払関係及対韓貿易債権について」〔外務省経済局第五課〕昭和30年5月［外務E'2.1.5.2］。

198）崔相伍［2005］pp.14–15。

199）海苔は、韓国にとって日本以外に市場のない輸出品であったが、海苔生産者を中心に韓国海苔の大量輸入に反対する声が高まり、1954年に韓国海苔需給調整協議会が設けられ、63年まで年間輸入量は1億枚に制限された（宮下章［1970］pp.777–795）。

200）無煙炭輸入は、日本の生産者（中小炭鉱）の保護のために制限された（「日韓主要輸出入商品の動き」〔外務省〕経済局第五課、昭和30年5月［外務E'2.1.5.2］）。

201）1954年3月、ドル・ローン、FOA（米国対外活動庁）資金による対日輸入を禁止し、対日輸出ドルおよび特恵外貨による輸入のみを認める措置をとった（「日韓間の貿易関係について」〔外務省、昭和30年〕［外務E'2.1.5.2］。

202）1959年2月13日、日本政府は閣議で在日朝鮮人の北朝鮮への「帰還」を正式に決定した（太田修［2003］p.128）。なお、吉澤清次郎監修［1973］pp.75–80も参照。

203）韓国政府は、当初は全面貿易停止を宣言したが、実際には、その直後から、次第に制限は緩和されていった（日本銀行編［1979］第17巻、pp.282–283）。

204）日本硫安工業協会編［1968］pp.778–779。

205）李鍾元［1996］第3章。

206）「経済局特別情報」第272号（昭和35年4月4日）、第273号（昭和35年4月18日）［外務E'0.0.0.8］。

207）日本銀行編［1979］第17巻、p.287。吉澤清次郎監修［1973］pp.90–92。「韓国向け輸出調整措置とその撤廃」『外国為替』第257号（1961年6月）pp.20–22。

208）「交換書簡」の条項のうち、「日本政府は韓国産品の輸入増大のため適当な措置を講ずる」という条項が、1961年4月末の韓国米4万トン買付契約の成立で満たされたとして、日本側は交渉を申し入れた（「経済特別情報」第353号〈昭和37年5月26日〉［外務E'0.0.0.8］）。

209）この条件は、韓国側の主張に沿ったものである。日本側の主張は、3年分割現金払いであった。なお金斗昇は、1962年11月の大平正芳・金鍾泌会談で、オープン勘定債権を無償供与3億ドルに上積みした無償供与3億5,000万ドルを金が提案したのに対して、大平が無償供与の上限（オープン債権を含まず）は2億5,000万ドルだと主張し、大平の主張に近い、オープン勘定債権を含めて3億ドルという線で決着したことから、韓国側は日本側の提案を全面的に受け入れたと解釈している（金斗昇［2008］p.166）。日本側は大枠（援助額）については主張を通し、細部（オープン債権の処理）については韓国側に譲ったと見ることができよう。

210）須藤功［2008］第6章、奥田宏司［1988］。

211）de Vries and Horsefield［1969］p.324.

212）Toniolo［2005］p.333.

213）須藤功［2008］はこの側面を強調している。

214）Eichengreen［1993］.

215）井口貞夫監修［1972］pp.132-134。「国際連合経済社会理事会、アジア及び極東経済委員会（ECAFE）の活動状況について」『外国為替』第70号（1953年4月）pp.8-14。1950年代のECAFEについては、山口育人［2014］参照。

216）石丸忠富［1954］pp.108-109。

217）『毎日新聞』1952年6月16日夕刊。『日本経済新聞』1952年5月1日。一万田の構想は組織としての日銀の取り組みというよりも、一万田の個人的なイニシアティブによるものと見られる（渡辺友孝［1986］pp.334-335）。

218）『日本経済新聞』1952年7月28日。

219）『日本経済新聞』1952年11月7日。

220）経済安定本部は、域内取引において出超国と入超国との差が大きいので実現は困難と考えていた（『金融財政事情』1952年7月28日号、p.21）。大蔵省はEPUへの日本の加盟の方がまだ可能性はあると見ていた（「オープン勘定制度の考察（未定稿）」昭和27年11月6日、為替局（大蔵省財政史室編［1998］pp.292-293））。

221）石丸忠富［1954］p.109。

222）井口貞夫監修［1972］pp.135-136。

223）片山謙二「アジアにおける多角決済をめぐる諸問題」『アジア問題』第3巻2号（1954年2月）p.15。

224）パキスタン、インド、セイロン、ビルマ、タイ、インドネシア、フィリピン、オーストラリア、日本の9ヵ国が参加。

225）吉沢洸（日本銀行）「アジア決済同盟機構のゆくえ――エカッフェ支払問題会議に参加して」『経団連月報』1954年10月号、p.44。

226）以下、「ECAFE地域支払同盟問題専門家会議出席報告に関する件」（〔日本銀行〕参事　吉沢洸、昭和29年8月19日）［日銀A 4866］による。

227）"Report of the Working Group of Experts on Payments Problems of the ECAFE Region," 19-28 July, 1954［IMF SM/54/103 attached］. この報告書は、1955年3月に開催されたECAFE総会（東京）に提出された。

228）「わが国の双務主義貿易の一考察――オープン勘定方式について」『東京銀行月報』第7巻第1号、1955年1月、pp.34-39。「エカフェ決済問題作業部会の結論」『エカフェ通信』第21号（1954年8月）pp.22-25。「アジア決済同盟は可能か」『エコノミスト』1954年8月7日号、pp.40-43。

229）IMF EBM 54/37, July 7, 1954.

230）「ECAFE地域支払同盟問題専門家会議出席報告に関する件」（〔日本銀行〕参事　吉沢洸、昭和29年8月19日）［日銀A 4866］。

231）“Payments Problems of Japan,” IMF, Asian Department［IMF IM/54/36］.

232）「ECAFE地域における多角決済機構」『通商調査月報』第49号（1955年9月）pp.61-62。

233）家田茂一（日本銀行東亜調査課長）「アジアにおける決済問題の現状と改善策」『経団連月報』1954年2月号、p.45。

234）「東南アジア経済の急速な発展を可能ならしむる条件について」経審　経済協力室、昭和29年10月［木内1586-4］。

235）菅英輝［2014］p.224.

236）萩原徹監修［1972 a］pp.256-260。波多野澄雄［1994］。

237）菅英輝［2014］pp.231-232.

238）「経済局特別情報（第4号）」昭和29年10月14日［外務E'0.0.0.8］。

239）「経済局特別情報（第6号）」昭和29年10月28日［外務E'0.0.0.8］。

240）「経済局特別情報（第10号）」昭和29年11月25日［外務E'0.0.0.8］。この案は、1954年12月に井口貞夫駐米大使宛に送付された（『日本経済新聞』1954年12月17日）。

241）「東南アジア決済同盟大綱案」（年月日記載なし、1954年12月の外国為替審議会に提出された資料）。なおこれと類似の案として、1954年10～11月の愛知通産大臣訪米の際に準備された「東南アジア決済同盟の機構に関する草案」がある（“Draft of Organization of the Southeast Asia Payment Union”）。

242）「経済局特別情報（第10号）」昭和29年11月25日［外務E'0.0.0.8］。

243）Shimizu［2001］Chap.4. 菅英輝［2014］pp.232-234。「アジア経済開発のための大統領基金」欧米局第一課、昭和30年7月20日［外務E'6.3.0.16］。

244）日本政府はスタッセン長官に、「東南アジア開発についての構想」を提出した（『日本経済新聞』1955年3月8日）。

245）「東南アジア経済開発援助について」昭和30年2月26日、ア、協［大蔵Z 522-175］。外務省が中心となり、関係省庁の意見をまとめて作成した案。

246）「東南アジア決済同盟に関するわが方の見解」〔昭和30年3月〕［大蔵Z 522-175］。

247）「大蔵大臣、スタッセン会談録」昭和30年3月9日［大蔵Z 522-175］。

248）「米国の対アジア援助計画の概要（二）」昭和30年4月21日、アジア経済協力室、「アジア経済開発のための大統領基金」昭和30年7月20日、欧米局第一課［外務E'6.3.0.16］。

249）「米国の対アジア援助計画の概要」昭和30年5月8日、アジア経済協力室［外務E'6.3.0.16］。

250）「シムラ会議に関する報告書」昭和30年5月27日、日本代表団［外務E'6.3.0.16］。

251）渡辺武駐米公使は、「シムラ会議についてはアメリカ側はもともとコロンボ・プランの強化策についてアジア諸国の意見を求めたい考えであったが、印度の招請状が2億ドルの特別基金の使用方法を審議することが目的なるかの如き印象を与えておることについて、やや当惑気の色を見せておる」と伝えた（「米報第30–8号（昭和30年5月11日）」［大蔵Z 522–219］）。

252）「シムラ会議に関する報告書」昭和30年5月27日、日本代表団［外務E'6.3.0.16］。

253）1956年9月15日の『日本経済新聞』は、IMF・世銀総会への一万田蔵相の出席に関連して、「蔵相はこれまでEPU（欧州決済同盟）のアジア版ともいうべきアジア決済機構を設ける構想をもっていたが、IMFのねらいがEPUのような地域別の決済方式をできるだけとどめ、なるべく広い決済方式を採ることにある点を考慮し、この構想を述べることは取り止めになる模様である」と伝えている。

254）『日本経済新聞』1958年2月11日。

255）『通商産業研究』1957年6月号、pp.32–47。通産省は、1957年5月23日に、経団連代表等を招いて第2回欧州経済統合研究会を開催し、「アジア共同市場」構想を提起した（『日本経済新聞』1957年5月23日）。

256）樋渡由美［1989］、清水さゆり［1993］、末廣昭［1995］、権容奭［2000］、黒崎輝［2000］、佐藤晋［2003］、保城広至［2008］第5章。

257）アジア開発基金について、ビルマのウー・チョー・ネン副総理が、岸首相に対して、「この種の金融機関は、とかく、二、三の少数の国が牛耳るおそれがあり、世界銀行において米英が持っているような発言権を、インド又は日本が持つことをおそれて」いると述べている点は、東南アジア諸国の本音だとみることができよう（「経済協力及び通商問題に関する岸総理と各国首脳との会談概要（その一）」［大蔵Z 538495］）。

258）「アジア経済開発基金と米国の経済開発援助について」昭和32年6月6日（大蔵省財政史室編［1998］pp.463–467）。大蔵省財政史室編［1999 a］pp.585–587。

259）堀江薫雄（東京銀行）は、「輸銀の持っている後進国向の外貨手形を外国の金融機関、例えばワシントン輸銀あたりに再割に出すことができれば助かる」と発言している（「第55回外国為替審議会議事録」昭和32年6月14日）。1950年代の延払金融については、湯伊心［2010］参照。

260）“Discussions in Connection with the Japanese Consultations,” July 8, 1959（IMF C/Japan/820）. なお、決済同盟についてのIMFとの討議は、日本側の希望により、コンサルテーションの報告書には掲載されなかった。

261）OAEC構想については、高橋和宏［2003］、保城広至［2008］第5章、三人委員会については小野善邦［2004］pp.202–206参照。

262）「アジア決済同盟構想の展開と評価」『東京銀行月報』第20巻第3号（1968年3月）（島崎久彌［2012］所収）。

263）安倍基雄（大蔵省国際金融局企画課）「APUについて」『国際金融』第403号（1968年4月）pp.18–21。

264）「座談会　日本の外貨準備とアジア開発――トリフィンのAPU構想をめぐって」

『東洋経済新報』1968年9月21日号。

265）関栄次「アジアにおける清算同盟案と準備銀行案――エカフェにおける地域協力」日本エカフェ協会『調査資料月報』4-3（1971年）p.10。

266）緒田原涓一［2002］pp.108-154。

267）緒田原涓一［2002］pp.1-13。堀江薫雄（東京銀行）も、回顧談のなかで、この時に日本が積極的に関与していれば、円の国際化にとって有意義であったと述べている。堀江は、トリフィン案を大蔵省、日銀に打診したところ、「あんな決済同盟をつくったら、日本は5億ドルから10億ドル拠出しなきゃならなくなる。ぶらさがるのはみんな貧乏国ばかりだからごめんだ」と断られたというエピソードを紹介している（堀江薫雄「外為専門銀行への復帰」エコノミスト編集部編［1978］pp.48-49）。

第6章

1）西川輝［2014］第3章、第4章。

2）「西欧諸国の通貨交換性回復に伴う問題点」昭和29年8月25日、為替局［大蔵Z 501-168］。

3）"Problems Concerning the Restoration of Currency Convertibility," August 12, 1954［大蔵Z 501-179］。

4）「第21国会　一万田大蔵大臣の財政経済に関する演説」大蔵資料編纂会編［1987］pp. 432-434。

5）藤沢徳三郎（日本銀行外国為替局長）「今後の為替政策の基本方向」『経団連月報』1955年9月号、p.32。

6）新関八洲太郎（第一物産社長）「貿易・為替の正常化について」『経団連月報』1956年6月号、pp.12-14。

7）「屈折する下期外貨予算の編成過程」『金融財政事情』1955年9月19日号、p.13。

8）長橋尚「輸入自由化問題の展開――6月12日の閣僚審議会を中心として」『外国為替』第145号（1956年7月）pp.2-4。

9）伊原隆（東京銀行常務）「外貨保有15億弗　円の交換性回復へ」『財政経済弘報』1955年4月25日号。「外貨保有　どの程度が適正か」『日本経済新聞』1955年4月9日、10日。

10）金森久雄（経済企画庁調査部）「外貨バッファー論――国際均衡より国内均衡優先へ」『財経詳報』第33号（1956年6月）pp.1-3。後藤誉之助「外貨バッファー論」『エコノミスト』1956年5月26日号、pp.18-23。

11）『日本経済新聞』1957年2月21日。

12）『日本経済新聞』1957年3月16日。

13）「適正外貨準備高について」昭和33年7月30日、為替局資金課（大蔵省財政史室編［1998］pp.153-155）。

14）大蔵省財政史室編［1999 a］p.500。

15）「適正外貨水準について（企画庁作成）」1959年7月11日［日銀A 4235］。

16）大蔵省財政史室編［1999 a］pp.495–499。

17）“International Monetary Fund, Minutes of the 1956 consultations with Japan,”［外務 B'2.3.1.2–6–1、日銀 A 4863］による。討議の内容の要約としては、栗山茂（大蔵省為替局総務課長補佐）「IMF コンサルテーションで検討された諸問題」『財経詳報』第 45 号（1956 年 8 月 13 日）pp.8–9 参照。

18）“Suggested points for discussion in the Japanese consultations,” from Y. C. Wang and F. A. C. Keesing to Irving S. Friedman, May 31, 1956［IMF C/ Japan/420.1］.

19）“1956 Consultations–Japan,”October. 24, 1956［外務 B'2.3.1.2–6–1］. IMF ESB 56/52, October 24, 1956.

20）以下、本項の記述は、内田宏・堀太郎［1959］、萩原徹監修［1972 a］、岡茂男［1994］、赤根谷達雄［1992］、田所昌幸［1993］を参考にした。

21）“Statement of the Japanese Delegation Concerning Fund Assistance,” in “Staff Report and Recommendations–1955 Consultations,”November 4, 1955［IMF SM/55/72］.

22）たとえばオーストラリアは、第 35 条援用を撤回したのは 1964 年であるが、57 年の通商協定によってすでに日本に最恵国待遇を与えていた。

23）雑貨輸出の拡大の背景には、アメリカにおける大衆消費の拡大、ジャポニズムの流行があった（小島英敏「雑貨輸出の特質と問題点」『通商産業研究』1956 年 7 月号、pp.42–49）。

24）石井修［1989］pp.188–191。

25）内田宏・堀太郎［1959］pp.35–43。

26）「日米貿易に関する諸問題」昭和 32 年、〔外務省〕経済局第三課、p.7［大蔵 Z 538–484］。

27）『金融財政事情』1955 年 7 月 4 日号、p.10。

28）『通商白書』昭和 32 年度版、pp.371–372。

29）「米国における日本品輸入制限運動」昭和 33 年 3 月、〔外務省〕経済局第三課、「輸入制限を中心とする対米輸出の諸問題」昭和 33 年 4 月、〔外務省〕経済局米州課［大蔵 Z 538–485］。Hunsberger［1964］pp.263–274.

30）宮崎弘道（外務省経済局第三課）「米国における日本商品輸入制限運動」『経団連月報』1957 年 9 月号、pp.53–55。宮崎は、エスケープ・クローズの調査は「関税引上げ運動の表玄関である」と述べている。

31）『通商白書　各論』昭和 36 年度版、p.431。

32）「IMF コンサルテーション回答」（昭和 35 年）質問 V–1［大蔵］。

33）大蔵省内では、為替局は引締め論、銀行局等は引締め反対論であった（石田正「昭和 30～32 年の為替行政」昭和 38 年 2 月 12 日、pp.35–37）。

34）日本銀行百年史編纂委員会編［1985］pp.494–497。

35）呉文二［1981］p.83。日本銀行百年史編纂委員会編［1985］p.497。山際正道伝記刊行会編［1979］pp.583–592。

36）大月高「昭和 30—36 年の銀行行政及金融政策について」昭和 40 年 2 月 2 日、pp.17–

19。なお、大月は、「現実にはやはりIMFから金を借りるということが、当時のポイントであって、そのためには引締め体制を取らなければ借りられないという現実があったのだと思います」と述べている（pp.22-23）。石田正「昭和30～32年の為替行政」昭和38年2月12日、pp.35-37、参照。

37）浅井良夫［2000］pp.41-43。

38）『日本経済新聞』1957年6月29日。

39）「総合緊急対策の狙いと金融界の反響」『金融財政事情』1957年6月24日号、p.24。

40）財政投融資の繰延べ以外の政策としては、輸入担保率の引上げ、輸出前貸手形金利の1厘引下げなどが主なものであった。

41）「財政投融資繰延について」昭和32年6月25日、理資［大蔵Z 538-475］。

42）澄田智（大蔵省理財局総務課長）「財政投融資計画の繰延べについて」『財経詳報』1957年7月15日号、pp.6-7。

43）大蔵省財政史室編［2000］p.168。

44）『金融財政事情』1957年12月2日号、p.7。

45）澄田智・鈴木秀雄編［1957］pp.316-325。大蔵省財政史室編［2000］pp.167-170。

46）澄田智「昭和32～34年の理財局行政」昭和38年5月27日、p.39。

47）岡崎哲二［2002 a］pp.60-66。

48）よく知られているように、1957年の「なべ底不況」をめぐっては、1956年の設備投資の行き過ぎを重視し、不況からの回復が容易には進まないとする悲観論（後藤誉之助・経済企画庁）と、輸入在庫の過剰による一時的なものと見る楽観論（下村治）とが対立した。経済企画庁は、のちに悲観論を誤りと認めた。

49）『日本経済新聞』1957年6月15日（夕刊）。

50）「外貨収支改善のための輸出振興策に関する要望意見」昭和32年6月17日、経済団体連合会『経団連月報』1957年7月号、p.20。

51）『日本経済新聞』1957年7月16日。なお、7月18日に蔵相が経済界代表と懇談した際に、経済界代表は、金融逼迫で業界が混乱しないように「安全弁」を設けることを一万田蔵相に要望した（『日本経済新聞』1957年7月19日）。

52）"Memorandum of a conversation between Secretary of State Dulles and Prime Minister Kishi, June 20, 1957," *FRUS 1955-57, Vol.XXIII, Part 1,* p.400, pp.402-403.

53）『日本経済新聞』1957年6月22日は、福田が、IMFから1億2,500万ドル、EXIM農産物借款1億8,000万ドルの計約3億ドルの短期借款と、世銀借款約3億ドルの長期借款の借入の目途をつけたと報道した。

54）"Memorandum of a Conversation, WhiteHouse, Washington, June 19, 1957," *FRUS 1955-57 Vol.XXIII, Part 1,* p.373. "Memorandum of a Conversation Between Secretary of State Dulles and Prime Minister Kishi, Department of State, Washington, June 20, 1957", *FRUS 1955-57, Vol.XXIII, Part 1,* p.400.

55）"Memorandum from the Assistant Secretary of State for Far Eastern Affairs（Robertson）to the Secretary of State," August 16, 1957, *FRUS 1955-57, Vol.XXIII, Part 1,* pp.446–447.]

56）『金融財政事情』1957年7月22日号、p.9。

57）「昭和32年外貨危機に際しての資金繰と問題点等について」昭和35年8月、〔大蔵省〕（大蔵省財政史室編［1998］p.131）。『日本経済新聞』1957年6月14日。ドル、ポンドともに不足していたが、政府はドルで借り入れることとした。54年には、ポンドを借り入れたが、返済はドルで要求されたことから、必要に応じてドルとポンドをスワップすればよいと考えたためである。

58）『日本経済新聞』1957年6月25日（夕刊）。

59）"Japan : Possible Use of the Fund's Resourses," May 22, 1957［NARA RG 59, Subject Files Relating to Japan, 1954–59].

60）"Japanese Interest in IMF Assistance," June 18, 1957［NARA RG 59, Mf. I 55–59 R 7].

61）「我が国のIMF資金買入申請に関しIMF事務局から理事会に提出した勧告資料等の件」昭和32年7月4日、〔日本銀行〕外国為替局長（日本銀行編［1979］第16巻、pp.585–587）。

62）渡辺武IMF理事は、日本一時帰国の際（7月30日）の記者会見で、「国際通貨基金の日本に対する評価は、日本が神武景気だといって好調を示していたのに、急にドルを借りに来たので多少意外の感を持っていた。しかし、過去の経験から日本に対しては信頼感がある」と語った（『朝日新聞』1957年7月31日）。

63）IMF EBM 57/34, June 27, 1957. "Japan's Use of the Fund's Resources," June 27, 1957［NARA RG 59, "Subject Files Relating to Japan, 1954–1959"].

64）「昭和32年外貨危機に際しての資金繰と問題点等について」昭和35年8月（大蔵省財政史室編［1998］pp.131–134）。

65）日本銀行編［1979］第16巻、p.585。

66）日本銀行編［1979］第16巻、pp.584–588。

67）「輸銀借款に関する件」昭和32年6月27日、朝海大使発　石井大臣臨時代理宛［外務E'2.3.1.5–3–3］。

68）「輸銀借款に関する件」昭和32年7月2日、朝海大使発　岸大臣宛［外務E'2.3.1–5–3–3］。

69）「ワシントン輸出入銀行短期借款契約の締結に関する件」昭和32年8月27日、藤山大臣［外務E'2.3.1.5–3–3］。

70）EXIMの希望により、この借款は例年の綿花資金6,000万ドルの借款の更新とは別個の契約として締結された。

71）石田正「昭和30年～32年の為替行政」昭和38年2月12日、pp.42–44。

72）"Staff Report and Recommendations–1957 Consultations," August 20, 1957,"［IMF SM 57/73]. "Minutes of the 1957 Consultations with Japan, July 17–25,"［IMF C/ Japan/ 420.1].

73）「昭和33年度経済運営の基本的態度」［大蔵Z 521–11］。

74）「今後における財政金融情勢の見透しとその施策の概要について（未定稿）」昭和32

年8月12日。この文書は、作成者が記載されていないが、大蔵大臣官房調査課が作成したものと推定される［大蔵Z 521-18］。

75）谷村裕（大蔵省大臣官房財務調査官）「『昭和33年度予算の基本構想』を貫く考え方」『金融財政事情』1957年9月23日号、pp.19-23。

76）谷村裕（大蔵省大臣官房財務調査官）「均衡的拡大を指向する合理的な財政金融政策」『金融財政事情』1957年8月5日号、pp.22-24。

77）大蔵省財政史室編［1994］pp.369-378。

78）閣僚審議会「昭和32年度下期外貨予算について」『外国為替』第174号（1957年10月）p.6。「32年度下期外貨予算の特徴と内容」『金融財政事情』9月30日号、pp.12-13。

79）"Outgoing Telegram," Dulles to AmEmbassy TOKYO, September 25, 1957［NARA RG 59, Mf. I 55-59 R 7］.

80）"JAPAN-Supplementary Background Material and Revised Recommendations for 1957 Consultations," October 10, 1957［IMF SM 57/73］.

81）IMF EBM 57/52, October 16, 1957.

82）田中生夫［1980］第7章。

83）大蔵省財政史室編［1994］p.393。

84）大蔵省財政史室編［1994］p.397。

85）石田正「昭和30年～32年の為替行政」昭和38年2月12日、pp.40-41。

86）「最近における日本経済の推移」昭和32年9月7日、〔大蔵省〕官房調査課［大蔵Z 18-481］。堀口定義（大蔵省理財局国庫課長）は、「昭和29年の場合、輸入信用状が低下するのに約半年を必要としたのに比較すると顕著な相違」と述べている（「引締政策の回顧と展望――28・29年度の場合との比較」『財経詳報』第117号（1957年9月9日）p.4）。

87）こうした大幅引上げを行った理由として通産省は、「小幅な引上げは情勢により再引上げがなされるかの印象を一般に与え、かえって思惑的輸入承認申請を増大せしめる恐れがあるとの見地から、輸入担保制度実施以来の最高率である〔昭和〕29年4月当時の水準まで一挙に引上げを行って思惑輸入抑制についての通産省の強い意向を示したもの」と説明した（三井行雄〈通商産業省通商局輸入第一課課長補佐〉「輸入担保率の改正について」『財経詳報』1957年7月1日、pp.7-8）。なお、新井市彦（通産省通商局輸入第一課）「輸入担保率の引上げについて」『外国為替』第167号（1957年7月1日）pp.9-10も参照。

88）『外為年鑑』1959年版、p.103。

89）『外為年鑑』1959年版、p.100。

90）日本銀行編［1979］第16巻、p.567。

91）川口嘉一「最近における外貨金融の引締について」『外国為替』第166号（1957年6月）pp.2-5。政府は外国為替専門銀行育成のために、東京銀行に対して多額の外貨預金を行っていた。その額は、1956年12月末現在約3億4,000万ドルであった（「昭和32年外貨危機に際しての資金繰と問題点等について」昭和35年8月（大蔵省財政史室編

［1998］p.143））。

92）「経済局特別情報（第131号）」昭和32年3月7日［外務 E'0.0.0.8］。

93）高島節男（通商産業省通商局予算課長）「上期外貨予算の編成方針とその内容」『金融財政事情』1957年4月15日号、p.27。

94）高島節男（通産省通商局予算課長）「昭和32年度下期外貨予算の背景と性格」『金融財政事情』1957年10月7日号、pp.22-24。

95）『日本経済新聞』1957年9月4日、9月6日、9月20日。

96）「1957年度の対IMFコンサルテーションに関する件」昭和32年7月26日、朝海大使発　藤山大臣宛［日銀 A 4857］。

97）石原周夫「昭和33～36年度予算」昭和38年8月30日、p.24。

98）P. R. Narveker, "The 1954-55 Improvement in the Japanese Balance of Payments," May 13, 1957［外務 B'2.3.1.2-7］. Do., "The Cycle in Japan's Balance of Payments, 1955-58［外務 B'2.3.1.2-7］. これらのレポートは、Navekar［1957］,［1961］として公刊された。

99）IMFのデフリースは、ナヴェカーのレポートに依拠しつつ、金融・財政政策（とくに金融政策）を国際収支改善の主要な手段として用い、成功した事例として、高度成長初期の日本を挙げている（de Vries［1987］pp.39-47）。

100）『経済白書』昭和32年度版、p.19。

101）「現在の景気停滞の様相――昭和29年時との比較を中心にして」昭和33年7月4日〔大蔵省〕官房調査課［大蔵 Z 521-18］。

102）鈴木武雄［1960］pp.133-138。

103）"Staff Report and Recommendations—1955 Consultations," pp.3-5［IMF SM 55/72］.

104）"Staff Report and Recommendations—1956 Consultations," p.8［IMF SM 56/64］.

105）「IMFコンサルテーションの件」昭和30年8月3日、大蔵省［日銀 A 4862］。"Staff Report and Recommendations—1955 Consultations," p.6［IMF SM 55/72］。

106）"Staff Report and Recommendations—1956 Consultations," p.7［IMF SM 56/64］.

107）柿沼幸一郎［1957］。大蔵省財政史室編［1991 b］p.161。

108）「1957年度IMF Consultationに係る質問に対する回答案について」質問I-C-12［日銀 A 4857］。

109）" Staff Report and Recommendations—1957 Consultations," p.9［IMF SM 57/73］.

110）日本銀行百年史編纂委員会編［1985］pp.619-621。

111）『金融財政事情』1958年6月2日号、pp.10-11。

112）1957年7月に、水上達三（第一物産副社長）は、「〔昭和〕28、29年には熱心に活動した輸出最高会議、産業別輸出会議などもここ一両年来消えてしまったように中止状態であった」と批判し、「輸出政策の根本は、輸出第一主義ともいうべきバック・ボーンを中心に政府も産業界も、さらに国民全体がいわゆるエクスポート・マインドに徹し、産業構造のなかに輸出産業の体制を確立することであろう」と主張した（水上達三「50億ドル輸出への道」『日本経済新聞』1957年7月22日）。

113）「33年度の経済運営態度と経済見通し」『金融財政事情』1958年1月6日号、p.69。

114）『日本経済新聞』1957年12月17日（夕刊）。58年度（58年4月～59年3月）の輸出（通関額）は28億9,500万ドルで、目標を大幅に下回った。

115）「第69回外国為替審議会議事録」昭和33年8月20日。『金融財政事情』1957年12月9日号、p.11。

116）通産省通商局長の松尾泰一郎は、「輸出振興策の中でもっともてっとり早いのは、特別外貨制度や輸出リンク制度のように、輸出者に輸入の権利を与えることによって、一定の利潤を与えるような制度の拡充である。しかし、このような直接的な方策は為替の自由化を標榜するIMF等に対する関係からいっても、政策として採るわけには行かない。」と述べている（松尾泰一郎「輸出目標達成をめぐる諸問題」『経団連月報』1958年2月号、p.43）。

117）「通産当局の『輸出振興対策』の大要――経済閣僚懇談会提出の二資料から」『金融財政事情』1958年7月21日号、pp.22–23。

118）「輸出振興対策の考え方について」昭和33年7月7日、通商産業省［大蔵Z 538-478］。この文書は、通産省が1958年7月の経済閣僚会議の準備段階で作成したものと見られる。

119）「輸出振興対策」通商産業省、〔昭和33年7月7日頃〕［大蔵Z 538-478］に拠る。7月11日の経済閣僚懇談会提出の「輸出振興対策」とは項目の配列等が異なるようである。

120）矢野俊比古（通産省通商局通商政策課）「最近の輸出振興対策の方向」『外国為替』第196号（1958年10月）pp.2–5。『日本経済新聞』1958年8月23日。

121）日本輸出入銀行［1963］p.76。

122）「景気論争、国会で活発化」『日本経済新聞』1958年3月27日。

123）3月26日の記者会見で山際日銀総裁は、「物資と資金の需給バランスが回復していない現状で内需の振興策を採れば、引締め政策が中途で挫折する恐れがある」と、緩和政策を否定した（『金融財政事情』1958年3月31日号、p.6）。

124）『金融財政事情』1958年6月23日号、p.6。

125）『日本経済新聞』1958年7月2日。

126）『経団連月報』1958年8月号、p.8。

127）『日本経済新聞』1958年7月23日、8月28日。

128）『朝日新聞』1958年7月4日。

129）『日本経済新聞』1958年7月24日、8月3日、8月5日。自由民主党臨時財政経済対策特別委員会「財政経済対策中間答申」『国の予算』昭和34年度、pp.919–920。

130）福田政調会長は、公定歩合の2厘引下げを実施し、企業の金利負担を軽減すべきだと主張した（『日本経済新聞』1958年8月6日）。

131）『日本経済新聞』1958年8月6日。

132）この引下げについては、「金融情勢に追随」した当然の措置という受け止め方がなされた一方で、引下げ幅を自民党が求めていた2厘でなく1厘にとどめたのは、日銀側の抵抗の現われとする見方もあった（『金融財政事情』1958年9月8日号、pp.12–13、9

月15日号、pp.20–21）。

133）"Staff Report and Recommendation for 1958 Consultations," August 5, 1958［IMF SM 58/62］.

134）「渡辺武国際通貨基金理事の一万田尚登国際通貨基金総務宛書簡」昭和33年1月［大蔵Z 18–16］。

135）堀江薫雄［1962］pp.159–161。de Vries and Horsefield［1969］pp.436–443.

136）『日本経済新聞』1958年8月31日。

137）『日本経済新聞』1958年9月17日。

138）日本銀行編［1979］第16巻、p.589。

139）日本銀行編［1979］第15巻、p.290。

140）Horsefield［1969］pp.332–335.

141）Horsefield［1969］pp.446–452.

第7章

1）「欧州諸国通貨の交換性回復に伴う諸問題」外務省経済局、昭和34年1月9日『金融財政事情』1959年1月26日号、pp.37–38、伊原隆（東京銀行常務取締役）「西欧通貨の交換性回復とその影響」『財経詳報』第213号（1959年1月19日）も同様の観測をしている。石丸忠富（通商産業省通商局通商参事官）「西欧通貨交換性回復と我国貿易政策」『財経詳報』第218号（1959年2月9日）は、「交換性回復と共同市場の発足は、差当っては、我国貿易に大した影響はない」と見ていた。

2）「国際経済の新段階に対応するわが国の為替及び貿易政策の方向」昭和34年3月24日、経済閣僚懇談会提出資料、『金融財政事情』1959年3月30日号、p.35。「昭和34年度上期外貨予算について（上）」『外国為替』第208号（1959年4月）p.28。

3）森口八郎（通産省通商局予算課）「自由化と新外貨予算」『外国為替』号外（1959年5月1日）p.6。

4）『日本経済新聞』1959年3月30日（夕刊）。実質予算は輸入貨物予算から通常予備費を除いたもの。AAの金額は予算額をとっているので、確認額にもとづく表0–4の数値とは若干異なる。

5）「1959年度IMFコンサルテーションにおける貿易の自由化に関するわが国の基本的態度（外務省案）」昭和34年5月4日［大蔵「IMFコンサルテーション回答」］。

6）「IMFコンサルテーションにおいて論議されると思われる問題点について」昭和34年5月18日、為替局［大蔵「IMFコンサルテーション回答」］。

7）フリードマンが対日コンサルテーションに参加できなかったため、フリードマンの希望で非公式会談が行われた。日本側の参加者は、鈴木、吉岡、柏木の各財務調査官および渡辺IMF理事で、すべて大蔵省関係者であった（「出張報告」昭和34年7月15日、吉岡英一［大蔵Z 535–23］）。

8）日本側チームに参加した日銀スタッフは、「遺憾である」という表現は、「全討議を通じて最も強いいい方であった」とコメントしている（「IMFとの年次協議後半の模様について」昭和34年6月11日、〔日本銀行〕外国為替局［日銀A 4855］）。

9）“IMF, Minutes of the 1959 Consultations with Japan, June 1−10, 1959.”［大蔵Z 535−21］.

10）“1959 Consultations with Japan, Minutes of the Sixth Meeting,” June 10, 1959［大蔵Z 535−21］.

11）IMF EBM 59/35, September 18, 1959.「対日年次協議に関するIMF理事会の模様について」昭和34年11月9日、〔日本銀行〕外国為替局長［日銀A 4855］。

12）「貿易・為替自由化の方向と問題点」『貿易と関税』1960年3月号、p.13。『外為年鑑』1959年版、pp.89−90。

13）アバカ繊維とは、マニラ麻のことである。

14）残存10品目に関する、1959年中頃の日本側の説明は、つぎのようなものであった。「これら10品目については、(a) 各品目についてそれぞれ或いは通商政策上の理由から或いは国内の農業、漁業又は中小企業保護政策上の必要により現状としてドル地域よりの輸入をAAに移すことは極めて困難であり、(b) これら品目の多くは外貨割当により主産地たるドル地域よりの輸入を大幅に認めており、実質上においてはそれ程重大な差別待遇とは思われない、という理由により、なお当面形式上の差別待遇を存続するのやむなきに至った。しかしながら、これらについても機会をみて可及的速やかに差別撤廃の方向に進みたいと考えている。」(「IMFコンサルテーションにおいて論議されると思われる問題点について」昭和34年5月18日、為替局［大蔵「IMFコンサルテーション回答」］)。

15）1959年8月、米大使館ブラザー財務官は磯田好祐財務参事官に対して、米国は今やドル不足は解消したと判断しており、IMF、GATTの場を通じてドル差別撤廃を訴えていく、日本のドル差別10品目は品目数の面では少ないが、金額は相当にのぼるので重視していると伝えた（「米国政府の貿易自由化政策について（米大使館ブラザー財務官の財務参事官に対する説明要旨）」〔昭和34年8月20日頃〕［大蔵Z 18−98］）。

16）“Telegram from the Embassy in Japan to the Department of State,” August 27, 1959, *FRUS, 1958-60, Vol.XVIII*, pp.214−218.

17）“Representatives to Japanese Cabinet Ministers on Japanese American Trade Restrictions,” September 8, 1959［NARA RG 59, Mf. C 50−63 R 8］.

18）“Representatives to Japanese Cabinet Ministers on Japanese American Trade Restrictions,” September 8, 1959［NARA RG 59, Mf. C 50−63 R 8］.

19）「佐藤蔵相・ハーター長官会談の件」（昭和34年9月30日）［外務A'1.5.2−8］。

20）de Vries and Horsefield［1969］p.281 .

21）de Vries and Horsefield［1969］p.282. 和田謙三（大蔵省為替局総務課）「IMF・世銀総会を顧みて」『外国為替』第222号（1969年11月）も参照。

22）de Vries and Horsefield［1969］p.283 .

23）“Discrimination for Balance of Payments Reasons,” Decision No.955（59/45）, adopted October 23, 1959. IMF理事国の全体の合意を得るために、差別的為替制限が長期間にわたって維持されてきたことに鑑み、しかるべき準備期間が認められる旨の但し書きも加えられた。

24）IMF EBM 59/41, October 14,1959.

25）堀太郎（大蔵省主税局税関部調査統計課長）「ガット東京総会の成果と反省」『時の法令』第338号（1960年1月）p.23。東京総会の開催は、1957年にGATT総会に出席した河野一郎経済企画庁長官が提案した（「ガット東京総会の焦点」『貿易と関税』1959年10月号、p.20）。

26）「GATTにおけるわが国の輸入制限に関する協議について」『外国為替』第223号（1959年12月）pp.2-5.

27）「GATTにおけるわが国の輸入制限に関する協議について」『外国為替』第223号（1959年12月）p.5。

28）「昭和34年度下期外貨予算の大要」『金融財政事情』1959年10月5日号、p.23。「下期外貨予算と自由化の方向」『貿易と関税』1959年9月号も参照。

29）「昭和34年度下期外貨予算について（上）」『外国為替』第220号（1959年10月）p.3。

30）「場あたり主義の貿易自由化」『経済評論』1960年1月号、p.98。

31）外国為替審議会における大蔵省為替局資金課長の発言（「第84回　外国為替審議会議事録」）。

32）『日本経済新聞』1959年8月15日。

33）「伏線錯綜する貿易自由化問題」『金融財政事情』1959年9月21日号、pp.12-13。「第82回　外国為替審議会議事録」昭和34年9月11日。

34）武藤謙二郎（大蔵省為替局資金課長）「貿易自由化措置の性格と今後の問題点」『財経詳報』第276号（1959年11月23日）において、武藤は通産省の消極的姿勢を厳しく批判している。『金融財政事情』1959年9月14日号、p.9も参照。

35）『日本経済新聞』1959年9月17日。

36）「AA制中non-global 10品目について」［昭和34年7月頃］、大蔵省［大蔵Z 535-23］。『金融財政事情』1959年9月14日号、pp.6-7。

37）鉄くず輸入は、国内市場秩序（カルテル体制）の維持と関連していた。当時実施されていた鉄鋼くず合理化カルテルでは、アウトサイダーを規制できなかったので、AA制に移行すれば、鉄くず輸入カルテルが崩壊し、国内市場秩序にも悪影響が及ぶことが懸念されたのである。（『金融財政事情』1959年3月30日号、pp.12-13、10月26日号、p.10）。稲山嘉寛（八幡製鉄常務取締役）は、「鉄鋼原料については、いまスクラップだけが、貿易自由化という大義名分の上からAA制になっていますが、その程度の自由を獲得するだけで、それから生じる大変な弊害を放っておいてはいけないと思うのです。そういう意味で、スクラップをはじめ鉄関係の原料輸入はAA制を全廃して、外貨資金割当制度にするようにしていただきたいと思っています。〔中略〕いま鉄鋼業界では自主調整ということをやっていますが、やはりなかなか完全にはいっていない。そこで国家の指導というか、そういうものがどうしても必要だと思うのですが、その唯一の方法は、私は為替管理だと思うのです」と、原料輸入の自由化は鉄鋼業にとってマイナスであると述べている（「座談会　西欧通貨の交換性回復とわが国の貿易為替政策」『経団連月報』1959年2月号、p.12）。なお、鉄くずカルテルについては、広瀬芳弘［1961］参照。

38）通産省内では、官房、通商局が自由化やむなしとの立場をとり、原局は自由化に強く抵抗した（「自由化の影薄い上期外貨予算の編成劇」『金融財政事情』1959年3月30日号、p.12）。通商局と原局との違いについて、当時税関局長として交渉に当たった稲益繁は、つぎのように述べている。「通商局というのは割に自由化にたいして進歩的というのか、前向きにものを考える。ところが同じ通産省の中でも、原局といわれる繊維局なり、鉱山局なり、軽工業局なりとこういったところは、直接自分のとこの業界をかかえておるものだから、ひじょうに強い抵抗を示すわけです。いますぐに自由化の時期を決めろといわれたってとてもご免だと、そんなことは通産行政の根本をゆるがすんだと、こういう調子でくってかかってきた。」（稲益繁「昭和35〜37年の関税行政」昭和41年2月22日、pp.26–27）

39）「貿易為替自由化の必要性と今後の検討事項（第六稿）」〔通産省〕官房企画室、昭和34年6月25日［大蔵586–486］。

40）「輸入の自由化について」〔通産省〕通商局、昭和34年11月21日［大蔵538–486］。

41）「主要物資自由化上の問題点」〔通産〕大臣官房企画室、昭和34年6月24日［大蔵538–486］。

42）外国為替審議会で為替局資金課長は、10品目を自由化する方針を示し、その理由として、IMF、アメリカ政府がこの問題をとりあげていること、国内的にも景気がよいので抵抗が少ないことを挙げた（「第82回外国為替審議会議事録」昭和34年9月11日）。

43）『金融財政事情』1959年10月19日号、p.10。

44）「肌に感ずる貿易自由化圧力の中味」『金融財政事情』1959年11月9日号、p.12。

45）『金融財政事情』1959年11月16日号、p.10。『朝日新聞』1959年11月10日。『日本経済新聞』1959年11月12日。

46）外貨自動割当制（AFA）は、外貨予算の品目別配分は行うが、輸入割当申請があれば、無制限に割当て、予算が不足した場合にはできるだけ追加する制度。輸入者の手続き面では自動承認制（AA）とほぼ同じであるが、国際収支悪化の場合に外貨資金割当制（FA）に戻せる点でAA制とは異なる（『外為年鑑』1960年版、pp.43–44）。

47）「貿易為替自由化の方向と問題点」『関税と貿易』1960年3月号、p.15。

48）戸田博愛［1986］p.104。

49）『農林水産省百年史』編纂委員会編［1982］p.124。なたねは、甘藷、馬鈴薯とともに最初から対象であったが、大豆は1956年6月に追加された（『農林水産省百年史』編纂委員会編［1982］pp.202–203）。

50）大堀弘「貿易為替自由化計画の意義」『貿易と関税』1960年8月号、p.13。

51）『朝日新聞』1960年7月29日。

52）食管会計が輸入大豆を全量買い上げ、これに一定の金額（課徴金）をプラスした価格で即時（瞬間的に）売却し、その差益を引当てとして国産大豆およびなたねの売買差損を補填する方式であることから、「瞬間タッチ方式」と呼ばれた（「瞬間タッチ案をめぐって――大豆輸入自由化の問題点」『貿易と関税』1960年1月号、pp.43–44）。

53）「経済局特別情報」第250号（昭和34年10月29日）［外務 E'0.0.0.8］。

54）「経済局特別情報」第258号（昭和35年1月5日）［外務 E'0.0.0.8］。

55）「経済局特別情報」第287号（昭和35年8月19日）［外務 E'0.0.0.8］。

56）「大豆の自由化対策（政府案）について」日本銀行外国為替局長、昭和36年1月24日［日銀 A 4893］。主として対立したのは、農林省と大蔵省であったが、この問題は通産省とも関係があった。通産省は、輸入金額が大きい大豆の関税率を大幅に引き上げた場合には、代償として日本側が提供できる品目が農林省管轄の品目には存在しないので、結局、通産省所管の品目から譲許品目を出さねばならなくなることを懸念した。また外務省も、大幅な関税引上げは非現実的だと反対した（「経済局特別情報」第287号（昭和35年8月19日）［外務 E'0.0.0.8］）。

57）「経済局特別情報」第287号（昭和35年8月19日）［外務 E'0.0.0.8］。『朝日新聞』1960年8月10日、17日。

58）「大豆の自由化対策（政府案）について」［日銀 A 4893］

59）『朝日新聞』1961年6月16日（夕刊）。

60）大豆・なたねの価格支持は、すでに1953年公布の農産物価格安定法で定められていたが、価格支持の実施は、生産者団体が自主調整を行っても価格が安定しない例外的な場合に限定されていた。大豆輸入の自由化にともない、恒常的に政府が買い上げることになると予想されたため、新たな立法措置が講じられたものである。この法律により、価格水準が基準価格を下回った場合に、政府が全量を買い上げることになった。ただし交付対象数量は、輸入自由化以前の生産者販売数量約20万トンを上限とすることとされた（「大豆・なたねに交付金制度」『時の法令』第411号（1962年1月）pp.9–14）。

61）「自由化の影響を測定する　8」『エコノミスト』1960年4月10日号、p.86。平野清（油脂製造業会会長）「大豆AA制をめぐって」『経団連月報』1959年12月号、pp.39–45は、自由化支持の立場から、農林省の政策を痛烈に批判している。

62）日本経済調査協議会編［1966］pp.50–55、pp.106–115。

63）総務庁統計局［1988 a］pp.44–45、pp.64–65（原資料は農林水産省「作物統計調査」）。

64）戸田博愛［1986］p.106。たとえば、大野和興「自由化された農産物はどうなったか――レモン、大豆の場合」『月刊　社会党』第373号（1987年3月）は、「自由化によって国内生産が壊滅的になった最も代表的な例は大豆だろう」と述べている（p.90）。

65）『日本経済新聞』1959年12月23日。

66）『日本経済新聞』1959年12月26日（夕刊）。

67）同閣僚会議は、総理大臣を議長とし、外務、大蔵、農林、通産の各大臣および経済企画庁長官、内閣官房長官、党政調会長、日銀総裁によって構成され、貿易・為替自由化の目標・時期など大綱の審議決定を任務とした（「貿易・為替自由化の促進について」昭和35年1月5日　閣議了解案［公文書館 004–00 平14内閣 01353–100］）。なお、閣僚会議の下に、経済企画庁長官を議長とし関係各省事務次官等を構成メンバーとする「貿易・為替自由化促進連絡会議」が設置された。

68)「貿易及び為替の自由化の促進について」昭和35年1月12日、貿易・為替自由化促進閣僚会議決定。

69)「渡米みやげに急進撃の自由化プラン」『金融財政事情』1960年1月11日号、pp.12–13。

70)「基本方針」には期限は明記されず、菅野経済企画庁長官の「自由化達成のめどをおおむね3年にする」という発言を閣僚会議が了承するという形をとった（『日本経済新聞』1960年1月12日）。

71)「為替貿易の自由化問題について」『経団連週報』1960年3月10日、p.2。

72)「自由化の問題点を探る」『日本経済新聞』1960年1月13日。

73) 総合政策研究会編［1960］pp.404–414。

74)「提言」のスケジュールによれば、輸入自由化を1960年4月までに70%、62年3月までに85%、64年3月までに95%の3段階に分けて実施し、為替自由化もこれと並行して3段階で実施するものとしていた。「提言」のスケジュールについて、松尾泰一郎通産省通商局長が、60年1月8日の記者会見で、4年間で完全自由化は長すぎるとコメントした（『朝日新聞』1960年1月9日）。

75)『日本経済新聞』1960年3月31日。

76)「マッタのかかった“自由化”」『財経詳報』第299号（1960年3月28日）p.20。『日本経済新聞』1960年3月6日。「貿易自由化の条件――河野一郎氏にきく」『エコノミスト』1960年3月22日号、pp.36–39。

77)『日本経済新聞』1960年3月6日、3月12日。

78)『日本経済新聞』1960年3月31日。

79)「自由化に対する意見」昭和35年4月19日、日本経済団体連合会『経団連月報』1960年5月号、pp.4–6。

80)『経団連週報』1960年5月26日。

81) 金解禁になぞらえる見方について、自由化政策の取りまとめ役の大堀弘経済企画庁調整局長は、自由化が段階的に進められる点、輸出に有利な360円の現行為替レートが今後も維持される点などを挙げ、杞憂にすぎないと反論した（大堀弘〈経済企画庁調整局長〉「自由化計画をどう進める」『日本経済新聞』1960年4月11日）。

82)「東西財界人はこうみる――東京・大阪商工会議所経済懇談会」『東商』第155号（1960年5月）pp.7–13。

83)『日本経済新聞』1960年4月16日。

84)「貿易・為替自由化対策（抄）」昭和35年7月15日『経済同友』第146号（1960年7月）p.4。

85)『日本経済新聞』1960年4月8日。

86)『日本経済新聞』1960年4月9日。

87)「主要重工業部門における自由化の影響と対策」、「主要軽工業部門における自由化の影響と対策」『経団連週報』1960年3月26日。

88)「貿易・為替自由化に対するヒアリングの速記録に基く問題点の分類的集約」昭和35

年3月14日、自由民主党政務調査会経済調査会。

89）日本産業機械については、丹羽周夫（日本産業機械工業会会長）「産業機械工業における貿易自由化」『経団連月報』1960年3月号、pp.13–16参照。なお、日本産業機械工業会が対象とする産業機械とは、原動機、動力伝動装置、風水力機械、金属加工機械、鉱山機械、製鉄機械、破砕機、選別機、建設機械、化学機械、冷凍機械、プラスチックス機械、運搬機械の13機種を指す。なお、軸受については、今里広記（日本精工社長）「自由化とベアリング」『経団連月報』1960年10月号、pp.18–21参照。

90）電機工業については、金成増彦（日本電機工業会会長）「貿易の自由化と電機工業」『経団連月報』1960年8月号、pp.8–10参照。

91）自動車産業については、浅原源七（自動車工業会会長）「自由化と自動車工業」『経団連月報』1960年10月号、pp.14–17参照。

92）鉄鋼業界については、桑原季隆（八幡製鉄調査部長）「自由化を積極的に推進せよ」『経済評論』1960年3月号、pp.62–66参照。

93）竹内俊一石油連盟会長「貿易自由化と石油産業」『経団連月報』1960年8月号、pp.4–7。

94）「貿易自由化の影響に関する調査（第1次調査） 中間報告概況」昭和35年2月17日 東京商工会議所。

95）「貿易・為替自由化問題に対するヒアリング速記録（農林省）」昭和35年2月12日 自由民主党政調会経済調査会、p.1、p.4。

96）「農産物関係の関税改正問題について懇談」『経団連週報』1960年6月30日。

97）『日本経済新聞』1960年4月12日。農林漁業基本問題調査事務局監修［1960］pp.149–151も参照。

98）『日本経済新聞』1960年5月14日。

99）昌谷孝「基本法農政の展開」エコノミスト編集部編［1984］p.386。

100）『通商白書 総論』1965年度版、pp.82–85。

101）「日本農業に対する見解」昭和35年4月 通常総会採択『経済同友』第143号（1960年4月1日）p.3。経済同友会の農業問題に関する発言については、青葉翰於「財界の農政批判」エコノミスト編集部編［1984］pp.411–412参照。

102）「経済の論理を貫け——農業問題の研究進む」『経済同友』第142号（1960年3月1日）p.3。

103）しかし、『エコノミスト』は、労働組合について、「自由化の波が本来最も強く当る場所なのに、その受止め方は、ここが一番遅れている」と評している（「『自由化』に振り回される各界の表情」『エコノミスト』1960年3月8日号、p.37）。

104）「自由化政策に対するわれわれの態度」1960年3月8日、総評長期政策委員会自由化部会『月刊総評』第35号（1960年5月）pp.99–102。「自由化政策に対するわれわれの態度」『月刊総評』臨時増刊号（1960年7月）pp.100–108。

105）「社説 貿易自由化と労組の態度」『朝日新聞』1960年3月28日。

106）『日本経済新聞』1960年3月6日。

107）『朝日新聞』1960年6月29日。
108）『朝日新聞』1960年3月20日。
109）「昭和35年度上期外貨予算について（上）」『外国為替』第231号（1960年4月）p.78。
110）『日本経済新聞』1960年3月31日（夕刊）。
111）「昭和35年度上半期外貨予算について（上）」『外国為替』第231号（1960年4月）p.84。
112）海外渡航費、海外駐在員事務所経費は「その他の役務」、交互計算勘定の送金は「貿易付帯経費」の項目に計上された（「昭和35年度上期外貨予算について（下）」『外国為替』第232号（1960年5月）pp.2–4）。
113）『日本経済新聞』1960年4月5日。
114）『金融財政事情』1960年5月23日号、p.6。「低迷する貿易自由化計画」『貿易と関税』1960年6月号、p.25。菅野経済企画庁長官は、5月30日の経済閣僚懇談会で、計画の正式決定を6月末まで延期したいと申し入れ、了承された（『日本経済新聞』1960年5月30日（夕刊））。
115）『日本経済新聞』1960年6月15日。
116）『日本経済新聞』1960年6月22日。
117）『日本経済新聞』1960年6月28日（夕刊）。
118）「大綱」のテキストは、経済企画庁調整局編［1960］に依る。また、大堀弘経済企画庁調整局長の「貿易・為替自由化計画の意義」『貿易と関税』1960年8月号、pp.12–14は、「大綱」の簡潔な解説である。
119）『日本経済新聞』1960年6月24日（夕刊）。
120）自民党、財界等の自由化政策に対する抵抗が大きいことから、経済企画庁は、3月末に、「3年以内、90%」の目標に拘泥しないと軌道修正した（『日本経済新聞』1960年3月20日）。
121）『金融財政事情』1960年6月20日、p.6。
122）『金融財政事情』1960年4月4日、p.10。『日本経済新聞』1960年3月31日。
123）「IMF協定第8条第14項の問題について（未定稿）」昭和35年4月1日、為替局総務課［大蔵］、p.26。
124）渡辺武IMF理事は、日本の外貨準備（14億ドル）の輸入に対する比率はフランスよりも高かったので、8条国移行勧告が近いと観測した（「IMFと自由化問題につきIMF渡辺常任理事の説明をきく」『経団連週報』1960年7月13日）。
125）『日本経済新聞』1960年6月8日。渡辺武IMF理事は、6月20日の記者会見で、「この秋にはIMFから為替制限廃止の勧告が行われるかも知れない」と述べた（『朝日新聞』1960年6月21日）。6月28日の記者会見で池田通産相は、8条国移行勧告は今年度には行われないとの見通しを示した（『朝日新聞』1960年6月29日）。
126）『朝日新聞』1960年6月8日。
127）IMFからは、アジア局長サブカー団長ほか3名であり、ほかに渡辺武理事がオブザーバーとして加わった（“IMF, Minutes of the 1960 Consultations with Japan, July 4–18, Tokyo, Japan,”［外務B'2.3.1.2–6–1］）。

128）「1960年コンサルテーション為替局長開会挨拶」昭和35年7月4日［大蔵Z 18-98］。

129）「わが国の国際収支上の諸問題について（案） 賀屋為替局長ステートメント」［大蔵Z 18-98］。

130）「IMF年次協議第1回会議の件」〔日本銀行〕渉外部長、昭和35年7月4日［日銀12289］。

131）「IMF年次協議第7日の模様の件」〔日本銀行〕渉外部長 昭和35年7月13日、「IMF年次協議第8日の模様の件」〔日本銀行〕渉外部長、昭和35年7月13日［日銀12289］。

132）「IMF年次協議第8日の模様の件」、「IMF年次協議第10日の模様の件」〔日本銀行〕渉外部長、昭和35年7月15日［日銀12289］。

133）「IMFスタッフ・チームの講評（仮訳）（サブカー団長ステートメント）」昭和35年7月18日［大蔵Z 18-98］。

134）IMF EBM 60/42, September 16, 1960.

135）コンサルテーションの場でも、日本側は「IMFに対するわが方の要望事項」（賀屋為替局長提出、昭和35年7月15日）を提出して、GATT第35条援用問題が「一向に改善されていない」ことを指摘し、IMFに協力を求めた（「IMF年次協議第10日の模様の件」［日銀12289］）。

136）サザードがコメントした原案の部分は修正されなかった。なお、外国旅行に対する為替制限を維持していることについて、フランスのドゥアルジャンタイ理事、ドイツのグート（Guth）理事から疑問が出された。これに対し、IMF事務局側は、日本の自由化率はまだ低く、日本政府は段階的・計画的に自由化を進めており、その計画のなかで外国旅行の優先度が低いために自由化が遅れているのだと回答した。

137）「第94回 外国為替審議会議事録」昭和35年10月14日。

138）「第95回 外国為替審議会議事録」昭和35年11月11日。

139）佐藤清一（東京通商産業局局長）「ガット第17回総会に出席して」『日本貿易会報』第72号（1961年1月）pp.3-4。

140）大蔵省為替局資金課「昭和35年度下期外貨予算（上）」『外国為替』第243号（1960年10月）pp.14-15。通産省は、品目別自由化は10月実施予定のものを除いて追加せず、1961年4月に原綿・原毛が自由化される際に一挙に実施する予定であった（『日本経済新聞』1960年8月1日）。その後、自由化促進の見地から、品目拡大を図ったが、結果的には小規模の自由化に終わった（『朝日新聞』1960年9月9日）。なお、AFA品目追加約170品目を加えると、自由化品目数は約400となる。

141）「無性格の下期外貨予算」『金融財政事情』1960年10月10日号、pp.32-33。通産省は、資本流入により、下期も総合収支尻の黒字は続くものと予想し、積極政策の継続は可能と見ていた（『日本経済新聞』1960年8月2日）。

142）岡茂男［1992］p.159。

143）諮問文は、「昭和26年の輸入税表改正以来の本邦産業構造の変化等にかんがみ、また、あわせて貿易自由化に対処するため、関税率及びこれに関する制度に関し根本的に検討を加える必要があると考えられるが、これをいかにすべきかを諮問します」となっている（大蔵省関税局編［1972］p.450）。

144）稲益繁「昭和35～37年の関税行政」pp.3–5。

145）稲益大蔵省税関部長は、「3年後なり5年後なりあとに自由化されるものであっても」、「自由化を前提に全面的な改定」を行ったと述べている（稲益繁（大蔵省税関部長）「関税率・制度の改正はいかに行なわれたか」『貿易と関税』1961年2月号、p.23）。

146）内訳は、引上げ251品目、引下げ386品目、据置き1,596品目（計2,233品目）。

147）国会では、この制度が租税法律主義（憲法第84条）に反するとして問題になった（大蔵省関税局編［1972］p.481）。

148）この制度は、実質的に輸入割当てに近い効果を持つので、自由貿易の観点からは好ましくないとされたが、ガットでは、無差別適用を条件に認められていた（「関税定率法の一部を改正する法律の一部を改正する法律想定問答」昭和36年2月、〔大蔵省〕税関部）。

149）関税率審議会の答申は、ニッケル、高速度鋼、五酸化バナジウム（特殊鋼の原料）、セラック（樹脂・塗料の原料）、シードラック（樹脂・塗料の原料）の5品目への適用を提言し、1961年からこの5品目に適用された（大蔵省関税局編［1972］pp.482–483、柴崎芳弘（大蔵省税関調査官）「関税改正の主要内容（下）」『外国為替』第253号（1961年4月）pp.19–20）。

150）関税率をめぐっては、主食、砂糖、石油、石炭、パルプ、黄麻、銅、合成染料などについて意見が分かれた。

151）「関税改正特集座談会〈2〉　関税制度改正の意図と運用上の問題」『貿易と関税』1961年3月号、p.19の柴崎芳弘（大蔵省税関部関税調査官）の発言。

152）当時は食生活が変化しつつあり、酪農製品の需要が急拡大していたが、農林省が酪農を農業の選択的拡大の対象として重視していたために、脱脂粉乳（25%→45%）、バター（35%→45%）、プロセス・チーズ（35%→45%）の関税率は大幅に引き上げられた（「乳製品と関税改正」『貿易と関税』1961年3月号、pp.42–43）。

153）農林省は、イモの過剰生産の捌け口として結晶ぶどう糖生産政策を打ち出し、結晶ぶどう糖保護のために、すでに高い砂糖関税（従価140%）をさらに引上げようとした。

154）「関税改正特集座談会〈3〉　関税改正案に対する批判」『貿易と関税』1961年4月号、p.19。

155）大豆についても、前述のように、実際には関税引上げだけでは対応できなかった。

156）1961年12月15日の関税率審議会の答申にもとづいて実施された（「関税定率、暫定措置の138品目を改正」『時の法令』第431号（1962年7月）pp.26–31）。

157）大蔵省関税局編［1972］pp.489–495。

158）大蔵省関税局編［1972］pp.517–520。「最近の経済情勢に応ずる関税定率の改正等」『時の法令』第457号（1963年4月）pp.17–22。

159）その後、暫定措置は更新された。

160）1960～62年の関税交渉については、大蔵省関税局編［1972］pp.496–503参照。

161）大蔵省関税局編［1972］pp.496–497。
162）「経済局特別情報」第290号（昭和35年9月19日）［外務E'0.0.0.8］。
163）“Memorandum of Conversation,” Washington, September 16, 1960, *FRUS, 1958–60, Vol.XVIII*, pp.405–406.
164）“Memorandum of Conversation,” Washington, September 30, 1960, *FRUS, 1958–60, Vol.XVIII*, pp.411–412.
165）「経済局特別情報」第304号（昭和36年1月17日）［外務E'0.0.0.8］。
166）当初オファーした代償品目（飼料用とうもろこし、サフラワーの種等）に、新たに、牛脂、松脂、小麦粉（グルタミン酸ソーダ製造用）、フスマ等を加えた（「経済局特別情報」第310号（昭和36年3月14日）［外務E'0.0.0.8］）。
167）日本側はほぼ13%の税率に相当する重量税（従来は10%の従価税）を提案したが、税率が結果的にさらに高くなる恐れがあると米国が反発したため、従価税で妥協した。

第8章

1）1960年前後の短期資本について、くわしくは浅井良夫［2005］を参照。
2）バンク・アクセプタンス方式は輸入ユーザンスの標準的な方式であるが、1960年代前半の日本の輸入ユーザンスの約半分を占めたのは本邦ローン方式であった。バンク・アクセプタンスとB/Cユーザンスがそれに続くシェアを占めた。本邦ローン方式は、日本独特の方式であり、本邦為替銀行がいったん輸入業者に代わって一覧払手形で輸入代金を決済し、本邦為銀はあらためて輸入業者から約束手形を徴収して外貨資金を貸し付ける方式である。本邦為銀による外貨貸付なので「本邦ローン」と呼ぶが、本邦為銀は本邦ローンを引当てにアメリカの銀行から外貨資金を調達していたので、実態は外銀による信用である。B/Cユーザンスは、商社本支店間の取引に用いられる輸入決済方法である。そのほかに、リファイナンス方式が存在する。いずれも、本邦為銀が外国銀行から輸入ユーザンス信用を受ける点で、本質的な相違はない。西倉高明［1998］pp.109–115を参照。
3）それ以前にも、1950年1～9月に在日米系銀行に対してドル・ユーザンスが、51年1～4月に英系銀行の信用供与にもとづくポンド・ユーザンスが実施されたことがあったが、いずれも一時的であった（日本経済調査協議会編［1965］p.83）。
4）「為替自由化と貿易金融」『外国為替』第228号（1960年3月）pp.24–25。
5）1959年4月の60品目への拡大で、輸入の6割がカバーされるようになった。それまでは、ユーザンスの90%までが鉄鋼原料と原綿によって占められていた（経済企画庁戦後経済史編纂室編［1962］p.426）。
6）金岡克文［2002］。靏見誠良［2014］。
7）外国為替手形の引受銀行は、ニューヨークの銀行以外に、サンフランシスコ、シカゴなど金融中心地の大銀行であった。
8）『金融財政事情』1959年2月2日号、p.8。
9）指定通貨とは対外決済に用いることを認められた通貨であり、外為法第8条に規定されていた。ちなみに、1958年末現在の指定通貨は、米ドル、英ポンド、カナダ・ドル、スイス・フラン、ドイツ・マルク、フランス・フラン等の9種類、59年4月にオーストリア・シリング等6種類が追加され、15種類となった。

10)『金融財政事情』1959年11月30日号、p.19。

11) 内訳は、世銀出資円など政府資金約150億円、外国映画蓄積円など民間資金50億円(『金融財政事情』1959年11月30日号、p.10)。

12)『外為年鑑』1961年版、pp.45–46。

13) 浅井良夫［2005］pp.39–41。

14)「非居住者自由円勘定と円為替制度導入の影響について」為企、昭和35年3月28日［大蔵「自由円2」］。同様の見解は、村井七郎（大蔵省為替局企画課長）「自由円勘定と円為替――その問題と影響」『貿易と関税』1960年7月号にも述べられている。

15) 瀬川治久（大蔵省為替局企画課）「自由円勘定と円為替」『外国為替』第236号（1960年7月）p.6。

16)「円為替導入研究研究小委員会について」昭和35年4月9日［大蔵「自由円（その二）」］。「円為替導入研究小委員会について（その二）」昭和35年4月22日［日銀13551］。「円為替導入の具体的構想をめぐって――大蔵省試案と為銀側の意見を中心に」『金融財政事情』1960年5月2日号、pp.22–23。

17) ユーロマネーという場合には、ドル以外の預金も含まれるが、大部分はドルであったので、ユーロマネーはユーロダラーと同義とみなしてよい。

18) 金井雄一［2014］p.197。

19) 渡辺誠「国際金融行政」昭和42年6月29日、pp.4–6。

20)「昭和36年度上期外貨予算（上）」『外国為替』第254号（1961年5月)、「強気で貫ぬく上期外貨予算」『金融財政事情』1961年4月10日号。

21)「昭和36年度上期外貨予算（上）」『外国為替』第254号（1961年5月）p.48。今井善衛通産省通商局長は、「経常収支の赤字が1～2月続いて、しかも9,000万ドルをこえる数字となって現れたことに対しては、国際収支の基調に変化が生じたとみるむきもあるが、われわれはむしろ季節的な現象として把えることの方が妥当だと考えている」と述べた(「昭和36年度上期外貨予算について」『経団連週報』1961年4月6日)。

22)「強気で貫ぬく上期外貨予算」『金融財政事情』1961年4月10日号、p.42。

23) 久光重平（大蔵省為替局資金課長補佐）「昭和36年度上期外貨予算について」『財経詳報』第374号（1961年4月10日）p.1。機械への割当額は、4億3,000万ドルであった。

24)「強気で貫ぬく上期外貨予算」『金融財政事情』1961年4月10日号、p.42。

25)「35年度上期外貨予算の概要」『貿易と関税』1960年5月号、p.50。

26) 原吉平（日本紡績協会委員長）「原綿輸入の自由化と日本綿業」『経団連月報』1960年3月号、pp.8–9。

27)「通産行政の問題点をつく」『貿易と関税』1958年3月号、p.22。

28)『日本経済新聞』1959年12月8日。

29）『朝日新聞』1959年11月17日。

30）山田正次［1999］。山田論文は、①原綿割当方式が紡績生産の高番手化を促進したこと、②原綿割当制度が企業活動に課した制約を回避するため、大手企業が化学繊維産業への転換、中南米への企業進出を図った点を強調している。

31）是永隆文［2000］。是永論文は、外貨割当制度のもとで発生するレントの機能に着目し、①レントが設備投資を促進する効果を持ったこと、②外貨割当制度は、設備投資、原料割当の面で新規企業・中小規模企業を優遇し、企業間の生産力格差を緩和する効果を持ったことを明らかにした。なお、関連する業績に、Okazaki and Korenaga［1999］がある。

32）割当の基準は、しばしば変更され、仕組みも複雑であるが、詳細については、山田正次［1999］、是永隆文［2000］および、日本貿易協会編［1962］pp.226-250、日本紡績協会業務部原料課「原綿買付用外貨資金の割当基準について」『日本紡績月報』第160号（1960年4月）、第161号（1960年5月）参照。

33）「綿花・羊毛輸入の自由化をめぐって」富士銀行『調査時報』1960年1月、p.33。

34）「原綿AA制移行をめぐる問題点（上）」『繊維経済』第78号（1959年9月）p.34。

35）「原綿AA制移行をめぐる問題点（上）」『繊維経済』第78号（1959年9月）p.24。50%への拡大は実現しなかったが、1959年度下期の商社割当額は、前期の4,350万ドルから一挙に1億6,900万ドルに激増した（構成比で12.8%）。

36）今井善衛（当時　通産省繊維局長）によれば、池田勇人通産相が、1959年8月に、通産省の省議で、綿花が自由化の先陣を切るべきだと指示したのがきっかけであった（今井善衛「先進国に仲間入りしたころの通産行政」『通産ジャーナル』第18巻第9号（1985年9月）p.43）。

37）「貿易の自由化と繊維業界の諸問題」神戸銀行『調査月報』1960年12月号。

38）『日本経済新聞』1959年12月8日。

39）『朝日新聞』1959年12月26日（夕刊）。今井善衛（当時、通産省繊維局長）は、次のように証言している。「綿花や羊毛は日本の輸入の20%くらいを占めていたんですが、もちろん業界は自由化に対しては反対でした。しかし、大臣に自由化をやろうという宣言をしてもらい、1年後の36年1月から実施というお膳立てをした。ところが当時政務次官でした大阪出身の原田憲さんが、『業界が反対しているので、それでは池田さんが票を失う』ということで、結局、4ヵ月のばして、36年4月から実施するということに決めたわけですが、業界とくに中小企業の人たちから反対の電話や電報がずいぶんきましたね。」（松林松男編［1973］p.127）。

40）「原綿AA制移行をめぐる問題点（上）」『繊維経済』第78号（1959年9月）pp.33-36。

41）「為替貿易自由化に関する意見書」昭和34年11月4日、日本紡績協会『日本紡績月報』第156号（1959年12月）pp.2-12。

42）「原綿AA制移行をめぐる問題点（下）」『繊維経済』第80号（1959年11月）p.5。

43）「原綿AA制移行をめぐる問題点（下）」『繊維経済』第80号（1959年11月）p.4。1960年9月18日には、無登録紡機でヤミ綿糸を製造していた業者の団体、日本新紡協会が、ヤミ糸の規制は繊維工業設備臨時措置法に基づいていないとして、今井通産省繊維局長を告発する事件が起きており、通産省と新紡・新新紡との摩擦がこの時期に激しくなったことが窺われる（『朝日新聞』1960年9月18日）。なお、今井善衛は、原綿自由化について、「十大紡のなかにはわかる人もいたんですけれど、新紡、新々紡はみな猛反対なんですね」と述べている（今井善衛「先進国に仲間入りしたころの通産行政」『通産ジャーナル』第18巻第9号［1985年9月］p.44）。

44）今井善衛（通商産業省繊維局長）「貿易自由化と繊維工業設備臨時措置法の改正について」『化繊月報』第142号（1960年9月）pp.2–7。

45）通商産業省編［1990 c］pp.407–413。

46）日本綿花協会編［1969］pp.553–554。

47）綿花取扱商社は、戦前は16～17社にすぎなかったが、1959年には85社も存在した（『日本経済新聞』1960年3月19日）。

48）日本綿花協会編［1969］pp.566–569。綿花自由化で苦境に立たされたのは、必ずしも中小商社だけでなかったことは、三菱商事綿花部の事例からも窺われる（三菱商事株式会社編［1986］pp. 237–238）。

49）「自由化計画に関する米代表団の要望に関する件」昭和35年11月11日、在ジュネーブ国際機関日本政府代表青木盛夫発　小坂外務大臣宛［外務 E'2.0.0.32］。

50）「経済局特別情報」第314号（昭和36年4月12日）［外務 E'0.0.0.8］。日本政府は、国会会期中であることなどを理由に、アメリカ政府の要請を当面は極秘扱いにした。日本政府が、「外圧」という印象を与えることを懸念したためとされる（『朝日新聞』1961年9月9日社説）。

51）「貿易の自由化に関する件」昭和36年4月14日、朝海大使発　小坂大臣宛［外務 E'2.0.0.32］。

52）"Japan's Foreign Exchange Budget, April 1–September 30, 1961," Andrew B. Wardlaw, Commercial Attache, Embassy of Tokyo, May 16, 1961［NARA RG 59, Mf. I 60–63, R 17］.

53）『朝日新聞』1961年6月21日。『日本経済新聞』1961年6月21日。

54）「貿易の自由化に関する件」昭和36年4月14日、小坂大臣発　朝海大使宛［外務 E'2.0.0.32］。

55）「貿易為替の自由化の現状と今後の問題点」昭和36年4月28日、外務省経済局［外務 E'2.0.0.32］。

56）「対日コンサルテーションに関するIMF部内の空気についての鈴木理事報告要旨（6月8日接受）」（大蔵省財政史室編［1998］p.44）。以下で見るように、1961年の8条国移行延長をめぐっては鈴木源吾IMF理事の意見・判断が大きな影響力を持った。鈴木秀雄（当時財務調査官、為替局長）は、鈴木源吾を「池田さんの寵児だった人」と言っている（鈴木秀雄「開放体制への道」エコノミスト編集部編［1984］p.379）。

57）「IMFからBPリーズンなしとの判定を受けた場合に起る問題について」昭和36年6月15日、為替局総務課（大蔵省財政史室編［1998］pp.158–160）。

58）1961年6月作成と推定される通産省作成文書、タイトルなし［外務 E'2.0.0.32］。
59）「本年度IMFコンサルテーションに臨む態度について（案）」昭和36年6月15日、為替局総務課、別紙3［大蔵「局長引継ぎ資料　昭和36年」］。
60）「経済企画庁覚え書」昭和36年6月12日［外務 E'2.0.0.32］。
61）「本年度IMFコンサルテーションに臨む態度について（案）」昭和36年6月15日、為替局総務課［大蔵「局長引継ぎ資料昭和36年」］。大蔵省財政史室編［1998］所収の同史料には、この部分が脱落している。
62）森鼻武芳（大蔵省為替局総務課長）「IMFコンサルテーションの報告」『財経詳報』第401号（1961年9月18日）p.2。
63）"Japan−1961 Consultations," J. Robert Thomas, June 16, 1961［IMF C/ Japan/810］.
64）"Minutes of the 1961 Consultation with Japan,"［IMF C/Japan/810］.
65）"Japan−1961 Consultations, Minutes of Meeting No.7," June 29, 1961［IMF C/Japan/810］.
66）大臣会談の議事録を発見できなかったので、以下の記述は、「1961年度IMF対日コンサルテーション関係資料」昭和36年（大蔵省財政史室編［1998］pp.34−35）、および「第103回外国為替審議会議事録」昭和36年7月14日、にもとづく。
67）福田久男為替局長の回顧によれば、このメモを作成したのは迫水企画庁長官であった（福田久男「昭和36年～37年の為替行政」昭和38年12月18日）。
68）『日本経済新聞』1961年7月8日。
69）『朝日新聞』1961年7月18日（夕刊）。
70）"Japanese Consultations," Irving S. Friedman to the Managing Director, July 19, 1961［IMF C/Japan/810］.
71）BPリーズンなしの勧告原案が全会一致で承認された。オーストリアは、8条国移行が国際収支を悪化させるのではないかという懸念を表明したものの、原案に反対はしなかった［IMF EBM 61/42, July 26, 1961］。
72）『朝日新聞』1961年7月27日（夕刊）。
73）IMF EBM 59/40, October 7, 1959.
74）「1961年度IMF対日コンサルテーション関係資料」昭和36年（大蔵省財政史室編［1998］p.39）。
75）「IMFの対日コンサルテーションに関する件」昭和36年8月1日、ワシントン発大臣宛［日銀 A 4893］。「自由化促進に関する米国の要請について」昭和36年8月4日〔日本銀行〕外国為替局長・総務部長［日銀 A 4893］。「経済局特別情報」第327号（昭和36年8月15日）［外務 E'0.0.0.8］。
76）「IMF判定及び16品目自由化に関する件」昭和36年8月4日、小坂大臣発　朝海大使宛［外務 E'2.0.0.32］。
77）『日本経済新聞』1961年8月4日。7月13日の今井通商局長発言では、農産物、自動車、電子計算機などは自由化しないと述べており、通産省としては、この部分をコアとして守る方針であったことが窺われる（「今井通商局長発言の周辺」『貿易と関税』1961

年8月号、p.41)。機械業界は、今井発言が、自由化繰上げの品目から機械類を除外していることを歓迎した（『朝日新聞』1961年7月14日)。

78）池田首相、小坂外相、水田蔵相、河野農相、佐藤通産相、藤山経済企画庁長官。「米国の自由化促進要請に対する政府の方針について」昭和36年8月4日、予算係［日銀A 4893］によれば、この関係閣僚会議では、「90％自由化は日本としては最大限の努力であるので、16品目についての譲歩は不可能であり、その点米国より強いて要請されれば“BPリーズンなし”との決定を受けても止むを得ない。なお、対米交渉では16品目の点はなるべくふれないようにし、品目毎に自由化の言質は与えないようする」ことが決定した。

79）「1961年度IMF対日コンサルテーション関係資料」昭和36年（大蔵省財政史室編［1998］p.41)。「IMF判定および16品目自由化に関する件」昭和36年8月7日、朝海大使発　小坂大臣宛［外務E'2.0.0.32］。

80）「1961年度IMF対日コンサルテーション関係資料」昭和36年（大蔵省財政史室編［1998］pp.41−42)。

81）“Staff Report and Recommendations−1961 Consultations,” August 6, 1961［IMF SM/61/67］

82）「経済局特別情報」第329号（昭和36年9月13日）［外務E'0.0.0.8］。

83）森鼻武芳（大蔵省為替局総務課長）「IMFコンサルテーションの報告」『財経詳報』1961年9月18日号、pp.1−4。

84）IMF EBM 61/49, September 6, 1961.

85）『日本経済新聞』1961年7月9日。他の新聞もだいたい同じ論調であった。

86）渡辺誠「コンサルテーションの結果」『外国為替』第265号（1961年10月1日）p.35。

87）「霞ヶ関を吹き荒らしたIMF台風禍」『金融財政事情』1961年8月21日号、pp.14−15。

88）「IMF判定及び16品目の自由化並びに対米綿製品交渉に関する件」昭和36年8月26日、小坂大臣発　朝海大使宛［外務E'2.0.0.32］。なお、ケネディ政権の繊維産業に対する保護政策と貿易政策の関係については、Zeiler［1992］Chap.3参照。

89）『日本経済新聞』1959年4月24日。

90）『日本経済新聞』1961年7月16日。国際綿製品貿易協定については、日本紡績協会編［1979］pp.345−371、「国際繊維製品会議の展望」『輸出綿糸布月報』第11巻第8号（1961年8月）を参照。

91）「経済局特別情報」第329号（昭和36年9月13日）［外務E'0.0.0.8］。「日米綿製品貿易交渉の顛末」『輸出綿糸布月報』第11巻第9号（1961年10月)。「対米綿糸布輸出規制について」『輸出綿糸布月報』第11巻第11号（1961年11月)。『日本経済新聞』1961年9月9日（夕刊)。

92）鈴木重光（日本綿糸布輸出組合理事長）「綿製品貿易長期協定の成立について」『経団連月報』1962年4月号、pp.4−6。小杉真（通産省繊維局）「『国際綿製品貿易に関する長期取極』成立後の輸出見通し」『輸出綿糸布月報』第12巻第4号（1962年4月)。

93）日本紡績協会編［1979］p.336。

94）本書では、IMFのBPリーズンなしの判定回避と繊維交渉妥結との間の取引はなかったと考えている。アメリカ側は非公式に取引を行う用意があると持ち掛けてきたが、日本側は「綿製品交渉の今後の進展を見た上で、改めて検討すること」にした。その後、日米間の取引が行われた形跡は認められない（「IMF判定及び16品目の自由化並びに対米綿製品交渉に関する件」昭和36年8月26日、小坂大臣発　朝海大使宛［外務E' 2.0.0.32］）。

95）「貿易・為替自由化促進計画　閣議了解」昭和36年9月26日、経済企画庁『金融財政事情』1961年10月2日号、pp.42–46。

96）「新自由化計画と今後の課題」『貿易と関税』1961年11月号、p 25。

97）『日本経済新聞』1961年9月27日。

98）『朝日新聞』1961年9月26日（夕刊）。

99）「新自由化計画の問題点」『経済評論』1961年11月号、pp.2–4。

100）『日本経済新聞』1960年12月18日。

101）『日本経済新聞』1961年1月25日（夕刊）。

102）日本銀行百年史編纂委員会編［1986］pp.24–33。

103）『朝日新聞』1961年2月24日。

104）『日本経済新聞』1961年3月24日。1961年3月段階では、経常赤字の主因は対米貿易の減退とみなされており、設備投資が主因とは考えられていなかった（丸茂昭則（経済企画庁調査局内国調査課）「最近の国際収支動向——経常収支は赤字基調」『財経詳報』第369号（1961年3月20日）pp.10–12)。

105）3月30日の閣僚懇談会では、水田蔵相が、「設備投資が3,000億円ふえると1億ドル輸入がふえるそうだが、最近の輸入増加は設備投資の増加にも原因があるのではないか」と指摘、山際日銀総裁もそれに同調した（『日本経済新聞』1961年3月31日)。これに対し、椎名通産相は、「国際収支の赤字や生産過剰ばかりを気にして合理化投資を押えたら、国際競争力の強化がそれだけ遅れ、自由化のときにとんでもない結果となる」と反論した（『朝日新聞』1961年3月31日)。また、経済企画庁は4月初め、民間設備投資の基調は健全であるという見解を発表した（『日本経済新聞』1961年4月10日)。

106）『朝日新聞』1961年4月27日（夕刊)。

107）『朝日新聞』1961年5月2日。

108）松尾直良（大蔵省為替局資金課）「昭和36年度国際収支の概要」『財政金融統計月報』第129号（1962年7月）pp.8–9。

109）『日本経済新聞』1961年5月9日。

110）『日本経済新聞』1961年5月9日。

111）「第185回定例理事会議事要録」『経団連週報』1961年5月25日、pp.2–3。

112）『日本経済新聞』1961年5月18日。

113）『朝日新聞』1961年5月29日（夕刊)。

114）松尾直良「昭和36年度国際収支の概要」『財政金融統計月報』第129号（1962年7

月）p.8。

115）1961年の金融引締め政策については、日本銀行百年史編纂委員会編［1986］pp.33-50、呉文二［1981］pp.86-95参照。

116）『朝日新聞』1961年6月2日。

117）『朝日新聞』1961年6月3日（夕刊）。

118）池田改造内閣の発足は、7月18日。水田三喜男（蔵相・留任）、佐藤栄作（通産）、河野一郎（農林）など、大物をそろえた内閣となった。大月高（当時、大蔵省銀行局長）は、内閣改造前は閣僚が浮き足立っており、とても公定歩合引上げといった「強い手段を打つだけの態勢」になかったが、改造で池田内閣が強化された結果、引上げを実施できたと述べている（大月高「昭和36～38年の銀行行政について」昭和38年11月29日、pp.17-18）。

119）『日本経済新聞』1961年7月22日。「色あせた公定歩合操作」『金融財政事情』1961年7月31日号、pp.14-15。

120）その結果、輸出金利は一般の金利よりも7厘（2.56%）も低くなった。貿易業界は、輸出振興に熱意を示したものとして歓迎した（『朝日新聞』1961年7月22日）。

121）産業界は設備投資を抑制する必要を感じていなかった。「座談会　設備投資の調整問題について」『経団連月報』1961年8月号が、当時の雰囲気をよく伝えている。たとえば、稲山嘉寛（八幡製鉄副会長）は、「設備投資が多すぎるから需要がふえる、需要がふえると物価が上がるからいけない」というような「消極的な考え方が多く伸びるべき日本の経済を伸ばさないようにするような議論がいままで多かった」と批判した（p.24）。また、稲山は別の座談会で、「輸入が急増したというのは、決して設備投資が行き過ぎたということだけではなく、やはり国内の消費が旺盛だというか、とにかく、賃金は上げる、米などの農産物は高く買う、というようなことで購買力をドンドンつけてゆく。しかも、そうして大きくなった購買力が自制心もなくむやみに買おうとするからだ、と思うのです」と、家計の消費拡大に国際収支悪化の主たる原因があると主張した（「座談会　国際収支改善策と来年度経済の方向」『経団連月報』1961年11月号、p.23）。

122）大月高によれば、大蔵省が産業政策に口を出すことに対する批判が財界から出された（大月高「昭和36～38年度の銀行行政について」pp.12-13）。

123）『朝日新聞』1961年7月6日。岡崎哲二［2002 b］pp.167-168。大蔵省財政史室編［1991 a］pp.171-174。

124）『日本経済新聞』1961年7月20日、7月20日（夕刊）。

125）『金融財政事情』1961年7月24日号、p.9。

126）「設備投資の論理と行動」『エコノミスト』1961年8月15日号、pp.15-16。

127）『日本経済新聞』1961年7月11日。

128）「外貨資金繰緩和のための短期借款について」昭和36年9月4日、為資（大蔵省財政史室編［1998］pp.160-161）。

129）「外貨資金繰り対策」昭和39年1月8日、為企［大蔵］。

130）“Possible Japanese Borrowing,” September 27, 1961, H. L. Stanford［FRBNY］.
131）「ヤコブソン会談要旨」昭和36年9月18日（大蔵省財政史室編［1998］pp.161-162）。
132）「リンダー輸銀総裁会談要旨」昭和36年9月19日［大蔵「三行借款」］。
133）『朝日新聞』1961年9月11日（夕刊）。
134）『日本経済新聞』1961年9月25日（夕刊）。
135）大蔵省財政史室編［1998］pp.162-164。羽柴忠雄（経済企画庁調整局）「国際収支改善対策について」『財経詳報』1961年10月2日、pp.1-4。
136）「迷いに迷った景気調整劇」『金融財政事情』1961年10月2日号、p.14-15。
137）「日本経済の現状認識とその対策」昭和36年9月5日『経済同友』第159号（1961年9月）p.2。企業の姿勢について経済同友会は、「所得倍増計画に対する経済界の反応のし方は余りにも強過ぎたというべきであろう。もし、わが経済界にも、先進国のような高度の自主性が存在していたら、あのような反応はしなかったであろうし、第1年目において、計画の10年後の民間設備投資水準を突破することもなかったと思われる」と批判した。
138）『朝日新聞』1961年9月13日。設備投資に関して、政府の介入にも、自主調整にも否定的な経団連と、1961年初めから自主調整論を唱えていた同友会との考え方には距離があった（『朝日新聞』1961年12月22日）。
139）『朝日新聞』1961年9月21日。なお、全銀協も9月21日、同様の要望を自民党に伝えた（『日本経済新聞』1961年9月21日）。
140）『朝日新聞』1961年9月16日（夕刊）。
141）具体的には、①対象が全輸入品目であった、②これまでで最高の担保率であった、③日銀への現金担保差入れが求められた（輸入額の一定割合に相当する現金を3ヵ月間日銀に担保として預託させる措置）の3点において厳しい内容であった。
142）森孝（通産省通商局輸入第一課）「輸入担保率の引上げ」『外国為替』第266号（1961年10月）。「“危機”走る担保率引上げ」『エコノミスト』1961年10月3日号、pp.18-19。
143）日本銀行百年史編纂委員会編［1986］pp.44-46。
144）『日本経済新聞』1961年9月19日。
145）『日本経済新聞』1961年9月28日。
146）岡崎哲二［2002 b］pp.170-171。『日本経済新聞』1961年9月13日、10月19日。『日本経済新聞』1961年11月14日、11月30日。
147）大蔵省財政史室編［1991 a］（堀内昭義執筆）pp.174-175。『日本経済新聞』1961年9月15日。
148）『日本経済新聞』1961年10月10日。
149）『日本経済新聞』1961年10月18日。
150）『朝日新聞』1961年12月28日。
151）日本経営史研究所編［2002］第2章（杉浦勢之執筆）pp.241-242。
152）『朝日新聞』1961年10月27日。木川田一隆（経済同友会代表幹事）「増資調整に自主性を」『日本経済新聞』1961年11月6日。

153）日本の関税率表は、1961年6月に国際規格であるブラッセル関税分類（BTN）に切り替えられた（本多早苗（通産省通商局予算課長）「本年4月における輸入自由化措置――ネガリストと運用の問題」『貿易と関税』1962年5月号、pp.16–19）。輸入品目の数え方が、ブラッセル関税分類に切り替わったため、62年4月の自由化では、非自由化品目数は数の上では約100品目減少した（後藤土男「昭和37年度上期外貨予算について」『財経詳報』第431号（1962年4月9日）p.9）。

154）ネガティブ・リスト方式の採用は、1960年10月のガット輸入制限協議会で要請されていた（「第96回外国為替審議会議事録」昭和35年12月16日）。

155）『日本経済新聞』1962年4月1日。

156）「昭和36年度下期外貨予算（上）」『外国為替』第266号（1961年10月）p.14。後藤土男（大蔵省為替局資金課長補佐）「昭和37年度上期外貨予算について」『財経詳報』第431号（1962年4月9日）p.9。

157）通産省の当初積上げ予算では、機械は5億7,000万ドルであった（「ジレンマに悩む下期外貨予算」『金融財政事情』1961年10月9日号、p.26）。

158）1961年度前期並みに抑えるための「政治的配慮」により、電力3社（東京・中部・関西）の火力発電プラント約1億2,500万ドルが、61年年度下期中に到着するかどうか不確実であるとして機械予算に計上しないという操作が行われた（「昭和36年下期、外国為替予算の概要および編成事情について」昭和36年10月、〔日本銀行〕外国為替局貿易課［日銀A 4825］、p.35）。

159）『朝日新聞』1961年11月28日。

160）『日本経済新聞』1962年10月28日。

161）『朝日新聞』1961年12月23日。

162）「機械輸入、更に削減の模様」昭和37年1月12日、〔日本銀行外国為替局〕予算係［日銀A 4827］。『日本経済新聞』1962年1月10日。

163）「当面の主要物資別貿易動向」昭和37年4月23日、〔日本銀行〕外国為替局［日銀A 4827］p.25。

164）『外為年鑑』1963年版、p.21。閣僚審議会では、さらに機械輸入枠を削減すべしとの意見が出たが、これ以上削減すれば「合理化投資まで切ることとなる」との批判を経済界から受けることを通産省が懸念したため、3.5億ドルの原案は修正されなかった（「為替連絡会（第372回）記録」昭和37年4月2日）。

165）「在日三行よりの借入について」昭和36年9月27日、為資［大蔵「三行借款」］。

166）「鈴木領事発　石原次官宛」1961年9月28日［大蔵「三行借款」］。

167）「37年度国際収支見込の説明」〔大蔵省〕［大蔵「三行借款」］の欄外には、「不提出」という書き込みがあるが、ヤコブソンとの会談の内容から見て、この表の数値を示しながら会談を行ったことは間違いない。

168）「鈴木領事発　福田為替局長宛　第一信」1961年10月12日受［大蔵「三行借款」］。

169）「鈴木領事発　福田為替局長宛　第二信」1961年10月12日受［大蔵「三行借款」］。

170）法定限度額がもっとも少ないBOA（自己資本5億5,000万ドル）の5,500万ドルに、他の2行が合わせる形がとられた。

171）外貨準備であるTBを担保にした場合、その部分は現金化できなくなり、外貨を借り入れる意味は薄れてしまうので、大蔵省はTB担保は避けたいと考えていた。

172）「三行借入についての態度」昭和36年10月13日、為替局［大蔵「三行借款」］。

173）「10月17日発　鈴木領事宛」［大蔵「三行借款」］。

174）『日本経済新聞』1961年11月1日。

175）「在日米系三行よりの借款について」昭和36年12月25日、〔大蔵省〕［大蔵「三行借款」］。「昭和36年の三行借款について」昭和41年8月12日、短資［大蔵］。

176）「国際収支と外貨準備等について」昭和42年3月15日、〔国際金融局〕短期資金課［大蔵］。

177）『朝日新聞』1961年12月8日（夕刊）。

178）『日本経済新聞』1961年12月12日（夕刊）。

179）政府が1月初めにIMFに借入を申請したのは、国会会期中を避けるためとされる。当時の日本の外貨事情からすれば、早いタイミングであった（『日本経済新聞』1961年12月23日）。

180）「第40回通常国会想定問答（別冊）（IMF関係）」昭和37年1月、為替局、p.2。

181）"IMF Japan−Request for Stand−By Arrangement,"prepared by the Asian Department, January 10, 1962［IMF C/Japan/1760］.

182）実際には、1961（昭和36）年度一般会計予算は、前年度当初予算に対して24.4%増、財政投融資計画は、前年度当初計画に対して23.2%増という大型予算になった。この予算を神野直彦は、「経済成長の持続に対する信頼と自信に裏打ちされていた」と評価する（大蔵省財政史室編［1994］p.539）。政府は当初から、国際収支対策として、54年度「1兆円予算」のような縮小型予算を組む意図は持っていなかったと思われる。自民党からは、景気調整の必要が生じたのは、民間の設備投資や消費の行過ぎの結果であり、政府予算の過大が原因ではない、公共投資等は積極的に進めるべきとの意見が出された（「金融引締め戦線に異常あり」『金融財政事情』1962年1月1日号、p.21）。

183）「第40回通常国会想定問答（別冊）（IMF関係）」昭和37年1月、為替局、p.12。

184）"Office Memorandum," from Joseph Gold to D. S. Savkar, December 28, 1961［IMF C/Japan/1760］.

185）IMF EBM 62/3, January 19, 1962.

186）1962年度輸出通関実績の対前年度比伸び率は15.9%で、これを上回った（『経済白書』昭和38年度版、p.16、p.58）。

187）なお、経済成長率について1963年度コンサルテーションで日本側は、1962年度（62年4月～63年3月）のGNP成長率は5.1%（名目8.0%）の伸びで、政府見通しと大差のないところに落着いた、「以前の成長率は非常に高かったので、5%は正常な成長率へ移る過渡的な現象であると考えている」と述べた（"IMF Japan−1963 Consultations, Minutes of Meeting No.2," November 12, 1963［IMF C/Japan/420.1］）。

188）日本銀行編［1979］第16巻、p.591。
189）「第117回外国為替審議会議事録」昭和37年12月14日。
190）「リンダー輸銀総裁会談要旨」昭和36年9月19日［大蔵「三行借款」］。
191）「鈴木理事発　石原次官宛」1961年9月28日［大蔵「三行借款」］。
192）『日本経済新聞』1961年12月19日。
193）「EXIM保証借款について」作成年月日不明、〔大蔵省〕［大蔵］。日本銀行編［1979］第15巻、pp.338–340。
194）『朝日新聞』1960年4月30日。
195）『日本経済新聞』1960年12月9日。
196）『朝日新聞』1960年12月23日。
197）『日本経済新聞』1961年1月4日。
198）1961年6月9日の最高輸出会議で、堀江薫雄東銀頭取、稲山嘉寛八幡製鉄常務が、輸出と内需振興の両立は困難だと政府を批判した（『金融財政事情』1961年6月19日号、p.8）。池田首相の政策が内需優先型であり、輸出振興に重点を置かなかったことは、樋渡由美［1990］も指摘している（p.189、p.205、p.209）。
199）「座談会　輸出振興をめぐる問題点」『経団連月報』1961年7月号、pp.31–35。
200）『日本経済新聞』1961年4月18日（夕刊）。
201）『日本経済新聞』1961年6月10日。
202）「輸出振興対策について」昭和36年6月16日、経済閣僚懇談会決定『財経詳報』第388号（1961年6月27日）p.5。『金融』1961年8月号、pp.55–56。
203）羽柴忠雄（経済企画庁調整局企画官）「国際収支改善対策について」『財経詳報』第403号（1961年10月2日）pp.2–3。
204）「座談会　景気調整の新局面を迎えて」『経団連月報』1962年7月号における倉田主税（日立製作所会長）の発言（p.30）、丹羽周夫（三菱造船会長）「自由化と産業機械工業」『経団連月報』1962年9月号、p.6、「座談会　輸出の好調はつづくか」『経団連月報』1962年9月号における福井慶三（日綿実業社長）の発言（p.22）など。
205）「国際収支に関する見解（中間報告全文）」『経済同友』第182号（1963年9月）pp.2–3。
206）山下英明（通産省通商局輸出振興課長）「輸出会議と輸出振興策――昭和39年度上期」『外国為替』第325号（1964年7月）pp.8–9。1964年の輸出最高会議を控えて、通産省は、国民総生産に対する輸出比率を現在の9%程度から16～17%に引上げる構想を示し、輸出促進を宣伝することは対外摩擦につながると懸念する外務省と対立した（『金融財政事情』1964年4月2日、p.7）。
207）宇佐美洵（全国銀行協会連合会会長・三菱銀行頭取）「輸出会議に出席して」『外国為替』第282号（1962年7月）p.8。
208）1960年7月29日の、税制調査会（中山伊知郎会長）税制一般、企業課税両部会合同会議では、61年度以降3年間程度の存続を妥当とする者が多数であった（『朝日新聞』1960年7月30日）。

209）佐藤清一（東京通商産業局長）「ガット第17回総会に出席して」『経団連月報』1961年1月号、pp.61–63。

210）フランス提案に掲げられた8種類の輸出補助金は、①特別外貨割当制度、②直接的輸出補助金、③輸出減税、④行過ぎの戻し税、⑤政府が輸出用原材料を民間に安く払い下げること、⑥行き過ぎた輸出保険、⑦行政機関による資金コストを割った輸出信用の供与、⑧輸出金融に対する利子補給であり、輸出所得控除は④に該当する（「経済局特別情報」第298号（昭和35年11月21日）［外務E'0.0.0.8］）。

211）大蔵省関税局編［1964］pp.50–58。大蔵省財政史室編［1990］（石弘光執筆）p.234–235。

212）「経済局特別情報」第298号（昭和35年11月21日）［外務E'0.0.0.8］。「第95回外国為替審議会議事録」昭和35年11月11日。

213）通産省は、これにより、輸出所得控除制度を3年間継続することが可能になったと見た（佐藤清一（東京通商産業局局長）「ガット第17回総会に出席して」『日本貿易会報』第72号（1961年1月）pp.5–6）。

214）「経済局特別情報」第335号（昭和36年11月21日）、「経済特別情報」第371号（昭和37年11月15日）［外務E'0.0.0.8］。1962年11月、日英通商航海条約の締結に当たって、日本側は輸出所得控除制度を64年3月までに廃止することを約束した（「経済特別情報」第372号（昭和37年11月22日［外務E'0.0.0.8］、『朝日新聞』1962年11月13日（夕刊））。

215）海外市場開拓準備金は、市場開拓のための支出に備えた準備金であり、商社については前期輸出取引による収入金額の0.5%、製造業者については同じく1.5%の積立が認められた。中小企業海外市場開拓準備金制度は、中小業者に対して、団体ベースでの積立を認める制度。海外投資損失準備金制度は、おもに低開発国への投資について、株式等の取得価格の2分の1までの積立を認めた制度（田中誠一郎「国際競争力強化のための税制措置」『外国為替』第321号（1964年5月）pp.13–15）。なお、「輸出振興税制につき通産省案を検討」『経団連週報』1962年9月27日、pp 5–6も参照。

216）『日本貿易会報』第81号（1961年11月号）pp.17–18。

217）大蔵省財政史室編［1990］p.510。

218）「為替自由化と優遇制度のゆくえ」『金融財政事情』1960年2月22日号、pp.15–18。

219）6月16日の「輸出振興対策について」に盛り込まれた短期輸出金融の拡充・改善策は、①外国為替引当貸付制度の貸付期間の6ヵ月への延長、②輸出貿易手形の金利・条件・審査面での優遇、③中小商社等に対する輸出金融の拡充であった。

220）秋田克彦（日本銀行外国為替局調査役）「外国為替資金貸付制度」『外国為替』第264号（1961年9月）pp.10–12。外国為替引当貸付制度は1953年2月に設けられた輸出金融優遇制度。なお、外国為替資金貸付制度への転換に当たって、貸付期間は従来の3ヵ月から5ヵ月に延長され、62年6月1日からは、5ヵ月を超え1年以内の輸出手形も認められた（松本敏（日本銀行総務部調査役）「外国為替資金貸付の引き当て対象拡大」『外国為替』第281号（1962年6月）pp.16–22）。なお、外国為替資金貸付の金利は日歩7厘（年利2.56%）であった。

221）『日本貿易会報』第82号（1961年12月）pp.11–12。

222）富永孝雄（通産省通商局為替金融課）「輸出金融は強化されたか」『外国為替』第266号（1961年10月）pp.29–33。

223）『金融財政事情』1961年11月20日号、p.7。

224）『金融』1962年1月号、pp.74–76。

225）『金融』1962年1月号、pp.71–74。

226）日本貿易会の要望に対して日銀側は、「もし輸出金融のみを別枠扱いとすれば、電力、石炭等からも当然同じような要望が出てくるものと思う。そうなると、現在行なっている金融引締め政策の意味がなくなってくる」と答えた（「第8回貿易金融委員会小委員会　11月13日」『日本貿易会報』第82号（1961年12月）p.14）。

227）「輸出前貸金融の実情と問題点」日本銀行『調査月報』1962年1月号、pp.1–9。大蔵省銀行局の見解も、日銀に近いものであった（伊勢谷浩（大蔵省銀行局総務課長補佐）・磯辺律男（大蔵省銀行局特別金融課長補佐）「輸出金融の現状及び問題点とその対策（上）」『財経詳報』第441号（1962年6月11日）pp.6–10）。

228）「別枠論争」については、大佐正之［1989］pp.33–43参照。大佐は、「すべて輸出業者の要望どおりに解決した」と述べている。また、通産省も、日銀の輸出貿手に対する貸出増を、「一大飛躍」と評価した（富永孝雄〈通産省通商局為替金融課〉「輸出金融改善問題をめぐって」『外国為替』第257号（1962年3月）p.13）。

229）「ムード盛り上げに功奏した輸出金融優遇」『金融財政事情』1964年6月1日号、pp.28–29。

230）1960年代のプラント輸出促進政策については、湯伊心［2011］参照。

231）経団連は、1963年12月に、輸銀に関する要望を政府に提出した（「輸銀業務の改善に関する要望意見」昭和38年12月24日、経済団体連合会『経団連月報』1964年1月号、pp.26–28）。

232）日本輸出入銀行［1971］p.108、pp.345–355。

233）伊勢谷浩（大蔵省銀行局総務課長補佐）・磯辺律男（大蔵省銀行局特別金融課長補佐）「輸出金融の現状及び問題点とその対策（下）」『財経詳報』第442号（1962年6月18日）pp.18–20。

234）中村俊夫（通商産業省為替金融課長）「中期輸出金融の優遇問題について」『経団連月報』1962年4月号、pp.49–53。

235）日本輸出入銀行［1971］pp.110–111。

236）1961年の金融引締め、設備投資削減で、発電機のメーカーは経営が苦しくなっていた。

237）倉田主税（日本機械工業連合会会長・日立製作所会長）「機械類の延払い輸入問題について」『経団連月報』1962年11月号、pp.8–11。『朝日新聞』1961年1月12日（夕刊）。

238）「自由化推進に伴なう産業政策上の問題点について――国産機械愛用促進対策と重電

機器国内延払金融制度を中心に」『経団連週報』1961年10月27日、pp.4–8。

239)「『自由化に対処して重電機の国内延払金融制度の創設を要望する』を建議」『経団連週報』1961年12月28日、pp.1–2。

240) 日本開発銀行［1976］p.110。

241) 日本機械工業連合会編［1982］p.160。沢井実［1990］p.164。通商産業省重工業局編［1964］pp.7–8。

第9章

1) 川野二三夫「昭和37年国際収支の概要」『財政金融統計月報』第140号（1963年6月）p.7。

2) 通関統計は輸出はFOB建て、輸入はCIF建て（運賃・保険料込み）で算出されるので、輸入が輸出よりも過大に示されることになる。

3)『通商白書』昭和38年版、p.36、p.39。

4)「東南アジアの外貨事情と日本の輸出」（調アジア資第11号）［日本銀行］調査局、昭和37年8月25日、「最近における日本の対東南アジア輸出の問題点」（調アジア資第16号）［日本銀行］調査局、昭和37年9月28日［大蔵Z 528-4-56］。

5)『経済白書』昭和38年度版、pp.69–72。

6)『日本経済新聞』1962年6月7日。

7) 日銀内部では、6月初めごろに国際収支先行き楽観論が出ていたとされる（『金融財政事情』1962年6月4日号、p.8、6月11日号、p.7）。

8) 8月8日に山際日銀総裁は、まだ政策転換の情勢ではないと述べ、引締め堅持の姿勢を示した（日本銀行百年史編纂委員会編［1986］p.51）。また、田中角栄蔵相も、8月14日、衆議院大蔵委員会で、財政・金融政策は引続き引締め基調を維持すると言明した（『日本経済新聞』1962年8月14日。『金融財政事情』1962年8月27日号、p.6）。

9)『日本経済新聞』1962年10月26日（夕刊）。

10)『日本経済新聞』1962年9月19日。

11) 日本銀行百年史編纂委員会編［1986］p.52。

12)『外為年鑑』1963年版、pp.7–8。『金融財政事情』1961年10月15日号、p.7。

13)『日本経済新聞』1962年10月28日。

14) 大月高「昭和36～38年の銀行行政について」昭和38年11月29日、pp.30–32。

15)「公定歩合引下げの時機と条件」『エコノミスト』1962年10月23日号、p.39。コンサルテーションで滞日の際、フリードマンは公定歩合引下げに賛意を示さなかった（「公定歩合引下げにつきIMFへ連絡」〔日本銀行〕昭和37年11月26日、外国為替局［日銀13399］）。

16)『日本経済新聞』1962年11月26日（夕刊）。

17)『外為年鑑』1963年版、pp.7–8。大蔵省は、輸入担保率を1961年9月以前の状態に戻すことを主張したが、思惑輸入増のおそれがあるとする通産省の慎重論により、原材料1%、消費物資5%などとなった（『金融財政事情』1963年1月1日号、p.15）。

18）大蔵資料編纂会編［1987］p.857。「ムードづくりに苦しむ低金利政策路線」『金融財政事情』1963年1月28日号、pp.14–15。

19）『日本経済新聞』1963年3月20日。

20）下村治、高橋亀吉の提言（「金融正常化と低金利革命」）が、池田の低金利論をバック・アップした（「同床異夢の公定歩合引下げ劇」『金融財政事情』1963年4月1日号、p.14）。

21）『金融財政事情』1963年4月15日号、p.6。「公定歩合まず1厘引下げ」『エコノミスト』1963年4月2日号、pp.20–22。

22）『日本経済新聞』1963年4月19日。

23）「日銀高率適用制度の廃止」『エコノミスト』1963年7月2日号、pp.24–25。

24）『朝日新聞』1962年8月10日。

25）銅、鉛、亜鉛など主要非鉄金属の自由化が1963年3月末まで延期されたことが影響した（「難航する90% 自由化」『日本経済新聞』1962年9月22日）。

26）「10月の貿易自由化に関する件」昭和37年9月13日、〔日本銀行〕外国為替局長［日銀 A 4893］。

27）『日本経済新聞』1962年9月12日。『朝日新聞』1962年9月12日。

28）「難航する90% 自由化」『日本経済新聞』1962年9月22日。9月12日の記者会見で田中蔵相は、「10月からの90% 自由化は困難との見方もあるが、私は達成できると思う」と語っている（『日本経済新聞』1962年9月13日）。

29）『日本経済新聞』1962年9月12日。

30）『朝日新聞』1962年9月28日（夕刊）。最後まで問題となった30品目のうち、自由化されたのは、マンガン、石綿、ごま油など約10品目であった（『朝日新聞』1962年9月29日（夕刊））。バナナは、国産りんご等に影響があるとの反対から、自由化が見送られた。

31）「昭和37年度上期外貨予算　上」『外国為替』第277号（1962年4月）p.28。

32）「10月の貿易自由化に関する件」昭和37年9月13日　〔日本銀行〕外国為替局長［日銀 A 4893］。

33）『金融財政事情』1962年10月8日号、p.6。「昭和37年度下期外貨予算　上」『外国為替』第289号（1962年10月）pp.20–21。重油を自由化すれば、自由化率は1.9% 上昇するはずであった。

34）大蔵省為替局資金課「昭和37年度下期外貨予算　上」『外国為替』第289号（1962年10月）p.21。

35）乗用車の自由化の目標時期は1964年10月、電子計算機は67年10月に設定された（「10月の貿易自由化予定について」昭和37年7月31日［日銀 A 4893］）。

36）以下、石炭産業・石炭産業政策については、通商産業省石炭局炭政課編［1968］第1部、日本エネルギー経済研究所編［1986］「第8章　石炭産業」（木村徹）、産業学会編［1995］「石炭産業」（矢田俊文）、小堀聡［2010］に負う部分が多い。

37）鷲巣英策（通商産業省大臣官房秘書課）「石炭鉱業の体質改善を推進」『時の法令』第

355号（1960年6月）pp.1–7。

38）主要揚地の1トン当たりの石炭価格（一般粉炭6,200 cal）は、1958年第1四半期において、九州4,683円、京浜6,082円、京阪5,617円であった（通商産業省石炭局炭政課編［1968］p.36）。

39）日本エネルギー経済研究所編［1986］p.343。

40）石油連盟編［1985］p.62。

41）産業学会編［1995］「石油産業」（岩崎徹也）p.1020。『朝日新聞』1960年6月2日。

42）『日本経済新聞』1962年10月13日（夕刊）。

43）1962年1月31日、石油連盟は、「需給調整と設備規制を中心とする5年間程度の時限立法とする」ことで、石油業法案を認めた（『日本経済新聞』1961年2月1日）。経団連のエネルギー対策委員会（大屋敦委員長）では、自由化見送りについては意見が一致したものの、石油業法の要否については、石油業法を認める多数派と、認めない少数派とに分かれた（「石油の自由化対策について」『経団連週報』1962年1月12日）。経団連は、2月22日に「石油自由化対策にかんする意見」を発表し、5年間程度の時限立法とし、最小限の規制（設備の許可制に限定）にとどめるとの条件をつけて法案を認めた（『経団連週報』1962年3月1日）。

44）「石油業法の制定と今後の石油政策の課題」『時の法令』第437号（1962年9月）pp.9–16。産業学会編［1995］「石油産業」（岩崎徹也）p.1022。

45）斉藤英雄（通商産業省石油課長）「石油産業の現状と問題点」『通商産業研究』第127号（1964年12月）pp.67–83。岡部彰［1986］pp.161–163。「自由化直前の不況にあえぐ石油業界」『エコノミスト』1961年10月24日号、pp.42–44。

46）根本的問題は、原油輸入自由化後に導入された生産調整方式（設備能力、生産実績、販売実績の3つを基準に各社に配分する方式）が機能しない点にあった（岡俊哉「『転型期』をむかえる石油産業」『経済評論』1964年5月号、pp.18–30）。行政指導の強化と、石油連盟の対策により、1966年初めまでには混乱は収まった。なお、出光興産は、66年10月に石油連盟に復帰した（日本エネルギー経済研究所編［1986］pp.156–160）。

47）第二次オイルショックの際に、石油化学工業界からナフサ自由化の強い要請がなされ、1982年から石油化学企業の原料ナフサの自由輸入が可能になった。ガソリン、灯油、軽油の輸入解禁は、85年12月公布（86年1月施行）の特定石油製品輸入暫定措置法によって果たされた（石油連盟編［1985］pp.311–312）。

48）石油連盟編［1985］pp.203–204。

49）国内で唯一の強粘結炭であった北松炭は、1964年度末に閉山となった（日本鉄鋼連盟編［1969］p.424）。

50）通商産業省通商局監修［1967］p.255。

51）「繰り上げ自由化の波紋」『エコノミスト』1961年10月31日号、p.15。

52）今井善衛（1961～62年、通産省通商局長）は、「当時、自動車産業はいちばん保守的なように感じましたね。IMFを非常な外圧とみたわけです」と述べている（今井善衛「自由化の推進」エコノミスト編集部編［1977］p.175）。

53）日本自動車工業会編［1988］pp.122−125。

54）「経済局特別情報」第295号（昭和35年10月24日）［外務E'0.0.0.8］。

55）乗用車メーカーを2〜3社ずつ3つのグループに分けて量産による合理化を図る、部品の集中生産体制を確立するというものあった。

56）1961年8月4日の機械工業自由化対策会議自動車部会で、通産省がこの方針を示した（『朝日新聞』1961年8月5日）。

57）『日本経済新聞』1962年12月19日。『朝日新聞』1962年12月19日。

58）「風波高まる自動車業界」『財経詳報』第509号（1963年9月16日）p.5。

59）天谷章吾［1982］pp.180−181。

60）日本自動車工業会編［1988］p.232。

61）なお、乗用車は諸外国と比べて高い関税障壁（ホイールベース2,700 mm以下40%、以上35%）によって保護されていたが、ケネディラウンドの関税一括引下げ交渉によって、68年7月以降5年間で50%引き下げられた（日本自動車工業会編［1988］p.233）。

62）『日本経済新聞』1960年4月15日。

63）「自由化の影響を測定する　8」『エコノミスト』別冊（1960年4月10日）pp.94−95。「貿易自由化と主要産業――自由化の影響と問題点」昭和35年4月、日本銀行調査局、pp.136−137。

64）日本機械工業連合会編［1981］p.58。

65）『朝日新聞』1960年12月8日。

66）『朝日新聞』1960年12月15日。

67）当時の工作機械工業の脆弱性については、機械産業の育成に携わった通産官僚の林信太郎［1961］第7章に詳しく描かれている。

68）沢井実［1990］、小林正人［1984］参照。

69）通産省は、工作機械の輸入促進と、産業全体の技術革新のための機械輸入促進を同時に実施した。沢井は、「輸入機械促進措置は全体として短期的には工作機械業界にプラス・マイナス両面の影響を与えた」と評価している（沢井実［1990］p.154）。なお、林信太郎「経済自立と技術導入」エコノミスト編集部編［1977］pp.70−71、通商産業省編［1990］pp.544−555（橋本寿朗執筆）も参照。

70）通商産業省産業構造研究会編［1960］p.174。

71）「貿易自由化と主要産業工作機械の関税率は、1951年に15%と定められ、61年に、15機種について25%に引上げられた（「わが国の主要産業と関税」『財政金融統計月報』第178号〈1966年8月〉pp.29−31）。「貿易自由化と主要産業――自由化の影響と問題点」昭和35年4月、日本銀行調査局、pp.126−135。

72）長嶺源吾（日本工作機械工業会会長・東芝機械社長）「工作機械の自由化をむかえて」『経団連月報』1962年9月号、pp.8−11。

73）水田三喜男編［1966］pp.421−423。「貿易自由化と主要産業――自由化の影響と問題点」昭和35年4月、日本銀行調査局、p.163−164。

74）一寸木俊昭［1990］pp.21−25。
75）産業構造調査会編［1964］p.453。
76）「自由化に伴う業種別問題点と対策について」『経団連週報』1961年8月16日、p.2。
77）1951年当時、精製糖の原料である粗糖を輸入すれば、精製糖を輸入する場合と比べて、年間約1,000万ドルの外貨節約になるとされた。
78）「転回点からの証言と回想」『季刊　糖業資報』第140号（1999年2月）p.17。
79）軽部良夫（大蔵省関税局監査課）「消費者価格は引下げられるか――砂糖自由化の意義と問題点」『貿易と関税』1963年11月号、pp.13−14。林信太郎「製糖業における利潤の蓄積形態とその発生機構」『アナリスト』第5巻第3号（1956年3月）pp.47−55。
80）1952〜53年には「三白景気」（セメント、硫安、砂糖）と呼ばれる好景気を現出した。また、製糖業界は、「そのスケールの小ささにもかかわらず、産業界随一の政治力を持つ」と言われ、共和製糖事件（1966年）などの政治疑獄の温床となった（「『甘味資源』保護と砂糖輸入の自由化」『経済評論』1963年2月号、p.5、沢田徳茂（大阪砂糖取引所専務理事）「自由化後砂糖業界につづく混迷」『農業と経済』第33巻第4号（1967年3月））。
81）「転換点からの証言と回想」『季刊　糖業資報』第140号（1999年2月）pp.20−21。1960年当時、精糖会社は輸入粗糖から年間80億円の超過利潤を得ていたとされる。
82）実需者割当とは、パン、菓子、飲料などの業者団体への割当である。
83）「転回点からの証言と回想」『季刊　糖業資報』第140号（1999年2月）pp.21−22。
84）議員立法として、甜菜生産振興臨時措置法が制定された経緯については、長野善三「北海道の糖業60年を語る」『農林水産省広報』1980年6月号、pp.70−73参照。
85）国内産糖のコストが高いため、全量買い上げられていた。
86）「転機に立つ食糧輸入」『貿易と関税』1962年5月号、p.24。
87）計画は沖縄も含んでおり、琉球政府は、1959年9月に、最低基準価格設定と長期低利融資を骨子とする糖業振興法を制定した（松田賀孝［1981］pp.364−367）。
88）いも作農家の経営安定のために1959年以降、農林省が実施した「ぶどう糖育成策」は、砂糖をめぐる問題をさらに複雑にする結果となった（軽部良夫（大蔵省関税局監査課）「消費者価格は引下げられるか――砂糖自由化の意義と問題点」『貿易と関税』1963年11月号、p.15）。
89）戸田博愛［1986］p.110。
90）唐畑義郎「日本の砂糖はなぜ高い」『エコノミスト』1963年4月30日号、pp.56−61。
91）欧米の、だいたい1.5〜2倍であった。
92）『朝日新聞』1962年10月2日。1959年4月から、砂糖消費税と関税の振替え措置が講じられ、粗糖の関税は一挙に3倍に引き上げられ（粗糖1kg当たり14円→41.5円）、代わりに消費税が半分以下に引下げられた（砂糖1kg当たり約46円→21円）。この措置は、国内甘味資源栽培農家保護のための措置であったが、消費税分が関税に置き換わっただけだったので、消費者価格には影響はなかった。
93）『日本経済新聞』1960年8月23日。

94）『朝日新聞』1960年11月30日。

95）『朝日新聞』1961年1月28日。

96）『朝日新聞』1961年2月7日（夕刊）。「混迷する砂糖行政とよろめく精糖業界」『エコノミスト』1962年12月18日号、p.8。

97）『朝日新聞』1963年1月19日。「砂糖自由化のゆくえ」『日本経済新聞』1963年2月3日。「安い砂糖は甘い夢か」『エコノミスト』1963年6月11日号、pp.22−23。

98）『朝日新聞』1963年3月15日（夕刊）。

99）粗糖の関税割当は結局実施されなかった。

100）「抜き打ちの砂糖自由化」『エコノミスト』1963年9月17日号、pp.24−26。

101）『金融財政事情』1963年9月9日号、pp.8−9。

102）相馬敏夫［1978］p.21。農産物が自由化の対象となる場合には、自由化自体に対する反発が農業団体に強いので、突然自由化を実施し、対策は後から講じることになりがちだと、戸田博愛は述べている（戸田博愛［1986］p.111）。

103）「砂糖自由化と甘味資源対策で苦労した大山一生氏」『AFF』第7巻第11号（1976年11月）p.71。

104）「砂糖の輸入自由化に対処して国内甘味資源の保護と生産振興を図る立法措置の成立」『時の法令』第501号（1964年6月）pp.1−10。

105）沖縄産糖にも国内産糖に準じた保護政策がとられることとなった。沖縄では、1962年12月14日に、立法院本会議が満場一致で「砂糖の貿易自由化阻止に関する要請決議」を行った。沖縄糖のコストが、台湾糖の3倍強であり、沖縄糖に対する関税免除だけでは太刀打ちできなかったからである。全沖縄の農家戸数約8万戸のうち66%は甘藷作農家であり、沖縄の輸出の半分が砂糖で占められており、自由化阻止は全島を挙げての要求となった（「砂糖自由化と沖縄産業」『世界』1963年3月号、pp.207−211）。

106）「砂糖の価格安定制度の成立」『時の法令』第547号（1965年10月）pp.1−10。『日本農業年鑑』1966年度版、pp.69−70。

107）戸田博愛［1986］p.113。

108）沢田徳蔵「自由化後砂糖業界につづく混迷」『農業と経済』第33巻第4号（1967年3月）pp.45−46。

109）三菱商事株式会社編［1986］pp.236−237。

110）『朝日新聞』1962年2月23日。

111）『日本経済新聞』1962年9月6日。

112）『朝日新聞』1962年9月8日。

113）「IMF年次協議に臨む基本方針について」昭和37年10月31日、大蔵省為替局長村上一［日銀A 4855］。

114）『日本経済新聞』1962年11月2日。『朝日新聞』1962年11月3日。

115）“Japan−1962 Consultations, Minutes of the Meeting,” November 5, 1962［IMF C/Japan/420.1］. “IMF, Staff Report and Recommendations−1962 Consultations, Part I”, January 15, 1963［IMF SM 63/4］.

116）1962年11月2日閣議了解の「昭和38年度経済見通しと経済運営の基本的態度」は、62年度の経済成長率を名目6%、実質4.5%と見込み、63年度も「成長率は本年度に引続き低い水準で推移すると見込まれる」とするという見通しを示した（『金融財政事情』1962年11月12日号、p.35）。

117）村上一「昭和37−38年の為替行政について」昭和39年11月25日、pp.88−95。

118）この会談は、13日の各省局長クラスの打ち合わせ会で決定された。村上為替局長は、「会議の途中で多少フリードマンの予期に違って、非常に前年と同じような、自由化すると国内産業に非常な影響があり、各省の、産業所管省の説明が累積したものだから、彼は少しムカムカしてね、しかしこれはなんとかもみほぐさなきゃいかんと」いうことで、通産省、農林省を外して、非公式会談が行われたと述べている（村上一「昭和37−38年の為替行政について」昭和39年11月25日、pp.94−95）。ただし1962年度のコンサルテーションでは、61年度のように、閣僚とIMFスタッフとの直接交渉は行われず、11月12日の田中蔵相とフリードマン局長との会見も儀礼的なものであった（“Meeting with Minister of Finance, November 12,1962, Exchange Restrictions Consultations（Art. XIV）1962, Minutes of Meetings”［IMF C /Japan/420.1］）。

119）“Meeting Wednesday November 14, 1962, Exchange Restrictions Consultations（Art. XIV）1962, Minutes of Meetings”［IMF C/Japan/420.1］.

120）“Procedural questions（excluding how to proceed）”［IMF C/Japan/420.1］, “Exchange Restrictions Consultations（Art.XIV）1962, Minutes of Meetings”［IMF C/Japan/420.1］.

121）『日本経済新聞』1962年11月17日（夕刊）。

122）「経済特別情報」第369号（昭和37年10月20日）［外務E'0.0.0.8］。

123）“Letter to Friedman,” October 31, 1962［IMF C/Japan/810］. この情報は、John Hookerから IMFに伝えられた。

124）「第2回日米貿易経済合同委員会　議事概要」外務省経済局。同会議の米国側交換資料はつぎのように述べている。「米国は日本が90%自由化しなかったことに失望している。88%自由化のための努力は認めるが、日本の経済成長率、国際収支からみて今後いっそう輸入制限を撤回すべきだ。現在までの自由化品目は大部分が原材料、半製品、一部製品で、米国は乗用車、大型発電機、トラクター、大型電子計算機、航空機、工作機械、一定の非鉄金属、硫黄、砂糖、小麦、小麦粉、菓子類、食用植物油、一定の紙製品、カラーフィルムなど輸入制限品に掲げられているものに強い関心を持っている。」（「日米貿易経済委の討議資料全容」『金融財政事情』1963年1月1日号、p.76）。

125）IMF EBM 63/4, February 6, 1963.「1962年度対日コンサルテーションに関する国際通貨基金理事会決議」［大蔵Z 521−23］。

126）IMF EBM 63/4, February 6, 1963.

127）鈴木理事の石原大蔵次官宛のコンサルテーション第一報は、「各国の発言でもっとも顕著であったことの1つは対日差別を早く撤廃すべきことをイタリー、フランスを除いた他の理事が強調し、イタリー、フランスの理事の本件が交渉によって早く円満に解決されることを希望する旨を述べたことである」と伝えた（「対日コンサルテーションの審議の理事会の件（第一報）」昭和38年2月7日受、鈴木理事発・石原次官宛［大蔵Z 521−23］」。実際には、理事会では、この問題が大きく取り扱われたわけではなく、日本側がいかに対日差別問題を重視していたのかが窺われる。

128）アンジャリア理事（インド）も、リーフティンクの指摘に賛同した。IMF事務局側は、スタッフ・レポートは金融政策を強調しただけであり、決して財政政策の効果を無視したわけではないと弁明した。鈴木理事は、1962年の景気循環の転換は金融政策によってもたらされたものであり、日本の財政はつねに均衡ないし黒字財政であるので直接に転換とは関係がない、しかし、均衡財政であったがゆえにこれまで金融政策は成功を収めてきたという事実は重要であると指摘した。プランプター（A. F. W. Plumptre）理事（カナダ）は、財政収支の変化は意図的な政策の結果であったかどうかは疑問だとして、リーフティンクの見解には与しなかった。

129）1961年度（1961年4月〜62年3月）の揚超の額は、正確には4,400億円である。

130）この点についてIMF事務局は意見を述べなかったが、鈴木理事は、IMF勧告の有無にかかわらず、日本政府と日銀はさらなる緩和政策を実施する意図はないことを表明した。

131）「1962年対日年次決議に関する国際通貨基金理事会決議についての大蔵大臣談話」昭和38年2月11日［大蔵521−23］

132）「4月の貿易自由化について」昭和38年2月15日〔日本銀行外国局〕予算係［日銀4893］。「緩和された38年度上期外貨予算」『金融財政事情』1963年4月8日号、pp.36−37。

133）「9月自由化に関する各省連絡会の模様について」昭和38年8月28日、〔日本銀行外国局〕予算係［日銀A 4893］。

134）「下期貿易自由化の繰上げ実施について」昭和38年8月30日、〔日本銀行〕外国局長［日銀A 4893］。

135）「8条国移行問題について」昭和37年11月、〔日本銀行〕外国為替局、p.44。

136）1962年12月、ジャン・ロワイエGATT特別顧問は、西ドイツがGATTの要請を無視し、8条国勧告後も、GATT第12条受け入れの通告をしなかった事例を挙げて、日本が8条国移行勧告後ただちに第12条の宣言をするよう暗に求めた（J.ロワイエ、谷林正敏（対談）「打ちよせる関税引下げの波」『エコノミスト』1962年12月18日号、p.31）。

137）『朝日新聞』1963年2月21日（夕刊）。

138）「経済局特別情報」第371号（昭和37年11月15日）［外務E'0.0.0.8］。

139）貿易自由化調査委員会編［1962］pp.37−73。

140）決定の内容は、①低価格工業製品の輸入制限は10品目（うち4品目は5年以内に自由化をするハード・コア・ウェーバー）、②「市場秩序法」の対象となっている農産物についてもウェーバーの手続きをとる、③その他の品目については、即時・半年後・1年半後の3段階に分けて自由化時期を明示する、であった（貿易自由化調査委員会編

［1962］pp.40–41）。

141）日本経済新聞社編［1963］pp.102–104。

142）大蔵省関税局編［1964］p.32。

143）「8条国移行に伴う貿易外支払等規制問題の検討」昭和37年10月10日、外管［大蔵］p.2、p.4。この区分はIMFの法構造に由来するが、鈴木秀雄（当時、大蔵省財務調査官、国際金融局長）は、あまりに文言の解釈に囚われた、おかしな原則だと批判している（鈴木秀雄「昭和40〜41年の国際金融行政について」昭和54年6月20日、pp.32–33）。

144）「8条国移行に伴う貿易外支払等規則問題の検討」昭和37年10月10日、〔日本銀行〕外管、pp.14–15［大蔵］。

145）業務、留学、研究目的の海外渡航は、制限つきで認められていた。また、沖縄への渡航（琉球渡航）については、目的制限はなかった。戦後の海外渡航の簡単な沿革については、松平忠晃〔日本銀行外国為替局次長〕「海外渡航の自由化」『エコノミスト』別冊（1963年4月10日）pp.126–127、参照。

146）「為替の自由化の経緯、現状及び将来の見通し如何」〔昭和38年初め（推定）、大蔵省為替局〕［大蔵］。

147）「IMF年次協議会第7日の模様について」昭和37年11月14日、日本銀行渉外部長［日銀13399］。

148）「大蔵大臣―フリードマン局長第2回会談要旨」昭和38年11月21日［大蔵『1963対日コンサルテーション』］。

149）「為替連絡会（第411回）記録」（昭和39年2月24日）の鈴木財務調査官の発言。

150）63年2月に、外国為替審議会において鈴木大蔵省財務調査官は、「国民感情から言ってこれを為替規制緩和のトップにもっていくのは、若干、レジャーをあふるような感じがして、これは来年位にやってはどうか」と述べている（「第119回外国為替審議会議事録」昭和38年2月15日）。

151）「OECD関係想定問答（第一分冊）」昭和38年10月［大蔵］。

152）1年1回とは、前回の観光渡航から1年以内に再び観光渡航をすることは認められないという意味である。

153）8条国移行後は、IMFは残存為替制限の撤廃を強くは求めなかった（藤野公毅（大蔵省国際金融局総務課長補佐）「初のIMF8条コンサルテーション」『財経詳報』第574号（1964年12月7日）p.13）。

154）犬田章［2000］pp.107–108。白鳥正喜（大蔵省国際金融局企画課）「海外渡航の自由化について」『外国為替』第425号（1969年4月）pp.19–23。オイルショックによる国際収支悪化で、1973年12月に海外渡航外貨限度額が復活した（78年3月まで）。

155）日本交通公社編［1982］pp.603–604。出国者数は1969年の約49万人（うち観光は約25万人）から、1973年には約229万人（うち観光は約182万人）になった。

156）大蔵省財政史室編［1992］pp.126–127。

157）『金融財政事情』1964年3月16日号、p.9。

158）大蔵省財政史室編［1992］pp.130−132。

159）以下の記述は、主として、Carroll and Kellow［2011］Chap.4、日本経済新聞社編［1963］、外務省経済局経済統合課編［1964］による。

160）貿易自由化はすでに達成されているという理由から、OEEC の貿易自由化に関する規約は、OECD には引継がれなかった。

161）OECD 加盟の外交交渉については、萩原徹監修［1972 b］第1章（川島純執筆）、鈴木宏尚［2013］第5章参照。

162）日本経済新聞社編［1963］p.137。鈴木宏尚［2013］pp.166−171。

163）『日本経済新聞』1963年2月12日。

164）Winand［1993］p.129.

165）『朝日新聞』1961年2月15日（夕刊）。

166）“Memorandum of Conversation,” June 21, 1961, *FRUS 1961−63, Vo.XXII*, pp.693−696。ケネディの日本加盟積極論は、必ずしも、アメリカ政府内の支配的な意見ではなかった。ボール国務長官がケネディの意見に与していなかったことは、同史料に付された注記からもわかる。なお、ケネディが日本の加盟に積極的であったのは、欧州中心主義に批判的なスタンスに由来する（Winand［1993］p.201）。

167）『日本経済新聞』1962年12月1日。

168）日本経済調査協議会編［1963］p.59。

169）「わが国の OECD 加盟交渉の経緯」昭和38年8月7日、経済統合課［外務 E'4.1.0.11−3−1］。

170）『日本経済新聞』1963年2月12日。

171）日本経済調査協議会編［1963］p.60。OECD の性格に鑑みて、加盟国数が大幅に増えるのは好ましくないという OECD 加盟諸国の考えが、日本の加盟の1つの障害となっていた。加盟を希望すると見られていたオーストラリアとニュージーランドが降りたことが、日本加盟が実現した大きな要因であった（「為替連絡会（第393回）記録」昭和38年4月1日、木村禧八郎・鈴木秀雄「OECD 加盟交渉」『外国為替』第305号（1963年7月15日）p.10）。

172）鈴木秀雄（大蔵省財務調査官）「OECD 加盟をめぐって」『経団連月報』1963年9月号。

173）「為替連絡会（第394回）記録」昭和38年4月15日。

174）留保項目は以下の通り。①技術援助、②著作権使用料、特許料など、③再保険・再々保険、④海外での保険事業の運営、⑤焼付けフィルム、⑥利潤、⑦配当金、⑧観光旅行、⑨移住者送金（以上は経常的貿易外取引）、⑩直接投資に関係する資産の清算、⑪居住地を変える外国人の個人資本、⑫親族間の贈与、⑬封鎖資金の使用、⑭他の加盟国の居住者が行う国内市場での内国証券の購入、⑮他の加盟国の居住者が行う国内市場での内国証券の売却、⑯商業上のクレジットで期間1年未満のもの、⑰商業上のクレジットで期間が1年以上5年未満のもの（以上は資本取引）。

175）地田知平［1993］p.45。

176）「海運業の集約再建に二立法」『時の法令』第457号（1963年4月）pp.1−9。
177）日本郵船、大阪商船三井船舶、川崎汽船、山下新日本汽船、ジャパンライン、昭和海運。
178）「経常的貿易外取引自由化規約」付属書A項目C/1、C/5に規定されている。
179）「OECD加盟交渉の波紋」『財経詳報』第497号（1963年6月24日）p.20。
180）鈴木秀雄「OECD加盟をめぐって」『経団連月報』1963年9月号、pp.52−53。
181）「為替連絡会（第398回）」昭和38年6月17日。
182）「OECD関係想定問答（第一分冊）」昭和38年10月、大蔵省、p.12。
183）児玉忠康（日本船舶協会会長・日本郵船社長）「OECD加盟とわが海運界――外国用船の規制問題」『経団連月報』1963年9月号、pp.7−8。日本側は、7月25日の関係閣僚会議において、池田首相の裁断でOECD事務総長案受け入れの態度を決定した。
184）「OECD加盟とわが海運界」『エコノミスト』1963年8月13日号、pp.24−26。
185）『朝日新聞』1963年7月26日。運輸省は、「石油については2年、石炭、鉄鉱石については1年の保留期間が認められたが、これでは留保の効果はほとんどない」と述べた（「OECD加盟に伴う海運対策」『経団連週報』1963年8月16日、p.5）。
186）『日本経済新聞』1963年7月27日。「OECD加盟のもたらす負の効果」『経済評論』1963年9月号、p.5。
187）日本船主協会編［1968］p.311。
188）川野二三夫（大蔵省為替局管理課長補佐）「観光渡航・外国映画等の自由化」『外国為替』第320号（1964年4月）pp.16−18。映画輸入の監督権限は大蔵省に属し、外国映画輸入方針策定のための諮問機関として、外国映画連絡協議会輸入部会（1954年2月設置）が存在した。ただし、テレビ用外国映画については、諮問機関は設けられていなかった。なお、64年6月以前は、テレビ用外国映画の輸入業者はテレビ放送局のみであった。
189）標準単価が定まっていた（たとえば1963年には1本＝35,000ドルであった）ので、外貨予算には単価×本数が計上される。
190）中嶋晴雄（大蔵省為替局総務課長）「為替政策の新展開」『外国為替』第299号（1963年4月）。
191）「外国映画蓄積円の各年末現在高」外国為替審議会資料、昭和35年6月24日。
192）「8条国移行に伴う貿易外支払等の規制問題の検討」昭和37年10月10日、〔日本銀行〕外管、p.66。
193）映画輸出による収入金が一定金額に達した場合に、映画専業者に対して長編映画1本分の上映権の取得を認める制度。
194）歩合制の契約の場合に、配給収入の40%以上（メジャー系の場合は30%以上）を居住者の取り分とすることを義務付ける制度。
195）『外為年鑑』1964年版、p.26、前掲、川野二三夫「観光渡航・外国映画等の自由化」『外国為替』第320号（1964年4月）pp.16−17。
196）『外為年鑑』1965年版、p.27。

197）堀久作（日活社長）「自由化と映画産業」『経団連月報』1964年4月号、pp.12-15。スクリーン・クオータ制の導入は、1964年自由化後の外国映画輸入が減少傾向にあることから、時期尚早として見送られた（水田三喜男編［1966］pp.1093-1094）。

198）テレビ用映画については、石川研［2005］参照。

199）「テレビと映画の競合――テレビ用映画輸入の規制緩和をめぐって」『新聞研究』第142号（1963年5月）pp.4-6。

200）川野二三夫「観光渡航・外国映画等の自由化」『外国為替』第320号（1964年4月）p.17。

201）劇場上映のために輸入された映画のテレビ放映禁止措置（流用制限）も、1964年7月から廃止された。ただし、実際は、日本映画製作者連盟、民間放送連盟、NHKの3者の申し合わせの形で、流用制限は継続した（「為替連絡会（第418回）記録」昭和39年6月29日）。

202）WP3に関しては、おもに矢後和彦［2014］による。

203）James［1996］pp.181-183。

204）鈴木秀雄「開放体制への道」エコノミスト編集部編［1984］p.379-380。

205）「OECD関係想定問答（第一分冊）」昭和38年10月、大蔵省、pp.28-29。

206）「米国のIMFスタンド・バイ申込み等に関する外務省の情報」昭和38年7月16日、〔日本銀行外国局〕総務課［日銀4770］。

207）「OECD第3作業部会参加に関する件」昭和38年9月27日、〔日本銀行外国局〕総務課［日銀4770］。

208）「ニューヨーク駐在参事あて電信再報」昭和38年9月27日、〔日本銀行外国局〕総務課［日銀4770］。

209）「第48回常会　主要想定問答」国際金融局、昭和40年1月、p.52。なお、日銀は1960年代初めにBISと接触を開始し、64年12月からはBIS月例会議のうち国際収支に関する多角的サーベイランスのための会議への前川春雄日銀理事の参加が認められた。その後、68年に実質的なフル・メンバーになり、70年1月にBISに完全復帰した（日本銀行百年史編纂委員会編［1986］p.251-252、p.264、Yago［2001］pp.19-20）。

210）IMF8条国移行の手続きに関するコンサルテーションも兼ねていたので、IMF法律局（Legal Department）のエヴァンズ（James E. Evans）もチームに加わった（「第127回為替審議会議事要旨」昭和38年11月15日）。

211）「11月18日の会議におけるフリードマン局長のステートメント」［大蔵「IMF 1963年対日コンサルテーション」］。“Japan-1963 Consultations, Minutes of Meeting No.7,” November 18, 1963, Consultation［IMF C /Japan/420.1］。

212）「8条国移行問題について」昭和37年11月、〔日本銀行〕外国為替局、p.38。

213）「外貨予算制度に関するIMF協議団との専門会議の模様について」昭和38年11月13日［日銀13398］。

214）「外国為替及び外国貿易管理法と外資に関する法律の一部改正」『時の法令』第495号（1964年4月）pp.1-5。『金融財政事情』1964年2月10日号、p.7。

215）黒田明雄（通産省通商局為替貿易管理制度審議室）「輸入貿易管理令の改正」『外国為替』第321号（1964年5月）pp.10−12。

216）為銀の輸入承認は非関税障壁とみなされ、1972年11月に廃止された。AFA制は、AIQ制［Automatic Import Quota System］として存続したが、72年2月に廃止された。

217）輸入担保制度の発動・運用は、通産大臣が閣僚審議会の承認を受けて行ってきたが、閣僚審議会の廃止により、輸入担保率決定の権限は通産大臣に移された（「輸入担保率引下げの意味」『財経詳報』第561号（1964年9月7日）p.24）。なお、輸入担保制は72年11月24日に廃止された。

218）「IMF対日コンサルテーション第4日」「コンサルテーション第7日目午前」［大蔵「IMF 1963年対日コンサルテーション」］、“Japan−1963 Consultations, Minutes of Meeting No.10,” November 20, 1963［IMF C/Japan/420.1］.

219）『日本経済新聞』1963年5月1日。通常のコンサルテーションと8条国移行のためのコンサルテーションを1回にまとめたいという意図もあった。

220）『日本経済新聞』1963年5月11日。

221）『日本経済新聞』1963年5月14日（夕刊）。「国際収支安定対策と輸出振興」『財経詳報』第493号（1963年5月27日）p.5。

222）「IMFフリードマン局長会談録」〔昭和38年〕8月5日［大蔵］。

223）『金融財政事情』1963年11月18日号、pp.6−7。

224）「田中大蔵大臣・フリードマン局長会談要旨」昭和38年11月13日［大蔵］。

225）“Japan−1963 Consultations, Minutes of Meeting No.6,” November 14, 1963［IMF C/Japan/420.1］.

226）『日本経済新聞』1963年5月14日（夕刊）。

227）「経済関係閣僚懇談会において国際収支の長期安定対策討議の件」昭和38年5月30日、〔日本銀行〕外国局長［日銀A 4826］。『日本経済新聞』1963年5月30日。

228）「国際収支の長期的安定を図るための諸施策について」昭和38年5月30日、大蔵大臣発言メモ［日銀A 4826］。なお、「発言メモ」は、掲げられた政策が、「対外的には隠密裏に実施することを要するものが多い」という理由で公表されなかった。

229）『朝日新聞』1963年7月3日（夕刊）。

230）米里正明（日本郵船調査部副部長）「国際比較による海運収支の問題点」『エコノミスト』1961年8月22日号、pp.40−43。梶田久春（運輸省海運局外航課長）「海運国際収支改善対策」『財経詳報』第537号（1964年3月23日）pp.4−7。米里正明（日本郵船海運調査室長）「わが国国際収支に占める海運収支の地位」『財経詳報』第538号（1964年3月30日）pp.1−4。津田昇「海運収支の問題点」『国際金融』第331号（1964年10月）pp.8−11。河田弘幸「海運収支対策に妙手はないか」『貿易と関税』1965年4月号、pp.24−28。

231）日本の船舶が外国の港で給油する場合には外貨で支払うが、外国の船舶会社が日本の港で給油する場合には、保税倉庫にある外国石油会社所有の重油を用いることが多かったので、船用重油は大幅な支払超過であった（「座談会　貿易外収支は改善できるか」『経団連月報』1963年9月号、p.35)。

232)「為替連絡会（第413回）記録」（昭和39年3月23日）における鈴木財務調査官の発言。鈴木秀雄（大蔵省財務調査官）「開放経済下の為替管理」『財経詳報』第540号（1964年4月13日）も参照。

233)「国際収支に関する見解（中間報告)」経済同友会、昭和38年8月16日『財経詳報』第506号（1963年8月26日）pp.18–19。

234)「IMFフリードマン為替制限局長との会談要旨（1962年11月8日)」[日銀13399]。日本側の出席者は前川春雄日銀外国為替局長と鈴木秀雄大蔵省財務調査官。

235)「日本との1963年年次協議に関するIMFスタッフの理事会への報告書要旨」[日銀13398]。

236)「11月18日の会議におけるフリードマン局長のステートメント」[大蔵「1963年対日コンサルテーション」]。

237) 11月14日のコンサルテーションにおいて、IMF側から「ユーロダラーに関する質問書」が提出された [日銀13398]。

238)「短資の流出入の調節について」昭和38年11月19日 [大蔵「IMF 1963年対日コンサルテーション」]。

239) 短資の取入れ金利の指導自体は1961年7月に設けられていたが、62年7月以降、流入抑制の目的で指導が強化され、短資規制の役割を果たすようになった。

240) 1962年末残高を超える部分についてのみ35%を適用した。

241)『外為年鑑』1964年版、pp.30–33。

242) 浅井良夫 [2005] pp.54–55。

243) 総合収支という用語は、1960年4月の外国為替統計の改正により経常取引と資本取引が区別された際に公式に用いられるようになった。この時の資本収支には、為銀勘定も含まれているので、総合収支は基本的に外貨準備増減と一致する。66年に外国為替統計からIMF方式国際収支統計に変更された際に、短期資本収支から為銀部門が分離され、政府・日銀の資産増減と合わせた項目である金融部門が設けられた。

244) 1962年度コンサルテーションで大蔵省は、「長期安定外資の流入も含めてバランスした国際収支の範囲内で諸政策を進めてゆく」と言明した（「IMF年次協議会第5日の模様について」昭和37年11月9日、日銀渉外部長 [日銀13398])。

245) 下條進一郎（大蔵省為替局国際収支課長）「わが国国際収支の構造とその安定のための一考察」『財政金融統計月報』第151号（1964年5月）p.3。

246)「田中大蔵大臣・フリードマン局長会談要旨」昭和38年11月13日 [大蔵「IMF 1963年コンサルテーション」]。

247)「池田総理・フリードマン局長会談要旨」昭和38年11月22日 [大蔵「IMF 1963年コンサルテーション」]。

248)「IMF年次協議会第5日目の模様について」昭和38年11月18日 [日銀13398]。

249)「1963年度IMF年次協議レジメ」[日銀13398]、「IMFコンサルテーション第5日」[大蔵「1963年IMF 1963年対日コンサルテーション」]。

250）『経済白書』1964年度版、p.115。

251）篠原三代平［1994］p.79。

252）「国際収支見通しと対策について」昭和39年1月9日、〔大蔵省〕為替局、「為替面の国際収支対策について」昭和39年1月10日、〔大蔵省〕為替局［大蔵］。

253）「外貨資金繰り対策」為企、昭和39年1月8日［大蔵］。

254）3月6日、日銀井上参事はニューヨーク連銀のラング（Peter P. Lang）に対して、日本の政治的要因とは総選挙以上に重要な自民党の総裁選挙であり、総裁選が終わるまでは外貨準備の減少しないことを田中蔵相は望んでいると話した（“Memo to Files,” Peter O. Lang, March 6, 1964［FRBNY］）。自民党総裁選は7月10日に実施され、池田が三選された。なお、1964年3月から外貨準備にIMFゴールド・トランシュ（1億8,000万ドル）を加え、外貨準備の嵩上げがなされた。

255）「外国局長Confidential」昭和39年3月2日、前川理事来電［日銀13579］。

256）「パリ佐藤宛電信案」昭和39年2月28日［日銀13579］。

257）日本銀行百年史編纂委員会編［1986］pp.246–247。

258）「SWAP利用に関するCoombsの見解」昭和39年2月28日［日銀13579］。

259）「東銀借款に関する三行の反応」昭和39年3月3日、ニューヨーク参事発電［日銀13579］。

260）「鈴木理事とRoosaとの会談模様」昭和39年3月5日［日銀13579］、“Japanese Reserve Position,” March 5, 1964, Robert V. Roosa［FRBNY］。

261）「鈴木理事の動き」昭和39年3月10日、井上参事［日銀13579］。

262）日本銀行［1979］第15巻、p.545。

263）「SWAPの利用に関するCoombsの見解」昭和39年2月28日［日銀13579］。

264）『金融財政事情』1964年2月24日号、p.6。IMF EBD 64/30, February 17, 1964.

265）1963年度コンサルテーションの報告書は事前に参考資料として理事に配布された（“Staff Report and Recommendations–1963 Consultations,” February 4, 1964［IMF SM 64/14］）。スタンドバイ・クレジットの金額は、1962年1月と同様、第1クレジット・トランシュまで（2億5,000万ドル）にスーパーゴールドトランシュ（5,500万ドル）を加えた金額。

266）IMF EBM 64/13, March 11, 1964.

267）この文言は、2月28日付大蔵大臣書簡とまったく同じ表現ではないが、同一の趣旨は、書簡の第7パラグラフに記載されている（“Japan-Request for Stand-by Arrangement,” March 3, 1964［IMF EBS 64/46］）。鈴木秀雄（当時、国際金融局長）は、1964年のスタンドバイ取決めについて次のように証言している。「ファースト・クレジット・トランシュまでやったんですかね。それは鈴木源吾さんが盛んにそういうことを言ったんですよ。一種の安全弁としてそういうものをとっておいたほうがいいと。IMF自身もそれには興味を持ったですな。人の国の政策に口を出せんですからね、スタンド・バイ・クレジットがないと。」（鈴木秀雄「開放体制への道」エコノミスト編集部編［1984］p.382）。1966年以降は、IMFスタンドバイ取決めにマネー・サプライの数値目標が入れられることになったが、この時は、マネー・サプライ条件はなく、政策変更の際のIMFとの協議も重大な政策変更に限られており、コンディショナリティは非常に緩やかだった（「スタンド・バイ取極に関するIMF試案の問題点」昭和43年2月5日、〔大蔵省国際金融局〕国際機構課［大蔵］）。64年3月18日に日銀は公定歩合を2厘引き上げた（日歩1銭6厘［5.84%］→1銭8厘［6.57%］。）また、同日、輸入担保率の引上げも実施された（『外為年鑑』1965年版、pp.35–36）。

268）IMF8条国への移行直前の1964年1月11日にラワン材など3品目が、2月29日に鉛、亜鉛など7品目が、4月1日の移行と同時に、ビデオテープレコーダー、カラーテレビ受像機など8品目が自由化された。

269）レモンの自由化は、消費者物価の安定対策との関連で、池田首相の指示で決定した（「レモンの自由化について」昭和39年5月8日、〔日本銀行〕外国局［日銀A4894］）。当時レモンの市中価格は、輸入原価（10%の関税を含む）の3倍以上もした。この時に、海苔、こんにゃく芋の自由化も内定したが、実現には至らなかった。こんにゃく芋は1995年に自由化され、海苔は2005年度に原産国割当（韓国のみに割当）から総量割当へ移行した。

270）「化学肥料等の輸入自由化について」昭和39年9月30日、〔日本銀行〕外国局長［日銀A4894］。『外為年鑑』1966年版、p.41。

271）「迫られる自由化政策の再検討」『財経詳報』第611号（1965年9月13日）p.5。

272）香西泰はこの空白期間について、「太平洋戦争で緒戦の勝利に酔って、敵の反攻にそなえることなく空費された昭和18年のことを思いおこさせる」と評している（香西泰［2001］p.182）が、この時間的余裕のおかげで、日本の重化学工業は十分な体制整備ができたと言うべきであろう。

273）経済企画庁編［1976］pp.284–285。

274）大蔵省関税局編［1972］pp.410–411。

275）大蔵省財政史室編［1992］pp.192–198。

終章

1）フレミングは、過大評価された平価への志向は、戦後過渡期における世界の一般的傾向であったと述べている（Fleming［1963］pp.463–467）。

2）たとえば、須田美矢子［2003］p.140。

3）ドッジ・ラインは、必ずしも金融緊縮政策とは言えないので、ここでは財政緊縮だけを挙げておく。

4）De Vries［1987］pp.39–47.

5）尾崎英二［1961］p.443。

6）1954年1月～56年4月、57年6月～58年5月、61年9月～62年12月、64年3月～65年4月の4回にわたり、国際収支対策の一環として輸入担保率が引き上げられた。

7）代表的な見解は香西泰［1989］。

8）大蔵省財政史室編［1992］pp.203–205.

9）柏木雄介「昭和41～43年の国際金融行政、昭和43～46年の財務官当時の諸問題」昭和55年8月26日、p.8。

10）村上一「昭和37-38年の為替行政について」昭和39年11月25日、pp.102-103。

11）Helleiner［1994］参照。

12）大蔵省財政史室編［1991 a］pp.28-30。

13）Triffin［1960］.

参考文献

［一次史料］

国立公文書館［公文書館］

「閣議関係資料」

外務省外交史料館［外務］

「佐藤大蔵大臣一行米加訪問関係一件（1959.9）」A'1.5.2.8

「日本・インドネシア貿易金融協定関係一件」B'2.2.0.J/INI

「国際通貨基金協定関係　日本の加入関係」B'2.3.1.2-1

「国際通貨基金協定関係一件　基金協定第十四条関係　コンサルテーション・ペーパー」B'2.3.1.2-6-1

「国際通貨基金協定　資料」B'2.3.1-2-7

「日本・インドネシア平和条約及び賠償協定交渉関係一件」B'3.1.2.3

「日本アルゼンチン通商協定関係一件」B'5.2.0.J/A

「日英貿易支払協定関係一件」B'5.2.0.J/B 2

「日英貿易支払協定関係一件　1954年1月29日付支払協定関係」B'5.2.0.J/B 2-4

「日英貿易支払協定関係一件　日英貿易会談合意議事録関係（1955年10月17日付）」B'5.2.0.J/B 2-5

「日英貿易支払協定関係一件　日英貿易会談合意議事録関係（1957年2月26日付）」B'5.2.0.J/B 2-6

「日華貿易及び支払取極関係一件」B'5.2.0.J/C(N)1

「米国の東南アジア援助受入会議関係一件（シムラ会議）」B'6.3.0.16

「経済局特別情報」E'0.0.0.8

「本邦貿易・為替自由化関係」E'2.0.0.32

「本邦対韓国貿易関係雑件」E'2.1.5.2

「本邦米国間財政金融関係　米国の対日投資及び借款供与関係　農産物借款関係」E'2.3.1.5-3-3

「本邦特需関係」E'2.3.1.10

「スターリング地域経済関係雑集」E'3.4.0.1

「総理大臣訪米の件」E'4.1.0.2.1

「経済協力開発機構関係　各国の動向　日本の加盟関係」E'4.1.0.11-3-1

旧大蔵省史料［大蔵］

旧経済企画庁史料

経済安定本部史料［経本］

日本銀行アーカイブ［日銀］
「為替政策・OECD 3/3　昭和 38 年」（外国局総務課）A 4770
「昭和 36 年下期　外国為替予算の概要および編成事情について」A 4825
「外貨予算編成（昭和 38 年）」A 4826
「外国為替予算編成　貿易諸物資の需給及び貿易金融に関する書類」A 4827
「国際金融機関 2/2（IMF コンサルテーション）昭和 34 年」A 4855
「国際金融機関 2/3（IMF コンサルテーション）昭和 32 年」A 4857
「国際通貨基金　昭和 30 年」A 4862
「国際通貨基金　昭和 31 年中」（渉外部）A 4863
「国際通貨基金一般資料（昭和 27～31 年）」A 4866
「自由化閣僚会議等に関する件（昭和 36～38 年度）」（外国局予算係）A 4893
「自由化閣僚会議等に関する書類（昭和 39 年）」（外国局）A 4894
「外貨準備　自昭和 32　至昭和 34」4794
「国際通貨基金 2/2（IMF コンサルテーション）昭和 35 年」12289
「国際金融機関 2/2（IMF コンサルテーション）昭和 38 年」13398
「国際金融機関 2/2（IMF コンサルテーション）昭和 37-38 年」13399
「外貨準備高　自昭 24　至昭 38」13528
「自由円」（〔外国為替局〕総務課）13551
「39 年における外貨準備補強のための諸検討」13579

国立国会図書館憲政資料室
木内信胤文書［**木内**］

IMF Archives［IMF］
Board Documents
Departmental Memoranda［DM］
Executive Board Documents［EBD］
Executive Board Minutes ［EBM］
Staff Memoranda［SM］

Central Files Collection［C］

米国立公文書館［NARA］
Department of Treasury［NARA RG 56］
"Records of the Treasury Department in Foreign Affairs, Office of the Assistant Secretary for International Affairs, Geografic Files, Part 1 : The Far East, 1944–59"（UPA Microfilm, Lexis Nexis Academic and Library Solutions）［NARA RG 56, OASIA］
National Advisory Council on International Monetary and Financial Problems［NARA

RG 56, NAC]
Department of State [NARA RG 59]
"Commercial Relations of Japan, 1950–63" CIS Microfilm [NARA RG 59, Mf. C 50–63])
"Records of the U. S. Department of State relating to the Internal Affairs of Japan,1945–49," Scholary Resources Inc. Microfilm [NARA RG 59, Mf. I 45–49].
"Records of the U. S. Department of State relating to the Internal Affairs of Japan, 1950–54,"Scholary Resources Inc. Microfilm [NARA RG 59, Mf. I 50–54].
Records of the U. S. Department of State relating to the Internal Affairs of Japan, 1955–59, [NARA RG 59, Mf. I 55–59]
"Confidential U. S. Dtate Department Central Files, Japan 1960 -January 1963, Internal and Foreign Affairs," UPA Microfilm [NARA RG 59, Mf. I 60–63].
Allied Occupational and Occupation Headquarters [NARA RG 331]
SCAP Top Secret Records [NARA RG 331, SCAP TS]（浅井良夫編［1997］『GHQ トップ・シークレット文書集成』第Ⅲ期、柏書房）
U.S. Foreign Assistance Agencies [NARA RG 469]

Federal Reserve Bank of New York Archives [FRBNY]

Dodge Papers [Dodge]
（大蔵省財政史室編『昭和財政史――終戦から講和まで』第 20 巻、日本銀行金融研究所編『日本金融史資料　昭和続編』第 25 巻に一部収録。）

［一次史料について］
1．注で史料を引用する場合には、略記号を用いる。
2．旧大蔵省史料、旧経済企画庁資料は、2000 年の省庁再編以前に閲覧した史料。旧経済企画庁所蔵の経済安定本部史料は、現在は国立公文書館に移管されている。旧大蔵省史料、日銀史料の史料番号は、閲覧した時点で付されていたものである。
3．米公文書館国務省史料のうち、マイクロフィルムを用いた場合は、略記号とリール番号を付した。R はマイクロフィルムのリール番号を示す。
4．NARA RG 331 の GHQ/SCAP 史料は国立国会図書館憲政資料室のマイクロフィッシュを用い、原史料のボックス番号を付した。なお、TS 文書は、『GHQ　トップ・シークレット文書集成』を用いた。

［定期刊行物］

『アジア問題』（アジア問題調査会）
『アナリスト』（経済再建研究会）
『朝日新聞』
『AFF』（農林統計協会）（1978 年 7 月～87 年 3 月『農村水産省公報』）

『エカフェ通信』（日本エカフェ協会）
『エコノミスト』（毎日新聞社）
『外国為替』（1964 年 9 月から『国際金融』）
『外国為替統計月報』（日本銀行為替管理局、日本銀行外国局）
『外国貿易概況』（大蔵省主税局税関部、大蔵省関税局）
『外為年鑑』（外国為替情報社）
『化繊月報』（日本化学繊維協会）
『季刊　糖業資報』（日本精糖工業会）
『金融』（全国銀行協会連合会）
『金融財政事情』（金融財政事情研究会）
『国の予算』（財政調査会）
『経済同友』（経済同友会）
『経済と外交』
『経済白書』
『経済評論』（日本評論社）
『経済連合』（経済団体連合会）［復刻版、文化出版、1987 年］
『経団連月報』（経済団体連合会）
『経団連週報』（経済団体連合会）
『月刊　社会党』（日本社会党中央本部機関紙局）
『月刊　総評』（日本労働組合総評議会）
『国際収支統計年報』（日本銀行）
『財政金融統計月報』（大蔵省）
『財政経済弘報』（財政経済弘報社）
『財政史ニュース』（大蔵省財政史室）
『財経詳報』（財経詳報社）
『砂糖統計年鑑』（日本砂糖工業会）
『時事通信（金融と財政版）』
『JETRO 調査研究資料』
『新聞研究』（日本新聞協会）
『世界』（岩波書店）
『繊維経済』（全国繊維産業労働組合連盟）
『繊維年鑑』（日本繊維協議会）
『調査月報』（大蔵省外資局、大蔵省理財局）
『調査月報』（神戸銀行）
『調査時報』（富士銀行）
『調査資料月報』（日本エカフェ協会）
『通商産業月報』（通商産業省）
『通商産業研究』（通商産業省）

『通産ジャーナル』(通商産業省)
『通商調査月報』(通商産業省通商局)
『通商白書』
『鉄鋼界』(日本鉄鋼連盟)
『東海銀行調査月報』
『東京銀行月報』
『東商』(東京商工会議所)
『東洋経済新報』(1960年12月から『週刊　東洋経済』)
『時の法令』(法令普及会)
『日産協月報』(日本産業協議会)
『日本経済新聞』
『日本農業年鑑』
『日本貿易会報』(日本貿易会)
『日本貿易の現状』(通商産業省)
『日本紡績月報』(日本紡績協会)
『農業と経済』
『ファイナンス』(大蔵省)
『貿易と関税』(日本関税協会)
『貿易年鑑』(日本関税協会)
『毎日新聞』
『三菱銀行調査』
『輸出綿糸布月報』(日本綿糸布輸出組合)
『硫安協会月報』(日本硫安工業協会)
『レファレンス』(国立国会図書館)

IMF Annual Report on Exchange Restrictions, IMF
IMF Annual Report, IMF
Treasury Bulletin, US Treasury Department

［邦語文献］

赤根谷達雄［1992］『日本のガット加入問題』東京大学出版会
秋田茂［2006］「1950年代の東アジア国際経済秩序とスターリング圏」渡辺昭一編『帝国の終焉とアメリカ』山川出版社
浅井良夫［2000］「『新長期経済計画』と高度成長初期の経済・産業政策」『成城大学経済研究所研究報告』No.25
浅井良夫［2001 a］『戦後改革と民主主義――戦後改革から高度成長へ』吉川弘文館
浅井良夫［2001 b］［1950年代前半における外資導入問題（中）』成城大学『経済研究』第154号

浅井良夫［2002 a］「1950 年代前半における外資導入問題（下）」成城大学『経済研究』第 156 号
浅井良夫［2002 b］「1950 年代の特需について（1）」成城大学『経済研究』第 158 号
浅井良夫［2005］「高度成長期における為替管理と海外短資市場（2）」成城大学『経済研究』第 168 号
浅井良夫［2010］「高度成長と財政金融」石井寛治・原朗・武田晴人編『日本経済史』5（高度成長期）東京大学出版会
浅井良夫［2012］「戦後為替管理の成立」成城大学『経済研究』第 196 号
浅井良夫［2014 a］「IMF と戦後国際金融秩序」伊藤正直・浅井良夫編『戦後 IMF 史』名古屋大学出版会
浅井良夫［2014 b］「制度化の進展と国際環境」伊藤正直・浅井良夫編『戦後 IMF 史』名古屋大学出版会
天谷章吾［1982］『日本自動車工業の史的展開』亜紀書房
李鍾元（イ・ジョンウォン）［1996］『東アジア冷戦と韓米日関係』東京大学出版会
李正熙（イ・ジョンヒ）［2002］「米軍政期における韓日貿易関係の形成およびその性格」『京都創成大学紀要』2
井口貞夫監修［1972］『日本外交史』第 32 巻、鹿島研究所出版会
池中弘［1974］「貴金属、ダイヤモンドの接収と処理」『ファイナンス』第 89 号
石井修［1989］『冷戦と日米関係』ジャパン・タイムズ
石井晋［1995］「高度経済成長前夜の輸出振興政策――鉄鋼業を中心として」『社会経済史学』第 61 巻第 3 号
石井晋［1997］「重点的産業振興と市場経済――戦後復興期の海運と造船」『社会経済史学』第 63 巻第 1 号
石川研［2005］「生成期日本の地上波テレビ網と輸入コンテンツ」『社会経済史学』第 71 巻第 4 号
石丸忠富［1954］「東南アジアにおける決済構造と決済方式」木内信胤監修『国際決済機構の研究』外国為替貿易研究会
一ノ瀬篤［1995］『固定相場制期の日本銀行金融政策』御茶の水書房
伊藤正直［1989］『日本の対外金融と金融政策』名古屋大学出版会
伊藤正直［2009］『戦後日本の対外金融――360 円レートの成立と終焉』名古屋大学出版会
伊藤正直［2014］「IMF の成立――ブレトンウッズ会議までの議論と英米交渉」伊藤正直・浅井良夫編『戦後 IMF 史』名古屋大学出版会
伊藤正直・浅井良夫編［2014］『戦後 IMF 史』名古屋大学出版会
犬田章［2000］『わが国戦後の外国為替管理政策と長期・短期資本取引規制の緩和』中央公論事業出版
林采成（イム・チェソン）［2005］『戦時経済と鉄道運営』東京大学出版会
石見徹［1995］『日本経済と国際金融』東京大学出版会
内田勝敏［1976］『国際通貨ポンドの研究』東洋経済新報社

内田宏・堀太郎［1959］『ガット――分析と展望』日本関税協会
エコノミスト編集部編［1977］『戦後産業史への証言』1、毎日新聞社
エコノミスト編集部編［1978］『戦後産業史への証言』4、毎日新聞社
エコノミスト編集部編［1984］『証言・高度成長期の日本』上、毎日新聞社
大内兵衛［1947］『世界新通貨制度の研究』銀座出版社
大内兵衛［1975］『大内兵衛著作集』第6巻、岩波書店
大隈宏［1988］「コンディショナリティの論理と動態――IMF・世界銀行と開発途上国」山影進編『相互依存時代の国際摩擦』東京大学出版会
大蔵省関税局編［1964］『ガットと日本　1964』日本関税協会
大蔵省関税局編［1972］『税関百年史』下、日本関税協会
大蔵省財政史室編［1976 a］『昭和財政史――終戦から講和まで』第3巻（アメリカの対日政策）、東洋経済新報社
大蔵省財政史室編［1976 b］『昭和財政史――終戦から講和まで』第15巻（国際金融・貿易）、東洋経済新報社
大蔵省財政史室編［1978］『昭和財政史――終戦から講和まで』第19巻（統計）、東洋経済新報社
大蔵省財政史室編［1981］『昭和財政史――終戦から講和まで』第17巻（資料(1)）、東洋経済新報社
大蔵省財政史室編［1982 a］『昭和財政史――終戦から講和まで』第5巻（歳計(1)）、東洋経済新報社
大蔵省財政史室編［1982 b］『昭和財政史――終戦から講和まで』第18巻（資料(2)）、東洋経済新報社
大蔵省財政史室編［1982 c］『昭和財政史――終戦から講和まで』第20巻（英文資料）、東洋経済新報社
大蔵省財政史室編［1983 a］『対占領軍交渉秘録　渡辺武日記』東洋経済新報社
大蔵省財政史室編［1983 b］『昭和財政史――昭和27～48年度』第13巻（金融(2)・企業財務・見返資金）、東洋経済新報社
大蔵省財政史室編［1985］『終戦直後の財政・通貨・物価対策』霞出版社
大蔵省財政史室編［1990］『昭和財政史――昭和27～48年度』第6巻（租税）、東洋経済新報社
大蔵省財政史室編［1991 a］『昭和財政史――昭和27～48年度』第9巻（金融(1)）、東洋経済新報社
大蔵省財政史室編［1991 b］『昭和財政史――昭和27～48年度』第10巻（金融(2)）、東洋経済新報社
大蔵省財政史室編［1992］『昭和財政史――昭和27～48年度』第12巻（国際金融・対外関係事項(2)）東洋経済新報社
大蔵省財政史室編［1994］『昭和財政史――昭和27～48年度』第3巻（予算(1)）、東洋経済新報社

大蔵省財政史室編［1997］『昭和財政史――昭和 27～48 年度』第 7 巻（国債）、東洋経済新報社
大蔵省財政史室編［1998］『昭和財政史――昭和 27～48 年』第 18 巻（資料(6)国際金融・対外関係事項）、東洋経済新報社
大蔵省財政史室編［1999 a］『昭和財政史――昭和 27～48 年度』第 11 巻（国際金融・対外関係事項(1)）、東洋経済新報社
大蔵省財政史室編［1999 b］『昭和財政史―昭和 27～48 年度』第 19 巻（統計）、東洋経済新報社
大蔵省財政史室編［2000］『昭和財政史――昭和 27～48 年度』第 8 巻（財政投融資）、東洋経済新報社
大蔵省昭和財政史編集室編［1963］『昭和財政史』第 13 巻、東洋経済新報社
大蔵資料編纂会編［1987］『歴代大蔵大臣演説集』
大佐正之［1989］『産業・貿易振興と金融政策』東洋経済新報社
太田修［2003］『日韓交渉』クレイン
大塚武［1965］『国際収支の見方（改訂版）』日本経済新聞社
大野健一・大野泉［1993］『IMF と世界銀行』日本評論社
岡茂男［1992］『貿易自由化と関税政策』日本関税協会
岡茂男［1994］『戦後日本の関税政策』日本関税協会
岡崎哲二［2002 a］「資金・投資調整システムの形成」岡崎哲二ほか［2002］『戦後日本の資金配分』東京大学出版会
岡崎哲二［2002 b］「景気調整期の資金・投資調整」岡崎哲二ほか［2002］『戦後日本の資金配分』東京大学出版会
岡崎哲二［2012］「貿易自由化の政治経済学」原朗編著『高度成長展開期の日本経済』日本経済評論社
尾崎英二［1961］『国際管理通貨論』大蔵省印刷局
岡部彰［1986］『産業の昭和史 3　石油』日本経済評論社
奥田宏司［1988］「アメリカの IMF 体制構築戦略の変容」川端正久編『1940 年代の世界政治』ミネルヴァ書房
緒田原涓一［2002］『アジアにおける国際金融協力――アジア決済同盟の理論と現実』国立出版
小野善邦［2004］『わが志は千里に在り――評伝・大来佐武郎』日本経済新聞社
尾上利治［1956］『外国為替の特殊研究』産業経済社
外務省経済局経済統合課編［1964］『OECD の手引き』日本国際問題研究所
柿沼幸一郎［1957］「わが国における支払準備制度採用問題の提起」新庄博ほか『準備預金制度』東洋経済新報社
金井雄一［2014］『ポンドの譲位』名古屋大学出版会
金岡克文［2002］「アメリカ銀行引受手形市場の展開――1935 年～1960 年」金沢大学『社会環境研究』第 7 号

金子榮一編［1964］『現代日本産業発達史　Ⅸ　造船』交詢社出版局
金子誠ほか編［1985］『日本鉄鋼輸出外史』上、産業新聞社
上久保敏［2008］『下村治』日本経済評論社
川口嘉一［1976］「外国為替管理委員会の憶い出」大蔵省財政史室編『昭和財政史——終戦から講和まで』第15巻「刊行だより」
菅英輝［2014］「アメリカの冷戦政策と1950年代アジアにおける地域協力の模索」渡辺昭一編『コロンボ・プラン』法政大学出版局
木内信胤［1971］「終戦直後の渉外為替行政」『ファイナンス』第72号
北波道子［2003］『後発工業国の経済発展と電力事業』晃洋書房
鬼頭仁三郎［1946］「国際通貨基金の問題点」大蔵省理財局『調査月報』第35巻特別第2号
鬼頭仁三郎［1947］『世界通貨の将来——国際通貨基金と金の問題』アカギ書房
金斗昇（キム・ドゥスン）［2008］『池田勇人政権の対外政策と日韓交渉』明石書店
倉沢愛子［2011］『戦後日本＝インドネシア関係史』草思社
呉文二［1981］『日本の金融界』東洋経済新報社
黒崎輝［2000］「東南アジア開発をめぐる日米関係の変容　1957–60」東北大学『法学』第64巻第1号
経済企画庁編［1976］『現代日本経済の展開——経済企画庁30年史』大蔵省印刷局
経済企画庁編［1997］『戦後日本経済の軌跡——経済企画庁50年史』大蔵省印刷局
経済企画庁戦後経済史編纂室編［1957］『戦後経済史（総観編）』大蔵省印刷局
経済企画庁戦後経済史編纂室編［1960］『戦後経済史（経済政策編）』大蔵省印刷局
経済企画庁戦後経済史編纂室編［1962］『戦後経済史（貿易・国際収支編）』大蔵省印刷局
経済企画庁調整局編［1960］『図説　貿易為替自由化計画』至誠堂
経済企画庁統計課監修［1964］『日本の経済統計』上、至誠堂
経済同友会編［1951］『経済同友会五年史』経済同友会
コーエン、セオドア［1983］『日本占領革命』下（大前正臣訳）、TBSブリタニカ
香西泰［1981、2001］『高度成長の時代』日本評論社（日経ビジネス人文庫）
香西泰［1989］,「高度成長期の経済政策」安場保吉・猪木武徳編『日本経済史』8、岩波書店
河野康子［1993］「輸出振興と政党政治——昭和28年度予算修正をめぐる政治過程」『年報近代日本研究』15
国際決済銀行編［1954］『スターリング地域』（首藤清訳）東洋経済新報社
小島清［1959］「提案の真意はどこにあるのか」『エコノミスト』12月8日号
小島清［1980］「円レート問題——篠原博士の貢献」荒憲治郎ほか編『戦後経済政策論の争点』勁草書房
小林正人［1984］「日本工作機械工業の高度成長と戦後における発展形態」京都大学『経済論叢』第133巻第1・2合併号
小堀聡［2010］『日本のエネルギー革命』名古屋大学出版会
小宮隆太郎［1988］『現代日本経済』東京大学出版会

是永隆文［2000］「戦後日本の外貨予算制度と綿紡績業――綿紡績業に対する輸入原綿用外貨資金の割当政策」東京大学『経済学論集』第66巻第1号
権容奭（コン・ヨンソク）［2000］「岸の東南アジア歴訪と『対米自主外交』」『一橋論叢』第123巻第1号
佐藤晋［2003］「戦後日本の東南アジア政策（1955～1958年）」中村隆英・宮崎正康編『岸信介政権と高度成長』東洋経済新報社
沢井実［1990］「工作機械」米川伸一ほか編『戦後日本経営史』第2巻、東洋経済新報社
産業学会編［1995］『戦後日本産業史』東洋経済新報社
産業構造調査会編［1964］『日本の産業構造』第3巻、通商産業研究会
鎮目雅人［2009］『世界恐慌と経済政策』日本経済新聞社
篠原三代平［1961］『日本経済の成長と循環』創文社
篠原三代平［1974］「360円レートへの仮説」『季刊　理論経済学』第25巻第1号
篠原三代平［1989］「輸出主導型成長と為替レート――再論」一橋大学『経済研究』第40巻第3号
篠原三代平［1994］『戦後50年の景気循環』日本経済新聞社
柴田善雅［2011］『戦時日本の金融統制』日本経済評論社
島崎久彌［2012］『国際通貨制度論攷』蒼天社出版
清水さゆり［1993］「ポスト占領期の日米関係――東南アジア経済開発構想を中心に」上智大学アメリカ・カナダ研究所編『アメリカと日本』彩流社
食糧庁食糧管理史編集室［1957］『食糧管理史』V、食糧庁
食糧庁食糧管理史編集室［1969］『食糧管理史』総論II、食糧庁
末廣昭［1995］「経済再進出への道――日本の対東南アジア政策と開発体制」中村政則ほか編『戦後日本　占領と戦後改革』第6巻、岩波書店
圖左篤樹［2007］「1950年代の台湾綿紡織業の発展――輸入代替政策に関する考察を中心に」『社会システム研究』第15号
鈴木武雄［1960］「政府資金と国庫の構造」鈴木武雄ほか編『金融財政講座』第1巻、有斐閣
鈴木宏尚［2013］『池田政権と高度成長期の日本外交』慶應義塾大学出版会
須田美矢子［2003］「国際貿易」橘木俊詔編『戦後日本経済を検証する』東京大学出版会
須藤功［2008］『戦後アメリカ通貨金融政策の形成』名古屋大学出版会
澄田智・鈴木秀雄編［1957］『財政投融資』財務出版
石油連盟編［1985］『戦後石油産業史』石油連盟
総合政策研究会編［1960］『自由化計画の問題点と対策』ダイヤモンド社
相馬敏夫［1978］『砂糖屋のにがい思い出――糖安法成立とその前後』
総務庁統計局監修［1988 a］『日本長期経済統計総覧』2、日本統計協会
総務庁統計局監修［1988 b］『日本長期経済統計総覧』3、日本統計協会
宋炳巻（ソン・ビョンクォン）［2004］「日米援助返済交渉と『朝鮮債権』」『アメリカ太平洋研究』4

高石末吉［1970］『覚書終戦財政始末』第 8 巻、大蔵財務協会
高橋和宏［2003］「アジア経済統合問題と池田外交――OAEC 構想・西太平洋五カ国首脳会談構想をめぐって」筑波大学国際政治経済研究科『国際政治経済研究』第 11 号
竹前栄治［1983］『GHQ』岩波新書
竹前栄治・中村隆英監修［1997］『GHQ 日本占領史』第 52 巻（外国貿易）（西川博史・石堂哲也訳）日本図書センター
田所昌幸［1993］「戦後日本の国際経済秩序への復帰――日本の GATT 加盟問題」『国際法外交雑誌』第 92 巻第 1 号
田中生夫［1980］『戦前戦後の日本銀行金融政策史』有斐閣
谷岡慎一［2000］『IMF と法』信山社
湯伊心（タン・イーシン）［2010］「海外経済協力基金の設立経緯――プラント輸出促進の視点から」『横浜国際社会科学研究』第 15 巻第 1・2 号
湯伊心［2011］「1960 年代における経済協力によるプラント輸出促進」『横浜国際社会科学研究』第 16 巻第 1 号
地田知平［1993］『日本海運の高度成長』日本経済評論社
崔相伍（チェ・サンオ）［2005］「1950 年代韓国の対外貿易の再建と成果」現代日本経済史研究会『東アジアにおける経済発展のパターンの比較』（2005 年 5 月東アジア経済史シンポジウム記録）
一寸木俊昭［1990］「電機」米川伸一ほか編『戦後日本経営史』第 2 巻、東洋経済新報社
通商産業省編［1989］『通商産業政策史』第 5 巻（第Ⅱ期　自立基盤確立期(1)）、通商産業調査会
通商産業省編［1990 a］『通商産業政策史』第 4 巻（第Ⅰ期　戦後復興期(3)）、通商産業調査会
通商産業省編［1990 b］『通商産業政策史』第 6 巻（第Ⅱ期　自立基盤確立期(2)）、通商産業調査会
通商産業省編［1990 c］『通商産業政策史』第 10 巻（第Ⅲ期　高度成長期(3)）、通商産業調査会
通商産業省編［1991 a］『通商産業政策史』第 2 巻（第Ⅰ期　戦後復興期(1)）、通商産業調査会
通商産業省編［1991 b］『通商産業政策史』第 8 巻（第Ⅲ期　高度成長期(1)）、通商産業調査会
通商産業省編［1992］『通商産業政策史』第 16 巻（統計・年表編）、通商産業調査会
通商産業省産業構造研究会編［1960］『貿易自由化と産業構造』東洋経済新報社
通商産業省重工業局編［1964］『官公庁における国産品使用促進の手引き』
通商産業省石炭局炭政課編［1968］『石炭産業の概説』財務出版
通商産業省通商局・外国為替管理委員会貿易課共編［1950］『増補改訂　輸出入の新方式』商工会館出版部
通商産業省通商局編［1956］『日本貿易の展開――戦後 10 年の歩みから』商工出版

通商産業省通商局監修［1967］『戦後日本の貿易20年史』通商産業調査会
通商産業省賠償特需室編［1961］『賠償とアメリカの対外援助』通商産業調査会
都留重人［1995］『日本の資本主義』岩波書店
鐙見誠良［2014］「西欧通貨の交換性回復と国際流動性調達――IMFとキー・カレンシー」伊藤正直・浅井良夫編『戦後IMF史』名古屋大学出版会
東京銀行調査部［1958 a］『わが国外貨予算制度解説』（東銀調査資料第16号）
東京銀行調査部［1958 b］『対スターリング地域貿易の考察』
遠山嘉博［2009］『日豪経済関係の研究』日本評論社
東洋経済新報社編［1983］『経済変動指標総覧』東洋経済新報社
東洋経済新報社編［1991］『完結　昭和国勢総覧』第2巻、東洋経済新報社
戸田博愛［1986］『現代日本の農業政策』農林統計協会
中井省三［1957 a］『日本貿易政策講座Ⅳ　特殊貿易――リンク制』関書院
中井省三［1957 b］『日本貿易政策講座Ⅴ　中共・ソ連貿易（求償貿易）』関書店
中釜由美子［1998］「公定為替平価1ドル＝360円決定の理論的根拠」『国学院経済学』第46巻第2号
中北浩爾［2002］『1955年体制の成立』東京大学出版会
中北浩爾［2008］『日本労働政治の国際関係史』岩波書店
中北徹［1993］「貿易と資本の自由化政策」香西泰・寺西重郎編『戦後日本の経済改革』東京大学出版会
中島常雄編［1967］『現代日本産業発達史　XVIII　食品』交詢社出版局
中村隆英［1986］『昭和経済史』岩波書店
成田勝四郎［1971］『日豪通商外交史』新評論
西川輝［2014］『IMF自由主義政策の形成』名古屋大学出版会
西川博史［1995］「東アジア経済圏と日本の貿易」長岡新吉・西川博史編著『日本経済と東アジア――戦時と戦後の経済史』ミネルヴァ書房
西倉高明［1998］『基軸通貨ドルの形成』勁草書房
日本エネルギー経済研究所編［1986］『戦後エネルギー産業史』東洋経済新報社
日本開発銀行［1976］『日本開発銀行25年史』同行
日本機械工業連合会編［1981］『戦後機械工業発展史（補）』
日本機械工業連合会編［1982］『戦後機械工業発展史』
日本銀行編［1970］『日本銀行沿革史』第4集［昭和17年5月から27年4月まで］
　第12巻（外国為替　第1部　外国為替1）
　第16巻（外国為替　第2部　為替管理3）
日本銀行編［1979］『日本銀行沿革史』第5集［昭和27年5月から40年12月まで］
　第15巻（外国為替1）
　第16巻（外国為替2）
　第17巻（外国為替3）
　第18巻（為替管理1）

第19巻（為替管理2）
日本銀行外国為替局・為替管理局［1958］『外国為替統計便覧』
日本銀行金融研究所編［1983 a］『日本金融史資料　昭和続編』第13巻（日本銀行調査資料(7)）
日本銀行金融研究所編［1983 b］『日本金融史資料　昭和続編』第14巻（日本銀行調査資料(8)）
日本銀行金融研究所編［1993］『日本金融年表（明治元年～平成4年）』
日本銀行金融研究所編［1996］『日本金融史資料　昭和続編』第25巻（SCAP関係資料(2)）
日本銀行調査局編［1980］『日本金融史資料　昭和続編』第8巻（日本銀行調査資料(2)）
日本銀行調査局編［1981］『日本金融史資料　昭和続編』第9巻（日本銀行調査資料(3)）
日本銀行統計局［1966］『明治以降　本邦主要経済統計』
日本銀行百年史編纂委員会編［1984］『日本銀行百年史』第4巻
日本銀行百年史編纂委員会編［1985］『日本銀行百年史』第5巻
日本銀行百年史編纂委員会編［1986］『日本銀行百年史』第6巻
日本経営史研究所編［2002］『東京証券取引所50年史』
日本経済新聞社編［1963 a］『八条国への道』日本経済新聞社
日本経済新聞社編［1963 b］『OECDと日本経済』日本経済新聞社
日本経済調査協議会編［1963］『OECD加盟と日本経済』日本経済調査協議会
日本経済調査協議会編［1965］『日本の為替・貿易金融』至誠堂
日本経済調査協議会編［1966］『日本の食品工業』至誠堂
日本経済調査協議会編［1975］『景気調整とインフレーション』東洋経済新報社
日本交通公社編［1979］『観光の現状と課題』
日本交通公社編［1982］『日本交通公社70年史』
日本自動車工業会編［1988］『日本自動車産業史』1988年
日本繊維協議会編［1958］『日本繊維産業史　総論編』繊維年鑑刊行会
日本船主協会編［1968］『日本船主協会20年史』日本船主協会
日本鉄鋼輸出組合編［1974］『日本鉄鋼輸出組合20年史』
日本鉄鋼連盟編［1959］『戦後鉄鋼史』日本鉄鋼連盟
日本鉄鋼連盟編［1969］『鉄鋼十年史――昭和33～42年』
日本紡績協会編［1962］『戦後紡績史』日本紡績協会
日本紡績協会編［1979］『続戦後紡績史』日本紡績協会
日本綿花協会編［1969］『綿花百年』下
日本輸出入銀行［1963］『十年のあゆみ』同行
日本輸出入銀行［1971］『二十年の歩み』同行
『農林水産省百年史』編纂委員会編［1982］『農林水産省百年史』下、農林統計協会
日本硫安工業協会編［1968］『日本硫安工業史』
農林漁業基本問題調査事務局監修［1960］『農業の基本問題と基本対策（解説版）』農林統計協会

萩原徹監修［1972 a］『日本外交史』第 30 巻、鹿島研究所出版会
萩原徹監修［1972 b］『日本外交史』第 31 巻、鹿島研究所出版会
波多野澄雄［1994］「『東南アジア開発』をめぐる日・米・英関係――日本のコロンボ・プラン加入（1954 年）を中心に」『年報　近代日本研究』16
林信太郎［1961］『日本機械輸出論』東洋経済新報社
林雄二郎編［1957, 1997］『日本の経済計画』東洋経済新報社（新版　日本経済評論社）
広瀬芳弘［1961］「鉄屑輸入の機構と業態について」関西学院大学『商学論集』第 36 号
樋渡由美［1989］「岸外交における東南アジアとアメリカ」『年報　近代日本研究』第 11 号
樋渡由美［1990］『戦後政治と日米関係』東京大学出版会
福井博夫［1981］『詳解　外国為替管理法』金融財政事情研究会
藤岡真佐夫監修［1976］『新しい IMF』外国為替貿易研究会
藤野正三郎［1990］『国際通貨体制の動態と日本経済』勁草書房
貿易実務講座刊行会編［1959］『貿易実務講座』第 7 巻（貿易決済と貿易金融）有斐閣
貿易実務講座刊行会編［1960］『貿易実務講座』第 2 巻（貿易・為替管理法）有斐閣
貿易自由化調査委員会編［1962］『貿易の自由化と産業の将来』産業科学協会
保城広至［2008］『アジア地域主義外交の行方　1952-1966』木鐸社
堀江薫雄［1962］『国際通貨基金の研究』岩波書店
松田賀孝［1981］『戦後沖縄社会経済史研究』東京大学出版会
松林松男編［1973］『回顧録　戦後通産政策史』政策時報社
三浦道義［1974］「外為委の思い出」『ファイナンス』1974 年 4 月号
水田三喜男編［1966］『産業の構造改善と自由化対策』工業技術研究委員会
三菱商事株式会社編［1986］『三菱商事社史』下
宮澤喜一［1956・1999］『東京――ワシントンの密談』実業之日本社（中公文庫）
宮下章［1970］『海苔の歴史』全国海苔問屋協同組合連合会
三和良一［2002］『日本占領の経済政策史的研究』日本経済評論社
三和良一［2003］『戦間期日本の経済政策史的研究』東京大学出版会
三和良一［2012］『経済政策史の方法――緊縮財政の系譜』東京大学出版会
森建資［2011］「1950 年代の日英通商関係（2）」東京大学『経済学論集』第 77 巻第 1 号
矢後和彦［2014］「1960 年代の国際通貨体制と OECD――経済政策委員会第三作業部会の創設と初期の活動」関西学院大学『経済学論究』第 68 巻第 1 号
安井孝治「金本位制」［1976］安藤盛人・土屋六郎編『国際金融教室（新版）』有斐閣
山際正道伝記刊行会編［1979］『山際正道』
山口育人［2014］「戦後アジア政治・経済秩序の展開とエカフェ、1947～1965 年」渡辺昭一編『コロンボ・プラン』法政大学出版局
山口健次郎［1996］「360 円単一為替レート設定過程について」『日本銀行金融研究所 Discussion Paper』96-J-4
山崎澄江［2008］「硫安産業」武田晴人編『戦後復興期の企業行動』有斐閣
山田正次［1999］「1950 年代日本の原綿輸入割当制度と綿紡績産業の反応」『南山経済研究』

第14巻第1・2号
山本栄治［1988］『基軸通貨の交替とドル』有斐閣
山本栄治［1997］『国際通貨システム』岩波書店
吉澤清次郎監修［1973］『日本外交史』第28巻、鹿島研究所出版会
吉田富士雄［1967］『資本自由化と外資法』財政経済弘報社
吉野俊彦［1972］「『ヤング報告』の歴史的意義」『エコノミスト』3月7日号
吉野俊彦［1996］『円とドル』NHK出版
劉進慶［1975］『戦後台湾経済分析』東京大学出版会
和田八束［1992］『租税特別措置』有斐閣
渡辺武［1966・1999］『占領下の日本財政覚え書』日本経済新聞社（中公文庫）
渡辺友孝［1986］「追想・一万田総裁」一万田尚登伝記・追悼録刊行会編『一万田尚登　伝記・追悼録』徳間書店
渡辺誠［1949］『外国為替及び外国貿易管理法　解説』
渡辺誠［1963］『為替管理回想』外国為替貿易研究会
渡辺誠［1976］「外為法異聞」大蔵省財政史室編『昭和財政史――終戦から講和まで』第15巻「刊行だより」

［英語文献］

Andrews, David, M. [2008] Bretton Woods : System and Order, David, M. Andrews ed., *Orderly Change : International Monetary Relations since Bretton Woods*, Cornell University Press
Borio, Claudio and Gianni Toniolo [2008] One Hundred and Thirty Years of Central Bank Cooperation : A BIS Perspective, Claudio Borio, Gianni Toniolo, Piet Clement eds., *Past and Future of Central Bank Cooperation*, Oxford University Press
Boughton, James M. [2001] *Silent Revolution : The International Monetary Fund 1979–1989*, IMF
Cairncross, Alec and Barry Eichengreen [1983, 2007] *Sterling in Decline*, Basil Blackwell (Second Edition by Palgrave Macmillan)
Carroll, Peter and Aynsley Kellow [2011] *The OECD : A Study of Organisational Adaptation*, Edgar Elgar
Denoon, David B. H. [1986] *Devaluation under Pressure : India, Indonesia, and Ghana*, MIT Press
de Vries, Margaret Garristen and J. Keith Horsefield [1969] *The International Monetary Fund 1945–1965 : Twenty Years of International Monetary Cooperation, Vol.II*, IMF
de Vries, Margaret Garristen [1986] *The IMF in a Changing World : 1945–85*, IMF
de Vries, Margaret Garristen [1987] *Balance of Payments Adjustment, 1945 to 1986*, IMF
Eichengreen, Barry [1993] *Reconstructing Europe's Trade and Payments : The European Payments Union*, Manchester University Press

Eichengreen, Barry [2007 a] *Global Imbalance and the Lessons of Bretton Woods*, MIT Press（バリー・アイケングリーン『グローバル・インバランス』（畑瀬真理子・松林洋一訳）東洋経済新報社、2010 年）

Eichengreen, Barry [2007 b] *The European Economy since 1945*, Princeton University Press

Fleming, J. Marcus [1963] Developments in the International Payments System, *IMF Staff Papers, X No.3*

Gould, Erica R. [2006] *Money Talks : The International Monetary Fund, Conditionality, and Supplementary Financiers*, Stanford University Press

Helleiner, Eric [1994] *States and the Reemergence of Global Finance : From Bretton Woods to the 1990 s*, Cornell University Press

Horsefield, J. Keith [1969] *The International Monetary Fund 1945–1965 : Twenty Years of International Monetary Cooperation, Vol.1,* IMF

Humphereys, Norman K. [1999] *Historical Dictionary of the International Monetary Fund, 2 nd. ed.*, The Scarecrow Press, Inc

Hunsberger, Warren S. [1964] *Japan and the United States in World Trade*, Harper & Row

James, Harold [1996] *International Monetary Cooperation since Bretton Woods*, Oxford University Press

Navekar, P. R. [1957] The 1954–55 Improvement in Japan's Balance of Payments, *IMF Staff papers XI–1*

Navekar, P. R. [1961] The Cycle in Japan's Balance of Payments, 1955–58, *IMF Stuff papers XIII–3*

Nishihara, Masashi [1975] *The Japanese and Sukarno's Indonesia : Tokyo–Jakarta Relations, 1951–1966*, The University Press of Hawaii

Okazaki, Tetsuji, Takafumi Korenaga [1999] Foreign exchange allocation and productivity growth in post-war Japan : a case of wool industry," *Japan and World Economy*, 11

Reinhart, Carmen and Kenneth Rogoff [2009] *This Time is Different*, Princeton University Press（カーメン・M・ラインハート、ケネス・S・ロゴフ『国家は破綻する』（村井章子訳）日経 BP 社、2011 年）

Rix, Alan [1986] *Coming to Terms : The Politics of Australia's Trade with Japan 1945–57*, Allen & Unwin

Ruggie, John Gerald [1982] International regimes, transactions, and change : embedded liberalism in the postwar economic order, *International Organization*, 36–2

Schenk, Catherine R. [1994] *Britain and the Sterling Area : From Devaluation to Convertibility in the 1950 s*, Routledge

Schenk, Catherine R. [2010] *The Decline of Sterling : Managing the Retreat of an International Currency, 1945–1992*, Cambridge University Press

Shimizu, Sayuri [2001] *Creating People of Plenty : The United States and Japan's Economic Alternatives, 1950–1960*, Kent University Press

Southard, Frank A. [1979] *The Evolution of the International Monetary Fund*, Department of Economics, Princeton University

Toniolo, Gianni [2005] *Central Bank Cooperation at the Bank for International Settlements, 1930–1973*, Cambridge University Press

Triffin, Robert [1960] *Gold and the Dollar Crises*, Yale University Press（村野孝・小島清監訳『金とドルの危機』勁草書房、1961年）

Trued, Merlyn Nelson and Raymond F. Mikesell [1955] *Postwar Bilateral Payments Agreements*, Princeton University

US Department of State, *Foreign Relations of the Unites States*, United States Government Printing Office [FRUS]

1952–1954 Vol.XIV, China and Japan Part 2 (1985)

1955–1957 Vol.XXIII, Part I Japan (1991)

1958 –1960 Vol.IV, Foreign Economic Policy (1992)

1958–1960 : XVIII, Japan, Korea (1994)

1961–1963 : IX, Foreign Economic Policy (1995)

1961–1963 : XXII, Northeast Asia (1996)

Van der Wee, Herman [1986] *Prosperity and Upheaval – The World Economy, 1945–1980*, University of California Press

Vreeland, James Raymond [2007] *The International Monetary Fund : Politics of Conditional Lending*, Routledge

Winand, Pascaline [1993] *Eisenhower, Kenndedy and the United States of Europe*, Macmillan

Yago, Kazuhiko [2001] Japanese participation in the BIS, *Research Paper Series, No.22*, Faculty of Economics, Tokyo Metropolitan University

Yokoi, Noriko [2003] *Japan's Postwar Economic Recovery and Anglo-Japanese Relations, 1948–1962*, Routledge Curzon

Zeiler, Thomas W. [1992] *American Trade & Power in the 1960 s*, Columbia University Press

あとがき

「歴史の教訓は？」と問われた時に私が覚える戸惑いは、昔も今も変わらない。「教訓を得るために歴史学が存在するわけではないので……」と口ごもり、明快に答えられない気まずさを感じるのが常である。歴史学は、歴史的個性を明らかにすることを目的とし、普遍性を抽出することを目指してはいないのだと説明したり、あるいは、歴史家は、演繹よりも帰納を、真理よりも蓋然性を、部分性よりも包括性を尊重する点において、デカルトに反旗を翻したヴィーコに親近感を持つのだと言って煙に巻こうとするのだが、しょせんは、私が歴史家としての洞察力に欠けていることの弁明に過ぎない。本書は、ブレトンウッズ体制がいかなる歴史的条件のもとで作られたのか、日本のブレトンウッズ体制との関わり方がどのようなものであったのか、歴史実証的に解明することに終始している。そこから、普遍的な「法則」や「教訓」を読み取ることは、賢明な読者にお任せしたいと思う。筆者としては、十分な素材を提供できたかどうか不安である。

本書の研究を始めたきっかけは、2002年秋に外務省外交史料館で、IMFの対日14条コンサルテーション史料の揃いを発見したことにある。日頃から、友人の伊藤正直氏が14条コンサルテーションの重要性を力説していたので、史料を見て、その意義は即座に理解できた。IMF 8条国移行から40年近くが経つにもかかわらず、戦後経済史の重要事項の1つである貿易・為替自由化に関する包括的な歴史叙述は存在しない。その欠落を埋めるのは歴史家の任務と考え、研究に取り組むことにした。

その後2006年に、IMFの歴史を一次史料にもとづいて解明するプロジェクトを仲間と発足させた。その共同研究と併行して本書の作業を遂行できたことは、私の視野を広げるのに大いに役立った。なお、共同研究の成果の一部は本書よりも一足早く、14年7月に『戦後IMF史――創生と変容』（伊藤正直・浅井良夫編、名古屋大学出版会）として刊行された。共同研究の場で、ご教示いただいたメンバーの方々、とりわけ靎見誠良、伊藤正直、矢後和彦の諸氏に心から謝意を表したい。また、共同研究の母体である現代金融研究会のメンバーから、貴重なコメントをいただけたことを感謝している。08年に、共同研究のメンバーで、政治経済学・経済史学会秋季大会のパネル「IMFコンサルテーションの国際比較——戦後資本主義の国際体制：1950–1964年」を行ったことも、本書の骨格を作るのに大いに役立った。

現代金融研究会以外では、畑瀬真理子氏（日本銀行）には日本銀行金融研究所において発表の場を設けていただき、国際金融の専門家としてのコメントを賜ることができた。ヨーロッパ経済史の権上康男氏（横浜国立大学名誉教授）からは、研究上の示唆と激励をいただいた。

本書の研究を進める過程で、2006年夏以降、5回にわたりIMF Archives、米国立公文書館（NARA）等を訪問し、IMF関係の一次史料を収集した。IMFの内部史料を用いた歴史研究は当時はまだ稀であり、インターネット上の史料公開も進んでいなかったので、IMFの豊富な一次史料は非常に新鮮であった。資料閲覧に当たって大変にお世話になった、プリメラ・アイザークさん（Ms. Premela Isaac）はじめ、IMF Archivesの方々に感謝の意を表したい。

本書執筆のベースには、大蔵省財政史室編『昭和財政史——昭和27～48年度』の執筆にかかわった10年間余の経験がある。『昭和財政史』のプロジェクトにおける、故中村隆英先生、林健久先生をはじめとする諸先生方のご指導から、実に多くのものを得ることができた。この場を借りて御礼申し上げたい。

本書の第1章は、松井道昭氏の科研費プロジェクトで行った研究の成果にもとづく。松井氏と、プロジェクトにお誘いいただいた永岑三千輝氏に感謝申し上げたい。

本書は、成城大学経済研究所から刊行された研究報告を基にして、他の論文を加え、その後の史料調査や研究の進展を踏まえて、大幅な加筆・修正を行ってできあがった。初出論文は以下の通りである。

「IMF 8条国移行と貿易・為替自由化（上）——IMFと日本：1952～64年」『成城大学経済研究所研究報告』No.42、2005年

「IMF 8条国移行と貿易・為替自由化（下）——IMFと日本：1952～64年」『成城大学経済研究所研究報告』No.46、2007年

「日本のIMF、世界銀行への加盟について」『創価経営論集』第23巻第2号（武藤正明教授追悼号）1998年

「高度成長期における為替管理と海外短資市場（2）」成城大学『経済研究』第168号、2005年

「360円レートの謎」成城大学『経済研究』第192号、2011年

「戦後為替管理の成立」成城大学『経済研究』第196号、2012年

なお、Kazuhiko Yago, Yoshio Asai , Masanao Itoh eds. *History of the IMF—Organization, Policy and Market*, Springer, 2015, Chap.14, The IMF and Japan : Liberalization of Foreign Exchange and Pursuit of High Growth は、本書の内容と関連しているので、併せてご参照願いたい。

本書の基になった研究は以下の科学研究費の助成を受けた。2004〜06年度科学研究費補助金基盤研究（B）「戦争と復興——占領と戦後再建の比較社会経済史」（研究代表者：松井道昭）、2009〜11年度科学研究費補助金基盤研究（B）「戦後国際金融秩序の形成と各国経済」（研究代表者：伊藤正直）。なお本書は、成城大学経済学部学術図書出版助成を受けて刊行される。成城大学経済学部の皆様に感謝の意を表したい。

本書の出版を日本経済評論社にお引き受けいただいたのは2008年秋であった。その時は、翌年にも刊行するつもりであったが、追加部分の執筆に時間がかかり、大幅に遅れてしまった。本書の出版をご快諾いただいた日本経済評論社の栗原哲也社長に御礼申し上げたい。最後に、長い間辛抱強く原稿を待って下さり、編集に際しては細心の注意を払いつつも、寛容な精神で接して下さった新井由紀子さんに、心より御礼申し上げたい。

2015年5月

著者

索　引

[アルファベット]

[ア行]

[カ行]

［サ行］

［タ行］

[ナ行]

[ハ行]

［マ行］

[ヤ行]

[ラワ行]

著者紹介

浅井良夫（あさい よしお）

1949年生まれ
1971年横浜国立大学経済学部卒業
1976年一橋大学大学院経済学研究科博士課程単位取得退学
現在、成城大学経済学部教授　博士（経済学）
主著『戦後改革と民主主義——経済復興から高度成長へ』吉川弘文館、2001年
『安田財閥』（共著）日本経済新聞社、1986年
『昭和財政史——昭和27〜48年度』第11巻、第12巻（共著）東洋経済新報社、1992年、1999年
『金融危機と革新——歴史から現代へ』（共編著）日本経済評論社、2000年
『昭和財政史——昭和49〜63年度』第7巻（共著）東洋経済新報社、2004年
『安定成長期の財政金融政策——オイル・ショックからバブルまで』（共著）日本経済評論社、2006年
『国際金融史』（共著）有斐閣、2007年
『戦後IMF史——創生と変容』（共編著）名古屋大学出版会、2014年

IMF 8条国移行
——貿易・為替自由化の政治経済史

2015年8月19日　第1刷発行　　定価（本体7600円＋税）

著　者　浅　井　良　夫
発行者　栗　原　哲　也

発行所　株式会社　日本経済評論社
〒101-0051　東京都千代田区神田神保町3-2
電話　03-3230-1661　FAX　03-3265-2993
URL : http : //www.nikkeihyo.co.jp/
装幀＊渡辺美知子　　印刷＊藤原印刷・製本＊高地製本所

乱丁・落丁本はお取り替えいたします。　Printed in Japan

ISBN 978-4-8188-2389-1